현대철학의 흐름

현대철학의 흐름

박정호 · 양운덕 · 이봉재 · 조광제 엮음

책 머리에

　이 책은 서양 현대 철학을 소개하는 입문서로 기획되었다. 서양 현대 철학은 원래 무척 어려워서 일반인이 접근하기 어렵고 철학 전공자들조차도 자기 전공 이외의 분야에 대해서는 잘 모르는 실정이다. 이 같은 상황은 현대 철학을 낳은 현대 사회 자체가 복잡한 탓이기도 하고, 현대 철학이 근대까지의 철학사를 전제로 해서 성립한 탓이기도 할 것이다. 현대 철학에 관한 소개서가 국내에도 몇 권 나와 있지만, 번역물의 경우에는 번역투의 문장이 딱딱하고 어렵거나 번역의 정확도가 떨어지기 십상이고, 국내 저작의 경우에는 현대 철학의 다양한 분야를 포괄하지 못하고 있는 형편이다. 이런 사정에서 서양 현대 철학의 여러 흐름을 초보자들에게 쉽게 소개하는 것이 무의미한 일은 아닐 것이다.

　이런 의도를 가지고 이 책에서는 서양 현대 철학을 '현상학과 해석학'(1부), '비판 이론'(2부), '구조주의와 포스트 구조주의'(3부), '분석 철학'(4부)의 네 조류로 나누고 각각의 대표적인 철학자들을 선정하여 소개했다. 집필자는 되도록이면 해당 철학자와 관련해서 박사 학위 논문을 쓴 사람을 선정했다. 물론 소개할 철학자를 선정할 때에는 각 철학자의 사상사적 중요성을 1차 기준으로 삼았고, 책의 전체 분량이라든가 국내 집필자들의 연구 현황도 고려하였다. 이 때문에 '현상학과 해석학'에서 사르트르와 가다머, '비판 이론'에서 호르크하이머, 그람시, 벤야민, 블로흐, '구조주의와 포스트 구조주의'에서 바르트, 보드리야르, 그리고 '분석 철학'에서 쿤 같은 인물들을 다루지 못했다. 2부에서 마르쿠제(H. Marcuse), 3부에서 들뢰즈(G. Deleuze), 4부에서 롤스(J. Rawls)를 본래 다룰 예정이었지만 집필자의 사정으로 결국 싣지 못했다.

이 책에서 각 철학자들을 네 조류로 분류한 것은 물론 상당히 단순화한 것이다. 이를테면 알튀세는 비판 이론에도 구조주의에도 속할 수 있는 철학자이고, 데리다는 현상학에도 속할 수 있으며, 로티의 경우에는 분석 철학에 포함시키기가 난처하기도 했다. 그러나 어차피 이런 종류의 개설서에서 복잡하고 다양한 사상 내용을 전부 소개할 수는 없으므로 어느 정도의 단순화와 추상은 어쩔 수 없었다. 각 사상가를 소개할 때도 때로는 그의 사상 전반을 주요 특징 중심으로 소개한 경우도 있고, 때로는 주요 저작 한두 권을 집중적으로 소개한 경우도 있다.

각 장은 생애, 주요 사상, '더 읽어야 할 책'으로 편성하였다. 주요 사상을 소개한 부분에서는 되도록이면 집필자의 주관을 배제하고 충실히 소개하고 해설하는 데 주력했다. 마지막 부분에 대개 간단한 평가를 곁들였지만 이것도 그 동안의 일반적 평가를 소개하는 데 중점을 두었다. 사실 복잡하고 어려운 현대 철학자의 사상을 짧은 분량에 알기 쉽게 소개한다는 것은 여간 힘든 일이 아니다. 알기 쉽게 쓰려고 최대한 노력했지만 어쩔 수 없이 문외한이 보기에는 때로 잘 이해가 안 되는 부분도 있을 것이다. '더 읽어야 할 책'은 초보자들의 입장에서 각 사상가를 공부하기 위해서는 무엇을 어떻게 읽어야 할지를 안

내하는 방식을 취했으며, 국내 독자들에게 실질적인 도움이 되도록 국내에서 출판된 책을 많이 소개했다.

1부는 조광제, 2부는 박정호, 3부는 양운덕, 4부는 이봉재가 편집 책임을 맡았고 총괄은 박정호가 맡았다. 되도록이면 분량이나 체제 등의 형식을 통일하려 했으나 많은 필자가 참여하다 보니 어느 정도의 편차가 생길 수밖에 없었다. 특히 각 부나 장별로 분량에 상당한 차이가 있는데, 이것은 사상사적 중요성의 차이가 아니고 단지 집필과 편집 기술상의 문제일 뿐이다.

집필자가 많다 보니 집필과 편집 과정에서 우여곡절이 많았지만, 어쨌든 이렇게 16명의 현대 철학자를 소개하는 글을 모아 놓고 보니 이 책은 젊은 학자들의 현대 철학에 관한 최신 연구 역량을 입문서의 한계 내에서나마 집약해 놓은 셈이 되었다. 사실 이것이 쓸 만한 입문서를 낸다는 것과 아울러 편집진이 애초에 의욕한 바이기도 했다.

돌이켜 보면 우리 나라에 서양 철학이 소개된 지도 100년 가까이 되었다. 철학이란 시대 정신이란 말도 있듯이, 철학은 역사적 현실 속에서 배태된다. 서양 현대 철학 역시 현대사의 격랑 속에서 생성되었다. 양차 세계 대전, 러시아 혁명, 파시즘과 나치즘, 스탈린주의의 등장, 동서 냉전 체제, 1968년 프랑스의 5월 사태, 1980년대 말과 1990년대 초의 소련과 동구 사회주의권의 붕괴 등이 20세기의 세계사적 사건들이다. 우리는 이러한 사건들을 나열하는 것만으로도 20세기 서양 철학이 근대 이래의 계몽주의적 낙관을 뒤로 하고 근대 서양 문명에 대한 전반적 반성과 회의 속에서 형성되었다는 것을 짐작할 수 있다.

개항 이래 우리는 서양의 물질 문명과 정신 문화를 수용해 왔다. 지금까지 서양은 우리에게 언제나 선망의 대상이었을 뿐만 아니라 저항의 대상이기도 하였다. 근대화는 우리에게 서구화를 뜻했고, 과거와의 단절과 전통의 파괴를 강요하였다. 게다가 우리의 근대화는 식민화와 분단을 동반하였다. 근대화가 내재적 발전의 논리에 따르지 못하고 식민화와 억압을 동반하며 뒤틀리고 왜곡되게 진행되었다면, 주로 원전에 대한 요약과 주석에 머물렀던 우리의 서양 철학 수용 역시 서양 철학을 낳은 현실도 우리 자신의 현실도 모두 등한시했다는 점에서 이중적으로 왜곡되어 진행되었다고 할 수 있다. 학문의 보편성과 근대 문명의 보편성이 그러한 수용 태도를 정당화해 온 논리였지만, 그 보편성이 특정한 시기와 장소에서 창조된 것이고 식민화와 결합된 것일 수 있다는 사실을 간과했던 것이다.

지구촌화 시대에 우리 현실의 특수성만을 고집하는 태도도 편협할 수 있다. 그러나 세계에서 유례가 없는 우리의 숨가쁜 근대화와 그에 대한 치열한 저항의 경험, 그리고 오랜 동양적 문화 전통은 새롭고 진보적인 구체적 보편을 모색하는 데 훌륭한 밑거름이 될 것이다. 물론 창조는 하루 아침에 이루어지는 것이 아니고 오랜 학습 과정을 필요로 한다. 서양 철학의 고전을 제대로 번역한 책이 별로 없는 데서 알 수 있듯이, 어떤 면에서는 치밀한 학습이 없는 어설픈 창조가 더 문제라고도 할 수 있다. 그러나 학습도 우리 현실에 바탕을 둔 진지한 문제 의식을 가지고 해야만 창조로 연결될 것이다. 마침 근대 서양 문명과 문화에 대한 전반적 반성과 해체가 유행하고 있어서 지금이 우리 자신을 되돌아보고 중심을 잡기에는 좋은 기회인 듯하다. 서양 현대 철학의 흐름을 개관하는 이 책이 이러한 작업에도 어느 정도 도움이 되기를 기대해 본다.

끝으로 편집진의 까다로운 요구 사항들을 적절히 수용하여 좋은 글을 보내 주신 집필자 여러분께 감사드리고, 예상보다 훨씬 길어진 작업에도 물심 양면의 지원을 아끼지 않으신 도서출판 동녘의 이건복 사장님, 복잡한 연락과 교정을 끈기로 마쳐 주신 한필훈 부장님을 비롯한 편집부원 여러분께도 이 자리를 빌려 감사드린다. 이번에 다루지 못한 주요 철학자들은 판을 거듭하면서 보충해 나갈 것이며, 편집과 내용상의 미비점도 앞으로 계속 고쳐 나갈 것을 약속드리면서 독자 여러분의 따끔한 지적을 바라 마지 않는다.

1996년 7월
편집인을 대신하여
박정호

차 례

• 책 머리에 / 4

1부 현상학과 해석학

• 개관 : 현상학과 해석학(조광제) / 13
1장 에드문트 후설(이남인) / 18
2장 마르틴 하이데거(박찬국) / 49
3장 모리스 메를로-퐁티(조광제) / 83
4장 폴 리쾨르(한상철) / 111

2부 비판 이론

• 개관 : 비판 이론(박정호) / 137
5장 게오르크 루카치(박정호) / 145
6장 테오도르 아도르노(민형원) / 174
7장 위르겐 하버마스(김재현) / 202

3부 구조주의와 포스트 구조주의

- 개관 : 구조주의와 포스트 구조주의(양운덕) / 239
- 8장　클로드 레비-스트로스(이정우) / 247
- 9장　자크 라캉(박성수) / 269
- 10장　미셸 푸코(윤평중) / 292
- 11장　루이 알튀세(문성원) / 318
- 12장　자크 데리다(양운덕) / 342

4부 분석 철학

- 개관 : 분석 철학(이봉재) / 401
- 13장　루드비히 비트겐슈타인(이승종) / 406
- 14장　윌라드 반 콰인(민찬홍) / 436
- 15장　칼 포퍼(신중섭) / 484
- 16장　리차드 로티(이유선) / 511

□ **인용 문헌** / 537
□ **필자 소개** / 554

1부 현상학과 해석학

• 개관 : 현상학과 해석학 / 조광제
1장   에드문트 후설 / 이남인
2장   마르틴 하이데거 / 박찬국
3장   모리스 메를로-퐁티 / 조광제
4장   폴 리쾨르 / 한상철

1부 개관

현상학과 해석학

조 광 제

1

요즈음은 구조주의와 포스트 구조주의가 세계 철학의 큰 흐름을 형성하면서 각광받고 있어서 사정이 다르지만, 얼마 전까지만 해도 현상학은 분석 철학과 함께 현대 철학의 큰 두 줄기를 형성하는 것으로 소개되었다. 후설, 하이데거, 사르트르, 메를로-퐁티, 리쾨르, 하르트만, 레비나스 등 이름만 들어도 압도될 듯한 현대의 기라성 같은 철학자들이 현상학 계열에 속해 있기 때문만은 아니다. 실제로 현상학은 획기적인 학문 방법론을 제공함으로써 미학, 사회학, 심리학, 문학, 교육학 심지어 간호학에 이르기까지 거의 미치지 않는 학문 영역이 없을 정도로 광범한 영향력을 행사하기 때문이다.

그래서 흔히 현상학은 후설의 본질 직관이나 에포케 등의 학문 방법론으로 알려져 있지만, 또한 '현상학적 운동'이라는 말에서 드러나듯 한 뜻으로 말할 수 없어 테브나즈(P. Thévenaz)가 천의 얼굴을 가진 현상학이라 일컫기도 했지만, 무조건 현상학의 특징을 꼽을 수 없는 것은 아니다. 무엇보다도 현상학은 인간의 삶을 근본에서부터 문제 삼고 있다는 점에서 핵심적인 특징을 드러낸다. 존재, 죽음, 자유, 결단 등의 개념을 내세워 '심각한 철학'의 대명사격이 된 20세기 전반의 실존 철학이 현상학의 다른 이름이라 해도 과언이 아닌 사태가 잘 보여 주듯이 현상학은 애초 인간의 삶을 근원적으로 문제 삼는다.

이러한 현상학의 철학적 문제틀은 방법론에도 이관되어 나타난다. 현상학의 주요한 방법 가운데 하나가 '현상학적 기술(記述)'이다. "사태 자체로!"라는 현상학의 구호가 잘 말해 주듯이 현상학은 현상이 드러나는 그대로를 솔직하게 받아들이자는 정신을 바탕으로 삼는다. 이는 설혹 현상 그대로의 인간의 삶이 아무리 처참하다 할지라도 그 어떤 형이상학적인 또는 신학적인 전제를 받아들여서는 참다운 철학을 일구어 낼 수 없다는 정신이다. 말하자면 "인간의 존재를 인간의 손에!"라는 정신이 이미 현상학의 방법론에 스며 있는 것이다.

인간을 둘러싼 제반 현상들을 수량화하여 이해할 수 있고 통제할 수 있다는 실증주의에 입각한 계량주의 또한 하나의 형이상학이다. 현상학은 인간의 존재를 갈가리 찢어 놓는 이러한 술책을 경계하면서 인간됨의 여실한 총체적 지평을 연다. 현상학이 개별 과학들에 파고들어가 인간됨을 중시하는 방법론으로 자리잡게 되는 것도 바로 이 때문이다.

철학은 힘이다. 참으로 있는 것이 아닌 참으로 있는 것처럼 하는 모든 허위를 파괴하고 참으로 있어야 할 것을 추구하면서, 이를 방해하는 모든 것을 파괴하는 힘이다. 철학을 시대 정신이라고 한 것은 이같은 시대를 진단하고 새 시대를 여는 부정과 긍정의 양날로 된 날카로운 칼이기 때문이다. 현상학의 정신은 이러한 힘을 느끼게 한다. 유럽 지성의 위기에서 유럽 인간성의 위기를, 유럽 인간성의 위기에서 유럽 사회의 전반적인 위기를 감지하고서 이를 치유하고자 했던 후설 현상학의 정신은 바로 이러한 철학 정신의 구현이다.

그러나 그 어떤 전제도 받아들이지 않고 주어진 현상 또는 현실의 의미를 현상학적으로 파악하고자 할 때, 때로는 무의미의 늪이 눈앞을 가로막고 선다. 그래서 때로는 형이상학적인 또는 신학적인 권위에 무릎꿇고 싶은 유혹이 뭉게구름처럼 솟아오른다. 그러나 현상학의 정신은 끝끝내 형이상학 또는 신 없는 상태에서 무의미의 그물망을 찢고 퍼득이며 살아 오르는 의미의 물고기에서 느끼는 감촉을 만끽하고자 한다.

다만 여러 갈래로 나 있는 현상학의 길을 자칫 잘못 들어서다 보면 도도한 관념론의 늪을 만나기도 한다는 것이 문제다. 관념론의 늪 속에 빠지면 도도한 듯 눈빛이 시니컬하게 변하면서 자신의 성(城)으로부터 타인들을 몰아낸다. 그러나 현상학의 흐름의 끝은 결코 관념론의 고고한 성을 빛나게 하지 않았다. 특히 나의 몸과 타인의 몸과 대지의 몸이 하나로 엮여 부대끼는 공동의 터를 철학의 고향땅으로 만들어 놓은 메를로-퐁티의 현상학이 이를 웅변한다.

2

우리는 네 사람의 현상학자를 차례로 만나게 될 것이다. 물론 이 네 사람 외에 뛰어난 현상학자가 없는 것은 결코 아니다. 사정상 사르트르(J. P. Sartre)를 고찰하지 못한 것이 안타깝다. 다소 덜하긴 하지만 현상학적 사회학의 길을 연 쉬츠(A. Schütz)나 현상학적 미학의 길을 연 잉가르덴(R. Ingarden)을 다루지 못한 것이 역시 아쉽다.

현상학의 창시자인 후설은 유럽의 피폐한 사회상을 극복하기 위해 인간의 주체성이 어떻게 형이상학적인 또는 신학적인 전제에 앞서는가를 밝힌다. 후설을 맡은 이남인 선생은 여기에서 한 걸음 더 나아가 인간의 전모를 밝히는 데 빠뜨릴 수 없는 본능적 차원을 후설이 어떻게 탐구했는가를 덧붙여 논의한다.

하이데거는 인간 존재의 해방을 위해 종래의 형이상학을 극복하고 새로운 형이상학을 건립해야 하는 이유와 그 토대가 바로 인간 현존재임을 밝힌다. 이를 바탕으로 하이데거를 맡은 박찬국 선생은 종말론적인 기운이 감도는 현대에서 하이데거가 주는 메시지가 무엇인가를 제시한다.

메를로-퐁티는 인간의 사유가 빚어 낸 이념의 굴레가 어떻게 인간 존재를 왜곡했는가를 밝히고, 그 대안으로 살아 있는 몸으로서의 구체적인 인간 존재를 드러낸다. 메를로-퐁티를 맡은 조광제는 메를로-퐁티 현상학의 핵심을 '몸을 구조화하는 세계'와 '세계를 구조화하는 몸'이라는 상호 작용의 얼개로 보고서 이를 해명한다.

리쾨르는 현상학적인 작업이 다름아닌 인간 존재에 대한 해석임을 간파하고서 언어, 상징, 텍스트, 시간성 등의 인간 표현들에 접근할 수 있는 길을 연다. 리쾨르를 맡은 한상철 선생은 이같이 엄청난 리쾨르의 작업을 미로를 파헤치듯 하나하나 해명해 나간다.

다른 걸출한 철학자들도 그렇겠지만 이 네 철학자의 사상을 짧은 지면에 잘 담아 낸다는 것은 참으로 어렵다. 철학 전공자들마저도 현상학이라고 하면 심지어 암호 같다는 말을 내뱉기도 하는 터에 일반인들에게 현상학을 소개한다는 것은 여간 어려운 일이 아니다. 현상학의 대가들이 무엇을 어떻게 문제 삼아 어떻게 풀어 가는가를 가늠하기만 해도 큰 수확이 되리라 믿는다. 아울러 현상학의 창시자인 후설의 사상이 어떻게 다른 사람들에게 반영되어 나타나는가를 알아보고, 네 현상학자들을 다른 계통의 현대 철학자들이 잡아 낸 문제 및 그에 대한 풀이와 비교해서 정리할 수 있다면 금상첨화가 되리라 생각한다.

참고로 이 분야에서 빼놓을 수 없는 책 몇 권을 적어 본다.
김영한, 『하이데거에서 리쾨르까지 —— 현대의 철학적 해석학과 신

학적 해석학』, 박영사, 1987

조가경, 『실존 철학』, 박영사, 1961(초판)/1970(수정 증보판)

한국 현상학회 엮음, 『생활 세계의 현상학과 해석학』(철학과 현상학 연구 제5집), 서광사, 1992

한전숙, 『현상학』, 민음사, 1996

스피겔버거, 『현상학적 운동 1, 2』, 최경호·박인철 옮김, 이론과 실천, 1991(1권)/1992(2권)

1장
에드문트 후설

이 남 인

1. 생애

후설(Edmund Husserl, 1859~1938)은 20세기 독일과 프랑스의 핵심적인 철학 사조인 현상학의 창시자이다. 그는 1859년 4월 8일 오스트리아의 메렌(Mähren) 주 프로쓰니츠(Proßnitz)에서 유대인 상인의 아들로 태어났다. 1876년에서 1882년 사이에 라이프치히, 베를린 등지에서 철학과 수학 등을 공부하였고, 1882년과 1883년 겨울 학기에 '변분 계산'에 관한 논문으로 박사 학위를 취득하였다. 그는 이어 빈으로 자리를 옮겨 철학 공부를 심화시킨 후, 1887년 할레 대학에서 '수 개념에 관하여. 심리학적 분석'이라는 주제의 논문으로 교수 자격을 취득하였으며, 바로 이 할레 대학에서 1887년부터 1901년 사이에 사강사로 재직하였다. 1900년에서 1901년 사이에 그의 현상학의 초석이 된 『논리 연구』를 발표하였으며, 이 저술이 커다란 업적으로 평가받아 1901년 괴팅겐 대학에 교수로 초빙되어 이 대학에서 1916년까지 재직하였다. 1916년에 신칸트 학파의 거두인 리케르트의 후임으로 프라이부르크 대학에 정교수로 초빙되어 1928년 정년 퇴임할 때까지 이 대학에서 재직하였다. 비록 스스로는 그 누구 못지 않게 훌륭한 독일 국민이라고 늘 생각하였지만 유대인 출신이었기 때문에 1930년대 들어서면서 국가 사회주의자들이 정권을 잡은 후에는 이들로부터 심하게 핍박받았다. 이처럼 아주 어려운 상황 속에서도 그는 퇴임 후 약 10년간 현상학 연구에 몰두하다가 1938년 4월 27일, 79세의 나이로 타계하였다.

후설은 지칠 줄 모르는 강의와 연구 활동으로 점철된 학자로서의 생애를 보냈으며, 다른 철학자들에게서 종종 찾아볼 수 있는 드라마틱한 사건들은 눈에 띄지 않는다. 이처럼 연구 활동으로 점철된 그의 생애를 조금 더 구체적으로 떠올리기 위하여 그의 저술을 중심으로 연구 활동의 자취를 살펴볼 필요가 있다. 그는 생전에 『논리 연구』를 비롯하여 『엄밀학으로서의 철학』, 『이념들 I』, 『형식 논리학과 초월적 논리학』, 『내적 시간 의식의 현상학』, 『데카르트적 성찰』, 『유럽 학문의 위기와 초월적 현상학』 등 몇몇 저술밖에는 출간하지 않았다. 이 저술들 중에서 『논리 연구』와 『내적 시간 의식의 현상학』만이 구체적인 현상학적 분석 결과를 담고 있을 뿐 나머지 저술들은 모두 현상학에 대한 총체적인 계획을 담고 있는 입문적인 성격을 지닌 저술들이다. 그의 생전에 여기저기서 산발적으로 출간된 이러한 저술들은 모두 1950년에 간행되기 시작한 '후설 전집'(Husserliana)에 수록되어 있다. 그의 현상학의 본래적인 내용이라 할 수 있는 구체적인 현상학적 분석들은 대부분 생전에 출간되지 못한 4만 5000여 쪽에 달하는 수고 속에 들어 있다. 이 수고들은 후설의 사후 나치의 손에 넘어가 소실될 위험에 처했으나, 벨기에의 신부 브레다(Hermann Leo van Breda)가 이 수고들을 극적으로 벨기에로 유출하여 1939년 루뱅 대학에 후설 아르키브를 설립한 후, 체계적으로 편집하여 1950년부터 '후설 전집'으로 출간하기 시작하였다. 후설 수고의 편집 작업은 현재도 루뱅의 후설 아르키브 및 그 이후 설립된 쾰른 대학의 후설 아르키브, 프라이부르크 대학의 후설 아르키브 등을 중심으로 계속되고 있다.

후설은 1920년대에 독일 내에서뿐 아니라 국제적으로 커다란 명성을 얻은 철학자였으나 국가 사회주의자들이 정권을 잡은 1930년 무렵부터는 철학계에서 거의 주목받지 못하였다. 그러나 이러한 상황은 2차 세계 대전이 끝난 후 바뀐다. 후설의 현상학은 1950년께 일종의 르네상스를 맞았으며, 1960년대 이후 오늘에 이르기까지 활발하게 연구되고 있다. 이처럼 활발한 연구 분위기와 더불어 많은 연구 결과가 나왔는데도 후설 현상학은 아직도 충분히 연구되지 못한 실정이다. 그 가장 대표적인 예는 수고들의 편집 작업인데, 이 작업은 방대한 양의 수고와 비교해 볼 때 그 작업이 시작된 지 40여 년이 지난 1990년대 중반에도 아직 시작 단계에 머물고 있는 실정이다. 현재도 수많은 연구자들이 후설 현상학의 새로운 모습을 계속해서 밝혀 내고 있으나, 후설 현상학의 총체적인 모습은 아직도 드러나지 않았다.

2. 현상학의 이념 —— 엄밀학으로서의 철학

1911년 『로고스 *Logos*』지에 발표한 「엄밀학으로서의 철학 Philosophie als strenge Wissenschaft」이라는 논문의 제목이 알려 주듯이 후설의 필생의 작업은 엄밀학으로서의 현상학을 수립하는 일이었다. 그는 이러한 현상학의 이념을 19세기 후반에서 20세기 초에 걸쳐 형성된 유럽의 철학적 상황에 대한 철저한 비판을 통하여 발전시켰다. 19세기 중반은 헤겔에 의해 절정에 달한 사변적인 독일 관념론이 붕괴되면서 경험에 기초한 개별 과학들이 비약적으로 발전한 시기이다. 이러한 상황에서 철학은 심각한 정체성의 위기에 처하게 되고 이러한 정체성의 위기 속에서 개별 과학의 비약적 발전에 편승해 여러 가지 철학 사조들이 등장하였다. 그 중에서 가장 대표적인 예가 바로 후설이 「엄밀학으로서의 철학」에서 그 기원을 철저히 분석해 들어가면서 비판하고 있는 '자연주의'(Naturalismus)와 '역사주의'(Historismus)이다.

자연주의는 르네상스 시대 이래 비약적으로 발전한 자연 과학, 특히 수리 물리학의 성과에 크게 자극받고 고무되어 제3자적 관찰, 실험, 수리화 및 법칙화 등의 물리학적 방법이 모든 학문의 참된 방법일 수 있으며, 역사학 등의 정신 과학조차도 수리 물리학적 방법을 사용할 때만 참된 의미의 학문이 될 수 있다고 생각하는 철학적 입장이다.

후설은 자연주의를 (1) 그것이 지닌 물리학적 방법의 특권에 대한 근본 신념과 관련해 '물리주의'(Physikalismus)라고 부르기도 하고, (2) 감각 경험적 실증성이 지닌 특권에 대한 근본 신념과 관련해 '실증주의'(Positivismus)라 부르기도 하며, (3) 제3자적인 객관적 관찰이 지닌 특권에 대한 근본 신념과 관련해 '객관주의'(Objektivismus)라 부르기도 한다. 그런데 후설은 자연주의의 근본적인 오류는 본질적 대상 혹은 이념적 대상이나 의식 등과 같이 물리적 대상과는 근본적으로 다른 존재 방식과 인식 방식을 지니는 대상들을 물리적 대상처럼 취급하는 데 있다고 본다.

역사주의는 19세기 후반에 비약적으로 발전한 역사학을 비롯한 제반 정신 과학에 편승하여 성립된 철학 사조이다. 후설은 역사주의는 역사적 현상을 파악하기 위하여 사용되는 범주들을 통하여 모든 현상들을 파악할 수 있다는 철학적 입장을 가졌다고 보았다. 이러한 의미의 역사주의에 의하면 모든 존재자들의 근본 범주 중의 하나는 '역사성'이며, 따라서 모든 것은 역사성과 상대성을 지닌다. 그러나 역사주의는 "모든 것이 역사성과 상대성을 지닌다"는 명제가 가진 논리적 난점 이외에도 초역사적인 영역, 예를 들면 수의 영역이나 본질의 영역의 존재를 부인하고, 그와 더불어 사실의 문제와 타당성의 문제를 혼동하는 근본적인 오류를 범하고 있다. "2 더하기 5는 7이다"라는 수학적 명제는 역사 속에서 발견되었으며 발견이라는 이러한 사실의 차원과 관련해 "이 명제는 역사적이다"라고 말할 수 있는 것은 사실이지만, 그렇다고 하여 이 명제가 역사적 상황이 변화함에 따라 때로는 부당하기도 하고 때로는 타당하기도 한 것은 아니다. 이러한 예에서 알 수 있듯이 수학적 명제의 타당성은 역사성을 지니지 않는다.

자연주의와 역사주의가 공통적으로 범한 근본적인 오류는 자연, 정신, 예술, 종교, 본질, 초월적 의식 등 그 존재와 인식 구조에서 서로 구별되는 다양한 사태 영역이 있음을 망각한 채 '자연'(자연주의) 혹은 '역사'(역사주의) 등 특정의 사태 영역에만 타당한 존재와 인식 원리를 일반화하여 모든 사태 영역에 무차별적으로 적용할 수 있다고 생각한 데 있다. 자연주의와 역사주의의 입장을 따를 경우 모범적인 예로 등장한 사태 영역을 제외한 여타의 사태 영역을 그 사태 영역의 본질에 합당하게 파악할 수 있는 가능성이 차단되는데, 이는 바로 자연주의와 역사주의가 철학의 목표는 참다운 인식의 구현에 있다는 철학의 근원적인 이념과 상반되는——후설의 표현을 빌리자면——일종의 '사이비 철학'(Unphilosophie : *Husserliana* VI, 13)임을 의미한다. 이처럼 '사이비 철학'으로 전락하게 되는 자연주의와 역사주의야말로 후설의 마지막 저술인 『유럽 학문의 위기와 초월적 현상학』의 핵심 주제인 '철학의 위기'의 진원지이며, 바로 이러한 철학의 위기에서 현대 과학 일반의 위기, 더 나아가 현대인이 처한 실존적 위기가 유래한다는 것이 후설의 진단이다.

후설의 현상학은 "철학은 모든 것의 원리, 뿌리에 관한 학이다"라는 전통적인 철학의 이념을 근원적으로 새롭게 부활시켜 현대 과학 일반이 처한 위기, 더 나아가 현대인이 처한 실존적 위기를 극복함을 목표로 삼는데, 후설에 따르면 이러한 목표는 엄밀학으로서의 현상학을 수립할 때 달성될 수 있다. 엄밀학으로서의 현상학은 거기서 사용되는 모든 철학적 개념들이 엄밀할 경우 실현될 수 있는데, 어떤 개념이 엄밀하다 함은 (1) 그 개념을 통해 그 개념이 지시하는 사태를 다른 여타의 사태들과 구별하면서 확인할 수 있고, (2) 그 개념을 이루고 있는 부분적인 요소들이 충분히 분절되어 있어야 함, 다시 말해 그 개념이 명석성과 판명성을 지니고 있어야 함을 의미한다. 이 점과 관련하여 우리는 개념의 엄밀성이 수학 등과 같은 정밀 과학에서 문제되는 개념의 정밀성(Exaktheit)과는 근본적으로 다른 의미를 지님을 알아야 한다.

정밀 과학에서 사용되는 정밀한 개념의 여러 가지 특징 중의 하나는 그를 통해 일반 법칙에 의거한 개별적인 사실들의 설명, 즉 '연역 법칙적 설명'이 가능하다는 점이다. 그러나 역사학 등의 정신 과학 혹은 철학 등에서 사용되는 개념이 엄밀한 개념일 경우 그것이 필연적으로 정밀한 개념이어야 할 필요는 없다. 이는 정신 과학과 철학이 필연적으로 그들의 탐구 대상에 대한 '연역 법칙적 설명'을 그 목표로 삼아야 하는 것은 아님을 의미한다. 자연주의의 경우에 종종 확인할 수 있듯이 정밀 과학 이외의 학문에서 정밀한 개념을 확보하려고 시도할 경우 오히려 사태 자체의 본질에 부합하지 않는 개념, 다시 말해 엄밀하지 않은 개념만을 획득하게 될 위험이 있다는 것이 후설의 근본적인 생각이다.

엄밀한 개념이란 사태 자체에 부합하는 개념이기 때문에 현상학을 엄밀학으로서 수립하고자 할 경우 일차적으로 이루어져야 할 작업은 "사태 자체로!"라는 현상학의 구호에 나타나 있듯이 철학이 탐구하여야 할 사태 자체로 귀환하는 일이다.

3. 현상학의 사태와 방법 —— 지향성과 환원

후설이 그의 주저 『이념들 I』에서 "전체 현상학을 포괄하는 주제는 지향성이다"(*Husserliana* III/1, 337)라고 천명하듯이 엄밀학으로서의 철학을 근본 이념으로 하는 현상학이 탐구하여야 할 사태는 지향성이다. 현상학적 사태로서의 지향성은 "의식은 언제나 무엇에 관한 의식이다"라는 의식이 지닌 본질적 속성을 지칭하는 개념이다. '무엇에 관한 의식'이라는 지향성에 대한 규정에서 알 수 있듯이 대상과 그를 향한 의식으로서의 지향성은 서로 무관하게 독립적으로 존재하는 것이 아니라, 양자 사이에는 그 본질 구조에 있어 독특한 상관 관계가 있다. 이 양자 사이의 상관 관계에 따르면 의식의 대상이 없는 의식은 없으며, 의식 작용이 없는 의식의 대상도 존재하지 않는다. 후설은 '무엇에 관한 의식'으로서의 지향성을 '사유'라는 의미를 지닌 희랍어 명사를 빌려 '노에시스'(Noesis)라 부르고, 의식이 향하고 있는 '무엇', 즉 지향성의 대상적 상관자를 '사유된 것'이라는 의미를 지닌 희랍어 명사를 빌려 '노에마'(Noema)라 부르며, 그에 따라 이 양자 사이의 상관 관계를 '노에시스-노에마 상관 관계'(Noesis-Noema Korrelation)라 부른다.

이러한 노에시스-노에마 상관 관계와 관련하여 우리는 다음의 세 가지 사실에 주목할 필요가 있다. (1) 각각의 서로 다른 대상 영역에는 각기 다른 본질적인 구조를 지닌 노에시스가 향하고 있으며, 따라서 서로 다른 본질적인 구조를 지닌 노에시스-노에마 상관 관계가 존재한다. 예를 들면 물리적 대상을 향한 노에시스의 본질 구조는 역사적 대상을 향한 노에시스의 본질 구조와 다르며, 그에 따라 양자 사이에 존재하는 노에시스-노에마 상관 관계 역시 전혀 다른 본질 구조를 보인다. 따라서 우리는 특정 대상 영역과 관련한 노에시스-노에마 상관 관계의 구조 해명을 통해 그 대상 영역에 고유한 존재 원리 및 인식 원리의 해명을 위한 단초를 획득할 수 있다. (2) 노에시스-노에마 상관 관계는 보편적인 상관 관계인데, 이는 이러한 상관 관계가 특정의 몇몇 대상 영역에서만 확인할 수 있는 것이 아니라, 모든 대상 영역에서 보편적으로 확인할 수 있는 현상임을 의미한다. 다시 말해 앞서 언급한 물리적 대상과 역사적 대상뿐 아니라, 여타의 모든 경험적 대상, 이 모든 대상들의 보편적 지평인 세계, 더 나아가 감각을 통해서는 직접 파악되지 않는 본질적 대상, 심지어는 내재적 반성을 통해서만 대상화될 수 있는 의식으로서의 지향성과 관련해서도 우리는 노에시스-노에마 상관 관계를 확인할 수 있다. (3) 엄밀학으로서의 철학의 이념을 추구하는 현상학은 경험 과학이 아니라, 현상의 본질 구조를 탐구하는 '본질학'(Wesenswissenschaft)이며, 따라서 현상학에서 문제가 되는 것은 노에시스-노에마 상관 관계의 경험적 구조가 아니라, 그의 불변적이며 초시간적인 본질 구조이다.

노에시스-노에마 상관 관계에 대한 체계적이고 총체적인 분석 작업은 전통적으로 철학이 추구해 온 모든 것의 존재 원리와 인식 원리에 대한 보편적인 해명 작업으로 연결되며, 따라서 엄밀학으로서의 철학을 그 근본 이념으로 하는 현상학이 탐구해야 할 사태가 지향성임이 밝혀진다. 이 경우 우리는 노에시스-노에마 상관 관계가 보여 주듯이 지향성에 대한 현상학적 분석이 대상과의 관련성을 도외시한 채 수행되는 것이 아니라, 어디까지나 대상과의 관련성 속에서 수행되며, 그러한 한에서 이러한 분석을 통해 대상 세계 자체가 조금도 망각되거나 도외시되는 것이 아님을 강조할 필요가 있다. 지향성을 탐구 주제로 삼는다 함은 '현상하는 대상'(das Erscheinende), 즉 노에마와 더불어 이 노에마를 현상하게 하는 '현상 작용'(das Erscheinen), 즉 노에시스를 탐구 주제로 삼음을 의미한다. 이처럼 현상학적 의미의 '현상'(Phänomen)은 '현상 작용'과 더불어 '현상하는 대상'도 의미하며, 이런 점에서 현상 개념은 후설의 표현을 빌리면 '이중적인 의미를 지닌'(doppelsinnig : *Husserliana* II, 14) 개념이다. 여기서 우리는 노에시스-노에마 상관 관계 때문에 지향성에 대한 탐구가 필연적으로 이중적인 의미에서 '현상에 관한 학', 즉 현상학이 됨을 알 수 있다.

지향성이라는 사태를 그 본질에 적합하게 분석하여 엄밀학으로서의 철학으로서의 현상학을 수립하기 위한 방법은 여러 단계와 종류로 나누어지는 환원(Reduktion)이라 불리는 방법이다. 환원의 정체를 해명하기 위해서는 후설이 제시하는 명증 원리, 혹은 직관주의라는 방법론적 근본 요청을 우선 해명하여야 할 필요가 있다. 직관주의라는 방법론적 근본 요청에 의하면 모든 유형의 참다운 인식의 최종적인 원천은 사태에 대한 근원적인 직관인데, 이 점에 있어서는 철학적 인식도 예외는 아니다. 지향성이라는 사태에 대한 엄밀한 개념의 획득과 그에 기초한 엄밀학으로서의 현상학 수립은 사태의 본성과 무관한 자의적인 개념 구성과 개념 유희, 또는 사태와 무관한 공허한 사변으로부터 해방되어 지향성이라는 사태 자체로 귀환하고 이 사태를 근원적으로 직관할 때만 가능하다. 후설은 이러한 방법론적 요청을 "(사태를) 근원적으로 드러내 주는 직관이 모든 인식의 권리 원천이다"(*Husserliana* III/1, 51)라는 명제로 정식화하면서, 이를 '모든 원리 중의 원리'(das Prinzip aller Prinzipien)라 부른다.

그런데 지향성이라는 사태로 귀환하여 그 사태를 직관하고 그에 기초해 엄밀한 개념을 획득하는 작업은 흔히 생각하듯이 쉬운 일이 아니다. 그 이유는 우리가 일상적 삶을 영위해 나가는 자연적 태도에서 우리의 시선은 대부분 외계 대상과 그들의 보편적 지평인 세계를 향해 있으며, 따라서 이러한 대상과 세계를 향한 지향성은 자연적 태도에서 단지 부분적으로만 자신의 모습을 드러내거나 혹은 전혀 자신의 모습을 드러내지 않은 채 은폐되어 있기 때문이다. 후설에 의하면 자연적 태도 속에 들어 있는 이러한 은폐 성향은 현대에 접어들면서,

무엇보다도 앞서 살펴본 자연주의가 대두하면서, 더욱더 극단화되어 가는 추세에 있다. 지향성이라는 사태에 대한 현상학적 분석이 가능하기 위해서 우선 선행되어야 할 작업은 자연주의적 선입관, 더 나아가 자연적 태도 속에 들어 있는 근원적인 은폐 성향으로부터 벗어나 지향성이라는 사태 자체로 귀환할 수 있는 철학적 방법을 확보해야 할 필요가 있는데, 후설은 이러한 방법을 '현상학적 환원'(phänomenologische Reduktion)의 방법이라 부른다. 더 나아가 현상학은 본질학이며 따라서 현상학이 수립되기 위해서는 현상학적 방법 이외에 지향성이라는 사태의 본질 구조, 형상적 구조를 파악할 수 있는 방법을 확보해야 할 필요가 있다. 이러한 방법을 후설은 '본질 직관'(Wesensanschauung)의 방법 혹은 '형상적 환원'(eidetische Reduktion)의 방법이라 부른다.

4. 지향적 심리학과 초월적 현상학

모든 것이 그러하듯이 지향성도 각기 다른 관점에서 분석할 수 있다. 현상학의 근본 주제로서의 지향성을 어떤 관점에서 분석하느냐에 따라 현상학이 구체적으로 어떤 모습을 보이는가가 결정된다. 이 점과 관련해 우리는 후설의 현상학의 전개 과정에서 서로 구별되는 두 개의 현상학의 모습을 발견한다. 기술적 심리학과 구성적 현상학, 즉 초월적 현상학의 구별이 그것이다.

기술적 심리학은 다양한 지향성들의 본질적 구조가 서로 다르다는 사실에 착안해 서로 구별되는 다양한 지향성의 본질 유형을 밝혀 냄을 목표로 한다. 사물에 대한 외부 지각(äußere Wahrnehmung)이라는 지향성을 예로 들어 간단히 고찰해 보자. 외부 지각은 우선 지각 대상을 생생하게(leibhaft) 떠올린다는 점에서 체험 자체에 대한 반성적인 내부 지각(innere Wahrnehmung)과 동일한 지향적 구조를 가지고 있다. 그러나 내부 지각의 경우 지각 대상, 즉 체험 자체가 필증적 명증 속에서 의심할 수 없이 지각 가능하지만, 외부 지각의 경우 지각 대상이 결코 필증적 명증 속에서 지각될 수 없다는 점에서 외부 지각은 내부 지각과 다른 지향적 구조를 가지고 있다. 외부 지각을 다시 기억(Erinnerung)이라는 지향성과 비교해 보면 양자 모두 대상을 그것 자체로 떠올린다는(selbstgeben) 점에서 동일한 지향적 구조를 보이나, 외부 지각이 앞서 언급했듯이 지각 대상을 생생하게 떠올림에 비해 기억에는 처음부터 이러한 가능성이 배제되어 있다는 점에서 외부 지각은 기억과는 다른 지향적 구조를 보인다.

외부 지각은 더 나아가 그림 지각(Bildbewußtsein)이라는 지향성과 구별된다. 우리가 어떤 유명한 화가의 그림을 감상할 때 우리에게 일차적으로 주어지는 것은 외적 사물, 즉 외부 지각의 대상으로서의 그림이다. 이 경우 그림은 우리에게 어떠어떠한 색들로 이루어진 어떠어떠한 크기의 대상이라는 의미로 주어진다. 이러한 식으로 지각될 때 이 그림은 그 주위에 있는 외적 사물——책상, 의자, 책 등——과 본질적으로 구별되지 않는다. 이처럼 그림이 단순한 외부 지각의 대상으로 주어질 때 외부 지각은 있을지언정 진정한 의미의 그림 지각은 아직 존재하지 않고 있다. 진정한 의미의 그림 지각은 외적 사물로서의 그림에 대한 외부 지각을 기초로 그 그림이 표현하고자 하는 내용에 대한 새로운 지향성이 형성되었을 때만 가능하다. 이처럼 그림 지각은 이중의 지향성, 즉 외적 사물로서의 그림에 대한 외부 지각이라는 지향성과 그를 기초로 형성된 그림이 표현하고자 하는 내용에 대한 새로운 지향성이 연결된 특수한 형태의 지향성이다. 외부 지각의 경우 이러한 이중의 지향성의 구별은 확인할 수 없으며 그런 한에서 외부 지각은 그림 지각과는 다른 지향적 구조를 가지고 있다.

우리는 이처럼 다른 종류의 지향성과의 비교 분석을 통해 외부 지각의 지향적 구조를 밝혀 낼 수 있다. 이것이 다름 아닌 외부 지각에 대한 기술적 분석(deskriptive Analyse)이다. 그러나 기술적 분석은 비단 외부 지각과 관련해서만 가능한 것이 아니다. 원칙적으로 우리는 모든 종류의 지향성에 대해 기술적 분석을 행할 수 있다. 지향성에 대한 기술적 분석을 통해 성립되는 현상학이 바로 기술적 심리학이다. 기술적 심리학은 다양한 유형의 지향성——외부 지각, 내부 지각, 본질 인식, 기억, 예기, 상상, 그림 지각, 사진 지각, 표상 작용, 판단 작용, 정서 작용, 의지 작용, 욕구 작용 등등——에 대한 기술적 분석을 통해 이들 각각의 본질적인 지향적 구조를 밝혀 냄을 그 목표로 한다. 후설은 기술적 심리학을 지향적 심리학, 또는 현상학적 심리학이라 부르기도 한다.

그러나 현상학은 단순히 기술적 심리학의 단계에서 끝나지 않는다. 현상학이 기술적 심리학의 단계를 넘어 새로운 형태의 현상학으로 이행해 갈 수 있음은 실제 주어진 것보다 '더 많이 사념함'(Mehrmeinung)이라는 지향성이 지닌 또 다른 본질적 속성 때문에 가능하다. 지향성의 본질적 속성인 '더 많이 사념함'이 구체적으로 무엇을 의미하는지 다시 외부 지각을 예로 고찰해 보자.

전면은 빨간색, 후면은 노란색으로 칠해진 커다란 공에 대한 지각이 이루어지며, 이 지각의 맨 처음 단계에서(T0) 공의 빨간 면이 우리에게 지각되었고, 공이 서서히 돌아가면서 공의 노란 면이 지각되기 시작하였고, 어느 순간(T1) 우리에게 주어진 공의 전면이 반은 빨간색, 반은 노란색이 되었다고 가정하자. 이 경우 T0에서 이 공은 그 색깔이라는 측면에서 고찰하면 '전면은 빨갛고, 후면은 비규정적인 공'(S0)이라는 의미로 우리에게 주어질 것이다. 그러나 이 동일한 공은 T1에서는 일차적으로 '전면의 반은 빨갛고 반은 노랗고, 후면은 비규정적인 공'(S1)이라는 의미로 우리에게 지각될 것이다. 그러나 T1에서 우리가 확인할 수 있는 것은 이러한 의미뿐만이 아니다. 비록 이 단계의 지각에서 이 공이 우리에게 일차적으로 그러한 의미로 지각되는 것은 사실이지만, 반성해 보면 우리는 이 공이 그러한 한계를 넘어서 이미 '한 면은 전체적으로 빨갛고, 다른 한 면은 반은 노랗고 반은 비규정적인 공'(S2)으로 지각되고 있음을 알 수 있다.

지향성으로서의 외부 지각은 이처럼 '더 많이 사념함'이란 일반적인 특징을 갖는다. 이는 지각의 지향성이 과거에 이미 주어진 의미를 현재 생생하게 주어지는 의미와 결합시키면서 더 높은 단계의 새로운 의미를 사념하기 때문에 가능하다. 더 많이 사념함, 즉 더 높은 단계의 의미를 향해 현재 주어진 낮은 단계의 의미를 넘어서는 의식의 작용을 후설은 '구성 작용'(Konstitution)이라 부른다.

자세히 고찰해 보면 이러한 구성 작용은 비단 외부 지각의 지향성에만 국한된 것이 아니고 모든 유형의 지향성이 가지고 있는 본질적인 특성이다. 지향적 분석이 바로 지향성이 지닌 구성 작용에 초점을 맞추고 진행될 경우 현상학은 기술적 심리학의 단계를 넘어 구성적 현상학(konstitutive Phänomenologie)으로 넘어간다. 구성적 현상학은 '초월적 현상학'(transzendentale Phänomenologie)이라고도 불리는데, 그 이유는 구성 작용이란 다름 아닌 더 높은 단계의 의미를 향해 이미 주어진 낮은 단계의 의미를 넘어서려는 의식의 '초월 작용'을 의미하기 때문이다.

'더 많이 사념함'으로서의 초월 작용을 탐구하는 방식에 따라 초월적 현상학은 다시 정적 현상학과 발생적 현상학으로 나눌 수 있다. 기술적 심리학에서 구성적 현상학으로 넘어가면서 후설이 맨 처음 발전시킨 초월적 현상학은 정적 현상학(statische Phänomenologie)이다. 정적 현상학은 '더 많이 사념함'으로서의 초월 작용과 관련하여 초시간적인 논리적 타당성의 문제를 체계적으로 탐구함을 그 목표로 한다. 정적 현상학적 분석을 통하여 초시간적인 논리적 타당성 정초 관계가 해명되기 위해서 초월 작용은 초시간적인 현상으로 파악되어야 하는데, 이는 초월 작용에 들어 있는 시간적 요소를 추상함으로써 가능하며, 이러한 추상 작업을 통해 초월 작용의 출발점인 낮은 단계의 다양한 의미들(S0, S1)과 초월 작용의 종착점인 높은 단계의 의미(S2)는 시간적인 동시성 속에 놓인 현상으로 파악된다.

정적 현상학의 탐구 주제인 논리적 타당성 문제의 예로는 (1) 모든 유형의 타당성을 떠받들고 있는 타당성의 최종적인 원천은 무엇인가, (2) 그 어떤 회의주의에도 굴하지 않는 절대적인 타당성을 지닌 인식은 존재하는가, (3) 어떤 특정의 대상 영역에는 어떤 유형의 타당성이 대응하는가, (4) 다양한 유형의 타당성 사이에는 어떤 유형의 정초 관계가 존재하는가, (5) 타당한 인식의 근거와 한계는 무엇인가 등을 들 수 있다. 이러한 예에서 알 수 있듯이 정적 현상학의 핵심 문제는 인식의 가능 근거와 관련된 문제이며, 바로 이러한 이유에서 정적 현상학의 정체는 일차적으로 인식론임이 밝혀진다.

이와는 달리 발생적 현상학은 초월 작용과 관련하여 '초월적 발생'(transzendentale Genesis)의 문제를 체계적으로 해명함을 그 목표로 한다. 이러한 발생적 현상학적 분석이 가능하기 위해서는 정적 현상학의 경우와는 달리 초월 작용은 시간적 현상으로 파악되어야 하며, 그렇게 됨으로써 초월의 목표인 단일한 의미(S2)와 초월 작용의 출발점인 다양한 의미들(S0, S1)뿐만 아니라, 이 후자들 각각도 각기 다른 시간 위상 속에 배열된다. 시간성 속에서 진행되는 초월 작용의 발생적 연관 자체를 분석하려는 초월적 현상학이 바로 발생적 현상학이며, 이러한 발생적 현상학에서 현상학적 분석은 정적 현상학의 경우와는 달리 논리적 타당성의 문제에 대한 고려 없이 진행된다.

발생적 현상학의 핵심 문제인 초월적 발생의 문제의 예는 (1) 각각의 대상 영역의 구성은 초월적 발생의 관점에서 볼 때 어떤 구조를 지니는가, (2) 초월적 발생의 층에는 어떤 것들이 있으며, 그것들 사이의 정초 관계는 무엇인가, (3) 모든 초월적 발생의 형식적 토대인 초월적 시간성의 구조는 무엇인가, (4) 모든 초월적 발생의 최종적인 원천은 무엇인가, (5) 모든 초월적 발생의 최종적인 목표는 존재하는가 등을 들 수 있다. 바로 이러한 초월적 발생의 문제를 체계적으로 탐구함을 그 목표로 삼는 발생적 현상학은——아래의 논의에서 더 분명히 밝혀지듯이——인식론의 테두리를 넘어서 여타의 가능한 철학 이론으로 발전해 나간다.

정적 현상학과 발생적 현상학은 이처럼 그 이념에서 명료히 구별되는데, 이러한 사실은 무엇보다도 지향 작용 사이의 타당성 정초 관계와 발생적 정초 관계의 대비를 통해서도 분명히 밝혀진다. 타당성 정초 관계와 발생적 정초 관계는 서로 명료히 구별되는 구성적 현상학의 두 개의 핵심 개념이다. 이 둘을 분명히 구별하기 위해 후설은 후기 저술에서 발생적 정초 관계를 지시하기 위해서는 '발생하다'(entstehen), '생성되다'(werden), '발원하다'(entspringen), '성장하다'(erwachsen), '깨쳐 나오다'(erwecken) 등의 개념을 사용하는 반면, 타당성 정초 관계를 지시하기 위해서는 '전제하다'(voraussetzen)라는 개념을 주로 사용한다.

후설은 1933년에 쓴 한 유고에서 '현상학의 두 얼굴'(das Doppelgesicht der Phänomenologie : *Husserliana* XV, 617)에 대해 언급하고 있는데, 우리는 여기서 '현상학의 두 얼굴'이 바로 근본적으로 구별되는, 서로 다른 초월적 현상학의 두 이념에서 유래함을 알 수 있다. 이 '현상학의 두 얼굴' 때문에 초월적 현상학은 이중적 성격을 지니며 그와 더불어 대부분의 초월적 현상학적 근본 개념들 역시 이중적 의미를 지닌다.

초월적 현상학이 지닌 이러한 이중적인 성격은 초월적 현상학의 핵심 개념인 초월성과 초월적 주관이라는 개념에서도 확인할 수 있다. 앞서 초월적 현상학에서의 초월성은 '더 많이 사념함'이라고 형식적으로 규정되었는데, 정적 현상학에 있어 초월은 구체적으로 타당성에 있어 정초해 주는 항을 토대로 정초받는 항에로의 초월을 의미한다. 타당성의 유일한 담지자가 객관화 작용, 즉 이론 이성이기 때문에 정적 현상학의 경우 본래적인 의미의 초월은 오직 객관화 작용, 즉 이론 이성에 의해 수행된다. 비객관화 작용은 이론 이성의 도움 없이는 참다운 의미의 정적 현상학적 초월 기능을 수행할 수 없다.

정적 현상학에서와는 달리 발생적 현상학에서 초월은, 구체적으로 시간적으로 먼저 주어진 것을 토대로 시간적으로 나중에 오는 것으로의 초월을 의미한다. 초월은 이 경우 객관화 작용만의 독점물이 아니라, 의식의 장에서 확인할 수 있는 모든 작용——객관화 작용이든 비객관화 작용이든 상관없이——의 기능이다.

이처럼 정적 현상학과 발생적 현상학에서 초월의 형식적인 의미는 같지만 그 구체적인 내용은 각기 다르다. 정적 현상학에서는 객관화 작용만이 타당성이라는 관점에서 이해된 초월 기능을 담당할 수 있기 때문에 그러한 작용만이 초월적이라 불릴 수 있으나, 발생적 현상학에서는 객관화 작용뿐 아니라 그 이외의 모든 형태의 지향성도, 예를 들면 무의식적 충동, 본능, 발생적으로 낮은 단계의 감정, 기분 등도 발생적 현상학적 의미의 구성에 참여하므로 초월적이라 불린다.

초월적 현상학에서 초월적 주관은 형식적으로 초월적 기능의 발산 중심(Ausstrahlungszentrum)으로 정의되는데, 초월성의 구체적인 내용이 정적 현상학과 발생적 현상학에서 각기 다르기 때문에 초월적 주관 역시 정적 현상학과 발생적 현상학에서 각기 달리 정의된다. 정적 현상학에서는 초월적 주관이 객관화 작용의 발산 중심으로 정의됨에 반해, 발생적 현상학에서는 모든 유형의 지향성의——객관화적이든 비객관화적이든, 적극적이든 수동적이든——발산 중심으로 정의된다. 발생적 현상학적 의미의 초월적 주관은 '완전한 구체성 속에서 파악된 자아'(*Husserliana* I, 102), '현실적이며 가능적인 총체적인 의식의 삶'(*Husserliana* I, 102)인데, 이를 후설은 후기 철학에서 초월적 모나드(transzendentale Monade)라 부른다.

후설이 발생적 현상학적 의미의 초월적 주관을 초월적 모나드라 부르는 이유는 아래의 논의를 통해 부분적으로 드러나듯이 그것이 여러 가지 점에서 라이프니츠의 모나드와 유사하기 때문이다. 초월적 모나드로서의 발생적 현상학적 의미의 초월적 주관은 부단히 자기 자신을 전개해 나가는 주체이다. 따라서 초월적 모나드는 정지해 있는 인식의 주체가 아니라 부단히 살아 움직이는 행위의 주체, 즉 넓은 의미의 실천의 주체이다. 다양한 실천의 주체로서의 초월적 주관의 이면은 다름 아닌 자기 보존(Selbsterhaltung)의 주체이다. 초월적 주관의 자기 보존이 바로 실천의 목표이기 때문이다.

여기서 우리는 발생적 현상학적 의미의 초월적 주관이 전통 철학의 그것과 크게 다름을 알 수 있다. 정적 현상학적 의미의 초월적 주관은 넓은 의미의 논리적, 혹은 이론적 이성의 주체이다. 논리적 이성은 정적 현상학적 의미의 초월적 주관의 불가결한 요소이다. 그러나 발생적 현상학적 의미의 초월적 주관을 위해 논리적 이성은 필수 불가결의 요소가 아니다. 따라서 발생적 현상학에서는 인간 이외의 여타의 존재자도 비록 거기에서 이론적 이성을 확인할 수 없더라도 넓은 의미의 초월적 기능을 확인할 수 있는 한, 그를 초월적 주관이라 부를 수 있다. 따라서 유아, 태아까지도 그것이 초월적 기능으로 특징지어지는 선천적 본능을 지니는 한, 초월적 주관이라 불린다. 더 나아가 본능의 현상학의 심화와 더불어 후설의 후기 철학에서는 동물, 식물 등 모든 생명체도 발생적 현상학적 의미의 초월적 기능을 수행하는 한, 초월적 주관으로 불릴 수 있다. 발생적 현상학적 분석의 심화와 더불어 후설은 이처럼 전통 철학에서와는 전혀 다른, 초월적 주관에 대한 혁명적인 개념에 도달했다.

발생적 현상학적 의미의 초월적 주관의 구조와 관련해 우리는 초월적 주관에 속한 다양한 유형의 지향성을 그 발생의 순서에 따라 다양한 층으로 나눌 수 있는데, 그 맨 아래층에는 발생적으로 가장 덜 발전된 형태의 초월적 기능인 본능적 지향성이, 그 맨 위층에는 가장 발전된 형태의 초월적 기능인 자기 의식이 자리잡고 있다. 자기 의식은 이 경우 자유의 계기를, 본능적 지향성은 그에 반해 부자유의 계기, 즉 초월적 주관의 자연적 측면을 의미한다. 이처럼 초월적 주관은 완전히 자유로운 존재도 아니요 그렇다고 완전히 부자유한 존재도 아니다.

초월적 주관의 구조적 통일체와 관련해 자기 의식은 모든 책임의 담지자로서, 앞서 말했듯이 타당성의 최종적 근원이며, 반대로 본능, 그 중에서도 초월적 주관이 탄생할 때 그에게 주어진 선천적 본능은, 초월적 발생의 최종적 근원이다. 이와 관련해 우리는 총체적인 초월적 자아의 두 가지 구조 계기로서의 두 가지 자아 개념을 명료히 구별해야 한다. 근원 자아(Ur-Ich)와 선자아(Vor-Ich)의 구별이 그것이다. 선자아는 원초적인 본능적 지향성들의 발산 중심으로 이성적 숙고가 결여된 맹목적 자아이다. 반면 초월적 반성의 주체인 근원 자아는 '모든 타당성들의 최종적 토대'(유고 C 2 I, 10)로서 자기 의식이 작동하는 근원적인 장소이다.

지금까지의 많은 연구에서 초월적 주관의 이중적 의미는 그리 명료히 밝혀지지 못했으며 그 필연적인 결과로 초월적 주관에 대해 많은 오해가 뒤따랐다. 많은 경우 초월적 주관은 정적 현상학적 의미의 초월적 주관과 동일시되기 일쑤였다. 초월적 주관과 관련해 우리는 다음 사항에 유의해야 한다.

1. 초월적 주관은 '초월적 반성의 주체', 다시 말해 자기 의식이라는 '의식의 현실성'으로 특징지어지는 주체와 동일시되어서는 안 된다. 초월적 반성의 주체는 구체적인 초월적 주관을 구성하는 하나의 요소에 불과하지 필수 불가결의 요소는 아니다. 이 점과 관련해 후설은 한 후기 유고에서 "나, 이 동일한 나는 초월적 태도를 취하기 '전'

에도 초월적 자아였다"(유고 C 16 V, 14)고 분명히 밝힌다.

2. 초월적 주관은 많은 연구자들이 생각하듯이 '대상화가 안 되는 그 무엇', '대상화가 되지 않는 동일한 자아'가 아니다. 물론 초월적 주관의 전체 구조에서 대상화, 즉 객관화되지 않는 계기가 있음은 틀림없다. 초월적 반성을 해도 언제나 익명적으로 남는 근원 자아가 바로 그것이다. 그러나 우리는 객관화되지 않는 계기가 있다는 사실에서 곧바로 초월적 주관 전체가 대상화될 수 없으리라는 결론을 내려서는 안 된다. 만일 그렇다면 초월적 주관에 관한 학으로서의 초월적 현상학이 성립할 수 없을 것이다. 왜냐하면 현상학은 후설에 의하면 어떤 추론이나 사변, 또는 자의적인 개념 구성이나 개념 유희를 통해서가 아니라 직관, 즉 특정한 종류의 경험, 다시 말해 초월적 경험에 기초해야 하기 때문이다. 주관에 대한 초월적 경험을 가능하게 해 주는 것이 바로 초월적 환원이며, 초월적 환원을 통한 초월적 주관에 대한 경험을 후설은 '초월적 통각'이라 부르며 이를 일상적 의미의 경험과 구별한다.

3. 이러한 앞서의 주장을 기초로 어떤 이들은 '주체'(Subjekt)와 '초월적 주관성'(transzendentale Subjektivität)을 구별한다. 이 경우 그들은 '초월적 주관성'은 비대상적인 것, 다시 말해 아직 객관화되지 않은 것을 의미하고 그에 반해 '주체'는 전자가 대상화한 것, 즉 그들이 이해하는 바의 '경험적 주체'를 의미한다고 생각한다. 이러한 주장은 초월적 주관성이 비대상적인 것이라는 잘못된 전제에 입각해 있으므로 두말할 여지 없이 옳지 않다. '주체'와 '초월적 주관성'의 구별은 단순한 추측과 자의적인 사변의 산물에 불과하다. 우리는 실제로 후설의 저작에서 용어상으로나 내용상 이러한 구별이 이루어지고 있는 곳을 발견할 수 없다. '주체'와 '초월적 주관성'이라는 잘못된 구별에 기초해 어떤 연구자들은 한걸음 더 나아가 양자 사이에 '참여'(Teilhabe)의 관계가 존재한다고 생각한다. 그러나 우리는 칸트의 선

험 철학에서 경험적 의식과 선험적 의식 사이에 설정된 '참여'라는 도식이 후설 현상학의 초월적 주관을 이해하는 데 아무런 도움을 주지 못함을 알아야 한다.

4. 후설의 초월적 자아는 칸트의 '의식 일반'과 유사한 초개인적인 자아가 아니라 앞서 살펴보았듯이 부단히 자기 전개해 나가는 개별적 자아이다. 초월적 자아의 개별성과 관련해 후설은 『위기』에서 "피히테가 말하는 자기를 정립하는 자아는 피히테 자신의 자아 이외의 그 어떤 것일 수 있을까?"(Husserliana VI, 205)라고 말한다. 물론 후설은 정적 현상학을 발전시키면서 칸트의 초월 철학에 대해 큰 공감을 가지고 있었다. 그 이유를 우리는 초시간적인 타당성의 구조 해명을 목표로 하는 정적 현상학의 핵심적인 주제 중의 하나가 자기 의식이며 그런 한에서 정적 현상학이 그 이념에 있어 칸트의 초월 철학과 어떤 점에서 유사하다는 데서 찾을 수 있을 것이다. 그러나 칸트에 대한 후설의 태도는 후기 철학에서 크게 변한다.

후설의 후기 철학, 무엇보다도 발생적 현상학을 칸트의 초월 철학과 조화시키기는 대단히 어렵다. 발생적 현상학적 분석을 심화시켜 감에 따라 후설은 후기 철학에서 점차 칸트와 거리를 취하기 시작한다. 그 대신 그는 이성과 본능을 선천적 진리의 두 원천으로, 그리고 지각(perceptio)과 더불어 욕구(appetitus)를 모나드의 두 구성 원리로 파악하는, 근세 철학에 있어 동적 형이상학의 구축자로 평가받는 라이프니츠에게 접근해 간다. 이 점과 관련해 그가 1923~1924년에 행한 『제일 철학』에 관한 강의를 "이와 같이 현상학은 라이프니츠에 의해 천재적인 착상으로 예기된 모나드론에로 이른다"(Husserliana VIII, 190)는 말로 맺음은 결코 우연이 아니다.

5. 우리는 초월적 주관이 개인적 주관이라고 해서 이를 자연적 태도에서 파악된 세계 내 대상으로서의 심리학적 주관과 혼동해서는 안된다. 이 양자는 어떤 점에서는 같고 어떤 점에서는 서로 다르다. 이

양자는 그를 파악하는 태도 및 방식의 상이성에서만 차이가 난다. 이 양자의 구별을 위해 결정적인 것은 후설이 『후기』에서 말하듯 "단순한 태도 변경에서 유래하는 바로 그 '뉘앙스'"(*Husserliana* V, 147)의 차이이다. 따라서 우리는 양자간의 이러한 상이성과 함께 그들 사이의 동일성을 다음과 같이 표현할 수 있다. "심리학적 주관은 초월적 주관이 자연적 태도에서 세계라는 보편적 기반 위에서 세계 내 대상으로 구성된 것이고, 반대로 초월적 주관은 심리학적 주관이 초월적 태도를 통해 세계를 구성하는 주관으로 초월적으로 파악된 것이다." 이 점과 관련해 후설은 『위기』에서 "나는 현상학적 연구를 통해, 내가, 이렇게 소박했던 내가 [즉 심리학적 주관] 소박한 은폐의 양상에 있던 바로 그 초월적 자아 외에 아무 것도 아니었음을 안다"(*Husserliana* VI, 214)고 말한다.

6. 부단히 자기 자신을 전개해 나가는 초월적 주관은 앞서 살펴보았듯이 자기 보존의 주체이며 실천의 주체이다. 따라서 초월적 자아는 결코 유아론적 자아가 아니라 자기 보존을 위한 다양한 실천 행위를 통해 늘 타인과 교섭하는, 다시 말해 처음부터 상호 주관적으로 규정된 역사적 자아인데, 이러한 상호 주관적 구조에 대한 해명은 상호 주관성의 현상학의 핵심 과제이다. 물론 후설의 현상학에서 초월적 자아를 유아론적 자아로 오해하게 하는 계기가 있는데, 그것은 다름 아닌 앞서 살펴본 근원 자아이다. 타당성의 최종적 근거이며 모든 책임의 최종적 담지자인 근원 자아는 유일성과 타자를 통한 대치 불가능성이란 특징, 다시 말해 특정한 의미의 유아론적 성격을 가지기 때문이다. 여기서 우리는 후설의 초월적 현상학을 유아론이라고 비판하는 대부분의 견해가 초월적 주관을 근원 자아와 혼동하는 데 기인함을 알 수 있다.

7. 앞서 고찰한 노에시스-노에마 상관 관계에 의하면 모든 노에마에는 나름대로의 노에시스가 대응한다. 이제 초월적 현상학에서 이러

한 노에시스-노에마 상관 관계는 어떤 노에마가 그러한 노에마로 존재할 수 있는 근거는 바로 그에 대응하는 노에시스다, 다시 말해 노에마의 존재 토대, 혹은 구성 근거는 노에시스다라는 구체적인 의미를 지닌다. 이는 초월적 기능의 발산 중심으로서의 초월적 주관은 모든 대상적 의미의 구성 근거일 뿐 아니라, 모든 대상적 의미의 보편적인 지평인 생활 세계의 구성 근거임을 의미한다. 우리는 여기서 초월적 현상학이 일종의 관념론으로 발전함을 알 수 있는데, 후설은 이러한 관념론을 여러 유형의 전통적인 관념론과 구별지으면서 '초월적-현상학적 관념론'이라 부른다. 이러한 초월적-현상학적 관념론에 의하면 초월적 주관의 모든 특성은 생활 세계의 구조에 그대로 반영되어 있으며, 이러한 점에서 생활 세계는 초월적 주관의 거울이요, 그 역도 성립한다고 할 수 있다. 따라서 초월적 주관의 구조에 대한 철저한 해명은 생활 세계의 본질적 구조의 해명을 위해 결정적으로 중요한 의미를 지닌다.

5. 후설 현상학의 성격과 그 영향

이상의 논의를 통해 우리는 초월적 현상학의 두 이념의 구별에서 유래한 '현상학의 두 얼굴'의 정체가 구체적으로 무엇인지 알 수 있다. 이러한 현상학의 두 얼굴과 관련하여 우리는 초월적 현상학의 성격을 다음과 같이 요약할 수 있다.

1. 초월적 현상학은 타당성이란 관점에서 여타의 지향성에 대한 객관화적 지향성, 즉 넓은 의미의 이론 이성이 지닌 절대적 우위에 대한 확인이다. 초월적 현상학은 이 점에서 이성주의(Rationalismus) 혹은 주지주의(Intellektualismus)이다. 그러나 초월적 현상학은 다른 한편 발생적 관점에서 이성에 대한 의지의 절대적 우위에 대한 확인이다.

후설은 『제일 철학 I』에서 이성에 대한 의지의 우위를 "이론 이성은 실천 이성의 기능이며, 지성은 의지의 시녀이다"(*Husserliana* VIII, 201)라는 말로 요약한다. 따라서 초월적 현상학은 다름 아닌 보편적 주의주의(universaler Voluntarismus)임이 밝혀진다. 이 점과 관련해 케른스(D. Cairns)는 후설과 1930년대에 나눈 한 대화를 회고하면서 "그는 보편적 주의주의를 관철시키는 작업을 하고 있는 중이라고 말했다"고 보고하고 있다.

2. 앞서 논의되었듯이 후설은 자신의 초월적 현상학을 일종의 관념론, 즉 초월적-현상학적 관념론이라 부른다. 그러나 여기서 주의해야 할 점은 초월적-현상학적 관념론이 일상적 의미의 주관적 관념론 내지는 유아론적 관념론이 아니라는 사실이다. 발생적 현상학적 분석이 심화되어 감에 따라 초월적-현상학적 관념론은 이러한 유아론적 혹은 주관적 관념론과는 달리 그 내용이 아주 구체적이고 실재론적으로 바뀐다. 바로 이런 의미에서 후설은 1934년 5월 26일 보뎅(A. Baudin)에게 보낸 편지에서 "일상적인 의미의 어떤 '실재론자'도 현상학적 '관념론자'인 [……] 나보다 더 실재론적이지도 구체적이지도 못했다"고 쓰고 있다.

이처럼 일상적 의미의 관념론이란 개념이 현상학적 관념론을 지칭하기에 부적합하다는 것을 알기 때문에 그는 후기 저술에서 '관념론'이란 단어를 종종 인용 부호 속에 넣어 사용한다. 여기서 우리는 후설이 후기 철학에서 발생적 현상학적 분석을 심화시켜 감에 따라 일상적 의미의 실재론적 전회를 수행했다고 할 수도 있다. 그러나 우리는 이러한 전회가 곧바로 초월적-현상학적 관념론의 포기를 의미하는 것이 아니라, 거꾸로 이를 관철하기 위한 후설의 집요한 노력을 반영하고 있음을 알아야 한다. 즉 발생적 현상학적 분석의 심화를 통해 후설이 밝히고자 했던 것은, 구성적 관점에서 볼 때 의미로서의 세계가 구체적 주관으로서의 초월적 모나드의 구성 작용에 의존해 있다는 사실이었다.

  3. 초월적 현상학은 정적 현상학으로 출발하면서 애당초 인식론임을 선언하였다. 그러나 발생적 현상학적 분석의 심화와 더불어 초월적 현상학은 인식론이란 좁은 틀을 부수고 모든 가능한 철학 이론으로 발전한다. 발생적 현상학적 분석이 심화되어 가면서 초월적 현상학은 넓은 의미의 실천 철학, 역사 철학, 문화 철학, 생 철학, 실존 철학 그리고 존재론, 형이상학, 신학 등으로 자신의 지평을 무한히 확장해 나간다. 후설이 말년에 『후기』에서 "현상학적 철학의 보편적인 작업 지평은 말하자면 그 지리적인 근본 구조에 따라 밝혀졌고, 그 주요 문제 층과 기본적인 접근 방식은 해명되었다. 필자는 참된 철학의 무한히 열려진 땅, '약속된 땅'이 그 앞에 펼쳐져 있음을 보게 되는데, 그는 이 땅이 완전히 경작되어 있음을 살아 생전 결코 체험할 수 없을 것이다"(*Husserliana* V, 161)라고 말할 때, 우리는 후설의 이런 말이 결코 낭만적 정서의 표현이 아니라, 발생적 현상학적 분석의 심화를 통해 현상학적 지평이 무한히 확대됨에 따른 경이감의 표현임을 알 수 있다.

  발생적 현상학적 분석의 심화와 더불어 초월적 현상학의 지평이 무한히 확대됨에 따라 초월적 현상학은 모든 가능한 철학 이론을 포괄하는 참된 의미의 보편적인 철학으로 발전해 가는데, 이를 후설은 후기 철학에서 라이프니츠의 모나드론을 염두에 두면서 초월적 모나드론(transzendentale Monadologie)이라 부른다. 앞서 논의된 주지주의와 주의주의라는 두 축을 중심으로 전개될 수 있는 모든 가능한 초월적 현상학적 이론을 포괄하는 것이 초월적 모나드론이다.

  방금 살펴본 후설의 현상학이 지닌 무한한 가능성 때문에 후설은 그 이후의 현대 철학자들에게 많은 영향을 끼쳤다. 이러한 사실은 후설 현상학의 주제 자체인 지향성이 오늘날에 이르기까지 현대 철학의 전개 과정에서 가장 많이 논의되어 온 철학적 개념 중의 하나라는 사실을 통해서도 부분적으로 밝혀진다. 후설의 현상학이 현대 철학의 여러 사조에 대해 미친 영향과 관련해 앞으로 후설의 현상학과 현대의 여러 철학 사조 사이에 생산적인 철학적 대화가 활발히 진행되어야 할 필요가 있는데, 다방면에 걸친 이러한 철학적 대화는 20세기 후반의 현대 철학의 전개에 새로운 활력을 불어넣어 줄 것이다. 후설의 현상학이 현대 철학의 전개 과정에 끼친 중요한 영향 몇 가지를 정리하면 다음과 같다.

1. 일차적으로 후설은 그의 뒤를 이어 등장한 팬더, 라이나하, 하이데거, 쉘러, 사르트르, 메를로-퐁티, 인가르덴, 레비나스 등 많은 현상학자들에게 결정적인 영향을 끼쳤다. 이 현상학자들은 때로는 후설이 이루어 놓은 현상학적 업적에 의지해 가면서, 때로는 그것을 철저히 비판해 가면서 나름대로 새로운 현상학의 지평을 개척해 나갔다. 예를 들면 하이데거는 후설이 발견해 낸 가장 중요한 사실들로 범주적 직관, 아프리오리가 지닌 근원적 의미, 그리고 무엇보다도 지향성을 들고 있는데, 그가 이러한 세 가지 발견을 현상학적으로 비판하면서 심화시킨 것이 바로 기초적 존재론으로서의 현존재 분석론이다.

2. 후설은 현대 해석학의 전개 과정에도 결정적인 영향을 끼쳤다. 이 점은 방금 지적한 하이데거의 현존재 분석론이 일종의 해석학적 현상학이라는 사실을 통해서도 쉽게 확인된다. 그러나 후설은 하이데거의 해석학적 현상학뿐 아니라, 더 나아가 가다머의 철학적 해석학에도 결정적인 영향을 미쳤다. 가다머는 이해, 해석, 번역, 통역 등 '해석학적 현상(hermeneutisches Phänomen)의 총체를 조망할 수 있도록 함' (Gadamer, *Hermeneutik* I, 3)을 자신의 과제로 삼으면서 해석학을 전개해 나가는데, 후설의 지향성이 하이데거에 의해 수정·보완된 후 그의 해석학의 분석 주제로 수용된 것이 바로 그의 탐구 주제인 '해석학적 현상' 이다. 바로 이러한 이유에서 그는 '슐라이어마하에서 딜

타이를 거쳐 후설과 하이데거로 이어지는 해석학적 문제의 신개'(Gadamer, *Hermeneutik* I, 478)라고 말하면서 하이데거와 더불어 후설을 그의 해석학의 중요한 선구자로 간주한다.

가다머는 그의 현상학을 전개해 나감에 있어 무엇보다 '생', '생활 세계', '지평', '역사' 등의 문제를 중심으로 전개되는 후설의 발생적 현상학으로부터 결정적인 영향을 받았다. 더 나아가 그는 방법적 의식 일반에 대해 거리를 취하긴 하지만 해석학적 현상을 분석하기 위하여 후설이 제시한 '현상학적 기술'(phänomenologische Deskription)의 방법을 사용하는데, 이는 그의 해석학이 일종의 현상학, 즉 '해석학적 현상에 대한 기술적 현상학'임을 의미한다.

3. 후설의 현상학은 프랑크푸르트 학파의 비판 이론의 형성에도 적지 않은 영향을 끼쳤다. 비판 이론 1세대에 속하는 아도르노와 호르크하이머는 1922년과 1923년 겨울 학기 프랑크푸르트 대학에서 후설에 관한 세미나에 참석하면서 서로 아는 사이가 되어 우정을 나누게 되었고, 특히 아도르노는 1924년 「후설의 현상학에서 사물과 노에마적인 것의 초월 Die Transzendenz des Dinglichen und Noematischen in Husserls Phänomenologie」이라는 제목으로 박사 학위를 취득하였다. 그 이후 아도르노가 후설의 현상학을——물론 부당하게도——인식론에 불과하다고 규정하면서, 후설 현상학과의 결별을 선언하지만, 그럼에도 불구하고 후설의 현상학은 여러 가지 점에서 비판 이론의 형성과 전개 과정에 큰 영향을 끼쳤다.

이는 무엇보다도 비판 이론의 핵심인 현대 산업 사회 비판이라는 기획에서도 확인할 수 있는데, 이러한 기획은 실증주의 및 현대의 위기 상황에 대한 후설의 비판과 그 근본 의도에 일치하며, 그러한 한에서 비판 이론은 후설의 현상학에 들어 있는 비판적 잠재력이 특정의 방식으로 구현된 하나의 전형적인 예라 할 수 있다. 우리는 이러한 후설의 영향을 비판 이론의 2세대에 속하는 아펠, 하버마스에게서 더 구체적으로 확인할 수 있다. 아펠은 후설의 초월 철학적 기도를 수용·비판하면서 '초월적 화용론'을 전개해 나갔고, 하버마스는 이미 1960년대에 '과학적 실증주의에 대한 후설의 비판'(Habermas, *Technik und Wissenschaft als Ideologie*〈, 154)을 비판적으로 수용하면서 '인식과 관심'의 문제를 둘러싼 그의 사회 철학을 전개하였을 뿐 아니라, 1980년대에서 오늘날에 이르기까지는 후설의 '생활 세계의 현상학'과의 비판적 대결을 통해 '의사 소통 행위론'을 전개해 나가고 있다.

4. 후설의 현상학은 이른바 탈현대 철학이라 불리는 일련의 철학 사조에도 나름대로 영향을 끼쳤는데, 이 점을 정확히 이해하기 위해서는 특별한 주의가 필요하다. 데리다, 푸코, 리오타르 등 이러한 철학 사조를 대변하는 많은 철학자들은 후설의 현상학에 대한 나름대로의 비판을 통해 자신의 철학적 입장을 전개해 나갔으며, 따라서 그들은 자신들의 철학적 입장이 후설의 그것과 근본적으로 다르다고 주장한다. 그러나 이들의 주장과는 달리──방법론적 근본주의 및 철학의 근본 이념에 있어 후설의 현상학이 탈현대 철학과 근본적으로 구별되는 것은 사실이지만──전자는 후자와 여러 가지 점에서 일치한다. 여기서 우리는──물론 그에 대한 보다 상세한 해명이 필요하다──탈현대 철학의 대변자들은 후설 현상학과의 비판적 대결 과정에서 부지불식간에 그로부터, 특히 후설의 발생적 현상학으로부터 커다란 영향을 받았음을 알 수 있는데, 그 대표적인 예가 탈현대 철학의 핵심이라 할 수 있는 다원주의 문제이다.

현상학이 탐구하고자 하는 구체적인 '사태 자체'란 근본적으로 다원성을 그 핵심 내용으로 하며, 따라서 초월적 현상학은 다양한 유형의 합리성, 그리고 다원적인 초월적 주관 및 다원적인 생활 세계를 인정하며 이러한 다원성의 구조를 해명함을 목표로 한다는 점에서 다원주의를 강조하는 탈현대 철학과 지향하는 목표가 동일하다. 바로 이러한 점에서 양자 사이의 관계에 대한 참다운 의미의 비교 연구가 필요하다.

  5. 후설의 현상학은 더 나아가 현대 영미 분석 철학에도 적지 않은 영향을 끼치고 있다. 예를 들면 지향성은 현재 영미의 분석 철학계에서도 큰 주목을 받고 있다. 지향성 개념은 힌티카(J. Jintikka), 스미드(D. W. Smith), 맥킨타이어(R. McIntyre) 등을 중심으로 이루어지고 있는 가능 세계 의미론을 둘러싼 논의, 드레이푸스(H. Dreyfus) 등의 인공 지능의 문제를 둘러싼 논의, 치좀(R. Chisholm) 등의 인식론적 논의, 서얼(J. Searle)을 비롯한 심신 문제를 둘러싼 심리 철학자들의 논의에서 중요한 개념으로 등장하듯이 영미의 분석 철학에서도 의미론, 언어 행위론, 인식론, 존재론, 심리 철학, 인지 과학 등 다방면에 걸쳐 활발히 논의되고 있다. 이러한 영미 분석 철학에서의 지향성에 관한 많은 논의는 후설이 지향성에 대해 이루어 놓은 연구 결과로부터 직접·간접으로 많은 영향을 받으면서 전개되고 있다. 분석 철학에 대한 후설 현상학의 영향과 관련해 최근 들어 그 문제 의식에 있어 분석 철학과 공유하는 부분이 많은 후설의 초기 저술들이 활발히 연구되고 있다.

더 읽어야 할 책

후설의 현상학을 연구하려 할 경우 우리는 우선 후설 전집을 연구하여야 한다. 후설 전집 중 일차적으로 연구하여야 할 것은 후설의 생전에 출간된 저술들인데, 그 중에서도 현상학에 관한 입문격에 해당하는 저술(예를 들면 후설 전집 I, III, IV, XVII 등)을 먼저 연구하고, 그 다음에 구체적인 현상학적 분석을 담고 있는 저술(후설 전집 XVIII, XIX/1, XIX/2, X 등)을 연구하는 것이 바람직하다. 이러한 연구에 이어 후설 전집에 실린 저술 중에서 후설이 생전에 출간하지 못한 저술, 다시 말해 후설의 사후에 다른 사람들에 의해 정리되어 출간된 수고들을 연구해야 한다.

후설의 수고들은 크게 (1) 후설이 생전에 출판하고자 집필하였으나 여러 가지 이유로 미처 출간하지 못한 수고들, (2) 일반인에게 부분적으로 공개된 강의록들, (3) 출판 준비 및 개인적인 연구를 위한 수고, (4) 편지 및 기타 수고들로 나눌 수 있는데, 1950년대 이후 출간된 수고들을 연구하려고 할 경우 이 순서에 따르는 것이 가장 바람직하다. 후설 전집 중에서 전집 번호 IV, V 등이 첫번째 경우에 해당하고, 전집 번호 II, VI, VIII, IX, XI, XVI, XXIV, XXVI, XXVIII 등이 두번째 경우에 해당하며, 전집 번호 XIII, XIV, XV 등이 세번째 경우에 해당한다. 이상의 순서에 따라 후설 전집에 대한 연구가 끝난 다음에 각자의 관심에 따라 아직도 간행되지 않은 후설의 수고들을 연구할 수 있다.

후설 현상학과 관련된 이차 문헌들은 일일이 열거할 수 없을 정도로 많은데, 그 중에서 특히 추천할 만한 입문서는 헬트(K. Held)가 편집한 『현상학적 방법 Die phänomenologische Methode』과 『생활 세계의 현상학 Phänomenologie der Lebenswelt』에 들어 있는 두 개의 '입문', 베르네트(R. Bernet)와 케른(I. Kern), 마르바하(E. Marbach) 등이 저술한 『에드문트 후설. 그의 사상에 대한 서술 Edmund Husserl. Darstellung seines Denkens』과 마르크스(W. Marx)의 『에드문트 후설의 현상학 Die Phänomenologie Edmund Husserls』 등을 들 수 있고, 후설 현상학의 개별적인 주제에 대한 연구로는 독일 현상학회지인 『현상학 연구 Phänomenologische Forschungen』에 발표된 많은 논문들과 Phaenomenologica 시리즈에 발표된 현재 130여 권에 이르는 저술들과 논문집 등을 들 수 있다.

국내에서도 1960년대 이래 후설의 현상학은 비교적 활발히 연구되어 왔으며 그와 더불어 적지 않은 연구 결과가 나와 있다. 그 대표적인 예로 윤명로가 쓴 『현상학과 현대 철학』(문학과 지성사, 1987), 한전숙의 『현상학의 이해』(민음사, 1987)와 『현상학』(민음사, 1996), 그리고 이영호가 엮은 『후설』(고려대 출판부, 1990) 등을 들 수 있다. 그리고 빼놓을 수 없는 것이 1978년에 창립된 한국 현상학회의 학회지인 『철학과 현상학 연구』인데, 이는 한국에서의 현상학 연구의 총결집이라 할 수 있다. 『철학과 현상학 연구』는 현재 7집까지 출간되었는데, 그 내용은 다음과 같다. 1집 『현상학이란 무엇인가』, 2집 『현상학과 개별 과학』, 3집 『현상학의 전개』, 4집 『후설과 현대 철학』, 5집 『생활 세계의 현상학과 해석학』, 6집 『세계와 인간, 그리고 의식의 지향성』, 7집, 『현상학과 실천 철학』.

후설의 저술에 대한 번역은 그리 많이 진척되지 못하였는데, 현재 후설의 저술에 대한 번역서로는 『현상학의 이념』(이영호 옮김, 삼성출판사, 1977), 『데카르트적 성찰』(이종훈 옮김, 철학과 현실사, 1993), 『엄밀학으로서의 철학』(이종훈 옮김, 서광사, 1988), 『서구 학문의 위기와 선험적 현상학』(이종훈 옮김, 이론과 실천, 1993), 『현상학적 심리학 강의』(신오현 옮김, 민음사, 1992) 등이 있다.

후설의 저술과 그에 대한 번역 상황 그리고 국내외의 연구 상황 등과 관련된 가장 상세하고 새로운 내용은 한전숙이 쓴 『현상학』의 '부록 Ⅰ 참고 문헌'(307~382)을 참고하기 바란다.

2장
마르틴 하이데거

박 찬 국

1. 생애

하이데거(Martin Heidegger, 1889~1976)는 20세기의 사상계에 가장 큰 영향을 끼쳤던 사상가 중의 하나라고 할 수 있을 것이다. 그는 최근 이 나라의 지성계에 선풍을 일으킨 포스트 모더니즘의 사상가들인 푸코와 데리다뿐 아니라 마르쿠제와 하버마스 등의 비판 이론가들, 그리고 실존 철학과 현상학, 해석학, 철학적 인간학, 언어 철학, 과학 이론, 신학, 문학, 심리학에 지대한 영향을 끼쳤다. 하이데거가 없었다면 20세기의 사상계는 완전히 다른 양상을 갖게 되었을 것이라고 말하는 사람이 있을 정도이며, 20세기의 사상계를 이해하고자 하는 사람에게 하이데거와의 대결은 필수적이라고 할 것이다.

마르틴 하이데거는 1889년 9월 26일 독일의 메스키르히라는 작은 도시에서 태어났다. 그의 아버지 프리드리히 하이데거는 하이데거의 생가 바로 앞에 마주하고 있는 성 마르틴 성당의 성당지기였다. 하이데거는 그가 프라이부르크 대학에 입학한 것이 지방의 신문에 실릴 정도로 김나지움(우리 나라의 중·고등학교에 해당)에서 두각을 나타냈다. 하이데거는 원래 신부가 될 생각으로 프라이부르크 대학에서 신학 공부를 했지만 건강 때문에 허용되지 않았으며 결국은 철학자의 길을 선택했다.

그는 1913년 「심리학주의의 판단 이론」이라는 논문으로 박사 학위를 취득했으며, 2년 뒤에는 신칸트 학파의 대표자들 중의 하나인 리케르트의 지도 아래 교수 임용 자격 논문인 「둔스 스코투스의 범주론과 의미론」을 완성했다. 그의 박사 논문과 교수 임용 자격 논문은 당시의 강단 철학의 틀을 크게 벗어나는 것들은 아니었다. 하이데거는 이러한 공간된 저작들을 통해서보다는 1915년부터 시작한 강의를 통해서 학생들을 크게 매료시켰으며 이러한 강의에서 그는 당시의 강단 철학의 틀을 깨고 자신의 독자적인 길을 개척해 나갔다. 많은 학생들이 하이데거의 옷차림이나 말투, 행동을 모방하고 니콜라이 하르트만 같은 철학자가 자신의 스승인 헤르만 코헨의 강의 이래 처음으로 신선한 충격을 받았다고 말할 정도로 하이데거의 강의는 청중을 사로잡는 힘이 있었다. 이러한 강의를 토대로 마침내 1927년에 『존재와 시간 Sein und Zeit』이 출간되었으며, 하이데거는 이 책으로 단번에 시대의 지도적인 철학자로 부상하였고 1928년에는 후설의 후임으로 프라이부르크 대학의 정교수가 되었다.

1933년 하이데거는 프라이부르크 대학의 총장으로 선출되었고 같은 해 5월 1일에는 나치에 입당하였으나, 당 정책에 대한 이견으로 취임 1년 뒤인 1934년에 총장직에서 물러났다. 1950년대부터 이미 하이데거의 나치 참여는 큰 논란거리가 되어 왔다. 하이데거가 나치즘에서 자신의 사상을 실현할 수 있는 가능성을 발견하고 나치즘을 위해서 일했다는 사실은 부정할 수 없을 것이나 그는 나치즘의 인종 차별주의와 제국주의에 대해서는 찬동하지 않았다. 그가 나치즘에서 자신의 사상을 실현할 수 있는 가능성을 보았던 이유는 나치즘이 횔더

린과 니체 등의 사상가들을 도용함으로써 그가 나치즘의 실체를 보지 못한 채 자신의 사상과 나치즘을 동일시했던 데에 존재한다고 볼 수 있을 것이다. 프랑스 점령군은 1945년에 하이데거의 강의를 금지했다. 프랑스의 많은 학자들의 탄원으로 1951년에야 강의 금지가 해제되지만 하이데거는 한 학기 강의를 한 다음 은퇴했다. 1976년 5월 26일 하이데거는 심장 마비로 세상을 떠났다.

2. 하이데거의 전기 사상

하이데거의 사상은 보통 전기 사상과 후기 사상으로 나눌 수 있지만 이 글에서는 지면 관계상 『존재와 시간』을 중심으로 한 전기 사상을 주로 다루고 후기 사상은 되도록 간략히 소개하는 데 그치겠다.

(1) 『존재와 시간』의 철학적 물음으로서 존재의 의미에 대한 물음

『존재와 시간』이 궁극적으로 문제 삼는 것이 존재의 의미라는 사실은 잘 알려져 있다. 하이데거의 유명한 존재 물음(die Seinsfrage)이란 존재의 의미에 대한 물음이다. 그런데 왜 존재의 의미가 문제가 되는가?

하이데거는 왜 존재의 의미에 대해서 묻는 것을 이 시대에 가장 절박하게 요구되는 철학적 과제로 보았는가? 하이데거의 후기 사상에서 명확히 나타나는 것이지만 모든 역사적 시대는 특정한 존재 이해를, 다시 말해서 존재의 의미에 대한 특정한 이해를 전제하고 있다. 예컨대 중세에서 존재자가 '존재한다'는 것은 '신의 피조물로서 존재한다'는 것을 의미하고, 현대의 과학 기술 시대에 있어서 존재자가 '존재한다'는 것은 "인간이 그것의 작용 법칙을 냉철히 파악하는 것

을 통해서 지배할 수 있는 에너지들의 집합체로서 존재한다"는 것을 의미한다. 이러한 존재 이해가 한 시대의 정치, 경제, 문화 등 삶 전체를 궁극적으로 규정하는 것이며, 따라서 한 시대를 극복하고자 할 경우에는 그 시대를 지배하는 존재 이해와의 대결이 필수적이다.

하이데거가 보기에 오늘날은 현대를 규정하는 존재 이해가 자신의 한계를 여실히 드러내고 있는 시대이다. 인간은 자연을 인간이 마음대로 처분할 수 있는 에너지 저장원으로 보면서 자신을 주체로 보고 있지만, 사실은 인간 개개인 역시 자연의 에너지를 최대한 발굴해 내도록 사회적인 기능 연관 체계에 의해서 닦달 당하는 에너지의 집합체에 지나지 않는다.

현대 사회에서 진정한 의미의 주체는 구체적인 인간 개개인이 아니라 구체적인 인간들 하나하나를 계산 가능한 노동력으로 이용하면서 존재자 전체에 대한 지배를 확보해 가는 맹목적이고 추상적인 사회적인 기능 연관의 체계이다. 자칭 자유롭다는 인간도 모든 자연물과 마찬가지로 기술의 자기 확장 과정을 위한 원료에 불과하며 이를 통해 현대의 과학 기술 시대에서는 인간과 물질 사이의 차이는 소멸되고 만다. 따라서 현대란 인간을 비롯한 모든 존재자들이 자신의 고유한 존재를 상실하고 한갓 계산 가능하고 처분 가능한 에너지 집합체로 전락한 니힐리즘(nihilism)의 시대이다. 이 시대란 모든 존재자들의 고유한 존재와 무게가 상실되고 니힐(nihil), 즉 공허가 지배하는 시대라는 것이다.

이렇게 인간과 자연이 에너지 집합체로서 간주되고 더 많은 에너지를 배출하도록 닦달 당함으로써 인간과 자연이 황폐화되어 가는 현 시대를 극복하기 위해서는, 하이데거에 따르면 정치 사회적인 변혁 이전에 인간들의 존재 이해가 바뀌지 않으면 안 된다. 현대를 궁극적으로 규정하는 것이 인간을 비롯한 존재자 전체를 계산 가능한 에너지 집합체로 보는 존재 이해인 한, 현대의 극복은 현대의 존재 이해를 극복하는 새로운 존재 이해에 의해서만 가능하다는 것이다. 바로 여기에 하이데거가 존재의 의미에 대한 자신의 물음이 한갓 아카데믹한 관심사라는 차원을 넘어서 최대의 시대적 절박성을 갖는 문제라고 주장하는 이유가 있다.

또한 하이데거에 따르면 현대의 존재 이해를 극복하기 위해서는 서양의 전통 형이상학 전체와의 대결이 요청된다. 왜냐하면 현대는 전통적인 배경 없이 무(無)로부터 솟아나온 것이 아니며 전통 형이상학의 존재 이해를 극단적으로 밀고 나간 것이기 때문이다. 따라서 현대를 극복하는 새로운 존재 이해란 현재의 과학 기술 시대를 포함하는 서구의 전통 전체와의 대결을 통해서 획득될 수 있는 것이다.

플라톤에서 니체에 이르는 전통적인 형이상학은 존재자 전체에 공통된 본질과 존재자 전체의 궁극적 근거를 묻는 것을 자신의 과제로 하고 있다. 형이상학은 개별 과학에서처럼 존재자의 한 영역이 아니고 존재자 전체를 문제 삼는다. 즉 형이상학은 정치적인 것, 혹은 경제적인 것, 혹은 생물학적인 것, 혹은 물리적인 것 등등의 존재자의 어떤 특정한 영역이 아니라, 존재자로서의 존재자의 본질에 대해서 다시 말해 존재자 전체의 본질에 대해서 물었으며 이와 더불어 존재자 전체의 궁극적 근거를 물어왔다. 예컨대 전통적인 형이상학에서 존재자 전체의 공통된 본질은 이데아라든가 단자라든가 등등으로 사유되어 왔으며, 존재자 전체의 궁극적 근거는 존재자 전체를 창조하는 존재자로서의 신, 절대 정신 등으로 사유되어 왔다.

이렇게 전통 형이상학이 자신의 존재 물음을 추구하는 데에 있어서 그것은 하나의 특정한 존재 의미를 전제하고 있다. 전통 형이상학에서는 존재자가 존재한다는 것은 그것이 '이론적 고찰의 대상으로서 눈 앞에 존재한다'(das Vorhandensein)는 것을 의미하며 이는 하나의 특정한 시간적 의미, 즉 지속적으로 현전(現前)한다는 의미를 가진다. 존재는 지속적으로 현전하기에 인간이 항상 이론적으로 고찰할 수도 있는 것이다. 예컨대 가장 진정하게 존재하는 자인 최고의 존재자로서의 신은 가장 지속적으로 현전하는 자, 즉 영원한 자이다. 이렇게 존재자가 존재한다는 것을 존재자가 '이론적 고찰의 대상으로서 눈 앞에 존재한다'고 보는 존재 이해를 극단적으로 밀고 나간 것이 존재자를 계산 가능한 에너지 집합체로 보는 현대의 과학 기술적인 존재 이해라고 하이데거는 보고 있다. 따라서 자연과 인간을 황폐화하는 현대를 극복하기 위해서는 궁극적으로 존재자의 존재 의미를 존재자가 '이론적 고찰의 대상으로서 눈앞에 존재한다'는 의미로 보는 전통 형이상학의 존재 이해를 극복하지 않으면 안 된다는 것이다.

이에 따라서 하이데거는 존재자 전체의 공통된 본질과 존재자 전체의 궁극적 근거에 대한 새로운 견해를 제시하는 것을 자신의 철학적 과제로 보지 않고 있다. 그에게는 또 하나의 형이상학의 제시가 아니라 형이상학 내지 존재론의 새로운 정초가 문제된다. 즉 그는 그 이전의 모든 전통적 형이상학이 자명하게 전제하고 있는 존재의 의미를 문제 삼는다. 그는 과연 존재가 인간이 언제라도 이론적으로 고찰할 수 있는 것으로서 지속적으로 현전한다는 것을 의미하는지를 묻는 것이다. 만약 그러한 존재의 의미가 존재의 근원적이고 본래의 의미를 망각한 것이며 그것을 은폐하는 것이라면 지금까지의 형이상학과 존재론은 그릇된 토대 위에 세워져 있는 것이 된다. 따라서 하이데거에게는 지금까지 전혀 물어지지 않은 채 자명하게 전제된 존재의 의미를 문제 삼으면서, 근원적이고 본래적인 존재 의미라는 토대 위에서 존재자들의 존재 내지 본질에 대한 탐색인 존재론을 새롭게 추구하는 것이 철학적 과제가 된다.

그런데 하이데거에 따르면 우리 인간은 자기 자신뿐 아니라 다른 모든 존재자들의 존재 내지 본질을 불명료하게나마 이미 이해하고 있다. 바로 이렇게 이미 이해하고 있기 때문에 현존재는 자기 자신과 다른 존재자들에 대해서 다른 동물들의 경우에서처럼 한갓 이해 관심에 입각하여 관계를 맺으려 하지 않고 그것들이 있는 그대로, 즉 그것들의 고유한 존재에 있어서 그것들과 관계를 맺으려 한다. 예컨대 우리는 인식 행위에서 존재자를 있는 그대로 파악하려고 한다. 현존재가 이렇게 존재자들의 진리 내지 존재자들의 고유한 존재에 대해서 관심을 가질 수 있고 그것을 지향할 수 있는 것은 현존재가 불명료하게나마 존재자들의 고유한 존재를 이미 이해하고 있기 때문이다.

그러나 우선 대부분의 경우 우리는 자신의 본래적인 존재와 다른 존재자들의 존재를 망각하고 존재자들과의 관계에서 우리의 이해 관심을 관철한다. 인간이 이와 같이 존재를 망각하고 있음에도 불구하고 우리에게 존재는 가장 가까이 있다. 왜냐하면 우리는 존재를 이해하지 않고서는 존재자 전체에 대해서 관계를 맺을 수도 없으며 존재자가 인간의 이해 관심으로부터 독립하여 하나의 독자적이고 고유한 존재를 갖는 것으로서 '존재한다'고도 말할 수 없기 때문이다.

존재는 우리에게 가장 가까운 것이다(『하이데거 전집 55』, 104).『존재와 시간』의 존재 물음은 인간이 이미 이렇게 존재 이해를 갖고 있다는 사실로부터 출발한다. 인간은 존재를 이해하는 탁월한 존재자이다. 2장에서 고찰하겠지만, 인간은 이렇게 자신의 존재와 다른 존재자들의 고유한 존재를 불명료하게나마 이미 이해하고 있기에 자신의 존재를 문제 삼을 수도 있다. 따라서 『존재와 시간』에서 하이데거는 자신의 존재 물음, 즉 존재의 본래적이고 근원적인 의미에 대한 물음을 인간 현존재의 분석을 실마리로 하여 행하고 있다.

하이데거는 인간 현존재를 분석함에 있어서 동물이나 신 등 인간이 아닌 존재자로부터 인간을 해석하려 하지 않고 인간의 삶을 인간의 삶 자체로부터 이해하고자 한다. 즉 그것이 목표하는 것은 인간의 '사실적인 삶에 대한 해석학'(Hermeneutik der Faktizität)이다.

(2) 현존재의 실존성

하이데거에 따르면 인간은 한갓 눈 앞에 존재하는 사물(das Vorhandene)이 아닙니다. 우리의 눈 앞에 존재하는 사물은 자신의 존재를 문제 삼지 않는다. 그러나 인간은 자신의 존재를 문제 삼는다. 자신의 존재를 문제 삼는다는 것은 자신의 현재의 존재 방식에 의문을 품고 새로운 존재 방식을 모색한다는 것이다. 하이데거에 따르면 인간은 우선 그리고 대개는(zunächst und zumeist) 비본래적인 방식으로 존재한다. 『존재와 시간』에서 우리가 비본래적으로 존재한다는 말은 우리가 얄팍하고 산만한 삶을 살고 있다는 것을 의미한다. 인간의 삶에 깊이와 전체성이 결여되어 있다는 것이다.

하이데거가 비본래적인 삶의 특성으로 보고 있는 잡담과 호기심 그리고 애매성은 얄팍함과 산만함을 공통 분모로 가진다. 우리는 어떤 사태를 경험할 때 대부분의 경우 그 사태를 깊이 있게 경험하는 것이 아니라 말초적인 호기심을 충족하는 방식으로 경험한다. 이 경우 사태와 나는 깊이 있는 관계를 맺지 못하며, 그 사태가 처음에 나에게 갖는 신선함을 잃으면 나의 관심은 더욱 자극적인 다른 사태로 쉽게 옮겨 간다. 나의 삶이란 어떤 진득한 의미 없이 새로운 자극적인 소재를 찾아서 부유(浮遊)하는 삶이다. 이러한 삶과 그것이 관계하는 세계에는 통일성과 깊이가 결여되어 있다. 이 경우 인간들끼리 주고받는 말이라는 것도 깊이와 책임성이 결여된 잡담일 뿐이다. 잡담과 호기심은 타인과 사태에 대한 진정한 이해나 관심을 목표로 삼지 않는다. 잡담과 호기심에는 항상 타인과 사태에 대한 애매하고 무책임한 추측만 있을 뿐 애정어린 이해와 관심은 존재하지 않는다.

그러나 인간은 자신의 심층에서 자신의 삶이 깊이와 전체성을 갖게 되기를 갈구한다. 그리고 인간은 이미 깊이와 통일성을 갖춘 삶의 방식에 대해서 불명료하게나마 이해하고 있다. 이미 어느 정도 이해하고 있기에 그러한 삶을 갈구할 수도 있는 것이다. 이처럼 인간이 자신의 심층에서 무의식적으로라도 깊이와 통일성을 갖춘 진정한 삶을 희구하고 그러한 삶을 이해하고 있기 때문에, 진정한 삶에 비추어 호기심, 잡담, 애매성으로 관철된 현재의 삶에 대해 공허감과 아울러 권태를 느낄 수도 있다. 그러나 인간은 우선 그리고 대부분의 경우 이러한 공허감과 권태의 궁극적인 근거에 대해 묻지 않는다. 다시 말해 문득문득 자신을 찾아오는 공허감과 권태가 자신의 비본래적인 삶의 방식에서 기원한다는 사실을 자각하지 못한다.

인간은 자신의 존재 방식, 자신의 삶의 방식 자체를 문제 삼지 않고 더욱 자극적이고 신선한 사건을 찾아 나선다. 그는 자신을 엄습하곤 하는 공허감과 권태의 원인이 보다 자극적이고 보다 신선한 사건이 존재하지 않기 때문이라고 생각한다. 인간은 공허감과 권태와 철저하게 대결하려 하지 않고 다양한 흥미거리를 찾아 공허감과 권태에서 벗어나기에 바쁜 것이다. 그렇기에 그의 삶은 언뜻 보기에는 바쁘고 생기 있는 삶처럼 나타나지만 사실은 공허하다.

그런데도 우리는 의식적으로든 무의식적으로든 우리의 비본래적인 삶과 존재 방식에 회의를 품으면서 진정한 존재 방식을 회구한다. 인간에게는 항상 자신의 본래적인 존재 가능성이 문제인 것이다. 이런 의미에서 인간은 가능성을 자신의 본질로 갖는 존재자(ein Möglichsein)이다. 현존재에게 문제되는 가능성은 자신이 과제로서 적극적으로 실현하지 않으면 안 되는 가능성이다. 인간의 진정한 본질이나 진정한 존재는 우리에게 단순히 주어져 있지 않고 과제로 '부과되어 있다'(aufgegeben). 이러한 존재란 자신의 고유한 존재이다. 인간은 자신의 고유한 존재를 문제 삼는 존재자이다. 이렇게 인간이 자신의 고유한 존재를 문제 삼는 것에 주목하면서 하이데거는 인간을 '실존'(Existenz)이라고 부른다.

인간에게는 존재의 고양, 진정한 자기의 발견이 문제된다는 것이다. 하이데거가 인간의 실존성을 강조하는 것은 흔히 오해하는 것처럼 인간이 모든 사회적 관계로부터 독립해서 고유한 내면 세계에 머물러야 한다는 의미가 결코 아니다. 그것은 낭만적이고 감상적(感傷的)인 고독 예찬과는 거리가 멀다. 나중에 보겠지만 하이데거에서 인간은 세계 내 존재(世界內存在, In-der-Welt-sein)로서 항상 다른 인간, 다른 존재자들과의 관계 속에서만 존재한다. 본래적인 존재 방식 또는 고유한 존재 방식이란 자신과의 진정한 관계 방식뿐 아니라 사물들에 대한 진정한 관계 방식을 의미한다.

인간은 자신의 존재를 문제 삼는 존재자라는 하이데거의 말은 인간이 자신의 비본래적인 삶과 자신이 사는 비본래적인 세계를 비판하고, 본래적인 존재와 본래적인 삶이 이루어지는 상황인 본래적인 세계를 추구하는 존재라는 의미이다. 이렇게 인간이 자신의 본래적인 존재와 자신이 사는 세계 또는 존재자 전체의 존재를 문제 삼는다는 것은, 인간이 자신의 고유한 존재와 존재자 전체의 고유한 존재를 어느 정도 이미 이해하고 있다는 뜻이다. 이렇게 인간에게 자신과 존재자 전체의 고유한 존재가 이미 개시되어 있다(erschlossen-sein)는 사태를 주목하면서 하이데거는 인간을 현존재(現存在, Dasein)라고 불렀다. 인간이 현존재라는 것, 인간에게 자신과 세계의 존재가 열려 있다는 사실이 바로 인간의 실존성, 다시 말해 인간이 자신의 존재를 문제 삼는 것을 가능하게 한다.

(3) 세계 내 존재로서의 현존재

현존재는 자신의 존재를 문제 삼되 하나의 특정한 세계 안에서 자신의 존재를 문제 삼는다. 현존재는 세계로부터 독립해서 존재하는 것이 아니라 이미 세계 안에 존재한다. 그러나 세계 안에 존재한다고 해서 어떤 사물이 용기(容器) 안에 들어 있는 것처럼 존재하는 것은 아니다. 현존재는 자신이 속하는 세계를 자신이 가능케 하는 방식으로 존재한다. 『근거의 본질』에 나오는 용어를 빌리면, 현존재는 자신의 세계를 건립(建立)하는(stiften) 방식으로 존재한다(『하이데거 전집 9』, 165).

세계는 현존재가 살아가는 장으로서 현존재의 존립을 가능하게 해주지만, 현존재 역시 세계가 그러한 세계로서 존재하게 하는 것이다. 우리는 앞에서 현존재의 존재 방식에 따라서 현존재가 살아가는 세계가 달리 나타나는 것을 보았다. 비본래적인 존재 방식에서 세계는 얄팍하고 산만한 세계이지만, 본래적인 존재 방식에서는 깊이 있고 통일적인 의미를 갖는 세계이다.

하이데거는 『존재와 시간』에서 세계의 구조를 우리가 일상적으로 그 안에서 살고 있는 도구적 세계를 실마리로 하여 분석하고 있다. 우리의 일상적 삶에서 존재자는 어떤 것은 현존재의 목적에 합당한 것으로 어떤 것은 현존재의 목적 실현에 방해가 되는 것으로 나타난다. 즉 우리의 일상적 삶에서 존재자는 우선 도구로서 드러나는 것이다. 존재자가 이렇게 도구로서 드러날 경우 그것은 자신의 존재 의미를 목적들의 지시 연관의 전체 안에서 갖게 된다. 예컨대 장도리는 못을 박기 위한 것이고 못은 옷을 걸기 위한 것이며 현존재가 못에 옷을 건다는 것은 자신의 옷을 구겨지지 않게 잘 보관하기 위한 것이다. 따라서 장도리는 못을 지시하며 못은 궁극적으로 옷을 잘 보존하려는 현존재의 관심을 지시한다.

모든 도구적 존재자는 이러한 목적 연관의 전체 안에서 자신의 존재 의미를 획득하며 이러한 목적 연관의 체계 내에서 자신을 드러낸다. 따라서 어떤 존재자가 자신을 드러내기 위해서는 이러한 목적 연관의 전체가 이미 개시되어 있지 않으면 안 된다. 이러한 목적 연관의 전체가 바로 인간이 어떤 특정한 존재자 내지 도구를 사용하기 전에 이미 그 안에서 거주하는 세계이다. 이러한 전체성으로서의 세계는 존재자가 드러나기 위한 가능성의 조건으로서 세계 내에 드러나는 존재자보다 '앞서서'(apriori) 존재하는 것이다. 달리 말하자면 세계는 존재자의 개시를 위해서 아프리오리하게 개시되어 있다. 세계는 이미 드러나 있는 존재자의 총합으로서 존재하는 것이 아니라, 존재자가 드러나기 위해서 이미 드러나 있지 않으면 안 되는 지평인 것이다.

현존재는 직접적으로 자신으로부터 존재자에게 향하는 것이 아니라 현존재가 이미 항상 그 안에서 체류하고 있는 세계를 매개로 하여 존재자에 관계한다. 존재자에 대한 관계가 가능하기 위해서 현존재는 이미 세계에 대한 이해를 갖지 않으면 안 된다. 그러나 이는 다시 현존재가 우선 세계에 대한 이해를 먼저 갖고 그 다음에야 존재자에 대한 관계를 가질 수 있다는 시간적인 선후 관계(先後關係)의 의미로 이해되어서는 안 된다. 세계는 존재자와 같이 현존재가 마주하는 대상이 아닌 것이며 세계에 대한 이해란 존재자에 대한 현존재의 구체적인 관계 안에서 수행되는 것이다.

다른 한편 우리는 목적 연관의 전체로서의 세계가 궁극적으로는 현존재의 관심을 지시한다는 것을 보았다. 그러면 현존재가 궁극적으로 관심을 갖는 것은 무엇인가? 그것은 자신의 고유한 존재 가능성, 자신의 진정한 자기 이외의 것이 아니다. 왜냐하면 현존재에게는 자신의 존재가 문제가 되기 때문이다. 현존재의 자기 실현과 세계 이해는 서로 내밀한 관계를 가진다. 세계 이해란 세계를 하나의 대상처럼 개념 파악한다는 것이 아니라 현존재의 자기 실현을 위해서 그리고 현존재의 자기 실현을 통해서 하나의 목적 연관의 전체를 건립한다는 것을 의미한다.

세계는 현존재의 구체적인 실존 수행 없이 대상과 같이 내 눈 앞에 존재하는 것이 아니라 현존재의 구체적인 실존 수행을 통해서 존재하는 것이다. 이렇게 세계와 현존재가 서로를 가능케 하는 근원적인 공속 관계(共屬關係, Zusammengehörigkeit)가 하이데거가 '세계 내 존재'라는 말로 의미하고자 하는 것이다. 전통 철학에서는 우리가 데카르트에서 보다시피 인간과 세계가 각자 고립된 채로 존재하며 이 양자 사이의 매개가 철학적인 문제로서 제기되었던 것이나, 하이데거에서는 현존재와 세계가 내밀한 공속 관계에 있어서 파악됨으로써 인간과 세계를 서로 분리된 실체로 보는 전통적인 파악 방식이 극복되는 것이다.

(4) 세계의 본래적인 개현(開顯)과 죽음

그런데 우리는 위에서 세계가 인간이 본래적으로 실존하느냐 아니면 비본래적으로 실존하느냐에 따라서 세계도 본래적으로 또는 비본래적으로 드러남을 보았다. 인간이 본래적으로 실존한다는 것은 현존재가 자신의 본래적 가능성에 따라서 산다는 것, 즉 자신의 실상(實相)에 따라서 산다는 것을 의미했다. 현존재가 진정한 '자기'(Selbst)를 구현한다는 것은 다른 한편으로 그가 진정한 세계 안에서 거주하는 것을 의미한다. 세계의 근원적인 개시와 현존재의 자기 발견은 현존재가 세계 안에서 거주하는 자인 한 항상 같이 가는 것이다. 그러나 현존재의 진정한 자기 발견과 세계의 근원적인 개시는 어떻게 해서 가능한가?

하이데거는 현존재를 세계 내 존재라고 부른 반면에 여타의 존재자들은 내세계적(內世界的, innerweltlich)인 존재자라고 부름으로써 양자를 구별하고 있다. 목적 연관의 전체로서의 세계가 궁극적으로는 현존재의 관심을 지시한다는 점에서 현존재는 세계 내에 존재하면서도 세계를 건립하고 유지하는 자로서 존재하는 반면에, 여타의 존재자들은 이미 개시된 세계로부터 자신의 존재 의미를 부여받는다는 점에서 양자 간에는 큰 차이가 존재하는 것이다.

현존재는 한갓 내세계적인 존재자가 아닌 바, 현존재의 존재 의미,

즉 그의 본래적인 가능성은 우리가 이미 살고 있는 세계의 목적 연관의 전체 내에서 개시될 수는 없다. 오히려 세계가 궁극적으로 현존재의 관심을 지시한다고 할 경우, 그리고 이와 아울러 우리가 현존재의 궁극 목적으로서의 자신의 진정한 실존 가능성을 세계 안에서 발견할 수 없다고 할 경우, 그것은 어디에서 그리고 어떻게 개시될 수 있는가? 그것은 우리가 우선 대부분의 경우 그 안에서 살고 있는 비본래적인 세계 내에서가 아니라, 우리 자신의 내면에서 그리고 우리 내면으로의 귀환을 가능케 하는 것으로서의 죽음으로의 선구(先驅, Vorlaufen)에 의해서 발견될 수 있다.

하이데거에 따르면 죽음은 현존재의 '가장 고유하고 가장 극단적이며 (다른 가능성에 의해서) 능가될 수 없는 가능성'(die eigenste, äußerste, unüberholbare Möglichkeit)이다. 죽음은 어느 누구도 대체할 수 없는 구체적이고 유일한 존재로서의 나의 죽음이다. 나는 그 어느 누구와도 구별되는 나의 유일한 삶의 역사와 삶의 세계를 갖고 있다. 죽음은 이러한 독자적인 역사와 상황을 갖는 나의 죽음이다. 이렇게 죽음의 경험은 각자의 것이기에 우리는 그것을 정확하게 묘사하는 것을 통해서 다른 사람에게 전달할 수 없으며, 타인은 나의 죽음의 경험을 과학적으로 통제 가능한 경험에서처럼 동일한 조건 하에서 반복할 수 없다. 따라서 죽음은 어느 누구도 나 대신에 행할 수는 없다. 각자는 죽음을 전적으로 홀로 떠맡지 않으면 안 된다. 그와 아울러 나에게 외부로부터 부과되는 모든 낯선 규정들은 죽음과 더불어 의미를 상실하며, 이를 통해 나에게 절대적으로 고유한 것이 비로소 드러난다. 이렇게 나에게 고유한 것은 '현존재의 본래적인 진리이기에 가장 근원적인 진리'이다(『존재와 시간』, 235).

죽음의 경험을 통해서 현존재는 자신의 가장 고유한 존재 가능성(die eigenste Möglichkeit)에 직면하게 된다. 이러한 가능성은 또한 이제까지 현존재가 비본래적인 존재 방식에서 자신의 고유한 존재 의미로 여겨 왔던 모든 가능성들의 허망함을 드러내고 그것들을 무(無)로 떨어뜨리는 극단적인 가능성이기에 그것은 (다른 가능성들에 의해서) 능가될 수 없는 가능성(die unüberholbare Möglichkeit)이다. 이러한 가능성은 현존재가 그것들로부터 이제까지 자신을 이해해 온 모든 다른 일상적인 가능성들을 불가능하게 만든다. 그리고 이와 더불어 현존재의 모든 다른 존재 가능성들이 비로소 올바른 관점에서 보여질 수 있고 평가될 수 있다(『존재와 시간』, 164).

이러한 극단적인 가능성은 다른 모든 가능성들에게 위계와 질서를 부여하고 이를 통해 실존의 전체성과 통일성을 가능케 하는 가능성이다. 죽음은 가장 고유한 가능성으로서 현존재를 단적으로 정초하는 근거이며 현존재의 최고의 심급이다. 죽음의 경험으로부터 도피하지 않고 그것에 단호하게 직면하는 것을 통해, 즉 죽음에 앞서 달려가는(vorlaufen) 것을 통해서 현존재의 궁극 목적(Worumwillen)으로서의 진정한 자기가 개시되는 것이다. 이러한 궁극 목적으로부터 이제 사물들의 의미가 규정된다. 세계의 목적 연관의 전체가 현존재의 궁극적인 관심사를 가리키고 이러한 현존재의 궁극 목적으로부터 목적 연관의 전체가 열리는 것이므로, 현존재가 자신의 궁극 목적에 직면할 경우 현존재에게 진정한 의미의 세계가 열리는 것이다.

죽음을 향한 선구(先驅)를 통한 현존재의 가장 개체적인 실존적 결단을 통해 가장 보편적인 지평으로서의 세계가 열린다. 진정한 자기의 선택이란 세계로부터 고립되어 존재하는 세계 내의 섬으로서의 자신에 대한 침잠을 의미하지 않고 진정한 세계의 건립을 의미한다. 이러한 진정한 자기란 세계 내의 어떠한 존재자도 아니고 오히려 그것으로부터 세계가 개시되는 것이기에, 진정한 자신을 선택한다는 것은 세계 내에서 타인들과 경쟁하면서 자신을 무조건적으로 주장하는 이기주의와는 전적으로 다른 것이다. 그러한 진정한 자기란 진정한 실존 방식 상태로 존재하는 현존재를 의미한다. 현존재가 이렇게 진정한 방식으로 존재할 경우에 존재자 전체는 현존재에게 전혀 다르게 개시되는 것이며 현존재는 세계 내 존재로서 내세계적인 존재자 전체에 대해서 그 전과는 전혀 다르게 태도를 취하게 된다.

(5) 죽음과 세계 내 존재의 퇴락 그리고 불안

그러나 '우선 그리고 대부분의 경우' 세계는 현존재에게는 위와 같은 현존재의 결단 없이 이미 존재하는 것으로 나타난다. 현존재는 자신을 세계의 일부로서만 이해한다. 현존재는 자신이 세계를 건립하는 자라는 사실을 망각하고 일상적인 세계가 제시하는 가능성들을 맹목적으로 추구할 뿐이다. 우선 대부분의 경우, 현존재는 죽음에 적극적으로 선구함으로써 자신의 가능성을 자신으로부터 기투하지 않는다. 인간은 자신의 본래적인 가능성인 죽음이란 가능성의 하중(荷重)을 짊어지려 하지 않고 그것으로부터 도피한다. 죽음은 우리에게는 단지 하나의 재앙으로서만 나타난다. 따라서 현존재는 자신의 본래의 심연적인 근거를 직시하려 하지 않으며 그것으로부터 도피하려 한다. 현존재는 "인간은 실로 언젠가는 죽으나 나는 아직 죽지 않았다"고 자신을 안심시킨다. 이 경우 죽음은 아직 일어나지는 않았으나 다른 생물들에 대해서와 마찬가지로 현존재에게 언젠가 닥쳐올 외적인 사건에 지나지 않는다.

이러한 고찰 방식은 인간을 하나의 눈 앞에 존재하는 사물로서 그리고 죽음을 세계 안에서 일어나는 하나의 자연적인 사건으로서 보고 있다. 죽음은 이 경우 여타의 두려운 자연적인 사건과 마찬가지로 하나의 자연적인 사건으로서 나타나고 있을 뿐이다. 오늘날의 인간은 따라서 죽음조차 과학적 발견과 발명으로 지배하려고 한다. 그러나 죽음이란 우리에게 결단을 요구하는 사건이다. 그것은 우리가 일상적으로 의미 있는 것으로 생각하면서 집착하는 모든 상대적이고 공허한 것들에 대한 예속으로부터 우리 자신을 해방하도록 촉구하는 것이다.

그런데 본래적이고 심원한 의미와 가능성에 있어서 죽음이 우선 대부분의 경우 위와 같이 망각되고 은폐되고 있을 경우 그것은 어떻게 우리에게 고지될 수 있는가? 하이데거에 따르면 죽음은 불안(不安, Angst)이란 현존재의 근본 기분을 통하여 자신을 고지한다. 우리는 우리의 의식적 노력과는 상관없이 많은 경우 어떤 특정한 기분에 빠진다. 이러한 기분은 우리의 의식적 노력의 산물이 아니고 그때그때마다 우리를 엄습하는 성질을 갖는다. 이러한 기분 중 우리의 실존과 우리가 그 안에서 사는 세계를 근본적으로 규정하는 기분을 하이데거는 근본 기분(Grundstimmung)이라고 한다. 이러한 근본 기분은 우선 대부분의 경우 우리의 의식적 노력으로 억압되어 있다. 그러나 그것은 어느 순간 나를 예기치 않게 엄습하고 나의 실존과 세계를 전혀 다른 모습으로 드러낸다. 불안 안에서 우리 자신과 우리가 그 안에서 안주하던 일상적인 세계는 갑자기 낯설게 나타난다.

따라서 하이데거가 죽음을 문제 삼을 때 객관적으로 고찰할 수 있는 하나의 자연적인 사건으로서의 죽음이 문제되지 않고, 우리가 안주하는 일상적인 세계와 그 세계 안에서의 우리 자신의 일상적인 활동들 그리고 우리가 이미 친숙하게 이해하고 있다고 생각한 자기 자신과 자신이 관계하는 존재자들이 의미를 상실하고, 새로운 세계와 진정한 행위 가능성들 그리고 진정한 자신과 존재자들의 개시가 일어나는 사건으로서의 죽음이 문제되고 있다. 이러한 죽음은 죽음을 객관적으로 고찰하는 주체로서의 인간과 객체로서의 죽음으로의 주객 분리 이전에 근원적으로 경험되는 죽음이다.

하이데거에게 죽음의 경험이란 인간이 항상 이미 죽음에 내던져져 있다는 사실을 깨닫는 것이다. 이러한 깨달음은 그러한 사실을 한갓 객관적인 사실로서 단순히 머리로 인식하는 것을 의미하는 것이 아니라 인간의 실존 방식이 전적으로 뒤바뀌는 것을 의미한다. 하이데거에서는 현존재가 어떤 사태를 이해한다는 것은 그러한 사태를 객관적으로 이해하는 것이 아니라 항상 실존 전체의 새로운 기투(Entwurf)를 포함하는 것이다.

이해는 항상 실존의 변화를 수반하는 것이며, 실존의 변화를 수반하지 않는 이해란 항상 그 사태의 피상에만 머무르는 이해인 것이며 진정으로 그 사태를 이해했다고 볼 수 없는 것이다. 예컨대 인간이 어떤 예술 작품을 이해한다는 것은 그 작품을 통해서 인간이 사로잡히고 그 사로잡는 힘에 의해 변화된다는 것을 의미한다. 이해란 인간의 머리 안에서 일어나는 것이 아니라 온 실존 안에서 일어나는 것이지 않으면 안 된다. 이는 달리 말해 이해는 항상 어떤 근본 기분 안에서 일어난다는 사실을 의미한다. 근본 기분이란 우리의 실존 전체를 규정하는 사건인 것이다. 하이데거에게 이해란 이런 의미에서 항상 기분지어진 이해(das gestimmte Verstehen)이다.

따라서 인간이 죽음에 던져져 있다는 사실의 이해는 하나의 근본 기분, 즉 불안이란 근본 기분 안에서 가능하게 되며 이렇게 불안이란 기분에 근거하고 있는 죽음에 대한 이해만이 그러한 사실을 이해하기 전의 실존과 그것을 이해한 후의 실존 사이에 심각한 균열을 낳으면서 현존재의 도약을 마련할 수 있는 것이다. "현존재가 자신의 죽음에 내맡겨져 있다는 사실과 이에 따라 죽음이 세계 내 존재에 속한다는 사실에 대해서 현존재는 우선 대부분의 경우에는 어떠한 명확하거나 이론적인 지식을 갖고 있는 게 아니다. 죽음에 내던져져 있다는 사실은 현존재에게 불안이란 정태성(情態性, Befindlichkeit) 안에서 보다 근원적이고 보다 철저하게 드러난다"(『존재와 시간』, 251).

근본 기분으로서의 불안이란 인간이 조성해 내는 것이 아니라 우리를 엄습하는 것이다. 그리고 이를 통해 존재자 전체와 심지어 인간의 모든 삶의 행위들이 일상적인 의미를 상실한다. 불안은 현존재가 이제까지 자신을 이해하는 준거로 삼은 모든 허위적인 가능성들을 파괴한다. 다른 존재자 예컨대 돈이든 명예든 가족이든 사회든 심지어는 자신이 이제까지 섬겨 온 신에게 의지하는 가능성은 이를 통해 배제된다. 현존재는 철저하게 자기 자신 앞에 직면하게 되며 자신의 심연으로부터 자신의 고유한 본질을 발견하도록 촉구되는 것이다.

불안은 우리의 실존을 항상 철저하게 기분지우고 있다. 그러나 우리는 보통 불안이 대두되지 못하도록 억누른다. 죽음으로부터의 도피는 불안이 대두되지 못하게 억누르는 것을 의미한다. 우리는 일상적인 가능성들에 집착함으로써 이러한 불안으로부터 도피하고자 한다. 그러나 그렇다고 하여 불안이 제거되는 것은 아니다. 불안은 일상적인 가능성들에 대한 공포로 변형되어 나타난다. 공포의 대상은 인간이 어떻게든 극복해야 할 객체로서 나타난다. 죽음마저도 이 경우에는 인간을 자신 앞에 직면케 하는 비밀에 찬 사건으로서 나타나는 것이 아니라 의학과 생물학적 고찰의 대상으로서 나타나는 것이다. 그러나 이러한 공포는 궁극적으로는 극복될 수 없다. 왜냐하면 이 세계는 인간의 과학 기술적 노력으로 완전히 파악될 수 없기 때문이다.

공포는 비본래적인 실존 양식에서 불안이 나타나는 방식이다. 불안은 이런 의미에서 그것으로부터 우리가 아무리 도피하더라도 우리의 실존을 철저하게 지배하고 있다. 이는 불안에서 자신을 고지하는 죽음만 해도 마찬가지이다. 이 경우 죽음은 그 어떤 대상화 가능한 것이 아니면서도 우리를 우리 자신 앞에 직면케 하는 것으로서 어떠한 존재자가 아닌 무(無, das Nichts)이다. 이 전혀 객관화 불가능한 비밀로서의 무(無)는 모든 것을 객관화하여 인간의 지배와 향유의 대상으로 삼으려는 태도에서는, 인간의 대상화 기도로부터 항상 벗어나 있으면서도 인간에게 언젠가는 대상화되어야 할 이념으로서 나타난다. 대상화될 수 없는 것을 대상화하여 언젠가는 지배 대상으로 삼으려는 태도는 항상 자신이 극복할 수 없는 한계에 부딪히는 것이다.

이에 반해 불안이란 근본 기분 안에서는 죽음 내지 무(無)는 우리에게 우리의 대상화를 통해서 우리가 언젠가는 지배해야 하는 한계 이념으로서 나타나는 게 아니라, 우리의 실존 방식을 뒤바꾸면서 우리에게 세계를 달리 드러내는 근원으로서 드러난다. 우리는 그것을 지배하려고 해서는 안 되고 그것의 힘에 우리를 내맡겨야 한다. 그러나 우리는 항상 이 무(無) 앞에서 도피하며, 따라서 불안을 견디면서 죽음에로 앞서 달려가는 것(das angstbereite Vorlaufen zum Tode)은 죽음으로부터의 도피와의 끊임없는 대결을 통해서만 가능하다.

(6) 현존재의 단독자화(單獨者化, Vereinzelung)와 세계의 개현(Welterschlossenheit) 그리고 현존재의 존재 의미로서의 시간성

불안을 인수하면서 죽음에 앞서 달려가는 것을 통해서 현존재는 분산된 일상적 세계에서 벗어나면서 자신의 본래적 자기에 직면한다. 즉 현존재는 단독자가 된다. 죽음에로 선구하는 결단을 통해 현존재는 자신을 본래적인 실존으로서 구성하는 것이다(『존재와 시간』, 305). 그러나 이러한 단독자화는 현존재가 자신의 내면으로 도피하는 것을 의미하지는 않는다. 단독자화는 인간이 자신의 본래적 자기를 발견하는 사건일 뿐이다. 그리고 이러한 자기(Selbst), 즉 본래성이란 타인과 구별된 고립된 자로서의 " '나'(Ich)가 아니라, 너에 대한 나의 관계와 우리에 대한 나의 관계 그리고 너희들에 대한 우리의 관계가 근거하는 현-존재(現-存在, Da-sein)이다. 이러한 관계들은 오직 이러한 현-존재로부터만 수행될 수 있고 그러한 관계들이 하나의 힘을 가지려면 그것들은 비로소 이러한 현-존재로부터만 수행되어야만 한다"(하이데거 전집 44, 23).

따라서 일상적 가능성들은 단순히 거부되고 현존재는 자신의 고립된 섬으로 후퇴하는 것이 아니라, 현존재가 그 안에서 살고 있던 일상

적인 가능성들은 새로운 빛 아래에서 보여진다. 새롭게 드러나는 이러한 가능성들은 그 어느 것에 의해서도 규정되지 않은 죽음, 즉 무(無)로부터 길러지는 것이므로 창조적인 가능성들이다. 일상적 세계로부터 각자의 죽음으로의 길은 일상적인 나와 비본래적인 세계의 죽음으로부터 나와 세계의 근원적인 개현을 향한 길이다. 현존재가 보다 무조건적으로 죽음에로 선구하면서 근본 가능성들을 개현할 때에만, 세계는 보다 순수하고 근원적으로 개현될 것이다. 단독자화는 현존재의 궁극 목표와 아울러 전체적인 세계가 열리기 위한 근거이다. 이렇게 전체, 즉 세계가 근원적으로 개시됨으로써 현존재는 또한 내세계적인(innerweltlich) 존재자들의 보다 근원적인 존재에 자신을 열게 된다. 왜냐하면 세계라는 전체성을 향한 이러한 기투를 통하여 존재자가 비로소 그의 진정한 의미와 규정성 안에서 개시되기 때문이다.

죽음에로의 선구는 이제 하이데거가 현존재의 존재 의미를 시간성으로서 드러내는 데에 있어서 결정적인 단서 역할을 한다(『존재와 시간』, 329, 426). 죽음으로 선구하는 결단은 현존재가 자신의 장래의 가능성, 즉 자신의 진정한 자기에로 선구하면서 자신이 이미 던져져 있는 자신의 처지와 그 가능성들을 적극적으로 인수하고 새로운 빛 아래에서 반복하는 것(wiederholen)을 가능케 한다. 자신의 장래의 가능성에로 선구하고 자신이 이미 처해 있는 세계를 인수하면서 현존재는 현재(Gegenwart)를, 즉 현존재들과 현존재가 아닌 존재자들이 자신들의 본질에 있어서 개시되는 상황을 연다. 그리고 현존재가 자기 자신과 자신의 존재 가능성을 이해하고 존재자를 만나는 지평인 이 현재는 유한한 것이다(『존재와 시간』, 331). 왜냐하면 이러한 현재는 죽음으로의 선구로 규정되어 있기 때문이다(『존재와 시간』, 251).

그러므로 현재는 수학적인 지금의 한 점(Jetztpunkt)이 아니고 현존재의 유한성을 통해서 절박성을 갖게 되는 그때그때마다의 결단의 시간이다. 그러나 죽음이 우리를 현존재의 유한성에 직면케 함으로써 우리를 위협하고 우리를 결단하지 않을 수 없는 처지로 몰고 가기 때문에, 우리는 모든 사람이 다른 사람을 대신할 수 있고 개인이 죽어도 '생'은 계속되는 소위 무한한 시간으로 도피한다. 무한히 계속해서 흐르면서 항상 동일한 하나의 시간에 대한 일상적인 표상은 따라서 죽음으로부터의 도피, 즉 현존재의 퇴락의 소산이다. 이 경우 현존재의 존재, 즉 그의 시간성은 이미 주어진 무한한 시간 안에 존재하는 것으로서 나타난다. 현존재는 자신의 시간성이 이렇게 퇴락한 형태로 나타남으로써, 시간이 현존재의 본래적인 시간성 안에서 비로소 시숙(時熟, zeitigen)되어야 한다는 사실을 망각한다. 현존재의 존재 의미가 시간성이라 함은 우선 대부분의 경우는 은폐되어 있고 망각되어 있는 현존재의 본래적인 삶이 시간적인 구조를 갖는다는 것, 즉 매 순간 순간을 근원적인 무(無) 내지 죽음으로의 선구를 통하여 자신이 이미 처해 있는 과거를 새롭게 인수하면서 현재를 창조적으로 형성하는 삶이라는 것을 의미한다.

(7) 존재 물음과 시간 그리고 전통 형이상학의 파괴

우리가 앞에서 보았듯이 『존재와 시간』에서 존재 물음은 현존재가 존재를 이해하고 있다는 사실에서부터 출발한다. 현존재는 자신의 존재와 아울러 다른 여타의 존재자들에 대한 이해를 가지므로, 다른 존재자들에 대해서 한갓 자신의 이해 관심에 입각해서 관계하지 않고 그것들의 존재와 진리를 드러내는 식으로 관계할 수 있다. 현존재의 존재뿐 아니라 다른 여타의 존재자들의 존재 전체를 우리는 세계라고 부를 수 있을 것이며, 이러한 세계는 『존재와 시간』에서는 세계 개시성(Welterschlossenheit)이란 현상으로서 나타나고 있다. 하이데거는 현존재가 이렇게 존재 전체 내지 세계를 이해하고 있다는 사실의 궁극적 근거를 현존재의 시간성, 즉 궁극적인 심연으로서의 죽음에 관계할 수 있는 현존재의 고유한 본질에서 찾았다.

『존재와 시간』에서의 현존재 분석론에서는 따라서 인간이라는 특정한 존재자의 존재와 그것의 소여 방식이 문제되고 있는 것이 아니라, 존재의 전체인 세계가 구성되는 곳인 존재자의 존재 양식이 문제되고 있다. 현존재의 본래적인 시간성에서 전체로서의 존재인 세계가 기투된다(『존재와 시간』, 437). 이에 『존재와 시간』에서 현존재의 존재 망각, 다시 말해서 현존재가 우선 대부분의 경우는 자신의 본래적인 존재와 다른 존재자들의 존재를 망각하고 있다는 사실은 현존재의 고유한 존재에 대한 망각, 즉 존재 일반의 기투를 가능케 하는 근원적 시간성의 망각에 근거하고 있다.

우리가 1절에서 보았듯이 하이데거가 존재의 의미를 묻는다고 할 경우 그것은 전통 형이상학이 자명하게 전제하고 있는 존재관, 즉 존재를 존재자가 이론적 고찰의 대상으로서 '눈 앞에 존재한다'(das Vorhandensein)고 보는 선입관을 문제 삼는 것을 의미한다. 그리고 이러한 존재관에는 존재의 특정한 시간적 의미, 즉 지속적인 현재로서의 존재의 의미가 전제되어 있다. 이러한 존재관에 근거하면서 전통 형이상학은 존재를 존재자 전체의 공통된 근거와 존재자 전체의 최고의 근거로 보았던 것이다. 다시 말해서 형이상학이 존재를 근거로 규정할 경우에 근거는 근저에 놓여 있는 것 또는 이미 놓여 있는 것을 의미하는 한, 존재는 상주함, 지속적인 현재라는 성격을 갖는 것으로서 전제되고 있다.

이렇게 희랍의 존재 규정들이 시간 성격을 은폐된 형태로 갖고 있다는 사실이야말로 근원적인 시간이 모든 존재 이해와 존재 해석의 지평이라는 사실을 시사한다. 따라서 존재의 의미에 대한 물음은 시간의 본질에 대한 물음이다. 종래의 존재론에서 존재에 대해 물을 경우 그것은 존재와 시간의 관계를 주목하지 않았다. 왜냐하면 그것은 현존재의 시간성을 보지 못했기 때문이다. 이에 대해 하이데거는 현존재의 시간성으로부터 전통적인 존재론의 존재 경험의 배후에 망각된 채로 존재하는 저 시간을 사유하려고 한다.

전통 형이상학이 지속적인 현재라는 의미로 생각한 현재는 『존재와 시간』의 분석에 따르면 장래(Zukunft)와 과거(Gewesenheit)라는 계기들로부터 비롯되는 것이다. 하이데거는 더 이상 현재란 시간 양상에만 지향하지 않고 시간의 삼차원, 특히 죽음으로의 선구로서의 '장래'에 지향하는 존재의 의미를 사유하려고 한다. 전통 형이상학이 존재자가 '존재한다'는 것은 "존재자가 언제든 이론적 고찰의 대상이 될 수 있는 식으로 지속적으로 현전한다"는 것을 의미한다고 보는 존재 이해를 자명하게 전제하고 있었던 반면에, 하이데거는 존재자가 존재하고 있다 내지 존재자가 현전하고 있다는 사태의 의미를 인간의 모든 이론적 실천적 장악 시도로부터 벗어나 있는 죽음, 다시 말해 비밀에 찬 무(無)로부터 이해하고 있다. 즉 존재자가 "존재하고 있다 내지 현전하고 있다"(gegenwärtig sein)는 사태는 존재자가 죽음, 내지 근원적인 은닉(die Verborgenheit)으로부터 개현된다는 것으로서, 다시 말해서 '비은닉되어 있다'(unverborgen sein)로서 이해되는 것이다.

존재자가 '눈 앞에 존재한다'는 전통 형이상학적인 존재 의미에 의해서 그 동안 은폐되어 왔던 근원적인 존재의 의미는 인간을 비롯한 존재자 전체는 비밀에 찬 무(無)로서의 근원적인 은닉으로부터 개현되어 '있다'는 것이 된다. 이제 존재론의 과제는 이러한 근원적인 존재의 의미에 바탕하여 모든 존재자들의 존재를, 즉 인간, 신, 자연, 역사, 동물, 대지 등의 본질을 새롭게 이해하는 것이다. 그리고 이러한 이해는 이러한 존재자들을 존재자를 눈 앞에 존재하는 것으로서 대상화하는 것을 통해서가 아니라 비밀에 찬 무(無)로서의 죽음을 적극적으로 인수함으로써 인간이 본래적인 실존으로 다시 태어나는 것을 통해서만 가능하다.

전통 형이상학이 "존재자가 현재 존재한다"고 할 경우의 존재의 의미를 근원적인 시간으로부터 이해하지 못하고 '눈 앞에 지속적으로 현재한다'는 의미의 존재 의미를 자명하게 전제한 원인은 전통 형이상학이 현존재의 시간성을 보지 못한 데에 있다. 그리고 전통 형이상학이 현존재의 시간성을 보지 못한 것은 궁극적으로는 죽음으로의 선구를 통해서 근원적인 세계를 개시하지 않고 눈 앞에 존재하는 내세계적인 존재자들에 매몰되어 있는 현존재의 퇴락에 원인이 있었다. 이와 아울러 전통 형이상학에서 존재 물음을 제기하지 않았다는 것, 즉 존재의 본래적이고 근원적인 의미를 묻지 않았다는 것도 현존재의 퇴락에 근거하고 있는 것이 된다. 다시 말해 전통 형이상학은 퇴락한 존재 방식에 빠져 있음으로써 인간의 존재 구조에 대한 물음을 진정하게 제기하지 않았고 이에 따라 존재 물음도 제기할 수 없었다. 종래의 형이상학은 존재를 눈 앞에 지속적으로 현존함을 의미하는 것으로 보고, 인간의 존재도 눈 앞에 존재하는 존재자(das Vorhandene)로부터 이해하며 이를 통해서 눈 앞에 존재하는 사물들의 존재에 속하는 실체 내지 주체라는 범주가 현존재에게 가탁되는 것이다(『존재와 시간』, 11).

인간이 자신의 존재를 확보하게 되는 근원적 시간성의 사건을 객관적인 고찰을 통하여 고정하려 할 경우에 그는 자신의 삶의 본래적인 성격을 은폐한다. 그리고 그와 함께 현존재가 아닌 존재자들의 존재도 은폐된다. 왜냐하면 현존재의 본래적인 시숙에서 열리는 근원적인 세계에서만 존재자 전체의 존재가 그것의 본질에 있어서 자신을 드러낼 수 있으나 현존재의 존재의 은폐와 아울러 이러한 근원적인 세계도 은폐되기 때문이다. 전통 형이상학의 존재 망각이 결국 현존재의 시간성의 망각에서 비롯된다면 이는 결국은 형이상학의 존재 망각은 죽음에 대한 망각, 즉 인간을 비롯한 존재자 전체의 근원적인 존재를 드러내면서 자신은 은닉하는 저 비밀에 찬 무(無)에 대한 망각으로 소급될 수 있을 것이다. 현존재의 시간성은 이러한 죽음과의 관계에서 성립하기 때문이다.

3. 하이데거의 후기 사상

하이데거의 사상은 1930년에 발표된 강연 논문 『진리의 본질에 대해서』를 기점으로 하여 하나의 근본적인 변화를 겪는다. 바로 그것이 유명한 하이데거 사상의 전회(轉回, die Kehre)이다. 하이데거의 전기 사상에서는 현존재의 존재 구조에 대한 분석과 그것에 입각한 존재의 의미에 대한 물음이 정태적이고 비역사적인 방식으로 행해진 반면에, 후기 사상에서 존재의 의미에 대한 물음은 철저하게 역사적인 형태를 띠게 되며 현존재 역시 그의 철저한 역사성에 있어서 파악된다. 이와 아울러 전기 사상에서는 자신의 고유한 존재에 직면하려는 현존재의 결단이란 측면이 결정적인 중요성을 가졌던 반면에, 후기 사상에서는 현존재의 결단과 통제를 벗어나 현존재가 이미 내던져져 있는 역사 과정 자체가 결정적인 중요성을 갖게 된다.

자신과 존재자 전체의 고유한 존재를 이해하게 되는 사건에서 전기 사상에서는 죽음으로 선구하려는 현존재의 결단이 가장 결정적인 계기로서 간주되었던 반면에, 후기 사상에서는 오히려 서구 형이상학 2000년의 역사 안에서 각 시대마다 자신을 달리 드러내는 존재자 전체의 존재와 이러한 존재가 자신을 현존재에게 드러내는 장으로서의 근본 기분이 결정적인 의미를 갖게 된다. 현존재의 근본 기분이란 후기 사상에서는 단순히 현존재의 내적인 정조(情調)로서 이해되는 것이 아니라 존재가 그때그때마다 자신을 고지하는 통로라는 의미를 갖는다.

근본 기분을 의미하는 독일어 Grund-stimmung은 존재의 소리를 의미하는 Seins-stimme로부터 파악되는 것이다. 이렇게 존재가 인간이 통제할 수 없는 근본 기분을 통해서 인간을 엄습하면서 역사적으로 각 시대마다 다르게 자신을 드러내는 방식이 후기 하이데거에서는 문제가 된다는 점에서 후기 하이데거의 사상은 존재사적 사유(存在史的 思惟, das seinsgeschichtliche Denken)라고 불린다.

개별 과학이 존재자의 특정한 영역에 관계하는 반면에 철학은 전통적으로 존재자 전체를 문제 삼는다. 존재자 전체에 대해서 언표를 하는 데에 있어서는 이러한 고전적 형이상학뿐 아니라 이러한 형이상학을 비판하는 철학적 입장조차 다름이 없다. 존재자 전체에 대한 하나의 이론을 비판하고자 할 경우는 스스로 존재자 전체에 대해 입장을 취할 수밖에 없는 것이다. 소위 감각될 수 있는 것만 존재한다든가 감각 가능한 것에 대한 언표만이 의미 있다고 주장하는 실증주의적인 입장조차 존재자 전체에 대한 발언임에는 틀림이 없는 것이다. 우리에게 시간 공간상에 나타날 수 있는 존재자만이, 다시 말해 감각적으로 경험될 수 있는 존재자만이 인식 가능하며 따라서 생각할 수는 있으나 감각적으로 경험될 수는 없는 존재자의 전체란 그것이 우리에게 항상 규제적 이념으로서만 존재할 뿐이며 존재자 전체에 대해서 인식할 수는 없다는 칸트의 입장도 존재자 전체에 대한 하나의 입론임에는 틀림이 없다.

그런데 이러한 전체에 대한 언표는 어떻게 해서 하나의 정당성을 얻을 수 있는가? 전체에 대한 우리의 표상과 그 전체를 비교하는 것은 불가능하다. 전체란 우리 눈 앞에 세워 둘 수 있는 존재자가 아니기 때문이다. 그럼에도 그것이 철학자들의 공상에서 비롯된 것이 아니려면 철학 역시 하나의 경험에 입각해서만 가능한 것은 아닌가?

물론 그러한 경험은 경험 과학적으로 탐구 가능한 감각적 경험은 아니나, 그럼에도 한갓 상상력의 산물이 아닌 존재자 전체에 대한 경험이 있을 수 있는 것이다. 물론 이 경우 존재자 전체에 대한 경험은 하나하나의 존재자에 대해서 일일이 경험한다는 불가능한 차원의 것을 의미하는 것이 아니라 존재자 전체가 각 시대마다 각각 달리 열리는 방식을 경험한다는 것이다.

하이데거에 따르면 철학이란 각 시대마다 달리 열리는 존재자 전체의 존재 내지 본질을 개념적으로 명확히 해석함으로써 각 시대에게 뚜렷한 형태를 부여하고 그 시대를 정초하는 것이다. 이러한 존재자 전체의 존재는 현존재를 엄습하는 그때그때마다의 근본 기분에 의해서 개시된다. 어떤 시대의 철학이든 철학은 그 시대를 관통하는 근본 기분과 그러한 근본 기분에서 비롯되는 존재 이해 또는 존재 경험에 입각해 있다. 따라서 각 시대에 가능한 근본 기분과 존재 이해가 그 시대와 그 시대를 정초하는 철학의 성격을 규정한다.

아낙시만더, 파르메니데스, 헤라클레이토스를 비롯한 소크라테스 이전의 철학자들에서부터 아리스토텔레스에 이르기까지의 고대의 철학은 순연(純然)한 자연의 모습으로서의 퓌지스(physis)의 경험에 입각해 있다. 퓌지스란 빛을 발하면서 자신을 자신의 고유한 본질에 있어서 인간에게 열어 보이는 존재자 전체가 서로 조화를 이루면서 존재하는 상태를 말한다. 이러한 퓌지스는 하이데거에 따르면 경이(Er-staunen)라는 근본 기분에서 열린다. 경이란 찬란한 모습으로 우리를 압도할 듯이 우리에게 다가오는 존재자 전체 앞에서의 경탄 이외의 기분이 아니다. 이러한 기분 안에서는 어떤 하나의 특별한 존재자가 우리의 경탄을 받는 것이 아니라 모든 존재자가 우리의 경탄을 받는다. 이렇게 존재자 전체가 전적으로 새롭게 자신을 드러내는 기분이 하이데거가 근본 기분이라고 하는 것이다.

고대 철학이란 경이의 기분 안에서 찬란한 모습으로 자신을 드러내는 존재자 전체, 즉 퓌지스의 해석이다. 고대 철학이란 이러한 퓌지스의 경험에 근거하기에 오늘날 고대 철학을 제대로 이해하기 위해서는, 근대적인 자연 과학에 비추어 고대 철학을 해석하는 것이 아니라 경이의 기분 안에서 열리는 퓌지스의 경험에 귀환하는 것이 불가결하다. 근대 과학이란 존재자 전체가 고대와는 전혀 다르게 열리는 근본 기분에 입각해 있기에 근대 과학과 고대 과학은 서로 공통된 척도 아래에서 비교될 수 없는 것이다. 그럼에도 근대 과학을 척도로 하여 고대 철학을 비교할 경우는 고대 철학이란 한갓 원시적이고 유치한 단계의 사고로 밖에 드러나지 않으며 고대 철학이 갖는 위대성은 보이지 않게 된다.1)

고대 철학이 경이의 기분, 즉 모든 존재자가 경이롭게 존재하는 것으로 드러나는 경험에 입각해 있다면 근대란 고대인이 존재자 전체에 대해서 갖는 경이의 상실에서 비롯된 것이다. 고대의 경험이 존재자 각각이 유일무이의 형태로 빛을 발하며 존재하면서도 서로 조화를 잃지 않는 퓌지스의 경험이었고 인간은 이 속에서 이미 퓌지스의 밝은 세계에 나가 있었다면 근대의 근본 경험이란 존재자 전체와의 이러한 근원적 유대의 상실에 근거하고 있다. 고대에서의 경이의 기분에서는 존재자는 그 자체로 자신의 진리를 드러냈고 인간의 인식이란 이러한 진리가 발현하게 하는(walten lassen) 것 이외의 것이 아니었던 반면에, 근대에서는 존재자 전체는 일단은 무규정인(unbestimmt) 것으로서 나타나면서 인간이 자신의 지적인 노력을 통

---

1) 하이데거가 염두에 두고 있는 퓌지스에 대한 경이의 경험을 우리는 영국의 시인인 코울리지(Coleridge)가 다음과 같이 서술하고 있는 경험과 유사한 것으로 볼 수 있을 것이다. "당신은 일찍이 사물이 존재하고 있다는 단순한 사실 그 자체에 마음을 빼앗긴 적이 있는가? 당신은 당신 자신에게 당신 앞의 한 인간이든 아니면 하나의 꽃이든 아니면 한 알의 모래알이든 "그것이 거기에 존재한다!"(It is!)고 말해 본 적이 있는가? 그것들이 어떤 방식으로 있는지 그리고 그것들이 어떤 형태를 갖는지에는 전혀 관심을 갖지 않은 채 말이다……. 당신이 그러한 경험을 가진 적이 있었다면 당신은 당신의 정신을 경외와 경탄으로 사로잡는 어떤 신비의 현존을 느꼈을 것이다."(The Friend, in S.T.Coleridge : *The Complete Works*, Harper, New York, 1868, vol. ii, p. 463. Mary Warnock, Existentialism, 52쪽에서 재인용)

하여 비로소 규정해야(bestimmen) 하는 것으로서 나타난다. 따라서 진리의 장소는 이제 존재자 자체가 아니라 인간의 판단이 된다.

근대의 근본 경험이란 회의와 의심의 기분에서 열리는 무규정적이면서도 인간의 노력에 따라서 규정 가능한 것으로서의 존재자 전체에 대한 경험이다. 의심이란 인식 주체로서의 인간이 자신이 어떠한 참된 기반에도 서 있지 않다는 기분, 그리고 이러한 확고한 기반은 인간의 인식 노력에 의해서 비로소 확보될 수 있다는 기분이다. 이러한 기분에서 인간이 믿을 수 있는 것은 오직 자신의 힘뿐이다. 이 세상에서 가장 믿을 수 있는 확고한 지반은 오직 인간의 이성이며 인간은 이 이성의 빛으로 세상을 비추어 나가고 이를 통해 자신의 활동 지반을 넓혀 나가는 수밖에 없다는 생각이 근대를 규정한다. 이에 근대란 이성의 도야가 주창되는 시대, 곧 계몽의 시대이며 인간의 인식 영역과 이를 통한 인간의 지배 영역의 확장을 주창하는 진보의 이념이 지배하는 시대이다. 또한 근대의 근본 기분이 회의와 의심일 경우 근대의 관심사는 인류의 확실한 안전의 확보이다. 이러한 성격은 근대를 규정하는 본질적 현상인 과학과 기술에서 뚜렷이 나타나고 있다. 인간의 안전의 확보가 최우선일 경우 존재자 전체는 예견 가능한 인과의 법칙 체계로서 자신을 드러낸다. 예견 가능하고 계산 가능한 존재자의 세계만이 인간이 그것의 작용 연관의 인식을 통해 통제하고 자신의 목적을 위해서 이용할 수 있는 것이다.

이러한 과정에서 존재자는 자신의 유일무이의 존재로 인간을 사로잡고 인간의 경이를 요구하는 것이 아니라 인간의 안전 확보와 욕구 충족을 위한 수단이 된다. 그러나 이러한 과정에서는 사실은 인간도 도구화됨으로써 인간은 물질과 마찬가지로 양화 가능한 노동력으로 환원되는 것이다. 따라서 근대에서 주체는 사실은 개개의 인간도 집단으로서의 인간도 아니고 인간을 포함한 존재자 전체를 자신의 확장을 위한 수단으로 삼는 물화(物化, Verdinglichung)의 체계이다. 이

점에 있어서는 자본주의든 이를 비판하는 사회주의든 이 양자가 근대적인 존재 개념에 근거하고 있는 한 마찬가지이다. 이러한 체계에서 인간은 자신의 물질적 욕구 충족을 위한 물품들을 제공받는 대가로 이러한 물화 체계의 확장을 위해 자신의 노동력을 제공하는 것이다. 물화의 체계로서의 기술 세계에서는 모든 사물은 자신의 고유한 존재를 상실하고 이러한 체계의 맹목적 확장을 위한 부품으로 전락하고 만다. 기술 시대란 이렇게 존재자 전체가 자신의 고유한 가치와 의미를 잃은 시대로서 니힐리즘이 지배하는 시대이다.

니힐리즘이 궁극적으로 근대적인 존재 개념에서 비롯되는 것이라면 니힐리즘의 극복을 위해서도 새로운 존재 개념이 우리에게 열리지 않으면 안 된다. 그러나 이러한 새로운 존재 개념은 우리가 임의로 발견할 수 있는 것이 아니다. 근대의 존재 개념이 그리스 형이상학의 대두 이래 퓌지스의 경험을 망각하고 존재자 전체와의 근원적인 친근함을 상실한 후 의심과 회의라는 기분이 근대를 규정하게 된 데서 비롯되는 것이라면, 근대와 근대를 마련한 서구의 역사를 극복하는 새로운 존재 개념도 하나의 근본 기분에서 열리지 않으면 안 된다. 이러한 근본 기분이 바로 하이데거가 경악 내지 불안이라고 부르는 기분이다. 이는 각 존재자의 유일무이한 존재가 존재자에게서 사라져 버렸다는 사실 앞에서의 경악의 기분이다. 우리는 우리가 존재자의 고유한 존재가 존재자에게서 떠나 버렸다는 사실을 이론적으로 확인한 후, 이러한 사실 앞에서 경악하는 것이 아니다. 오히려 그러한 사실은 경악이라는 근본 기분에서 개시되는 것이며 이를 통해 비로소 이러한 사실에 대한 이론적 고찰도 가능하다. 경악이란 기분은 우리를 엄습하면서 우리를 이 시대의 진상 앞에 직면케 하는 것이다.

그런데 존재가 존재자에게서 떠나 버렸다는 사실에 대한 경악이란 기분은 이미 존재에 대한 예감이다. 우리는 이 경악이란 기분을 통하여 이 시대로부터 이미 어느 정도는 거리를 취한 것이며 이 경악이란 기분을 통하여 존재자에게서 떠나가 버린 존재가 자신을 은닉하는 형태로 자신을 고지하는 것이다. 이렇게 은닉한 형태로 자신을 고지하는 존재에 현존재가 관심을 집중하게 되는 기분이 바로 경외라는 기분이다. 경악이란 기분이 경외란 기분으로 변전됨으로써 우리는 문화 체계의 맹목적인 자기 확장 운동으로부터 결정적으로 거리를 취하게 되며, 존재자 전체는 그리스인들이 보았던 퓌지스로서 자신을 다시 드러낸다. 그러나 이 경우 그것은 인간에 의한 모든 종류의 공격으로부터, 특히 근대의 기술 과학적인 이론적 실천적 공격으로부터 자신을 은닉하는 것으로서 자신을 드러내며, 그것에 자신을 열고 귀를 기울이려는 인간의 겸손한 자세(die Gelassenheit) 안에서만 자신의 찬연(燦然)한 모습을 드러내는 것으로서 나타난다.

우리는 서두에서 하이데거의 사상적 과제는 그의 사유 도정(Denkweg)의 전후기를 막론하고 서구의 전통 형이상학과 근대의 과학 기술에 의해서 망각된 근원적인 존재 이해의 정립을 통해서 현대의 니힐리즘을 극복하는 것이라고 말했다. 그의 존재 물음은 한갓 현학적인 문제가 아니라 시대와 역사와의 대결이었다. 이러한 그의 사유 도정은 현대와 현대의 니힐리즘에 대한 후기의 존재사적 고찰에서 잠정적으로나마 하나의 목적지에 이른다. 하이데거는 니힐리즘의 극복이란 우리가 이미 편입되어 있는 역사의 필연성으로부터만 오직 일어날 수 있다고 보는 것이다. 우리가 근본 가분인 경악 또는 불안 그리고 더 나아가 존재에 대한 경외라는 근본 기분에서 도피하지 않고 그러한 기분을 투철하게 견디면서 그 안에서 현재 자신을 고지하고 있는 존재에 응할 때, 니힐리즘은 극복될 수 있다는 것이다.

더 읽어야 할 책

하이데거의 대표작으로는 자타가 공히 『존재와 시간 *Sein und Zeit*』(Tübingen, 1972)을 꼽고 있다. 하이데거 사상의 이해를 위해서는 이 책을 읽는 것이 필수적이다. 우리나라에서는 서울대 소광희 교수가 10여 년에 걸친 작업을 통하여 최근에 『존재와 시간』(경문사)을 완역 출간했다.

하이데거의 전기 사상과 관련하여 일반 독자가 이해하기 쉽게 쓰여진 책으로는 하이데거의 강의록인 『현상학의 근본 문제들 *Die Grundprobleme der Phänomenologie*』(하이데거 전집 24권, Frankfurt a.M. 1989)이 있는데 이에 대해서는 외국어대 이기상 교수가 번역한 책(문예출판사, 1994)이 있다.

하이데거의 후기 사상을 이해하기 위해서 일반 독자들이 접근하기 쉬운 논문들로는 『사유의 이정표 *Wegmarken*』(전집 9권, Frankfurt a.M. 1976)에 실린 논문인 「휴머니즘 서한 Brief über den Humanismus」, 전집 7권 『강연과 논문집 *Vorträge und Aufsätze*』(Frankfurt a. M. 1978)에 실린 논문들 중 「기술에 대한 논구 Die Frage nach der Technik」, 「과학과 성찰 Wissenscshaft und Besinnung」, 「건립 거주 사유 Bauen Wohnen Denken」, 「사물 Das Ding」, 『숲의 길 *Holzwege*』(전집 5권, Frankfurt a. M. 1977)에 실린 논문 「예술 작품의

근원 Der Ursprung des Kunstwerkes」(이 논문은 소광희 교수가 「시와 철학」이란 제목으로 박영사에서 번역하였다) 등이 있다.

하이데거 사상 전반(全般)에 대한 가장 정평 있는 해설서들로는 오토 푀겔러(Otto Pöggeler)의 『하이데거의 사유의 길 *Der Denkweg Martin Heideggers*』(Pfullingen, 1983)과 막스 뮐러(Max Müller)의 『현대의 정신적 삶에 있어서 실존 철학 *Existenz- philosophie im geistigen Leben der Gegenwart*』(Heidelberg, 1964) 등을 꼽을 수 있는데, 푀겔러의 책에 대해서는 이기상 교수 등이 번역한 책(문예출판사, 1993)이 있으며 막스 뮐러의 책은 필자가 『실존 철학과 형이상학의 위기』(서광사, 1987)라는 제목으로 번역하였다. 또한 이기상 교수가 편역한 『하이데거 철학에의 안내』(서광사, 1993)라는 책도 하이데거 사상을 전반적으로 이해하는 데 큰 도움이 되리라고 생각된다. 이 책은 하이데거의 생애를 비롯하여 하이데거 사상의 중요한 주제들을 이해하기 쉽게 소개하는 논문들을 담고 있다.

생태계의 파괴 등과 관련하여 최근에 크게 논란이 되고 있는 현대의 기술 문명이 갖는 문제점에 대한 하이데거의 논문 「기술과 전향 Technik und Kehre」에 대해서도 이기상 교수의 독한 대역 번역서(서광사, 1993)가 존재하며 또한 이 책은 이기상 교수의 해설도 담고 있다. 하이데거 사상에 대한 국내 저술로는 이기상 교수의 『하이데거의 실존과 언어』(문예출판사, 1991)와 『하이데거의 존재와 현상』(문예출판사, 1992)이 존재한다. 하이데거 사상의 중요한 주제들에 대한 국내 논문집으로는 한국 하이데거 학회가 편집한 『하이데거의 존재 사유』(철학과 현실사, 1995)가 있다.

3장
모리스 메를로-퐁티

조 광 제

1. 생애

 모리스 메를로-퐁티(Maurice Merleau-Ponty, 1908~1961)의 사상은 대체로 실존 철학적 현상학으로 분류된다. 현상학의 요체는 각종 사물이나 일의 의미들과 그 복합적인 얼개인 세계의 의미가 성립하는 데에 인간의 존재가 단연코 필수적이라는 데 있다. 이러한 현상학적인 근본 입장을 바탕으로 메를로-퐁티는 자기 나름의 인식론, 존재론, 사회 철학, 정치 철학 등을 계발해 낸다.
 메를로-퐁티는 사르트르보다 3년 늦은 1908년 유복한 카톨릭 집안에서 태어났다. 1930년 프랑스의 인문학적 천재들을 배출한 파리 고등 사범 학교를 졸업한다. 그가 사르트르를 만난 것은 이곳에서인데, 이 만남은 프랑스 지성계를 장식한 두 별간의 다행과 불행을 동시에 선사하는 계기가 되었다. 대학을 졸업한 1930년대의 메를로-퐁티는 여러 중·고등 학교에서 철학을 가르쳤다. 이 때 그는 레비-스트로스와 사르트르의 부인인 보부아르를 사귀고, 고등 연구원에서 프랑스에 헤겔 철학을 뿌리내리게 한 것으로 유명한 코제브(Alexandre Koèjve, 1902~1968)의 강의를 들으면서 아롱(R. Aron), 바타이유(G. Bataille), 라캉(J. Lacan) 등과 사귀게 된다. 이때 메를로-퐁티는 아직 정확하게 현상학적이라 말할 수 없는 그의 첫 주저 『행동의 구조』를 1938년에 마무리짓는다. 그러나 여기에서 그는 이미 현상학적인 태도, 즉 실증주의적인 과학주의를 철저하게 비판하고 그것과 짝지어져 있는 칸트의 순수 이성 비판의 작업을 혹심하게 비판하면서 기존의 전통 철학에서 벗어난다.

1939년과 1940년 사이에 보병 근무를 하면서 메를로-퐁티는 레지스탕스의 비밀 단체인 '사회주의와 자유'를 통해 사르트르와 접촉하고, 그런 가운데 사르트르와는 다른 방식으로 하이데거와 후설의 현상학에 관심을 갖게 된다. 1944년에 벨기에 루뱅에서 파리로 전송된 후설의 유고들을 점검하면서 작업한 끝에 1945년, 500여 쪽에 달하는 『지각의 현상학』을 완성했다. 이로써 그는 가장 천재적이고 독특한 현상학자로서 자리잡게 된다.

전쟁이 끝난 후 메를로-퐁티의 사상은 주로 정치 사상적인 방향으로 선회한다. 그의 입장은 현상학과 당시의 주된 분위기였던 마르크스주의를 결합한 것이었다. 이런 입장의 정치 사상은 1947년 당시 소련의 사회주의를 옹호하는 『휴머니즘과 테러』를 출간함으로써 한 단계 정리된다. 그러면서 그는 사르트르와 함께 정치부 주임 기자로서 사회 평론지인 『현대 les temps modernes』를 끌어 가면서 정치 평론과 예술 평론에 관한 글들을 싣게 되고 이를 모아 1948년에 『의미와 무의미』를 출간했다.

그러던 중 1950년 한국 전쟁이 발발했다. 이를 계기로 오랜 정치적 반목 끝에 메를로-퐁티는 1952년 『현대』지 일을 그만두면서, 사르트르뿐만 아니라 소련의 스탈린주의와 결별하게 된다. 메를로-퐁티는 사회주의 국가가 침략 전쟁을 벌인다는 것은 있을 수 없다는 입장에서 스탈린을 비판한 반면, 사르트르는 계속해서 스탈린을 옹호했던 것이 두 사람이 결별하게 된 결정적인 이유이다. 메를로-퐁티는 그 이후 소련의 사회주의를 비판하면서 그 전에 썼던 『휴머니즘과 테러』의 입장을 후회하게 되고, 1955년 『변증법의 모험』을 쓰기까지 일체의 글을 발표하지 않았다. 그러니까 『변증법의 모험』은 여전히 마르크스주의자이긴 하나 종전과는 달리 사르트르의 입장을 거세게 비판하면서 새롭게 정립된 메를로-퐁티의 정치 사상을 담고 있다.

메를로-퐁티는 1961년 뜻하지 않은 심장병으로 53세를 일기로 갑자기 세상을 떠났다. 1950년대에 들어서서 사실 메를로-퐁티는 『행동의 구조』와 『지각의 현상학』의 작업, 즉 인간과 세계가 탄생하는 원초적인 지각의 장을 드러낸 것만으로는 뭔가 부족하다는 생각을 했던 것 같고, 그 원초적인 지각의 장에서 어떻게 인간적인 질서의 상징과 언어의 세계가 열리는가를 보여야 한다고 생각했던 것 같다. 이에 비록 완성하지 못하고 포기되긴 했지만 『세계의 산문(散文)』에서 '승화'(昇華) 개념을 통해 상징과 언어에로의 길을 모색하기도 했고, 생전에는 발간되지 못했지만 그의 연구 비망록과 초고들을 모아 유고집으로 발간한 『보이는 것과 보이지 않는 것』에서 '세계의 살'(la chair)을 바탕으로 인간 중심주의를 완전히 벗어 버린 새로운 존재론을 미완성인 채로 펼치고 있다.

메를로-퐁티의 갑작스런 죽음은 그의 사상이 한창 여러 방향으로 만개하고 있을 때에 찾아왔다. 프랑스 사람들은 신이 그의 천재성을 질투한 나머지 갑자기 그를 데려갔다고들 했다. 이는 그의 철학을 전체적으로 꿰뚫는 것이 그만큼 어렵다는 것을 뜻한다.

여기서는 그의 현상학적인 인식론 내지는 존재론이 전통 철학과는 달리 어떻게 독특하게 열리는가에 대한 기초를 제공하고자 한다. 그래서 아쉽게도 그의 사회 사상은 제외될 수밖에 없다.

2. 메를로-퐁티 철학의 기초 : 몸, 지각 그리고 세계

위대한 철학자들이 다 그러하듯이 메를로-퐁티 역시 자기 나름의 독특한 문제 의식에서 철학을 펼친다. 메를로-퐁티는 근대 철학사를 꿰뚫고 내려온 정신의 절대화를 근원적으로 비판하고자 한다. 정신이 절대화됨으로써 정신 내적인 세계가 우리가 살아가는 바깥의 실제 세계보다 더 참다운 세계라고 말하게 된다. 그리고 정신의 능력에 의해 이론적으로 구성된 세계를 우리가 직접 체험하며 살아가는 이 구체적인 세계보다 더 참다운 세계라고 말하게 된다. 메를로-퐁티는 바로 이 같은 세계관을 깨뜨리고자 한다. 이를 위해 메를로-퐁티는 그 동안 철학적인 탐구 영역으로 정식화되지 못한 영역을 붙잡는다. 그것은 바로 지각 세계, 즉 우리가 온몸으로 또는 몸의 각 기관들로써 만나고 체험하는 구체적인 세계를 가장 중요한 철학 탐구의 영역으로 정식화하고자 한다. 물론 이는 후설의 생활 세계를 더 강력하게 밀고 나감으로써 성립되는 작업이다.

메를로-퐁티가 이 지각 세계의 영역을 가장 근원적인 철학 탐구의 영역으로 정식화하면서 함께 드러나는 그의 철학적 접근은 특이하다. 인간 정신의 절대적인 우월성을 포기한 메를로-퐁티는 우선 인간이 어떻게 이 세계를 체험하고 살아가는가를 다른 유기체들과 같은 차원에서 탐색한다. 그래서 메를로-퐁티의 첫 주저인『행동의 구조』는 인간 행동의 구조뿐만 아니라 이를 탐구하기 위한 유비적인 기초로서 아메바, 잉어, 닭, 침팬지 등의 행동의 구조를 탐구한다. 그렇기 때문에 메를로-퐁티의 철학을 이해하기 위해서는 생명을 지닌 유기체들의 존재 방식을 아울러 언급하지 않을 수 없다.

이에 우리는 "아메바와 인간의 같은 점은 무엇일까?"라는 다소 생경한 물음을 통해 메를로-퐁티 철학의 기초를 파 들어가 볼 수 있다.

아메바나 인간은 생물학으로 보면 모두 하나의 생물종(生物種)이다. 생물은 자신의 환경을 갖는다. 생물이 자신의 환경을 갖는다는 말은, 죽어 있는 사물들에게는 주위의 다른 것들과 투쟁하고 화합한다는 것이 별 의미가 없는 반면 생물들이 주위의 다른 것들과 투쟁하고 화합한다는 것은 상당한 의미가 있다는 뜻이다. 여기서 철학적인 분위기를 내면서 환경을 세계 또는 환경 세계라고 표현해 보자.

생물종인 아메바와 인간은 각각 나름의 독특한 기능을 갖고서 자신에게 주어진 환경 세계와 투쟁하고 화합한다. 아메바는 주위의 환경이 자신의 생존에 불리할 때 그곳을 떠나 다른 곳으로 옮겨 가야 한다. 그때 발도 다리도 날개도 지느러미도 없는 아메바는 어떻게 하는가? 움직여 가고자 하는 방향으로 몸을 길쭉하게 만들어 끝을 고정하고는 나머지 몸을 그 끝을 향해 모은다. 거기서 또 자신의 몸을 길쭉하게 늘어뜨려 끝을 고정한 후 다시 몸을 그곳으로 모으는 방식으로 움직여 간다. 이러한 아메바의 몸-다리 기능을 위족(僞足) 기능이라고 한다.

인간도 아메바의 위족과 같은 기능을 발휘한다. 인간에게 아메바의 위족처럼 몸 속에서 나왔다 다시 몸 속으로 들어가는 독특한 기능이 있다고 한다면 그것은 과연 무엇일까? 인간의 바깥 몸에서 아메바처럼 늘어났다 줄어들었다 할 수 있는 것은 생식기밖에 없다. 성적인 흥분이 온몸을 휘감으면 생식기가 부풀어 오른다. 남, 녀 모두 마찬가지이다. 원초적인 생물종인 아메바의 위족 기능이 인간의 생식기에서 마치 흔적 기관처럼 발현되는 셈이다. 그런데 인간에게서 아메바의 위족 기능이 몸 전체로 살아나는 모습이 있다. 그것은 바로 정신의 발현이다.

인간은 환경이 자신의 실존[1]을 실현하는 데 불리할 경우에는 마치

---

[1] 여기서 실존이라 함은 생물학적인 실존과 아울러 문화적인 실존 모두를 포함한다. 메를로-퐁티 철학에서 실존은 인간이 환경 세계 혹은 세계가 요구하는 사항을 충족시킴으로써 실현된다. 물론 이때 인간이 맞닥뜨리는 세계는 다른 인간들이 사회·역사적으로 형성해 온 복합적인 의미의 세계를 말한다.

아메바가 몸을 늘어뜨려 길쭉하게 위족을 만들어 내듯이 자신의 몸을 '늘어뜨려' 정신을 만들어 낸다. 그리고는 "아니, 도대체 왜 이렇게 일이 안 풀리지?", "저 사람이 나에게 그 말을 한 까닭이 무엇이지?", "사과가 다 익어 나무에서 떨어지는 까닭은 무엇이지?", "도대체 이 광막한 우주에서 먼지 같은 인간의 삶이란 무슨 의미가 있단 말인가?" 하는 식의 물음을 던진다. 그런 물음을 던지는 데에는 사유와 반성이 깔려 있다. '정신―생각―반성'은 인간이 독특하게 일구어 온 생물종으로서의 독자적인 기능이다.

메를로-퐁티는 이러한 인간의 생물종으로서의 독특한 기능과 그에 따라 형성되는 온갖 일들이 발생하는 원천을 캐고자 한다. 메를로-퐁티가 생각하는 원천은 인간이 '정신―사유―반성'의 기능이 '솟구쳐 오르기' 전, 말하자면 그러한 기능이 아직 발현되지 않고 몸 속에 '녹아 있을' 바로 그때의 몸이다. 이 몸은 흔히 우리가 생각하는 온갖 정신적 활동이 말 그대로 '녹아 있는' 상태이기 때문에 결코 단순한 기계적인 물질일 수가 없다. 그때 몸은 방식만 다를 뿐 흔히 우리가 말하는 정신적인 기능을 함께 수행하는 몸이다.

한창 공을 주고받으면서 테니스 경기를 하는 나브라틸로바를 생각해 보자. 그녀가 '지금 공이 저렇게 오고 있으니까 나는 저쪽으로 시속 몇 킬로미터로 달려가서 어떤 자세로 공을 쳐야지' 하고 생각하면서 공을 치는가. 결코 그렇지 않다. 순간순간 몸 자체가 전체 상황에 맞추어 미처 생각도 하기 전에 기가 막히게 공을 쳐 낸다. 그런데 그렇다고 해서 아무런 생각도 하지 않는다고 말할 수 있는가? 결코 그렇지 않다. 몸이 '생각한다.' 여기서 우리는 '생각하는 몸'의 모습을 찾아낸 셈이다. 밥을 맛있게 먹을 때, 자전거를 탈 때, 수영을 할 때, 악기를 연주할 때 우리는 매순간 '어떻게 어떻게 해야지' 하고 반성해서 생각하고 그렇게 생각한 내용을 몸에 명령해 동작하도록 하지 않는다. 몸이 이미 그렇게 움직인다. 이미 그렇게 주어진 환경 세계의 요구 사항에 맞추어 우리 몸이 움직이고 있는 것이다. 이때 '아무런 생각도 없이' 그렇게 한다고 말할 수 있을 것이다. 그러나 뚜렷한 반성적인 생각은 아니지만 이른바 '몸이 하는 생각'을 이미 한 것이다.

이같이 정신이 몸에서 융기(隆起)하기 전 몸이 하는 기능을 메를로-퐁티는 몸의 원초적 기능이라고 한다. 이 말에는 정신적인 반성에 의한 생각은 이차적인 기능이라는 뜻이 들어 있다. 메를로-퐁티는 원초적인 몸의 기능을 제대로 철학의 대상으로 삼은 첫번째 철학자이다. 메를로-퐁티 철학의 기획은 처음부터 특수한 영역을 붙잡는 셈이다.

우리는 우리에 대해 존재하고 공간, 대상 혹은 도구를 맡아 다룬다. 이러한 일은 원초적인 기능에 의해 가능하다. 그리고 그 원초적인 기능을 독점해서 수행하는 장소는 몸이다. 내가 항상 견지하는 목표는 이 원초적인 기능을 밝히고 이 몸을 기술하는 것이다(『지각의 현상학』, 180).

여기서 우리는 메를로-퐁티의 철학을 '몸의 철학'이라 부르게 된다. 그런데 몸이 주도적으로 상대하는 것이 있다. 그것은 앞에서 이야기한 환경 세계, 간단하게 말해 세계이다. 그리고 몸이 세계를 상대해서 발휘하는 원초적인 기능은 바로 지각이다. 지각은 몸과 마찬가지로 메를로-퐁티가 전통 철학의 허(虛)를 파고들면서 공격해 들어가는 중요한 무기이다. '몸, 지각 그리고 세계', 이것이 메를로-퐁티의 철학이 맴도는 원초적인 영역이다. 메를로-퐁티는 이 원초적인 영역에서 이전 철학들이 만들어 낸 온갖 근본적인 이원(二元)의 대립들, 예를 들어 유물론과 생기론의 대립, 관념론과 실재론의 대립, 즉자(卽者)와 대자(對者)의 대립, 기계론과 목적론의 대립 등을 파괴하고 극복하려 한다.

3. 이미 존재하는 세계

메를로-퐁티가 철학 공부를 하고 있을 당시 유럽은 현상학의 거센 흐름 속에 놓여 있었다. 현상학은 잘 알다시피 후설에서 시작된다. 후설은 참다운 세계의 모습은 의식 체험에 떠오르는 세계의 모습이고, 그 때 세계는 절대적인 의식 주체가 부여하는 각종 의미들로 구성된다고 주장했다. 크게 보면 이는 칸트나 헤겔의 주장과 유사하다. 인간의 정신적인 주체가 세계를 구성함으로써 비로소 인간이 세계를 갖는다는 것이다. 후설의 제자인 하이데거는 '세계-내-존재'(世界內存在, In-der-Welt-sein)라는 개념을 통해 이러한 그의 스승의 주장을 되받아친다. 인간은 의식(혹은 정신)을 통해 세계를 구성하는 것이 아니라, 이미 존재하는 세계 속에 던져져 있다는 것이다. 그러나 하이데거는 세계 속에 인간이 던져져 있다는 것을 불안으로 대표되는 심리적인 상황으로 해석함으로써 세계 역시 심리적인 연관에서 파악한다. 그런 가운데 이러한 심리적 연관의 세계에서 벗어나(초월하면서) 형이상학적인 자기 존재를 추구하는 이른바 실존적인 인간형을 권유한다. 그래서 하이데거는 결국 전신(全身)으로 우리를 압도해 오는 구체적이고 진정한 세계를 저버리고 만다.

그러나 메를로-퐁티는 우리를 압도해 오는 구체적이고 진정한 세계가 진리의 원천임을 발견하고, 세계로부터 분리되기도 하고 하나가 되기도 하는 인간의 몸이 급기야 세계와 완전히 하나가 될 때 진정한 인간적 실존을 이룬다고 본다. 메를로-퐁티는 자신의 철학적 사고로는 도저히 건널 수 없는 오묘함이 세계 속에 있음을 인정하고 그 오묘한 세계 앞에서 철학적 사고의 무능을 고백한다.

세계는 무진장하다. '세계가 있다' 혹은 오히려 '그 세계가 있다' 라는 명제는 일생 동안 나에게 던져져 있다. 나는 이 명제를 결코 완전히 해명할 수 없다(『지각의 현상학』, xii).

그런가 하면 메를로-퐁티는 인간의 몸에서 빠져 나와 독자적인 양위세를 떨치는 정신, 그 정신의 산물인 과학이 세계를 볼모로 잡듯 하는 제국주의적인 오만함을 질타한다.

> 사물들 자체에로 되돌아간다는 것은 지식이 항상 그것에 대해 말하는 '지식 이전의 이 세계'로 되돌아가는 것이다. 이 세계에 대한 모든 과학적인 규정들은 세계에 비하면 추상적인 기호에 불과하고 의존적이다.──세계는 지식에 의해 소유되기 이전에 이미 형성된 혹은 이미 거기에 있는 것으로 체험된다.──이미 존재하는 유일한 로고스는 세계 자체이다 (『지각의 현상학』, xv).

그렇다면, 도대체 메를로-퐁티의 철학적 눈에 비친 세계의 모습이 어떠했길래 그는 세계를 마치 신을 숭배하듯 하는가?

메를로-퐁티는 기본적으로 인간의 몸을 포함한 세계를 바라본다. 결론을 미리 가져와 말하면, 메를로-퐁티가 보는 세계는 인간의 몸을 중심으로 유기적으로 하나가 되어 '서로 정보를 주고받는' 또 하나의 거대한 몸이다.

그래서 메를로-퐁티가 보는 세계는 몸의 구성 체계와 대응한 구성 체계를 갖는다. 메를로-퐁티는 몸을 물리적 질서, 생명적 질서, 인간적 질서 등 세 가지 질서로 나눈다. 여기서 인간적인 질서는 다른 말로 사회-문화적인 질서라 부를 수 있다. 이 세 가지 질서가 변증법적으로[2] 통일되어 하나의 몸을 이루고 있다. 마찬가지로 세계 역시 이

---

[2] 여기서 메를로-퐁티가 말하는 변증법은 물리적인 질서, 생명적인 질서, 인간적인 질서 각각이 부분처럼 모여 전체인 하나를 이루는 것이 아니라, 이미 이 세 가지가 하나로 통일

세 가지 질서가 변증법적으로 하나로 통일되어 형성되어 있다.

그럴 수 있는 까닭은 세 가지 질서를 갖춘 몸이 세계 속에 있어 세계의 핵심 부분이기도 하면서 동시에 세계에서 빠져 나와 다시 세계를 향해 가는 이중적인 방식으로 존재하기 때문이다. 세계 쪽에서 보면, 세계가 몸을 포섭해서 몸을 자신의 구성 원리로 삼으면서 동시에 몸을 놓쳐 다시 몸을 포섭하기 위해 힘써야 하는 이중적인 방식으로 존재하기 때문이다.

4. '세계에의 존재'인 몸('몸에의 존재'인 세계)

메를로-퐁티는 이러한 이중적인 방식으로 존재하는 몸과 세계의 관계를 적절하게 나타내기 위해 '세계에의 존재'(être-au-monde)라는 개념을 주조해서 사용한다. 이는 하이데거의 '세계-내-존재'를 응용한 것이다. 그런데 메를로-퐁티가 말하는 '세계에의 존재'는 몸과 세계 혹은 세계와 몸이 서로 구조를 교환하는 것을 뜻한다. 그리고 또 바로 그런 교환 관계 즉 '세계에의 존재'에서 내가 진정한 실존을 확보한다고 본다. 즉 메를로-퐁티는 우리 몸 속에 들어와 있는 세계, 우리가 몸을 통해 그 속으로 진입해 들어가는 세계 속에서 실존을 확보할 수 있다고 본다. 그런데 하이데거는 나의 실존의 가능성을 세계를 넘어선 죽음, 죽음이 현시하는 무(無)와의 관련에서 찾는다. 이름은 비슷할지 모르지만 메를로-퐁티의 '세계에의 존재'와 하이데거의 '세계-내-존재'는 이렇듯 사뭇 다른 것이다.

메를로-퐁티는 몸(혹은 몸에 용해되어 있는 의식)을 '세계에의 존재'

되어 있고, 그런 뒤에 이 통일된 전체를 바탕으로 각각의 질서가 의미 있게 나타난다는 것을 뜻한다.

라고 규정한다. '세계에의 존재'는 세계 속에 있으면서 세계와 하나 되기 위해 세계를 향해 가는 방식으로 존재함을 일컫는다. 메를로-퐁티가 명시적으로 말한 것은 아니지만, 메를로-퐁티의 철학을 그 전체 얼개에서 보면 이 '세계에의 존재'인 몸은 '몸에의 존재'인 세계와 쌍을 이루며 하나가 된다고 말할 수 있다.

(1) 세계 속의 몸

몸이 세계 속에 있다는 것은 단순히 상자 속에 구슬이 들어 있다는 식의 이야기가 아니다. 메를로-퐁티는 몸이 세계 속에 있다는 것을 다른 말로 "몸이 세계에 거주한다"고 말한다. 거주한다는 것은 친숙함을 특징으로 한다. 몸은 세계에 친숙함을 느끼면서 그 속에 있다는 것이다. 마치 안온한 집에서 거주하듯이. 세계 혹은 세계 속의 사물들과 친숙하다는 것이 어떤 것인가를 보이기 위해 메를로-퐁티는 메스칼린이라는 향 정신성 의약제의 실험을 보인다.

메스칼린이라는 약제를 몸에 주입하면 이상한 현상이 일어난다. 방 안에서 평소 친숙하게 사용하던 재털이, 만년필, 책상과 의자 등은 가까이 있는데 평소 주의를 기울이지 않던 천장, 벽 등은 한없이 멀어져 방이 축구 운동장만해지고 그 외의 것들은 평소 친숙하게 여긴 정도에 따라 그 축구 운동장만한 방안에 적절한 거리를 유지하고 있는 것으로 실제로 지각된다. 말하자면 평소 일상 생활 속에서는 그저 객관적인 거리 감각으로 지각되던 것들이 메스칼린이라는 약을 먹으면 평소 느끼던 친숙함의 정도에 따라 실제 거리가 다르게 지각되는 것이다. 몸이 세계 속에 있다는 것, 즉 몸이 세계 속에 거주한다는 것은 이와 같이 친숙함의 정도에 따라 세계 속에 더 깊이 더 진하게 편입되어 사는 것을 뜻한다.

(2) 세계를 구조화하는 몸

한편 몸이 세계와 하나 되기 위해 세계를 향해 나아간다는 것을 살펴보자. 이는 몸이 세계 속에 있다는 것을 토대로 해서 이루어진다. 흔히 인간을 제외한 동식물들은 환경이 자기에게 맞지 않으면 자기를 그 환경에 맞도록 바꾸거나 그것마저 안 되면 그 환경을 떠나고 말지만, 인간은 환경이 자기에게 맞지 않으면 그 환경을 바꾼다고 말한다. 몸이 세계와 하나 되기 위해 세계를 향해 나아갈 때에 몸은 될 수 있는 대로 자기가 친숙하게 거주할 수 있는 방향으로 세계를 바꾼다. 그러나 그것이 불가능할 경우에는 세계가 요구하는 대로 몸이 자신의 구조를 바꾸기도 한다.

우선 몸은 여러 감각 기관을 통해 들어오는 갖가지 방식의 세계의 모습을 자기 속에서 하나로 통일한다. 예컨대 눈을 감고 검지의 오른쪽 면과 중지의 왼쪽 면 사이에 연필을 끼면 연필이 하나로 느껴지지만, 눈을 감고 중지를 검지 위에 겹쳐 교차되게 하고 중지의 오른쪽 면과 검지의 왼쪽 면 사이에 연필을 끼면 연필이 두 개로 지각된다. 중지의 왼쪽 면과 검지의 오른쪽 면 사이에는 대상을 하나로 통일시키는 구조가 형성되어 있지만, 중지의 오른쪽 면과 검지의 왼쪽 면 사이에는 대상을 하나로 통일시키는 구조가 형성되어 있지 않기 때문이다.

이같이 만약 우리가 바이올린을 연주하는 것을 볼 때 눈으로 들어오는 시각적인 풍경과 귀로 들어 오는 청각적인 음율과 피부와 근육으로 느껴지는 촉각적인 접촉 내용이 하나로 통일되지 않고 마치 중지의 오른쪽 면과 검지의 왼쪽 면 사이에 끼인 연필이 두 개로 느껴지는 것처럼 각각 '따로 노는 것'으로 지각된다면 어떻게 될까? 우리가 살고 있는 친숙한 세계는 혼란되어 송두리째 무너지고 어쩌면 우리는 정신 착란에 시달리게 될지 모른다.

세계가 하나라는 것은 몸이 그같이 세계를 하나로 통일시켜 지각하도록 구조화되어 있기 때문이다. 말하자면 세계가 하나라는 것은 관념론의 주장처럼 온갖 다양한 혼란한 감각들이 감성에 먼저 주어지고 뒤이어 이를 지성이 종합하고 파악함으로써 성립되는 것이 아니라, 그 이전에 이미 몸에서 단적으로 이루어지고 지각되는 것이다. 또한 세계가 바로 이렇게 지각되는 데에는 구조적으로 볼 때 몸이 그렇게 구조화하기 때문이다. 몸이 그렇게 세계를 하나되게 구조화하는 능력을 메를로-퐁티는 '몸의 도식(圖式)'이라 한다.

메를로-퐁티는 이러한 자기의 주장을 입증하기 위해 여러 재미있는 실험을 제시한다. 그 중에 아주 신기한 것이 있다. 몸이 어떻게 지각되는 공간 구조를 일구어 내는가를 보이는 실험이다. 일부러 그렇게 되도록 광학 기술을 이용해 만든 어떤 안경이 있는데, 이 안경을 쓰면 갑자기 세상이 180도 거꾸로 보인다. 그런데 이 안경을 계속 쓰고서 둘째 날이 되면 자기 몸이 물구나무 서 있다는 것을 느끼게 되고, 셋째 날에서 일곱째 날을 거치면서 점점 몸이 바로 서고 보름이 지나면 완전히 전체 세상이 완전히 정상적으로 보인다. 그런데 그런 상태로 며칠을 지나고 난 뒤 안경을 벗으면 이게 웬 일인가? 안경을 쓰지 않았는데도 세상이 180도 거꾸로 보인다. 앞의 과정을 되풀이하면서 약 보름이 지나야만 세상이 완전히 정상적으로 보인다.

몸은 외부 환경 세계(안경을 포함한)가 자기와 친숙하지 않은 경우, 그 환경 세계를 자기에게 친숙한 방식으로 바꾸어 지각한다. 이 안경 현상의 경우, 위 혹은 아래라는 공간 방향의 설정 즉 공간 구조가 근본적으로 몸에 의해 조정되고 규정된 것임을 일러 준다. 이같이 몸은 근본적으로 세계를 지금 우리가 지각하는 세계로 만들어 제공한다. 세계 쪽에서 보면, 지금 우리가 그 속에 거주해 살고 있는 이 지각된 세계는 한편으로 우리의 몸이 그렇게 지각되도록 한 바탕 위에서 성립된다. 말하자면 우리가 지각하고 살고 있는 이 세계는 몸과 하나를 이룰 수 있도록 몸에 의해 구조화된다. 몸이 세계와 하나를 이루기 위해 세계에로 나아갈 때, 반대편에서는 세계가 몸과 하나를 이루기 위해 몸에로 다가오는 것이다.

(3) 몸을 구조화하는 세계

이렇게 몸이 세계를 구조화하기도 하지만, 세계가 몸을 구조화하기도 한다. 세계 속에 사는 몸이 그 세계 속에서 친숙하게 잘 살기 위해서는 순간순간 혹은 장기적으로 세계가 자기에게 부과하는 과제를 잘 해결해야 한다. 길을 잘 걸어가야 하고, 밥을 잘 먹어 영양을 섭취해야 하고, 버스를 타고 문제없이 학교에도 가야 하고, 사람들과 만나 정치적이거나 경제적인 혹은 종교적인 각종 사회-문화적인 행동도 잘 해야 한다. 이럴 때 몸(인간)은 일일이 순간순간의 상황에 일정한 대응 방식도 없이 그야말로 '맨몸'으로 대처하지 않는다. 몸은 주어지는 상황과 그 상황의 형태에 따라 적절하게 대응할 수 있는 일반적인 형태들을 지니고 있다. 이 형태들은 몸이 태어날 때부터 타고나는 것이 아니라 세계 속에 살면서 획득한 일종의 습관과 같은 것이다.

말하자면 몸은 세계와 하나 되기 위해 적응하는 과정에서 세계로부터 일정한 형태를 받아들여 자기 속에 구조화한다. 그리고 이렇게 이미 구조화된 형태들에 따라 행동하고 지각한다. 이는 마치 구조주의에서 말(la parole)과 언어(la langue)를 구분하고 순간순간 하는 말은 언어라는 구조 체계에 의거해 이루어진다고 말하는 것과 같다. 몸의 순간순간의 행동과 지각이 말에 대응되고, 몸에 이미 구조화된 형태가 언어에 대응되는 셈이다.[3]

---

3) 흔히 구조주의는 현상학의 주체 철학에 반기를 들고 나타난 것이라고 말한다. 그런데 이런 대목을 통해 우리는 메를로-퐁티의 현상학은 현상학의 출구와 구조주의의 입구에 각각 한 발씩을 걸쳐 놓고 있다고 말하게 된다.

예컨대 피아노 연주를 제대로 잘 하는 사람은 피아노 연주를 할 수 있는 형태를 몸 속에 구조화하고서, 어떤 구체적인 악보가 주어지더라도 곧바로 연주할 수 있는 역량을 발휘한다. 그(혹은 그녀)는 피아노 연주를 할 수 있는 방식으로 몸이 구조화되어 있다. 이와 마찬가지로 정치를 잘 하는 사람은 정치를 잘 할 수 있는 방식으로 몸이 구조화되어 있고, 경제를 잘 일구는 사람은 경제를 잘 일구는 방식으로 몸이 구조화되어 있다. 물론 그렇게 구조화된 몸의 형태는 기본적으로는 물리적인 질서, 생명의 질서, 인간의 질서 등으로 크게 나눌 수 있지만, 얼마든지 여러 수준으로 또 여러 방식으로 더 세분될 수 있다. 그만큼 세계를 살아가는 인간의 몸은 미세한 세계에 의해 미세하게 구조화되고, 또 그래야만 이 미세한 세계를 살아갈 수 있는 법이다.

이처럼 몸 속에 구조화되어 있는 형태들은 근세 합리론자들이 말하는 것처럼 태어날 때부터 갖는 본유 관념이나 칸트가 말하는 형식적인 지성의 범주가 아니다. 또한 경험론자들이 말하는 관념들의 연합 법칙들도 아니다. 지각되는 세계의 구체적인 상황들을 구조화한다는 점에서는 경험 이전의 것이지만, 세계에 대한 경험으로부터 획득된다는 점에서는 실질적인 것이다. 요컨대 어려운 철학적인 용어로는 '실질적(實質的)인 선험성(先驗性)'을 띠는 바 '감각-운동적인 아프리오리'이다.

(4) 몸과 세계의 구조 교환 관계

몸과 세계의 관계는 마치 뫼비우스의 띠처럼 안 쪽에서 출발해 가면 바깥 쪽에 도달하게 되고, 바깥 쪽에서 출발해 가면 안 쪽으로 도달하게 되는 묘한 관계이다. 이를 이해하기 위해서는 몸과 세계를 고정된 것으로 놓아 둔 채 생각해서는 안 된다. 몸과 세계가 끊임없이 서로 작용을 주고받으면서 발전해 가는 역동적인 과정을 생각해야 한다. 세계에 의해 구조화된 몸이 그렇게 구조화된 자신의 형태로써 세계를 다시 구조화하고, 그렇게 구조화된 세계는 몸을 다시 구조화하는 과정이 계속해서 반복된다. 이에 몸과 세계는 뫼비우스 띠와 같은 모습으로 서로 구조를 교환하면서 서로 발전해 가는 관계를 갖는 것이다.

여기에서 우리는 저 앞에서 메를로-퐁티가 보는 세계는 인간의 몸을 중심으로 유기적으로 하나가 되어 '서로 정보를 주고받는' 또 하나의 거대한 몸이라고 말한 것이 무슨 뜻인가를 확인한다.

5. 원초적인 지각 세계와 이차적인 과학 세계와의 대결

이제까지 메를로-퐁티 철학에 관한 이야기를 읽고 철학적인 사고력을 약간이라도 겸비한 독자라면 다음과 같은 의문을 가질 것이다. 메를로-퐁티가 말하는 세계는 지각된 세계가 아니냐, 그런데 지각되는 세계는 얼마든지 잘못될 수 있는 세계이지 않은가, 오히려 과학적인 지성에 의해 파악되는 세계만이 참된 세계가 아닌가라고. 그런데 메를로-퐁티는 지각되는 세계가 진짜 원초적인 참다운 세계이고 과학적인 지성에 의해 파악되는 세계는 정신에 의해 구성된 관념적인 세계에 불과하다고 말한다. 이를 입증하기 위해 메를로-퐁티는 신랄한 실험 상황을 제시한다.

캄캄한 방에 피험자(被驗者)를 의자에 앉혀 놓고 피험자 뒤 벽에서 영사기 같은 장치로 피험자 앞 벽에 직경 10센티미터 정도의 빛을 비추면서 그 빛을 움직이면 피험자의 눈동자와 머리는 그 빛을 따라 움직이게 된다. 이 때 피험자가 보게 되는, 그래서 피험자에게 자극을 주어 피험자의 눈동자와 머리를 움직이게 하는 그 빛은 물리학에서 말하는 빛인가, 아니면 지각되는 빛인가? 당연히 지각되는 빛이다. 만약 지각되는 빛은 실제로 존재하지 않고, 오로지 물리적인 빛만이 존재한다고 말하게 되면, 이 피험자는 실제로 존재하지 않는 것에 의해 행동한 꼴이 된다.

이를 확대시키면 눈을 통해 지각되는 일체의 색들은 실제로 존재하지 않는 것이 되고 귀를 통해 들리는 소리는 실제로 존재하지 않는 것이 된다. 오로지 존재하는 것은 한번도 지각한 적이 없는 과학적인 지성으로만 알 수 있는 빛의 진동이나 공기의 진동만이 있을 뿐이다. 색과 소리가 없는 세계, 나아가 부드러움이나 딱딱함이 없는 세계를 우리는 진정으로 존재하는 세계라고 말할 수 있을까? 만약 그런 세계를 참다운 세계라고 하면, 우리의 일상 생활은 완전히 신기루와 같은 헛것에 의해 이루어지는 바 처음부터 거짓된 것이 되고 만다.

메를로-퐁티는 이같이 몸으로 지각하는 세계 즉 몸으로 사는 세계를 이차적이고 파생된 것으로 보고, 오로지 과학적인 지성 즉 이성으로만 파악될 수 있고 지각될 수 없는 세계를 참다운 세계라고 여기는 과학주의적인 세계관을 온 몸으로 비판한다. 또한 그러한 과학주의적인 세계관을 떠받치는 철학을 아울러 비판한다. 메를로-퐁티는 이러한 과학과 철학이 의존하고 있는 이성의 권리가 당연한 것이 아님을 폭로하고 그 지반을 드러냄으로써 이러한 비판을 수행한다. 물론 그 지반은 몸이 자신을 담고 있으면서 동시에 몸소 지각하는 세계이다.

> 근본적인 철학은 자신을 절대적인 의식에 놓음으로써 성립되는 것이 아니라 절대적인 의식 자체를 문제 삼음으로써 성립한다. 또한 그것은 모든 지식을 해명함으로써 성립되는 것이 아니라, 모든 지식을 해명할 수 있다는 이성의 자만을 근본적인 철학적 문제로 재인식함으로써 성립된다(『지각의 현상학』, 76).

철학의 가장 중요한 일은 객관적인 세계를 넘어서서 체험된 세계를 송환하는 것이다.——내가 객관적인 세계의 편견을 넘어섬으로써 발견하고자 하는 것은 난해한 내적인 세계가 아니다. 우리는 세계에 대한 경험을 우리에게 나타나는 그대로, 우리가 우리의 신체에 의해 세계 속에 존재하면서 세계를 향해 나아가는 그대로, 우리가 세계를 우리의 신체로써 지각하는 그대로 기술해야 한다(『지각의 현상학』, 239).

메를로-퐁티가 말하는 지각 세계는 지성적인 반성 작업에 의해 이론적으로 분리되는 감각 세계와 개념 세계가 분리되기 이전의 세계이다. 이 세계를 메를로-퐁티는 '우리가 살아내는 세계'(le monde vécu)라고 말한다. 그리고 근본적인 철학의 작업은 바로 이 세계를 있는 그대로 드러내는 데서 성립한다고 말한다.

경험론(empirisme)은 모든 지식의 원천을 감각이라고 보고, 지성론(intellectualisme)은 모든 지식의 원천을 지성적인 판단이라고 본다. 메를로-퐁티에 따르면, 경험론은 지각에 용해되어 있는 지성적인 상부 구조를 절단해 냄으로써 지각에 용해되어 있는 본능적인 하부 구조마저 즉 감정적인 의미마저 절단해 낸다. 그 반대로 지성론은 지각에 용해되어 있는 본능적인 하부 구조를 절단해 냄으로써 실상은 지각에 용해되어 있는 상부 구조 즉 실존적인 의미마저 절단해 내는 것으로 본다. 요컨대 메를로-퐁티가 말하는 지각 세계 즉 '우리가 살아내는 세계'는 온갖 형태로 구조화되어 있는 우리의 몸이 감각적으로나 지성적으로 뿐만 아니라 감정적으로 그리고 실존적으로 맞이하고 생활하는 세계다.

그렇기 때문에 메를로-퐁티의 현상학에서는 흔히 감각 자료라고 말하는 순수 감각이나 칸트가 말하는 범주와 같은 순수 지성적인 개념은 실제로 존재하는 것이 아니라, 지성적인 반성에 의해 구성된 것으로 된다. 그래서 순전한 감각을 바탕으로 구성되는 경험론의 세계, 순전한 지성적인 개념에 의해 구성되는 합리론의 세계, 그리고 순수 감각과 순수 지성적인 개념에 의해 세계가 구성된다고 말하는 선험 철학적인 관념론의 세계는 허구라고 말하게 된다. 아울러 순수 물리학적인 지성에 의한 여러 개념들에 의해 구성되고 설명되는 과학적인 세계 역시 참다운 세계가 아닌 것으로 된다. 한 마디로 말하면, 메를로-퐁티는 인간의 지성에 의해 인간의 생물학적인 본능이나 인간 특유의 인간적인 고뇌가 담겨 있는 인간 실존을 무시한 채 오로지 지성적인 개념에 의해서만 구성되는 세계는 결코 참다운 세계가 아닌 것이다.

6. 새롭게 요청되는 반성

이쯤에서 우리는 긴박한 의문을 갖게 된다. 인간의 온갖 요소들이 복합적으로 관여하고 있고 또 그로 인한 온갖 의미들이 용해되어 있는 바 메를로-퐁티가 말하는 지각 세계에 어떻게 철학적으로 진입해 들어갈 수 있는가? 어차피 철학이란 고도의 지성에 의한 반성적인 작업이고, 그렇다면 지성에 의해 그 세계를 파고들어 가다 보면 어차피 지성의 틀에 얽매여 지성적으로 윤색된 세계만을 보는 데 그칠 수밖에 없지 않은가? 메를로-퐁티의 말을 액면 그대로 받아들인다 하더라도 도대체 철학이란 지성에 붙박여 있기 때문에 메를로-퐁티가 말하는 세계는 운명적으로 철학의 범위를 벗어나 있는 것 아닌가?

그래서 제너(Richard M. Zaner)는 이러한 의문을 바탕으로 메를로-퐁티의 현상학 역시 자기 모순에 빠진 것이라고 말하게 된다. 그러나 메를로-퐁티는 이러한 문제점을 스스로 간파하고 있다. 그래서 메를로-퐁티는 그러한 모순에서 빠져 나올 수 있는 길을 역시 몸 현상을 통해 보이고자 한다.

우선 메를로-퐁티는 몸 스스로가 반성하는 것을 보이면서 지성적인 반성의 원천이 바로 이것이라고 말한다. 몸에는 흔히 이중 감각이라 부르는 현상이 있다. 예컨대 오른손으로 왼손을 만질 때 오른손은 지각 주체이고 왼손은 지각 대상이 될 것 같지만, 실제로는 왼손이 지각 주체가 되면서 오른손이 지각 대상이 되기도 한다. 이를 결합해서 보면, 지각 주체인 오른손이 지각 주체인 왼손을 만진다는 것, 즉 주체가 주체인 자기를 대상으로 삼는 바 반성이 생겨난다. 이 같은 반성을 메를로-퐁티는 원초적인 반성이라고 말한다.

오른손과 왼손 간의 이중 감각은 설명을 위한 전형적인 현상일 뿐이고, 실제 몸 차원의 반성은 몸이 살아 움직이는 한 늘상 나타난다. 몸에서 반성하는 지성적인 의식이 분리되어 나오기 전에, 몸은 이미 자기가 이루고자 목표를 위한 자세를 취하고 그 자세가 제대로 이루어지지 않을 때 스스로를 몸의 차원에서 이미 반성해서 그 자세를 바로 고친다. 메를로-퐁티에 따르면, 이러한 몸 차원의 원초적 반성에서 이차적으로 삐져 나온 것이 지성적인 반성인데, 이 이차적인 지성적 반성을 마치 진리를 포착해 내는 원천인 양 여겨 여기에서부터 참다운 세계를 찾으려고 한 것이 유럽의 합리론적 전통에서 계승되어 왔고, 그 절정이 인간을 포함한 전 세계를 인간의 지성에 의해 구성되는 것으로 보는 칸트 류의 관념론적인 반성 철학이라는 것이다.

메를로-퐁티는 이러한 관념론적인 반성 철학이 살아 있는 인간을 마치 지성적인 사유(cogito)의 편린인 양 잘못 왜곡시켜 놓았고, 또 살아 있는 몸과 상호 교환의 관계를 갖는 바 '우리가 살아내는 세계'를 사유 속의 세계, 즉 이념의 세계로 잘못 왜곡하는 데 기여했다고 본다. 그리고 이러한 잘못된 인간관과 세계관이 이미 현대인의 생활 속에 한껏 젖어들어 와 압박을 가한다고 본다.

이같이 왜곡된 인간관과 세계관에 젖어 있는 현대인들이 여기에서 벗어나야 하는데, 그 같은 벗어남에 철학이 기여하기 위해서는 우선 지성적인 반성의 형태를 완전히 바꾸어야 한다고 본다. 즉 그 동안의 지성적인 반성의 폐해를 반성해야 한다고 제안한다. 요컨대 반성의 목적은 반성되기 이전의 것을 있는 그대로 포착하려는 것이어야 하고, 할 수 있는 반성에 대한 반성을 통해 반성되기 이전의 원초적인 상태로 돌아갈 수 있도록 해야 한다는 것이다.

반성이 반성적인 태도 혹은 (자기 폐쇄적이어서) 공격 불가능한 사유 속에 우리를 함몰시켜서는 안 된다. 반성은 반성에 대한 반성이어야 한다.──우리는 그저 철학을 수행해서는 안 된다. 철학자는 그 동안의 철학이 세계의 모습과 우리의 실존을 어떻게 잘못 변형시켰는가를 염두에 두어야 한다(『지각의 현상학』, 75).

근본적으로 새로운 철학을 건립할 수 있는 이 같은 새로운 류의 반성이 몸과 세계 사이에서 생겨나는 원초적인 현상을 해명하는 데 사용될 때 이를 메를로-퐁티는 실존적 분석이라고 말한다.

7. 맺는 말 : 타자 위주의 철학을 위하여

버트란트 러셀은 『철학의 여러 문제들』에서 일상적으로 생각하면 너무나 당연한 것들이 철학적으로 반성하기 시작하면 한없이 복잡한 모순에 빠져 든다고 말한 적이 있다. 이는 철학이 자칫 잘못하면 얼마나 일상적으로 납득할 수 없는 '황당한' 생각의 체계를 세워 일상인들을 압박할 수 있는가를 간접적으로 일러 준다. 특히 철학이 말하는 존재론이나 인식론의 영역에 빠져 들면 일상의 생각들이 순식간에 물거품이 되기 일쑤다.

특히 현대에 들어 가장 일상적인 상식에 들어맞는 철학이 있다면 바로 메를로-퐁티의 철학이 아닌가 싶다. 일상적인 상식을 뿌리째 흔들어 무효하게 만드는 것이 아니라 일상적인 상식의 뿌리를 더 깊이 캐고 들어가 일상적인 상식을 풍부하게 만드는 철학이 메를로-퐁티의 철학이다. 그렇기 때문에 메를로-퐁티의 철학도 어쩌면 일상적인 상식과 맞아 떨어지지 않는다고 말할지 모른다. 만약 그렇게 말한다면 메를로-퐁티의 철학이 일상적인 상식을 벗어나 있어서 그런 것이 아니라, 일상적인 상식이 그 동안의 지성 중심 혹은 이성 중심 혹은 정신 위주의 철학에 오염되었다는 사실이 더 큰 이유일 것이다.

세상 살이를 정신 위주로 생각한다는 것은 알고 보면 세상 살이를 나를 위주로 생각하는 것이다. 나를 '생각해 보면'(즉 정신적으로 반성을 해 보면) 마치 내가 나의 정신과 나의 육체로 분리되어 있는 것처럼 착각할 수 있지만, 다른 사람들을 '지각하면', 결코 그의 육체와 정신이 분리되어 있지 않다. 그러면서 오로지 육체로만 지각된다. 내가 나 자신을 본다는 것보다 타인이 나를 보는 것이 더 근원적이고, 내가 타인의 시선을 통해 나를 보는 것이 더 근원적이다. 이것이 메를로-퐁티 철학의 독특한 출발이다. 메를로-퐁티는 "'나'는 다른 모든 나들의 교차점이다"라고 말한다. 나의 존재 혹은 나의 자기 동일성은 오로지 타인들에 의존해서만 가능하다는 것이다.

그래서 메를로-퐁티에서는 나에서 타인에게로 어떻게 넘어갈 수 있는가라는 이른바 '상호 주관성'의 문제 혹은 유아론의 문제가 처음부터 성립되지 않는다. 내가 나의 오른손으로 나의 왼손을 만질 때 오른손과 왼손 사이에 주체와 대상의 관계가 왔다갔다 서로 교환되듯이, 내가 다른 사람과 악수할 때 그와 나 사이에는 주체와 대상의 관계가 왔다갔다 서로 교환된다.

이같이 나와 타인 간의 혹은 나와 세계 간의 상호 교환(어쩌면 상호 교접이라 불러야 더 적당할 것임)은 나의 주체(혹은 나의 시선)와 타인의 주체(타인의 시선) 모두를 원초적인 것이 아닌 것으로 만든다. 나와 타인 혹은 나와 세계 모두가 발생하는 존재론적인 원천을 메를로-

퐁티는 '세계의 살'(la chair du monde)이라 부른다. 세계의 살은 너의 것도 나의 것도 아닌 근원적인 시선 즉 익명적인 시선을 보낸다. 거기에서 나의 시선(주체)과 타인의 시선(주체)은 본래 하나인 셈이다.

메를로-퐁티는 그의 초기의 몸 철학을 바탕으로 후기의 살 철학으로 나아갔다. 초기의 몸 철학이 어느 정도 개인의 주체 철학의 뉘앙스를 담고 있었다고 한다면, 후기의 살 철학은 개개인의 주체 철학을 해체하는 근원적인 터전을 발견하여 모두가 근원적으로 하나됨을 건립하고 있다.

더 읽어야 할 책

메를로-퐁티의 사상은 크게 존재론과 인식론, 사회 사상, 문예-예술론 등 세 가지로 나눌 수 있다. 그런 만큼 그가 저술한 것은 물론이거니와 그의 저술이나 그의 사상에 관한 많은 이차 문헌들이 나와 있지만, 불행하게도 국내에 번역되어 소개된 문헌들은 얼마 되지 않는다.

메를로-퐁티 현상학이 가장 잘 드러나 있는 책으로는 흔히 『지각의 현상학 *Phenomenologie de la perception*』(Librairie Gallimard, 1945)을 든다. 이 책은 세계적으로 유명한데도 아직 우리말로 번역되어 있지 않아 안타깝다. 불어에 능숙하지 못한 사람은 스미스(Colin Smith)의 영어 번역본(*Phenomenology of Perception*, London, Routledge & Kegan Paul, 1966)을 볼 수밖에 없다. 그런데 불행하게도 영어 번역본의 번역이 불성실한 탓에 정확한 의미를 찾아 읽기가 쉽지 않다.

그런데 사실 이 『지각의 현상학』보다는 1938년에 출판한 『행동의 구조 *La structure de comportement*』가 메를로-퐁티의 철학적 입장을 더 드라마틱하게 담고 있다. 이 책은 심리학과 생리학 또는 생물학과 물리학에서 밝혀진 과학적인 사실들을 최대한 원용하면서 자신 특유의 철학적 주장들을 정당화한다. 그런만큼 과학적인 지식에 익숙하지 못한 독자들에게는 『지각의 현상학』보다는 읽기가 어렵다. 그러나 만약 두 책 중에서 어느 한 권만을 읽어야 한다면 『지각의 현상학』보다 『행동의 구조』를 추천할 수밖에 없다. 아직 이 저작이 국내에서 번역 출간되지는 않았으나 다행히도 충실한 피셔(Alden L. Fisher)의 영어 번역본(*The Structure of Behavior*, Boston: Beacon Press, 1963)이 있다.

메를로-퐁티 저작의 국내 번역본과 편역서를 소개하면 다음과 같다.
- 『현상학과 예술』(오병남 옮겨 엮음, 서광사, 1987)

이 책은 서울 대학교 미학과에서 예술론을 하는 오병남 교수가 메를로-퐁티의 주요한 글들을 여기저기에서 뽑아 내어 번역한 것이다. 오병남 교수는 국내에서 가장 먼저 메를로-퐁티 사상을 접하고 소개한 분이라고 알려져 있다. 이 책에는 우선 메를로-퐁티가 자신의 새로운 현상학적인 사상을 잘 압축해 보인 것으로 알려져 있는 『지각의 현상학』의 「서문」이 실려 있고, 미학에서 아주 중요한 논문으로 알려져 있는 「눈과 마음」이 실려 있다. 이 책에서는 특히 이 두 글이 중요하다. 그 외 여러 글들은 대부분 아래 『의미와 무의미』에 실려 있는 것들이 대부분이다. 가장 손쉽게 메를로-퐁티 사상의 일면을 파악할 수 있는 책이라 여겨진다. 다만 다소 아쉬운 점을 지적하자면 이 역서가 영어 번역본을 토대로 중역한 것이라는 점이다.
- 『의미와 무의미』(권혁면 옮김, 서광사, 1985)

이 책은 메를로-퐁티가 종전 후 사르트르와 함께 사회 평론 잡지인 『현대 *les temps modernes*』지를 편집하면서 거기에 발표했던 글들을 모아 간행된 『의미와 무의미 *sens et non-sens*』(1948)를 번역했다. 이 책을 통해 메를로-퐁티 철학의 기초를 탐구하기는 불가능하다. 그러나 메를로-퐁티가 자기 나름의 독특한 철학적 시각으로 철학 일반, 예술, 정치 등을 논의한 단편들을 모은 것이기 때문에 구체적인 상황 속에서 메를로-퐁티가 어떻게 자신의 철학 사상을 전개하는가를 살펴볼 수가 있다. 이 책은 어쨌든 국내에서 메를로-퐁티 원전을 번역한 유일한 것이라는 데서 큰 의미가 있다. 번역도 상당히 잘 되었다.

이 두 책을 제외하고는 메를로-퐁티의 원 저술을 번역한 책은 국내에 없는 셈이다. 하지만 메를로-퐁티 사상에 관해 번역되었거나 저술된 부분들을 담고 있는 책들이 몇 권 더 있다.

- 『메를로-퐁티의 지각의 현상학』(모니카 M. 랭어, 서우석·임양혁 옮김, 청하, 1992)

이 책은 저자인 랭어가 메를로-퐁티의 『지각의 현상학』이 어렵다고 보고, 이를 알기 쉽게 주석한 책이다. 이 책의 특징은 순서상으로는 그저 『지각의 현상학』을 따라가면서 그 내용을 요약해서 설명하는 것 같은데, 실제 내용에 들어가 보면 메를로-퐁티의 논의를 사르트르을 비롯한 다른 사상가들과 비교하면서 설명하고, 그러면서 『지각의 현상학』 내의 각 장들이 맺고 있는 관계를 설명하며, 나아가 메를로-퐁티의 전체 사상에 관련하여 『지각의 현상학』을 분석하기도 한다. 적어도 메를로-퐁티의 핵심 주저인 『지각의 현상학』에 접근하는 데 아주 긴요한 책이라 여겨진다.

- 『메를로-퐁티』(J. 슈미트, 홍경실 옮김, 지성의 샘, 1994)

이 책은 메를로-퐁티의 사회 사상을 다루고 있는 책이다. 그러나 초반부에서 메를로-퐁티의 생애와 그의 사상이 어떻게 전개되는가를 그의 정치 활동과 저술 활동을 중심으로 분석하고 있다. 특히 이 책은 메를로-퐁티의 사상을 구조주의와의 친화성을 보이는 것으로 해석하는 데서 특성을 보인다. 메를로-퐁티가 세계와 신체와의 관계를 구조화의 상호 교환 관계로 본 것, 그가 나의 주체와 타자의 주체가 솟아나는 원초적인 터전인 세계의 살을 제시한 것, 라캉이 그의 「시각 예술론」에서 메를로-퐁티의 『보이는 것과 보이지 않는 것』에서의 철학적인 발상을 원용하고 있는 것, 혹은 메를로-퐁티가 여러 구조주의자들과 친분이 두터웠다는 것을 보면 메를로-퐁티와 구조주의와의 친화성은 얼마든지 간취해 낼 수 있다. 이를 보인다는 것은 이 책이 메를로-퐁티의 연구에 중요한 문헌임을 의미한다. 다만 아쉬운 것은 이 번역본이 전체 다섯 장 중 석 장만을 발췌해 번역했다는 점이다.

- 『현상학적 운동 I, II』(헤르베르트 쉬피겔베르크, 최경호 외 옮김, 이론과 실천, I권 1991, II권 1992)

이 책은 I, II권으로 번역되어 있다. I권은 현상학의 창시자인 후설과 그 전의 현상학에 관한 내용으로 되어 있고, II권은 후설의 현상학에 영향을 받은 현상학자들에 관한 내용으로 되어 있다. 이 II권에 메를로-퐁티에 관한 대목이 들어 있는데, 저자인 쉬피겔베르크는 메를로-퐁티와 다른 사상가들과의 관계나 메를로-퐁티 사상을 파노라마식으로 잘 정리하고 있다. 반드시 일독해 볼 만하다.

- 『신체의 현상학』(리차드 M. 자너, 최경호 옮김, 인간사랑, 1993)

이 책은 메를로-퐁티에 관해서만 혹은 메를로-퐁티를 중심으로 쓴 책은 아니다. 제목에서 알 수 있는 것처럼 이 책은 신체를 둘러싼 현상학적인 논의를 담고 있다. 그런데 신체의 현상학이라고 하면 메를로-퐁티 철학을, 메를로-퐁티의 철학하면 신체 철학을 떠올리기 때문에 이 책은 메를로-퐁티 사상을 연구하는 데 아주 중요한 책이다. 그래서 이 책에서는 메를로-퐁티에 관한 장을 가장 길게 할애하고 있는데, 그 중 앞 내용은 메를로-퐁티 철학을 있는 그대로 정돈해 보이는 것이고, 뒤의 내용은 메를로-퐁티 철학을 비판하는 것이다. 앞 내용은 메를로-퐁티의 신체 철학을 아주 알기 쉽게 잘 정돈하고 있다고 평가할 수 있다. 그런데 뒤의 내용의 비판에서, 지은이가 의식 중심의 후설의 현상학의 입장에서 메를로-퐁티 철학을 비판하고 있어 메를로-퐁티의 철학의 본래 의도를 곡해하고 있다는 인상을 준다는 것이 문제다. 아무튼 메를로-퐁티의 신체 철학을 여러 다른 사상가들의 신체론에 견주어 고찰하고 있다는 점에서 아주 탁월한 저서라 할 수 있다.

- 『동일자와 타자』(벵상 데콩브, 박성창 옮김, 인간사랑, 1990)

이 책은 현대 프랑스 철학를 장식하는 걸출한 사상가들을 몇몇 주제 하에 심도 깊게 다루는 책이다. 이 책은 사르트르는 아예 다루지 않으면서 동시대의 인물인 메를로-퐁티의 철학을 '진리의 인간적 기원'이라는 제목으로 다루고 있다. 그 특징은 철학사적인 혹은 철학 전반의 문제 지평에서 메를로-퐁티의 핵심적인 철학적 발상을 중심으로 그의 철학을 압축해 보이고 있다는 점이다. 어렵긴 하지만 상당히 깊이 있는 글로 평가된다.

- 『현대 유럽 철학의 흐름』(리차드 커니, 임헌규 외 옮김, 한울, 1992)

이 책은 현대 유럽 철학의 흐름을 여러 조류로 나누고, 그 중 한 조류인 현상학 장을 설정하고 거기에서 메를로-퐁티의 사상을 다루고 있다. 번역에 상당히 문제가 있긴 하나, 리차드 커니가 본 메를로-퐁티는 충분히 믿을 만하게 잘 정리되어 있다. 메를로-퐁티 사상 전체를 조감하듯이 잘 요약하고 있기 때문에 메를로-퐁티에 입문하고자 하는 사람은 반드시 읽어야 될 것으로 여겨진다.

4장
폴 리쾨르

한 상 철

1. 생애

폴 리쾨르(Paul Ricœur, 1913~)는 1913년 프랑스 발랑스(Valence)에서 태어났다. 그는 유신론적 실존주의 철학자로 알려진 가브리엘 마르셀로부터 철학과 신학을 배웠다. 그는 또한 후설 연구가로도 알려져 있는데, 이는 2차 세계 대전 당시 독일에서 포로 생활을 하면서 후설의 저서들을 탐독한 것이 계기가 되었다. 그 결과 1950년에는 후설의 『현상학의 이념들 I』을 불어로 번역하여 프랑스에 소개하였다. 단지 현상학을 소개, 수용하는 데 그치지 않고, 현상학을 통해 유한한 인간 존재를 해명하고 나아가 그러한 실존적 유한성으로 초월적인 신을 해명하고자 한다. 그러므로 그가 말하는 현상학은 후설의 초월론적인 현상학 그대로가 아니라 해석학과 결합된 현상학이다.

처음에는 스트라스부르에서 철학 교수로 지내다가, 1956년 소르본 대학의 교수가 되었다. 그 동안 리쾨르는 1949년 『의지적인 것과 비의지적인 것 Le volontaire et l'involontaire』에서 의지에 관한 현상학적 기술을, 1960년 『유한성과 죄악 가능성 Finitude et culpabilité I, II』에서 종교적인 상징에 대한 해석학을, 1965년 『해석에 관하여 De l'interprétation』에서 정신 분석학적 상징에 대한 해석학을 개진하였다.

그러다가 1966년 파리를 떠나 프랑스 남부 낭트 대학으로 갔다. 1968년 5월 사태가 일어나기 바로 직전의 분위기로는 그곳이 좌파 지식인들이 자기 주장을 마음놓고 펼쳐 볼 수 있는 곳으로 생각되었기 때문이다. 리쾨르는 자신을 '기독교 좌파 지식인'이라고 생각하고 있었다. 그러한 그의 생각은 기독교 좌파 지식인들의 잡지인 『에스프리 Esprit』를 창간한 엠마누엘 무니에(Emmanuel Mounier)가 주도하는 모임에 참여한 1932년 이후 계속되어 왔다. 그러나 1970년 3월 그곳에서 해임되었다. 1969년 그가 교구 목사직에 오르면서, 1968년 5월의 학생 혁명이 좌절되었음에도 불구하고 혁명이 성공하리라고 확신했던 급진적인 학생들과 지식인들로부터 외면당했기 때문이다.

그 이후 그는 시카고 대학과 파리 대학을 중심으로 활동하면서 강의와 저술을 병행하였다. 또한 그의 철학적인 주제도 변화되어 상징이 아닌 텍스트를 해석학의 주된 테마로 삼는다. 상징 언어에 대한 해석이 너무 좁다고 보고, 텍스트에 대한 논의를 통해 인간 존재 이해에 이르고자 한 것이다. 그 결과 1975년에 『살아 있는 메타포 La métaphore vive』를, 1983, 1984, 1985년에 잇달아 『시간과 이야기 Temps et récit I, II, III』을 쓴다. 최근에는 『타자로서의 자기 자신 Soi même comme un autre』(1990)과 논문 모음집인 『강좌 Lecture I, II, III』(1992)를 출간하였다.

2. 후설 현상학과의 관계

후설의 입장에서 보자면, 딜타이의 생 철학은 세계관에 대한 이론(Welt-anschauungslehre)이며 역사 상대주의이고, 반면 자신의 현상학은 엄밀학으로서의 철학, 초시간적(Überzeitlich) 학문 이념을 추구하기에, 두 사유 방식은 전혀 유사하지 않다고도 말할 수 있다. 반대로 딜타이가 볼 때는, 후설은 플라톤주의에 해당하며, 생(生)의 역사적인 의미를 간과한다.

그러나 관점을 바꾸어 생각하면, 딜타이는 "생(生)의 배후로 되돌아갈 수 없다"는 생 철학적 명제를 통해서이고, 후설은 의식의 순수 체험에 대한 현상학적인 기술(記述)을 통해서이긴 하지만, 양자 모두 무전제의 철학을 정초하려 하였다는 점에서는 공통점을 보이고 있다. 더구나 후설이 딜타이에게 보낸 서신에서 "우리(딜타이와 후설)는 상이한 측면에서, 동일한 토대를 지닌, 새로운 철학을 예비하고 있었다"는 말로 두 사람의 철학적 입장을 평가한 바 있다.

따라서 두 철학자의 사유 방식을 중재해 보려는 입장, 즉 현상학과 해석학을 결합하려는 입장이 나오게 되는 것은 당연하다 하겠다. 우선 하이데거는 현상학적인 방법과 해석학적인 방법을 존재론이라는 관점에서 결합하고자 하였다. 하이데거의 현상학적인 해석학을 이해하기 위해서는 현상학과 존재론의 결합 가능성, 해석학과 존재론의 결합 가능성이 우선 이해되어야 한다.

그런데 존재론이라는 관점을 제시하지 않고서도, 바꿔 말해 인식론적으로도 현상학과 해석학이 결합 가능하다고 보려는 것이 리쾨르이다. 그는 후설의 현상학 자체가 해석학적이라고 주장한다. 현상학과 해석학이 별개의 관점이 아니고 상호 보완 관계에 있다고 보는 것이며, 존재론적인 관점에 의해 그 양자의 결합이 매개되어야 할 필요는 없다고 본다는 점이 하이데거와는 다르다.

그는 후설 현상학 자체가 해석학적이라는 사실을, 후설의 언어 표현에 대한 분석과 현상학적인 타자 구성(他者構成) 속에서도 보여 준다.『논리 연구』에서의 언어 표현에 대한 후설의 분석은 리쾨르에게는 언어의 상징성과 다양성을 보여 주는 사실이다(RHP, 61f.). 인칭 대명사는 그 의미가 맥락에 따라 결정되고, 논리적인 언어 표현은 맥락에 좌우되지 않는 일의적(一義的)인 의미를 지니는 것처럼 간주된다. 하지만 리쾨르에게는 논리적인 언어 표현도 실은 논리적인 의미와 지각적(知覺的)인 의미가 중복되어 있다. 그에 따르면 모든 표상(Vorstellung)은 종적(種的), 개별적인 의식을 다 포함한다. 또한 이 표상의 지시하는 작용(deuten)도 해석이며, 이 해석은 지각적인 해석에 의해 보완되어야 한다. 따라서 논리적이든 아니든, 리쾨르에 의하면 고정된 의미를 지닌 언어 표현이란 있을 수 없다. 모든 언어 표현은 근본적으로 다의성(多義性, multivocité)을 기본으로 한다(RCI, 64f.). 특히 다의적인 의미를 지닌 언어인 상징(symbole)에 대한 이해는 해석을 요구한다고 리쾨르는 생각한다.

또한 구성(Konstitution) 문제에도 해석학이 개입할 여지가 있다고 리쾨르는 생각한다(RHP, 67f.). 특히『데카르트적 성찰』에서 타자와 세계의 타자성에 대한 구성을 문제 삼으면서 유추적인 이해 또는 상상의 역할을 거론한다. 타자가 내보이는 제스처, 언어 표현 등이 지닌 일관성을 토대로, 유추와 상상을 통해, 타자의 정신 생활을 기술(記述)하는 것이 가능하다. 하지만 타자는 나의 모나드의 초월로서 존재할 수밖에 없다. 이러한 후설 유아론(唯我論)에서의 갈등을 해소해 줄 수 있는 것이 '해석'이라고 리쾨르는 생각한다. 즉 타자성을 존중하려는 요구와, 초월적인 경험이 근원적인 경험에 뿌리내리게 하는 요구 사이의 갈등을 절충하는 것이 후설 현상학에서 요청된다. 리쾨르가 보기에 후설의 환원은 그러한 작용을 이미 수행하고 있다. 즉 나 자신인 것과 생소한 것이 동일한 해석에서 양극적(兩極的)으로 구성된다는 것을 보여 주는 것이 환원이며, 이것이 후설에서의 유아론적 타자 구성(唯我論的 他者構成)의 갈등을 해소할 수 있는 열쇠가 된다. 그러므로 후설의 환원은 해석을 전제해야만 본래적으로 기능할 수 있다고 리쾨르는 생각한다.

3. 의지에 대한 현상학적 기술

따라서 리쾨르는 일차적으로 후설의 현상학적인 방식을 해석학적으로 보완하려는 태도를 취한다. 그는 『의지의 철학』이라는 초기의 저서에서 의지 작용에 대한 현상학적인 본질 기술을 시도한다. 의지를 현상학적 분석의 테마로 삼아야겠다고 생각한 것은 실존주의와 관련되어 있다. 실존주의는 합리적인 이성의 한계를 지적하고자 한다. 그래서 키에르케고르와 하이데거 등의 실존주의에서는 고독, 불안, 공포 등의 기분이 분석의 대상으로 등장한다. 마르셀도 느낌(sensation)을 중시한다. 하지만 리쾨르는 감성적인 기분이 아닌, 의지적인 작용에서 합리성의 한계를 지적하고자 한다. 분석의 대상을 달리하면서 동일한 목표에 도달하려는 것은 그 과정에서 새로운 문제 제기가 가능할 수도 있기 때문이다. 그 새로운 문제 제기는 신학이며, 리쾨르는 그러기에 유신론적 실존주의자가 아닌, 철학과 신학을 결합시키려는 사상가로 간주된다.

그는 의지에 대한 본격적인 현상학적 본질 기술에 앞서 그 의지 작용의 결과로 나타나는 잘못(faute)과, 그 의지 작용이 궁극적으로 지향하는 바로서의 초월(Transcendance : 절대적 타자로서의 신의 존재와 관계된 문제)을 괄호친다. 후설과 마찬가지로 그도 경험은 오직 근본 구조의 왜곡만을 보여 준다고 보기에 괄호치려는 것이다(*RVI*, 7).

하지만 단순히 괄호치는 것만으로 끝나지는 않으며, 그러한 괄호

침에도 해석학적인 보완이 필요하다고 본다. 그러한 보완은 경험 과학적인 지식에 대한 배려이다. 객관적이고 경험적인 과학——의지에 대한 연구에서는 심리학——의 지식이 현상학적인 탐구를 수행하기 위한 계기를 제공한다. 경험 과학적 연구는 객관화되고 소외된(aliénée) 현상학으로서의 기능을 지니고 있기에, 경험 과학적 지식은 본질 발견을 위해 진단술적(diagnostic) 의미를 지닌다(*RVI*, 16). 따라서 자발적이건 비자발적이건 의지에 대한 현상학적 탐구에는 경험적이고 구체적인 분석, 즉 의지에 대한 심리학적인 분석이 항시 병행된다. 현상학적 기술과 병행해서 경험 과학적 지식이 보완된 것을 리쾨르는 '의지의 시학(Poétique)'이라고 부른다(*RVI*, 34).

리쾨르가 경험 과학적 사실과 지식에 적극적인 의미를 부여한다는 것은 현상학적인 본질 기술만으로는 사태를 드러낼 수 없다고 보기 때문이다. 경험 과학적 지식이 요청되는 만큼 현상학적 본질은 그 구체성에 대한 해석이 요청된다. 이러한 입장에서 한 걸음 더 나아가, 리쾨르는 후설 현상학에서 현상학적인 본질을 기술하기 위한 형상적 환원은 받아들이지만 초월론적 환원은 받아들이지 않는다(*RVI*, 7). 그 이유는 인간적 자아(리쾨르의 용어로는 코기토 Cogito)가 끊임없이 해석학적인 반성을 수행하는 자아이지, 후설과 같이 초월론적인 명증성을 지니고 있지 않다고 보기 때문이다. 후설에서의 자아는 모든 인식의 토대가 되는 완결된 자아이지만, 리쾨르가 말하는 해석학적인 자아는 끝없이 반성을 되풀이하기에 완결될 수 없는 자아이다.

리쾨르에서 자아가 계속적인 반성을 수행한다는 사실은 하이데거가 후설을 비판할 때 후설이 인간 존재의 물음을 묻지 않았다고 비판한 것과 맥락을 같이한다. 후설이 명증적인 자아를 넘어서서, 그 자아의 존재를 다시 문제 삼을 필요가 없다고 본 반면, 하이데거는 그 자아에 대한 반성이 본래적인 자기 존재에 대한 물음을 이끌어낸다. 마찬가지로 리쾨르의 해석학적인 자아도 자기 존재의 문제, 즉 신체의 문제를 이끌어 들인다(*RVI*, 17). 하지만 하이데거가 인간 현존재를 구성된 존재자이면서도 구성적인 존재로 보는 데 반하여, 리쾨르에서는 나의 신체가, 객관성이라는 의미에서 구성된(constitu) 것도, 초월론적 주관이라는 의미에서 구성하는(constituant) 것도 아니고, 단지 실존하는 것이다(*RVI*, 19).

어떤 방식으로 신체가 코기토에 포함되어 있는가 하는 수육(受肉, incarnation)의 문제는 신비에 속한다(*RVI* 18). 그는 다시 신체를 소유된 신체와 객관적인 신체로 나눈다. 객관적인 신체는 비자발적인 필연성의 전적인 지배를 받는 데 비하여, 소유된 신체는 자발적인 의지와 비자발적인 의지와의 상호 작용 속에서 성립한다. 따라서 객관적인 신체는 구성된 것이라고 볼 수 있어도 자기 자신이 소유하고 있는 신체는 객관적으로 구성된 것이라기보다는 실존하는 것이다.

리쾨르에게서는 자신이 소유한 신체가 구성된 것이 아닐 뿐 아니라, 자신의 코기토도 초월론적 주관처럼 구성하는 존재자일 수 없다. 초월론적인 주관이 세계와의 관계를 끊고서도 자기 완결적인 존재자일 수 있는 데 비하여 리쾨르의 코기토는 그렇지 못하다. 코기토 자체가 내부적으로 분열되어 있다(*RVI*, 17). 내부적으로 분열된 존재가 연관되어 있다는 것은 직관(intuition aveuglée) 속에서 감지되긴 하나, 그 방식과 내용은 은밀하다(*RVI*, 22). 이러한 신체 개념에는 신학적인 초월 개념이 바탕에 깔려 있다.

자기 신체의 수육의 문제나 분열된 존재자의 은밀한 화해와 같은 것을 다루는 것이 그의 초월 개념이다. 그 초월은 일반적인 초월론주의(transcendantalisme)에서 말하는 초월이 아니라, 신학적인 초월(transcendance)과 관념론적인 초월론적(transcendantal) 태도를 동시에 결합하려 한다(*RVI*, 35).

그 초월은 일차적으로는 객관성을 넘어섬이며, 이차적으로는 자기 존재를 존재의 중심이라고 생각하지 않는다는 것을 의미한다. 존재의 최고 척도는 신에게서 찾아지기에, 객관성을 넘어서려는 초월론적 태도나 초월로서의 신에게로 향하는 것이나 동일한 선상에 있다. 이상에서 보았듯이 해석학적 자아, 신체, 초월 개념 때문에 그는 후설의 형상적 환원은 받아들이고 초월론적인 환원을 거부한다(*RVI*, 7).

4. 상징 해석학

앞절에서는 현상학적 기술만으로 본질이 드러날 수 없으며, 자기 존재에 대한 이해도 명증적으로 드러날 수 없다는 리쾨르의 주장을 살폈다. 그래서 그는 인식하는 주체인 자기 존재에 대한 이해는 기호, 상징, 텍스트에 의해 매개되어야 한다고 본다(*RNPH*, 68ff.). 하이데거가 현존재의 직접적인 존재 이해로부터 인간 현존재의 존재를 밝혀 내는 것과는 달리, 리쾨르는 인간 존재를 직접 이해하는 것이 불가능하다고 보기 때문이다. 그래서 객관적으로 표현된 언어를 통해 인간 존재를 파악하고자 한다.

하이데거가 해석학적으로 가장 크게 기여한 것은 이해를 현존재의 존재 방식으로 보았다는 점이다. 현존재 자신이 존재 가능(Seinkönnen)이고 이해라는 것이다. 자신의 존재 가능성에 대한 기투가 곧 자기 존재의 의미를 이해 가능하게 한다. 그래서 이해로부터 존재론적인 해석이 가능하다.

하지만 리쾨르가 보기에 그러한 시도는 지나친 비약이며, 상징 언어들에 대한 해석이라는 중간 단계를 거쳐야만 비로소 존재론적 이해가 가능하다. 언어를 통한 인간 존재 이해는 간접적이다. 역사와 문화에서 주어지는 기호에 대한 해석과 기호의 의미에 대한 전유(appropriation)로부터 자기 존재를 인식하게 된다. 상징 언어를 통해 자기 존재를 드러내는 것, 특히 신 앞에 선 인간 존재의 유한성을 나타내려는 것이 리쾨르의 구도이다. 그 점은 하이데거가 인간 현존재의 실존이 지닌 자기 존재에 대한 불안을 통해 그 유한성을 드러내려 한 점과 대비된다. 리쾨르는 존재에 대한 불안보다는 인간의 의지에 내재된 악이 유한성을 드러내 준다고 본다.

그는 초기에 상징 해석(interprétation)에서 인간 존재 이해가 생긴다고 보아 해석의 유형이나 규칙을 확립하는 데 관심을 기울였다. 그런데 문제는 해석 영역에 따라 해석 유형이나 규칙이 다르고 그 규칙들 사이의 관계도 다르다는 점이다. 따라서 영역에 따라 서로 다른 해석학 체계가 가능하며, 서로 다른 해석이 인간 존재에 대한 서로 다른 이해를 가능케 한다. 따라서 영역 해석학에 따라 영역 존재론이 달리 성립한다. 분리된 존재론이 가능한 것은 인간의 코기토가 절대적인 주관과 같은 것이 아니라, 그 자체도 분리되어 있기 때문이다. 그는 이들 분리된 영역 존재론들의 통일은 바랄 수 있지만, 그것은 아직 신비의 영역이라고 본다. 이는 하이데거가 영역 존재론의 이론적 토대가 현존재 해석학에 있다고 본 것과 대비된다. 리쾨르에게서는 오직 영역 존재론만 성립하지 기초 존재론이란 성립하지 않는다. 말하자면 리쾨르는 악에 대한 종교적 상징에 나타난 인간 존재라는 영역에서 성립하는 존재론으로부터 점차 존재론 일반으로 나아가려 한다.

리쾨르는 초월로서의 신 앞에 선 인간의 존재를 단적으로 드러내는 것이 악에 대한 상징으로서의 언어라고 보고, 그 상징 언어에 대한 분석에서 인간 존재를 드러낸다. 리쾨르가 악의 문제를 다루는 것은 그가 지닌 해석학적인 문제 의식과 관련이 깊다. 현상학적인 기술이 해석학과 관련되는 것은 그러한 의지의 사용이 항상 좌절을 겪기 때문이다. 악이란 바로 올바른 의지의 사용이 아닌, 본래적이지 않은 의지의 사용에서 유래한다. 이러한 본래적이지 않은 의지 사용, 또 본래적인 의지의 필연적인 좌절은 온전한 의지에 대한 갈망을 함축한다. 어떤 의미에서 본래적이지 않은지를 보여 주는 것이 해석학적인 것이며, 온전한 의지가 신에게서만 가능하다고 보게 되면 신학적인 것이 된다. 그러므로 리쾨르의 악의 상징에 대한 해석은 단지 상징으로 나타나기 때문에 해석학적인 것이 아니며, 그 내용 자체도 해석학을 요구한다고 볼 수 있다. 또한 그가 의도했던 신학적인 철학이 가능하기 위한 방법으로서도 필요하다.

그런데 언어를 해석함에 있어 가장 큰 문제는 이들 중 어느 한 해석만이 올바른 이해이거나 옳은 해석이어야만 되는 것은 아니라는 점이다. 이는 '가능한 해석지(解釋肢) 사이의 갈등'이 해소되지 않은 채 남아 있을 수 있음을 의미한다. 그런데 굳이 어떤 하나의 해석이 올바른지 어떤지를 판별하려는 것이 해석학의 본래 사명이 아니라, 도대체 해석이 가능하다면 그 해석이 어떤 의미에서 가능한 것인지를 밝히려는 태도가 해석학의 본래 기능이라고 리쾨르는 생각한다.

해석학은 다음 세 가지 문제를 주로 다루어 왔다. 왜 해석이 필요한지, 그리고 어떻게 해석이 가능한지, 나아가 여러 해석이 가능하다면 그 해석들 중 어떤 해석이 올바른 것인지에 관해서 다루었다. 하지만 하이데거는 해석학을 존재론적으로 방향 전환하면서 앞의 두 문제는 다루지만, 마지막 문제는 다룰 필요가 없었다. 기초 존재론적으로 유용한 해석을 고르기만 하면 된다고 생각했기 때문이다. 리쾨르도 어떤 해석 방법이 옳은지에 대해서는 침묵한다. 하지만 그러한 서로 다른 해석 가능성이 어떻게 가능했는지를 다루고자 한다. 그는 가능한 해석지 사이의 갈등 문제를 넘어서서, 가능한 해석 방법들 사이의 갈등 문제도 다룬다. 그러나 가능한 해석지 사이에 어떤 해석이 올바른지를 가려내는 규칙을 제시하지 않는 것처럼, 가능한 해석학 방법론 사이에서 어떤 해석학이 옳은 방향인지도 논의하지 않는다. 이들 가능성들이 궁극적으로는 통일되어 있을 것으로 보지만 그 통일은 신비에 싸여 있다고 보기 때문이다. 그 점에서는 의지의 현상학에서 코기토의 분열과 신비적 통일에 대한 기대라는 해결책이 해석학에서도 그대로 적용되고 있음을 알 수 있다.

　논의의 중요한 대목에 이르러 이렇듯 '은밀한 연관'이나 '신비로운 통일'을 말하는 것은, 그렇게 보는 것이 인간 존재의 유한성에 부합하는 것이라고 리쾨르는 보기 때문이다. 철학적인 측면에서는 이러한 은밀하고 신비한 통일성이 어떻게 가능한지를 밝히는 것이 중요한 것은 아니다. 리쾨르 자신도 은밀한 연관에 대해 거의 언급하지 않는다. 바탕에 신학이 깔려 있다 해도 어디까지나 그의 관심사는 철학의 영역이다.

5. 텍스트 해석학

　리쾨르는 상징에 대한 해석 이론이 너무 좁다고 보고, 1970년 이후부터 텍스트 해석학에로 관심을 돌린다. 상징 해석을 일반화한 것이 텍스트 해석이다. 상징은 그것이 속한 맥락에 의해서만 그것의 다의성(多義性)이 제대로 나타날 수 있다. 그런데 리쾨르는 이 텍스트 해석학이 인식론적이면서도 존재론적이라고 본다. 인식론적이라고 보는 점에서는 딜타이와 유사하고, 존재론적이라고 보는 점에서는 하이데거의 해석학과 유사하다. 그는 근본적으로 딜타이와 하이데거의 중재라는 입장을 택한다. 그래서 그는 하이데거가 존재론적 사유에 직접 뛰어드는 것을 비판하고 인식론적 반성을 통해 존재론적 사유에 이르러야 한다고 본다. 텍스트 해석이 어떤 의미에서 인식론적이고 존재론적인지를 소격화(疎隔化, Verfremdung, distanciation aliénante)와 전유(專有, Zueignung, Aneignung, approriation)라는 개념에서 구체적으로 살펴볼 수 있다(소외와 소유라는 번역어는 다른 함축을 너무 많이 지니고 있어서 소격화와 전유라는 번역어를 선택하였다).

　소격화는 세 측면에서 이야기된다. 하나는 텍스트를 통해 말함과 텍스트를 통해 말해진 것 사이의 괴리를 나타내며, 다른 하나는 저자와 텍스트 사이의 분리이고, 마지막으로 저자와 독자 사이의 간격을 메울 수 없음을 나타낸다. 첫번째 소격화가 텍스트 생산에 있어서의 개별적인 사건을 말하는 것이라면, 두번째 소격화는 일반적으로 저자와 텍스트 사이의 관계를 나타내는 것이다. 같은 차원의 논의라고 보기 쉬우나 리쾨르 자신은 영미 언어 철학, 특히 일상 언어학파, 또 프랑스 언어학과 자신의 해석학과의 연관성을 드러내기 위해 설정한 것이다.

리쾨르는 텍스트 내에서 저자의 의도의 소격화 문제를 다루기 위해 말(parole)과 글(écriture)을 포함하면서도 양자보다 더 근원적인 개념으로 담론(discours)을 거론한다(*RTA*, 102). 우선은 말로서의 담론은 언어학과는 달리 문장(phrase)을 그 기초로 삼는다. 담론의 성격은 다음 네 가지로 요약된다(*RTA*, 104). 첫째, 담론은 시간적으로 현재에서 실현된 문장이기에 사건(événement)이다. 구조주의 언어학에서 언어 체계가 시간의 흐름 밖에 존재한다고 보는 것과는 다르다. 둘째, 기호로서의 언어는 주체가 문제되지 않으나, 담론은 인칭 대명사 등을 통해 발화자를 가리키기에 자기 지시적(sui-référentielle)이다. 셋째, 언어 체계 내의 기호는 체계 내의 다른 기호와의 차이에 의해서만 의미를 지니나, 담론은——그것이 기술하려는——세계를 지시함에 의해 의미를 지닌다. 마지막으로 언어 기호는 의사 소통의 전제이나, 담론은 의사 소통이 실제로 이루어지는 영역을 가리킨다.

사건으로서의 담론이 의미 부여(signification)에 의해 작품으로 될 때, 첫번째 소격화가 발생한다. 그것은 말해진 것(le dit) 속에서 말함(dire)이 소격화되는 것을 말한다(*RTA*, 105). 텍스트의 의미를 해석한다는 것은 텍스트에 있어서 담론, 즉 말하는 행위와 말함에 의해 생겨난 바를 구별하는 것을 말한다. 말하는 행위는 저자가 텍스트를 통해 독자에게 행하는 것이기에, 저자/텍스트/독자의 관계가 문제된다. 말함에 의해 생겨난 것은 의미이고, 메타포적 의미, 시간적인 의미이다.

말하는 행위를 리쾨르가 문제 삼는 것은 저자나 독자, 텍스트가 각기 개별자로서 만나기 때문이다. 저자가 작품을 쓸 때 문학이나 예술 일반을 생산하는 것이 아니며, 개별적이고 구체적인 작품을 생산한다. 그러한 작품 생산을 통해 저자가 개별화된다. 작품을 근본적으로 구성하는 담론 자체가 개별적인 사건이다. 이러한 주장은 종래의 텍스트 해석학에서의 저자 이해와 성격이 다르다. 종래의 해석학에서는 개별적인 작품을 해석하면서 그 저자를 보다 더 잘 알기 위해서는 그 저자가 쓴 다른 작품을 해석함으로써 저자를 이해하려 하였다. 하지만 동일한 저자가 쓴 작품이라 해도 작품에 따라 말하는 주체의 행위가 다른 사건이라는 것을 인정한다면, 작품들 전체 해석을 통해 그 해석에 일관성을 부여할 수 있는 존재로서 저자를 상정하려는 시도는 불가능하다. 대신 작품의 문체 속에서 그 작품과 저자의 개별성을 이해하려는 시도가 필요하다(*RTA*, 107f.). 다시 말해 텍스트의 개별적인 문체와 구조 속에는 저자의 개별적인 존재가 이미 내포되어 있다.

그는 말하는 행위뿐 아니라, 말하는 주체인 저자와 말함에 의해 생겨난 텍스트도 서로 독립된 자율적인 것이라는 의미에서 두번째 소격화를 말한다(*RTA*, 111). 이는 종래의 해석학에서처럼 말해진 텍스트를 저자의 삶이라는 보다 큰 문맥에서 이해하려는 한계가 있음을 의미한다. 텍스트가 그 텍스트를 창조한 저자와 구별될 수 있다면, 텍스트는 그것이 창조된 문맥으로부터도 자유로울 수 있기 때문이다. 텍스트는 그것이 원래 창조된 문맥에 의해서가 아니라, 그것이 적용되는 문맥에 의해 의미를 지니게 된다고 리쾨르는 본다. 따라서 저자가 어떤 의미를 그 텍스트에 부여했는지보다 독자가 어떻게 이해하려 했는지가 문제된다.

세번째로 저자와 독자 사이에도 소격화가 일어난다. 말로 된 담론에서는 화자(話者)와 청자(聽者)에게 공통된 상황이 그 담론의 지시체이다. 하지만 글에서는 저자와 독자 사이에 공통된 상황이 없을 수도 있고, 문학 작품에서처럼 지시할 수 있는 구체적인 상황이 존재하지 않을 수도 있다. 그런데 리쾨르는 문학에서와 같이 지시가 존재하지 않는 경우에도 그 텍스트가 이해되는 것은 그 텍스트가, 독자인 내가 살고 있으면서 자신의 가장 고유한 가능성을 기투하는 세계에 관한 명제들로 이루어져 있기 때문이라고 생각한다(*RTA*, 115). 그러므로 텍스트를 해석한다는 것은 텍스트 배후에 있는 저자의 삶이 아닌, 텍스트에서 말해진 사태가 보여 주는 바 중에서 독자가 지닌 세계에 대한 이해와 일치된 점을 명확히 하는 것이다. 독자는 텍스트를 읽으면서 저자를 이해하려는 것이 아니라, 궁극적으로 세계-내-존재로서의 자기 자신을 이해하게 된다.

종래의 텍스트 해석학에서는 저자의 객관적 표현인 텍스트를 통해서 저자를 이해한다는 것은 인간 이해가 간접적일 수밖에 없다는 것 때문이었다. 하지만 리쾨르는 타자 이해뿐 아니라, 자기 자신에 대한 이해도 간접적이고 매개적일 수밖에 없다고 보고자 한다. 원래 표현에로의 '생(生)의 외화(外化, extériorisation)'라는 생 철학적인 개념 자체가 자기 존재도 객관화된 표현을 통하지 않고 직접 이해할 수는 없다는 것을 의미한다(*RTA*, 145). 텍스트를 읽으면서 자기 존재를 이해하는 것을 그는 전유(專有, appropriation)라고 부른다(*RTA*, 116). 전유란 텍스트에 의한 소격화와 변증법적으로 결합되어 있다. 전유는 동화, 동질성을 의미하지 않기에 전유가 저자의 의도를 추체험하는 것을 의미하지 않는다. 오히려 소격화에 의한 이해, 소격화 자체의 이해를 의미한다.

가다머와 리쾨르는 귀속성과 소격화를 각기 강조한다는 점에서 구분된다. 가다머가 전통에의 귀속성(Zugehörikeit)을 이야기한 데 비해, 리쾨르는 텍스트의 소격화에서 자기 존재 이해에로의 전유(Zueignung, Aneignung, approriation)를 말한다. 귀속성과 전유는 주관-객관의 도식이 파괴된 상황, 즉 이해하려는 주관과 이해하려는 대상을 엄밀히 구분하는 도식이 무효화된 상태에서는 동일한 운동의 연장을 가리키지만 무엇을 강조하느냐에 따라 미묘한 의미의 차이를 보인다. 귀속성이란 이해하려는 주관이 이미 이해 대상에 포함되어 있음을 가리킨다. 다시 말해 전승된 텍스트를 이해하려는 사람이 이미 전통 속에 살면서 그 역사 의식에 지배되어 있다. 그 점에서는 하이데거의 세계-내-존재 개념도 마찬가지이다. 현존재는 세계 내부적 존재자를 이해하려 하지만 이미 현존재 자신이 세계 내에 살면서 그 세계성을 자기 존재 내에 지니고 있는 존재자이다.

가다머가 하버마스의 이데올로기 비판에 대하여 무기력했던 이유 중 하나는 그가 귀속성이란 개념을 지나치게 강조하고 '소격화'를 소홀히 했기 때문이라고 리쾨르는 본다(*RTA*, 335f.). 물론 가다머에게 있어서도 시대 간격, 문서성, 언어성 개념 속에 그러한 '소격화'의 계기가 존재한다. 특히 지평 융합은 귀속과 소격화를 동시에 포용하는 개념이다. 하지만 어디까지나 전통과의 연속, 귀속성을 보충하는 보조 개념으로서이다. 그래서 리쾨르는 소격화가 해석학적인 경험에서 지니는 역할이 귀속성 개념만큼이나 동일한 비중으로 여겨져야 한다고 생각한다(*RHH*, 90~91참조). 그렇기 때문에 가다머가 '진리와 방법', '귀속성과 소격화'를 이분법적으로 구분한 것을 리쾨르는 변증법적으로 통합하려 한다.

그러기 위해서는 소격화에서의 주객 분리와 전유에서의 주체성 회복이 동시에 강조되어야 한다고 본다. 그에게서는 텍스트에로의 고정 속에서 말하는 주체와 말한 내용의 분리가 일어난다. 가다머에서도 귀속성에 시대 간격(Zeitabstand)을 대비시키나 어디까지나 우위에 있는 것은 전통에의 귀속성이다. 그는 텍스트가 생산된 상황으로부터의 자율성과 소격화를 말하는 이상 가다머와 같은 귀속성을 말할 수는 없다. 비록 귀속성과 전유는 이해 대상과 이해 주체 사이의 구분을 해체시킨다는 점에서는 동일하나, 귀속성은 이해된 내용에 이미 자기 자신이 참여해 있음을, 전유는 이해된 내용에서 자기 자신을 회복함을 의미한다는 점에서 구분된다.

이러한 리쾨르의 이해 개념은 저자의 체험과 단절되어 있다는 의미에서는 딜타이와 구분되지만, 표현을 통해서만 자기 이해가 가능하다는 것을 말한다는 점에서는 딜타이와 의견을 같이한다고 볼 수 있다. 또한 이는 리쾨르가 의지의 현상학에서 객관적인 지표를 통해서만 코기토 이해가 가능하다고 보았던 견해를 텍스트 해석에서도 유지하고 있음을 보여 준다.

6. 텍스트와 시간성

5절에서는 텍스트 해석에 있어 '말하는 행위'(le dire)와 관련시켜 저자와 텍스트, 저자와 독자 사이의 관계를 살폈다. 이제 텍스트에서 '말해진 바'(le dit)와 관련시켜 텍스트 내에서 '줄거리 만들기'(mise en intrigue)와 시간성이라는 텍스트의 의미를 살펴보고자 한다. 리쾨르에게 있어 '말하는 행위'와 '말해진 것' 사이의 관계는 현상학적으로는 '지향 작용'과 '의미' 사이의 관계를 나타낸다. 초기에 그가 '의지 작용'에 대한 현상학적 분석을 위해 '상징 언어'를 분석했던 것과 대비되는 태도이다. 또 초기에는 상징 언어에 대한 의미 해석의 가능성을 제한하지 않는다는 점에 그친 반면, 텍스트 해석학에서는 그 의미를 시간성으로 구체화시키려 했다는 점이 다르다.

텍스트, 특히 역사와 문학 텍스트 내에서의 이야기 줄거리는 텍스트 내에서는 서로 이질적이고 불일치하는 요소들을 종합하는 역할을 하며, 독자의 측면에서는 그러한 이질적인 요소들을 이해 가능한 전체로 통일하려 할 때 핵심적인 실마리가 된다(*RTA*, 15). 리쾨르는 이야기의 서술 구조와 줄거리 분석으로부터 시간 개념을 끌어낸다. 그 것은 텍스트 전체의 의미가 단순한 문장들의 나열로서는 획득될 수 없으며, 문장들의 효과적인 결합에 의해서만 결정된다고 보기 때문이다. 따라서 리쾨르는 텍스트에서의 진술들의 결합 방식을 결정하는 줄거리(intrigue)에 대한 논의가 이야기 텍스트의 의미론을 형성하며, 이 의미론으로부터 시간 개념이 해명된다고 보았다.

그는 이 과정을 보다 상세히 기술하기 위해 '미메시스'라는 개념을 동원한다. 줄거리 만들기는 텍스트 내에서의 결합(configuration) 방식을 나타내는 것이지만(미메시스 II), 그 결합 방식이 실천적 영역에서의 선결합(préfiguration, 미메시스 I), 독자의 작품 수용에 의해 이루어지는 재결합(refiguration, 미메시스 III)을 매개하는 역할을 한다(*RTR* I, 87). 따라서 줄거리 만들기의 과정에 대한 해명을 중심으로 시간 개념 해명이 미메시스 I, II, III이라는 용어로 이루어진다. 미메시스 I은 텍스트 내의 이야기를 이해할 수 있도록 만드는 '선이해' (précompréhension)를 가리키며, 미메시스 III은 독자가 텍스트를 자신이 처한 세계 내에서 '적용' 해 봄으로써 이해하는 것을 가리킨다. 그 선이해와 적용 사이에 이야기 줄거리 결합 방식이 개입한다. 그런데 리쾨르가 미메시스라고 고쳐 말하는 것은 아마 줄거리로 엮어지는 요소들이 상호 존재론적 유사성을 지니고 있다는 점을 나타내는 것 같고, 선이해-줄거리-적용 사이의 상호 관계가 동일성이나 인과성을 나타내지 않는다는 것, 그러면서도 우연적인 결합 관계만은 아니라는 점을 보여 주려는 것 같다.

우선 줄거리의 작성은 행위에 대한 선이해에 기초해 이루어진다. 그 선이해는 행위에 대한 개념적 틀(réseau conceptuel), 실천적인 상징, 행위의 시간 성격으로 구성된다. 첫째, 행위의 개념적 틀에 대한 선이해란, 이야기의 서술이 비록 행위의 모방이긴 하지만 행위 일반의 구조적 성격을 아는 것이 줄거리 만들기에 앞서 요청된다는 것을 의미한다. 그 구조가 행위의 의미론적 틀이다.

행위를 단지 담론으로 옮기는 행위, 단순한 행위 문장의 나열만으로는 줄거리가 만들어지지 않는다. 그럴 때는 이야기가 아닌 에피소드만 나타난다. 즉 역사적인 이야기든 허구적인 이야기든 이야기가 만들어지기 위해서는, 행위의 의미론에 속하지 않는 통사론적 성격, 서술적 담론을 생산해 내는 능력이 전제되어야 한다. 여기서 의미론과 통사론의 관계는 기호학에서의 통합적 관계와 계열적 관계와 유사하다. 전자는 상호 기호화 관계가 역전 가능한 공시적 질서이며, 후자는 이야기된 역사의 통시적 성격을 나타낸다. 공시적이고 비시간적인 모델로부터 이야기의 논리를 끌어내는 것은 구조주의적인 태도이며 이는 의미론과 통사론을 혼동한 것이다(*RTR* I, 90 참조).

두번째, 실천에서의 상징은 행위, 행위 능력, 행위하는 데 필요한 지식의 어떤 측면이 이야기 텍스트에 나타날 수 있는지를 규정한다. 행위가 이야기된다는 것은 이미 행위가 기호, 규칙, 규범 속에서 분절되어 상징적으로 매개되어 있다는 것을 의미한다. 상징이란 여기서 언어를 단순한 표기 수단으로 보는 견해와, 언어가 그 속에 숨겨진 의미를 비전적(秘傳的)인 접근 방식을 통해서 드러낸다는 견해의 중간 형태이다. 다시 말해, 상징은 행위 속에서 구체화되고 행위를 통해서만 해명할 수 있는 의미를 드러낸다. 게다가 상징은 유사-텍스트(quasi-text)로서 모든 체계, 관습, 신념, 제도 등 문화의 구조화된 성격을 집약적으로 드러내 준다. 단지 그 상징이 해석되기 이전에는 그 행위를 수행하는 행위자, 또 해석자에게 그 의미가 귀속되어 있고, 그 의미를 드러내는 것이 텍스트에서의 모방 행위이다.

마지막으로 이야기에서의 시간 구조가 이야기함(narration)에서 나타나는데, 이 이야기함의 시간 성격은 행위의 시간 성격에서 유래한다(*RTR* I, 95). 단순히 사건을 늘어놓아서는 이야기라고 볼 수 없으며, 이해 가능한 전체로 조직화해야 한다. 줄거리를 만든다는 것은 단순한 계속이 아니라 조직적인 결합이기 때문이다. 이를 시간적인 관점에서 말한다면, 에피소드의 단순한 나열은 '지금'이라는 시간의 단순한 계속이 시간이라고 보는 입장이고, 이질적인 것의 조직적인 결합은 과거-현재-미래가 중첩된 시간성을 가리킨다. 달리 말하면, 이야기의 에피소드적 차원은 이야기 서술의 시간성을 직선적 표상에서 끌어낸다. 반면에 조직화된 이야기는 사건과 사실을 취합하면서 사건의 연속을 유의미한 시간 전체성으로 변화시킨다. 사건의 연속에 어떤 궁극적인 의미(le sens du point final)를 부여하며, 이 궁극적 의미는 직선적으로 처음부터 끝까지 이야기함(raconter)에서는 잘 드러나지 않을 수도 있다. 오히려 기원에서 그 결과를 읽고 결과에서 그 기원을 읽듯이, 다시 말해 직선적인 시간 표상으로 바꿔 말했을 때 과거에서 미래를 읽고, 또 미래에서 과거를 읽듯이, 이야기를 그 전체 시간성에서 동시에, 중첩적으로 읽는 것이 더 타당할 수 있다.

7. 현대 해석학에서 리쾨르 사상의 의의

원래 해석학은 성서 해석학, 문헌 해석학에서 출발하였다. 슐라이어마허에 이르러 비로소 해석 방법 일반에 관한 이론이 논의되었다. 딜타이는 해석학을 정신 과학을 해명하기 위한 인식 이론으로 파악하였다. 방법론과 인식론으로 이해되던 해석학적 사유를 존재론적 관점에서 고찰한 사람이 하이데거이다. 현상학과 해석학 사이의 관계에 대한 논의의 효시(嚆矢)로는 딜타이의 사위인 게오르그 미쉬(Georg Misch)에 의해 1931년에 나온 『생 철학과 현상학 *Lebensphilosophie und Phänomenologie*』이 있다. 그는 딜타이의 생 철학의 관점에서 후설과 하이데거의 현상학을 논의한다. 그러면서 하이데거의 존재론과 해석학을 생(生)의 논리학으로 이해하려 한다. 하지만 그의 논의는 딜타이와 하이데거를 생 철학이라는 공통된 관점에서 조명하는 데 치우쳐 있다.

하이데거의 현상학적 존재론적 해석학은 가다머, 리쾨르 등에게 영향을 주었다. 가다머는 1960년에『진리와 방법 *Wahrheit und Methode*』에서 '철학적인 해석학'을 개진하였다. 가다머는 자신이 하이데거의 현상학적인 해석학을 받아들였음을 말하고, 양자의 해석학은 종래의 해석학 방법론이 아닌 철학적 해석학이라고 주장하였다. 구체적인 해석의 방법을 일반화시킨 이론을 제공하는 것이 목적이 아니고 이해 현상, 해석 현상에 존재론적인 기초를 제공하려 하는 것이 철학적 해석학이라고 말한다. 가다머는 예술적인 경험에 대한 현상학적인 기술(記述)로부터, 정신 과학을 정초하기 위하여 해석학으로 나아간다. 그 점에서 하이데거 후기 철학을 가다머가 계승했다고 말해진다.

하지만 양자는 공통점 못지 않게 차이점을 지니고 있다. 하이데거에게는 시적인 언어와 예술 작품에 대한 탐구 외에도 실존적인 경험에 대한 현상학에서 해석학으로 나가는 길을 제시한다. 또한 가다머는 해석학적인 경험이 언어의 존재론으로 귀결된다. 가다머에게 언어는 모든 해석학적인 경험이 귀착되는 종착점이지만, 하이데거에게 말(Rede)은 언어의 근원적인 현상이면서, 모든 해석학적인 경험이 유래하는 출발점이다. 또한 후설이 기억과 파지(Retention)를 구분하는 것처럼, 하이데거의 역사성 개념은 기재(既在, Gewesenheit)와 과거(Vergangenheit)의 구분에 기초되어 있다. 가다머의 지평 융합(Horizontverschmelzung)에서는 과거의 지평과 현재의 지평이 끊임없이 결합된다. 그러므로 지평 융합에 의한 역사 이해는 과거가 전승(Überlieferung)이나 선판단(Vorurteil)의 형식으로 현재에 영향을 준다.

그런데 리쾨르에서의 해석학과 현상학의 결합 방식은 가다머와는 약간 다르다. 리쾨르는 딜타이적인 정신 과학적 방법론으로서의 해석학이 꼭 하이데거나 가다머의 철학적 해석학과 배치되는지에 대하여 의문을 제기한다. 리쾨르는 하이데거의 해석학적인 사유가 가다머식의 진리/방법이라는 이분법적 사고에 기초한 것은 아니라고 보며, 또한 하이데거의 해석학과 딜타이의 인식론을 중재하고자 한다. 이는 가다머의 진리/방법의 이분법을 거부하고자 하는 시도이다. 존재론적인 진리로부터 방법론적인 결론이 이끌어져 나올 수 있고, 인식론적인 사고와 존재론적인 사고가 해석학을 통해 연관되어 있다고 리쾨르는 보고자 한다.

더 읽어야 할 책

후설 현상학과 딜타이 해석학 사이의 관계에 대한 일반적인 연구로는 윤명로 선생의 「현상학적 방법과 해석학적 방법의 비교 연구」(『성곡 논총』 4집)가 가장 적합하다. 초기의 리쾨르 사상을 이해하기 위해서는 돈 이드(Don Ihde)의 『해석학적 현상학 *Hermeneutic Phenomenology*』(Northwestern Uni.Press, 1971)이 가장 무난하다. 국내에 소개된 번역서 중 리쾨르의 사상을 언급한 개설서로는 조셉 블라이허(Josef Bleicher), 『현대 해석학 *Contem-porary Hermeneutics*』(London, 1980)——국내에는 『현대 해석학』(권순홍 옮김, 한마당, 1983)이라는 이름으로 번역——이 있다. 좀더 전문적인 것으로는 오토 볼노브(Otto Bollnow), 『해석학 연구 *Studien zur Hermeneutik*, Bd. I』(Karl Alber Ver., 1982)에 나타난 리쾨르 사상 이해나 켈크(Kelkel, A.L.), 『리쾨르의 해석학—또 다른 현상학? *L'herméneutique de Paul Ricoeur-une autre phénoméno-logie?*』(『현상학 연구 *Phänomenologische Forschungen*』, 17집(Karl Alber Ver., 1985))이 있다.

국내에는 리쾨르의 저서 중 『악의 상징』(양명수 옮김, 문학과 지성사, 1994)만이 번역되어 나왔다. 그리고 리쾨르에 관한 저술로는 김영한 선생의 『하이데거에서 리쾨르까지』(박영사, 1993)가 유일하다. 이 책은 현대 신학자들의 해석학 이론과 함께 하이데거, 가다머, 리쾨르를 관통하는 현대 해석학의 흐름을 일목요연하게 정리하였다.

논문으로는 다음과 같은 것들이 있다.

김영한 : 「리쾨르의 해석학적 철학」(『해석학 연구』 1집—『한국 해석학회 논집』, 1995), 「리쾨르의 구조주의 이해」(『해석학 연구』 2집, 1996)

정기철 : 「역사 이야기 이론을 위한 해석학적 고찰」(『한국 현상학회 논집』 6권, 1993, 225~244쪽), 「리쾨르의 은유 이론」(『언어 철학 연구』 2권, 1995, 357~400쪽), 「시간과 이야기—하이데거와 리쾨르의 해석학적 현상학」(『해석학 연구』 2집, 1996), 「리쾨르의 문학 이야기」(『신학 이해』 12집, 호남 신학대 학보, 317~400쪽)

김종걸 : 「리쾨르의 인간학적 해석학」(『해석학 연구』 2집, 1996)

최태연 : 「현상학과 해석학의 상호성」(『해석학 연구』 2집, 1996)

신응철 : 「상징과 신화의 철학적 의미」(『해석학 연구』 2집, 1996)

2부 비판 이론

• 개관 : 비판 이론 / 박정호
5장 게오르크 루카치 / 박정호
6장 테오도르 아도르노 / 민형원
7장 위르겐 하버마스 / 김재현

2부 개관

비판 이론

박 정 호

1

'비판'(Kritik)이란 일반적으로 인간의 지식이나 행동에 관해서 그 진리성이나 유효성 등을 평가하는 것을 말하는데, 이런 의미의 비판은 모든 학문적 사고에 필수적인 요소라고 할 수 있다. 그러나 '비판'이라는 개념은 칸트(Kant) 이래 철학에서 독특한 의미를 갖게 되었다. 칸트의 비판 철학은 라이프니츠-볼프(Leibniz-Wolff)의 합리적 형이상학 체계에 대항해서 이성 능력의 비판을 주요 과제로 삼았다. 이때 비판이란 이성이 스스로 이성 능력을 음미하고 검토하는 것, 그리하여 인식의 조건과 전제, 범위와 한계를 확정짓는 것을 뜻한다. 칸트는 이러한 음미를 통해 인식을 가능한 경험의 범위에 국한하고 이 한계 내에서는 인식의 성립을 인정하지만 이것을 초월하는 인식은 성립할 수 없다고 하였다. 칸트의 비판에서 유클리드 기하학과 뉴턴 물리학은 학문적 인식의 모델이 되었다. 딜타이(Dilthey), 리케르트(Rickert), 짐멜(Simmel), 베버(M. Weber) 등 신칸트 학파는 수학(기하학)이나 자연

과학(물리학) 대신에 역사를 비판적 자기 반성의 중심 주제로 삼았고 비판을 역사 이성 비판으로 확장하였다.

마르크스(Marx)도 자신의 이론을 비판이라고 불렀다. 『자본론』의 부제는 '정치 경제학 비판'이다. 마르크스에서 비판이란 이론의 배후에 체계적으로 은폐되어 있는 이해 관계를 발견하고, 허위 의식으로서의 이데올로기를 비판하는 것이다. 현실을 고정되고 영원한 것으로 보고, 그럼으로써 기존의 현실을 긍정하고 정당화하는 이론들에 맞서, 비판은 현실을 역사적으로 생성된 것, 일시적인 것, 부정의 계기를 포함한 것으로 드러내는 일이다. 따라서 비판은 단순히 이론에 대한 비판에 그치는 것이 아니라 그러한 이론을 낳는 현실에 대한 비판이기도 하며 현실 변혁과 관련되는 것이다. 마르크스는 자신의 철학이 '비판의 무기'로서 대중을 장악하자마자 물질적인 힘으로 전환된다고 주장했다.

'비판 이론'(kritische Theorie) 또는 '비판 사회 이론'(kritische Theorie der Gesellschaft)은 마르크스의 이론을 '비판'으로 해석하고 옹호하고자 했다. 이 점에서 마르크스주의를 '과학'으로서 옹호한 델라 볼페(Della Volpe), 알튀세와 대비된다. 비판 이론은 마르크스의 이데올로기 비판과 휴머니즘, 실천적 문제 의식을 수용하지만, 마르크스가 부분적으로 자연 과학을 모델로 삼는 실증주의적 과학관을 갖고 있다고 보고 이에 대해서는 비판을 가한다. 또 역사적 유물론에 대한 실증주의적 및 결정론적 해석은 인간 주체성이 갖는 중요성을 무시한다는 점에서 거부한다. 다른 한편 비판 이론은 칸트의 전통도 일정하게 수용한다. 즉, 이성 비판이라는 인식의 자기 반성적 태도와 신칸트 학파의 역사적·문화적·비실증주의적 태도를 수용한다. 그러나 칸트 철학은 기존의 과학을 옹호하고 기존 질서를 옹호한다는 점에서 비판받는다. 결국 비판 이론에서 비판은 두 가지 의미를 지니는데, 하나는 가능한 인식의 조건에 대한 성찰, 즉 인식하고 말하고 행동할 수 있는 인간 능력의 조건에 대한 성찰이고, 다른 하나는 인간에 의해 산출된 억압 체계에 대한 성찰이다. 이러한 비판의 근본 원리는 이성의 부정성이다. 헤겔의 변증법이 부정의 부정을 통한 긍정의 변증법인 데 반해 비판 이론은 현존하는 것에 대한 부정으로서 부정의 변증법이라 할 수 있다.

2

'비판 이론'의 개념과 성격을 최초로 규정한 것은 '1937년 선언'이라 불리는 호르크하이머(M. Horkheimer)의 논문 「전통 이론과 비판 이론 Traditionelle und kritische Theorie」이다. '비판 이론'이라는 이름도 이 논문에서 비롯된 것이다. 호르크하이머에 따르면 전통 이론은 데카르트의 『방법 서설』에 기초한 이론이고, 비판 이론은 마르크스의 '정치 경제학 비판'에 기초한 이론이다. 전통 이론은 자연 과학을 모델로 한 이론, 즉 실증주의에 대한 호르크하이머의 해석이라고 할 수 있다. 호르크하이머에 따르면 전통 이론은 주어진 현실 자체를 문제 삼지 않은 채 주어진 현실의 경험을 체계화한다. 전통 이론은 이론이 해결하고자 하는 문제의 사회적 기원, 이론을 적용하는 목적, 이론이 이용되는 현실 상황 등을 이론 그 자체에 대해 외적인 것으로 배제하며, 사실과 가치를 분리하고 이론에 독립적인 사실과의 일치를 목표로 삼는다. 따라서 전통 이론은 기존 현실을 긍정하고 재생산하는 데 기여한다.

반면에 비판 이론은 사실 숭배와 이와 관련된 사회적 타협주의를 반대한다. 비판 이론에서는 사실은 이론과 독립적으로 주어진 것이 아니라 사회적 실천의 산물이며, 사실을 지각하는 기관 역시 역사적 산물이다. 비판이란 '사회 자체를 대상으로 삼는 인간의 활동'이다. 이론 구성뿐만 아니라 문제의 사회적 기원과 이론의 적용 목적 등도 인간 활동의 산물이다. 따라서 비판 이론은 이론과 실천, 사실 판단과 가치 판단을 독립적인 것으로 보지 않고 인간 활동과 관련하여 서로 상대적인 것으로 본다. 또한 비판 이론의 목표는 지식 자체의 증가보다는 자율적이고 자유로운 사회, 이성적인 사회를 조직화하고 모든 개인을 노예 상태로부터 해방시키는 것이다.

3

비판 이론이라는 개념이 형성된 시기는 1920년대와 1930년대이다. 비판 이론의 성립과 전개에 크게 영향을 준 역사적 상황으로는 다음과 같은 것들을 들 수 있다. 첫째, 마르크스의 예측과는 달리 후진 러시아에서 먼저 사회주의 혁명이 성공한 데 반해 유럽에서는 1차 세계 대전 직후 좌익 노동 계급 운동이 실패로 끝났다. 둘째, 1차 세계 대전시에 전비 승인 거부와 노동 계급에 의한 권력 장악을 주장했던 사회 민주당 좌파가 종전 직후 독일 공산당을 결성함에 따라 독일의 좌익 정당은 사회 민주당과 공산당으로 분열되었다. 셋째, 소련 체제는 스탈린주의가 지배하면서 인간적 사회보다는 베버가 예측했듯이 관료화된 사회로 나아갔다. 유럽의 공산당 역시 점차 스탈린주의의 지배를 받게 되었다. 넷째, 파시즘과 나치즘은 선진 자본주의 사회가 위기 상황에 대처할 수 있는 능력과 노동 계급의 저항을 체제 내에 흡수할 수 있는 능력이 있다는 것을 보여 주었다. 유럽의 노동 계급은 파시즘에 효과적으로 저항하지 못했고 심지어 동조하기도 했다. 다섯째, 민주 사회라고 하는 미국은 대중 문화에 의거해서 대중을 체제에 순응하도록 만들었다.

이러한 사태는 결국 사회주의 혁명에 대한 기대가 배반당했다는 것을 뜻했다. 당시 정통 마르크스주의자들은 이러한 사태를 적절히 설명하지 못하고 있었다. 비판 이론은 마르크스의 이론을 보완하고 정정함으로써 이론과 실천의 괴리를 극복하고자 하였다. 새로운 현실을 다각도로 설명하는 가운데 비판의 대상은 다음과 같이 다양해졌다. 첫째 파시즘 비판, 둘째 근대 이래의 도구적·기술적 이성에 대한 비판, 셋째 실증주의 비판, 넷째 과학·기술 이데올로기에 대한 비판, 다섯째 문화 산업에 대한 비판, 여섯째 후기 자본주의의 위기에 대한 비판.

4

비판 이론가들은 새로운 현실을 분석하기 위해 마르크스 이외에도 과거와 동시대의 다른 많은 사상가들을 끌어들였다. 칸트의 철학, 헤겔(Hegel)의 변증법, 베버의 사회학, 코르슈(K. Korsch)와 루카치의 철학, 하이데거의 현상학, 프로이트(Freud)의 정신 분석학 등이 이들에게 영향을 주었다. 하버마스는 그 밖에도 영미의 언어 철학과 과학 철학의 영향을 받았다.

비판 이론의 직접적 선조는 그람시(Gramsci), 루카치, 코르슈 같은 비판적 마르크스주의자들이라고 할 수 있다. 이들은 후진 러시아 혁명의 성공과 선진 자본주의 사회에서의 혁명의 잇따른 실패를 접하고서, 제2인터내셔널의 실증주의적 마르크스주의를 거부하고 헤겔의 변증법을 재평가하며 혁명에서 주관적이고 의식적인 측면을 중시하게 된다. 코르슈는 마르크스주의 변증법에서 '철학의 지양'에 대한 해석과 주체성의 강조에 의해, 루카치는 사물화와 총체성 개념에 의해 영향을 미쳤다. 특히 두 사람의 논문은 프랑크푸르트 학파의 첫 예비 모임이었던 1922년의 제1차 마르크스주의 연구 주간의 토론 주제였다. 비판 이론은 이들의 문제 의식과 접근 방법을 수용하지만 프롤레타리아트와 당의 개념에 대해서는 비판적이었다. 비판 이론가들은 사회 민주당의 개량주의에도 반대했지만 레닌주의와 스탈린주의에 대해서도 비판적이었다. 특히 1920년대 말과 1930년대에 파시즘과 나치즘을 프롤레타리아 계급이 방조하는 상황을 겪으면서 프롤레타리아트의 역사적 사명과 지위에 대한 믿음은 상실되어 갔다.

비판 이론가들은 '철학 이론과 개별 과학적 실천의 끊임없는 변증법적 상호 침투와 발전'을 통해, 즉 사회 현실에 대한 개별 과학적 연구 성과를 수용함으로써 마르크스 이론을 보완하고 정정하고자 했다. 이를테면 프로이트는 프롬과 마르쿠제에 의해 유물론적 심리학으로, 역사 과학의 보조 과학으로 수용되었다. 베버의 합리화 이론도 루카치와 호르크하이머, 아도르노, 하버마스에 의해 수용되었다.

5

비판 이론의 특이한 점은 그 대표자들이 주로 1923년에 프랑크푸르트 대학에 부설된 '사회 연구소'(Institut für Sozialforschung)를 중심으로 활동했다는 점이다. 그래서 비판 이론가들을 보통 '프랑크푸르트 학파'라고 일컫는다. 1차 세계 대전 이후 독일을 비롯한 유럽의 노동 운동은 분열과 실패를 거듭했는데, 이런 상황에서 일단의 사회주의 지식인들은 마르크스주의 이론의 발전과 자율적인 사회 연구를 위해 독립적 기구를 설립하고자 했고, '사회 연구소'의 설립은 이러한 노력의 하나였다.

프랑크푸르트 학파의 발전 과정은 대체로 세 시기로 구분할 수 있다. 1920년대의 그륀베르크(Grünberg) 시기, 1930년대의 호르크하이머 시기, 2차 세계 대전 후 제2세대 형성기이다. 그륀베르크 시기에는 주로 역사적·경험적 연구에 주력하였으며, 보통 '그륀베르크 잡지'라고 불리는 『사회주의와 노동 운동의 역사 잡지』를 발간했다. 이 시기의 주요 인물은 호르크하이머, 폴로크(F. Pollock), 그로스만(H. Grossmann), 비트포겔(K. Wittfogel) 등이었다. 1930년 그륀베르크의 뒤를 이어 호르크하이머가 연구소장으로 부임한 후에는 주로 철학적·심리학적 연구로 방향을 전환했으며, 공식 기관지 『사회 연구지 *Zeitschrift für Sozialforschung*』를 발간했다. '비판 이론' 이라는 개념은 이 시기에 형성되었다. 나치가 등장하자 연구소 성원들은 유럽 각 지역을 거쳐 뉴욕으로 망명했고, 이 과정에서 제네바, 파리, 런던 등지에 연구소의 분소를 설치하여 국제적 단체로 탈바꿈했다. 이 시기에 새로 회원으로 가입한 사람은 아도르노, 프롬(E. Fromm), 뢰벤탈(L. Löwenthal), 마르쿠제(H. Marcuse), 벤야민(W. Benjamin), 노이만(F. Neumann) 등이었다.

프랑크푸르트 학파는 1950년 미국으로부터 복귀한 이래 제2세대 형성기를 맞게 된다. 제2세대의 대표자는 하버마스이고 그 밖에 슈미트, 벨머, 오페, 네크트 등이 이 학파에 속한다. 『사회 연구지』 대신 『프랑크푸르트 사회학 총서 *Frankfurter Beiträge zur Soziologie*』가 발간되었다. 특히 1960년대는 이 학파의 전성기였다. 비판 이론 관련 논문들을 독일에서 재출판하거나 비판 이론의 주요 저작들을 공표했는가 하면, 뉴레프트 운동의 이론적 지주로서 영향력이 극대화되었다. 1970년대 이후 이 학파는 하버마스의 비판 이론을 통해 명맥을 유지하고 있다. 하버마스는 역사적 유물론을 재구성하고 의사 소통 행위 이론이라는 새로운 패러다임을 도입함으로써 비판 이론의 새 지평을 열어 가고 있다.

비판 이론은 현대 서구의 기술 문명과 후기 산업 사회를 비판하는 내용으로 유럽과 미국의 진보 세력에 커다란 영향을 끼쳐 왔으며 철학, 사회학, 미학, 심리학 등 여러 분야에서 현대의 주요 사조로서 자리잡아 왔다. 이 책에서는 비판 이론의 직접적 선구자라고 할 수 있는 루카치, 비판 이론 1세대를 대표하는 아도르노, 2세대를 대표하는 하버마스, 세 사람의 사상을 주요 저작을 중심으로 소개했다. 각 글을 통해서 비판 이론의 흐름을 일정하게 읽을 수 있을 것이다.

6

비판 이론을 소개한 문헌으로는 제이(M. Jay)의 『변증법적 상상력』(황재우 외 옮김, 돌베개, 1979)이 뛰어나다. 이 책은 1923년부터 1950년까지 프랑크푸르트 학파의 역사를 다룬 책이다. 1980년대 초까지를 다룬 책으로는 헬드(D. Held)의 『비판 이론 서설』(백승균 옮김, 계명대 출판부, 1988)과 보토모아(T. Bottomore)의 『프랑크푸르트 학파의 사회 비판 이론』(진덕규 옮김, 학문과 사상사, 1984)이 있다. 서구 마르크스주의를 총괄적으로 다룬 책으로는 한국철학사상연구회가 엮은 『현대 사회와 마르크스주의 철학』(동녘, 1992)과 제이(M. Jay)의 *Marxism and Totality. The Adventures of a Concept from Lukács to Habermas*(Berkeley, 1984)를 들 수 있다. 비판 이론을 포함한 서구 마르크스주의의 역사를 비판적으로 다룬 책으로는 앤더슨(P. Anderson)이 쓴 『서구 마르크스주의 연구』(장준오 옮김, 이론과 실천, 1987)와 『역사 유물론의 궤적』(김필호·배익준 옮김, 새길, 1994)이 있다.

국내 학자들의 연구서로는 문현병의 『프랑크푸르트 학파의 사회 비판 이론』(동녘, 1993), 신일철이 엮은 『프랑크푸르트 학파』(청람, 1979), 차인석의 『현대의 철학』 제1권(서울대 출판부, 1980), 설헌영의 「맑스 역사 변증법의 재구성에 관한 연구──비판 이론과 과학적 변증법을 중심으로」(서울대 철학 박사 학위 논문, 1993) 등이 있다.

5장
게오르크 루카치

박 정 호

1. 생애

　20세기의 가장 탁월한 마르크스주의 철학자, 미학자, 문학 이론가의 한 사람인 게오르크 루카치(Georg Lukács, 1885~1971)는 헝가리의 부다페스트에서 부유한 은행가의 아들로 태어났다. 유대계인 아버지는 아들이 금융업에 종사하길 바랐지만, 루카치는 이미 청소년 시절부터 자본주의적 삶을 깊이 혐오하고 있었으므로 이런 아버지의 바람에 심하게 반발했다. 부다페스트 대학에서 아버지의 뜻에 따라 법학을 공부하긴 했지만, 그의 진정한 관심은 사회학과 철학, 특히 미학에 있었다. 1904년에 루카치는 현대극을 노동자 계급에게 소개하려는 목적으로 다른 사람들과 함께 '탈리아'라는 극단을 창설하기도 했다.
　1906년부터 루카치는 상당 기간을 외국 유학으로 보내게 된다. 당시 독일 사회학계의 중심 인물은 짐멜(G. Simmel)과 베버(M. Weber)였는데, 루카치는 1909년과 1910년에 베를린에서 짐멜의 '개인적인 제자'가 되어 강의를 들었으며, 1913년에서 1917년까지는 하이델베르크에서 '베버 서클'에 속해 있었다. 특히 베버와의 교분은 각별한 것이었다. 철학적으로는 주로 리케르트(H. Rickert), 빈델반트(W. Windelband), 라스크(E. Lask) 등의 신칸트주의에 영향을 받다가 1차 세계 대전을 계기로 점차 헤겔과 마르크스로 기울었다. 이 밖에도 당시 루카치에게 영향을 준 인물로는 딜타이(W. Dilthey), 키에르케고르(S. Kierkegaard), 도스토예프스키 등이 있다.

1차 세계 대전이 끝난 뒤 1918년 11월에 헝가리에는 러시아에서 귀국한 벨라 쿤(Béla Kun)을 중심으로 공산당이 결성되었는데 루카치는 12월에 입당했다. 이러한 행동이 주위 사람들을 놀라게 해서 마치 '일주일 만에 사울이 바울로 되었다'고 생각하게 할 정도였다. 그러나 그의 전향은 1902년부터 이따금 연구해 온 마르크스주의가 결국 진리라는 내적 확신, 청소년 시절부터 자본주의적 삶에 대해 품어 온 증오심, 윤리적 동기 등이 작용한 것으로 이미 오래 전부터 내적으로 준비되어 온 것이었다.

1919년 3월에는 헝가리 소비에트 공화국이 선포되었는데, 루카치는 이 정부에서 교육 및 문화부 인민 위원이 되어 교육과 문화의 재편성을 위한 광범위한 프로그램을 짰다. 헝가리 소비에트 공화국이 133일 만에 무너지자 루카치는 빈(Wien)으로 망명해서 1929년까지 머물렀다. 1928년에 루카치는 다음해에 열릴 헝가리 공산당 대회에 제출하기 위해 정치 논문들을 작성했다. 루카치의 가명을 따서 「블룸테제 Blum-Thesen」라고 불린 이 논문들에서 루카치는 헝가리에서는 소비에트 공화국으로 곧장 전환하는 것이 불가능하기 때문에 당은 프롤레타리아 독재가 아니라 노동자와 농민의 민주주의적 독재를 당면 목표로 삼아야 한다고 주장했다. 그러나 이런 주장은 공산주의자들에게 기회주의라는 비난을 받았고, 루카치는 자기 관점이 정당함을 믿었지만 당에서 쫓겨나서는 파시즘과 효과적으로 싸울 수 없다고 판단하고 자아 비판을 단행했다. 그리고 루카치는 자기 입장이 옳음에도 불구하고 다른 사람들의 인정을 받을 수 없다면 이것은 자신의 실천과 정치 능력이 뭔가 부족하다는 뜻이라고 생각하고, 정치 일선에서 물러나 이론 작업에 전념하기로 작정했다.

1930년에 빈에서 추방되어 모스크바에 머물다가 1931년에 다시 베를린으로 갔다. 1933년 나치가 권력을 장악한 뒤, 루카치는 1934년 소련에 가서 1944년까지 머물렀다. 루카치는 1933년과 1934년에 『역사와 계급 의식』에 대해 자아 비판을 하고 이후 미학과 문학사 연구에 몰두한다. 그가 자아 비판을 한 동기는 복합적이었다. 우선 루카치는 사회주의는 어떤 일이 있어도 존속해야 한다고 보고, 스탈린주의에 대한 공공연한 비판이 파시즘에 정신적 지지를 줄 수 있으므로 잘못된 것이라고 판단했다. 또한 루카치는 자기가 이제 더 이상 찬동하지 않는 『역사와 계급 의식』의 견해들을 비판하는 것은 문학 비평을 쓰고 출판하기 위해서 치러야 할 최소한의 대가라고 생각했다. 그는 한편으로 스탈린의 말을 인용하면서도 다른 한편으로는 결코 스탈린의 교조주의적 견해를 강요하지 않는 글을 씀으로써, 자기 사상을 옹호하기 위한 일종의 '게릴라전'을 효과적으로 수행할 수 있었다.

2차 세계 대전이 끝나자 루카치는 1945년에 헝가리로 돌아오게 된다. 그는 부다페스트 대학의 미학과 문화 철학 교수가 되었고 헝가리 의회의 의원으로 선출되었지만 공산당 내부의 요직은 차지하지 못했다. 이 무렵 헝가리 공산당은 소련군의 지원을 받으며 라코시(M. Rákosi)의 지도 아래 일당 독재 체제를 수립하는데, 1956년 흐루시초프의 스탈린 격하 운동에 힘입어, 독재 체제에 맞서 헝가리 봉기가 발발한다. 루카치는 나지(Nagy) 정부의 문화부 장관에 입각했지만, 나지가 바르샤바 동맹에서 탈퇴한 데 반대하여 물러났다. 소련군의 탄압으로 봉기는 실패하고 루카치는 루마니아로 추방되었지만, 1957년 4월에 부다페스트로 돌아올 수 있게 된다. 그때부터 루카치는 일절 정치에 관여하지 않고 오로지 미학과 철학 연구에만 몰두하면서 마지막까지 저술 활동을 하다가 1971년 6월에 세상을 떠났다.

그는 죽기 직전까지 "최악의 사회주의조차 최선의 자본주의보다 항상 더 낫다"(루카치 1994, 20)는 믿음을 잃지 않았다. 그러나 동시에 그는 스탈린주의와 현존 사회주의에 대해 비판적 태도를 잃지 않았다. 그가 마지막으로 남긴 말은 다음과 같은 것이다. "거대한 두 체제 : 위기, 유일한 출구로서의 **진정한** 마르크스주의의 중요성, 그 때문에 : 사회주의 국가들에서 현존하는 것의 비판으로서, 더욱더 필연적으로 되어가는 개혁을 촉진하는 것으로서 마르크스적 이데올로기"(같은 책, 296).

이 글에서는 주로 『역사와 계급 의식』을 중심으로 루카치의 사상을 살펴보기로 한다. 이는 나중에 루카치가 『역사와 계급 의식』에서 피력한 견해를 일부 수정했음에도 불구하고, 이 책이 그의 전체 사상을 특징지을 뿐만 아니라 이후 비판 이론과 서구 마르크스주의의 발전에 가장 큰 영향을 미쳤기 때문이다.

2. 정통 마르크스주의란 무엇인가

『역사와 계급 의식』(1923)은 1919년부터 1922년까지 루카치가 헝가리 공산당에서 활동하면서 혁명 운동의 이론적 문제들에 관해서 틈틈이 쓴 논문들을 모아 놓은 책이다. 이 책은 이론적으로는 제2인터내셔널의 수정주의를 거부하고 마르크스주의를 1917년 러시아 혁명 이후의 혁명적 상황과 일치시켜 정통 마르크스주의를 옹호하려는 노력의 소산이었다.

『역사와 계급 의식』에 결정적으로 영향을 준 사회·정치적 사건으로는 1차 세계 대전, 후진 러시아 혁명의 성공, 선진 유럽 혁명의 지연 등을 들 수 있다. 루카치는 1차 세계 대전으로 세계 상황에 대해 절망감을 느꼈으며 "누가 우리를 서구 문명으로부터 구해 줄 것인가"(루카치 1971, 5)라는 절박한 문제에 직면하게 되었다. 그리고 러시아 혁명으로 루카치는 이 문제에 대한 해답을 얻었으며 "마침내! 결국! 인류가 전쟁과 자본주의로부터 탈출할 수 있는 길이 열렸음을 깨닫게 되었다"고 한다.[1]

한편 유럽에서는 1차 세계 대전 직후 일시적으로 혁명의 물결이 휘몰아쳤지만 대부분 실패로 끝나고 말았다. 헝가리와 핀란드 혁명의 일시적 성공과 실패(1919~1920), 독일의 스파르타쿠스단의 봉기 실패(1919), 독일의 캅 폭동(Kapp-Putsch, 1920), 이탈리아의 공장 점령(1920), 폴란드-러시아 전쟁(1920), 독일의 3월 사태(1921) 등등이 『역사와 계급 의식』이 집필된 1919~1922년에 일어난 대표적인 사건들이다. 대체로 유럽의 혁명 운동은 이 무렵을 고비로 퇴조해 갔고, 이와 동시에 제3인터내셔널의 러시아화·볼셰비즘화가 완성되어 갔다. 그렇지만 당시의 혁명가들은 유럽과 러시아에서 혁명적 에너지가 해소되어 간다는 사실을 뒤늦게서야 받아들였다. 혁명가들 사이에서는, (일부) 혁명 운동의 실패는 다만 일시적 후퇴일 뿐이고 머지 않아 거대한 혁명의 파고가 전 세계, 아니면 적어도 전 유럽을 사회주의로 나아가게 할 것이라는 믿음이 널리 퍼져 있었다.

이러한 정치적·심리적 사태를 『역사와 계급 의식』도 반영하고 있다. 루카치는 당시 세계 혁명의 객관적·경제적 조건이 성숙되어 있다는 것을 믿어 의심치 않았다. 그가 『역사와 계급 의식』에서 해결하고자 했던 문제는, 후진 러시아에서는 이미 혁명이 성공했는데 선진 유럽에서는 객관적 조건이 성숙되어 있는데도 혁명이 지연되고 (일시

---

[1] 루카치, 『역사와 계급 의식』, 박정호·조만영 옮김, 거름, 1986, 11쪽. 앞으로 이 번역본의 인용은 본문에 직접 쪽수만 밝히기로 한다.

적으로) 후퇴하는 이유는 무엇인가 하는 것이었다. 이런 문제 설정 때문에 혁명 운동의 위기의 근원을 이른바 '프롤레타리아트의 이데올로기적 위기'(416)에서, 즉 프롤레타리아트의 이데올로기가 경제적 위기보다 뒤처져 있다는 데에서 찾게 되었던 것이다.

루카치는 베른슈타인(Bernstein)류의 수정주의나 카우츠키(Kautsky)류의 이른바 '정통' 마르크스주의가 모두 (실천적) 기회주의와 (이론적) 실증주의에 빠져 있으며 이것들이 모두 프롤레타리아트의 이데올로기적 위기를 반영하고 있다고 보았다. 베른슈타인은 19세기 말 유럽의 새로운 현상들, 곧 제국주의의 팽창, 대공황에서 탈피, 카르텔·트러스트·콘체른 등에 의한 생산 통제, 노동자 생활 수준의 상대적 향상 등에 접하여, 마르크스주의를 '사실'에 맞게 수정할 것을 주장했다. 그가 보기에 특히 변증법은 현실을 억지로 꿰어 맞추는 도식에 불과한 것으로, '마르크스 학설에서 반역자이자 사물의 모든 합리적 관찰을 방해하는 함정'이다. 또 유물론적 역사관은 변증법을 기초로 하고 있는 것으로서, 역사를 미리 예정된 물질의 운동 법칙에 따라 진행하는 과정으로 이해한다. 이렇게 되면 역사에서 인간 주체성이 개입할 여지가 없어진다는 것이다. 베른슈타인에게는 사회주의란 역사 발전의 합법칙적 결과나 객관적 목표가 아니라 윤리적 이상(理想)이나 당위가 된다. 신칸트주의의 영향으로 존재와 당위, 현실과 이상을 분리한 것이다.

카우츠키는 베른슈타인에 맞서 '정통' 마르크스주의를 옹호한다고 자처했지만, 마르크스주의를 진화론과 똑같은 것으로 봄으로써 혁명을 포기하게 된다. 카우츠키에게 변증법은 진화론을 정당화하는 논리에 불과했다. 카우츠키는 '동물이나 식물과 마찬가지로 인간적 발전에도 관철되는 공통 법칙'(카우츠키 1927, 630)을 추구함으로써 역사를 혁명적 변혁 과정으로 파악할 수 없었다. 또 그는 유물론적 역사 이론을 프롤레타리아트의 계급 투쟁과 분리된 순수한 과학 이론으로 파악한 결과, 사회주의는 객관적 법칙의 필연적 결과로 되고 인간의 주체성은 무시되어 버렸다.

이런 조류들은 1차 세계 대전 후 사회 민주주의에 이어졌을 뿐만 아니라 실증주의와 기계적 유물론의 형태로 공산주의 운동 내에서 끊임없이 재생되기도 했다. 루카치가 보기에 베른슈타인과 카우츠키는 모두 주체와 객체, 주관적 의도와 객관적 합법칙성, 당위와 존재 등을 통일적으로 파악하지 못했고 이것은 혁명적 실천의 부정으로 귀결되었다. 이러한 상황에서 루카치는 주관과 객관, 당위와 존재, 이론과 실천 등을 매개하는 변증법적 방법을 부각시킴으로써 마르크스주의의 혁명성을 고수하고 노동자 계급의 혁명 의식을 고취하고자 했다.

이에 따라 루카치는 마르크스주의의 정통성을 이론의 개별 내용에서가 아니라 오로지 변증법적 방법에서 찾는다. 마르크스의 개별적 주장들이 사실적으로 틀렸고 부정확하다는 것이 밝혀지더라도 변증법이라는 방법을 고수한다면 정통성을 보존할 수 있다는 것이다. "마르크스주의의 문제에 있어서의 정통성이란 오로지 방법에만 관련된다. 정통성은 변증법적 마르크스주의 속에서 올바른 연구 방법이 발견되었으며 이 방법은 오직 그 창시자들의 정신에 따라서만 확장되고 확대되고 심화될 수 있다는 과학적 확신이다"(56). 그리하여 루카치는 『역사와 계급 의식』의 목표를 '변증법적 방법의 문제를——살아 숨쉬는 현재의 문제로서——논의의 대상으로 삼도록 촉구'(52)하는 것이라고 한다.

이러한 주장은 당시의 분위기에서는 상당히 획기적인 것이었다. 20세기 초 20여 년간 독일의 철학계는 신칸트주의가 장악하고 있었는데, 이것은 마르크스주의자들에게도 광범한 영향을 미쳤다. 바우어, 아들러, 베른슈타인 등이 신칸트주의의 영향을 받았다. 당시 헤겔은 마르크스가 『자본론』에서 표현한 대로 '죽은 개' 취급을 받고 있었다. 마르크스가 『자본론』을 쓸 당시 이런 흐름에 저항하여 자신이 헤겔의 제자라고 공언했듯이 루카치 역시 마르크스와 헤겔의 연관을 강조함으로써 수정주의를 비판하고 마르크스주의 정통성의 확립에 기여하려 했다. 그렇다면 루카치가 말하는 헤겔과 마르크스의 변증법적 방법의 핵심은 무엇인가?

3. 변증법적 방법과 총체성

루카치는 '총체성'(總體性)의 관점을 취하는 것을 변증법적 방법의 본질로 보고 있다. 루카치에 따르면 "마르크스주의를 부르주아 과학과 결정적으로 구분짓는 것은 역사의 설명에 있어 경제적 동인에 우위를 둔다는 점이 아니라, 오히려 총체성(Totalität)의 관점을 취한다는 점이다." 더 나아가서 그는 "총체성이라는 범주의 지배야말로 과학에 있어서 혁명적 원리의 담지자이다"(85)고 주장한다. 곧 유물론적 변증법은 혁명적 변증법으로서 그 혁명성은 총체성의 범주에서 확보된다는 것이다.

총체성은 두 가지 의미를 갖는다. 우선 총체성이란 모든 것 일체를 계기(契機)로서 포괄하는 전체를 말한다. 총체성의 관점을 취한다는 것은 모든 부분 현상들을 전체의 계기(Moment)로서, 개개의 사실들을 전체 역사 발전의 계기로서 고찰하는 것이다. 이때 전체는 단순히 부분들이나 개별적인 것들의 공통점만을 추출한 것은 아니다. 전체에서도 개별성 또는 특수성은 제거되지 않고 보존되어 있으며, 또 개별적인 것들은 총체성의 계기로서 그 자체가 총체성을 반영하고 있다. 총체성은 직접적인 것이 아니라 수많은 계기들의 매개를 통해 성립하는 것이다. 이런 의미에서 이 총체성은 '구체적 총체성'이다. 여기서 루카치는 "진리는 전체다"(헤겔 1952, 21)는 헤겔의 입장을 따르고 있다.

다른 한편 총체성은 단순히 개별적인 것들을 모아 놓은 것도 아니다. 총체성은 부분들이나 개별 사실들을 아우르며 나아가는 '과정'이요 '경향'이다. 루카치는 고정된 '사물'을 '과정' 안에서, 경험적 '사실'을 역사 발전의 '경향' 안에서, '존재'를 '생성' 안에서 해소해야 한다고 주장한다(299). 루카치는 베른슈타인을 비롯한 수정주의자들이 이른바 '사실'을 물신화(物神化)한다고 비웃는다. 이들은 마르크스의 예측이 경험적 사실에 의해 반박되었다고 주장한다. 그러나 루카치에 따르면 주관으로부터 독립된 '순수한' 객관적 사실이란 없다. 수정주의자들은 편협한 경험주의에 빠져, "'사실들'을 아무리 단순하게 열거하고 아무리 주석 없이 나열할지라도 그것은 이미 하나의 '해석'이라는 점, 즉 여기에서도 이미 사실들은 어떤 이론이나 방법에 의하여 파악되었으며 그것들이 원래 있어 왔던 생활의 맥락에서 떨어져 나와 이론의 맥락에 끼워 맞춰졌다는 점"을 간과하고 있다(61). 또 그들은 사실이 지니는 '역사적 성격', 곧 사실이 역사 발전의 산물이요 끊임없는 변혁 과정에 있다는 점을 간과하고 있다.

여기서 총체성의 두번째 의미가 드러난다. 총체성은 주체와 객체의 상호 작용을 기반으로 하는 통일적인 역사 발전 과정이다. 사회 역사적 현실은 인간 실천의 산물이므로 여기에는 이미 주체 또는 사유가 개입되어 있다는 의미에서 주체와 객체는 통일되어 있다. 이렇게 보면 총체성의 관점을 취한다는 것은 주체와 객체를 통일적인 과정의 계기로 파악한다는 것이 된다. 변증법적 총체성에는 항상 주체가 구성 계기로서 관여하며, 또 객체는 단순한 관조의 대상이 아니라 주체의 변혁 활동의 대상이자 결과가 된다는 것이다. 여기서도 루카치는 "진리는 실체로서뿐만 아니라 이에 못지 않게 주체로서도 파악되고 표현되어야 한다"(같은 책, 19)는 헤겔의 명제를 따르고 있다.

엥겔스의 자연 변증법에 대한 루카치의 유명한 비판은 주객의 상호 작용을 변증법의 핵심 규정으로 보는 이런 입장에서 비롯된다. 엥겔스에 따르면 변증법이란 '자연, 인간 사회 및 사유의 일반적 운동 및 발전 법칙들에 관한 과학'(*MEW* 20, 131~132)이며, 변증법의 세 주요 법칙은 '양의 질로의 전화 및 그 역의 법칙, 대립물의 상호 침투의 법칙, 부정의 부정 법칙'(같은 책, 348)이다. 루카치가 보기에, 엥겔스는 자연과 사회와 사유에 공통되는 운동 법칙을 발견하려 했기 때문에 보편 타당성을 위해 사회적 변증법을 일반적 운동 변증법의 수준으로 전락시켰다. 자연 발전에는 주체가 없으므로, 자연과 사회의 통일적 존재론을 확립하려는 시도에서는 변증법적 방법의 혁명성이 사라지게 된다는 것이다. "방법을 사회・역사적 현실에 한정하는 것이 중요하다. 변증법에 관한 엥겔스의 서술에서 생겨나는 오해는 본질적으로 엥겔스가 헤겔의 잘못된 예에 따라 변증법적 방법을 자연 인식에까지도 확장한다는 데 기인한다. 변증법의 결정적인 규정들, 즉 주체와 객체의 상호 작용, 이론과 실천의 통일, 사고에 있어서 범주들의 변화의 기반인, 범주들의 기체(基體)의 역사적 변화 등의 규정들은 자연 인식 속에는 존재하지 않는다"(60, 주). 이러한 루카치의 주장은 베른슈타인과 카우츠키로 대표되는 제2인터내셔널의 변증법 이해를 엥겔스의 자연 변증법으로 소급하여 반박하고 있는 셈이다.2)

같은 맥락에서 루카치는 모사론(模寫論) 또는 반영론을 비판한다. 모사론은 모사하는 것(사유)과 모사되는 것(존재)의 이원성을 전제한 채, 양자의 관계를 '상응', '모사'(반영), '일치' 등으로 해석한다. 그러나 존재는 '인간 활동의 산물'이고 인간의 활동에는 사유 또는 의식이 개입한다. 따라서 사유와 존재(주체와 객체)는 '단 하나의 실재 역사적인 변증법적 과정의 계기들'(306~307)이다.

---

2) 비록 루카치가 여기서 진정한 변증법을 사회・역사적 현실에만 인정하고 있지만, 그렇다고 자연 변증법을 무조건 부정한 것은 아니고 '변증법의 다양한 유형들'(310) 가운데 하나로서 제한적으로 인정하고 있다.

요컨대 루카치의 생각으로는 자연 변증법이나 반영론은 혁명적 실천의 요구를 무디게 하는 것이다. 루카치는 역사 과정에서의 주체와 객체의 변증법적 상호 작용을 방법론적 고찰의 중심에 놓음으로써, 주체와 객체를 분리시키는 객관주의(카우츠키)와 주관주의(신칸트 학파, 베른슈타인), 숙명론과 주의주의(主意主義)의 이원론을 거부하고 변증법적 방법의 혁명성을 견지할 수 있다고 믿는다.

4. 사물화 ── 마르크스와 베버의 종합

루카치는 변증법(총체성)의 상실로 요약될 수 있는 '프롤레타리아트의 이데올로기적 위기'가 단순히 주관적 환상이나 오류에서 비롯된 것은 아니고 자본주의 사회의 경제 구조에 뿌리박고 있다는 것을 '사물화'(事物化)라는 개념을 써서 밝히고 있다.

루카치의 사물화 이론은 헤겔의 변증법 이외에도 마르크스의 물신 숭배론과 베버의 합리화론을 종합한 것이라고 볼 수 있다. 우선 그것은 직접적으로는 마르크스의 『자본론』에 나오는 상품 물신 숭배 이론에서 따온 것이다. 물신 숭배(物神崇拜)란 원래 원시 종교에서 일반적인 현상을 일컫는 것인데, 사물에 초자연적인 힘이 있다고 믿고 이것을 숭배하는 것을 말한다. 예를 들면 깃털 숭배나 고인돌 숭배, 우상 숭배와 같은 것이 있다.

마르크스는 자본주의 사회에서는 상품이나 화폐가 물신(物神)의 역할을 한다고 본다. 이를테면 우리는 흔히 "돈이 돈을 낳는다"고 말하고 자본에서 이자나 이윤이 나온다고 생각한다. 그런데 마르크스에 따르면 돈이 돈을 낳는다는 생각은, 돈이라는 죽은 사물이 스스로 생명을 갖고 번식하고 증식한다고 생각한다는 점에서 일종의 물신 숭배라는 것이다. 마르크스에 따르면 이자나 이윤은 임금과 마찬가지로 궁극적으로는 인간 노동의 산물이다. 즉 이자나 이윤은 노동의 산물 가운데 일부를 나눠 갖는 것이다. 이자나 이윤은 사실은 노동자에 대한 자본가의 지배 관계 착취 관계의 산물인데, 일상적으로는 그러한 사회적 인간적 관계가 은폐되고 상품이나 화폐가 스스로 운동해서 증식한 것으로 나타난다는 것이다.

마르크스에 따르면 상품 물신 숭배나 화폐 물신 숭배가 생기는 이유는 자본주의 사회가 상품 생산 사회이기 때문이다. 자본주의 사회는 다른 사회와 달리 거의 모든 노동 생산물이 상품이 된다. 그런데 상품 생산자들은 생산 수단을 사유(私有)하고 독립적으로 노동을 하며, 그들 사이의 사회적 관계는 상품의 교환을 통해서만 맺게 된다. 그러다 보니까 사람과 사람 사이의 관계가 상품과 상품 사이의 관계로 나타나고, 상품이 마치 스스로 의지와 인격을 가지고 사회적 관계를 맺는 신비한 힘을 가진 것처럼 보인다는 것이다. 마르크스는 자유로이 연합한 개인들이 생산 수단을 공유하고 상품 생산을 철폐해서 생산을 공동으로 통제하면 물신 숭배가 없어질 것으로 본다. 이런 사회가 바로 공산주의 사회이다.

루카치는 '물신 숭배' 대신 주로 '사물화'(Verdinglichung)라는 용어를 쓴다. 사물화란 사람들 사이의 관계가 사물들 사이의 관계로 나타나는 현상, 그리고 나아가서 인간의 주체적 활동과 이 활동의 산물이 인간에게 대립되어 객체화하고 또 이것이 도리어 주체를 지배하는 현상을 일컫는다. 뒤의 현상은 마르크스가 『경제학-철학 초고』에서 소외라고 불렀던 현상이다. 사물화는 이를테면 인간 주체의 능력인 노동력이 상품으로 거래되는가 하면 인간 주체의 산물인 상품의 세계가 인간을 지배하는 현상이다. 다시 말해서 사물화란 인간 주체와 이 주체의 산물인 객체가 서로 분리·대립되고 주객이 전도되는 현상을 말한다.

그런데 루카치는 여기서 그치지 않고 베버가 말하는 합리화가 곧 사물화라고 주장한다. 어떻게 이런 주장이 가능한지, 잠시 베버의 합리화론을 보기로 하자.

마르크스는 근대 자본주의 사회를 주로 계급 관계에 초점을 맞춰서 분석했지만, 베버는 서양의 근대화 과정을 생활의 합리화 과정으로 해석한다. 합리화란 '원칙적으로 신비스럽고 계산할 수 없는 힘이 작용하고 있지 않다는 것, 오히려 인간이 모든 것을 원칙적으로 계산에 의해 지배할 수 있다는 것'(베버 1922, 594)을 뜻한다. 신비적인 힘 대신에 기술적 수단과 계산이 들어선다는 것이다. 다시 말해서 합리화란 생활의 모든 영역에서 감정이라든가 전통이라든가 주먹구구식이 사라지고 명확하고 체계적이며 계산 가능한 규칙과 절차가 들어서는 과정을 말한다. 계산을 하려면 수량화하고 분석하고 분해해야 하고, 분석한 것을 다시 일관되게 체계화해야 한다. 그래서 합리화는 전문성, 분업성, 체계성, 일관성, 형식적 보편성, 명료성, 기계성, 이런 것들이 증가하는 것을 말한다. 베버는 이런 특성들을 '형식적 합리성'(formale Rationalität)이라는 용어로 총괄한다. 요컨대 근대 서양의 합리화란 '형식적 합리성' 또는 '계산 가능성'이 증가하는 것을 말한다.

합리화는 생활의 모든 영역에서 진행된다. 종교 대신 과학이 권위를 누리고, 보편적인 인문 교양을 갖춘 지식인 대신 훈련받은 전문가가 등장하며 숙련된 장인(匠人) 대신 기계화된 테크놀로지(technology)가 출현한다. 베버가 특히 중시한 영역은 경영과 법률과 행정이었다. 이들 영역에도 역시 계산 또는 계산 가능성에 바탕을 둔 합리화가 진행된다. 과거의 경제 활동이 전통이나 정치적 특권이나 투기 등에 기초한 무제한의 이익 추구였다면 근대 자본주의 경영의 특징은 무엇보다도 이윤과 손실을 화폐 관계로 엄밀히 계산하는 자본 계산, 그리고 합리적 기술을 바탕으로 한 엄격한 노동 조직이다. 또 과거에 재판관은 전통이나 개인적 정의 감정에 따라 판결을 내렸지만 근대 사회에서는 재판관의 기능도 역시 계산 가능하다.

베버는 특히 관료제를 합리화 과정의 제도적 표현으로 생각했다. 관료제의 특징은 직책의 전문화, 권위의 위계화, 세분화된 법규와 규정, 직장 동료간의 비인격적 관계 등이다. 관료제는 정밀성이라든가 효율성, 결과의 예측 및 계산 가능성 등의 면에서 가장 뛰어난 지배 형태라 할 수 있다. 그래서 관료제는 국가뿐만 아니라 기업·정당·학교·군대·사법 등등 모든 분야에서 근대적 조직 형태를 대표하는 것이다.

베버는 합리화와 관료화의 과정이 가치 상실과 자유 상실이라는 두 가지의 심각한 문제를 야기한다고 본다. 우선 사람들은 주어진 목적에 대한 수단의 효율성에만 매몰되기 때문에, 목적 자체가 어떤 가치와 의미를 갖는지를 묻지 않는다. 가장 궁극적이고 숭고한 가치들, 공동체를 지탱시켜 주던 종교적·도덕적 가치들이 공공 생활에서 사라져 버렸다는 것이다. 또 하나의 문제는 합리화의 과정에서 생겨나는 형식적이고 기계적인 체계들이 개인의 자유와 자율성, 창조성을 억압한다는 것이다. 인간이 만든 체계가 거꾸로 인간 자신을 기계화하고 비인간화하는 것이다. 예를 들면 베버는 근대의 경제 질서나 관료제를 사람들을 강제로 가두는 '쇠우리'에 비유한다. 도태당하지 않고 살아 남으려면 거기에 순응하고 적응하지 않으면 안 된다. 베버는 근대 자본주의 경제의 발전이 그대로 지속된다면 미래의 인간은 '정신 없는 전문가, 가슴 없는 향락자'(베버 1920, 203~204)가 되고 말 것이며, 관료제가 보편화되면 "'분노도 정열도 없는', 따라서 사랑도 열광도 없는 형식주의적 비인격성"(베버 1921, 129)이 지배하리라고 보고 있다.

이처럼 베버는 합리화와 관료화가 초래하는 부작용을 지적하면서도 그것이 엄청난 효율성과 생산성을 수반하기 때문에 불가피하다고 생각한다. 근대 사회의 규모라든가 복잡성을 고려할 때 합리화와 관료화는 '불가피한 운명'이라는 것이다. 마르크스는 사회주의가 물신 숭배를 종식시킬 것이라고 생각했지만, 베버는 주로 두 가지 이유에서 사회주의를 대안으로 인정하지 않았다. 하나는 사회주의는 상품 경제 또는 화폐 경제를 철폐하고 계획적인 현물 경제를 실시한다고 하지만, 이렇게 되면 정밀한 계산이 불가능해서 효율이 떨어진다는 것이다. 또 하나는 자본주의에서는 국가라는 공관료제와 기업이라는 사관료제가 일정하게 서로 견제하고 균형을 이루고 있지만, 사회주의에서는 국가가 경제를 관리하기 때문에 국가가 기업을 흡수해서 오히려 관료제가 강화된다는 것이다.

루카치는 베버가 말하는 근대 서양의 합리화를 곧바로 사물화로 해석한다. 합리화란 계산 가능성의 증대인데, 계산이 가능하다는 것은 유기적이고 질적인 통일성이 해체되고 수량화되고 분해되고 파편화된다는 것이고 그래서 인간이 사물처럼 계산과 조작의 대상이 된다는 것이다. 루카치는 사물화가 근본적으로는 노동 과정의 합리화에서 비롯된다고 한다. 노동 과정의 합리화란 노동 과정이 기계적 부분 작업으로 분해되고 노동자가 기계 체계의 한 부품으로 전락하는 것을 의미한다. 루카치는 테일러 시스템을 노동 과정 합리화의 전형적 예로 들고 있다. 여기에서 노동자의 주관성과 개성은 작업에 방해 요인이 될 뿐이며, 심지어 노동자의 심리마저도 생산의 효율을 높이기 위해 계산의 대상이 되고 만다.

이상과 같이 루카치는 마르크스와 베버를 종합하여 사물화와 합리화를 동전의 양면으로 본다. 사물화란 첫째는 주체와 객체가 분리되고 전도된다는 것이고, 둘째는 주체와 객체 각각의 유기적 통일성이 해체되고 파편화된다는 것이다. 사물화의 결과 인간은 계산과 조작의 대상이 된다. 노동자들은 사물화 때문에 노동 과정 전체에 대해서는 인식할 수 없고 더구나 그것을 통제한다든가 지배할 수 없다. 다만 노동 과정에 수동적으로 순응하고 적응할 따름이다. 노동자들의 노동 과정에 대한 태도가 자본주의 사회에 살고 있는 모든 인간이 사회 역사적 현실에 대해 갖는 태도의 전형이 된다. 즉 이 사회에 살고 있는 인간들은 현실을 총체적으로 인식하지 못하고 능동적으로 변혁하지 못한 채, 다만 정관(靜觀)의 태도를 취할 뿐이다. 주체의 활동이란 고작해야 외부 세계의 법칙 자체를 변경하거나 개혁하지는 못하고 그것을 기술적으로 이용하거나 아니면 순수 내면의 자유로 도피하거나 하는 것이다. 루카치에 따르면 주객의 분열과 총체성의 상실, 그리고 이에 따른 주체성과 혁명성의 상실은 자본주의적 사물화의 필연적 결과인 것이다.

마르크스는 주로 경제 현상에 국한하여 사물화 개념을 사용하였지만, 루카치는 베버의 형식적 합리성 개념을 이용하여 베버가 분석한 행정과 사법의 합리화와 나아가서는 근대 학문까지도 사물화 현상으로 포괄할 수 있었다. 즉 루카치는 사물화를 자본주의 사회의 '삶의 형식' 전체를 포괄하는 개념으로 확장할 수 있었다. 다른 한편 루카치는 베버의 합리화 이론을 자본주의 사회에 대한 마르크스의 비판에 접목한다. 베버는 합리화 및 관료화 경향을 근대 서양 문화의 불가피한 부수 현상으로 만드는 데 반해, 루카치는 베버의 근대 자본주의론을 자본주의 사회에 대한 급진적 비판에 종사하도록 마르크스의 상품 생산 이론에 접합시키는 것이다. 이때 상품 생산에서만 형식적 합리성 원리가 보편적으로 확산될 수 있고 이 합리성은 주체성을 사물화한다는 것이 접합의 근거가 된다.

5. 독일 고전 철학의 유산

루카치는 사물화와 총체성 개념을 바탕으로 '근대 합리주의' 철학, 특히 독일 고전 철학을 비판한다. 독일 고전 철학이란 칸트에서 헤겔에 이르는 시기의 독일 철학을 말하며 '근대 합리주의' 철학이란 일반적으로 '합리주의'라 불리는 경향, 즉 데카르트(Descartes), 스피노자(Spinoza), 라이프니츠(Leibnitz)를 대표자로 하는 17~18세기의 철학 경향뿐만 아니라 독일 고전 철학까지 포함하는 폭넓은 개념이다. 루카치의 비판의 핵심은 근대 합리주의 철학이 사물화된 의식 구조를 반영하고 있다는 것이다. 루카치는 칸트 철학이 근대 철학의 특징과 한계를 명확히 드러내고 있다고 보고 칸트 철학을 집중적으로 비판하고 있다.

칸트에 따르면 지금까지 사람들은 우리의 인식이 모두 대상에 따르지 않으면 안 된다고 생각해 왔지만, 이제 대상이 우리의 인식에 따라야 한다고 생각해야 한다. 대상에서 주관으로 인식의 중심을 변경한 것을 두고 칸트는 '인식론상의 코페르니쿠스적 전회(轉回)'라고 불렀다. 우리는 일반적으로 인식이란 객관 세계를 있는 그대로 모사(模寫)한 것이라고 생각하지만, 칸트에 따르면 인식의 대상은 주관의 형식에 의하여 구성된 것이다. 주관 밖의 어떤 것이 감성을 촉발함으로써 인식 과정이 시작되지만, 주관이 감성에 주어지는 이 잡다한 질료(質料)를 감성 형식(시간과 공간)과 오성 형식(범주)에 의해 종합하고 질서지음으로써 인식이 성립하게 된다. 이를테면 감성의 단계에서는 '불이 붙고 연기가 나는 것'을 시간상으로 경험할 뿐이지만 오성은 여기에 '인과'(因果) 범주를 적용하여 "불이 붙으면 연기가 난다"는 보편성과 필연성을 지닌 인식을 성립시킨다.

그러나 대상의 구성은 어디까지나 형식에만 관계된다. 인식의 내용 또는 질료(Materie)는 밖에서 주어지지 않으면 안 된다. 칸트는 이 질료의 원인이 되는 것, 질료를 주는 것을 '사물 자체'(Ding an sich)라고 부른다. 반면 우리의 인식 대상은 현상(Erscheinung)이라 부른다. 현상이란 우리에게 나타난 것, 우리에게 파악된 것, 그런 의미에서 '우리에 대한 사물'(Ding für uns)이다. 감성 형식인 시간 공간과 오성 형식인 범주는 경험에 의해 생기는 것이 아니라 경험과 무관하게 모든 인간에 공통적으로 있는 선험적(先驗的, a priori) 형식이다. 우리가 인식하는 대상은 우리 자신이 가진 형식을 통해 구성한 것이지 바깥에 있는 사물 자체는 아니다. 따라서 현상의 원인이 되는 사물 자체는 인식할 수 없다는 것이 칸트의 주장이다.

그러나 칸트에 따르면 사물 자체는 이론적·학문적으로 인식할 수는 없지만 사고할 수는 있다. 감성에 주어지지 않는 초감성적인 것에 관하여 사고하는 능력을 칸트는 좁은 의미의 '이성'이라 부른다. 이성은 경험에 주어지지 않는 무제약자(無制約者)를 추구하여, 영속적인 실체적 주관으로서의 '영혼', 인과적으로 관계된 현상들의 총체로서의 '세계', 최상의 존재로서의 '신'이라는 세 이념(Idee)을 갖게 된다. 초감성적인 이념에 관해서는 학문적 인식이 성립할 수 없는데도, 이성이 이 이념에 상응하는 대상들에 관해서 이론적 인식을 확장하려 할 때 궤변적 논증이나 이율 배반에 빠지게 된다. 이를테면 모든 현상들 전체로서의 세계에 관해서 우리의 인식을 확장하려 할 때 이성은 이율 배반(Antinomie)에 빠진다. 이율 배반은 두 모순된 명제 각각이 증명될 수 있을 때 일어난다. 이를테면 세계는 시·공간적으로 한계가 있다-없다, 세계 내의 모든 것은 단순한 것으로 이루어져 있다-아니다, 세계에는 자유가 있다-없다, 세계의 모든 것의 궁극 원인으로서의 절대적 존재, 즉 신이 있다-없다 등의 모순된 명제쌍이 모두 증명될 수 있다는 것이다.

루카치는 칸트가 말하는 '코페르니쿠스적 전회'(kopernikanische Wendung)가 근대 합리주의 철학, 특히 독일 고전 철학의 이념을 명쾌하게 요약하고 있다고 본다. 그 이념이란 세계를 인식 주체에서 독립한 것이 아니라 주체의 산물로서 파악한다는 것, 그리고 인식 대상은 주체에 의해 산출되었기 때문에, 또 주체에 의해 산출된 정도에 한해서 인식될 수 있다는 것이다. 그리고 이런 이념은 자연스럽게 모든 현상을 포괄하는 합리적 체계를 수립한다는 목표와 결합된다는 것이다.

루카치는 세계를 주체의 산물로 본다는 이념이나 전체를 포괄하는 체계를 수립하려는 시도가 잘못이라고 비판하는 것이 아니라 오히려 근대 철학이 그것들을 철저히 관철시키지 못했다고 비판한다. 루카치가 보기에 불철저성은 산출의 이념이 인식의 '형식'에만 관철되었을 뿐 '내용'에는 관철되지 못했다는 것, 그래서 합리성 개념이 내용을 포괄하지 못하고 형식적 합리성에 머무른 데 있었다.

루카치는 칸트의 '사물 자체' 개념이 이 점을 명확히 보여 준다고 주장한다. 그에 따르면 칸트의 사물 자체 개념이 두 가지 문제를 제기하는데, 첫번째는 질료(質料)의 문제, 즉 감성적 직관에 주어지는 내용의 문제이고 두번째는 영혼 세계 신과 같은 궁극적 인식 대상들의 문제, 즉 총체성의 문제이다. 칸트에서 사유의 내용은 우연히 '주어진' 것, '낯선' 것, 합리적 형식으로 환원될 수 없는 것이며, 그런 한에서 감성적 내용은 궁극적으로 비합리적이다. 사유의 내용이 오성에 의해 산출되지 못한다면, 전체를 포괄하는 합리적 체계를 수립하려는 계획은 치명적 타격을 입게 된다. 순수 이성의 이율 배반은 이 점을 잘 보여 주고 있다. 결국 사물 자체 개념이 제기하는 두 문제, 즉 1)감성적 내용에 합리적 형식이 침투할 수 없다는 것과 2)오성 범주가 합리적 총체성을 종합해 낼 수 없다는 것은 동전의 양면을 이루는 것이다(194).

루카치에 따르면, 칸트 자신이 이것을 의식하고 순수 이성의 이율 배반을 실천 이성을 통해 극복하려 했다. 칸트에서 자유, 영혼의 불멸, 신의 존재는 이론적으로 인식될 수는 없지만 도덕을 위해서는 전제되지 않을 수 없는 실천 이성의 요청(Postulat)들이다. 그러나 루카치는 이런 시도 역시 '사물 자체'에 굴복하고 만다고 비판한다. 주체 스스로 산출했지만 순수히 내면만을 지향하는 추상적 형식(윤리적 격률)과, 오성과 감성에 낯선 소여(所與)의 세계, 이 둘 사이의 분열이 되풀이된다. 형식과 내용의 괴리가 실천 이성 비판에서는 자유와 필연의 괴리, 즉 개별 주체의 내면적 자유와 외부 세계의 필연 사이의 괴리로 되돌아온다는 것이다.

루카치가 보기에 칸트는 사물화된 사유의 이율 배반을 잘 정식화하고 있는데, 이것은 근대 사회 상황의 반영이다. 근대의 사회 상황이란 사람들이 자연 발생적이고 비합리적인 유대를 파괴하고 스스로 산출한 세계를 만들어 가지만, 이 세계가 '제2의 자연'이 되어 인간이 통제할 수 없는 일종의 자연 법칙성을 띠고서 사람들을 마주 대하는 상황, 곧 '사물화'가 지배하는 상황이다.

루카치의 근대 철학 비판은 헤겔의 칸트 비판을 답습하되 이것을 근대 사회 비판과 결합한 것이다. 주체와 객체, 사유와 존재, 자유와 필연 등등의 대립은 변증법적 방법에 의해서만 지양될 수 있는데, 이것이 헤겔이 공적이다. 루카치는 헤겔이 역사의 중요성을 인식함으로써 '사물 자체'의 문제를 해결하고 '구체적 총체성'의 변증법을 구상할 수 있었다고 본다. 역사는 인간 실천의 산물이고 또 인간의 실천에는 주체 또는 사유가 개입되어 있기 때문에 여기서는 주체와 객체, 사유와 존재는 통일되어 있다. 또 역사 과정은 주체에 의해 창조되는 동시에 주체를 창조하기도 하다. 형식적 합리주의는 바로 현실을 역사적으로 인식하는 데서 좌절한 데 반해, 헤겔은 역사 과정에서의 주객의 변증법적 동일성이라는 패러다임을 가지고서 근대 철학의 한계를 극복할 수 있었다는 것이다.

다만 루카치는 헤겔이 주객 동일성을 실현할 주체를 역사 자체 속에서 찾지 못하고 절대 정신이나 세계 정신과 같은 데서 찾았다는 점을 비판하고 있다. 즉 헤겔은 역사 자체 속에서 '주객 동일자'(das identische Subjekt-Objekt)를 발견하지 못하고 역사의 피안에 이성의 왕국을 건설하고 말았으며, 이 때문에 역사는 총체성을 구현하지 못하고 예술 종교 철학과 같은 절대 정신에 이르는 한 계기로 전락하고 말았다는 것이다. 그래서 루카치는 독일 고전 철학으로부터 방법론적 기획, 즉 주체와 객체의 대립을 지양하고 모든 현상을 주객 동일자(主客同一者)의 산물로서 파악한다는 방법론적 기획을 수용하되, 이 기획을 실현할 역사 속의 주객 동일자를 바로 프롤레타리아 계급에서 찾고 있다.

6. 계급 의식과 당

루카치에 따르면 자본주의 사회에서는 어느 계급이든 사물화를 겪을 수밖에 없지만, 사물화를 극복하고 총체성을 인식하는 것은 프롤레타리아트의 처지에서만 가능하다. 왜냐하면 부르주아지는 객관적 법칙 자체에 개입하여 그것을 철폐하거나 변경할 수 없음에도 불구하고, 자기가 객관적 법칙을 이용함으로써 주체성을 발휘하는 듯한 환상을 갖는 데 반해, 프롤레타리아트는 노동력의 상품화를 통해 철저한 자기 분열을 겪음으로써 이 분열을 의식하고 이를 극복할 의지가 생기기 때문이다. 또 자본주의 사회의 총체성에 대한 인식은 자본주의가 필연적으로 몰락한다는 인식이 될 것이므로 부르주아지의 계급 이익과 배치되지만, 프롤레타리아트에게는 그들이 처한 사회 상황에 대한 총체적 인식이 곧 투쟁의 무기가 되기 때문이다.

그리하여 루카치에 따르면 프롤레타리아트에게는 그들이 처한 사회적 상황에 대한 인식이 자기 주장을 위한 조건이 되며, 자기 인식이 곧 전 사회에 대한 올바른 인식이 된다. 따라서 그들은 '인식의 주체이자 동시에 객체'(57)이다. 곧 프롤레타리아트의 이익은 사회 전체의 이익과 동일하며, 그들의 자기 의식은 결국 사회 전복의 과정에 투입되는 것으로서 이론과 실천의 통일을 기하게 된다는 것이다.

루카치가 주장하는 바는 프롤레타리아트가 실제로 언제나 사회의 총체성을 인식하고 있다는 것이 아니라 그들의 계급 상황과 계급 이해(利害)로 말미암아 총체성을 인식할 '객관적 가능성'을 갖는다는 것이다. 현실적으로는 사물화 현상이 자본주의 사회 전체를 지배하고 있으며 따라서 노동자들도 객관 세계에 대하여 수동적 관조적 태도를 취하거나 부분 현상에 사로잡혀 총체성을 상실하는 것이 일반적이다.

이런 이유로 루카치는 프롤레타리아 개개인이나 프롤레타리아 대중이 지닌 실제의 심리적 의식과 진정한 계급 의식을 구분한다. 그래서 계급 의식이란 '프롤레타리아 개개인의 심리적 의식이나 프롤레타리아 전체의 대중 심리적 의식이 아니라 계급의 역사적 상황의 의미가 의식화된 것'(141)이라고 한다. 또는 계급 의식이란 '생산 과정에서의 특정한 유형적 상황에 귀속되는, 합리적으로 적합한 반응'(113)이라고 정의한다. 다시 말해서 진정한 계급 의식이란 계급 상황과 계급 이해에 '귀속(歸屬)되는 의식', 즉 한 계급이 사회 총체성을 인식할 수 있다면 그들의 상황과 이해 관계에 따라 응당 가질 것으로 기대되는 의식을 말한다. 이렇게 루카치에서 계급 의식은 사실적이라기보다는 논리적인 성격을 갖게 된다.

그러나 실제로는 프롤레타리아트 내부의 여러 집단과 계층에 있어서 계급 의식은 통일되어 있지 못하고 그 명확도와 심도에 있어서 차이가 나게 된다. 이러한 차이를 극복하여 '귀속 의식'(das zugerechnete Bewußtsein)을 구현하고 집행하는 기관이 바로 당이다. 나중에 스스로 밝혔듯이 루카치가 '귀속되는' 계급 의식에서 염두에 두었던 바는, 레닌이 『무엇을 할 것인가』에서 자연 발생적인 조합주의적 의식과는 달리 사회주의적 계급 의식은 '외부로부터', 즉 '경제 투쟁의 외부에서, 노동자와 기업가 간의 관계의 영역 외부에서' 노동자에게 부과되는 것이라고 말한 것이었다. 루카치는 총체성 범주에 의거하여 레닌의 전위당 이론을 정당화하려 했던 것이다.

그러나 루카치는 레닌식의 전위당 모델을 정당화하면서도 동시에

로자 룩셈부르크가 주장하는 대중의 자발성도 중시하고 있다. 즉 귀속 의식과 심리적 의식의 차이 때문에 당은 계급과 분리되어야 하지만, 당은 어디까지나 프롤레타리아 계급 의식의 발전을 촉진하는 역할을 할 뿐, 계급을 '대리해서' 또는 계급의 이해 관계를 '위해서' 투쟁하는 것은 아니라는 점을 루카치는 강조하고 있다.

루카치에 따르면 프롤레타리아트는 그들의 상황에 내재해 있는 가능성을 현실화하여 진정한 계급 의식을 갖고 혁명적 실천에 나서게 될 때 '주객 동일자'가 될 수 있다는 것이다.

7. 영향과 평가

이상에서 살펴본 것과 같이 『역사와 계급 의식』은 제2인터내셔널의 수정주의와 기회주의에 맞서 마르크스주의의 혁명적 전통을 옹호하고자 하는 의도로 쓰여진 것이다. 그래서 루카치는 마르크스주의의 정통성을 변증법적 방법에서 찾는 동시에 변증법적 방법의 본질을 주체와 객체의 상호 작용 내지 총체성의 관점에 두고 이것을 실현하는 주체를 프롤레타리아트로 설정한다.

『역사와 계급 의식』은 출간되자마자 격렬한 논쟁을 불러일으켰다. 지노비에프, 데보린(Deborin), 루다스(Rudas), 『프라우다』, 『적기』 등 당시 공산주의의 지도자들은 루카치의 입장이 수정주의이고 관념론이라고 호되게 공격했다. 이들은 주로 루카치가 자연 변증법과 반영론을 부정한 데 비판의 화살을 돌렸다. 다른 한편 사회 민주주의자들은 루카치의 계급 의식론이 레닌식의 전위당 독재를 합리화한다고 비난했다. 반면 블로흐(E. Bloch), 레바이(J. Révai), 코르슈(K. Korsch) 등은 마르크스 변증법의 르네상스라 하여 환영했다.

1930년대 이후 몇십 년 동안은 스탈린주의와 파시즘의 영향으로

골드만(L. Goldmann), 메를로-퐁티 등 몇몇 사람 외에는 『역사와 계급 의식』에 별 관심을 두지 않았다. 이 책이 다시 유럽의 비정통 좌파에게 주목받은 때는 흐루시초프의 스탈린 비판 이래 1960년대 초반까지 이른바 '인간주의적 마르크스주의'가 유행한 시기와 1960년대 말의 학생 운동 시기였다. 특히 사물화 이론은 신좌파에 많은 영향을 주었다. 호르크하이머(Horkheimer), 아도르노, 마르쿠제 등 프랑크푸르트 학파는 다양한 방식으로 사물화 이론, 총체성 개념, 자연 변증법의 부정 등을 받아들였다. 동구의 실천 철학자들도 『역사와 계급 의식』의 영향을 받았다고 볼 수 있다. 하버마스는 비교적 최근에 의사 소통 행위론을 기초로 사물화론을 재정립하고 있다. 다른 한편 루카치의 철학은 1960년대 이래 알튀세주의와 포스트 마르크스주의의 강력한 도전을 받고 있다. 이들은 주로 루카치의 철학이 인간주의요 역사주의라고 비판하고 있다.

『역사와 계급 의식』이 마르크스주의의 역사에서 기여한 점으로는, 우선 마르크스주의의 역사에서 처음으로 헤겔 변증법을 복권시키고 헤겔과 마르크스의 연관의 문제를 전면에 부각시켰다는 점을 들 수 있다. 이것은 루카치의 의도대로 수정주의 전통에 강력한 타격을 가하게 된다. 나아가서 이 책은 소외와 사물화의 문제를 마르크스 이래 처음으로 자본주의 비판의 핵심 문제로 취급했으며, 이후 좌파 사상가든 우파 사상가든 인간 소외의 문제를 시대의 핵심 문제로 인정하게 만들었다. 이와 같은 업적은 마르크스의 『경제학-철학 초고』와 레닌의 『철학 노트』가 1930년대 초에야 비로소 출간되었다는 사실을 고려해 볼 때 놀랄 만한 것이다. 또한 『역사와 계급 의식』은 사물화론을 통해 마르크스와 베버를 종합함으로써 근대 자본주의를 보는 두 패러다임간의 생산적인 대화를 촉발했다. 마지막으로 『역사와 계급 의식』은 마르크스주의 전통과 유럽의 사상 및 문화 전통을 독창적으로 결합함으로써, 당시까지만 해도 경제 이론 정도로만 통용되던 마르크스주의에 철학적 차원을 복원시키고 마르크스주의 이론을 유럽의 지성계에서 상당한 지위로 끌어올렸다.

그러나 루카치 자신은 『역사와 계급 의식』과 관련하여 1933년과 1934년에 자기 비판을 했으며, 1967년 전집 제2권에 부친 서문에서 당시의 자기 비판이 진심이었다고 술회하고 『역사와 계급 의식』을 자신의 지적 발전 과정과 관련하여 좀더 상세히 비판하고 있다. 그가 비판한 내용은 자연을 사회적 범주로 파악하고 자연의 존재론적 객관성을 부정한 것, 실천에서 노동을 무시한 것, 자연 변증법과 반영론을 부정한 것, 대상화와 소외(사물화)를 동일시한 것, 역사 과정 속에서 자기를 실현하는 주객 동일자를 순수 형이상학적으로 상정한 것 등이다. 이런 요소들 때문에 『역사와 계급 의식』은 전체적으로 관념론과 주관주의 또는 '메시아적 유토피아주의'로 흘렀다는 것이다.

루카치는 『역사와 계급 의식』의 관념론적 편견을 불식하는 데 1930년에 모스크바에서 읽은 『경제학-철학 초고』가 결정적 역할을 했다고 술회하고 있다. "오늘날까지도 나는 대상성이 모든 사물들과 관계들의 일차적인 물질적 속성이라는 마르크스의 언급이 나에게 얼마만한 혁명적 인상을 주었는지 기억하고 있다. 대상화는 인간이 세계를 지배하는 자연적······ 양식인 반면, 소외는 특정한 사회적 환경 속에서 빚어지는 특수한 변형 양식이라는 사상도 이와 맥이 이어져 있는 것이다. 이로써 결국 『역사와 계급 의식』의 특수성을 이루고 있는 이론적 기초들이 종국적으로 무너지게 되었다. 이 저서는······ 나에게는 완전히 낯선 타인의 것이 되었다."(41)

루카치의 자기 비판은 과장된 면이 있다. 이를테면 자연의 존재론적 객관성을 부정했다든가 대상화와 소외를 동일시했다든가 하는 것이다. 그러나 『역사와 계급 의식』이 근본적으로 '마르크스주의를 오로지 사회 이론으로서만, 사회 철학으로서만 파악하면서 마르크스주의에 포함되어 있는 자연에 대한 관계를 무시하거나 비판하는 경향'

(17)을 대변한다는 자기 비판은 온전히 타당한 것으로 보인다. 『역사와 계급 의식』은 자연을 유물론적으로 파악하는 데서 어려움을 겪었고, 이 책과 관련된 모든 논쟁은 바로 이 문제를 둘러싸고 벌어졌다고 할 수 있다.

루카치는 1928년의 「블룸 테제」를 통해 '마르크스주의의 확립과 정치 행동'과 '순수 관념론적 의미에서의 윤리적인 문제 설정'(9) 사이의 이원론, 곧 자신의 '마르크스주의 수업 시대(Lehrjahre)'(36)를 청산하고 진정한 마르크스주의자가 되었다고 말했다. 1930년대 이래의 저작에서 그는 노동을 모든 사회적 실천의 전형적 모델로 취급하고 대상화와 소외(외화·사물화)를 엄밀히 구별한다. 또 사회적 존재는 자연적 존재를 기반으로 한다고 주장하며 변증법적 반영론을 옹호한다. 헤겔의 주객 동일성 이론은 논리적 관계와 현실적 관계를 혼동한다는 점에서 비판한다.

그러나 그는 『역사와 계급 의식』에서 마르크스주의의 정통성이 오직 방법에만 관련된다고 주장한 것이나 마르크스의 세계관을 청년기와 성숙기를 통틀어 통일적인 것으로 파악한 점, 변증법의 범주들을 현실적 운동으로 서술하고 발생과 역사의 연관을 주장한 것은 계속해서 올바른 것이라고 고수한다. 또 사물화와 총체성 이론, 독일 고전 철학에 대한 평가 등은 다소 수정하고 제한을 가하긴 했지만 후기에 이르기까지 이어 가고 있다.

더 읽어야 할 책

다른 현대 철학자들이 그렇듯이 루카치 역시 초보자가 원전을 직접 대하기는 어려운 편이다. 대체로 『역사와 계급 의식』(1923)에 이르기까지의 초기 저작은 내용이 어렵고 문장도 무척 난삽한 데 비해, 이후의 저작은 분량이 방대하고 설명이 지루한 저작이 많기는 하지만 상대적으로 문장이 명료해서 읽기가 쉬운 편이다.

루카치의 생애와 사상을 시대별 주제별로 일목 요연하게 해설한 것으로는 파킨슨(G. H. R. Parkinson)의 *Georg Lukács*(London, 1977. 현준만 옮김, 『게오르그 루카치』, 이삭, 1984)가 무난하다. 국역본은 절판되었지만 도서관에서 구할 수 있다.

다음에는 바로 원전을 읽는 것이 좋다. 루카치의 주요 철학 저서로는 『역사와 계급 의식』 외에도 *Der junge Hegel* (1948. 『청년 헤겔』, 1권 : 김재기 옮김, 동녘, 1986 / 2권 : 서유석·이춘길 옮김, 1987), *Die Zerstörung der Vernunft* (1954. 이성의 파괴), *Zur Ontologie des gesellschaften Seins* (1권 1984, 2권 1986. 사회적 존재의 존재론) 등이 있다. 『역사와 계급 의식』(박정호·조만영 옮김, 거름, 1986) 중에서는 「사물화와 프롤레타리아트의 의식」이 가장 중요하면서도 가장 난해한 글이므로 다른 글들을 읽은 후에 읽는 것이 좋다.

『청년 헤겔』은 루카치가 스스로『역사와 계급 의식』의 결함을 깨달은 후 최초로 1937년에 완성한 책으로 청년 헤겔에서 경제학과 변증법의 철학적 연관을 구명한 것이다.『이성의 파괴』는 최초의 마르크스주의 철학사 저서로, '철학의 영역에서 히틀러로 이르는 독일의 여정', 곧 19~20세기 철학에서 비합리주의의 역사를 다룬 책이다.『사회적 존재의 존재론』은 1961년부터 죽기 직전까지 쓴 방대한 책으로 좀 지루하고 난삽하긴 하지만 시사점도 많다. 이 가운데 「헤겔의 거짓된 존재론과 참된 존재론」과 「마르크스의 존재론적 기본 원리」, 「노동」은 독립적으로 발표되었고 이것들이 이 책의 가장 중요한 내용이라고 할 수 있다(이 세 개의 장은 김성민 교수의 번역으로 도서출판 동녘에서 곧 나올 예정이다).

오늘날 루카치는 철학자보다는 문학 비평가와 미학자로 더 잘 알려져 있다. 이 분야에 관한 해설서로는 파킨슨이 편집한 *Georg Lukács: The man, his work and his ideas* (Weidenfeld and Nicolson, 1970. 김대웅 옮김,『루카치 미학 사상』, 문예 출판사, 1986), 키랄리활비가 지은『루카치 미학 비평』(김태경 옮김, 이론과 실천, 1984), 루카치와의 대담을 실은『변증법적 미학에 이르는 길』(아르놀트 하우저, 반성완 엮어 옮김, 문학과 비평, 1990) 등이 좋다. 루카치 자신의 문학 이론 및 문학 비평서로는 무엇보다도 *Der historische Roman*(1955.『역사 소설론』, 이영욱 옮김, 거름, 1988)을 읽는 것이 좋겠고,『리얼리즘 문학의 실제 비평』(반성완 엮어 옮김, 까치, 1987), *Die Gegenwartsbedeutung des kritischen Realismus* (1957.『비판적 리얼리즘의 현대적 의미』, 조만영 옮김, 창작과 비평, 근간 예정),『문제는 리얼리즘이다』(루카치 외, 홍승용 엮어 옮김, 실천문학사, 1985) 등이 볼 만하다. 1920년대와 1930년대의 문학 이론 논문을 망라한『작가와 비평가』(조만영·임홍배 옮김, 창작과 비평)가 곧 나올 예정이다. *Die Seele und die Formen* (1911. 반성완·심희섭 옮김,『영혼과 형식』, 심설당, 1988)과

Die Theorie des Romans(1916. 반성완 옮김,『소설의 이론』, 심설당, 1985)는 루카치가 마르크스주의로 전향하기 이전에 쓴 초기의 대표작으로, 난해하긴 하지만 문학 이론과 비평의 역사에서 고전에 속하는 책이고 오늘날에도 풍부한 시사를 줄 것이다. 특히『소설의 이론』은 그의 총체성 개념을 이해하는 데 중요한 저작이다. 미학에 관해서는 *Über die Besonderheit als Kategorie der Ästhetik* (1957.『미적 범주로서의 특수성』, 여균동 옮김, 이론과 실천, 1987.『미학 서설 : 미학 범주로서의 특수성』, 홍승용 옮김, 실천문학사, 1987), *Beiträge zur Geschichte der Ästhethetik* (『미학 논평』, 홍승용 옮김, 문학과학사, 1992) 등이 번역되어 있다.

    루카치의 사상 역정을 이해하는 데는 그 자신이 정리한 글이 도움이 된다. 「마르크스로 가는 나의 길 Mein Weg zu Marx」(1933)과 「'마르크스로 가는 나의 길'에 대한 보론 Postscriptum zu: Mein Weg zu Marx」(1957), 그리고 죽기 직전에 자신의 삶과 사상을 메모한 것과 이를 기초로 한 대담을 실은 *Georg Lukács: Gelebtes Denken: Eine Autobiographie im Dialog* (I. Eörsi 엮음, Frankfurt am Main, 1981.『삶으로서의 사유』) 등이 있다. 이 글들은『게오르크 루카치 : 맑스로 가는 길』(김경식·오길영 엮어 옮김, 솔 출판사, 1994)에 번역되어 있다. 또 기존 저서들에 대한 재판의 서문도 중요한 자료인데, 이 중에서『소설의 이론』서문(1962)과 특히『역사와 계급 의식』을 포함한 전집 제2권에 덧붙인 서문(1967)이 중요하다(모두 번역되어 있다). 이 밖에 말년에 홀츠(H. H. Holz), 코플러(L. Kofler), 아벤트로트(W. Abendroth) 같은 서독 학자들과 가진 대담이 중요한데, 이것은 *Gespräche mit Georg Lukács* (T. Pinkus 엮음, Hamburg, 1967)에 실려 있다.

6장
테오도르 아도르노

민 형 원

1. 생애

    1903년 9월 11일 테오도르 비젠그룬트 아도르노(Theodor Wiesengrund Adorno, 1903~1969)는 포도주 상인인 아버지와 이탈리아계의 성악가인 어머니 사이에서 출생했다. 그는 프랑크푸르트 인근에 있는 오덴발트의 숲 지대에 위치한 아모르바흐에 주말 별장을 가질 만큼 유복한 환경에서 성장했다. 그러나 무엇보다도 그에게 큰 행운이었던 것은 평생을 결혼하지 않은 채 아도르노 집안에서 같이 살았으며, 아도르노가 작은 엄마라고 불렀던 피아니스트로 일가를 이룬 이모와 성악가인 어머니로부터 음악에 대한 사랑과 열정을 마치 젖을 마시듯이 받아들이면서 클 수 있었다는 것이다.
    김나지움 시절 10살 연상인 지그프리드 크라카우어(Siegfried Krakauer)와 교분을 맺고, 함께 칸트의 『순수 이성 비판』을 읽었다. 1919년부터 아도르노는 베른하르트 제크레스(Bernhard Sekles)에게서 정식으로 작곡을 사사하기 시작했다. 1921년 김나지움을 졸업하고, 이 무렵 에른스트 블로흐(E. Bloch)의 『유토피아의 정신 *Geist der Utopie*』과 루카치(G. Lukacs)의 『소설 이론 *Die Theorie der Roman*』을 읽었다.

1921년부터 1924년까지 아도르노는 프랑크푸르트 대학에서 주전공을 철학, 부전공으로 사회학·음악학·심리학을 공부했다. 이 무렵부터 본격적으로 음악 평론가로서 활동을 시작한다. 또한 후설에 대한 세미나에서 마르크스 호르크하이머를 알게 되고 그를 통해 프리드리히 폴로크와도 교분을 갖게 되며, 뒤에 발터 벤야민과도 만나게 된다.

1924년 한스 코르넬리우스 교수의 지도 아래 「후설의 현상학에 있어서의 사물적인 것과 노에마적인 것의 초월성 Die Transzendenz des Dinglichen und Noematischen in Husserls Phänomenologie」이라는 논문으로 박사 학위를 취득한다. 이 논문은 전집 1권(*GS*1)에 실려 있다. 학위 취득 구두 시험이 1월 28일에 있었지만 아직 철학자의 길을 갈 것인지 작곡가의 길을 갈 것인지를 정하지 못한 상태에서 그는 1925년 알반 베르크(Alban Berg)의 오페라 '보첵크'(Wozzeck)에서 압도적인 인상을 받고는 알반 베르크와 쇤베르크에게서 작곡을, 에두아르트 스토이어만(Eduard Steuermann)에게서 피아노를 사사하기 위해 1월 30일 빈(Wien)으로 이주했다.

그의 빈 시대는 1925년 알반 베르크에게서 받은 유명한 편지 때문에 끝나게 된다. 이 편지에서 아도르노는 알반 베르크로부터 다음과 같이 결단을 촉구받았다.

> 나는 당신이 (이제까지 전혀 연구되지 못한 모든 점에서, 그것이 철학적 성질의 것이든 예술사적 성질의 것이든, 혹은 이론적 사회적 역사적 성질의 것이든 혹은 여타의 어떠한 성질의 것이든 간에) 음악에 대한 가장 심오한 인식이라는 영역에서 최고의 역량을 발휘해야 할 소

명을 타고 태어났다는 사실에, 또한 이를 위대한 철학 작품의 형식 가운데서 완성할 수도 있으리라는 사실에 깊은 확신을 가지고 있습니다. 그러나 당신을 생각할 때 나에게 늘 따라붙는 근심은 혹시 당신이 음악 창작을 소홀히 하지 않을까 하는 것입니다. 그리고 언젠가는 당신 역시도 반쪽짜리 어설픈 것은 도저히 참아낼 수 없는 한 사람이기에 칸트든 베토벤이든 둘 가운데 하나를 결정하지 않으면 안 될 것입니다.

1927년 프랑크푸르트로 돌아온 아도르노는 호르크하이머 등과 만나 음악 비판과 이데올로기 비판을 연관시키고자 하는 첫 시도를 구체화한다. 이 해 첫번째 교수 자격 논문인 「초월적 정신론에 있어서의 무의식의 개념 Der Begriff des Unbewußten in der transyendentalen Seelenlehre」은 일단 제출하였다가 다시 회수하였다(이 논문은 유작으로 출판되었다). 1928~1931년 문화 잡지였던 『안부르흐 Anbruch』의 편집자가 되었으나, 뒤에 이 잡지가 공산당의 선전 기관지로 변질되자 퇴사하고 베를린에 체재하면서 그의 부인이 되는 마가레테(애칭은 그레텔) 카르프루스와 발터 벤야민, 에른스트 블로호, 베르트로트 브레히트 등과의 만남을 가졌다. 그리고 저명한 신문에 음악 비평가로 취직할 수 있는가를 모색해 보기도 한다.

1931년 파울 틸리히의 지도로 「키에르케고르에 있어서의 미적인 것의 구성 Die Konstruktion des Ästhetischen bei Kierkegaard」이라는 논문을 제출해 프랑크푸르트 대학에서 교수 자격을 취득한다. 1931~1933년 사이에는 프랑크푸르트 대학의 사강사로 일했다. 교수 취임 논문은 「철학의 현실성 Die Aktualität der Philosophie」이었는데 이 논문은 벤야민에게서 강한 영향을 받은 것이었다. 또한 이 시기에 그는 사회 연구소(Institut für Sozialforschung)의 기관지인 『사회 연구 Zeitschrift für Sozialforschung』지 발간에 적극 참여하게 된다.

1933년 9월 11일 나치가 그의 강의 자격을 박탈하자, 옥스포드 대학의 머톤 칼리지에 체재한다. 이 시기에 칼 만하임(Karl Mannheim)과의 교분이 이루어졌고, 또한 헤겔 연구를 본격화한다. 그는 현상학적 관념론과의 궁극적인 단절을 의미하는 박사 학위 논문을 구상하는데, 이 구상이 뒤에 『인식론에 대한 메타 비판 Zur Metakritik der Erkenntnistheorie』의 기초가 된다. 이 시기에 그는 독일과 영국을 몇 차례 오간다.

　1937년 8월 마가레테 카르플루스(Magarete Karplus) 박사와 결혼하고, 이어 1938년 뉴욕으로 이주하면서 공식적으로 사회 연구소의 연구원이 되었다. 그리고 곧이어 파울 라자펠트가 주도하는 프린스턴 라디오 리서치 프로젝트에 참여해 음악 부분을 담당하게 된다.

　1941년에서 1949년 사이 뉴욕을 떠나 로스앤젤레스에 정착한다. 이 시기는 아도르노의 생애에서 가장 생산적인 시기였다. 그는 이 시기에 호르크하이머와 함께 쓴 『계몽의 변증법 Dialektik der Aufklärung』 외에도 『미니마 모랄리아 Minima Moralia』, 『신음악의 철학 Philosophie der neuen Musik』 등을 썼다. 또한 그는 한스 아이슬러 및 토머스 만과 빈번하게 접촉하였다. 이 시기의 아도르노와의 교류를 통해 얻은 많은 자극이 이후 토머스 만의 최후의 대작인 『파우스트 박사』에서 작곡가 아드리안 레버퀸과 악마를 통해서 표현된다. 한편 아도르노는 1944년 이래 반유대주의의 문제를 연구하고자 했던 버클리 프로젝트에 참여, 뒤에 이 공동 연구로부터 『권위주의적 성격 The Authoritarian Personality』을 집필한다.

　1949년 프랑크푸르트로 귀환하여 프랑크푸르트 대학의 철학과 및 사회학과 조교수가 되었고 1953년 부교수로, 1956년 정교수로 승진한다. 이어 1953년에는 사회 연구소의 공동 소장으로 취임하고, 1958년부터는 단독으로 소장직을 맡게 된다. 그는 음악에 대한 공헌으로 1954년 아놀드 쉰베르크 메달을 수상하였고, 1956년 첫번째 개인 조교로 위르겐 하버마스를 선임한다. 1960년 하버마스의 후임으로 선임한 두번째 조교 알프레드 슈미트는 아도르노가 사망할 때까지 그의 조교로 남아 있는다.

1959년 그는 독일 문학 비평가상을 수상하고, 1960년에는 빈에서 열린 말러 탄생 100주년 기념 행사에서 추모 강연을 한다. 1961년 튀빙겐에서 열린 독일 사회학 대회에서 사회 과학의 논리(Zur Logik der Sozialwissenschaften)에 대한 포퍼와 아도르노의 발제를 둘러싸고 실증주의 논쟁이 벌어지게 된다. 이는 20세기의 논쟁 가운데 사회 이론의 영역에서 기억되어야 할 논쟁의 하나이다.

아도르노는 바쁜 일상 가운데서도 작곡과 음악 교육에 지칠 줄 모르는 정열을 가지고 있었다. 특히 매년 여름 다름슈타트에서 열리는 아방가르드 음악가들의 워크숍에서 「앙포르멜 음악을 향하여 Vers uns musique informelle」라는 제목의 강연을 하는 등 이 워크숍에 적극적으로 참여해 마우리치오 카겔, 루이지 논노, 펜데레키 등 전후의 중요한 아방가르드 작곡가들에게 큰 영향을 준다. 그 결과 아도르노의 60세 기념 논총에는 당시 아도르노로부터 큰 영향을 받았던 슈토크하우젠과 피에르 블레의 작품들이 헌정되었다.

그는 1963년 독일 사회학회의 회장에 피선되고, 60세 생일에 프랑크푸르트 시로부터 괴테 상을 수상했다. 1968년 독일 사회학 대회에서 퇴임하는 독일 사회학회 회장으로서 「후기 자본주의인가, 산업 사회인가」라는 제목의 개막 연설을 한다.

독일 학생 운동의 지도자였던 루디 두취케 암살과 독일에서의 비상 대권법에 대한 반대 투쟁 및 파리의 1968년 5월 사태 등으로 매우 과열된 상태에서 5월 말 독일 학생 운동권에서 가장 뛰어난 이론가이자 대중 연설가이며, 동시에 아도르노의 박사 학위 과정 학생이었던 위르겐 크랄의 지도 아래 프랑크푸르트 대학 총장실이 점거되었다. 이러한 일련의 사태는 아도르노로 하여금 학생들에게 큰 거리를 두

도록 하는 결과를 가져왔다. 특히 그는 하버마스가 좌파 파시즘이라고 부른, 학생들이 자신들의 무능력함에 대한 자신의 의식을 마비시키기 위해 빠져들었다고 보는 맹목적 행동주의와 자신들의 이념을 무차별적으로 폭력적 수단을 가지고 관철하려는 학생 운동의 폭력성에 큰 불안을 느꼈다. 1969년 1월 31일 사회 연구소 건물이 학생들에게 점거되고 수차례에 걸친 요구에도 불구하고 학생들이 퇴거하지 않자 아도르노는 경찰력을 요청하여 학생들을 퇴거시키기에 이른다. 이 일로 학생 운동권과의 단절은 돌이킬 수 없게 된다. 1969년 여름 학기는 상체를 완전히 드러낸 채 강의를 방해하는 여학생들 때문에 강의를 끝까지 이끌 수조차 없었다. 이 해 8월 6일 아도르노는 스위스의 비스프(Visp)에서 심장 마비로 사망했다. 1977년 프랑크푸르트 시는 그를 기념하기 위해 테오도르 아도르노 상을 제정하여 매해 시상하고 있다. 하버마스, 엘리아스 등이 이 상의 저명한 수상자들 가운데 하나이다.

2. 아도르노 철학의 핵심 개념인 동일성의 원리

아도르노가 2차 세계 대전중 미국에서 호르크하이머와 공동 집필한 『계몽의 변증법 *Dialektik der Aufklärung*』[1)]은 『부정 변증법 *Negative Dialektik*』 및 유고로 남겨진 『미학 이론 *Ästhetische Theorie*』과 더불어 아도르노의 세 주저로 평가된다. 그리고 계몽의 변

---

1) 이 글에서 모든 아도르노로부터의 인용은 특별한 언급이 없는 한, 주르캄프 출판사 판 『아도르노 전집 *Gesammelte Schriften*』에 근거한다. 『계몽의 변증법』은 전집에 3권으로, 『부정 변증법』은 6권으로, 『미학 이론』은 7권으로 실려 있다. 『계몽의 변증법』으로부터의 인용은 *DA*, 『부정 변증법』으로부터의 인용은 *ND*, 『미학 이론』으로부터의 인용은 *ÄT*라는 약자로 표기한다. 그리고 그 밖의 인용은 전집의 약자인 *GS*로 표시한다.

증법에 대한 역사 철학적 진단으로부터 출발해서, '이 문제를 철학적-개념적으로 해결해 보려 노력했던『부정 변증법』'을 거쳐, 끝내『미학 이론』에 이르는 아도르노의 철학적 사고의 여정은 일종의 체계적 필연성에 의해 규정되고 있는 것으로 이해해야만 한다. 이러한 철학적 전개를 심층적으로 규정하고 있는 내재적 논리를 분명히 하는 것이 이 글의 과제가 될 것이다.

아도르노의 후기 철학은『계몽의 변증법』가운데서 제시된 철학적 결단과 이론적 구성을 근거로 계몽의 극복, 즉 자신의 한계와 가능성을 명백히 의식한 새로운 모습의 계몽의 가능성, 바꾸어 말한다면 계몽의 자기 계몽이라는 문제를 해결하기 위한 끊임없는 고투의 결과이다. 그리고『계몽의 변증법』에서『부정 변증법』을 거쳐『미학 이론』에 이르는 아도르노 후기 철학의 전개 가운데는 하나의 개념이 일관되게 중심에 자리잡고 있는데, 그것은 '동일성의 원리'(das Prinzip der Identität)라는 개념이다. 동일성의 원리라는 개념은 아도르노 철학의 전체 스펙트럼이 그 가운데서 펼쳐 보여질 수 있는 몇 안 되는 개념 가운데 하나이다.

그리고 동일성의 원리의 문제는『계몽의 변증법』가운데서 제공되는 지배의 문제에 대한 해명을 통해서 가장 잘 이해할 수 있다. 아도르노는 그가 동일성의 사고라고 부르는 합리적 사고와 교환 원리에 의해서 조직되고 있는 사회 및 근대적 개인의 강박적 정체성 모두가 지배의 결과라고 보며, 이들의 근저에는 지배의 추상적인 정신적 형식으로서의 동일성의 원리가 이들 모두의 구성 원리로서 자리잡고 있다고 본다. 때문에 아도르노의 철학을 동일성의 원리의 비판과 극복이라는 관점으로부터 재구성해 내고자 하는 우리의 의도는 우선『계몽의 변증법』의 이론적인 근본 관심인 '지배에 대한 비판' 및 지배의 가장 추상적인 정신적 형식으로서의 동일성의 원리에 대한 비판을 분명히 하는 작업에서 시작해야 한다.

(1) 『계몽의 변증법』
—— 지배의 총체적 확산 과정으로서의 인류의 역사

『계몽의 변증법』은 독일 파시즘의 부상과 집권이라는 물음으로부터 출발해서 시민 사회의 위기의 표현인 파시즘이 역사 가운데서 우연히 나타난 현상이 아니라 '역사의 구조적인 문제'의 궁극적 표현이라는 확신, 즉 파시즘은 "역사상에 있어서의 장기간에 걸친 경제사적 사회사적 정치적 사회 심리학적 및 문화적 발전 과정의 필연적인 결과"라는 확신에 근거하여 이 발전 과정의 근거를 연구, 제시하고자 하는 '세계사의 철학적 구성'(eine philosophische Konstruktion der Weltgeschichte; *DA*, 235)을 시도하고 있다.

자기 보존(Selbsterhaltung)
'계몽의 개념'(Der Begriff der Aufklärung)이라 칭해지는 『계몽의 변증법』 1부는 『계몽의 변증법』 전체의 이론적 구도를 보여 주고 있다. 여기에서 아도르노는 "자기 보존을 향한 노력이야말로 덕(德)의 첫째의 또한 유일의 근거이다"(*DA*, 35)라는 스피노자의 명제를 인용하면서, 자기 보존이야말로 '모든 생명체의 진정한 법칙'(*ND*, 342)이라고 주장한다. 그리고 이 자기 보존은 『계몽의 변증법』에서 중심적 역할을 하는 지배나 도구적 이성과 같은 다른 범주들의 이해를 위한 생산적인 출발점을 제공해 주는 가장 기본적인 범주로 기능한다.

자연 지배의 출발
『계몽의 변증법』에 있어서 역사는 인간이 유기적으로 자신과 일치를 이루던 자연으로부터 자신을 분리시킨다는 일종의 재앙에 찬 분리 경험과 더불어 시작한다. 인간과 자연 사이에 이러한 선험적 단절의 원인이 된 것은, 인간이 자신은 결국 거역할 수 없이 막강한 자연에게 속절없이 맡겨져 있다는 사실을 인식할 때 다가오는 '과격화된 신화적 불안'(radikal gewordene mythische Angst; DA, 22)이었다. 이로써 이미 앞서 존재하고 있던 자연과 인간의 통일은 파괴되고, 양자는 서로 적대적인 것으로 대립하게 된다. 이제 자기 보존의 주체로서의 인간에게는 자연에 굴복하든가 아니면 자연을 굴복시켜야만 한다는 곤혹스러운 두 가지 가능성만이 주어지게 된다. 인간은 죽음의 공포에 쫓겨, 위협적인 자연의 지배로부터 벗어나고자 투쟁하면서 정신없이 자연 지배의 길을 택하게 된다.

사회적 지배의 출현

역사가 시작된 이래 자연 지배는 언제나 지배에 의해 규정되는 사회라는 테두리 안에서 수행되어 왔다. 자연 지배는 고립된 개인들의 개별적 행위가 아니라 언제나 집단적, 사회적 행위로서 성립했다. 그렇기 때문에 자연 지배는 사회의 구조화 가운데 뿌리내리고 있었다. 아직 과학과 기술에 의한 생산력이 전혀 발전하지 못한 역사의 단계에서 자기 보존을 위해 필수적으로 요구되는 결핍된 재화의 생산과 획득을 위한 노동이라는 무거운 짐과, 또한 노동의 결과 획득된 재화의 소비와 분배를 강제(권력)를 가지고라도 관철할 수 있는 사회적 지배 구조의 성립 없이는 자연 지배가 불가능했다. 따라서 사회적 지배는 자연 지배의 필연성으로부터 파생해 나오는 이차적 형식으로 이해할 수 있다.

자연 지배는 사회적 지배를 전제하고 있다. 역사의 흐름 속에서 점점 강화되어 가는 자연 지배의 경향성은 바로 이러한 사회적 지배, 사회적 삶의 통제 가능성의 강화를 전제로 했던 것이다. 인간은 점점 걷잡을 수 없이 자기 보존을 위해 성립하게 된 사회적 지배의 장악 아래에 이르게 된다. 바로 자연 지배가 인간 자신을 자연의 강제로부터 해방시키기 위해서 산출해 낸 사회의 강제 속으로 인간을 이끌어 간다. 처음에는 위협적 자연에서 비롯하던 인간의 부자유는 점차 사회적 지배에서 비롯하는 부자유로 대치된다. 위협적 자연의 지배의 위치를 인간에 의한 인간의 지배가 점하게 된다. 자연으로부터 권력을 찬탈한 인간은 그러나 끝내는 인간 자신의 지배에 굴복하게 된다. 때문에 『계몽의 변증법』의 주된 테마의 하나는, 자연으로부터의 맹목적 해방이라는 문명사의 최초의 과제와 더불어 이미 사회적 해방은 불가능하게 되어 버렸다는 것이다.

내적 자연의 지배의 필연성

외적 자연을 지배하려는 총체적 시도는 나아가 인간을 단순한 억압의 도구로 전락시킨다. 자신을 외계에 대립시켜 관철할 수 있기 위해서, 주체는 자신의 내적 자연을 합리적 통제 아래 굴복시켜야 했다. 외적 자연에 대한 지배와 사회적 지배는 '인간 내부에 존재하는 자연에 대한 부인'(Verleugnung der Natur im Menschen; *DA*, 61)을 대가로 지불하게 된다.

사회 조직이라는 틀 가운데서 합리성에 의해 규정되고 있는 자기의 구성, 정체성의 구성은 인간의 내적 자연의 부정을 대가로 한다. 주체의 동일성(=정체성)의 구성은 오직 인간의 내적 자연에 대한 완벽한 지배를 통해서만 가능했다. 이때 내적 자연이란 내용적으로는 인간의 육체와 환상, 욕구와 감정 등을 가리킨다. 그러나 주체 가운데 존재하는 이 내적 자연이야말로 삶과 행복이라는 구체적 목적의 근원이다. 저 행복에의 본능과 직결된 내적 자연의 억압은, 자기 보존과 외적 자연 및 사회적 지배를 위해서는 필연적인 합리적 자기의 구성을 위해서 치러야 했던 대가이다.

인간들은 감성을 오성에, 저 자기 보존을 위한 계산적 합리성에 굴복시켜야만 했다. 이제 인간은 자신의 행위를 통해 특정한 목표를 추구하는 한, 모든 자발적 감흥들이 주는 현재의 향수를 포기한 채, 한

순간이라도 달성되어야 할 목표를 놓치지 않기 위해 지속적인 긴장 상태 가운데서 이를 향해 모든 심리적 에네르기를 쏟지 않으면 안 되게 됐다. 이제 인간은 자신에게 폭력을 가하고 자신 가운데 무섭도록 모든 것을 통제하고 계산하는 심리적 기제를 구성해야 했다. 외적 자연과의 투쟁뿐만 아니라 다른 인간과의 투쟁에서도 이기고자 하는 인간은, 우선 자신의 내적 자연을 이겨야 했다. 그리고 인간의 자아는 본능과 육체에 대한 은밀한 검열 장치이자 사회적으로 공인된 인간 행위의 지휘소가 된다. 이러한 육체와 본능의 길들임, 내적 자연의 지배가 자기 보존의 전제였다.

내적 자연의 지배는 외적 자연에 대한 지배와 평행하게 진전된다. 외적 자연의 지배의 완성은 내적 자연에 대한 완벽한 지배와 불가분의 관계가 있다. 지배는 외적 자연이나 다른 인간만을 대상으로 했던 것이 아니라, 자기 자신의 내적 자연까지도 대상으로 해서 진전되어 왔다. 외적 자연에 대한 지배는 점차 주체의 내면으로 이행되어 그곳에서 자연으로서의 자신을 감시하게 된다. 지배는 이제 내적 자연에 대한 자기 통제로서 내면화된다. 폭력적으로 억압된 자연은 주체 가운데 내면화된 폭력으로서 침전된다. 그리고 이러한 지배의 내면화, 자기 억압은 자연 지배의 필연적 결과이다. 내적 자연의 지배와 외적 자연의 지배는 동일한 것이다. 자연에게 가한 폭력은 이제 인간 자신에게 되돌아온다. 그리고 이러한 내적, 외적 자연에 대한 폭력이 사회적으로는 인간에 의한 인간의 지배를 가능케 하는 근거이기도 하다.

이러한 내적 자연의 체계적 지배와 길들임은 비록 주체의 자기 보존을 확보해 주기는 했으나, 다른 한편 이는 주체 자신의 자기 배반(Selbstpreisgabe)이었다. 이는 자연과의 일체성의 상실, 자신으로부터의 소외와 모든 감성적인 것의 억압, 그리고 무엇보다도 모든 정서적 자발성과 본능의 추방을 의미하며, 이러한 요소들의 상정 없이는 결국은 인간 자신의 주체로서의 존재 의미의 여부조차가 불가능한 것들이었다. 주체의 구성 원리로서의 지배는, '잠재적으로는 자기 보존을 위해 지배를 시작했던 주체 그 자체의 말살'(DA, 62)을 의미하게 된다. 인간 내부의 자연의 부정과 더불어 인간적 행위의 텔로스가 부정된다. 이 내적 자연이야말로 모든 실천적 목표 설정과 욕구 표현의 마지막 근거로서 인간의 모든 역사적 실천의 최종적 텔로스인 것이다. "이러한 …… 인간의 내적 자연의 부정과 더불어 외적 자연 지배의 목적뿐만 아니라 인간 자신의 삶의 목표가 부정된다. 인간이 자신이 자연이라는 의식을 말살하는 그 순간 삶의 모든 목표와 사회적 진보, 인간의 합리성, 의식 그 자체가 부질없는 (공허한) 것이 된다"(DA, 61f.).

(2) 계몽의 변증법의 알레고리로서의 『오디세이』

아도르노는 『오디세이 Odyssee』의 열두번째 노래──이곳에서는 오디세우스와 그 일행의 시레네와의 상봉을 노래한다──의 분석을 근거로, 진보해 가는 문명의 내적 자연에 대한 지배를 통한 인간의 자기 보존의 진보는 동시에 이 내적 자연의 지배를 통해서 인간의 자기 부정과 기형화의 진보를 가져왔다는 사실을 다시 한 번 분명히 하고 있다. 때문에 우리의 관점에서는 자기 부정과 단념 아래서만 자기를 보존할 수 있었던 오디세우스는 '시민적 개인의 원형'(DA, 50)이며, 서양 문명의 자기 파괴적 경향성을 분명히 해 주는 문명의 변증법을 예감한 알레고리(allegory, 자성이 강한 비유)로서 유럽 문명의 근본 텍스트로 볼 수 있다.

『오디세이』의 열두번째 노래는 앞서도 말했듯이 오디세우스와 시레네의 상봉을 이야기하고 있다. 시레네는 자기 보존을 위한 힘겨운 노력 아래서만 간신히 자기 정체성을 형성할 수 있었던 인간에게, 이 자기 정체성의 형성을 위해 그들이 거부해야만 했던 자연과의, 타인과의 합일이 줄 수 있는 충만된 기쁨을 노래를 통하여 회상시키며 돌아오라고 호소하고 있다. 그리고 이 행복에의 약속은 최고의 곤경과 궁핍 아래서야 간신히 획득된 자기 정체성을 포기시켜 인간의 주체성을 와해로 이끌 만큼 막강한 것이었다. 이 노래는 시레네가 노래 부르고 있는 이 협곡을 통과하려고 했던 오디세우스 이전의 어떤 누구도 죽음으로 이끌어 그들의 해골과 난파한 선박의 잔해로 협곡을 가득 메울 만큼 저항하기 어려운 것이었다.

이 죽음을 벗어나기 위해 오디세우스가 가질 수 있었던 가능성은 두 가지뿐이었다. 그는 자신의 부하들에게는 밀랍으로 귀를 틀어막고 죽을 힘을 다해 노를 저으라고 명령한다. 오디세우스의 명령에 따라서 그들은 시레네의 노래와 이 노래가 주는 벅찬 행복을 느낄 수 있는 모든 가능성을 자기 보존을 위해 처음부터 상실하게 된다. "모든 감각을 강제로 봉쇄한다"(DA, 42)는 이러한 절망적 노력 가운데서만 그들은 유혹에서 벗어날 수 있었다. 오디세우스의 부하들은 밀려오는 충만된 행복을 자기 보존을 위해서 부정해야 했으며, 오디세우스는 그들의 '육체와 영혼에 굴레를 씌움으로써' 그들이 자기를 보존할 수 있도록 도왔다. 자기 보존의 논리는 자기 부정의 논리이다.

노예가 아니라 동반자라고 되어 있으면서도 노를 저어야만 했던 오디세우스의 부하들에게는 행복을 약속하는 황홀한 노래를 듣지 않기 위해서 서로의 의사 소통까지 불가능하도록 밀랍으로 귀를 틀어막는 것이 자명한 것으로 이해되고 있다. 그들의 임무는 침묵 속에서 죽을 힘을 다해 노를 저어 배를 전진시키는 것이다. 그들은 현대의 공장 노동자들처럼 노동과 자기 보존에 방해가 될 수 있는 모든 본능의 불순한 움직임으로부터 봉쇄된 채 묵묵히 노동에만 전념해야 했다. 오히려 이들에게는 스스로의 뜻에 의해 돛대에 묶여 시레네의 노래를 들으며 허우적거리고 있는 오디세우스가 바보같이 보였을지도 모른다.

그러나 '다른 사람들을 노동시킬 수 있던 지주'(DA, 40)였던 오디세우스는 다른 가능성을 택했다. 자신의 부하들이 밀랍으로 귀를 막은 채 온 힘을 다해서 노를 젓고 있을 때, 오디세우스는 스스로의 뜻에 의해서 돛대에 묶여서나마 자신이 결코 따를 수는 없는 법열에 찬 시레네의 황홀한 노래에 귀를 기울였다. "그는 무력하게 돛대에 묶인 채로나마 다른 사람들과는 달리 시레네의 노래를 들으며 그 유혹이 커질수록 더욱 단단히 자신을 묶게 하였다"(DA, 40). 그러나 오디세우스 역시 쾌락의 노래에 자신을 완전히 내맡길 수는 없었고, 자기 보존을 위한 처절한 노력 아래서야 자신을 시레네의 노래에 맡기려는 유혹을 막을 수 있었다. 지배자로서의 오디세우스 역시 그의 부하들과는 다른 방식으로나마 자신을 부정해야 했다.

이러한 오디세우스와 그의 부하들의 태도를 통하여 자기 보존의 논리의 맹목성과 부정성이 극명하게 드러난다. 오디세우스의 부하들은 시레네의 노래를 전혀 알지 못한 채 조금도 남김없이 노동 가운데로 삼켜져 버리고 있는 데 반해, 오디세우스는 지배자이었기에 노래를 들을 수는 있었다. 그러나 그 전제는, 유혹에 굴복하지 않도록 최초부터 자신의 방어, 자기 지배를 철저히 한다는 것이었다. 헤겔식으로 말한다면 주인과 노예는 서로 상이한 객관적-사회적 지위에도 불구하고 한 가지 결정적인 점에서는 서로 일치한다. 자기 보존을 위한 자기 희생을 주인과 노예 양자 모두가 치르며, 이는 자기 보존의 대가라는 것이다.

그러나 우리는 『계몽의 변증법』에서 아도르노가 그리고 있는 주인과 노예의 변증법의 비극성을 헤겔이 『정신 현상학』에서 그리는 주인과 노예의 변증법과 비교해 보면 즉시 알 수 있다. 그 이유는 주인과 노예 사이에서 행해지는 역동적인 변증법적 과정을 통해 궁극적으로는 노예에 의한 주인의 극복이 가능하리라는 헤겔과 마르크스의 낙관적 믿음은 오디세우스와 그의 부하들 사이에서 전개되고 있는 과정 가운데서는 최초부터 부정되고 있기 때문이다. 『계몽의 변증법』은 역사의 진보를 더 이상 기대하지 않는다. 주인만이 훼손되고 기형화된 모습으로 남겨질 뿐 아니라, 노예 역시도 끝까지 훼손되고 기형화된 모습으로 남는다.

지배와 동일성의 원리 : 동일성의 사고, 교환 원리, 문화 산업

『계몽의 변증법』은 역사를 현대라는 재앙으로 첨예화되어 가는 과정으로 이해한다. 『계몽의 변증법』의 중심 테제에 의하면 현대 문명의 근본적 위기의 원인은 인류의 개인적 자기 보존 및 집단적 자기 보존을 위해 시작된 외적 내적 자연의 지배와 이에 동반되는 사회적 지배의 총체화에 있다. 이는 지배를 목적으로 자연과 사회, 인간의 완전한 조작과 정비를 말한다. 자기 보존을 위해 시작된 자연 지배에서 출발해서 끝내는 사회적 지배와 기형화된 주체성을 결과로서 낳게 되는 이러한 지배의 보편적 확산 과정을 관통해서 작용하고 있는 것이 동일성의 원리이다. 바꾸어 말한다면 진보하는 문명의 과정은 아도르노에 있어서는 동일성 원리의 총체적 확산 과정이었다. 동일성의 원리란 자연과 사회 가운데서 자신과는 다른 모든 것을 동일한 하나의 형식에로 강제해 가는 지배 원리의 정신적 형식이다. 동일성의 원리는, 자연 지배의 수단으로서의 개념적 사고와 사회적 지배의 수단으로서의 교환에 의해 조직된 사회 그리고 내적 자연 지배의 수단과 결과로서의 문화 산업과 근대적 개인의 강박적 정체성의 구조, 이들 모두의 배후에 숨겨져 있는 근본 구조이다.

외적 자연의 지배의 도구로서의 동일성의 사고

아도르노는 동일성의 사고를 자기 보존의 수단으로 보며, 동일성 사고는 외적 자연뿐 아니라 내적 자연과도 싸워야 했던 인간의 자기 보존과 불가분의 관계 가운데서 성립하고 있다. 동일성의 사고는 자연에 대한 주체의 도구적 장악을 가능하게 하고, 이로써 비동일적인 것을 동일성에 굴복시켰던 자연에 대립한 사회적 자기 보존의 표현이다.

아도르노가 동일성의 사고라고 부르는 것은 대상을 사고의 개념적 도식과 동일화시킴으로써 그것을 인식했다고 믿는 사고의 한 유형이다. 동일성의 사고가 타자를 생각할 수 있는 것은, 이 타자를 자신에게로 환원해서 그 대상이 갖는 차이를 동일성에 굴복시킴으로써이다. 동일성의 사고는 사상(事象) 고유의 성격을 빼앗고(coupiert) 동일성으로 대치시킨다(ersetzen). 이렇게 하여 동일성의 사고는 사상(事象)을 억압하고 지배한다. 사상(事象)을 동일화하는 작업은 그것을 지배하기 위한 조건이다. 개념을 무엇 때문에 우리가 필요로 하는가는 wahrnehmen(지각하다), begreifen(파악하다), auffassen(이해하다), ausdrücken(표현하다) 등의 인간의 인식에 있어서 핵심적인 행위들과 관계하는 이러한 단어들이 제시해 주는 상(像)들 가운데서 우리는 볼 수 있다. begreifen(파악하다)이란 타자를 greifen(꽉 잡다), 장악해서 자신의 것으로 만드는 것을 말한다. 타자의 자신에의 동화 소유야말로 Begriff(개념)의 과제이다. 개념들은 객체들을 몰수해서 지배하고자 한다. 개념들은 객체들을 소유하고 이를 마음대로 처분하고자 한다. 개념은 타자를 그것의 개별성(고유성)으로부터 단절해서 보편의 동일성을 비동일적인 것에 대립해서 관철함으로써 타자를 자신의 것으로 만든다.

개념은 실제와 개별적인 것을 무시함으로써 성립하며, 개념의 원리인 동일성의 원리는 비동일적인 것을 동일화하는 것을 의미한다. 이러한 동일화가 개념과는 존재론적으로도 완전히 상이한 타자를 개념과 동질적인 것으로 만든다. "무엇인가 다를 수 있던 것, 또 실제 다른 것이 동일한 것, 동질적인 것이 된다"(DA, 18). 이처럼 주체에 대해서는 비동일적인 것을 동일한 것으로 만들려는 노력 가운데서 특수를 완전히 말살시키려는 동일성이 성립한다. 동일성 사고의 중심에는 이제는 망각된, 그러나 그것의 성립에 있어서는 절대적 근거였던——사물의 지배를 목표로 한, 현상의 왜곡 조작을 위한——찬탈적 폭력(usurpatorische Gewalt)이 깃들어 있다.

동일성의 사고가 자신이 파악하고자 하는 것을 자신과의 동일화로 이해하는 한, 그것은 사고 가운데서의 지배의 행사이다(Das Identitätsdenken ist eine Herrschaftsausübung in Modus des Denkens). "권력과 인식은 동의어이다"(Macht und Erkenntnis ist Synonym; *DA*, 10). 동일성의 사고에게, 사물들의 본질은 언제나 동일한 것으로 나타난다. 사물들은 지배를 실현할 기체(Substrat von Herrschft; *DA*, 15)일 뿐이다. 때문에 동일성의 사고는 진리와는 아무런 관계가 없으며, 그것은 단지 자기 보존적 주체에 대한 유용성이라는 기준에 의거해서 세계를 지배 조작하려는 수단일 뿐이다. 동일성의 사고는 사물들의 본질의 표현이 아니며 사물들을 지배하고자 하는 주체의 사물들에 대한 관심(Interesse)의 표현일 뿐이다. 사고는 '지배의 기관'(Organon der Herrschaft; *DA*, 65)이며, 개념은 지배를 위한 '관념적 도구'(ein ideelles Werkzeug; *DA*, 46)일 뿐이다. 궁극적으로 이러한 동일성의 사고는 진리와는 아무런 관계가 없는, 다만 지배를 위해 봉사할 뿐인 가상(假象)을 창출해 낼 뿐이다. 이러한 의미에서 동일성의 사고야말로 모든 사회적 지배를 위한 사회적 가상으로서의 다양한 이데올로기의 원형식인 것이다.

동일성의 사고의 사회적 모델로서의 교환 원리와 사회적 지배

자신의 최고의 정신적 반성 형식을 개념적 동일성의 사고 가운데 갖는 지배는 사회적 삶 가운데서 점증하는 교환 원리의 지배로서 나타난다. 동일성의 사고는 비록 직접적인 경제적 현상은 아닌데도, 사회적 매개의 원리로서의 교환의 전(前)형식(Vorformung)을 이룬다. 어떤 구체적 사물을 개념적 동일성에로 환원시키는 것은, 교환을 근본으로 하는 사회의 반성 형식이다. 현실적으로 상이하고 다양한 사물을 그것의 다양성을 무시함으로써 동일적인 것으로 상정해 버리는 동일성의 사고는, 상품의 교환을 위한 전제이다. 동일성의 사고는 교환 추상의 조건 반사(Reflex der Tauschabstraktion)이다. 이로써 동일성의 사고와 형식 논리는 철저히 유물론적으로 시장과 화폐 경제의 전개로부터 도출된다.

사물들의 특유한 성질에 대해 냉담한 개념적 동일성이야말로 사회 이론적으로는 교환 추상과 동질적인 것이다. 교환 가운데서 각각의 특수성에 있어서 구별되는 상이한 대상들이 하나의 개념, 등가성의 요청(Postulat der Gleichheit) 아래로의, 즉 가치로서의 상품의 동일성 아래로의 포섭이 행해지고 있다. 보편성이라는 한 범주 아래로, 상이한 특수한 것들의 포섭이 행해지고 있다. 이로써 교환 과정 가운데서 자연적 대상의 특수성에 대립하는, 객관적으로 매개된 보편성이 구성된다.

동일성의 사고는 시민 사회에 있어서는 교환 원리의 한 짝(Pendant)으로서, 교환 원리 가운데서 질적으로 상이한 노동들이 단 하나의 노동 요소, 즉 생산에 투입된 노동 시간으로 환원된다. 이러한 양화(量化)는 질적으로 상이한 노동을 소요된 노동 시간이라는 척도에 따라서 등가의 것으로 주장하는 것을 가능하게 한다. 이렇게 서로 다른 산물들이 추상적 교환 가치로 환원되면서, 즉 그것의 생산에 평균적으로 투입된 사회적 노동 시간으로 환원되어서야 비로소 상호 교환될 수 있는 것이 된다. 이때 개별적 대상들이 지니는 어떠한 차이도 제거되어 평균화된다. 교환 과정 가운데서 결정적인 요소는 교환될 대상의 질적 특수성을 보지 못하게 하고 이를 특별한 대상들에 대립하는 보편으로서의 등가성에 굴복시키는 동일성이다. 특수한 것은 이로써 보편적인 것의 다양한 예들로서만 이해되게 된다(ND, 74 f. 참조).

"인간의 노동을 평균적 노동 시간이라는 추상적 보편 개념으로 환원시키는 교환 원리는 동일성의 사고와는 친족 관계에 있다'(urver-wandt; ND, 148). 때문에 아도르노에게 '교환 원리의 비판은 사고의 동일성(화)에 대한 비판'(Kritik am Tauschprinzip als dem identi-fizierenden des Denkens; ND, 148)으로서만 가능하다. 교환이란 '동일성의 원리의 사회적 모델'(das gesellschaftliche Modell des Idenitäts-prinzips; ND, 148)이다.

동일성의 사고의 또 다른 표현으로서의 문화 산업과 내적 자연의 지배

문화 산업은 지배사적으로 본다면 계몽의 종점을 말한다. 즉 외적 자연 및 사회적 지배를 위한 내적 자연의 사회적 조작의 역사적 수준을, 또한 주관적으로 내면화된 빈틈없는 보편적 은폐, 기만 관계로의 지배의 총체화를 의미한다. 문화 산업의 본질은 동일성의 사고에 의한 외적 자연에 대한 정복과 동일하다. 주체의 지배 의지가 외적 자연을 도구적 이성의 동일성의 사고의 도식에 굴복시키듯이, 문화 산업의 형태로서 자연 지배는 주체의 내적 자연 역시도 동일적인 것에 굴복시킨다. 문화 산업은 인간의 내적 자연에의 권위주의적 조직화를 추구하면서 충실하게 동일성의 원리를 실천한다. 동일화의 도구(Identifikations instrument)로서의 문화 산업은 후기 자본주의 사회가 사회 구성원을 남김없이 자신 가운데로 포섭해 들이기 위해 자신이 제시하고 있는 도식적 규범들을 사회 구성원 개개인들의 내면 가운데 정착시키는 것을 궁극의 목표로 한다. 문화 산업의 목적은 사회 체계 아래로 인간을 완전히 포섭해 들이는 것이다.

문화 산업은 자신이 산출하는 정형(Stereotyp)에로의 동일화를 강제해 가면서 개개의 주체를 극단적인 주체 상실로 몰아간다. 그러나 본래 자아의 발전은 이와는 반대로, 동일화를 요구해 오는 여론이나 태도까지도 자신의 합리적 검토를 통해서 그것이 필요하며 이성적이라고 판단될 때만 받아들이는 주체의 비판적 독립성을 불가결의 전

제로 한다. 그러나 문화 산업에 의해서 실천되고 있는 퇴행적 사회화는 정형의 내면화를 통해 자아의 정체성을 대체하고자 한다. 인간은 강한 정체성을 형성하기보다는 타인에 의해서 규정된 행태 규범을 내면화시키도록 교육된다. 이곳에서 자율적 인간의 이념은 외부로부터 유도, 조정될 수 있는 인간성의 이념에 의해서 대체된다.

문화 산업은 인간의 의식을 기형화시키고 퇴행시키는 '도착된 정신 분석'(eine umgekehrte Psychoanalyse; GS8, 475)이다. 정신 분석이 반복에의 강제, 방어 기제, 유아적 퇴행, 경직된 행태를 완화시키려는 것을 목적으로 하는 데 반해서 문화 산업은 언제나 같은 구호, 정형과 메시지들을 반복하여, 시청자를 사회적 관습에 대한 복종으로 이끌어 간다. 자기 계몽이라는 정신 분석의 목표를 전도시키면서 문화 산업은 자신의 희생자들에게 오락과 여흥이라는 기만적 위장 아래 은폐된 메시지와 이데올로기를 강요한다.

동일한 정형의 지속적 반복과 이에 이은 주체에 의한 정형들의 내면화는 '자아의 취약성의 조장과 수탈'(Beförderung und Ausbeutung der Ich-Schwäche; GS10, 344)을 의미한다. 심리적 구조 가운데서의 자아는 스스로를 에스(Es)나 초자아와는 구별되는 것으로 유지할 수 없을 만큼 왜소화된다. "의식적이고 반성적인 자아의 기능의 자리에 사회적 강제의 지배적 직접성이 들어서게 된다. 개인에게 자율성과 타율성, 자유와 억압, 쾌락과 고통 사이의 균형을 가능하게 했던 다원적 역동성은 소멸되고 자신과 비슷한 자들 및 현재 지배적인 현실 원리와의 일원적이고 정태적인 동일화만이 가능하게 된다. 주체가 독립적인 정체성을 형성하는 것이 더 이상 불가능해지면서 주체는 '단순히 보편의 교차점'(bloße Verkehrsknotenpunkte…des Allgemeinen; DA, 164), 직접적 조작의 대상으로 전락될 뿐이다. 조작은 주체의 의식을 거치지 않는 무의식적인 본능 구조의 직접적 조작을 통해서 수행되기도 한다. 문화 산업은 단순히 의식을 조작하는 데 만족하지 않고 자신의 활동 영역을 무의식적인 본능에까지 확장해 간다. 문화 산업의 이데올로기 형성 활동은 단지 지적 차원에만 국한되는 것이 아니라 인간의 욕구 구조의 깊숙이에까지 미친다. 문화 산업은 단지 의식의 지적 차원뿐만 아니라 무의식적인 본능 구조의 차원에서 욕구의 구조를 조작한다. 문화 산업은 대중으로 하여금 어떠한 이성적 성찰이 없이 어떤 시그널에 의해서 자극과 반응이라는 도식에 따라서 자동적으로 반응하는 반동적인 행태로 학습시켜 간다.

아도르노는 문화 산업이라는 용어 가운데서 이처럼 한편으로는 오로지 후기 자본주의적 지배 구조 및 지배의 이해 분석에 대한 연구의 문맥 가운데서만 합당하게 이해될 수 있는 의식의 물화를, 또 다른 한편으로 사회 심리적으로는 개개인을 기성의 사회 속으로 이데올로기적-동기론적으로 통합해 들여 '보편(사회)과 특수(개인) 사이에 거짓된 동일성'(*DA*, 128)을 확보하려는 개인의 몰락을 촉진하는 후기 자본주의 사회의 사회화 전략을 의미한다.

3. 역사 발전의 동결 : 마르크스의 역사 철학적 진단에 대한 비판

(1) 생산력의 해방적 가능성을 맹신한 데 대한 비판

이상에서 동일성의 원리에 대한 이론을 중심으로 서술한 아도르노의 현대 사회에 대한 역사 철학적 진단이 얼마나 비극적인가는, 마르크스의 그것과 비교함으로써 쉽게 이해할 수 있다. 마르크스에게 생산력은 그 자체에 있어서는 사회적으로 규정되지 않는 단순한 기술적 과정, 노동 과정이다. 때문에 그 자체에 있어서는 '자본주의'와는 무관한 것이다. 따라서 그의 비판은, 완전히 자본주의 특유의 생산 관계에 대한 비판에 그치고 만다. 지배는 생산력 자체가 아니라 단지 자본주의적 생산 관계 안에만 근거하고 있다고 마르크스는 보고 있다. 아도르노는 이 점에서 마르크스가 자연 지배를 너무나 긍정적으로 파악한다고 비판한다. 마르크스는 어떤 의문도 없이, 자본주의 사회 속에서 전대 미문의 방식으로 확장되어 가는 자연에 대한 지배를 긍정하고 있었고, 단지 이것을 달리 관리하고 하나의 통일적 계획에 의해 조정하고자 했다.

그러나 아도르노에 따르면, 해방된 사회는 마르크스의 생각과는 달리 단지 시민 사회적 생산 관계의 지양만으로는 이루어지지 않는다. 사회적 지배의 지양은 자연에 대한 지배의 지양과도 결부되어 있다. 이 점이 아도르노 이론과 마르크스 이론 사이의 결정적 차이를 만든다. 아도르노에게 사회적 지배의 표현으로서의 자본주의적 생산 관계는 지배의 한 가지 요소일 뿐이다. 아도르노는 지배의 다른 한 요소를 가치 중립적으로 보이는 자연 지배의 표현으로서의 생산력 가운데서 보며, 마르크스의 이론이 자본주의 안에서의 지배를 너무 일방적으로 생산 관계의 분석으로부터만 도출하고 있다고 비판한다. 이로써 생산력 속에 내재하는 지배의 요소가 그의 비판의 중심에 서게 된다.

이곳에서 분명해지는 것은 마르크스가 자본주의적 생산 관계의 결과로만 파악하고 있는 사회적 지배를 아도르노는 마르크스보다 더 심층적으로 자연과 자연 지배라는 테두리 안에서 이해하고 있다는 것이다. 생산력 속에 내재하고 있는 동일성의 사고는 아도르노에게는 오히려 사회적 지배 관계로서의 생산 관계의 성립과 존속을 위한 전제이다. 이로써 아도르노는 마르크스가 생산력이 지닌다고 믿었던 해방적 가능성을 정면으로 의심하게 된다. 때문에 해방된 사회는 오히려 생산력 증강에 대한 강박 관념에서 해방되는 것을 전제로 해서만 생각될 수 있을지 모른다. 진정한 해방은 자연 지배의 지양과의 관계에서만 실현될 수 있다.

마르크스와는 달리 아도르노는 이처럼 생산력을 동일성의 사고에 의해서 가차없이 추진된 자연 지배라고 본다. 때문에 아도르노는 마르크스처럼 생산력이 생산 관계와 점차 모순 관계에 이르고, 끝내는 낡은 생산 관계를 전면적으로 타파하게 된다는 해방적 가능성을 더 이상 생산력 안에서 발견하지 못하게 된다. 교환을 중심으로 한 자본주의적 생산 관계뿐 아니라 과학과 기술이라는 동일성의 사고에 의해 추진되고 있는 생산력까지도 이들 양자가 공유하는 지배의 변증법에 의해서 철저히 규정되고 있기 때문에 마르크스에서와 같은 생산 관계와 생산력 사이에서 거의 자동적으로 비롯하는 역사의 해방적 역동성은 이제 바랄 수 없게 된다. 마르크스가 예견했던 역사의 객관적 법칙성으로부터 자연적으로 성장해 오는 역사적 역동성은 이제 궁극적으로 정지 상태에 이르게 되었다.

(2) 혁명적 주체의 부재
——프롤레타리아의 혁명적 역량을 맹신한 데 대한 비판

아도르노는 생산력과 생산 관계 사이의 갈등으로부터 비롯하는 역사의 진보적 역동성을 의심할 뿐 아니라 나아가서는 프롤레타리아의 혁명적 역량에 대해서도 큰 의심을 품었기 때문에 후기 자본주의 사회에서의 혁명적 주체의 부재(die Abwesenheit eines revolutionären Subjekts)를 확인하기에 이른다. 이제 변혁을 가져올 역사적 주체는 더 이상 존재하지 않는다. 마르크스의 가정들과는 반대로 프롤레타리아들은 '끝없는 경악'(*MM*, 376)으로서의 역사를 종결시키고 지배를 지양하는, 혁명에 의한 인류의 해방이라는 역사적 소명을 완수할 수 있는 주체의 역할을 더 이상 감당할 수 없는 것처럼 보인다. 프롤레타리아에 의해서 촉진되어 온 해방 운동이 역사적으로 종결된 뒤 아도르노는 이러한 동결된 엔트로피의 상태를 깰 수 있는 경험적으로 확인될 수 있는 어떤 사회적 집단이나 움직임도 발견할 수 없었다.

그 이유는 노동 계급은 자신들의 진정한 이해를 인식하고 구현하는 것을 가로막는 (시민 사회의) 이데올로기를 수용함으로써 완전히 후기 자본주의 사회로 통합되어 버렸기 때문이다. 그래서 그는 한편으로는 보다 강력하게 이데올로기의 문제, 다양한 이데올로기의 결합체로서의 문화의 분석으로 향하게 된다. 다른 한편으로 프롤레타리아가 더 이상 역사의 형이상학적 주-객체로서 기능하지 못하게 됨에 따라 오히려 프롤레타리아는 이제 (어떠한 정치적 환상도 갖지 않는) 사회 심리학적 분석의 대상이 되어 버린다.

4. 아도르노 철학의 초월화 : 『계몽의 변증법』으로부터 『부정 변증법』, 『미학 이론』으로의 이행

마르크스에서와 같은 사회적 변혁을 실현해 줄 실천의 주체도 없이 또한 이 변혁이 실현되리라는 역사적 필연성에 대한 확신도 상실하게 된 아도르노에게 당면 문제가 되는 것은 사회적 변혁을 실천적으로 실현하는 것은 고사하고 사회적 변혁과 유토피아가 도대체 후기 자본주의 사회의 조건 아래서 어떻게 연명할 수 있겠는가 하는 것이다.

자본주의 사회의 혁명적 지양을 목표로 하는 구체적 해방의 유토피아의 문제의 이론적, 실천적 해결은 결국 초월적 반성의 차원으로 이월되어 버린다. 혁명적으로 추구되고 있는 사회 형식의 패러다임으로서의 구체적 유토피아의 상실을 통해 아도르노의 철학은 초월화(Transzendierung)를 경험하게 된다. 인간의 행위를 유도하는 목표로서의 유토피아의 자리를 초월적 반성이 차지하게 된다. 유토피아의 관계들은 추상화, 즉 철학화한다. 유토피아적 사고는 더 이상 자본주의 사회의 혁명적 변혁에만 관계하는 것이 아니라 비동일적 사고, 다른 인간들에 대한 비지배적 관계, 자연에 대한 비기술적-비도구적 관계의 가능성에 대한 조건에 관계한다. 이러한 철학의 이념은 자신의 변증법에 상응해서 형이상학과 예술로 이행하면서 스스로를 초월한다. 객관적으로 모든 변혁적 실천의 가능성이 봉쇄되어 있는 현실 속에서 예술과 개념 비판적 철학만이 그 가운데서 아직도 변혁적 실천의 가능성이 고수되고 있는 또 다른 실천의 모습(Gestalt von Praxis; ÄT, 345)이 된다. 오직 정통적 예술과 개념 비판적 철학만이 열악한 동일성의 원리가 깨지는 곳에서만 나타날 수 있는 화해의 가능성을 열어 보여 주는 것이 가능한 특권적인 의식의 형태가 된다. 여기서 아도르노의 사회 이론의 부정 변증법, 미학으로의 변용이 분명히 된다.

부정적 사회 비판으로서의 예술과 철학 가운데서 잠재적으로나마 현실 세계에서와는 다른 질서를 제시해야 하는 이러한 유토피아적 사고를 고수하기 위해 아도르노는 비싼 대가를 치러야만 했다. 초월적 사고는 여전히 화해라는 유토피아를 고수하고는 있으나, 동시에 이 유토피아 가운데는 어떤 실천적 힘도 내재하고 있지 않음을 분명히 고백할 수밖에 없게 된다. 이로써 유토피아적 사고와 현실적 실천 사이의 관계는 복구할 수 없을 만큼 파괴된다.

더 읽어야 할 책

우리 나라의 아도르노 연구는 아직 초기 단계이다. 다만 다행스러운 것은 최근 몇 년간 본격적인 연구자들이 아도르노에 대한 역저와 번역을 출판하기 시작했다는 점이다. 그러나 아직은 그 양이 절대적으로 부족하다. 그리고 아도르노에 대한 연구들이 문학이나 예술 이론 분야에서만 제한적으로 나타나고 있을 뿐, 철학이나 사회 이론 등의 영역은 등한시하고 있다는 점도 앞으로 시정되어야 할 문제라고 생각된다.

아도르노를 공부하는 데 가장 커다란 장애로 등장하는 것은, 한 개인에게 요구하기에는 너무 벅찬 듯이 보이는 철학, 음악 이론, 문학, 미학은 물론 정신 분석학, 정치 경제학, 사회학까지를 대상 영역으로 포괄하는 그의 이론의 거대한 시야이다. 게다가 아도르노가 자신의 사고의 궤적을 이제까지의 모든 이론의 서술 방식인 체계적인 논고의 형식을 버리고 특유의 철저한 반체계적 에세이의 형식으로 서술하고 있다는 점이다. 그러나 일급 스타일리스트의 향기 높은 현란한 문체로 쓰여진 그의 글을 읽는다는 것은 모든 어려움에도 불구하고 심지어 감각적인 쾌락까지를 동반하는 작업이기도 하다.

이 글의 앞머리에서도 밝혔듯이 아도르노의 대표작을 아주 좁게 꼽는다면, 역시 『계몽의 변증법. 철학적 단편들 *Dialektik der Auf-*

klärung. Philosophische Fragmente』(호르크하이머와 공저, Suhrkamp, 1981),『부정 변증법 Negative Dialektik』(Suhrkamp, 1973),『미학 이론 Ästhetische Theorie』(Suhrkamp, 1970)을 들 수 있다. 그러나 그밖에도『미니마 모랄리아. 손상받은 삶으로부터의 성찰 Minima Moralia. Roflexionen aus dem beschädigten Leben』(Suhrkamp, 1980)과『신음악의 철학 Philosophie der neuen Musik』(Suhrkamp, 1975)은 결코 소홀히 할 수 없는 저작이다. 그러나 이 저작들은 아도르노 이론에 대한 아무런 선행 지식 없이 덤비기는 상당히 어렵다. 따라서 아도르노를 처음 공부하는 이에게 읽으라고 권하고 싶은 책은 아도르노가 자신의 독특한 용어 사용법에 대한 해명을 통해 이전의 철학적 사고들과 자신의 차이를 평이한 문체로 정리한『철학 용어 Philosophische Terminologie』(1권 : 1973, 2권 : 1974) 1권과 2권이다. 이 책은 아도르노가 1962년 봄학기부터 1962년과 1963년에 걸친 겨울 학기에 프랑크푸르트 대학에서 한 강의의 녹음을 근거로 편집한 책이다.

이어 계속 아도르노를 공부하겠다는 뜻을 굳힌다면 그 자신의 중기 이후의 사상뿐 아니라 2차 세계 대전 이후의 프랑크푸르트 학파의 이론적 작업의 근본적인 패러다임을 제시하고 있는『계몽의 변증법』을 읽으라고 권유하고 싶다. 이 책을 읽어 낸 뒤에는『부정 변증법』을 붙들고 앉든지 또는 자신의 관심에 따라 상이한 테마들을 다루는 아도르노의 개별적인 연구 저작들을 잡더라도 큰 어려움은 없을 것이다.

참고로 국내에 번역된 아도르노의 저작으로는『계몽의 변증법』(김유동・주경석・이상훈 옮김, 문예출판사, 1995),『한줌의 도덕 Minima Moralia』(최문규 옮김, 솔 출판사, 1995),『미학 이론』(홍승용 옮김, 문학과 지성사, 1984),『음악 사회학 입문』(김방현 옮김, 삼호출판사, 1990),『아도르노의 문학 이론』(김계연 옮김, 민음사, 1989) 등이 있다.

또 아도르노에 관한 일반적 소개서로 『아도르노 사상』(김유동, 문예출판사, 1993), 『아도르노의 사회 이론과 예술 이론』(문병호, 문학과 지성사, 1993), 『아도르노 Adorno』(M. Jay, 1984. 최승일 옮김, 지성의 샘, 1995) 등이 있다.

7장
위르겐 하버마스

김 재 현

1. 생애와 저작

하버마스(Jürgen Habermas, 1929~)는 파시즘의 등장 속에서 어린 시절을 보낸 후, 파시즘의 몰락을 체험했으며 2차 세계 대전 뒤에 나온 강제 수용소와 대학살에 관한 기록 영화를 보고 엄청난 충격을 받으면서 사회적, 정치적 의식을 갖게 되었다.

하이데거 철학의 영향을 받았던 하버마스는 1935년 여름 학기 강의록이었던 하이데거의 『형이상학 입문』이 1953년에 아무런 수정 없이 간행되자, 철학과 정치가 분리될 수 없다는 것을 깊이 자각하여 하이데거를 비판하고 그의 철학이 1933년 이후에도 계속 나치즘의 정치 이데올로기와 연루되었음을 폭로한다. 하버마스는 괴팅겐, 본, 취리히 대학에서 철학, 문학, 역사학뿐만 아니라 경제학, 심리학 등을 공부하면서 뢰비트를 통해 '청년 마르크스'를 알게 되고, 루카치의 『역사와 계급 의식』, 호르크하이머와 아도르노의 『계몽의 변증법』을 읽고 충격적인 감동을 받았다. 졸업 후 저널리스트로 잠깐 활동하다가

1956년 프랑크푸르트 대학에서 아도르노의 조교가 되어 비판 이론의 정통 계승자로서의 길을 가기 시작한다.

1961년에 『학생과 정치』를 출간하고, 1962년에는 교수 자격 취득 논문인 『공론 영역의 구조 변화』를 통해 경험적 연구와 이론적 탐구를 종합하는 통합적 연구 자세를 보여 준다. 하버마스는 1963, 1964년 서독 사회학회가 주관했던 '실증주의 논쟁'에 참여하여 실증주의를 비판하고 변증법과 비판 이론을 옹호하면서 두각을 나타내기 시작했다. 그의 실증주의 비판과 비판 이론 옹호는 사회 운동에도 큰 영향을 미쳤다.

1960년대 후반 독일 대학에서 '신좌파'가 나타났을 때 하버마스는 신좌파 운동이 대변하는 철저한 사회 변혁의 가능성을 인정했고, 이를 통해 독일 학생 운동의 이론적 지도자로 추앙받게 되었다. 그러나 학생 운동이 급진화하면서 현실 진단과 실천 방안에서 점점 사이가 벌어져 서로 대결하는 사태로 나아갔고, 하버마스는 학생 운동의 급진화 경향을 '좌파 파시즘'이라고 비판함으로써 당시 학생 운동의 급진파와 대립하였다.

하버마스는 1969년에 『저항 운동과 대학 개혁』을 출간하고, 현재의 대학 상황에서 정상적인 교수 생활을 하기 어렵다고 판단하여 교수직을 사임하고 뮌헨 근처의 슈타른베르크에 있는 '과학-기술 세계의 삶의 조건을 연구하기 위한 막스-플랑크 연구소'로 자리를 옮겼다. 이곳에서 그는 과학과 기술이 자본주의의 변화에 미치는 영향에 대한 연구를 통해 『후기 자본주의의 정당성 문제』(1973), 『역사적 유물론의 재구성』(1976)을 출간한다. 1971년부터 1983년까지 막스-플랑크 연구소 소장을 하면서 1981년에 대저작 『의사 소통 행위 이론 1, 2』를 출간하고, 1983년에 다시 프랑크푸르트 대학의 철학 교수로 취임했다. 이때부터는 이제까지의 이론적 기초를 토대로 구체적인 현실적 발언을 많이 하게 된다. 「근대(현대) —— 미완의 기획」(1980)과 『근

(현)대에 대한 철학적 논의』(1985)에서는 포스트 모더니즘의 비합리주의와 보수주의적 경향에 대해 비판한다.

『사실성과 타당성』(1992)에서는 의사 소통 행위 이론에 기초한 법과 민주주의적 법치 국가에 대한 토의 이론을 통해 '절차적 민주주의 이론'을 전개한다.

하버마스는 사회 민주주의가 한때 가졌던 유토피아적 에너지가 소멸되었다고 보면서도 현실적으로는 사회 민주당에 투표를 할 수밖에 없다고 말한다. '이성'과 '토론'에 기초한 휴머니즘과 사회 발전을 강조하면서 독일 통일 후 최근의 '네오 파시즘' 또는 '신인종주의'적 경향에 대해서도 강력하게 비판하고 있다.

2. 하버마스의 초기 사상

하버마스의 이론적, 실천적 작업의 지속적인 목표는 인간 해방을 추구하는 '비판적 사회 이론'을 확립하는 것이다. 하버마스의 사상 발전 과정 중 『의사 소통 행위 이론』에서 '패러다임 전환'이 분명히 나타나므로 이 저작을 기준으로 하버마스의 사상을 초기와 후기로 나누어 살펴보겠다.

(1) 정치의 과학화와 공론 영역의 양면성

하버마스는 인간 해방에 대한 관심을 갖고 현실 사회를 분석하면서 '자본주의 발전'과 '민주주의 발전' 사이의 '모순'에 주목한다. 이 모순을 밝히기 위해 그는 『공론(또는 공론 영역)의 구조 변화』에서 자유주의적 모델을 가진 부르주아적 공론의 구조와 기능, 발생과 전환을 해명한다. 공론은 자본주의의 발전과 함께 국가와 시민 사회가 분리되기 시작하면서 그 사이에 긴장 관계를 갖고 출현한 사회 영역이다. 새롭게 형성되어 가는 이 사회 영역 내에서 살롱과 클럽을 중심으로 형성된 '문예적 공론 영역'이 정치적 성격을 갖는 신문과 인쇄물의 보급, 특히 시민 혁명의 경험을 통해 '정치적 공론 영역'으로 변화됨으로써 정치적 여론이 중요한 역할을 하게 된다.

정치적 공론 영역에서 공적 토론이 자유롭게 보장될 때 '보다 나은 논증의 힘'에 의해 진정한 '합의'에 이를 수 있는 가능성이 생겨나고, 이 가능성은 담화적 상호 작용의 제도화를 통해 실현된다. 이러한 부르주아적 정치적 공론 영역은 영국에서는 18세기 초, 프랑스에서는 프랑스 혁명 후, 독일에서는 19세기에 와서 형성, 발전되면서 정당의 결성, 의회 민주주의의 확립 등을 통해 근대적 법치 국가의 조직 원리가 된다.

이런 의미에서 '부르주아적 공론'은 '이상적 담화 상황'의 역사적이면서도 규범적인(이상적인) 모델로 생각될 수 있다. 즉, '이상적 담화 상황'은 선택의 기회가 균형적으로 이루어지고 언어 행위가 왜곡없이 실행되는 민주주의적 의사 소통 체계를 포함하는 것으로, 자유롭고 평등한 사회의 이념을 내포한다. 이러한 공론의 '이념'과 '원리'는 유럽에서 의회-정부 형태를 취하는 시민적 법치 국가의 조직 원리(법 앞의 자유와 평등)가 되었지만, 이러한 제도화는 현실적으로는 계급적으로 제한된 자유와 경제적 불평등, 성적 차별 등의 '이데올로기'로 나타났다.

다시 말해 후기 자본주의의 국가 개입주의 이후 '기술적 합리성'에 의해 관료 제도의 확장과 함께 정치적 공론 영역은 크게 축소되고 이데올로기적으로 조작되면서 정치적 '실천'의 영역도 과학적, 도구적 '기술'의 영역으로 변화되었다. 도구적 이성의 지배에 의한 '정치의 과학화'가 진행되면서 체계적으로 왜곡된 의사 소통 구조가 심화되는 현상이 생긴다.

부르주아 공론 영역의 축소에 대한 이 설명은 근대화 과정에서 계몽주의적 이성, 과학적 이성의 발전이 지배의 도구로서 기여한다는 호르크하이머·아도르노의 문화 산업론과 유사하게 비관적인 전망을 갖고 있음을 알 수 있다.

그러나 하버마스는 '공론 영역' 개념을 '이데올로기'라는 현실적, 역사적 차원의 의미에서 사용하면서도 다른 한편으로 호르크하이머와 아도르노와 다르게 '이념'이라는 규범적 차원에서 사용하는 것을 알 수 있다. 이 양면성을 이해하는 것이 하버마스 사상을 파악하는 데 중요하다. 특히, 규범적 차원의 '공론 영역' 개념은 하버마스의 철학 초기부터 매우 중요한 개념으로 등장하고 후기의 의사 소통 행위 이론과 민주주의론, 토의(담화) 윤리 이론, 법치 국가론, 시민 사회론과도 깊이 관계된다.

(2) 노동과 언어, 지배
——『인식과 관심』의 마르크스 비판과 프로이트 해석

하버마스는 '실증주의 논쟁'과 과학 기술의 발달에 따른 생활 세계의 변화를 고려하여 이론과 실천의 관계에 대한 이론사적 연구(『이론과 실천』, 1963)를 한 후, 실증주의 비판과 해석학의 비판적 수용을 통해 해방적 비판 이론을 인식론적으로 수립하려 한다.

그는 프랑크푸르트 대학 취임 강연인 「인식과 관심」(1965)에서 인간이 갖는 세 가지 인식 관심을 구분한다. 경험적-분석적 학문의 발단에는 기술적 인식 관심이, 역사적-해석학적 학문의 발단에는 실천적 인식 관심이, 그리고 비판적으로 정향된 학문의 발단에는 해방적 인식 관심이 들어간다. 특히 세번째 관심이 중요하며, 이 관심에 의해 비판 이론(비판적 사회 과학)이 탐구된다.

하버마스는 기존의 경제학, 사회학, 정치학을 '행동 과학'으로 구분하고, 이 학문들이 경험 분석적 자연 과학처럼 사회의 법칙적 지식을 탐구하지만 '비판적 사회 과학'은 이에 만족하지 않고 '이데올로기 비판'을 통해 '해방적 관심'을 추구한다고 본다. 모든 지배와 강압으로부터 해방되려는 관심, 자율성과 책임과 정의에 대한 인간의 기본적 욕구로서의 세번째 관심이 '비판'으로서의 철학이, 비판적 사회 과학이 갖는 기본 동력이다.

이 논의를 간단히 도식화하면 다음과 같다.

인간과의 관계	과 학	관 심	인 식	사회적 매개
자 연	자연 과학	기술적 관심	기술적 인식	노 동
역 사	역사적 정신 과학	실천적 관심	실천적 인식	언 어
지배 체제 (정치·경제·군사적 등)	비판적 사회 과학 (비판 이론)	해방적 관심	해방적 인식	지 배

이 도표에서 알 수 있듯이 노동과 언어, 지배는 서로 밀접한 관련을 가지면서 서로 환원될 수 없는 독자적인 차원을 가진다. 하버마스는 모든 억압과 지배로부터 해방되기 위해 노동과 언어, 권력이 자연과 역사, 사회 비판에 어떻게 관련되는가를 취임 논문의 확장인 저서 『인식과 관심』(1968)에서 탐구한다.

하버마스는 "철저한 인식 비판은 단지 사회 이론으로서만 가능하다"는 것을 입증하고, 실증주의가 무시해 온 '자기 반성'적, '비판'적 정신을 회복함으로써 인간 해방을 추구하고자 한다. 이와 관련해서 하버마스가 주목하는 사람은 마르크스와 프로이트이다.

마르크스는 '노동'을 중시하면서 생산력과 생산 관계의 변증법인 계급 투쟁을 통해 인간 해방의 역사가 발전한다고 보았다. 그러나 하버마스는 노동에 의한 물질적 세계 변혁의 이론은 '노동'과 '상호 작용'을 포괄하는 인간의 '실천'을 도구적 행위인 노동으로 환원시킨다고 본다. 즉, 사회적 노동이라는 유물론적 종합 개념은 인류의 자기 창조 행위를 단지 노동으로만 한정시켰기 때문에 마르크스주의가 실증주의적 과학으로 변형되었고 따라서 인식의 자기 반성을 위한 철학적 기반을 제시하지 못했다고 비판한다.

마르크스의 이러한 문제점을 극복하기 위해 하버마스는 마르크스의 실천 개념에 내재하는 두 가지 차원을 노동과 상호 작용, 즉 '도구적 행위'와 '의사 소통적 행위'로 구분한다. 외적 자연력으로부터의 해방은 기술적으로 유용한 지식의 산출 즉 도구적 행위인 노동에 의존하며, 내적 자연(본성)의 강제로부터의 해방은 '지배로부터 자유로운 의사 소통' 영역의 확장에 따라 실현된다.

하버마스는 마르크스를 보충하기 위해 프로이트의 정신 분석학을 끌어들인다. 정신 분석의 과정은 의사와 환자 사이의 일상 언어적 차원에서 일어나는 자기 반성의 과정이다. 환자는 고통과 억압에서 벗어나 건강한 삶을 회복하기를 원한다. 환자는 의사와의 대화를 통해 억압된 무의식을 인식함으로써 왜곡된 자아의 모습을 해체하고 재구성하여 올바른 자기 인식에 도달함으로써 억압에서 자유로워질 수 있다. 의사와 환자의 치료적 대화를 통해 '체계적으로 왜곡된 의사 소통'이 극복되어야 하듯이 사회에서도 전체 사회 체제의 병리와 이데올로기적 왜곡으로부터 사회 구성원들이 벗어날 필요가 있다.

따라서 비판 이론가의 역할은 사회 구성원이 자기 성찰을 통해 왜곡된 자기 이해, 왜곡된 의사 소통에서 벗어나도록 도움을 주는 것이다. 이처럼 왜곡된 의사 소통이 자유로운 대화로 되는 정신 분석적 관계는 해방적 사회 변혁의 모델이다. 하버마스가 마르크스의 노동 패러다임을 거부한 이유는 현실의 역사적 과정에서 이 패러다임이 더 이상 유효하지 않다는 것, 즉 생산력이 발달함에 따라 프롤레타리아 계급이 사회를 혁명적으로 변화시킴으로써 계급 해방과 동시에 인간 해방을 실현한다고 보는 노동 패러다임이 해방의 가능성을 제시하지 못한다는 것을 파악하고 인간 활동의 다른 영역에서 새로운 해방의 가능성을 찾으려 했기 때문이며, 이 새로운 영역이 바로 의사 소통의 영역이다.

그리고 왜곡된 의사 소통을 극복한 이상적 담화 상황은 의사 소통 능력을 가진 자율적 개인과 억압 없는 자유로운 대화가 가능한 '왜곡되지 않은 의사 소통', 이상적 사회 상태, 이상적 대화 공동체의 이념으로 나타난다. 이에 대한 구체적인 탐구가 이른바 비판 이론의 '언어적 전환'이라는 차원에서 제시된다.

(3) 비판 이론의 언어적 전환

하버마스는 정상적인 사람은 단순히 언어를 사용하는 능력만이 아니라, 말을 하는 사람들끼리의 상호 이해를 위해 필수적으로 요구되는 규칙을 인지하고 따를 수 있는 능력을 갖고 있다는 전제에서 출발한다. 그리고 그는 언어 사용의 보편적 전제들에 대한 재구성적 탐구(보편 화용론)를 통해 의사 소통 행위는 화자(話者)들 모두가 은연중에 제시하는 '타당성 요구(주장)들'을 내포하며, 의사 소통 행위 안에 일종의 '이상적 담화 상황'이 내재되어 있음을 제시한다.

한 사람이 다른 사람에게 무엇인가를 이야기할 때, 암시적으로든 명시적으로든 다음과 같은 네 가지 유형의 타당성 요구(주장)를 전제한다. 첫째는, 화자가 발언한 것이 이해 가능한가라는 '이해 가능성'(Verständigkeit)의 요구인데, 이것은 나머지 세 가지 타당성 요구의 기본 전제이다. 둘째는 그 발언을 구성하는 명제들의 내용이 참인가라는 진술의 '진리성(참됨)'(Wahrheit)의 요구이고, 셋째는 화자의 규범적 발언이 승인된 규범적 맥락 속에서 정당한가라는 언어 행위의 '정당성(적합성)'(Richtigkeit)의 요구이다. 넷째는 화자의 주관적 표현이

진실한가라는 표현의 '진실성'(Wahrhaftigkeit)의 요구이다. 그리고 각각의 타당성 요구는 객관적 세계, 사회적 세계, 주관적 세계에 상응하는 것이다.

예를 들어 보자. 어떤 사람이 여행사 직원에게 유럽 여행에 돈이 얼마나 드는지를 물었는데, 그 직원이 "예술 여행 코스로 150만 원 듭니다"라고 대답했다고 가정하자. 고객은 '예술 여행 코스'가 무엇인지 모르므로 이에 대한 구체적인 설명을 요구할 수 있다. 이때 여행사 직원은 '예술 여행 코스'라는 말이 의미하는 것을 설명함으로써 자기가 말한 것이 이해 가능하다는 것을 정당화할 수 있다.

또한 여행사 직원의 말은 객관적 세계에 대한 사실적 진술 내용이 참이라는 두번째 타당성 주장을 전제하고 있고, 한편 고객은 그 직원이 유럽 여행 전문가로서 상담하는 것을 상황에 적합한(또는 정당한) 행위로 여길 것이다. 이를 세번째 타당성 주장으로 간주할 수 있다. 또 직원은 자신이 말하는 것을 성실하게 믿고 있다(네번째 타당성 주장). 그렇지만 두번째, 세번째, 네번째의 타당성 요구를 고객이 거부할 경우를 생각해 보라. 예를 들어 고객은 이런 의심을 할 수 있다. '유럽 여행 전문가가 잠깐 자리를 비운 사이에 유럽 여행에 대해 잘 모르는 다른 직원이 임시로 상담하는 것은 아닐까?' 이때 고객은 진술의 사실적 타당성을 확인하고 싶어할지도 모르며, 전문가도 아닌 사람이 고객을 안내할 정당한 권리가 있는지를 따지면서 상대방 말의 진실성을 믿으려 하지 않을지도 모른다. 이 경우 여행사 직원은 자기가 한 말을 각 타당성 요구에 따라 정당화하거나 뒷받침하고 싶어할 것이다.

언어 행위의 이러한 타당성 요구를 통해 화자와 청자는 상호 주관적 합의에 이를 수 있으며, 이러한 합의를 통해 행위 조정을 합리적으로 할 수 있다. 이러한 합의는 합리적, 이상적인 합의와 기만적인 합의로 나눌 수 있고, 그 기준은 합의가 이상적인 담화 상황 속에서 형성된 것인가 아닌가에 달려 있다.

'이상적인 담화 상황'에서 모든 참가자는 다른 사람의 의견을 경청하고 거기에 답변하려는 개방성을 가지고 토론에 임해야 하고, 토론 참가자는 자기 자신이나 타인을 속일 의도를 가져서는 안 되며, 토론의 상대자를 판단력 있고 성실한 주체로 인정하고 동등한 인격으로 대해야 한다. 그리고 토론 과정에서 제기된 질문에 대해 어떤 금기도 적용되어서는 안 되고, 누구든지 질문에서 제외되는 특권적 불가침권이 허용되어서도 안 된다. 또한 대화에서 인종적 선입견이나 계급적 선입견에 의해 다른 사람의 말을 막기 위한 억압적 수단을 사용하면 안 된다.

그러나 사회적 상호 작용 및 의사 소통의 현실적인 상황들은 대부분 그렇지 못하다. 그렇다면 하버마스에서 이상적 담화 상황은 어떤 중요한 의미가 있는가? 두 가지 대답을 할 수 있다. 첫째, 하버마스의 경우 이상적 담화 상황이란 결코 자의적으로 구성된 이상적 상황이 아니다. 그것은 언어 행위(담화)의 본성에 고유한 것이다. 그러므로 언어를 사용하는 사람은 누구든지 자신들이 네 가지 타당성 주장을 정당화할 수 있다고 가정한다. 하버마스에서 '이상적 담화 상황'은 이상적이라는 점에서 비현실적인 것이지만 동시에 우리의 실제적인 언어 행위에는 타당성 요구가 내재한다는 점에서 현실적인 측면을 가진다. 참된 합의, 이성적 합의의 조건인 '이상적 담화 상황'은 자유로운 의사 소통의 필연적인 조건이며, 진리와 자유와 정의가 실현되는 이상적 삶의 형태를 위한 조건이다.

이 첫번째 답변이 가능하다면 두번째 답변은 자연히 도출된다. 즉, '이상적 담화 상황'은 현재 통용되는 상호 작용과 사회 제도의 결함을 측정할 비판적 척도를 제공해 줄 수 있다는 점에서 비판 이론에 대해 '객관적으로 주어지는' 토대를 제공할 수 있다고 기대된다.

이처럼 이상적 담화 상황에 대한 논의는 앞에서 언급한 규범적 차원과 현실적 차원에서 본 부르주아적 공론의 양면성과 비교할 수 있는 측면이 있다. 우리는 이미 초기 논의에서 노동과 상호 작용의 구분 그리고 상호 작용의 발전 형태인 언어적 이해 행위로서 '의사 소통 행위'의 중요성이 제시된다는 것을 알 수 있지만, '의식 철학'에서 '의사 소통 행위의 철학'으로의 패러다임 전환은 후기에 와서 분명해진다.

3. 하버마스의 후기 사상

(1) 초기 비판 이론의 문제점과 『의사 소통 행위 이론』의 과제

초기 비판 이론이 혁명에 대한 전망을 포기하고 '도구적 이성 비판'과 '부정의 변증법'에 이르러 이론적 비관주의에 빠진 주요한 이유는 '계몽의 변증법'에 대한 통찰이었다. '계몽의 변증법'이란 신화(마술)로부터의 해방을 의미하던 계몽이 다시 새로운 형태의 신화로 퇴보할 수밖에 없는 자기 파괴성의 계기가 바로 서구 계몽의 역사, 계몽적 이성의 역사에 내재한다는 것이다. 호르크하이머와 아도르노는 자연 지배를 위한 도구적 합리성의 발전은 결국 인간에 의한 인간의 지배, 한 계급에 의한 다른 계급의 지배라는 야만 상태를 초래했다고 생각한다. 그들은 현대의 실증주의적 과학은 도구적 지배의 수단으로 전락했으며, 도구적 이성의 발달이 도덕과 법의 영역에서도 관철됨으로써 인간 소외가 심화되고, 문화 산업의 한 표현인 대중 문화가 비판 능력을 상실함으로써 이성은 계급 지배를 옹호하는 권력 수단의 역할을 한다고 본다. 이처럼 과학과 기술이 도구적인 '기술적 합리성'으로서 '총체화된 지배'를 가능하게 한다는 비관주의적 시대 진단과 이성에 대한 회의 때문에, 이들은 변혁에 대한 전망을 가질 수 없었

다. 이들의 비관주의는 1940년대 초의 암울한 시대 상황을 반영한 것이다.

하버마스는 초기 비판 이론이 비판의 규범적 근거가 취약하고, '민주적-법치 국가적 전통'을 과소 평가했다고 본다. 또한 그는 마르크스 이론에도 민주주의 이론이 취약하다고 비판한다. 하버마스는 자연법 이념의 보편적, 민주주의적 측면을 부각시키면서 민주주의 이론의 중요성을 강조한다. 하버마스는 마르크스의 이론과 초기 비판 이론의 약점을 극복하기 위해 『의사 소통 행위 이론』을 저술했는데, 그 중심 동기는 다음 네 가지이다.

첫째, 합리성 이론에 대한 탐구이다. 이는 니체의 구호 아래에서 새로 등장한 상대주의가 세력을 행사하는 1970년대 이후, 이성과 합리성을 수호함으로써 계몽주의적 기획을 관철하기 위한 것이다. 둘째, 합리성을 수호하면서도 탈형이상학 시대에 적합한 사회 이론을 위해 이해 지향적 행위의 유용성을 해명하는 데 도움이 될 논증 이론, 의사 소통 행위 이론을 해명하는 것이다. 셋째, 사회적 합리화 과정의 변증법을 해명하는 것이다. 이것은 이미 『계몽의 변증법』의 중심 주제였지만, 하버마스는 의사 소통 행위 이론을 통해 사회 병리 현상들, 마르크스주의적 전통에서 '물화'(루카치의 물화 이론)로 파악되는 현상들을 분석하는 데 필요한 세련된 틀을 갖춘 '현(근)대에 대한 이론'을 발전시킬 수 있다는 것을 제시하려 했다. 넷째, 앞의 목적을 위해 행위 이론과 체계 이론을 포괄하는 하나의 사회 이론을 발전시키려 한다. 이 네 가지 논의는 서로 밀접한 관련이 있는데, 우선 '합리성' 논의를 중심으로 베버에 대한 하버마스의 해석을 살펴보자.

(2) 근대화(합리화) 이론과 베버 해석

하버마스는 한편으로 역사 과정 속에 실현되어 온 이성, 즉 '역사 속에서의 이성'을 '경험적'으로 밝힘으로써 서양의 근대화 과정에서 과학의 발달, 윤리와 도덕, 법의 합리화 과정, 그리고 예술의 발전을 통해 해방적 가능성이 점차 실현되어 왔다는 역사적 사실을 보여 주려 한다. 그리고 동시에 의사 소통 자체에 해방적 가능성이 '선험적' (先驗的), 구조적으로 내재해 있음을 밝힘으로써 초기 비판 이론이 갖지 못한 규범적 기초와 실천적 힘을 확보하려 한다. 하버마스는 후자의 작업을 일상적 의사 소통 행위 안에 해방된 삶의 정형('이상적 담화 상황')이 구조적으로 내재해 있음을 밝히는 '보편 화용론'에서 수행한다. 그리고 '의사 소통 행위 이론'에서는 이전의 작업을 기초로 '사회 진화론'과 연결시켜 '합리성' 이론과 '근(현)대'의 문제를 다루면서 '역사 속에서의 이성의 흔적'을 찾는 역사적, 이론적 고찰을 더욱 포괄적으로 한다.

하버마스는 근대의 이론과 '합리성' 이론의 재구성을 위해 우선 근대화 과정에 대한 여러 이론가들의 입장을 검토한 후 다음과 같이 평가한다.

마르크스에 따르면 사회의 합리화는 바로 생산력의 발전, 다시 말해 경험적 지식의 확대, 생산 기술의 향상, 사회적으로 유용한 노동력의 효율적인 동원과 조직화에서 일어난다. 또 한편으로는 생산 관계, 즉 사회적 권력의 분배를 표현하고 생산 수단에 대한 차별적 접근을 규정하는 제도는 생산력 합리화의 압력 아래서만 대변혁이 이루어진다고 본다. 막스 베버는 자본주의적 경제와 근대 국가라는 제도적인 틀을 다른 방식으로 본다. 물론 베버는 관료제화가 사회적 관계의 물(상)화를 초래하지 않을까 두려워한다. 왜냐하면 사회적 관계의 물(상)화는 합리적인 생활 태도를 유발하는 동기를 질식시킬 것이기 때문이다.

호르크하이머와 아도르노 그리고 후기 마르쿠제는 마르크스를 베버적인 시각에서 해석한다. 자연 정복의 합리성은 자립적으로 되어 버린 도구적 합리성으로 나타나고 마침내 계급 지배의 비합리성과 합쳐진다. 그리고 발전된 생산력은 오히려 소외된 생산 관계를 안정시킨다.『계몽의 변증법』은 베버가 합리화 과정에 대해 가졌던 '양면적 입장'을 제거하고 또 마르크스의 긍정적인 평가를 직선적으로 뒤집는다. 마르크스가 명백하게 해방의 잠재력으로 보았던 과학과 기술 자체가 여기서는 사회적 억압의 매체가 된다(Habermas 1981a, 208).

하버마스는 베버가 합리화 과정에 대해 가졌던 '양면적 입장'에 주목하여 베버의 합리화 이론을 재구성함으로써 자본주의적 근대화의 양면성을 파악할 수 있다고 본다.

베버는 전통 사회에서 근대 사회로 이행하는 역사적 과정을 '합리화'라는 개념으로 파악한다. 베버는 우선 세계상의 합리화를 마술적 사유를 극복하는 과정으로 파악한다. 이 과정은 과학과 기술의 발달, 학습 과정과 예술의 발달로 나타나는 합리적 진보의 과정이다. 이러한 진보는 '신교 윤리'의 출현과 과학·종교·예술이라는 서로 다른 영역들의 분화, 근대적인 법의 출현이라는 서로 연관된 세 가지의 발전을 통해 이루어진다. 하버마스에 따르면 이 과정을 통해 전통적인 문화 영역은 인지적 이념, 규범적 이념, 미학적 이념의 영역으로 분화되어 독자성을 갖게 되고, 이 세 가지 영역에 상응하여 진리성, 정당성, 진실성 가운데 어느 특정한 타당성의 문제를 전문적으로 취급하는 과학자 집단, 종교적 공동체, 예술가 단체 같은 문화적 행위 체계의 제도화가 이루어진다.

그런데 베버는 '형식적 합리성'과 '실질적 합리성'의 구분을 통해 이러한 진보와 해방의 과정, 즉 탈마술화 과정이 무가치하고 자기 모순이며 상호 적대적인 목적에 봉사하는 결과를 초래한다고 본다. 다시 말해 윤리와 문화의 합리화의 결과로 전통적인 가치 통합의 상실, 정당성 위기, 생활 양식의 양극화가 일어나고, 자본주의적 경제 발전과 관료 조직의 확대로 나타나는 사회 합리화는 효율성이라는 측면에서 합리성을 증대시키지만 다른 한편으로 목적 합리적인 행위 체계의 증대에 따른 인간의 예속과 인성의 분열을 가져온다는 것이다. 베버는 이러한 위기 현상을 '의미 상실'과 '자유 상실'로 진단했다.

베버의 근대화 과정, 합리화 과정에 대한 하버마스의 해석을 다음 도식을 통해 좀더 자세히 살펴보자.

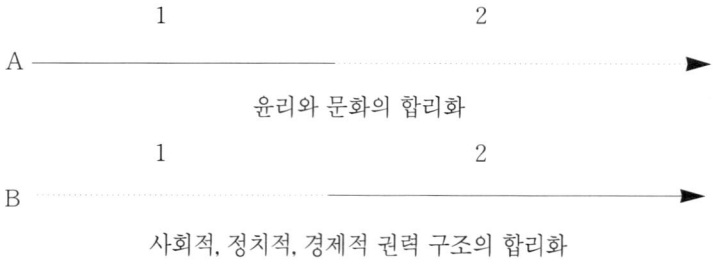

베버의 관점은 A1과 B2의 실선을 따른다. 베버는 첫번째 국면의 합리화 과정을 문화와 윤리의 영역에서 분화라는 관점에서 파악하고, 두번째 국면은 의미 상실과 자유 상실로 표현되는 합리화의 부정적인 측면인 '쇠우리'(Iron Cage)로 파악한다. 그런데 문제는 첫번째 국면에서 두번째 국면으로의 전환에서 경제와 국가에서 권력의 사회적, 구조적 제도화라는 관점으로 '일면적으로' 설명하는 설명틀의 비연속성이다.

하버마스에 따르면 베버가 문화의 합리화와 의사 소통적 상호 작용의 영역을 적절하게 해명하지 못했는데, 그 이유는 베버가 '독백론적 의식 주체'의 합목적적 행위라는 협소한 행위 이론적 개념틀을 고수함으로써 자본주의적 근대화 유형과 사회적 합리화 과정을 동일시했기 때문이다. 즉, 베버는 행위 체계의 합리화 과정을 '목적 합리성'이라는 제한적 관점에서만 탐구하여 자본주의적 근대화가 합리화의 한 '선택적' 유형이었음을 파악하지 못함으로써 도구적 이성이 지배하는 사회적 병리 현상을 일면적으로 파악했고, 따라서 해방의 가능성을 확보할 수 없었다. 그리고 루카치에서 아도르노에 이르기까지 모두 합리화에 대한 베버의 이론을 수용함으로써 사회적 합리화를 언제나 의식의 물화로 간주하였으므로 합리화의 다른 면인 해방적 차원을 파악할 수 없었다.

합리화 과정을 물화의 과정으로 파악하는 것은 루카치에서 잘 나타나지만, 루카치는 마르크스적 전통에서 프롤레타리아 계급 의식의 잠재력을 믿었으므로 혁명의 가능성에 대해 의심하지 않았으나, 호르크하이머와 아도르노는 루카치의 계급 의식론을 폐기하면서 물화 이론을 수용하므로 비관적 전망을 가질 수밖에 없었다. 하버마스는 마르크스와 루카치, 그리고 초기 비판 이론가들 모두가 헤겔 철학의 주체-객체의 틀을 벗어나지 못한 의식 철학 패러다임에 빠져 있다고 본다.

하버마스는 의식 철학의 틀을 벗어나기 위해서 동의와 합의를 지향하는 상호 작용인 '의사 소통 행위'를 도구적, 전략적 행위와 구분해야 하며, 역사적으로 서로 의존하고 있지만 범주적으로 구별되는 합리화의 두 과정, 즉 의사 소통적 행위와 연관된 합리화 과정과 합목적적 경제 행위-행정 행위라는 하부 체계의 발생 과정으로서의 합리화 과정이 명백히 분리되어야 한다고 주장한다. 그의 이러한 구분은 행위 이론적 접근과 체계 이론적 접근을 포괄하는 새로운 사회 이론, 즉 의사 소통 행위 이론에 기초한 통합적 사회 이론에 의해 완성된다.

(3) 생활 세계 —— 체계 이론, 의사 소통 행위, 의사 소통적 합리성

하버마스는 인간의 행위를 '사회적 행위'와 '비사회적 행위'로 나누고, 사회적 행위를 다시 성공 지향적 행위와 이해 지향적 행위로 구분하여 전자를 '전략적 행위'로, 후자를 '의사 소통 행위'로 나눈다. 비사회적 행위는 자연을 대상으로 하는 '도구적 행위'이다. 사회적 행위 가운데 전략적 행위는 타인에게 자신의 '의도'나 '목적'을 관철하기 위해 영향력을 행사하는 행위이고, 의사 소통 행위는 행위자 상호간의 '이해 도달'(Verständigung)을 목표로 이루어지는 행위이다.

'목적-수단 연관'을 갖는 도구적 행위와 전략적 행위는 둘 다 인식적-도구적 합리성이 지배하는 행위 유형으로서 전통적 의식 철학의 '독백적 행위 모델'에 기초를 두고 있다. 반면에 이해 도달을 지향하는 의사 소통 행위는 2인 이상의 언어 행위자들이 서로간에 '합의'를 통해 행위 조정을 이루고자 하는 행위 유형이다. 여기서 상대방은 자신의 목적을 달성하기 위한 전략적, 수단적 대상이 아니라 합의에 이르기 위해 서로 필요로 하는 협력자로 등장한다. 따라서 의사 소통 행위는 이해 도달의 '상호 주관성'에 바탕을 둔 행위이고, 상호 이해의 과정에서 구현되는 의사 소통 합리성에 의해 이루어지는 행위이다. 이처럼 하버마스는 목적 합리성과 의사 소통 합리성의 범주적 구분을 '사회 행위론'과 연결함으로써 합리성 이론을 사회 이론의 지평으로 확장할 수 있는 근거를 마련하였다. 이 같은 행위 구분을 하버마스는 다음과 같이 도식화한다.

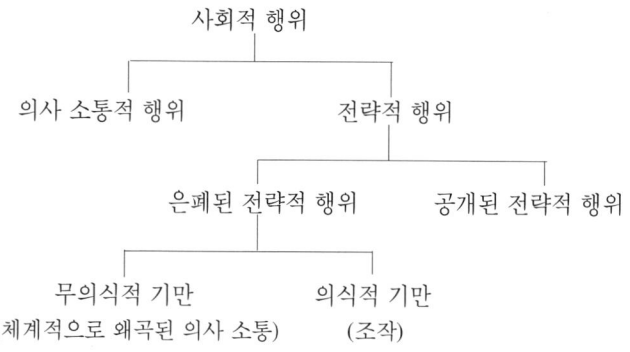

　하버마스는 사회적 행위 이론을 의사 소통적 행위 이론으로 재구성할 수 있는 요소를 미드에서 발견하고, 뒤르켐, 파슨스를 통해 사회 통합과 체계 통합을 결합시키는 이론의 특징을 발견한다. 그는 의사 소통 행위 개념의 보충으로 생활 세계 개념을 도입하여 체계-생활 세계라는 2단계 사회 개념을 제시한다. 하버마스는 노동과 상호 작용의 구분, 전략적 행위와 의사 소통 행위에 기초한 체계-생활 세계의 구분을 통해 행위 이론과 체계 이론을 종합하려 한다. 그는 이원적 사회 개념을 통해 자본주의적 근대화, 합리화에 대한 긍정적이면서도 동시에 비판적인 진단을 하고 마르크스적 '물화' 개념을 '생활 세계의 식민지화'라는 경험적 사회 과학의 해석적 틀로 해명한다.

　생활 세계는 '언어'를 매개로 상징적 재생산이 이루어지는 구체적 삶의 영역이고, 체계는 생활 세계의 발전, 분화에 따라 '화폐'와 '권력'이라는 조정 매체를 통해 물질적 재생산이 이루어지는 영역이다.

　하버마스는 이전 사회로 소급될수록 생활 세계의 동질성과 사회적 통합이 체계 통합을 포괄했으며 사회가 진화 발달할수록 사회 통합과 체계 통합의 메커니즘이 분리된다고 본다. 그는 생활 세계의 합리화와 사회 체계의 복잡성 증대가 역사적으로 상호 작용한다는 것을 인정하지만, 자본주의 사회에 와서는 양자가 뚜렷이 구분된다고 본다. 생활 세계가 합리화됨에 따라 전통적인 문화적 가치 영역에서는 비판 가능한 세 가지 타당성 요구(진리성, 정당성, 진실성)가 분화되며, 각 타당성 요구에 상응하여 형식적 세계 개념(객관 세계, 사회 세계, 주관적 세계)과 세 가지 기본 태도 개념(객관주의적 태도, 규범 동조적 태도, 표현적인 태도)이 나타난다.

생활 세계의 합리화가 진행됨에 따라 이해 도달 지향적 행위는 규범적인 맥락으로부터 분리되어 행위자 자신의 의사 소통적으로 성취된 합의에 의해 조정된다. 이 과정은 뒤르켐의 용어로 말한다면 '신성한 것의 언어화'라고 할 수 있다. 생활 세계의 합리화 과정은 의사 소통 행위 속에 있는 잠재적 합리성이 실현되는 과정으로 볼 수 있다. 하버마스에 의하면 베버는 이러한 생활 세계의 일반적 구조인 합리화를 충분히 고려하지 못했으므로 합리화의 해방적 측면을 제대로 파악하지 못했다.

합리화된 세계에서의 사회 통합은 직접적으로 제도화된 가치에 의해 수행되는 것이 아니라 언어 행위와 함께 제기된 타당성 요구에 대한 상호 주관적인 승인을 통해 이루어진다. 그러므로 사회 통합의 기반은 타당성 주장에 대한 담화적인 해결에 내재한 합리성에 근거하고 있다.

전통 사회에서 근대 사회로의 이러한 변화는 생활 세계의 합리화가 증진되는 것을 의미하며, 이는 점진적 분화와 합리화 과정인 동시에 사회 체계가 더욱 분화되고 복잡해지는 과정이다.

의사 소통적 합리성의 증대를 뜻하는 이러한 생활 세계의 합리화는 근대화의 밝은 측면이지만, 동시에 어두운 측면도 나타난다. 합리화된 생활 세계에서 경제나 행정 같은 형식적으로 조직된 행위 영역이 분화 발전해 나오면서 생활 세계와 분리되고 마침내 생활 세계가 체계의 요구에 종속된다. 체계 요구(강제)에 의한 생활 세계의 병합으로 나타나는 이러한 종속은 생활 세계의 병리 현상을 낳는다. 자본주의적 근대화라는 체계 요구의 '선택적' 압력 속에서 자본주의적 경제와 근대적 관리 국가의 확장은 일면적이고 왜곡된 그리고 위기를 내포한 사회적 합리화, 즉 '생활 세계의 식민지화'를 가져왔다. '생활 세계의 식민지화'는 경제와 행정의 체계 복합성의 증대에 따라 생활 세계 내의 의사 소통 행위가 전략적 행위에 의해 지배되는 현상이나 정치적 공론(公論)이 비판적인 잠재력을 상실하는 현상을 말하는 것으로, 이는 마르크스의 '소외' 또는 '물화'가 갖는 헤겔적 형이상학적 요소를 배제하면서도 그 문제 의식을 현대 사회에 경험적으로 살리고자 하는 의도에서 나온 것이다.

그러나 생활 세계의 식민지화라는 사회 병리 현상은 동시에 생활 세계 내에서 이를 극복하고자 하는 다양한 요구에 부딪힌다. 전문화된 문화를 일상적 실천의 맥락에서 해석하고 연관시키는 생활 세계의 요구는 포괄적인 의사 소통적 이성의 발전을 촉구하고, 이의 균형적인 제도화를 통해 공론 영역을 활성화함으로써 탈식민지화를 요구한다. 하버마스에 따르면 생활 세계의 식민지화에서 벗어나 의사 소통 합리성이 생활 세계에 실현될 때, 즉 의사 소통 행위에 내포된 타당성 요구가 사회적으로 영향력을 행사할 때, 더욱 인간적이고 해방된 사회가 된다.

'의사 소통적 합리성'은 의사 소통 행위에 내재하는 합리성으로서 의사 소통 행위를 통해 해방적 잠재력이 드러난다. 외적 강제 없이 자유롭게 의사 소통하는 일상적 경험 속에서 그리고 '타당성 요구'를 통한 담화 속에서 우리는 '의사 소통적 합리성'에 대한 경험을 할 수 있다. 하버마스는 다음과 같이 말한다.

'의사 소통 합리성'이라는 개념은, 궁극적으로는 강제 없이도 일치를 이루고 합의를 형성하는 논증적인 담화가 가진 힘에 대한 경험으로 환원되는, 많은 함축을 지니고 있다. 그러한 담화에서 서로 다른 참여자들은 자신들의 애초의 주관적인 견해를 극복하고 동시에 이성적으로 동기지어진 확신이라는 공통성 덕분에 객관적 세계와 자신들의 삶의 연관이 갖는 상호 주관성의 통일성을 확신하게 된다(Habermas 1981a, 28).

의사 소통적 합리성은 '인식적-도구적 합리성', '도덕적-실천적 합리성', '미학적-표현적 합리성'을 다 포함하는 포괄적인 합리성과 동일한 개념이다. 따라서 '인식적-도구적 합리성'과 '의사 소통적 합리성' 개념을 대립시키는 것은 잘못이며, 인식적-도구적 이성은 포괄적인 의사 소통적 이성의 한 구성 요소이다.

그는 '의사 소통적 합리성'으로 인지적, 규범적, 표현적 측면의 통일 위에 확보된 합의 이념을 지칭하면서도 인지적, 규범적, 표현적 이성 계기들간의 통일성을 '실체적 이성'에 기초하려는 것이 아니라 논증들의 '형식적 과정적 통일성'에 기초하려 한다. 이처럼 절차적 개념으로서 형식적으로 이해할 때 재구성적인 검증과 반박에 개방되어 있는 의사 소통의 구조와 발전이라는 보편적 성격을 이해할 수 있을 것이다.

그런데 '의사 소통 합리성'은 철학적 의미와 사회학적 의미라는 두 가지 차원을 가진다. 한편으로 의사 소통 행위에 내재하는 '담화'의 합리성으로서 언어 이론, 논증 이론과 연관된 보편 화용론적 구조로 나타나는 철학적, 보편적, 선험적 차원(공시적 차원)과 의사 소통 행위의 역사적 전개 과정 속에서 실현되어 온 사회적, 경험적 차원(통시적 차원)을 가진다. 하버마스는 생활 세계의 합리화에 의한 체계 복잡성의 증대가 가져온 사회학적인(베버적인) 의미에서 합리성의 분화, 의미의 상실을 '의사 소통적 합리성'이라는 철학적 개념을 통해 다시 통합하려고 한다.

하버마스에서 의사 소통적 합리성 개념은 이론적으로는 비판적 사회 탐구를 위한 근본 개념으로서 개인적, 사회적 발전에 대한 그의 이론의 전체 구조는 의사 소통적 합리성에 세워져 있다. 그리고 실천적으로 그 개념은 '이상적 담화 상황'이라는 개념과 함께 현대의 사회 병리를 진단하는 열쇠를 제공하고, 이러한 병에 대해 제시된 처방들을 분류하는 한 방법을 제공해 준다.

벨머에 따르면 하버마스는 의사 소통적 합리성 이론을 통해 다음을 제시할 수 있게 되었다.

첫째, 마르크스에 반대해서 보편주의적 도덕성과 보편주의 법의 부르주아적 형태가 단순히 자본주의적 생산 양식의 이데올로기적 반영이 아니라 그것들이 자본주의의 출현과 생성론적으로 밀접하게 연관된다는 것, 따라서 과학 기술 영역에서의 학습 과정과 범주적으로 구분되어야 할 불가역적인 집합적 학습 과정을 표현하는 것으로 간주되어야 한다는 것.

둘째, 베버에 반대해서 민주주의와 인권이라는 특수하게 근대적인 개념을 낳는 보편주의적 도덕과 법 개념의 출현은 형식적 관료주의적 합리화라는 의미에서의 합리화와 범주적으로 구분되어야 할 합리화 과정의 한 유형을 대변해 준다는 것.

셋째, 호르크하이머와 아도르노에 반대하여 사회 구성원의 자유로운 합의에 기초할 사회의 합리적 조직화라는 이념이——그 형태가 왜곡되어 있을지라도——이미 근대 산업 사회의 민주적 제도들, 정당성 원리와 자기 해석에 구현되어 있고 인식되어 있다는 것. 그리고 바로 이 때문에 근대 사회에 대한 비판적 분석은 그의 분석 대상과 공통적인 규범적 토대를 가질 수 있고 '내재적' 비판의 형태를 가정할 수 있다는 것(Wellmer 1985, 51~52).

하버마스는 근대 서구적 이성의 일면적, 억압적인 성격을 비판하면서 의사 소통 행위 이론을 통해 포괄적인 이성의 기획을 발전시켜 문화적 전문화에 의해 '일상적 실천' 속에서 위축되고 잠재화된 이성의 통합적 기능을 활성화시키려 한다.

(4) 포스트 모더니즘 비판

하버마스는 '의사 소통적 합리성', '포괄적 이성'의 이론을 기초로 포스트 모더니즘의 여러 경향을 비판하면서 근대의 미완의 기획을 지속시키고자 한다. 하버마스는 근(현)대의 계몽적 기획이 부분적으로 과학적-기술적 합리성에 의한 생활 세계의 식민지화와 전문가들의 문화에 의한 일상적 삶의 지배를 가져왔지만 '생활 세계의 시각에서 전문가 문화를 자기화'(Habermas 1980, 462)함으로써 그리고 '경제적, 행정적 행위 체계의 독자적 작동 논리를 제한하는 제도들을 생활 세계가 스스로 발전시킴으로써'(위의 곳) 근(현)대의 기획은 사회적 합리성, 정의 그리고 도덕성을 증대시킬 가능성을 갖고 있다고 주장한다. 이러한 입장은 포스트 모더니즘에 대한 비판에서 다시 구체화된다.

하버마스에 의하면 18세기 계몽주의자들에게 나타나는 "근대의 기획은 객관화하는 과학, 도덕과 법의 보편주의적 토대, 자율적 예술을 각각의 고유한 의미에 따라 발전시킴과 동시에 또한 그렇게 축적된 인식적 잠재력을 그들의 폐쇄적이고 비밀스런 형태로부터 벗어나게 하여 실천, 즉 생활 상태의 이성적인 형성을 위해 활용하는 것이다"(Habermas 1981c, 452). 그러나 20세기에 들어와 이러한 낙관주의는 퇴색해 간다. 마르크스와 니체의 영향을 받은 베버는 과학, 도덕, 예술 영역의 분화가 문화적 발전을 의미하지만 동시에 이들은 전문화를 통해 일상적 생활 실천으로부터 분리됨으로써 '의미 상실'과 '자유의 결핍'을 가져온다고 본다. 여기서 문제는 근대의 기획을 고수할 것인가, 지양할 것인가이다. 하버마스는 「근대(현대)——미완의 기획」에서 1970년대에 소생한 니체의 정신에 영향을 받아 근대의 기획으로부터 벗어나려는 바타이유, 데리다, 푸코 등을 '젊은 보수주의자들'로 비판하면서 "근대와 근대의 기획 자체가 좌절됐다고 보는 대신에, 근대의 기획과 동반했던 오류들과 근대를 지양하려 했던 극단적인 기획의 잘못으로부터 배워야 한다"(Habermas 1981c, 460)고 말한다.

하버마스는 자본주의적 근대화 과정에서 의사 소통적 이성의 가능성이 발전됨과 동시에 왜곡되어 왔으므로 '해방과 지배의 양면성을 자체 내에 갖는 법과 도덕의 내적 발전'(같은 책, 509)을 동시적으로 파악해야 한다는 입장을 토대로 『근(현)대에 대한 철학적 논의』(1985)를 전개한다. 하버마스는 니체가 이성 개념의 새로운 수정이라는 주관 중심의 내재적 비판을 시도하지 않고 이성의 기획 자체를 폐기함으로써 해방적 기획을 포기했다고 보아 그를 포스트 모더니티로의 전환점으로 파악한다. 그는 니체가 제기하여 오늘날까지 이어지는 '반계몽주의적' 길, 즉 하이데거를 거쳐 데리다에 이르는 형이상학 비판의 길과 바타이유를 거쳐 푸코에 이르는 이성 비판의 길에 대한 검토를 한다. 또한 호르크하이머와 아도르노의 '계몽의 변증법'을 '신화와 계몽의 뒤섞임'으로 해석하면서 이들의 니체적인 요소에 대해 비판한다. 포스트 모더니스트들을 비판하는 하버마스의 입지점은 다음과 같다.

첫째, 포스트 모더니스트들은 근(현)대의 양면성, 즉 물화적인 측면과 해방적인 측면을 동시적으로 파악하지 못했다. 하버마스는 "헤겔과 마르크스, 베버와 루카치가 사회적 합리화의 해방적-화해적 측면을 억압적-분열적 측면으로부터 구분했던 기준들이 이성 비판가들에서는 불구화"되었으며 "아도르노의 관리된 세계 이론과 푸코의 권력

이론이 하이데거의 주도적 틀(Gestell)로서의 기술 이론에 대한 해명이나 데리다의 정치적인 것의 총체적 본질에 대한 해명보다 성과가 있고 더 교훈적이지만, 그들도 문화적, 사회적 근대의 양면적 내용에 대해 제대로 파악하지 못했다"(Habermas 1985a, 392)고 비판한다.

둘째, 그들은 생활 세계와 체계의 구분, 문화적 근대의 합리성과 행정적 행위 체계의 합리성을 구분하지 못하여 결국 도구적 이성이 지배하는 체계 합리성만을 강조함으로써 이성의 해방적 가능성을 포기하게 된다. 따라서 그들은 '이성의 가능성' 대신에 '이성의 타자'를 추구함으로써 그들의 "이성 비판적 시도에는 일상적 실천을 위한 체계적인 공간이 고려되지 않는다"(Habermas 1985a, 392~393).

셋째, 그들은 총체적 이성 비판을 통해 이성의 한계를 넘어서려 하지만 결국은 이성 비판을 위해 이성이라는 도구(언어)를 사용할 수밖에 없는 '수행적 모순'에 빠진다(Matustik 1989 참조).

넷째, 이러한 문제들에 부딪친 이유는 기존 이론들이 모두 의식 철학, 주체 철학의 틀 안에 머물렀기 때문이었다. 하버마스의 패러다임 전환 전략은 상호 주관성에 기초한 '의사 소통적 합리성'을 제시하면서 '의사 소통적 행위로 파악되는 이성에 의한 주관(주체) 중심적 이성의 한정된 부정'(McCarthy 1989, 501)을 통해 의식 철학, 주체 중심적 철학의 한계를 극복하고 포괄적 이성을 회복하는 것이다. 그는 근대 서구적 이성의 일면적, 억압적인 성격을 비판하면서 의사 소통 행위 이론을 통해 포괄적인 이성의 기획을 발전시켜 문화적 전문화에 의해 '일상적 실천' 속에서 위축되고 잠재화된 이성의 통합적 기능을 활성화시키려 하므로 과학과 도덕·예술의 관계, 그리고 도덕과 법의 관계, 토의(담화) 윤리, '시민 사회'와 '공론 영역', '민주주의'의 중요성이 부각된다.

(5) 의사 소통적 권력, 토의적 법치 국가론과 절차적 민주주의론

『의사 소통 행위 이론』에서 생활 세계의 식민지화를 통해 제시되었던 현대 사회의 병리적 현상들은 생활 세계 내에서의 저항에 기초한 민주적 의지 형성의 사회적 제도화를 통해, 즉 시민 사회와 정치적 공론 영역이 활성화됨으로써 극복될 수 있다. 『사실성과 타당성』에서 하버마스는 의사 소통 행위 이론에 기초하여 법과 민주주의적 법치 국가에 대한 토의 이론을 통해 절차적 민주주의 이론, 권력과 사회적 제도에 대한 논의를 전개한다. 여기서는 특히 '사실성과 타당성의 사회적 매개 범주로서의 법'(Habermas 1992, 1장)을 해명한다. 그는 규범적 차원을 배제하는 경험적 사회학적 법이론들과 사회적 현실과의 관계를 놓치기 쉬운 철학적 정의론과의 대립적 관계를 넘어서서 이 두 요소들이 결합되는 지점을 토의 윤리에 기초한 절차적 민주주의 이론에서 찾는다. 그리고 이와 연관해서 시민 사회와 정치적 공론 영역의 역할을 강조하면서 시민 사회의 행위자들, 여론, 의사 소통적 권력 이론의 관계를 해명한다.

하버마스는 자신들의 이익에 충실한 다양한 '사회적 권력들'이 개방적이고 자유로운 공론 영역을 통해 '의사 소통적 권력'으로 매개되어 법제화됨으로써 '행정적 권력'이 정당화될 수 있다고 본다. 즉 민주주의적 법치 국가에서는 '토의 정치'의 절차가 민주적 과정의 핵심을 이루며, 민주적 절차에 따라 의사 소통적 권력으로 형성되는 공론이 '행정적 권력'의 사용을 일정한 방향으로 조정하면서 체계(경제와 행정 체계)의 영역을 제한하고 생활 세계의 영향력을 확산시켜 나간다. 이러한 영향력은 법치 국가적으로 제도화된 의사 형성과 문화적으로 동원된 시민 사회의 연대에 기초를 둔 공론 영역간의 상호 작용에서 생겨난다(Habermas 1992, 365). 의사 소통적 주권 개념은 이러한 민주적 절차에 기초한다. 절차적 민주주의 이론과 토의적 법치 국

가론에서 중요시되는 것은 자연법적 기본권의 확대이며, 이는 생활 세계의 차원에서 중요한 의미를 갖는다. 생활 세계의 재생산은 문화적 전승, 사회적 통합, 사회화라는 의사 소통적 과정을 포함하며 이러한 재생산은 전통의 보존과 혁신, 사회적 통합, 사회화를 과제로 하는 제도들을 요구한다.

하버마스의 논의에 기초해서 생활 세계에 근거하는 기본권의 세 가지 복합체를 구분할 수 있다. 문화적 재생산에 대한 기본권(사상, 출판, 언론, 의사 소통의 자유), 사회적 통합을 촉진하는 기본권(결사, 집회의 자유), 인성의 형성에 필요한 기본권(프라이버시 보호, 친밀성, 인격 불가침 등의 기본권 복합체)들은 시민 사회와 자본주의적 경제를 매개하는 기본권(재산권, 계약권, 노동권)이나 시민 사회와 근대 관료주의 국가를 매개하는 기본권(시민의 투표권, 고객의 복지권)과 연결되어 있다(Cohen & Arato 1989, 502).

따라서 기본권들을 확립하거나 변혁하는 기획은 시민 사회의 정치에 참여한 집합적 행위자들의 가장 중요한 과제들 중의 하나다.
결론적으로 말해서 시민 사회에서 정치적 공론 영역을 확대하는 것이 도덕적 요구를 법과 정치로 확산시키는 중요한 방법이고, 이의 규범적 기초가 '의사 소통적 이성(합리성)'이며 이러한 이성의 실현을 통해 인간 해방의 실현이 어느 정도 가능하다. 그러므로 하버마스에서 시민 사회와 '공론 영역' 그리고 이들을 활성화시키는 토의 과정이 인간 해방과 사회적 해방의 진원지이자 보루 그리고 동력으로서 중요한 의미를 갖는다.

4. 맺는 말

하버마스는 "인간 스스로에게 책임이 있는 미성숙과 비참한 삶으로부터 벗어나려는 인간 해방에 대한 희망은 아직 그 힘을 상실하지 않았다"(Habermas 1990, 203)고 말한다. 하버마스는 서구의 다양한 사회 운동에 대한 분석을 통해 해방의 잠재력과 저항의 잠재력, 퇴각의 잠재력을 구별하면서 여성 운동만이 가부장적 억압에 항거하는 투쟁과 도덕과 법률의 보편주의적 기본 원리에 기반을 갖고 있는 부르주아적, 사회주의적 해방 운동의 전통 속에 서 있는 공격적인 운동이라고 파악한다. 저항 운동과 퇴각 운동은 의사 소통의 구조를 갖는 행위 영역을 지키기 위한 방어적 운동의 성격을 갖는다(Habermas 1981b, 578).

이론적으로 하버마스의 연구는 실증주의의 부활된 형태에 대해서뿐 아니라 포스트 모더니즘이나 신실용주의류의 상대주의(로티 등)와 전통적인 철학적, 형이상학적 입장(헨리히 등)을 옹호하는 절대(근본)주의에 반대한다. 그리고 정치적으로 그는 정통 마르크스주의는 물론 신보수주의와 전통적인 자유주의적, 보수주의적 입장도 그리고 신급진주의도 거부한다. 하버마스 연구의 이론적 강점은 여러 입장의 역량을 무시하지 않으면서도, 서로 섞일 수 없는 다양한 형태의 상대주의와 절대주의의 대안들 사이를 헤쳐 나가고자 시도하는 데 있다. 또한 그의 정치적 강점은 기술 지배적 통제와 안정성의 확보에 참여하는 입장과 진부한 자유주의적 입장, 보수주의적 입장, 정통 마르크스주의적 입장에로의 회귀라는 받아들일 수 없는 대안들 사이를 헤쳐 나가는 것이다(Roderick 1986, 우리말 번역본 1992, 140). 그러나 그의 이론적, 정치적 강점은 동시에 약점이므로 여러 사람들에게 비판받는다. 하지만 그는 자신에 대한 비판을 '논쟁을 진전시키는 협동적 노력'으로 수용하면서 자신의 입장을 다양한 측면에서 관철시키고 있다.

이제까지의 고찰을 통해 나타난 하버마스 사상의 철학 사상사적 의미를 간단히 정리하면 다음과 같다.

첫째, 하버마스는 인간 해방에 대한 관심을 구체적인 사회, 역사적 맥락에서 관철시키려고 하며 이를 위해 '노동과 상호 작용', '전략적 행위와 의사 소통적 행위'를 구분하여 후자의 영역을 강조한다. 즉 마르크스의 생산 패러다임을 의사 소통 패러다임으로 전환시켜 현실 적합성이 있는 해방 이론을 제시함으로써 이론과 실천의 재통합을 시도했다.

둘째, 하버마스는 초기에 정치적 공론 영역을 통한 참여적, 급진(직접) 민주주의 기획을 지속적으로 관철시키려 했으나 후기로 오면서 현대 사회의 복합성을 체계 이론으로 수용하고 전자 대중 매체가 갖는 지배와 해방의 양면성을 제시하면서 시민 사회의 정치적 공론 영역이 갖는 해방의 잠재력과 가능성을 강조한다. 그는 '의사 소통적 권력'론을 통해 일상적 생활 세계 속에서의 실천을 중시하고, 공론 영역의 정치적 활성화를 통해 절차적 민주주의의 발전 전략을 제시하고자 했다.

셋째, 하버마스는 자유주의적 전통에서 발전된 절차적 민주주의의 실현이 중요하다는 것을 강조하고 이를 담화적 의지 형성의 제도화에서 찾는다. 그러므로 시민 사회에서 정치적 공론 영역을 확대하는 것이 도덕적 요구를 법과 정치로 확산하는 중요한 방법이며, 이런 점에서 시민 사회와 '공론 영역'은 사회적 해방의 가능 영역으로 중요한 의미를 갖는다.

넷째, 하버마스는 니체와 베버의 시대 인식을 어느 정도 수용하면서도 칸트, 헤겔, 마르크스적 전통의 계몽주의적 입장을 견지한다. 그는 루카치 이후 아도르노에 이르기까지 자본주의적 합리화의 과정을 '의식의 물화' 과정으로 보는 의식 철학, 주체 중심적 철학의 한계를 지적하고 상호 주관성에 기초한 '의사 소통적 합리성'을 제시함으로써 합리화 과정의 양면성을 통해 계몽주의적 해방의 기획을 관철시킴으로써 '근대적 기획으로서 계몽주의'를 더욱 실현해야 한다는 것을 강조하는 대표적 계몽주의자, 합리주의자로서 확고한 위치를 갖고 있다.

더 읽어야 할 책

하버마스는 매우 다양한 영역에 걸쳐 오랜 기간 동안 자신의 이론을 발전시켜 왔고, 사상이 포괄적이고 저술도 대단히 많아서 그의 전 사상의 발전 경로와 체계를 이해하기가 쉽지 않다. 우선 비판 이론의 역사적 맥락에서 초기 비판 이론과 함께 하버마스를 논의한 책으로는 헬드(Held, D)의 *Introduction to Critical Theory*(London, 1980. 우리말 번역본은 백승균 옮김,『비판 이론 서설』, 계명대 출판부, 1988)가 있다. 그리고 번스타인(Bernstein, R)의 *The Restructuring of Social and Politlcal Theory*(London, 1979. 우리말 번역본은 안병영 옮김,『현대 정치 사회 이론』, 나남, 1988)는 사회 이론과 정치 이론의 최근의 발달 맥락 속에서 하버마스의 저술을 위치지운다.

그리고 매카시(McCarthy, T)의『위르겐 하버마스의 비판 이론 *The Critical Theory of Jürgen Habermas*』(The MIT Press, 1978)은 하버마스의 초기 사상을 상세히 해명한 대표적인 책이다. 그러나 여기서는『공론 영역의 구조 변화』에 대해서는 거의 주목하지 않는다. 하버마스 사상의 초기·후기를 나누는 기준이 되는 저술인『의사 소통 행위 이론』을 포함하여 최근의 저술까지 간략하게 다룬 것으로는 로더릭(Roderick, R)의『하버마스와 비판 이론의 정초 *Habermas and the*

Foundations of Critical Theory』(New York, 1986. 우리말 번역본은 김문조 옮김, 『하버마스의 사회 사상』, 탐구당, 1992)와 퍼세이(Pusey, M)의 『위르겐 하버마스 *Jürgen Habermas*』(London, 1987), 라스머샌(Rasmussen, D. M)의 『하버마스 읽기 *Reading Habermas*』(Basil Blackwell, 1990)가 있다. 마르크스주의와의 연관을 전체적으로 다룬 책으로는 록모어(Rockmore, T)의 『하버마스와 역사적 유물론 *Habermas on Historical Materialism*』(Indiana Uni. Press, 1989)이 있다. 우리말 번역본은 임헌규 엮어 옮김, 『하버마스 다시 읽기』(인간사랑, 1995)가 있으며 이 책에는 다른 몇 가지 논문도 같이 포함되어 있다.

논문으로는 기든스(Giddens)의 「위르겐 하버마스」(켄틴 스키너, 『현대 사상의 대이동』, 이광래·신중섭·이종흡 엮어 옮김, 강원대 출판부, 1987), 켈너(Kellner)의 「비판 이론, 막스 베버, 그리고 지배의 변증법」(뢰비트, 『베버와 마르크스』, 이상률 옮김, 문예출판사, 1992, 142~196)이 좋다.

직접 하버마스의 원전을 접하려면 『이론과 실천』 가운데서 「정치학의 고전적 이론과 사회 철학」, 「자연법과 혁명」 그리고 「독단, 이성 및 결단 : 과학 문명 시대의 이론과 실천」을 먼저 읽고, 다음으로 『이데올로기로서의 기술과 과학』을 읽으면 좋을 것이다. 그리고 자본주의 사회에 대한 구체적인 분석에 관심 있는 사람은 『후기 자본주의의 정당성 문제』를, 이론적인 관심이 있는 사람은 『인식과 관심』을 읽을 필요가 있다. 초기 사상의 핵심적인 내용이 『이론과 실천』 신판 서문 「이론과 실천을 매개하는 어려움」에 집약적으로 요약되어 있다.

언어와 사회 진화에 대한 하버마스의 논의는 매카시의 번역으로 나온 영어판 『의사 소통과 사회 진화』에 집약되어 있다. 하버마스의 주요 저술이 대부분 영어로 번역되었고, 국내에서도 영인본으로 나왔다.

하버마스 원전 가운데 번역된 것은 홍윤기·이정원 옮김,『이론과 실천』(종로서적, 1982). 강영계 옮김,『인식과 관심』(고려원, 1983. 그러나 이 책은 번역상의 문제가 많다). 임재진 옮김,『후기 자본주의 정당성 문제』(종로서적, 1983). 서규환 외 옮김,『소통 행위의 이론(1권)』(의암출판사, 1995). 이진우 옮김,『현대성의 철학적 담론』(문예출판사, 1995). 이진우 옮김,『새로운 불투명성』(문예출판사, 1996). 장은주 옮김,『의사 소통의 사회 이론』(관악사, 1995) 등이 있다.

그리고 하버마스 이론에 대한 토론과 비판적, 논쟁적 글을 편집한 책으로는 톰슨·헬드(Thomson and Held) 엮음,『하버마스 : 비판적 토론 Habermas;Critical Debates』(The MIT Press, 1982)과 번스타인(Bernstein) 엮음,『하버마스와 모더니티 J. Habermas and Modernity』(Polity Press, 1985)가 좋다.

국내 학자들의 논문집으로는『하버마스의 사상』(장춘익 외, 나남, 1996)과『사회 비평』15호의 특집『하버마스 : 이성적 사회의 기획, 그 논리와 윤리』(나남, 1996)가 있다.

그 밖에 하버마스에 관한 읽을거리로는 다음과 같은 것들이 있다.

김재현,「하버마스의 해방론 연구」(서울대학교 박사 학위 논문, 1995)
박영신,「하버마스와 의사 소통 행위의 사회학」(『현상과 인식』1987 여름, 제11권, 2호, 통권 39호)
윤평중,『푸코와 하버마스를 넘어서』(교보문고, 1990)
―――,『포스트 모더니즘의 철학과 포스트 마르크스주의』(서광사, 1992)
이진우,『탈현대의 사회 철학』(문예출판사, 1993)
이진우 엮음,『포스트 모더니즘의 철학』(서광사, 1993)
장춘익,「비판적 사회 이론의 정립과 정치적 실천의 회복을 위한 노력」(『사회 비평』11호, 1994)

정호근, 「하버마스의 담론 이론」(『철학과 현실』, 1994 겨울, 144~160)
차인석, 「위르겐 하버마스」(『현대의 사회 사상가』, 민음사, 1979)
_____, 「하버마스의 사회 인식론」(한전숙·차인석 공저, 『현대 철학』, 서울대 출판부, 1980)
최종욱, 「하버마스의 '의사 소통 행위론'」(한국철학사상연구회, 『현대 사회와 마르크스주의 철학』, 동녘, 1992)

3부 구조주의와 포스트 구조주의

• 개관 : 구조주의와 포스트 구조주의 / 양운덕
8장 클로드 레비-스트로스 / 이정우
9장 자크 라캉 / 박성수
10장 미셸 푸코 / 윤평중
11장 루이 알튀세 / 문성원
12장 자크 데리다 / 양운덕

3부 개관

구조주의와 포스트 구조주의

양 운 덕

1

1960년대부터 두각을 나타낸 화려한 프랑스 철학의 높은 파고가 미국 등을 거쳐서 포스트 모던이란 이름으로 한국의 연안에 닿는 데는 꽤 많은 시간이 걸렸다. 현대 철학의 흐름 가운데 가장 활발한 성과를 보이는 프랑스 철학은 그 동안 수입상들의 외면으로 그 존재조차 미미한 것에 지나지 않았다.

이 흐름은 언어학, 인류학, 정신 분석학, 사회학, 생물학, 심리학, 문학, 신화 연구 등의 분과들을 일정하게 종합하면서 언어, 사회, 역사, '인간'에 관한 전반적 고찰을 통해 종래의 철학적 통념을 깨뜨리고 '다르게' 사고하는 다양한 사례들을 보여 준다. 한때 프랑스 철학을 특징지었던 명료함이란 말이 이제는 기존 사고에 대한 혁명이란 말로 대체되면서 이 철학은 새로운 가능성들을 시험하고 있다.

현대 프랑스 철학의 다양한 흐름을 한두 사조로 정리하기는 어렵고(사실상 그것이 가능한 것도 아니지만), 일단 구조주의와 포스트 구조주의란 이름으로 그것들을 한데 모았다. 구조주의는 수학(부르바키 Bourbaki 모임의 구조주의 수학), 언어학 등에서 그 기초가 마련되는데, 특히 소쉬르 학파의 언어학적 사고틀과 밀접한 관련을 갖는다. 전후 프랑스를 대표하던 현상학, 실존주의, 마르크스주의는 구조주의의 거대한 흐름에 흡수된다. 레비-스트로스의 인류학, 라캉의 정신 분석학, 알튀세의 마르크스주의, 푸코의 담론의 고고학, 바르트 등의 문학 비평과 기호학적 분석이 그 두드러진 예들이다.

구조주의는 주체, 의미, 역사성 등을 내세우던 종래 프랑스 철학의 흐름을 전면적으로 거부한다. 종래의 이론이 인간, 사회, 문화에 대해 주체 중심적, 인간 중심적 관점에서 주체의 체험, 시간과 역사성, 의식과 자유 등을 강조하는 것과는 달리 구조주의는 '주체 바깥의 사고'를 통해 주체의 행위와 인식을 규정하는 객관적 체계들을 전면에 내세운다. 예를 들어 주체의 자유를 극단적으로 강조하는 사르트르는 주체의 실존적 선택을 통해 주체가 자신의 내용을 만들고 본질을 형성한다고 본다. 주체는 자신, 타인, 사회, 역사를 자유롭게 의식적으로 선택한다. 이에 비해 구조주의는 주체를 구조의 산물로 본다. 주체의 선택과 자유란 허상일 뿐이며 주체란 그로부터 독립된 구조에 의해서 고유한 자리와 의미가 부여되고, 주체의 자유란 그 배후/근거에 있는 무의식적인 보편 구조에 의해 마련된 가능성을 일정하게 조합하는 것에 지나지 않는다. 이것은 자유를 통해 주체를 특권화하는 태도를 버리고 주체가 구조와 관련된 점을 부각시킨다.

포스트 구조주의는 이런 문제틀을 일정하게 공유하면서도 보편적 구조를 해체하는 보다 급진적인 흐름이다. 푸코, 들뢰즈, 데리다, 리오타르, 보드리야르 등에서 보듯이 이것은 구조주의의 주체와 역사 부정을 공유하면서 보편적 구조, 이성, 진리에 대한 회의를 주제화한다. 이것은 이성을 전면적으로 부정하는 점에서 비합리주의의 위험을 지닌 신보수주의라는 평가를 받기도 하지만, 서구 역사에서 보편적

이성이 초래한 전체주의적 억압을 문제 삼으면서 보편적 이성과 진리로 무장하지 않은 채 이질성, 우연, 단절, 차이의 작용과 언어, 권력, 욕망, 기호의 자율적 운동 등을 통해 새로운 사고의 가능성을 모색하는 점에서 주목받고 있다.

이 흐름 가운데 일부가 포스트 모던이나 해체의 이름으로 나름의 틀을 제시하고 있다. 이를테면 리오타르는 모던(moderne) 철학이 지식의 '진리'와 권력의 '정의'를 결합시킨 큰 이야기(grand récit; meta récit)로서, 보편적 인간 해방과 절대적 인식을 추구하는 시도로서, 해방의 이름으로 억압을 정당화하는 전체주의적 사고틀을 지닌다고 본다. 그는 어떠한 보편적 진리나 정의를 내세우지 않는 비억압적인 작은 이야기들이 이질적으로 혼재하는 상태를 바람직한 것으로 본다.

2

구조주의와 포스트 구조주의를 논의하는 데 소쉬르의 언어학은 결정적으로 중요하다. 소쉬르는 언어에 대한 역사적 접근을 거부하여 통시태(daichronique)와 구별된 공시태(synchronique)를 강조함으로써 언어의 역사적 변화 대신에 내적 조직화를 다룬다. 이런 틀은 구조주의가 역사적 변화보다는 그 배후에 있는 비역사적인 공시적 구조를 다루는 것과 연결된다.

소쉬르는 랑그(langue)와 파롤(parole)을 구별한다. 랑그는 언어 공동체의 구성원이 공유하는 언어 체계로서 각 화자의 개별적인 발화 행위인 파롤과 구별된다. 개별적이고 특수한 파롤에 비해 랑그는 사회적 언어 체계로서 개인의 구체적, 주관적 발화를 넘어선 보편적이고 객관적인 것이다. 랑그는 그것을 말하는 개인들과는 무관하게 개인들 바깥에 존재한다. 발화 주체는 보편적인 랑그 체계에 따라서만 언어를 사용하고 의미를 이해, 소통할 수 있다. 주체는 언어 체계 '안'

에서 말하고 그 '안'에서 주체로 구성될 수 있다. 대상 세계 역시 언어적 그물망, 차이 체계에 의해 분절되지 않고서는 의미를 지닌 것으로 나타날 수 없다.

랑그는 기호 체계를 이룬다. 언어 기호는 음성적 이미지, 또는 청각 영상인 기표(signifiant)와 그 개념인 기의(signifié)가 (자의적으로) 결합된 것이다. 이때 한 기표와 다른 기표들의 차이가 한 기표의 기의를 규정한다. 예를 들어 '강아지'는 '송아지', '망아지'가 아니고, pain(빵)은 pai(평화), main(손)이 아니어서 나름의 의미를 갖는다. 기호는 원래부터 자기 동일성을 갖는 것이 아니라 기호들의 체계에서 마련되는 차이 관계 안에서만 의미를 갖는다. 이런 체계는 요소들의 값을 정하는 요소들 사이의 객관적 관계망이 지닌 객관적이고 자율적인 동학을 지닌다.

소쉬르 언어학의 영향으로 다양한 구조주의 언어학이 발전하는데, 특히 트루베츠코이(Troubetzkoy), 야콥슨(Jakobson) 등이 중심이 된 프라하 학파와 옐름슬레브(Hjelmslev) 등이 중심이 된 코펜하겐 학파를 들 수 있다. 야콥슨은 언어와 사회 제도, 규칙 사이에 본질적 유사성이 있으며, 언어학의 분석 방법이 사회 제도를 분석하는 유리한 도구가 될 수 있음을 보여 주어 특히 레비-스트로스에게 큰 영향을 끼친다. 언어의 보편적 구조에 대한 연구는 인간 사회의 토대를 이루는 상징 체계를 이해하는 중요한 실마리를 제공한다.

3

주요 이론가들의 문제 의식을 간략하게 살펴보자. 레비-스트로스는 구조주의 인류학의 기념비적 저작인 『친족 체계의 기본 구조』에서 친족 체계를 기호 체계로 해명한다. 그는 친족 체계가 근친혼 금지를 보편적인 규칙 체계, 코드로 삼아 여성을 교환하고 집단이 상호 관계를 맺는 상징 체계로 본다(이것은 코드에 의해 여성이란 메시지가 교환되는 과정이다). 개인들은 친족 체계가 구성하는 기호 체계, 호칭 체계에 의해 자신의 자리와 이름을 부여받고 그 역할과 의미가 규정된다. 이때 개인들은 구조를 창조하는 주체나 구조의 원인이 아니라 구조의 산물, 구조의 효과일 뿐이다. 이 의미 체계는 개인들의 행위를 규정하는 무의식적 체계이다. 레비-스트로스는 이처럼 요소와 사건들 배후에 존재하는 보편적 질서를 의미 작용의 관계망으로 재구성한다. 그는 다양한 상징 체계, 토템, 신화 등을 기호와 상징의 우주로 체계화한다.

자크 라캉은 언어학적 틀로 무의식을 설명하고자 한다. 그는 프로이트 이론이 영미 중심의 자아 심리학으로 왜곡되는 것에 항의하여 프로이트 초기의 '무의식'으로 돌아갈 것을 강조한다. 프로이트의 무의식은 투명하고 통일된 의식을 불가능하게 하는데, 라캉은 이런 무의식을 언어적 구조로, 기표들의 연쇄망으로 본다. 라캉은 욕망을 '타자(l' Autre)의 담론'이라고 보는데, 이 '타자'란 개인을 넘어선 상호 주관적 관계망인 언어적 구조를 말한다. 라캉은 언어 안에서 욕망이 만들어지고, 언어 안에서 욕망이 다른 욕망으로 대체된다고 본다. 주체들은 기표들에 의해 양처럼 순하게 길들여지고, 자신의 고유한 자리와 의미를 부여받는다.

루이 알튀세는 구조주의적 틀로 마르크스주의를 재독해하는 이론적 투사이다. 그는 스탈린주의를 비롯한 헤겔적 유사-마르크스주의로부터 마르크스의 핵심을 구출하기 위해 바슐라르의 과학/이데올로기 구별을 원용하여 마르크스의 저작 가운데 이데올로기를 벗어난 과학적인 저작들에 대한 엄밀한 독해를 통해 과학적 마르크스주의를 제시하고자 한다. 그는 증후 발견적(symptomale) 독해를 통해 마르크스의 '문제틀'(problématique)을 드러내고, 변화된 인식 지형(changement de terrain)을 자본주의 현실 비판의 척도로 삼는다.

미셸 푸코는 니체적 사고를 계승하여, 이성의 타자에 주목하고 타자의 눈으로 서구 사회에서 자명한 것으로 받아들여지는 것들에 의문을 제기한다. 그는 정상과 광기, 병과 건강의 관계, 범죄와 법의 관계, 성적 관계 등을 통해 "서구의 주체는 어떻게 구성되는가?"를 질문한다. 이것을 분석하기 위해 사물에 대한 통제 관계를 다루는 지식의 축, 타자들의 행위 관계를 다루는 권력의 축, 자기 자신에 대한 관계를 문제 삼는 윤리의 축을 주제로 삼는다(1. 개인은 어떻게 앎의 주체가 되는가? 2. 개인은 어떻게 권력을 행사하기도 하고 그것에 복종하기도 하는 주체가 되는가? 3. 개인은 어떻게 도덕적 주체가 되는가?). 푸코는 서구적 개인들을 틀지우는 진리-의지가 지닌 억압적 성격에 대해 끊임없이 비판하는 철학적 에토스를 권장한다.

자크 데리다는 서구의 전통적 형이상학의 틀을 해체한다. 그는 서구 형이상학이 지닌 무의식적 구조를 드러내고, 형이상학적 진리의 문법(현상과 본질의 대립 구조에 기반을 둔)이 숨긴 형이상학적 텍스트들을 분석한다. 그는 차연(la différance), 흔적(la trace), 글쓰기(l'écriture), 흩뿌리기(la dissémination), 보충/대리(le supplément) 같은 개념을 통해 일관되게 형이상학적 틀이 지닌 자기 모순, 억압을 폭로하고 해체한다.

4

이러한 시도들은 다양한 문제 제기를 통해 인간과 사회적 삶에 대한 새로운 결을 보여 준다. 이런 다양한 이론적 틀 가운데 어느 것이 가장 바람직하고 올바른 것인가? 이런 질문은 인간과 세계의 보편적 진리를 설명할 '하나의' 이론을 찾는 것이다. 그런 이론이란 있을 수 없으며, 모든 이론은 그것의 문제틀을 중심으로 특정한 현상들을 잘 설명하고 다른 것들은 제대로 설명하지 못한다. 따라서 우리가 이론의 진위를 가리려는 노력을 게을리할 수는 없지만 우리의 현실 문제와 관심을 바탕으로 실용적인 태도를 취하는 것도 중요하다. 예를 들어 푸코의 경우에 그의 이론 자체를 참이나 거짓으로 평가할 것이 아니라 그의 어떤 측면, 어떤 방법, 어떤 설명력을 어떻게 이용할 것인가를 모색하는 것이 바람직할 수 있다(이를테면 여성 문제에 관심을 가진 사람은 '여성'에 관한 가부장적 담론을 푸코적 틀로 분석해 보는 것이 푸코의 이론을 잘 외는 것보다 나은 것이 아닐까?). '한' 이론에 생명을 걸겠다는 숙연한 태도는 그것을 절대적, 보편적 진리로 보고 그것을 잘 욈으로써 문제를 그것에 짜맞추는 태도일 때 희극적인 것이 될 수도 있으며, 그런 것들 때문에 우리가 이론적 사막 한가운데에서 목말라하지 않는가? 특정한 이론에 대한 이해는 일종의 해석이고 평가이다. 그것은 또한 하나의 행위이기도 하다.

5

구조주의와 포스트 구조주의에 관해서는 최근 영미권에서 다양한 소개서들이 나오고 있고 국내에도 번역되고 있다. R. 커니의 『현대 유럽 철학의 흐름』(임헌규 외 옮김, 한울, 1992)과 Q. 스키너의 『현대 사상의 대이동』(이광래·신중섭·이종흡 엮어 옮김, 강원대 출판부, 1987)은 우리가 다루는 사상가들을 현대 철학의 주요 흐름과 함께 간략하게 소개하고 있다. E. 쿠르츠웨일의 『구조주의의 시대 : 레비-스트로스에서 푸꼬까지』(이광래 옮김, 종로서적, 1984)는 우리가 다루는 사상가들을 구조주의의 흐름으로 소개하고 있다. M. 사럽 외, 『데리다와 푸꼬 그리고 포스트 모더니즘』(임헌규 엮어 옮김, 인간사랑, 1993)은 포스트 구조주의 입문서이다. 켈너·베스트의 『탈현대의 사회 이론』(정일준 옮김, 현대미학사, 1995)은 포스트 모던을 비판하는 관점에서 푸코, 들뢰즈, 보드리야르, 리오타르 등에 관해 정리, 비판하고 있다. 아시다 아키라의 『구조주의와 포스트 구조주의 : 구조에서 힘으로』(이정우 옮김, 인간사랑, 1996)는 구조주의와 포스트 구조주의의 주요 문제점을 나름의 틀로 정리하면서 바타이유, 들뢰즈 등을 통해 구조의 문제점과 그것을 극복할 수 있는 틀을 모색하고 있다. 이 두 사조에 대한 상당한 이해를 전제로 하는 책이다.

국내에는 많은 관심에도 불구하고 이 방면의 본격적인 소개서나 연구서들이 부족한 형편이다. 김형효의 『구조주의의 사유 체계와 사상』(인간사랑, 1989)은 구조주의에 관한 전반적 소개와 레비-스트로스, 푸코, 라캉, 알튀세를 정리한 책이다. 산업 사회 연구회가 엮은 『탈현대 사회 사상의 궤적』(새길, 1995)은 근대성과 관련된 주요 이론가들에 관한 입문적 강의를 토대로 씌어진 글모음인데, 우리가 다루는 사상가들을 포함하고 있다. 이진경 외, 『철학의 탈주』(새길, 1995)에는 라캉, 푸코, 들뢰즈, 알튀세 등에 관한 입문적인 글들이 실려 있다.

8장
클로드 레비-스트로스

이 정 우

1. 생애

　레비-스트로스(Claude Lévi-Strauss, 1908~)는 1908년 벨기에의 브뤼셀에서 태어났다. 파리의 화가였던 그의 아버지는 고객들이 많이 사는 벨기에로 건너갔으며, 그때 레비-스트로스가 태어났다. 레비-스트로스가 생후 10개월이 되었을 때, 그의 가족은 파리에 다시 돌아왔다. 레비-스트로스 가문은 대대로 예술가 집안이었으며 그의 증조부는 베를리오즈, 오펜바하와도 절친했던 바이올린 주자였다. 그러나 사진이 발명되고 대중의 미적 취향이 바뀌자 그의 아버지는 점차 일거리를 잃게 되었고 레비-스트로스는 가난한 어린 시절을 보내게 된다.
　레비-스트로스는 프랑스 지식인이 밟는 일반적인 과정인 바칼로레아, 에콜 노르말, 아그레가시옹을 거쳐 나중에는 최고 영예인 콜레주 드 프랑스 교수와 아카데미 프랑세즈 회원에까지 올랐다. 학창 시절 주로 철학을 공부했으나, 당시의 철학 교수들 중 레비-스트로스에게 감명을 준 사람은 없었다. 그는 자신이 받았던 철학 교육에 대한 이러한 불만을 평생 동안 간직했다. 그에게 영향을 끼친 것은 오히려 학교 바깥에서 아버지의 친구에게 배운 마르크스의 사상이었다. 그런 영향 탓으로 그는 프랑스 공산당의 전신인 국제 노동자 동맹 프랑스 지부(SFIO)에서 활동하기도 했다.

1935년에 레비-스트로스는 조르주 뒤마의 추천으로 브라질의 상 파울로 대학으로 가게 된다. 당시 극소수의 부르주아들이 통치하고 있던 브라질은 상 파울로를 대표할 대학을 레비-스트로스가 가기 바로 전 해에 세웠다. 브라질의 엘리트들은 프랑스를 모범으로 보았으며 프랑스 문화의 수입에 열을 올리고 있었다. 특히 보수주의 스타일로 각색된 콩트의 영향력은 대단해서 브라질의 국기가 '질서와 진보'라는 콩트의 표어에 입각해서 제작되었을 정도였다. 레비-스트로스는 이러한 분위기에서 브라질로 초청된 프랑스 학자들 중 한 사람이었으며, 그 중에는 훗날 아날 학파의 거장이 될 페르낭 브로델도 섞여 있었다. 반면 대다수의 인민들은 극도로 헐벗은 생활을 하고 있었으며, 아마존 강의 오지에는 아직도 상당수의 원주민들이 살고 있었다. 레비-스트로스는 이 원주민들(카두베오족, 보로로족, 남비콰라족, 투피 카와히브족)을 찾아다니면서 이들의 생활을 채집했으며 그 결과가 기행문 형식으로 쓰인 『슬픈 열대 *Tristes Tropiques*』에 수록되었다.

레비-스트로스는 1939년 브라질을 떠났으며 파리에 잠시 머문 뒤 뉴욕으로 건너갔다. 뉴욕에서 레비-스트로스는 앙드레 브르통을 비롯해 뒤샹, 에른스트, 마송 등 초현실주의자들과 교류했다. 이들은 모두 서구 합리주의를 넘어서는 것을 목표로 했으나, 초현실주의자들이 '비합리적인 것'으로 나아간 반면 레비-스트로스는 '초합리적인 것'을 찾았다. 나아가 레비-스트로스는 메트로, 로위, 보아스 등과 같은 인류학자들과 사귀었으며, 특히 미국 인류학계의 거봉인 보아스에게 큰 영향을 받게 된다. 그러나 가장 결정적인 만남은 알렉상드르 코이레의 소개로 이루어진 야콥슨과의 만남이다. 야콥슨은 "이제야 밤

새워 술 마실 친구가 생겼다"고 할 만큼 레비-스트로스를 반겼으며, 이 두 사람은 죽마고우처럼 가까운 사이가 되었다. 그 뒤 이 두 사람은 다시 파리의 자크 라캉을 알게 되었고, 이 세 사람은 의기 투합해서 구조주의의 새로운 시대를 열었다.

    1947년 레비-스트로스는 파리에 돌아온다. 당시 파리는 사르트르, 메를로-퐁티, 카뮈 등이 주도한 '실존주의'가 지식인들뿐만 아니라 일반 대중들 사이에서도 유행하고 있었다. 레비-스트로스는 이 실존주의자들을 모두 알고 있었으며 특히 메를로-퐁티와 절친한 관계를 유지했다. 메를로-퐁티는 레비-스트로스가 콜레주 드 프랑스 교수에 선출되도록 많은 도움을 주었으며, 레비-스트로스는 『야생의 사고 *La pensée sauvage*』를 메를로-퐁티에게 헌정했다. 레비-스트로스는 1955년에 『슬픈 열대』를, 1958년에는 『구조주의 인류학 Anthrophologie structurale』을 간행했으며, 이 책들을 기폭제로 해서 실존주의에 대립하는 구조주의 진영이 형성되었다. 레비-스트로스는 1960년에 콜레주 드 프랑스에서 취임 강연을 했으며, 1962년에는 『야생의 사고』를 발간했다. 그러나 레비-스트로스는 사람들이 자신을 라캉, 바르트, 푸코 등과 더불어 '구조주의자'로 분류하는 것을 달가와하지 않았으며, 스스로를 벤베니스트, 뒤메질, 장-피에르 베르낭 등의 계열에 속한다고 생각했다. 콜레주 드 프랑스에 있으면서 레비-스트로스는 '사회 인류학 실험실'을 설치했으며, 1973년에는 아카데미 프랑세즈에 선출됐다. 말년에는 여러 나라를 돌아다니면서 강연했으며, 한국과 일본에도 들렀다.

    레비-스트로스는 뜨거운 가슴보다는 냉정한 머리를 더 높이 평가했으며, 정치적인 분위기에 따라 이리저리 휩쓸리는 것보다는 멀리 떨어져서 객관적으로 인간의 조건을 응시하고자 했다. 그런 점에서 레비-스트로스는 사르트르와 대조적이며 그와 더불어 20세기 중엽 프랑스 사상계를 양분했다고 할 수 있다.

이 글에서 나는 레비-스트로스의 사상을 자세하게 다루지는 않을 것이다. 그의 사상은 추상적인 논의가 아니라 지식의 내용에 근거하는 사상이지만, 지면 관계상 여기에서 그의 구체적인 탐구들을 다루기는 힘들 것 같다. 여기에서는 레비-스트로스의 사상이 지니고 있는 철학사적 의미와 구조주의/포스트 구조주의의 전체적 흐름에서 그의 사상이 차지하는 위상만을 인류학과 철학의 항목으로 나누어 서술하고자 한다.

2. 레비-스트로스의 인류학

우선 이 절에서는 레비-스트로스의 구조주의 인류학이 인류학사에서 차지하는 위상을 다루고자 한다. 다른 사회 과학들과 마찬가지로 인류학 또한 19세기에 시작되었다. 사회학이 유럽 사회 내부의 문제를 해결하기 위해 생겨난 담론이라면, 인류학은 유럽 사회 외부를 지배하기 위해 생겨난 담론으로서 19세기 후반의 제국주의라는 맥락과 떼어서 생각하기 힘들다.

인류학은 인류라고 하는 한 유를 실증 과학적 방식으로 연구하며 특히 미개 민족들을 집중적으로 연구한다. 이 담론은 미개인들을 바라보는 어떤 방법론적 틀을 가지고서 접근하는가에 따라 여러 유형으로 나눌 수 있다. 이 유형들 중 상당수는 미개인들에 대한 유럽인들의 편견을 담고 있으며 오늘날에는 낡은 것이 되었다. 현대에 들어와서 어느 정도 설득력을 보여 준 시각은 기능주의적 관점이다. 이 점에서 우선 토템 현상을 예로 들어 기능주의적 관점을 살펴보자.

토템 현상은 오래 전부터 인류학자들의 관심을 끌었고, 그를 설명하려는 여러 관점들이 산출되었다. 오늘날 낡아 버린 관점들의 예로는 특히 미개인들이 문명인들의 논리로는 이해하기 힘든 '전논리적'

(前論理的) 사고를 지니고 있다는 레비-브륄의 이론[1])과 신경증 이론을 미개인들에 적용한 프로이트의 이론[2]) 등을 들 수 있다. 이들에 따르면 토템 현상은 미개인들이 자신들과 토템을 동일시하는 '신비적 융합의 법칙'에 의한 것이거나(레비-브륄) 미개인들의 오이디푸스 콤플렉스가 특정한 동식물에 투영된 것(프로이트)이다. 이들의 이론은 모두 미개인들의 사고를 그 자체로서 이해하려고 하기보다는 문명인의 관점 또는 다른 맥락에서 만들어진 자신의 이론을 미개인들에게 투영하고 있다는 점에서 한계를 지닌다.

레비-스트로스 이전의 인류학에서 가장 주목할 만한 관점은 기능주의적 관점이다. 이 관점은 특히 래드클리프-브라운과 말리노프스키가 제시했다. 말리노프스키는 인간이 세계 안에서 살아 남아야 하는 가장 원초적인 필요에서 인류 문화의 보편성을 찾는다. 그는 당시까지의 인류학자들이 인간의 유기체적 욕구가 너무나 기본적이고 싱거운 것이기 때문에 주목하지 않았다는 것, 그러나 인류의 삶에서 가장 보편적인 현상은 곧 유기체적 욕구에서 찾아야 한다는 점을 강조했다. 그는 문화의 여러 요소들을 그것들이 생활에서 차지하는 기능에 초점을 맞추어 연구했으며, 그러한 연구를 통해 프로이트의 관점을 논박하기도 했다. 이러한 기능주의적 입장은 서구인들의 특정 관점을

---

[1] "이 저작의 목적은 우리가 흔히 미개인이라고 부르는 사람들이 그들 자신의 개체성을 어떻게 표상하는가를 연구하는 것이다. 나는 이전에 발간했던 저작들에 기반해 미개인들이 자신들의 삶, 영혼, 인격에 대해 어떤 개념들을 가지고 있는가를 탐구하고자 했다. 여러 사실들의 검토를 통해 나는 미개인들은 엄밀한 의미에서 이들(삶, 영혼, 인격)에 대한 개념을 가지고 있지 않다는 결론을 내리게 되었다. 내가 발견한 것은 '전개념들'(prénotions)이었다." Lucien Lévy-Bruhl, *L'âme primitive*, puf, 1963, avant-propos.

[2] Sigmund Freud, *Totem et tabou*, traduit par Serge Jankélévitch, Payot, 1965, 특히 4장을 볼 것. 프로이트에 따르면 토템 동물은 신 또는 아버지의 상징이며 아버지에 대한 애증의 감정이 한편으로 평소 토템의 식용(食用)을 금지하고 다른 한편으로 의례시 토템 살해로 나타난다. 나아가 어머니와의 관계는 근친혼 금지와 족외혼을 통해 나타난다. 프로이트의 이러한 관점은 말리노프스키에 의해 논박받았다.

미개인들에게 투사하는 것이 아니라 인류의 가장 원초적인 생존 조건에서 설명 원리를 찾는다는 점에서 어느 정도의 보편성을 지닌다고 할 수 있다.

　기능주의적 설명에 따르면, 토템 현상 역시 씨족이나 부족의 생존 조건에 직결된다. 어떤 특정한 동식물을 토템으로 숭배하는 것은 그 동식물이 각 종족의 생존에 가장 필수적인 것들이기 때문이다. 또 어떤 동식물을 금기시하는 것 역시 그들이 독성을 지니고 있어 그 독성으로부터 종족을 보존하기 위해서이다. 동식물이 아닌 것들, 예컨대 북풍을 숭배한다거나 만조(滿潮)를 숭배하는 경우도 그것들이 농사 등에 도움을 주기 때문이다. 물론 이러한 원초적인 경우를 넘어서는 경우도 있다. 특정한 동식물을 숭배하는 것은 그러한 숭배를 통해 종족의 결속을 다지고 정신적 안정을 찾기 위해서이다. 이 경우는 토템의 이유를 생리적 기능이 아닌 심리적 기능에서 찾는 경우이다.

　기능주의에 속하면서도 어떤 면에서 기능주의를 넘어서고 있는 관점으로는 뒤르켐의 관점을 들 수 있다. 이 관점에 따르면, 어떤 원주민이 특정한 동식물을 숭배하는 것은 어떤 직접적인 필요 때문이기보다는 그 토템이 행사하는 일종의 상징적 기능 때문이다. 원주민들은 자신들이 그들이 숭배하는 토템의 자손이라고 생각하며 그 토템을 숭배함으로써 자신들의 정체성을 확보하고자 한다. 평소에 숭배하던 토템을 축제 때면 잡아먹는 것도 그러한 의례를 통해 그 토템의 살과 피를 자신들 속으로 받아들이는 것에 다름 아니다. 나아가 어떤 종족이 호랑이를 숭배하고 다른 종족이 토끼를 숭배한다면, 이는 앞의 종족과 뒤의 종족 사이에 존재하는 사회적 위계를 상징하는 것이다. 토템은 궁극적으로 사회적인 것이며 그 궁극적인 목적은 사회적 질서, 사회적 '연대감'에 있다. 뒤르켐은 다른 현상들에 대해서도 그렇듯이 미개인들의 생활에 대해서도 사회학적 환원주의를 견지하고 있다. 뒤르켐의 이러한 입장은 자연적 기능을 넘어서는 상징적 기능이라는 요소를 끌어들이고 있다는 점에서 구조주의적 입장에 어느 정도 근접한다.

레비-스트로스는 지금까지 논의된 여러 관점들을 넘어서는 새로운 관점을 제시함으로써 인류학의 역사에 중요한 이정표를 마련하고 있다. 레비-스트로스의 구조주의 방법론은 여러 가지 방식으로 정리할 수 있겠지만, 나는 다음과 같은 세 가지 항목으로 정리하고자 한다.

(1) 어떤 담론의 특성을 논할 때 가장 기본적인 사항들 중 하나는 그 담론의 대상이 무엇인가 하는 점이다. 구조주의 인류학은 우선 기능주의가 다루는 영역과는 다른 영역을 다룬다. 더 정확히 말하면 같은 차원에서의 다른 영역을 다룬다기보다는 전혀 다른 차원을 다룬다. 기능주의가 생명 내지 신체의 차원을 다룬다면 구조주의는 기호 내지 의미의 차원을 다루는 것이다. 토템의 경우, 기능주의자들에게 토템이란 생리적 유용성이든 심리적 유용성이든 아니면 사회적 유용성이든 어떤 유용성을 통해 이해된다. 그러나 레비-스트로스에게 토템이란 어디까지나 일종의 분류 체계이다. 그것은 인간이 세계와 사회 속에 질서를 도입하려는 행위이다. 인간은 세계와 무한히 접촉하며 그러한 접촉을 통해 세계 속의 질서와 인간의 범주가 서로 상응하는 좌표화를 이룩하게 된다(『야생의 사고』, 284). 이 점에서 토템의 수립은 기능적인 행위이기보다는 인식론적인 행위, 더 나아가서는 미학적인 행위이다. 레비-스트로스는 수많은 문화들 속에서 이러한 질서를 발견하고자 하며, 때로는 자연과 문화라는 두 거대 계열 사이에 하나의 궁극적인 거대 질서(메타 구조)를 수립하고자 시도하기도 한다. 이러한 시도가 성공한다면, 우리는 자연과 문화 사이에 존재하는 완벽하게 아름다운 바하적 대위법을 들을 수 있을 것이다. 사르트르가 그를 '탐미주의자'라고 부르는 것도 무리가 아니다.

이러한 레비-스트로스의 태도는 19세기 사회학의 태도와 선명하게 대조된다. 레비-스트로스 이전의 기능주의 사회학은 19세기 산업 혁명으로 형성된 산업 사회, 즉 베버가 말하는 '목표 합리성' 또는 프랑크푸르트 학파가 분석했던 '도구적 이성'이 지배하던 사회학이다. 인간은 본질적으로 노동과 생산에 종사하는 '호모 파베르'(工作人)로 이해되었으며, 또 세르도 지적했듯이 힘차게 돌아가는 기계와의 유비를 통해 모든 것이 이해되던 시대였다. 나아가 인류학은 서구 열강의 식민지 지배라는 제국주의 이데올로기와 연루되어 있었다. 이 점에서 레비-스트로스의 인류학은 노동과 생산보다는 기호가 지배하는 탈산업 사회, 유럽 중심주의가 지식인들에 의해 반성되기 시작하던 탈식민 사회의 반영이라고 할 수 있을 것이다.

(2) 다음으로 구조주의는 실체의 사유가 아닌 관계의 사유이다. 구조라는 말 자체가 관계의 사유를 함축한다. 하나의 요소가 존재할 때, 그 요소의 개별적 성질들이 무엇이건 구조는 성립하지 않는다. 여러 요소들이 일정한 관계의 그물을 형성할 때 구조가 성립하는 것이다. 한 문화에 대한 설명이 그 문화를 떠받치고 있는 의미 체계를 드러내는 것이라 할 때, 구조주의는 새로운 의미론을 통해 문화에 접근한다고 할 수 있다. 구조주의에서 의미란 한 사물이나 기호에 내재해 있지 않다. 의미는 그 자체는 무의미한 요소들의 관계 맺음으로부터 발생한다. 세 부족이 각각 독수리, 곰, 거북이를 토템으로 삼고 있다면, 중요한 것은 이 세 토템들의 내재적 속성들이 아니다. 호랑이와 '호랑이'라는 말 사이에 어떤 실질적인 인과 관계도 없듯이, 독수리 토템을 숭배하는 부족과 독수리 사이에는 어떤 실질적인 인과 관계도 없다. 이 점에서, 늑대를 숭배하는 부족은 늑대가 '된다'고 한 뒤르켐의 생각은 전(前)구조주의적 사고의 한계를 드러내고 있다. 레비-스트로스에게 중요한 것은 독수리—곰—거북이가 하늘—땅—물과 대응한다는 점이며, 이 세 토템이 이루는 관계들의 체계가 이 세 부족의 관계 맺음을 상징한다는 점이다. 구조주의는 상징적 차원에서 이루어질 뿐만 아니라 관계들의 공간 속에서 이루어지는 것이다.

레비-스트로스는 이러한 구조주의적 사고를 인류 문화의 각 영역에 적용해 뛰어난 성과를 이루었다. 특히 네 권으로 나온 그의 방대한 신화학 대계(1권『날 것과 익힌 것 Le cru et le cuit』, 2권『벌꿀에서 잿더미까지 Du miel aux cendres』, 3권『식사법의 기원 L'origine des manières de table』, 4권『벌거벗은 인간 L'homme nu』)는 현대 인류학의『파우스트』라고 할 만한 대작이다. 이 저작들에서 레비-스트로스는 신화, 언어, 요리법, 동물 분류, 성(性) 등을 비롯한 인류 문화의 수많은 영역들을 체계적으로 분석한다. 레비-스트로스는 언어학에서의 이중 분절(의미소의 분절과 음소의 분절)에 해당하는 기본 단위[素]――신화소, 요리소 등――를 찾아내고, 그 기본 단위들의 관계망을 검색한다. 그러한 작업을 통해 문화의 수많은 측면들이 일관된 개념틀을 통해 정리되었다. 예컨대 '날 것', '구운 것', '그을린 것', '익힌 것', '썩힌 것', '삶은 것'이 삼각형에 반시계 방향으로 차례대로 정리되는 유명한 '요리 삼각형'은 야콥슨의 '모음 삼각형' 및 '자음 삼각형'과 유비적으로 고안되었으며, 이 삼각형을 통해 각종 문화의 다양한 요리 체계들을 심층적으로 지배하고 있는 형식적 규칙이 일목요연하게 드러났다. 각종 문화들 속에 다양하게 분포되어 있는 신화들도 신화소를 바탕으로 한 분석을 통해 인상 깊게 분석되었다. 이처럼 레비-스트로스의 구조주의는 현상적인 다양성 아래에 존재하는 심층적인 간명성을 규칙성의 수준에서 드러냄으로써 인간 과학을 자연 과학에 버금가는 수준으로 끌어올린 것이다.

(3) 더 넓은 시각에서 보았을 때, 레비-스트로스는 주체, 시간, 역사라는 19세기 사유의 유산을 거부하고 객체, 공간, 구조라는 새로운 사유에 입각해 그의 인류학을 전개하고 있다. 레비-스트로스는 인식론적 질료에 일정한 질서를 부여하는 선험적 주체(칸트, 후설), 위대한 목적으로 향하는 이성의 여정(헤겔, 마르크스), 모든 것을 근거짓는 제일의 존재론적 원리인 시간(베르크손, 하이데거), 객관적 규정을 벗

어나는 근원적 주체성(멘느 드 비랑, 사르트르, 메를로-퐁티) 등과 같은 19세기 사유의 특징들에 대비적으로 주관이 부여하는 의미에 선행하는, 오랜 시간 속에서도 변하지 않는, 시끄러운 사건들 아래에서 고요한 호수처럼 버티고 있는 '구조'를 내세움으로써 사유의 새로운 양식을 제시했다. 이 문제는 우리를 철학적 논의로 이끈다.

3. 레비-스트로스의 철학

레비-스트로스의 철학을 논하기 전에 우선 인류학자, 더 구체적으로는 민족학자인 그를 철학자로서 논하는 것이 어떤 맥락에서 가능한가를 언급해야 할 것 같다. 학문 전체를 포괄했던 철학이 근대에 들어와 좁은 의미의 철학과 여러 실증 과학들로 분리된 이후, 철학은 흔히 '메타 과학'이라는 말로 묘사되어 왔다. 여기에서 '메타'라는 말을 어떻게 이해해야 할 것인가가 중요한 문제이다. 나는 이 말을 세 가지로 해석하고자 한다.

첫번째 의미의 메타 과학은 곧 과학에 대한 철학을 의미한다. 경험과 이론의 관계, 인과율의 문제, 생물학에서의 목적론 논쟁 등은 모두 과학에 대한 철학에 속한다. 이 분야는 '인식론'이라는 이름으로 불린다. 인식의 근저를 비판적으로 성찰함으로써 그 가능성의 조건을 드러내는 이 작업은 칸트와 콩트로부터 오늘날의 세르에 이르기까지 철학의 한쪽 날개를 형성해 왔다. 두번째 의미의 메타 과학은 과학 바깥의 철학을 말한다. 인간의 실존, 감정, 실천, 가치 등은 과학의 대상이 아닌 영역을 구성하며 이들을 다루는 것이 과학 바깥의 철학을 이룬다. 이 분야는 '형이상학'이라는 이름으로 불리며 멘느 드 비랑, 니체로부터 오늘날의 들뢰즈에 이르기까지 철학의 다른 한쪽 날개를 형성해 왔다. 근대 이후 철학의 역사는 인식론과 형이상학이 때로는 대립하고 때로는 화해하며 전개되어 온 과정이었다고 할 수 있을 것이다.

 그러나 이 두 맥락 외에 제3의 맥락이 존재한다. 이는 곧 과학에 의한 철학이다. 이는 실제 어떤 과학(더 넓게 말하면 실증적인 담론)에 종사하는 사람이 그 성과를 바탕으로 철학으로 나아가는 경우이다. 물론 과학 '에 대한' 철학과 과학 '에 의한' 철학은 대부분의 경우 한 사람에 의해 수행된다. 과학을 발전시켜 철학으로 향하기 위해서는 우선 자신이 행하는 과학적 작업의 인식론적 토대를 검토해 보아야 하기 때문이다. 그러나 이 두 작업은 개념적으로는 구분되어야 하는 것이다. 20세기 후반에 이루어진 이러한 유형의 철학으로는 생물학을 토대로 형성된 철학들(자콥, 모노, 프리고진/스탕제르, 뤼예, 피아제, 시몽동 등)과 인간 과학을 토대로 형성된 철학들(레비-스트로스, 라캉, 알튀세, 푸코, 바르트, 부르디외 등)이 대표적이며, 바로 후자가 우리가 (넓은 의미의) '구조주의'라고 부르는 담론을 형성하는 것이다. 그래서 구조주의 사상은 순수한 인식론이나 순수한 형이상학에 접근할 때와는 전혀 다른 태도와 방법으로 접근해야 한다. 우선 실증적인 차원에서의 이해가 이루어진 뒤에야 비로소 철학적 차원의 이해가 가능한 것이다. 레비-스트로스의 철학은 물론 이 세번째의 유형에 속한다. 이 점을 염두에 두고 이제 우리는 레비-스트로스의 사상을 그 인식론적 측면(합리주의)과 형이상학적 측면(안티휴머니즘)으로 나누어 고찰해 보자.

 (1) 이미 레비-스트로스 인류학의 특성을 살펴보았거니와 그의 인식론은 합리주의라고 할 수 있다. 레비-스트로스의 인식론을 합리주의라 할 때 이는 여러 가지를 동시에 의미한다. 나는 이를 다음과 같은 세 가지로 보고자 한다.

 우선 레비-스트로스는 인간의 이성이 사물의 심층으로 파 내려갈 수 있음을 긍정한다. 그리고 이러한 인식론적 입장은 사물들의 심층이 합리적 구조로 되어 있다는 존재론적 믿음과 쌍을 이룬다. 이러한 생각은 특히 베르크손으로 대표되는 형이상학의 입장과 대비된다. 베르크손에 의하면 실재 즉 참된 존재는 '절대적인 질적 풍요로움'이다. 이 말 속에는 다음과 같은 세 가지 주장이 들어 있다. 우선 실재는 단순한 존재 즉 타자가 섞여 있지 않은 존재의 기본 단위(이데아, 원자, 음소 등)로 분리하기 힘든 연속성을 형성한다. 단순한 존재들은 이 실재를 추상화한 것일 뿐이다. 다음으로 실재의 궁극적인 차원은 양적이기보다도 질적이다. 단순한 존재들로 나누어진 것들은 그 말의 넓은 의미에서 양적인 존재들이다. 즉 그것들은 넓은 의미에서 측정된 것들, 수학화된 것들이다. '합리적'(rationnel)이라는 말은 넓은 의미에서 '수학화 가능한'이라는 말과 동의어이다. 베르크손은 이러한 수학화가 사물의 표면만을 드러낼 뿐이라고 본다. 마지막으로 실재는 결정론적으로 닫혀 있기보다는 비결정론적으로 열려 있다. 즉 실재는 끊임없는 생성, 더 나아가 근원적인 창조이다. 우리가 어떤 기호나 공식을 사용해서 세계를 파악하는 순간 우리는 어떤 형태로든 세계를 고착화한 것이고 결정론적으로 파악한 것이다. 그러나 베르크손에 따르면 실재는 이러한 기호적 공식화를 매순간 벗어나는 질적 창조의 차원을 함축하는 것이다. 구조주의는 멘느 드 비랑, 쇼펜하우어로부터 베르크손, 하이데거에 이르는 서구 반합리주의적 경향에 근본적으로 대립한다. 메이에르송, 브렁슈비크 등으로부터 바슐라르에 이르는 '비판적 합리주의'는 19세기 이래 발전해 온 반합리주의에 대항해 합리주의를 새로운 토대 위에 세우고자 했다. 레비-스트로스는 전문적인 인식론자는 아니지만 기본적으로 이 신합리주의의 연장선상에 서 있다. 레비-스트로스는 프로이트, 마르크스, 지질학 같은 과학적 담론들은 세계에 대한 표면적 경험으로부터가 아니라 일정한 합리적 범주들로부터 출발한다는 점을 강조한다. 어릴 때 민들레꽃의 정교한 기하학적 구조에 심취했던 레비-스트로스는 다양하고 잡다한 문화들의 심층에는 일정한 구조가 깔려 있다는 존재론적 믿음과 인간의 이성은 그러한 구조를 밝혀 낼 수 있다는 인식론적 입장에 서서 그의 인류학을 전개했다. 레비-스트로스에게 실재는 존재의 기본 단위(앞에서 언급했던 신화소, 요리소 등)를 통해 설명할 수 있는 것이며, 양적인 합리화가 가능한 것이며, 또 일정한 법칙이 지배하는 결정론적 차원을 함축한다. 이 점에서 그의 철학적 입장은 베르크손과 선명하게 대립하는 합리주의의 형태를 띠고 있는 것이다.

다음으로, 그렇다면 표층적 다양성이 심층적 법칙성에 지배된다는 것은 구체적으로 무엇을 의미하는가? 이는 우리가 감성적으로 확인하는 다양한 현상들이 어떤 일반적 법칙성의 표현들이라는 것을 의미한다. 이러한 법칙성에 대한 합리주의적 탐구를 레비-스트로스는 '감성의 특성을 전혀 상실하지 않고서 그를 이성에 통합하려는 태도'로 정의한다(『슬픈 열대』, 90). 베르크손에 따르면 과학의 기호화는 사물의 표층을 추상화한 것에 불과하다. '마'(馬)가 말의 추상화이고 '목'(木)이 나무의 추상화이듯이, 과학의 법칙이나 공식은 현실의 단순한 추상화에 불과한 것이다. 그러나 바슐라르에 따르면 이는 과학적 추상화에 대한 그릇된 이해이다. 그러한 이해는 19세기에 마하가 논했던 과학관, 즉 과학이란 현상들의 경제적 서술이라는 입장의 연장선상에 있다. 그러나 예컨대 파동 방정식 같은 고도의 현대 과학적 법칙들은 현실의 어떤 표면을 추상한 것이 아니다. 그것은 현실의 표면과 그 표면의 변화 양태를 그 안에 한꺼번에 응축하고 있다. '목'(木)에는 나무보다 더 적은 무엇이 들어 있지만 파동 방정식에는 우리에게 드러나는 현상들보다 더 많은 것이 포함되어 있는 것이다. 레비-스트로스가 감성을 이성에 '통합한다'고 했을 때 의미하는 것은 바로 이러한 점이라고 보아야 한다. 레비-스트로스가 발견한 '구조들'은 단지 현상들을 추상한 것들이 아니다. 그것은 다양한 현실들이 그 안에 응축되어 있는 심층적 법칙성인 것이다. 과학적 존재들의 존재론적 지위는 현상들보다 더 희박한 것이 아니다. 오히려 과학적 존재들은 감성적으로 확인되는 현상들보다 더 농밀한 존재론적 지위를 지니는 것이다.

    마지막으로 레비-스트로스의 합리주의를 고전적인 형태의 합리주의와 비교해 보아야 할 것이다. 데카르트로 대변되는 고전적인 합리주의는 직관과 연역을 통해 진행한다. 진리의 씨앗들은 우리의 의식 속에 명료하고 분명한 관념들로 심어져 있으며, 따라서 진리 인식의 핵심은 이 관념들을 직관하고 그 직관한 내용으로부터 논리적 귀결들을 연역해 내는 것이다. 그리고 이러한 작업이 가능하려면 '나는 생각한다'는 근본 조건이 요구된다. 인간의 내면성에 기반하는 이러한 합리주의는 오귀스트 콩트로 대변되는 실증주의로부터 논박받았다. 콩트는 내면성이 아닌 외면성에 인식의 주안점을 둔다. 우리에게 드러나는 한에서의 객관 세계, 즉 현상들에 기반해 그 현상들을 될 수 있는 대로 질서 있게 정리하려는 실증주의의 입장은 데카르트적 주관성과 뚜렷하게 대립한다. 바슐라르로 대변되는 현대 합리주의는 고전 합리주의와 실증주의를 조화시키려는 노력에서 탄생했다. 과학적 인식은 단순한 현상들의 정리를 넘어서 그들을 설명해 줄 가설들을 요구한다. 그러나 이 가설들은 현상들을 그 안에 제대로 통합하는 한에서만 의미를 가진다. 현대 합리주의는 가설을 통한 이성의 구성과 객관 세계 속에서의 그 가설의 확인이라는 두 계기를 통합한다. 과학은 구성이 아니라 **발견**이지만 그 발견은 우리의 구성을 매개로 해서만 가능하며 따라서 늘 잠정적일 수밖에 없는 것이다. 이렇게 데카르트, 콩트, 바슐라르를 거쳐 확립된 현대 합리주의는 구조주의의 인식론적 초석을 이룬다. 레비-스트로스가 이러한 맥락의 연장선상에 있음은 물론이다. 그가 말하는 '구조'란 영국 인류학자들에서처럼 단순히 '지위와 신분의 분포'를 의미하는 것이 아니다. 그것은 이 분포와 그 외의 다른 요소들(친족 체계, 신화, 식사법 등)을 **설명할 수 있는** 합리적 법칙성인 것이다. 그가 '초합리주의'(le superrationalisme)라는 말로 자신의 인식론을 정리했을 때, 이는 사실 현대 합리주의의 입장(바슐라르의 'le surrationalisme')을 재천명한 것에 불과하다.

(2) 레비-스트로스의 형이상학, 즉 인간과 역사에 대한 그의 근원적 이해는 다른 사상가들에서도 늘 그렇듯이 훨씬 광범위한 관심과 논쟁의 대상이 되었다. 레비-스트로스는 전문적인 의미에서 형이상학을 전개하지는 않았지만 그의 저작들 도처에 흩뿌려져 있는 인간과 역사에 대한 언급들은 현대 사상에서 매우 중요한 역할을 했다. 여기에서는 크게 시간의 문제, 역사의 문제, 의미의 문제, 주체의 문제로 나누어 그의 사상을 알아보고자 한다.

서구 19세기 사유의 주요 특징들 중 하나는 시간의 개념을 중시한 점에 있다. 칸트가 그의 『순수 이성 비판 Kritik der reinen Vernunft』을 시간축을 따라 전개한 뒤, 시간의 개념은 과학의 영역에서나 철학의 영역에서나 핵심 개념이 되었다. 모순의 대립과 통일이 이어져 역사의 의미가 시간 속에서 조금씩 드러나는 헤겔, 마르크스의 변증법, 시간의 불가역성이라는 절대 명제에 기반해 우주와 생명의 역사를 드러낸 진화론과 열역학, 시간의 지평 위에서 인간의 본성을 규명한 베르크손, 하이데거 등, 19세기 이후 시간 개념은 과학적-철학적 사유의 밑바탕이 되었다. 이러한 경향은 운동보다는 영원성을 우위에 놓은 그리스 철학으로부터 세계의 거대한 공간적 질서를 찾았던 고전 시대 철학까지의 전통과는 대비되는 것이었다.

인간 과학의 역사에서도 사정은 마찬가지이다. 19세기에 탄생한 인간 과학은 그 실증주의적 형태에서든 해석학적 형태에서든 역사라는 밑바탕 위에서 이루어졌다. 비교 문법으로 대변되는 언어학, 마르크스, 뒤르켐, 베버 등의 사회 과학, 프로이트의 정신 분석학 등은 모두 시간축을 따라 전개되었다. 이 점에서, 우리의 시각을 인간 과학에 국한할 경우, 소쉬르의 구조주의 언어학은 현대 구조주의의 토대를 형성했다고 볼 수 있다. 소쉬르는 통시태를 따라 전개된 비교 문법 대신 공시태를 기반으로 하는 언어학을 제시했다. 그는 언어에서 시간 속에서 변화하는 측면이 아닌, 공간적으로 일정한 구조를 형성함으로써 각종 언어 행위들의 일반적 토대를 형성하는 '랑그'의 차원을 드러냈다. 그리고 이 랑그가 그 자체로서는 '자의적인'(사물들과 필연적인 인과 관계를 맺지 않는) 요소들의 '차이들의 체계'로 이루어져 있다는 점을 발견함으로써 구조주의 사유의 실마리를 제공했다.

레비-스트로스가 친족 관계, 식사법, 신화 등을 연구할 때, 그는 한 문화의 시간적 변화가 아니라 그 시간적 변화를 넘어 그 문화의 정체성을 확고하게 붙들어 주는 구조적 법칙성에 초점을 맞춘다. 이 구조적 법칙성은 그 문화의 '코드'를 형성하며 그 문화 내의 삶은 전적으로 이 코드에 따라 이루어진다. 호주 북부의 먼진 족 신화에 와위라크 자매 이야기가 있다. 근친혼을 범한 자매들은 바다를 향해 여행을 떠난다. 자매가 그들의 반족(半族)이 섬기는 토템이 살고 있는 호수에 이르렀을 때, 언니가 월경으로 호수를 더럽힌다. 그러자 반족의 토템인 큰 뱀 유르룽구르가 화가 나 그들을 삼켜 버리고 큰 비를 뿌렸다. 뱀이 몸을 꼿꼿이 세우면 큰 비가 내리고 누우면 비가 그친다. 이 지역은 우기 5개월, 건기 7개월의 지방이며, 우기에 먼진 족은 힘든 생활을 하다가 건기가 되면 풍요를 누린다. 이 신화는 먼진 족의 문화가 누리는 삶의 근본 구조를 드러낸다. 이 신화는 성스러움—남성—비—우기의 계열과 속됨—여성—땅—건기의 계열이 서로 대응하면서 먼진 족 문화의 항구적인 정체성을 제공하고 있는 것이다(『야생의 사고』, 120 이하). 레비-스트로스가 밝혀 낸 구조들은 이와 같이 시간의 흐름을 넘어 문화의 심층을 지배하는 공간적 규칙성을 드러내고 있는 것이다.

그래서 레비-스트로스는 역사에 실제 이상의 위대한 의미를 부여하는 사고를 거부한다. 『야생의 사고』마지막 장은 사르트르의 역사 철학을 비판하고 있다. 사르트르는 그의 『변증법적 이성 비판 Critique de la raison dialectique』에서 실존주의와 마르크스주의의 종합을 꾀한다. 그는 분석적 이성과 변증법적 이성의 구분에 논의의 토대를 두고 있다. 그러나 레비-스트로스는 분석적 이성과 변증법적 이성을 사르트르처럼 날카롭게 구분할 수 있는가, 그리고 후자가 전자를 압도할 만큼 더 큰 가치를 지니고 있는가에 대해 의문을 제기한다. 사르트르의 역사 철학은 역사적 사건들을 내면화하는 철학이다. 인간은 역사에 의미를 부여하고 그러한 과정을 통해 스스로를 주체로서 정립한다. 분석적 이성은 이러한 변증법적 과정을 드러내지 못한다. 그러나 레비-스트로스는 오히려 분석적 이성이 변증법적 이성의 기초라고 생각한다. 그에 따르면, 사르트르 자신도 이 두 이성을 구분하기 위해 바로 분석적 이성을 사용하고 있다. 즉 그는 정의하고 변별화하고 분류하고 대립시키고 있는 것이다. 변증법적 이성은 분석적 이성을 역동적으로 활성화한 것이지 그것과 불연속을 이루는 또 다른 이성은 아니다.

그래서 레비-스트로스는 19세기에 역사학에 부여되었던 특권을 박탈하고자 한다. 그리고 그러한 특권을 밑받침했던 내면화의 사고도 부정한다. 사르트르에서 역사란 주체의 내면화 과정을 통해서 이루어지며, 따라서 이러한 내면화의 능력이 없는 미개인들은 역사를 가지지 못한다. 그러나 레비-스트로스가 보기에 '역사 없는 민족'과 역사를 가지는 민족을 구분하는 것은 자의적이다. 단지 역사를 소화해 내는 두 방식이 있을 뿐이다. 그는 이 두 방식을 '차가운 사회'와 '뜨거운 사회'를 구분함으로써 제시한다. "차가운 사회는 역사적 요인이 그 사회의 평형과 연속성에 끼치는 영향을 스스로 만들어 낸 제도들을 통해 거의 자동적으로 제거하고자 한다. 뜨거운 사회는 역사적 생성을 스스로의 내부로 용해하여 그것을 발전의 원동력으로 삼는다"(『야생의 사고』, 309~310). 이 두 방식은 역사적 생성에 대처하는 두 방식일 뿐이다. 미개인들은 역사를 내면화하기보다는 그들에게 주어진 '원초적인' 상황을 절묘할 정도의 방식으로 항구화한다. 그것은 하나의 전략인 것이다.

결국 레비-스트로스는 19세기 철학 전통이 인간 스스로의 역사에 과도한 자아도취적 의미를 부여하고 있다고 본다. 의미란 인간의 내면화를 통해 형성되는 것이 아니다. 의미는 그 자체로서는 의미가 없는 요소들의 조합을 통해 이루어진다. 구조의 기본 요소들은 그 안에 아무런 내재적 의미를 담고 있지 않다. 또 구조의 요소들이 사물들과 필연적인 인과 관계를 맺고 있는 것도 아니다. 그들은 조합됨으로써 비로소 의미를 창출해 낸다. 의미는 구조적 요소들의 차이들의 체계를 통해 생성하는 것이다. 때문에 인간과 역사의 의미를 제대로 파악하려면 내면성으로 들어가야 하는 것이 아니라 오히려 의식 바깥에 나와 우리의 삶이 어떻게 구조를 통해 영위되는가를 보아야 한다. 레비-스트로스가 루소와 콩트를 언급하면서 진정 인간을 알기 위해서는 인간 바깥으로 나와야 함을 강조하는 것은 이러한 맥락에서이다. 그에 따르면, 인간 과학의 진정한 목적은 인간을 구성하는 것이 아니라 해체하는 데 있다.

시간, 역사, 의미에 대한 레비-스트로스의 이러한 입장은 결국 주체에 대한 논의로 귀결한다. 19세기 이래의 철학에서 주체의 개념은 전통 철학에서 본질의 개념이 그랬듯이 철학적 담론에서 특권적인 위치를 차지해 왔다. 칸트에서 메를로-퐁티에 이르기까지의 서구 철학은 주체를 중심으로 인식, 역사, 의미를 파악하곤 했다. 주체는 인식의 가능성의 조건으로 제시되었으며, 역사의 바탕으로 제시되었으며, 또 의미의 시원으로 제시되었다. 이 점에서 인식의 가능성의 조건을 '선험적 주체'에서 찾은 현상학의 전통, 역사를 주체의 자기 완성으로 파악한 변증법적 전통, 주체를 의미 생성의 시원으로 본 해석학의 전통은 19세기적 사유를 대변한다.

레비-스트로스는 이러한 주체 철학적 전통에 대립해 루소와 콩트에 기반을 두는 탈주체적 철학을 제시한다. 그는 주체 개념을 자신만 봐 달라고 억지 부리는 숙녀에 비유하면서, 칸트 이래의 주체 철학을 비판한다. 물론 그의 비판은 본격적인 철학의 형태를 띠기보다는 그의 인류학 저작들에서 산발적으로 전개된다. 레비-스트로스는 내면성에의 집착을 비판하면서 우리를 '바깥'으로 이끈다. 이 바깥은 우리의 삶이 사실상 기반하고 있는 구조의 차원이다. 인간 개개인, 역사적인 개별 사건들은 결국 심층적 구조의 표현에 불과하다. 우리가 진정 보아야 할 것은 우리 자신의 자아도취적인 모습이 아니라 멀리 떨어져서 본 우리의 참모습이다. 레비-스트로스는 서구 주체 철학이 가져온 현대 문명의 공허함과 제국주의적 폭력을 지적하면서 우리에게 우리의 모습을 좀더 냉정하고 겸허하게 바라볼 것을 요청한다. 미셸 푸코에서 본격화되는 이 안티휴머니즘의 사상은 현대 철학을 19세기 철학 전통으로부터 벗어나게 했으며, 정신 없이 흘러 온 인류사를 깊이 반성하게 만들었다.

4. 맺음말

지난 반 세기 동안 철학의 역사를 근본적으로 바꾸어 놓은 '구조주의적 사고'는 19세기 이래 진행되어 온 서구 사유의 한계를 한 차원 뛰어넘음으로써 사유의 새로운 실마리를 제공했다. 그리고 이러한 흐름에 가장 기본적인 토대를 제공한 인물은 역시 레비-스트로스라고 해야 할 것이다. 이는 1968년 5월 이후 좁은 의미의 구조주의를 극복하면서 나온 이른바 포스트 구조주의 사상이 한결같이 레비-스트로스를 논박하면서 나온 점에서도 확인된다. 세르의 『헤르메스』 연작, 푸코의 『지식의 고고학』, 데리다의 『글쓰기와 차이』, 들뢰즈의 『의미의 논리』, 리쾨르의『해석들간의 갈등』, 부르디외의『신천 이론의 밑그림』등이 모두 레비-스트로스를 극복하면서 나온 저작들이다. 이렇게 볼 때 레비-스트로스의 구조주의야말로, 바슐라르의 인식론과 더불어, 현대 사유의 초석을 이루고 있다고 해야 할 것이다.

더 읽어야 할 책

레비-스트로스의 『슬픈 열대 Tristes Tropiques』(박옥줄 옮김, 삼성출판사, 1982)는 레비-스트로스가 브라질 상 파울로 대학의 교수로 있을 때, 아마존의 오지를 찾아다니면서 채집한 자료들을 토대로 쓴 책이다. 레비-스트로스의 사상적 기반, 삶의 여정, 민족학적 탐구 성과 등이 잘 드러나 있다. 기행문 형식으로 저술되어 있으며 일반인들도 읽을 수 있는 평이한 저작이다.

레비-스트로스의 『구조주의 인류학 Anthropologie structurale』(종로서적, 1989)은 논문 모음집으로 구조주의 사상의 인식론적 기초를 이해하는 데 중요한 저작이다. 현재는 절판되었으나 도서관에서 구해 볼 수 있다.

레비-스트로스의 『야생의 사고 La pensée sauvage』(안정남 옮김, 한길사, 1996)는 레비-스트로스의 사상이 집약되어 있는 저작이며, 특히 사르트르를 논박하고 있는 부분은 중요하다. 레비-스트로스의 저작들 중 철학적으로 가장 중요한 저작이다.

김형효의 『구조주의의 사유 체계와 사상』(인간사랑, 1993)은 구조주의 사상 전반을 이해하는 데 큰 도움을 주는 책이다. 김형효의 저작은 레비-스트로스, 라캉, 푸코, 알튀세 네 사람의 사상을 친절하게 해설해 주고 있다. 김경용의 『기호학이란 무엇인가』(민음사, 1994)는 구조주의와 뗄 수 없는 관계에 있는 기호학을 친절하고 명쾌하게 정리해 주고 있다. 아사다 아키라의 『구조주의와 포스트 구조주의』(이정우 옮김, 새길, 1995)는 레비-스트로스에서 출발해 바타이유, 라캉, 크리스테바를 거쳐 들뢰즈/가타리에 이르는 길을 재미있게 서술하고 있다. 특히 레비-스트로스의 '바깥'이 어떤 한계를 지니며 '바깥의 바깥'에 의해 극복되어야 하는가를 잘 보여 주고 있다.

9장
자크 라캉

박 성 수

1. 생애

1901년 파리에서 유복한 집안의 맏아들로 태어난 라캉(Jacques Lacan, 1901~1981)은 대학에서 의학과 정신병 치료를 연구한다. 이후 파리의 여러 정신 병원에서 일하다 1932년에 편집증과 인격 구조에 관한 논문으로 박사 학위를 받는다. 이 논문은 당시 유행하던 초현실주의에서 다루어지던 주제와 유사한 측면을 다루고 있었을 뿐 아니라 초현실주의자들의 견해와 접근하는 측면이 있었기 때문에 라캉은 그들과 다면적으로 교류를 나누게 된다. 이후의 사상 발전에 이 영향은 자취를 남긴다.

1936년에 거울 단계에 관한 최초의 이론을 제시하고 이후 라캉은 점점 언어학 쪽으로 관심을 이동한다. 그는 정신 분석학을 육체와 관련된, 신경 생물학적 연구의 한 분야로 간주하려는 경향에 반대하면서 구조 언어학을 적극적으로 정신 분석에 적용하려고 작업한다.

1963년 '로마 보고서'라는 이름으로 유명해진, 「정신 분석학에서 언어의 기능」이라는 논문을 발표했다. 여기서 그는 주체에 관한 새로운 이론을 정립하고 이것을 구조 언어학, 구조 인류학 등과 연결시켜 구체화하였다. 현실계, 상상계, 상징계라는 그의 이론적 범주 영역들이 확립된 것도 역시 이 시기이다. 이러한 작업이 전통적인 프로이트의 해석과 일치하지 않는다는 이유로 라캉은 국제 정신 분석학 연합에서 축출당한다.

파리에서 자신의 이론을 가르치고 확산시킬 목적으로 1964년에 파리 프로이트 학교를 세운다. 1966년에 그의 연속적인 강의인 '세미나'의 첫번째 모음집에 해당하는 『에크리』를 출판한다. 1968년 프랑스의 5월 사태를 전후로 하여 그의 정신 분석학 이론이 지식층의 주요한 관심거리 가운데 하나로 부각된다. 1977년에 그의 『에크리』중 몇 가지 논문이 발췌되어 영어로 번역된다.

라캉은 그의 이론이 전세계적으로 확산되고 있던 1981년에 80세의 나이로 사망한다.

2. 꿈 분석의 한 사례

라캉은 프로이트의 정신 분석학을 구조주의 언어학의 관점에서 재해석하고, 그러한 해석을 통해서 인간에 대한 철학적 접근을 보다 풍부하게 만들었다. 라캉의 정신 분석학이 아무리 독창적인 것이라 해도 프로이트의 원래 텍스트와 이론이 없었다면 성립할 수 없는 것인 이상, 라캉의 이론을 살펴보기 전에 먼저 프로이트의 견해를 그가 제시한 한 가지 꿈의 분석을 예로 간단히 요약해 본다.

큰 홀에서 우리들은 많은 손님들을 접대하고 있다.──그 가운데서 일마가 보이기에 나는 그녀를 한쪽으로 데리고 가서 그녀의 편지에 대해 답을 해 준 다음, 내가 제시한 '해결 방법'을 아직도 받아들이려고 하지 않는 것을 비난한다. "아직도 아프다지만 그것은 사실 당신 탓이오"라고 내가 말하자, 그녀는 "내가 지금 얼마나 아픈지 알기나 해요? 목과 위와 배가 꽉 조르는 것 같아요"라고 말했다. 나는 놀라서 그녀의 얼굴을 바라본다. 창백하고 부어 있는 것 같다. 그럼 무슨 내장 기관의 장애가 있었던 것일까, 하고 생각한다. 그녀를 창가로 데리고 가서 목 안을 진찰한다. 그러자 그녀는 싫은 기색을 보인다. 마치 의치를 한 여자들이 그러하듯이, 싫어할 필요가 없는데, 하고 나는 생각한다.──그리고 입을 크게 벌리라고 했다. 오른쪽에 커다란 반점 하나가 보인다. 또 다른 곳에 비갑개상의 이상하고 말려든 듯한 회백색의 딱지가 보인다. 나는 급히 M박사를 부른다. M은 나처럼 진찰을 해 보고 나더니 틀림없다고 말한다……. M박사는 여느 때와는 전혀 다르게 보인다. 창백한 얼굴에 다리를 절고 턱에는 수염이 없다……. 친구인 오토도 그때 일마 옆에 서 있다. 그리고 역시 친구인 레오폴트가 일마의 작은 몸을 진찰한 다음, 왼쪽 아래에서 탁음이 들린다면서 왼쪽 어깨 피부에 침윤이 있다고 지적한다(이것은 나도 그와 마찬가지로 옷 위에서 알았다)……. M이 말한다. "틀림없이 전염병인데 대단치는 않아. 적리가 되겠지만 독물은 배설될 거야." 이 전염병이 어디서 온 것인지 우리들은 알고 있다. 일마가 병이 나자마자 오토가 프로필렌 제재 주사를 놓았던 것이다. 프로필렌…… 프로피온산…… 이런 주사는 경솔하게 놓아서는 안 되는데, 아마 주사기의 소독도 완전하지 못했을 것이다.

　이 꿈은 프로이트 자신이 꾼 것이다. 이 꿈에 대한 프로이트의 해석을 보자. 프로이트는 일마라는 환자를 치료했는데, 그 여자는 완치되지 못했다. 그러던 중에 프로이트의 친구인 오토가 찾아와서 일마가 좀 나아지기는 했지만 완쾌되지는 못했다는 말을 전해 듣고 그 친구의 말투에서 불쾌감을 느꼈다. 그래서 그날밤 일마의 병력을 자세히 기록해서 그것을 보다 전문가인 M박사에게 보일 계획을 한 후에 잠이 들었고, 그날의 꿈이 위에 적어 놓은 것이다.

　이 꿈은 일단 자신이 일마의 증세에 책임이 없음을 나타내는 꿈이다. 꿈에서 프로이트는 일마에게 그것은 당신 탓이라고 명백히 말한다. 여기서 꿈의 의도를 알아챌 수 있다. 그리고 다음에 목과 위와 배의 통증에 대한 대화가 나온다. 이것은 일마가 완쾌되지 않은 것이 정신적 치료의 문제가 아니라 아마도 생리적인 기관상의 문제일지도 모른다는 암시다. 만일 육체적 기관에서 발생하는 증상이라면 프로이트의 책임은 없는 것이다. 그리고 일반적으로 구강을 검사하는 일이 없음에도 그러한 장면이 나타난 것은 프로이트가 일마를 대체해서 다른 두 여자를 꿈에서 떠올렸기 때문이다. 그 두 여자는 모두 진찰받기를 꺼려하는 성격이었다. 그 중 한 사람은 M박사의 환자였는데 디프테리아 위막이라는 증상을 가지고 있었다. 이 두 여자가 일마보다 더 자신의 말을 잘 들을 것이라는 평소의 생각이 그들의 이미지로 일마를 대신하는 것이다.

　목 안의 흰 반점은 디프테리티스의 증상이며, 또 이 꿈이 있기 2년 전에 프로이트의 딸이 이와 유사한 질병을 앓은 적이 있다. 급하게 M박사를 부른 것은 그에게 지지를 청하려 했던 의도와 일치한다. 그러나 다른 한편으로는 프로이트 자신이 약품을 남용하여 환자에게 중독증을 일으켰던 적이 있고 이를 다른 동료에게 도움을 청해서 해결했던 적이 있다. 그리고 그 환자의 이름은 프로이트 딸의 이름과 마찬가지로 마틸데였다. M박사의 용모는 프로이트의 형과 유사하며 M박사와 형은 모두 프로이트의 부탁을 거절한 적이 있다는 공통점을 가지고 있다. 오토와 레오폴트의 등장은 두 사람이 실상 자신의 분야에서 경쟁자라는 것에 기인한다. 즉 프로이트는 오토에게 불쾌감을 느꼈고 그의 경쟁 상대인 레오폴트를 등장시켜 그 불쾌감에 대한 보복도 할 겸 자신과 오토 간의 경쟁심을 이행시킨 것이다. M박사의 말, 전염병, 적리, 독소의 배설 등은 모두 디프테리티스와 연관된다. 디프테리아가 전신적 전염병이라면 디프테리티스는 국부적 증상이다. 그리고 적리(Dysenterie)는 디프테리아(Diphtherie)와 발음이 비슷하다. 적리의 독소가 배설된다는 설은 프로이트에 따르면 신빙성이 없는 낡은 이론인데 이것을 M박사의 의견으로 꿈에 제시한 것은 M박사를 조롱하려는 또 다른 의도의 표현이다. M박사는 정신적인 측면보다는 기관상의 측면에 주목하는 의사이며 그가 일마에 대한 프로이트의 치료 방법에 동의하지 않았던 적이 있기 때문이다.

프로필렌 제재, 프로필렌, 프로피온산 등은 오토가 프로이트의 아내에게 준 선물인 음료에서 나던 화학 약품 냄새와 연관되어 있다. 트리메틸아민이란 물질과 그 화학식이 꿈에 나타난 것은 당시에 프로이트가 그 물질이 성적 신진 대사에 따른 산물이라고 생각하고 있었던 면에서 다른 의사와 달리 증상에서 성적인 것을 강조하려는 자신의 입장을 내보인 것이다. 주사를 경솔하게 놓으면 안 된다는 것은 오토에 대한 비난이다. 일마의 증상이 완쾌되지 못했음을 전해 주는 오토의 말에서 프로이트는 자신의 치료를 불신하는 오토가 매우 경박하다고 생각했던 것이다. 주사기의 소독에 관한 부분은 주사기의 불결에 의한 정맥염이 자신의 환자에게는 결코 일어난 적이 없다는 프로이트의 자랑스러움이 표현되고 있다.

이 꿈은 프로이트 자신의 소망을 충족시켜 주는 것이다. 그것은 일단 자신의 치료에 대해 신뢰를 보이지 않았던 일마와 오토 그리고 M박사에 대한 비난이며 이를 위해서 여러 가지 연관된 자료들을 그 유사성과 연결 가능성에 비추어서 결합시키고 있는 것이다. 예를 들어 프로필렌 제재 주사라는 것은 오토가 경솔하게 주사를 놓는다는 꿈 내용과 그 오토가 선사했던 음료에서 나던 화학 물질 냄새를 결합시킨 것 등이다. 그리고 M박사에게도 비난을 보내고 있다. 그리고 이러한 모든 소망 충족에서 결국 일마의 증상에 대한 프로이트 자신의 책임은 면제되는 것이다.

꿈이란 무의식적인 소망을 충족시키는 방식 중의 하나이다. 다른 종류의 무의식이 표현되는 경우는 신경증이나 정신병의 경우이다. 그러나 그러한 경우를 접하는 것은 쉽지 않으므로 그러한 증상들과 같은 구조를 가진 꿈을 분석하는 일은 매우 손쉽게 무의식의 세계를 파악하는 길이 된다.

프로이트는 꿈이 무의식적 욕망을 표현하는 것은 주로 두 가지 작업을 통해서라고 말한다. 하나는 압축이며 다른 하나는 전치이다. 먼저 꿈의 구체적인 내용을 꿈의 내용이라 부르고 그 꿈의 밑바닥에 자리하고 있는 원래의 욕망을 꿈 사고라고 한다면, 이 꿈 사고의 풍부함은 검열 작업 때문에 그대로 드러나는 것이 아니라 일단은 매우 빈약한 내용으로 표현된다. 이것은 주로 압축의 결과이다. 압축이란 꿈 사상의 서로 다른 부분들을 하나로 묶어 버리는 일이다. 앞서의 일마에 관한 꿈에서 이 압축은 예를 들자면, 일마와 그 밖의 다른 두 여인이 집합적으로 한 인물을 이룬다. 그리고 M박사도 마찬가지이다. 그는 프로이트의 형과 혼합되어서 하나의 인물로 등장한다. 이것이 무의식에 자리하고 있는 여러 욕망을 알아볼 수 없게 압축시키는 방식이다. 보다 흥미로운 압축은 언어적 특성에 바탕을 둔 프로필제 주사의 경우이다. 프로필제 주사와 연결되어 떠오른, 오토가 선사한 음료의 냄새는 아밀렌 냄새였다. 그런데 이 아밀렌은 꿈에서 등장하지 않는다. 이것은 프로필렌으로 압축되는 두 요소를 매개하고는 사라진 것이다. 즉 한편으로는 오토와 그에 관한 경쟁심이라는 이미 말한 부분이고 다른 하나는 역시 꿈에 등장한 트리메틸아민이라는 물질이다. 이것이 등장하는 것은 프로필렌이 발음상 프로필레엔과 유사한데, 후자는 뮌헨에 있는 건물 이름이다. 프로이트는 뮌헨에 있는 친구를 병문안 간 적이 있다. 그 친구는 베를린에서 프로이트의 트리메틸아민 연구를 지지하는 쪽이었다. 이러한 두 사상이 아밀렌을 매개로 압축된 다음 아밀렌은 다른 화학 물질의 중요성에 밀려 사라진 것이다.

전치는 꿈 사상을 표현하는 꿈 내용의 여러 요소 중에 검열 작업을 피하기 위해 중요성의 강도가 차지하는 위치를 이동시키는 작업이다. 원래 꿈 사상에서 매우 중요한 요소, 따라서 무의식적 욕망의 핵심적인 부분이 꿈에서 표현되는 때에 아무런 중요성도 없는 사소한 것인 양 등장하고 오히려 그다지 중요성이 없는 요소에 심적 에너지를 부과해서 꿈 내용 전체를 왜곡시키는 것이다. 일마에 관한 꿈을 보자면 일마의 증상, 즉 목과 위와 배의 통증 그리고 입 안의 회백색 딱지가 주요한 대상이고 그것에 대한 의사들간의 견해 자체가 문제인 듯이 보인다. 그러나 실제의 꿈 사상은 프로이트 자신이 제시한 이론 및 치료 방식의 정당성에 관한 것이다.

꿈 사상이 꿈 내용으로 표현되는 경우에 주로 압축과 이동이라는 작업에 의하여 변경되고 왜곡되어 일상적인 의식에는 그 핵심이 파악되지 않듯이, 일반적으로 무의식은 의식에 떠오르는 경우에 일정한 왜곡을 받게 된다. 그러므로 그러한 욕망을 파악하기 위해서는 분석이 필요한 것이다. 라캉의 경우에 혁신적인 측면은 이러한 분석의 중요 수단을 언어라고 보았던 점이다. 물론 프로이트도 꿈을 분석하는 경우에 상당히 많은 사례에서 단어의 결합과 해체를 분석 수단으로 사용했고 또 말 실수와 같은 경우에 담겨 있는 무의식적 욕망을 분석했지만 그것은 항상 일정한 한계 안에서 이루어졌다. 그러나 라캉은 언어를 정신 분석에서 전면화시키면서 "무의식은 언어처럼 구조화되어 있다"는 주장을 한다. 이러한 라캉의 생각에 쉽게 접근하기 위하여 우선 그가 전제하고 있는 구조주의 언어학의 몇 가지 특징을 알아보자.

3. 구조주의 언어학의 몇 가지 특징

우리는 언어를 배운다. 그리고 또 다른 언어, 즉 외국어를 습득하기 위해서는 그 언어를 새로 배워야만 한다. 이것은 언어라는 표현 수단이, 그것이 나타내는 사고 내용과 아무런 필연적 연결이 없음을 보여 주는 것이다. 즉 같은 내용의 사고를 서로 다른 언어로 표현할 수 있다는 것은 사고 내용과 언어가 아무런 필연적 연결도 없다는 것을 뜻한다. 즉 둘간의 관계는 인위적이다. 그렇기 때문에 우리는 그것을 배워야만 하는 것이다. 사고 내용을 기의라 하고 그것을 나타내는 언어적 측면을 기표라고 한다면 기의와 기표 간의 관계는 인위적인 것이다. 이것은 네 가지 측면에서 이야기될 수 있다.

첫째, 기표가 기의와 자연적이거나 필연적인 관계를 가지지 않는다면 기표와 다른 기표 간의 관계 역시 기표 체계를 떠나서 외부의 실재에 의하여 규정되는 것이 아니다. 그러므로 각 기표들간의 관계는 서로의 관계에 의한 것이다. 이것을 그림으로 보면 다음과 같다.

$$\frac{기표}{기의} \leftrightarrow \frac{기표}{기의} \leftrightarrow \frac{기표}{기의}$$

여기서 기표와 기표 간의 이 관계는 차이를 말한다. 이 차이라는 규정은 언어 체계가 어떤 적극적인 외부 실재를 표현하는 것이 아니라 소극적 혹은 부정적으로 내부의 관계를 표현하는 것임을 강조한다.

둘째, 이러한 차이의 강조는 기의보다 기표를 강조하고 우위에 두는 사고 방식을 낳는다. 예를 들어 '배'와 '개'라는 두 단어는 'ㅂ'과 'ㄱ'이라는 단위간의 차이를 통해서 언어 체계 내에 자신의 위치를 차지하는 것인 한, 그것의 내용이나 의미에 해당하는 기의가 아니라 물리적인 차이를 통해서 서로를 구별하는 기표가 중요해진다.

셋째, 이제 여기서 한발 더 나간다면 언어에서 지시성은 무의미한 것이 된다. '딸기'라는 기호는 더 이상 언어의 외부에 있는 어떤 사물을 지시하는 것이 아니다. 언어가 체계 내의 차이에 의하여 식별되는 이상 그 의미 역시 내적 차이에 따라 규정되는 것이다.

넷째, 이렇게 언어에서 내부적인 것이 지배적인 것이 되면 언어를 연구하는 방식 역시 그러한 성격을 가지게 된다. 우리가 말을 하거나 문장을 작성하는 것은 이제 두 가지 측면에서 파악된다. 예를 들어서 "나는 학교에 간다"라는 문장은 '나', '너', '우리', '그' 등에서 하나를 선택하고, '가', '는', '이' 등에서 하나를 선택하여 그것을 결합시키는 것과 같은 조작의 반복이다. 즉 선택과 결합이 주요한 조작이 되는 것이다. 선택은 여러 유사한 기표들 중에서 하나를 선택하는 것이며 결합은 명사에 조사가 붙듯이 서로 접근한 관계에서 결합된다. 선택이 유사성에 기초를 두는 것이라면 결합은 인접성에 기초를 둔다. 이를 수사학의 범주와 연결시키면 선택은 서로 유사한 것끼리의 관계인 은유에 해당하고 결합은 서로 인접한 것끼리의 관계인 환유에 해당한다.

도식적으로 본다면 앞에 나온 꿈의 경우, 압축은 유사성에 기초한 것이고 전치는 인접성에 근거한 것이다. 그러므로 프로이트가 분석한 꿈의 작업은 구조주의 언어학의 분석이 가지는 두 가지 축과 매우 밀접하게 연결된다.

이와 같은 구조 언어학의 특징들은 라캉이 프로이트의 정신 분석학을 재구성하는 주요한 매개들이다.

4. 라캉의 이론

정신 분석학이 무의식적인 욕망을 다루는 것이고 그러한 욕망이 프로이트의 경우에 어린 시절에 형성된 것이므로, 무의식적 욕망에 대한 분석은 언제나 개인의 생애 초기를 중요하게 생각한다. 라캉의 이론 역시 무의식의 형성을 삶의 초기에 두고 있기 때문에 그의 이론을 개인적 생애의 과정에 따라 이해하는 것이 가장 쉬운 방법이다.

라캉은 인간의 삶에 관련된 영역을 세 부분으로 나눈다. 현실계, 상상계, 상징계가 그것이다. 이는 개인의 발달 과정에 따르는 순서이기도 하다.

(1) 현실계

현실계는 상상계와 상징계에 비해 시간적으로 선행하는 것이며 항상 그것들 배후에 자리하고 있지만 인간이 직접적으로 인식하거나 전체적으로 파악할 수 있는 것은 아니다. 마치 구조 언어학에서 언어 체계 외부에 존재하는 대상에 대한 지시성이 폐기되듯이, 외부 사물에 대한 문제는 라캉의 이론에서 제외된다. 즉 기표와 분리되어 존재하는 지시체가 구조 언어학에서 무의미하듯이, 이후의 상상계나 상징계와 독립되어 존재하는 현실 세계란 긍정적인 대상이 되지 않는 것이다.

이 현실계에 속하는 것을 들자면 두 가지가 대표적이다. 하나는 개인이 생물학적 존재로서 생존하기 위하여 충족시켜야 할 욕구들이다. 그리고 다른 하나는 상식적으로 말해서, 밖에 존재하는 것으로 간주되는 현상의 세계, 즉 사물들의 세계이다. 이 두 가지는 라캉의 이론에서 보자면 간접적이고 부정적으로 언급될 수는 있으나 구체적이고 내용적으로 파악되는 대상은 아니다. 현실계란 부분적으로 마주칠 수는 있지만 그 전체로 볼 때나 원래의 모습으로는 감추어져 있는 세계이다. 고통 혹은 결여감 등을 통해서 체험되기는 하나 잡으려면 손에서 빠져나가고 아니면 아직 오지 않은 듯이 기다려지게 되는 세계이다.

　현실계가 이런 식으로 파악되는 것은 우리가 이 세계를 의식하고 생각할 수 있게 되는 것은 이미 그러한 세계를 있는 그대로 볼 수 없게 되어 버린 이후이기 때문이다. 이것이 상상계와 상징계가 경유하는 과정이다.

　현실계란 라캉이 인간을 규정하는 핵심적 사항으로 보고 있는 결여의 배경이다. 우선 아이의 출생이란 어머니의 자궁이 제공해 주던 안락함과 보호에서 벗어나는 것이며 그런 의미에서 출생이란 이전의 완전성에서 어떤 것이 결여됨을 의미한다. 현실적인 것의 가장 시초적 상태란 출생이며 출생은 바로 결여의 시작이다. 이제 인간은 더 이상 어머니의 자궁이 제공해 주던 안락함을 맛볼 수 없다. 출생이라는 사실에서 인간의 상실감과 채워지지 않는 공허는 그 원형을 얻는 것이다.

　현실계의 또 다른 흔적은 성감대의 형성에서 볼 수 있다. 출생 직후의 아이는 자신이 덮고 있는 이불이나 베고 있는 베개 그리고 자신을 보살펴 주는 어머니 등과 자기 자신을 구별하지 못한다. 그러한 미분화의 상태에서 곧이어 육체의 분화가 시작되는데 이것은 성감대의 형성 과정을 통해서 이루어진다. 아이를 보살펴 주는 사람들이 아이의 육체 중 일부를 쓰다듬거나 만지거나 입맞춤하는 과정에서 그 부위로 내부의 리비도가 집중된다. 이러한 리비도의 부분적 집중은 그 부위를 성감대로 형성시키는 것이다. 그러므로 성감대란 문화적·사회적 규정에 의해 형성된다는 것이 라캉의 생각이다.

　자신의 결여를 채워 주고 이 결여에서 비롯된 욕구를 만족시킴으로써 성감대를 형성하던 외부의 대상들은 이때에 아이의 내면 쪽으로 투사되어, 아이는 이 대상들이 마치 자신의 일부인 듯이 여기게 된다. 예를 들어 어머니의 따뜻한 눈길, 부드러운 음성, 입에 쾌감을 제공해 주던 어머니의 젖꼭지 등을 자신의 내부에 있는 것인 양 여긴다는 것이다. 그러나 그것은 외부에서만 주어진다. 그러므로 아이는 그러한 대상이 원래는 자신의 내부에 있었으나 이제는 상실해 버린 것으로 간주하는 것이다. 이러한 것들을 라캉은 대상 (a)라고 부른다. 대상 (a)는 구체적이고 의식적인 경험에서 인지된 것이 아니라 아직 자아를 형성하지 못한 수준에서 파악된 것이기 때문에 상세한 모습으로 떠오르지는 않는다. 그것은 성인이 된 이후에 어떤 분위기, 모호한 추억의 느낌 등의 상태로 나타난다.

그런데 육체의 부분화에 의한 성감대 형성도 원래 일체를 이루고 있던 리비도의 분리를 의미하기 때문에 일종의 상실 혹은 결여의 한 형태이다. 성인이 된 이후에 성적 욕구의 충족에서 느끼는 육체 전체의 순간적인 쾌감과 바로 그에 뒤따르는 공허는 현실계가 인간에게 나타나는 전형적인 모습의 하나이다. 즉 한편으로 그것은 결여 이전에 존재하는 통일성에 순간적으로 도달하는 것이지만 다른 한편으로는 결코 잡히지 않는 상실의 형태인 것이다.

(2) 상상계

상상계란 자아가 형성되는 영역이다. 이것은 일반적으로 라캉에 따르면 대략 생후 6개월에서 18개월 사이에 일어나는 것이지만 그러한 시기가 결정적인 것일 뿐이지 그 시기에만 국한되는 것이 아니다. 즉 상상계는 이후의 **상징계에 진입**한 후에도 여전히 남아서 작용하는 영역이며 인간이 죽는 **순간까지 벗**어나지 못하는 영역이다.

상상계는 '거울 **단계**'로 특징지어진다. 아이는 처음에 자신의 몸에 대한 동일성을 얻지 **못한다**. 다른 동물에 비하여 미성숙한 상태로 태어난 인간은 동작의 상호 연결이나 자립적 능력이 부족하기 때문에 유기체적으로 불충분한 상태에 있다. 그러나 곧이어 스스로 몸을 굴리거나 혼자 앉을 수 있게 되는 상태가 되면 지각상에 변화가 일어난다. 거울에 비친 자신의 모습이나 지각되는 다른 사람들의 모습을 통해 아이는 자신의 형태가 그와 유사하다고 상상하게 된다. 아이가 거울에 비치는 것이 실물이 아니라 반사된 이미지라는 것을 알게 되면서 그것이 자신의 반사상이라는 것을 알게 되고 이로부터 '나'에 대한 최초의 의식을 가지게 된다. 여기서 상상계를 규정짓는 두 가지 특징이 나온다. 그것은 이중성과 동일화이다. 아이는 자신과 자신의 거울 이미지를 동일화함으로써 자아에 대한 관념을 형성하는 것이다. 그러나 이것은 앞서 결여나 상실과 마찬가지의 또 하나의 소외를 의미한다. 왜냐하면 아이가 자신과 동일시하는 거울의 이미지는 자신의 외부에 존재하는 것이며 실물이 아니라 이미지이기 때문이다. 자신이 자신을 파악하는 한 방식인 이 자아 동일성은 스스로가 객체화된 모습을 통해서 얻어지는 뒤집혀진 상이다. 자신이 아닌 것을 통해서만 자신을 파악하는 자아는 결국 자신을 파악하지 못하는 것이다. 구조언어학이 차이를 강조한다면 그리고 상징계가 언어로 진입하는 것을 의미한다면 이 상징계 이전의 상상계는 차이보다는 동일성에 기초하는 단계이다.

아이는 자신의 자아를 거울상에 비추어서 규정한다. 즉 대상 (a)와 마찬가지로 거울상은 내면으로 투사되어 자신을 형성하는 것이다. 그러나 이 거울상은 외부에 객관적으로 존재하는 것이므로 내면의 자아에 의해 전적으로 동화되거나 소유될 수 없다. 그러므로 이중성은 남는다. 그리고 그에 따라서 이중적인 감정이 발생한다. 거울 안에 존재하는 통일성을 아이는 사랑하지만 그 이미지가 자신의 외부에 존재하는 것인 한 증오한다. 동일화와 이중성, 그리고 반대 감정의 병존이 상상계의 중요한 특징이다.

라캉에 따르면 인간의 참된 주체는 언어의 세계인 상징계에 들어서고 나서야 이루어진다.

(3) 상징계

구조 언어학에서는 기표는 외부 사물과의 연관성 없이 가치를 가진다. 아이가 언어의 체계 안으로 진입하는 것은 현실계와의 철저한 분리를 마무리짓는 일이다. 그러므로 기표는 현실적인 것과의 모든 연관을 끊고 자기 폐쇄적인 영역에 머무는 것이다. 더군다나 이 현실적인 것에는 바로 자신의 생물학적 육체도 포함된다. 그러므로 이러한 분리는 자신의 본능에서 소외되는 것이며 이를 통해서 욕망이 형성된다. 원래의 생물학적 욕구는 그것이 가질 수 있는 최소한의 환기력만을 남기고 소거된다. 자연의 흔적은 최소화되고 문화적 존재로서의 인간이 주체로서 남게 된다. 상징계로의 진입은 바로 무의식이 형성되는 순간이다. 그러므로 무의식이 형성되는 것은 언어로 대표되는 문화적 체계의 미리 정해져 있는 질서에 따라 욕망하게 되는 것을 말한다. 즉 무의식이란 원본을 상실하고 언어를 통해서 간접적인 매개만이 존재하는 욕망을 의미한다. 이것을 라캉은 프로이트의 손자가 실패를 가지고 혼자서 노는 것의 사례를 통해서 파악한다.

프로이트는 어느 날 1년 6개월 된 손자가 작은 물건을 구석이나 침대 밑 등에 던지고 그것을 다시 찾아 주는 동작을 반복하면서 '오-오-오'라고 외치는 것을 보게 된다. 이 소리가 독일어의 'fort'(사라진, 저리)를 나타낸다고 추측한 후, 며칠 후 다시 그 아이가 실에 매달린 실패를 침대의 늘어진 천 안으로 던지고는(이때 실패는 보이지 않는다) 역시 '오-오-오'라고 외치고 다시 실패를 끌어당겨서 매우 즐겁게 'da'(거기)라고 소리지르는 것을 관찰한다.

프로이트는 이를 다음과 같이 해석한다. 아이는 어머니의 부재라는 자신의 고통을 실패 놀이, 그리고 그와 연관된 언어의 사용을 통해서 극복하고 있다는 것이다. 이것은 일종의 문화적인 의미에서 성숙이다. 어머니의 부재라는 고통을 대신해서 자신이 조종하고 다룰 수 있는 대상인 실패의 사라짐과 돌아옴을 연출하는 것이다. 그리고 어머니에 대한 욕구를 언어적 요소인 두 모음 '오'와 '아'를 통해서 조절한다.

일단 실패의 사라짐과 나타남을 어머니의 부재와 현존에 결부시킨다는 것은 아직도 상상계의 영역에 자리하고 있음을 보여 준다. 즉 어머니와 실패가 동일화되는 것이다. 이는 어머니라는 대상이 내면으로 투사되어 대상 (a)로 간주되고 대상 (a)가 내부와 외부의 혼동을 함축하는 것이므로 자신의 고통을 실패라는 대상의 사라짐으로 동일시하여 처리하여 버린다. 실패를 던지고 다시 끌어들이는 것은 바로 자신이기 때문에 아이는 능동적으로 자신을 소외시키는 것이다. 그런데 실패까지의 이러한 상상적인 수준은 그에 뒤따르는 '오'와 '아'라는 해당 모음이 결부되면서 상징계로 전환한다. 물론 이 아이는 기표 체계라고 할 만한 것을 아직 가지고 있지는 못하다. 단지 몇 마디의 말을 할 수 있을 뿐이다. 그러나 이미 fort와 da라는 단어의 발성을 통해서 아이는 기표 체계, 즉 의미의 세계로 발을 내디딘 것이다. 처음에는 프로이트의 관찰에서 보듯이 단지 '오'라는 발음만을 한다. 그러나 며칠 뒤에는 '아'라는 모음도 발음하게 된다. 이제 언어 구조의 습득이 이루어지는 것이다. 즉 차이의 체계인 기표의 체계가 나타나는 것이다. 그리고 구조 언어학에서 말하듯이 기표의 체계가 기의에 선행하며 아무런 지시체도 상정하지 않는 것이라면 그러한 체계를 습득하는 것은 현실계와의 철저한 분리가 수행되는 시작이다. 즉 원래의 욕구는 사라지게 된다. 그것은 무의식의 영역 혹은 전적인 타자의 영역으로 들어서는 것이다.

두 개의 모음의 체계를 통해서 의미의 세계에 들어선다면 먼저 '오'라는 발음만으로는 의미가 이루어지지 않으며 그런 한에서 그것은 기표가 아니다. 그러나 그것은 이후의 기표의 체계가 성립할 수 있기 위한 기본 조건이다. 그렇다면 이는 아무런 의미도 갖지 않은 기표라고 할 수 있다. 이를 무의미의 기표라고 한다면 그 이후에 추가되는 다른 기표를 통해서 비로소 의미의 체계가 이루어지므로 언어 체계는 무의미에서 출발하는 것이다. 일단 차이에 바탕을 두는 두 기표가 외적인 지시체나 사물과 상관없이 의미를 구성하고 게다가 그 출발점이 무의미에 해당하는 것이기 때문에 기표 체계를 통한 의미의 구성은 아무런 적극적 준거점이나 고정된 축을 가지지 않는다. 이로써 차이의 체계로서의 언어의 세계는 완벽하게 구성된다. 이것을 비유를 통해 말하자면 분모 값을 0으로 갖는 분수에 해당한다. 이 분수의 값은 무한대이다. 그러므로 기표 체계는 무한히 확장되고 변형되고 자유자재로 구사될 수 있다. 물론 이는 이 기표 체계가 현실적인 그 어떤 것도 재현하지 않는다는 대가를 치르고서이다.

아이는 언어의 체계 또는 기표의 체계, 즉 상징계에 진입하는 결과로 현실계와 상징계에서 가지던 모든 욕구를 잃어버리게 된다. 그러나 그것은 사라진 것이 아니라 무의식으로 남는 것이다. 그리고 이에 따른 상실감 또는 결여감의 자리가 욕망이 위치하는 곳이다. 이처럼 라캉의 경우 욕구란 상징계로의 진입 이전의 것이며 욕망은 그 이후의 것이다.

상징계가 상상계와 다른 점은 후자가 동일화를 원리로 하고 있다면 전자는 차이에 바탕을 둔다는 점이다. 이것을 다음과 같은 도식을 통해서 보자.

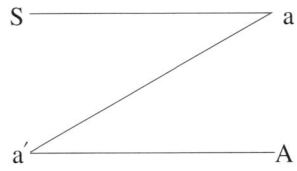

현실계를 상실의 자리로 남겨 두고 상상계를 상징계로 진입하는 것

은 자연의 영역에서 문화의 영역으로 들어가는 것이며 아이에게는 사회 안에서 하나의 주체로 살아갈 지위에 이르는 일이다. 라캉이 구조언어학을 수용하는 것은 방법적인 사고의 측면만이 아니라 인간을 언어적 존재로 보는 측면도 수용하는 것이다. 즉 인간이 문화의 영역에 들어가서 하나의 개별적 주체가 되는 일은 언어의 체계로 흡수되는 일과 같다. 위의 그림에서 A는 타자(Autre)로서 언어 체계를 나타낸다. 그리고 S는 그러한 언어적 영역에 진입함으로써 성립되는 주체이다. 이 둘은 상징계에 속한다. 반면에 선을 따라 이어지는 중간 지점에 있는 a와 a′는 각각 아이의 자아와 타인의 자아를 나타낸다. 앞서 거울 단계에서처럼 아이의 자아는 타인의 자아라고 간주되는 이미지를 따라 이루어진다. 그것은 대상 (a)를 내면적으로 투사한 것이다.

상상계 안에서 자아, 즉 a는 주체와 동일시된다. 따라서 그것은 혼동이다. 그것은 근본적으로 거울 단계에서 보이는 자신과 그 반사상 간의 혼동에 근거한다. 이후의 구별에서 보자면 기표와 기의가 혼동되는 것이다. 그러나 상징계에 진입하면 이제 주체는 기표 체계를 통해서 정립된다. 이 주체 S는 언어 체계인 타자 A를 통해서만 가능한 것이다. 이제 주체와 상상적 자아는 분열된다. 이를 통해서 이전에 자아 a에 의해 파악되던 대상 (a)가 상실되는 것이다. 이제 대상 (a)를 다시 규정하자면, 그것은 주체의 분열에서 상실된 대상으로서 상징계에서 언어화된 대상으로 자리잡지 못하기 때문에, 따라서 무의식화되기 때문에 결코 그 충족을 바랄 수 없는, 끝없이 유예되는 대상이다. 이제 이것은 결코 채워지지 않을 욕망의 근원이 된다.

(4) 오이디푸스 콤플렉스

언어를 통한 상징계로의 진입은 억압에 의한 무의식의 형성과 일치하며 이는 다시 오이디푸스 콤플렉스의 등장과 상응한다. 아이는 어머니에 대하여 자신이 전부이기를 바란다. 즉 그는 비록 의식적인 방식으로는 아니지만, 어머니에게 결여되어 있는 것(남근)이 됨으로써 자신을 어머니와 동일시하려 한다. 그러나 가족 관계를 통해서 아이는 그러한 아버지의 위치에 설 수 없게 된다. 즉 어머니의 욕망의 대상인 남근이 될 가능성이 아이에게는 부정되는 것이다. 그러므로 아이는 아버지의 권위, 아버지의 법에 의하여 금지, 배제된다. 물론 여기서 아버지란 반드시 가족 관계 내의 구체적 인물을 뜻하지는 않는다. 그것은 다른 인물에 의해 대체될 수 있는 것이다. 중요한 것은 상징적인 지위이다. 즉 오이디푸스 콤플렉스는 상징계에 진입하면서 접하는 사회와 문화의 권위를 구체적인 가족 내 일원으로서의 아버지와 동일화함으로써 시작되는 것이다. 아버지의 법, 혹은 아버지의 이름이란 라캉의 경우 남근이 대표하는 기표를 의미한다.

남근이란, 이전의 결여 혹은 상실과 반대되는 모든 것을 의미하는 기표이다. 즉 아이가 태어나서 상징계로 진입하는 과정까지 자신을 소외시키는 과정에서 잃은 것들을 의미하는 기표이다. 그러므로 그것은 현실계에서의 충만함이나 존재의 느낌 등을 뜻하는 것이다. 그리고 그것은 다른 한편으로 상징계의 언어 질서가 대표하고 있는 힘의 기표이기도 하다. 남근이란 이러한 문화적 측면에서 보자면 사회적 권위, 제도, 지배하는 힘 등을 포괄하는 것이다. 즉 한편으로는 상징계에서의 특권적인 자리를 의미하는 것인 동시에 다른 한편으로는 그것의 저편에 있는 존재의 충만함을 의미하는 것이기도 하다. 어쨌든 아이에게는 도달할 수 없는 타자인 것은 분명하다.

이제 아이는 그 불가능성에 직면하여 자신을 아버지와 동일화함으로써 콤플렉스를 극복한다. 그는 아버지의 법, 즉 상징계의 근본적인 권위를 수용하는 과정을 통해서 사회화되고 성숙된다. 그는 남근으로 존재하려는 욕망을 포기하고 즉 상징적으로 거세되고, 남근을 소유한 아버지와의 동일시를 성취한다. 아이는 근친 상간의 금지에 바탕을 둔 문명 세계로 진입하는 동시에 기표 체계 안에 갇히게 되는 것이다. 이렇게 상징계로 진입하면서 오이디푸스 콤플렉스가 극복되는 과정은 바로 욕망의 발생과 그 억압을 나타낸다. 이는 라캉의 다음 도식을 보면 쉽게 이해된다.

$$\frac{\text{아버지의 이름}}{\text{어머니의 이름}} \cdot \frac{\text{어머니의 욕망}}{\text{(그것이)주체에게 의미하는 것}} \rightarrow \text{아버지의 이름}\left(\frac{0}{\text{남근}}\right)$$

아이는 어머니가 원하는 것이 되고자 한다. 즉 아이는 어머니의 욕망을 욕망하는 것이다. 그런데 어머니가 결여하고 있는 것은 남근이다. 어머니에게 있어서 남근이란 아버지이므로 어머니는 아버지를 욕망하는 것이다. 그러므로 오이디푸스 콤플렉스의 극복에서 아이는 어머니에 대한 욕망에서 전치 과정을 통해 아버지, 즉 아버지의 이름을 욕망하게 되는 것이다. 그러므로 어머니에 대한 아이의 욕망은 이 전치 과정에서 억압되어 결과적으로 위의 식의 우변에서는 나타나지 않는다. 상징계 안에서 표현되는 우변에서 가장 근원에 자리한 것은 남근이며 이 남근이 아이의 욕망의 원동력으로 자리하게 된다. 욕망은 이처럼 횡적으로 전치되는 과정인 좌변을 통해서 보면 어머니에 대한 욕망을 비켜 나가면서 진행되고 우변에서 종적인 구조를 보면 결코 도달할 수 없는 남근이 위치하고 있다.

구조 언어학에서의 인접성에 의한 결합과 유사성에 의한 선택은 각각 수사법에서의 환유와 은유에 해당한다는 것은 앞서 보았다. 이제 이는 무의식적 욕망이 표현되는 방식이라는 면에서는 프로이트의 꿈 사례에서 분석했던 것처럼 전치와 응축이 이에 대응된다고 라캉은 생각한다. 즉 인접성에 따른 횡적인 흐름이 꿈 사상의 전치와 상응하고 유사성에 따른 종적인 대치가 은유에 해당한다는 것이다. 이것을 라캉은 다음과 같은 도식을 사용하여 설명한다.

먼저 환유, 즉 욕망의 전치를 나타내는 식은

$$f(S\cdots\cdots S')S \cong S(-)s$$

그리고 은유, 즉 욕망의 응축을 나타내는 식은

$$f(S'/S)S \cong S(+)s$$

환유 혹은 전치의 식이 보여 주는 것은 욕망의 항구성이다. 달리 말해 욕망이 결코 채워지지 못한다는 불가능성이다. 괄호 안의 점선이 보여 주듯이 기표는 계속 다른 기표로 대체된다. 그렇다면 그것은 기의에 도달하지 못하는 것이다. 기의 위를 계속 미끄러지면서 기표에서 기표로 이동하므로 이는 그 식의 우변에 나오는 기표와 기의 간에 그어진 '一' 표시가 말해 주듯이 결코 기의에 도달할 수 없다. 어머니에 대한 욕망은 다른 사람, 다른 사물에 대한 욕망으로 계속 이동해 가지만 그것이 원래 지향했던 욕망의 충족이 아닌 이상은 결코 채워지지 않는 것이다.

은유 그리고 응축의 식이 보여 주는 것은 욕망이 이따금 일정한 대상을 환기시키는 경우가 있다는 사실이다. 우변에서 '+' 기호는 '一'의 선을 수직으로 가르는 것이 때때로 가능함을 나타낸다. 그것은 궁극적으로 도달되지는 않지만 마치 성욕의 만족에서 순간적으로 체험되는 남근에의 환기 같은 것을 나타낸다. 물론 그것은 곧 사라져 버리며 무의식적 욕망의 표현 증후 같은 것이 이에 해당한다.

라캉의 정신 분석 이론은 구조 언어학이 전제하는 기표의 독자성에 그 근본적 새로움을 근거하고 있다. 즉 기표가 기의에 우선할 뿐 아니라 그것으로 이루어지는 기표 체계가 외부 현실의 지시체와 아무런 관련이 없다는 점에 바탕을 두고, 문화와 사회 안에서 성숙되는 인간에게 필연적으로 형성되는 무의식적 욕망은 결코 충족될 수 없음을 강조하는 것이다. 인간은 결코 자연으로 되돌아갈 수 없는 일방적인 길을 걷기에 언제나 상실과 결여라는 상처 없이 살아갈 수 없음을 이야기한다.

더 읽어야 할 책

라캉의 책들은 상당히 읽기가 어렵다. 아마도 처음으로 그의 저작을 읽기 시작하는 사람은 반드시 잘 정리된 소개서부터 읽는 것이 여러 면에서 유리할 것이다.

간단하면서도 라캉이 수용한 다양한 영역들을 같이 소개하면서, 그러한 영역들의 이론과 라캉 자신의 이론 간의 관계를 설명하고, 라캉의 정신 분석학 이론을 소개한 것으로는 마단 사럽(Madan Sarup)의 『알기 쉬운 자크 라캉 *Jacques Lacan*』(Harvester Wheatsheaf, 1992)을 들 수 있다. 그리고 이보다는 상세히 라캉의 이론 전체에 대한 조망을 얻고 싶은 경우에는 역시 번역되어 있는 아니카 르메르(Anika Lemaire)의 『자크 라캉 *Jacques Lacan*』(David Macey 옮김, Routledge & Kegan Paul, 1977)이 표준적이다.

이 정도면 라캉의 글을 직접 접해 보는 것 역시 필요하다. 그의 『에크리』 중에서 몇 가지 논문을 발췌해서 번역한 『에크리 : 발췌 *Ecrits : A Selection*』(Alan Sheridan 옮김, Tavistock, 1977)가 비록 영역이기는 해도 가장 널리 읽히는 라캉 자신의 텍스트이다. 철학의 직접적인 논의들과 관련시켜서 라캉의 이론을 이해하고자 하는 사람들에게는 알랭 쥐랑빌(Alain Juranville)의 『라캉과 철학 *Lacan et la philosophie*』(Presses Universitaire de France, 1984)이 많은 도움을 줄 것이다. 이 책은 무의식에 관한 라캉의 이론과 전통적인 철학적 인식의 문제를 상당히 세밀하게 연관시켜서 다루고 있으며, 실존주의, 기호 논리학 등과의 연관성 역시 주제들 중의 하나로서 다루고 있어서 매우 흥미롭게 읽을 수 있다.

그 밖에 구조주의의 영향을 받은 정신 분석학적 논의가 다른 문화적 영역에 대한 주제에 어떻게 적용될 수 있을 것인가 하는 보다 확장된 관심사를 위해서는 예를 들어 영화의 경우에 실버만(Kaja Silverman)의 『기호학의 주체 *The Subject of Semiotics*』(Oxford University Press, 1983) 중에서 4, 5, 6장이 상당히 유용할 것이다.

10장
미셸 푸코

윤 평 중

1. 생애

　미셸 푸코(Michel Foucault, 1926~1984)는 1926년 프랑스의 소도시인 프와티에서 의과 대학 교수의 아들로 태어났으며, 초등 학교와 중등 교육을 이 도시에서 받는 동안 유복한 시골 부르주아의 삶을 영위했다. 19세 때에 파리의 예비 학교로 와서 시험 준비를 한 후 20세가 된 1946년에 그는 사르트르, 레이몽 아롱, 메를로-퐁티, 시몬느 드 보부아르 등 프랑스의 최고 지식인들이 거쳐간 전통의 명문 학교인 고등 사범 학교(ENS)에 입학한다. 푸코가 고등 사범 학생일 당시 알튀세는 철학 카이만(caiman : 교수 자격 시험을 준비하는 고등 사범 학생들을 지도하는 복습 교사)으로 있으면서 학생들에게 광범위한 영향력을 행사했다. 그는 특히 소수의 학생들과 긴밀한 연대 관계를 맺고 있었는데 푸코와는 생애 말년까지 서로 깊은 우정을 유지하게 된다. 1951년 이후 푸코가 고등 사범을 졸업하고 교수 자격 시험에 합격한 직후에 강사로 잠시 가르칠 때 데리다는 푸코의 강의를 직접 수강하고 깊은 인상을 받게 된다.

　1947~1949년까지 매 학기마다 푸코는 당시 리용 대학 교수로 있던 메를로-퐁티의 강의를 빼놓지 않고 들었다. 또한 장 이폴리트(J. Hyppolite), 캉귀렘(G. Canguilhem), 뒤메질(G. Dumezil) 등으로부터 철학을 배우는 과정에서 푸코는 뛰어난 학문적 자질을 과시했고 '모든 것을 읽는' 지독한 공부꾼으로 간주되었지만 그의 고등 사범 재학 시절은 교유 관계라는 점에서는 그다지 순탄한 것이 아니었다. 그 당시부터 그를 잘 알고 있는 몇몇 사람들은 그를 매우 사귀기 힘든, 이상하고 비상식적인, '광기에 아주 가까운 거리'에 있었던 인물로 기억하고 있다.

　철학 학사 학위를 받은 이후 푸코는 철학이 삶의 구체적인 모습으로부터 떨어져 있다는 이유에서 심리학과 정신 병리학 연구에 몰두해서 심리학 학사 자격과 병리 심리학 석사 학위를 취득하고 성 안느 병원에서 심리학과 관련된 업무에 종사했다. 그후 그는 스스로 '유배'라고 불렀던 1955~1959년에 이르는 기간 동안 프랑스를 떠나 스웨덴 웁살라 대학 프랑스 학과 조수, 폴란드 바르샤바 대학교의 프랑스 연구소장, 독일 함부르크의 프랑스 문화원장을 지냈다.

　특히 스웨덴에서의 3년 동안 푸코는 북국의 길고 황량한 겨울밤이 가져다 준 혼자만의 시간을 최대한도로 활용하여 박사 학위 논문인 『광기와 비이성 : 고전주의 시대에 있어 광기의 역사』 저술에 전념해서 웁살라 대학에 제출하려 했지만 여의치 않았고, 캉귀렘 등의 도움을 받아 소르본느 대학에서 논문이 통과되어 1961년에 이 책을 출판한다. 금세기를 주름잡게 될 독창적 사상가 푸코의 출현을 알리는 이 저작은 흥미롭게도 당시 거의 주목받지 못했으며, 후일 1968년 5월 사태 이후 정신 의학과 사회 주변부 계층의 사람들에 대한 관심이 증가하면서 새롭게 재조명받게 된다.

　그때부터 푸코는 학자로서 본격적인 활동을 개시하면서 1962년 클

레몽-페랑 대학의 철학과 주임 교수로 부임해서 강의했다. 그후 1966년에 아프리카의 튀니지로 떠나기 직전에 철학자로서 푸코의 명성을 확고하게 해 주고, 마치 빵집의 모닝 빵처럼 날개 돋친 듯이 팔려 나갔다는 그의 인식론적 주저라고 할 수 있는 『말과 사물』이 출간된다. 이렇게 단속적인 프랑스 체재와 해외 유랑을 반복하는 가운데 푸코는 프랑스 전체를 뒤흔든 1968년 5월 혁명의 현장에 있지 않았다. 1968년 말에 튀니지로부터 급히 귀국한 그는 5월 혁명의 여파로 새로 생긴 실험 대학인 벵센느 대학의 철학과 과장을 맡아 격렬한 사회 운동을 선도하기 시작한다. 감옥 재소자, 이민 노동자들의 인권 문제에 개입하고 극좌 학생들과 연대하면서, 거의 모든 국제 정치 문제에 열성적으로 관여하면서 실천적 지식인의 최전선에 서게 된다.

1969년 푸코는 드디어 프랑스 지식인 사회에서 최고의 명예라고 할 수 있는 콜레주 드 프랑스의 '사상 체계의 역사' 담당 교수로 선출되어 「담론의 질서」라는 제목의 취임 강연을 갖는다. 그 이후 사회 통제 기법과 감금 제도, 규율 사회 등의 주제를 다룬 콜레주에서의 푸코 강의는 1975년에 『감시와 처벌』이라는 연구 성과로 형상화된다. 1976년에는 권력-지식 연계의 문제를 본격적으로 다룬 『성의 역사』 1권이 출판되었다.

1970년에서 1983년 사이에 푸코는 브라질, 일본, 캐나다, 미국 등지로 여러 번 여행을 한다. 1978년에는 일본을 방문하여 사목적(司牧的) 권력에 관해 강연했으며, 선불교에 대해 깊은 관심을 표명한다. 이때 이미 푸코는 세계 지식인 사회의 총아였다. 그가 가장 깊은 관계를 맺은 나라는 미국이었는데, 1970년대 초에 미국 사회에서 미미했던 푸코의 명성은 1970년대 중반 이후 폭발적으로 확산되기 시작해서 지식인 사회뿐만 아니라 일반 언론에 의해서도 주목의 대상으로 떠오른다. 1980년 이후 푸코는 매해 미국의 유수한 대학으로 초청되어 열광적인 관심의 표적이 된다. 특히 그가 사랑했던 북 캘리포니아 지방

(샌프란시스코)으로의 여행과 강의, 체재는 말년의 그의 삶에 있어 빼놓을 수 없는 윤활유였다. 이 당시 푸코는 뒤늦게 프랑크푸르트 학파의 중요성에 대해 깨닫게 되며, 하버마스와도 조우하게 된다.

1980년 이후 푸코의 콜레주 강의 주제는 생체 정치, 기독교적 성적 경험과 자아의 기술에 걸쳐 있었으며 그의 관심은 고대 그리스, 로마 문화에 있어 자아의 문제, 성적 실천, 윤리를 포괄한다. 58세 때인 1984년, 푸코는 지극히 좋지 않은 건강 상태를 무릅쓰고, 원래 6권으로 예정되어 있던 『성의 역사』 집필 계획을 전면적으로 수정해서 『쾌락의 활용』과 『자기에의 배려』를 『성의 역사』 2, 3권으로서 출간한다. 이때 이미 그는 스스로가 회복 불가능한 치명적 질병을 앓고 있다는 사실을 알았던 것 같다. 같은 해 6월 푸코는 파리에서 패혈증으로 사망했다.

2. 고고학과 계보학 : 전복과 위반의 철학

희대의 사상적 반항아라고 할 수 있는 푸코의 지적 영향력은 그가 갑작스럽게 사망한 후에도 계속 확대되고 있다. 이는 근본적으로 그가 철학을 영원한 비판으로 이해하고, 그러한 철학관을 철저하게 구현하는 열정의 삶을 살았다는 데에 기인한다. 푸코는 철학, 문예 비평, 역사학, 미술 평론, 사회학, 예술론, 정신 병리학 등의 다양한 영역에서 기존의 주류 이론과 해석의 틀을 뛰어넘는 독창성을 과시함으로써 우리의 세계 이해의 지평을 크게 확장시켰다. 일반론적으로 얘기하자면, 푸코는 서양의 세계관에서 당연하고 자연스럽게 받아들여지고 있던 여러 이념적 전제들의 은폐된 이면과 계보를 현미경처럼 자세하게 드러내 보임으로써, 그러한 전제들에 귀속되어 왔던 정당성과 보편 타당성의 허구적 성격을 폭로한다. 푸코는 이러한 과정에서 철학과 사유를 체계화·전체화하려는 모든 시도에 대해 일관되게 반대해 왔다.

2차 세계 대전을 전후로 해서 프랑스를 풍미한 지배적 조류는 사르트르가 대표하는 실존주의였다. 사르트르는 현상학이나 마르크스주의를 실존 철학적 전제들과 결합하려고 시도하면서 역사를 만들어 가는 주체의 결단과 자율성을 핵심적 사항으로 강조했다. 정교한 현상학적 분석을 끌어 오면서 의미 창출의 능동태로서 인간의 본성을 규정하기도 한다. 전후의 폐허 상황이 압축해서 보여 주듯이 무의미와 부조리로 가득 찬 암울한 현실 속에서 사르트르의 호소가 강력한 사회적 호소력을 발휘했던 것은 따라서 자연스러운 사태라고 할 수 있을 것이다. 그러나 실존 철학과 현상학은 지나친 인간 중심주의와 의식에의 과도한 의존이라는 약점을 갖는다는 사실이 지적되기 시작했다. 특히 하나의 거대 조직체로서 사회를 학문적으로 엄밀하게 다룬다고 할 때 주체의 의식적 선택과 결단을 강조하는 주의주의적 입장은 한계를 드러낼 수밖에 없었다. 이 틈새를 파고든 사상적 조류가 바로 레비-스트로스가 이끄는 구조주의 인류학의 출현이었다. 구조주의는 인간이 역사의 창조자이며, 의미의 창출원이라는 현상학과 실존주의의 주장을 매우 의심스러운 것으로 본다. 오히려 인간 자체가 표면적인 문화의 차이 밑바탕에 깔려 있는 보편적이고 심층적인 구조의 산물이며, 인간의 능동성과 자율성은 허구에 지나지 않는다고 본다. 구조주의 인류학의 시각은 그보다 훨씬 이전에 소쉬르에 의해 창도된 구조 언어학의 성과와 결합하면서 반인간주의적이고 반역사주의적인 구조주의 일반의 특성으로 정착된다.

이러한 맥락에서 1960년대 초 당시 프랑스 지식인 사회의 양대 거두라고 할 수 있는 사르트르와 레비-스트로스는 일대 논쟁에 돌입한다. 『야생의 사고』에서 레비-스트로스가 사르트르의 인간 중심주의를 비판하면서 시작된 논쟁은 사르트르가 구조주의 일반의 정태성과 비역사성을 맹공하면서 확산되었다. 사르트르가 보기에 구조주의는 사회적 주체 형성의 문제를 설명할 수 없으며, 비판적 역사 의식을 결여하고 있기 때문에 부르주아 사회의 현존 질서를 옹호하게 된다는 것이다. 반면 구조주의자들이 보기에는 실존주의(또는 현상학)는 매우 엉성하고 비과학적인 주관주의 철학의 왜곡된 형태에 지나지 않는 것이었다. 1960년대 중반 이후 시작된 푸코의 지적 개입은 구조주의와 현상학적 실존주의의 대립이라는 구도에서 우선 조명될 수 있다. 실존주의는 직관적 호소력을 지녔고 날카로운 역사적 감수성을 가지고 있지만 큰 차원에서의 사회적 현상을 분석하는 이론으로서는 일정한 한계를 드러냈다. 또 한편 구조주의는 학문적 분석의 정교함과 치밀성이라는 장점을 가졌지만 역동하는 역사적 지평의 중요성이 간과된다는 문제점이 드러난 것이다. 푸코의 강점은 인간 중심주의적 관점에 대한 구조주의적 비판의 문제 의식을 수용하면서, 동시에 역사성의 지평(실천적 역사 의식)을 담아내는 작업을 인상적인 형태로 수행했다는 데 있다. 따라서 우리는 푸코 자신은 특정한 사상의 조류에 갇히는 것을 극력 회피했음을 인정하면서도, 학문하는 실천적 태도라고 하는 맥락에서 푸코의 작업을 일종의 '역사적 구조주의'로 부를 수 있을 것이다.

푸코는 광기, 질병, 여러 인문 과학의 성립, 범죄, 성 등의 구체적이고 미시적인 영역에서 서양인들이 지금 갖고 있는 지배적 관념이 생성되어 온 과정을 추적함으로써 모든 근원 철학의 역할을 해명하고 그 정당성에의 요구를 전복시키려 한다. 각 시대에 자연스럽게 유통되는 담론의 체계는 그 시대에 특유한 권력-지식 연계의 사물에 지나지 않는다고 주장하는 푸코는 일상적인 생활 양식이나 지식 체계를 통해 은밀하고 효과적인 방식으로 행사되고 있는 권력의 자기 정당화를 해체하는 것이다. 따라서 푸코는 표준적인 삶의 방식이나 사유 양태를 뒤집어서 끊임없이 '밖으로부터 사유하려' 하며 그 한계들을 넘어서려 하기 때문에 지배적인 담론들이 설정한 제한을 위반하는 시도는 푸코 철학의 근본적 에토스(인간의 습관적인 행위로 말미암아 생긴 지속적인 성상(性狀) 또는 성격)인 것이다.

이러한 철학적 에토스를 실천하는 푸코 특유의 두 방법론이 바로 '고고학과 계보학'이다. 푸코의 초기 저작의 제목이나 부제에서 집중적으로 발견되는 고고학은 '언표와 담론의 형성과 변형의 일반 체계'를 기술하는 것을 목표로 삼으며, 이를 푸코는 '우리의 사유와 언술, 행동을 형성케 한 담론을 역사적 사건으로 다루는 태도'를 고고학적이라고 표현하기도 한다. 고고학적 탐구는 주로 1963년의 『병원의 탄생 : 의학적 시선의 고고학』, 1966년의 『말과 사물 : 인간 과학의 고고학』, 1969년의 『지식의 고고학』에서 집중적으로 이루어지는데, 구조주의적 방법론과의 친화성이 어느 정도 발견된다.

계보학은 전통적인 역사학의 틀을 거부하는 일종의 반(反)역사로서, 주체가 특정한 목적 의식을 가지고 역사를 창조하며 조율해 나간다는 식의 전통적 역사 철학관과 총체성의 이념을 거부한다. 니체로부터 크게 영향받은 푸코의 계보학은 따라서 단절과 불연속성에 주목하며, 광기, 질병, 성, 범죄, 육체 등에 대해 우리가 당연하고 자연스러운 것으로 여기는 특징들의 기초를 재구성하고 해체시킨다. 계보학적 분석의 한 인상적인 예는 이성 중심주의(합리주의)의 작동 방식을 섬세하게 추적함으로써 이성과 정상성의 경험과 결부된 권력 효과를 해명 가능하게 해 준다. 이러한 맥락에서 푸코는 '우리의 현실을 만든 우연성과, 우리의 존재와 행위, 사유를 넘어 설 수 있는 가능성을 분리해 내는 작업'을 계보학적 비판이라고 명명하기도 한다.

계보학은 1975년의 『감시와 처벌』, 1976년의 『성의 역사』 1권, 1984년의 『성의 역사』 2, 3권에서 집중적으로 실험된다. 전체적으로 보자면 고고학과 계보학은 상이한 방법론이라기보다는 동일한 역사적 구조주의의 시각에서 강조점의 변화가 현상화된 것으로 여겨진다.

일부 푸코 전문가들이 지적하는 고고학과 계보학 사이의 근본적 차별성, 또는 고고학적 작업의 실패로부터 계보학이 시작되고 있다는 주장 등은 무리한 입론이라고 할 수 있다. 오히려 고고학의 엄격한 담론 분석 작업이, 권력-지식 연계 관계를 중심으로 한 이른바 '권력의 미시 물리학'에 초점을 맞추는 계보학의 성과로 수렴되고 통합되어 가는 경향을 보인다고 할 수 있다. 지식을 중점적으로 분석한 고고학은 실패한 것이 아니고, 지식을 권력과 상호 연관 관계 안에서 다루는 보다 넓은 계보학의 지평과 긴밀하게 결합한 것이다.

3. 지식과 고고학적 담론 분석

푸코는 자신의 지적 여정을 꿰뚫고 흐르는 세 가지의 중심 축점을 '지식, 권력, 윤리의 축'으로 규정한다. 전통적인 인간 중심주의에 철저히 반대하면서도 푸코는 주체의 '문제 설정'에 전념하는 흥미로운 모습을 보이는데, 주체의 형성사를 발굴하고 재구성하는, 즉 주체를 '문제화'하는 스스로의 작업을 '역사적 존재론'이라고 부르기도 한다. 역사적 존재론은 '지식을 가진 주체로서 우리가 어떻게 구성되는가'를 다루는 고고학과, '권력 관계를 행사하기도 하고 그 앞에 복종하기도 하는 주체인 우리가 어떻게 형성되는가'를 보여 주는 계보학, 그리고 '행위의 도덕적 주체로서 우리가 어떻게 구성되는가'를 탐색하는 계보학으로 이루어진다. 따라서 푸코의 철저한 반(反)인간주의는 역설적으로 각각 지식의 대상, 권력의 대상, 윤리의 대상으로서의 주체의 형성사에 관한 고고학적·계보학적 작업으로 귀결되는 것이다.

먼저 지식의 문제를 축점으로 삼는 고고학을 『말과 사물』, 『지식의 고고학』을 중심으로 살펴보자. 『말과 사물』의 도입 부분에서 푸코는 중국의 한 백과 사전에서 정식화된 동물 분류법에 대해 언급하면서 이야기를 풀어 나간다. 이 중국 사전은 동물들을 '황제에 속하는 동물, 향료로 처리되어 썩지 않는 동물, 길들여진 동물, 젖을 빠는 돼지, 생선, 전설적 동물, 주인 없는 개, 현재의 분류에 포함된 것, 난폭한 동물, 셀 수 없는 동물, 낙타털 같은 가는 붓으로 그릴 수 있는 동물, 기타, 물주전자를 깨뜨리는 것, 멀리서 파리같이 보이는 동물'로 나눈다는 것이다. 하나의 풍자처럼 보이는 이 예는 무엇을 시사하는가? 현대의 서양 사람의 시각에서는 이는 매우 자의적이고 허무 맹랑한 분류법으로 보일 수도 있겠지만 사실 '서양인들이 결코 생각할 수 없는 것'을 제시함으로써 '서양인의 사유 체계의 한계와 사유 방식의 경계선'을 선명하게 예증해 준다. 『말과 사물』의 영어판 제목인 『사물의 질서』는 푸코의 의도를 더욱 분명하게 보여 준다. 바꿔 말하면, 고고학은 지식 체계의 형성사를 추적함으로써 우리가 어떻게 사물에 질서를 부여하는가를 발굴해서 보여 주는 것이다.

고고학은 경험에다가 질서를 부과하는 근본적인 문화적 규약을 발굴하려 한다. 고고학을 푸코는 "어떤 질서의 공간 안에서 지식이 구성되었으며, 어떤 역사적 아프리오리에 근거하여, 그리고 어떤 실증성의 영역 안에서 합리성, 관념, 학문, 경험이 형성되고 소멸되었는가"를 천착하는 작업으로 본다. 여기서 푸코는 특정한 시기 동안 지식 형태와 학문 체계들을 생산하는 에피스테메(episteme)의 역할에 주목한다. 에피스테메는 우리의 인식과 실천, 문화를 가능하게 하는 감추어진 질서로서 '담론적 실천들을 결합시키는 관계들의 총체'로 규정된다. 에피스테메는 일반적으로 숨겨져 있고 무의식적이며, 표면의 밑에 은폐된 형태로 자리잡고 있기 때문에 고고학이 요구되는 것이다.

매우 도발적인 푸코의 이러한 가설은 15세기 이후 서양의 전체 지성사를 네 가지의 에피스테메가 단절적으로 교차하는 상황으로 획정하는 시도로 구체화된다. 푸코에 의하면, 유사성의 에피스테메가 지배한 르네상스 시대에는 언어는 숨겨진 의미를 드러내는 암호였다. 이에 비해 17세기부터 시작되는 고전주의 시대는 동일성과 차이를 중심으로 하는 표상의 에피스테메에 의해 규정된다. 이 시대로의 진입은 표상 체계의 확립과 일치하며, 이제 언어는 중층적 의미의 담지자가 아니라 일 대 일로 대응되는 사물을 지시하는 것으로 국한된다. 19세기 이후 근대에 와서 표상의 구조가 무너지고 주체의 개념이 중심적인 것으로 떠오른다. 주체의 자기 표상이 주된 에피스테메로 정착하는 것이다. 고전주의 시대에 표의 한 부분의 역할밖에 주어지지 않았던 인간이 이제 표상을 가능하게 하는 인식의 가능 근거로 간주됨으로써 지식의 영역이 전반적으로 재편성된다. 바꿔 말하면, 표상을 통해 인간이 이해되어지는 것이 아니라 인간을 통해 표상이 이해되어지는 시대가 바로 근대라는 것이다. 구체적으로 이는 인식의 가능 근거인 선험적 주체의 정립으로 나타나며 근대를 주관 철학의 전성기로 기록하게 만든다.

1950년 이후 구조주의의 출현과 맞물리면서 시작된 현대는 '인간학적 잠'에 매몰된 근대의 주체 철학적 전통을 정면으로 넘어서는 시대로 정의된다. 인간과 관련된 무의식을 다루는 정신 분석학, 문화와 연관된 무의식을 취급하는 문화 인류학, 기호와 연결된 무의식을 다루는 구조 언어학이 현대 에피스테메의 구체화라고 할 수 있다. 이러한 맥락에서 푸코는 라캉, 레비-스트로스, 소쉬르로 이어지는 구조주의적 혁명에 상당한 호의를 지니고 있다는 사실을 드러낸다. 매우 현란한 가설들을 담고 있는 고고학의 구체적 주장들은 논란의 소지를 적지 않게 담고 있으나, 푸코가 의도하는 바 합리적 핵심을 추출하는 것은 앞에서 설명된 것처럼 그리 어렵지 않다. 큰 목소리로 떠들어지고 확신에 찬 방식으로 유통되어지는 경험과 학문의 체계는 반드시 심층적인 담론 관계에 의해 규정되기 때문에 그러한 담론의 형성과 변화를 가능하게 하는 하부 구조들에 대한 조명이 필요하다는 것이다.

경제적 심급과 부의 분석과 관련된 구체적인 예를 들어 보자. 고전주의 시대에 화폐는 기본적으로 부를 표상하는 것으로 이해된다. 화폐는 상품 교환의 과정에서 결정적 담보로 작용하며, 화폐의 가치는 교환된 상품의 가격과 일치한다. 무엇이 화폐의 가치를 보증하는가에 관해 화폐 기호설은 순수 표상인 화폐가 다른 내재적 가치를 갖는 재화에 의해 보증되어야 한다고 주장하는 데 비해, 화폐 상품설은 화폐 자체가 판매 가능한 상품으로서의 내재적 값을 갖는다고 반박한다. 그러나 푸코가 보기에 두 학파 사이의 대립은 표면적인 현상에 불과하다. 왜냐하면 두 학파 모두 화폐를 상품 교환의 수단으로 간주하며, 화폐의 표상 기능이 상품으로서 인지된 화폐 자체의 가치를 포함한다고 주장하기 때문이다. 비슷한 방식으로 중농 학파와 공리주의자들 사이의 표면적 대립도 심층적 공통성을 감추고 있을 뿐이다. 중농 학파가 토지의 생산력이 교환 매체이자 가치의 근원인 잉여 생산품을 산출한다고 보는 데 비해, 공리주의자들은 우리의 욕구와 필요를 충족시키는 유용성을 상품이 가지고 있기 때문에 가치가 만들어진다고 주장한다. 두 학파는 언뜻 보면 가치의 출발점에 대해 다른 의견을 갖는 것처럼 보인다. 그러나 푸코는 이들 모두 토지를 부의 원천으로 간주하며, 상품 교환과 유통 관계 안에서 화폐가 부에 대한 표상으로서의 가치를 지닌다는 사실을 인정하기 때문에 '사유 가능성의 조건'을 공유한다고 단언한다. 부의 분석에서 표상을 주된 에피스테메로 삼았던 고전주의 시대와는 달리 근대의 국민 경제학자들은 투하된 인간 노동의 양에 의해 가치가 측정된다는 노동 가치설을 도입함으로써 고전주의 시대와 단절한다. 이러한 단절이 초래한 효과는 삼중적이다. 첫째, 경제사 자체가 선형적인 인과의 계열 속으로 편입된다. 가치는 다양한 노동 방식에 의해 창출되지만, 노동에 기초한 생산 양식들은 누적적 성격을 갖기 때문에 경제 활동의 역사는 직선적 시간의 흐름 속으로 포섭되는 것이다. 둘째, 인간이 단순한 표상 작용의 대상에 머무르지 않고 경제 활동의 주체로 떠오르게 된다. 셋째, 인간의 노동에 의해 이끌려지는 노동의 역사가 이윽고 여러 가지 모순 때문에 심각한 곤란에 직면하게 되리라는 예측이다.

노동 가치설이라는 공동의 기반에 서 있으면서도 리카르도(Ricardo)가 상대적으로 비관적 입장을 개진하고 마르크스가 노동의 소외론에 입각해 사회주의 혁명의 미래를 확신하는 차이를 보이지만, 푸코는 둘의 차이점이 본질적인 것은 아니라고 주장한다. 왜냐하면 두 사람 다 살아 남기 위해 투쟁하는 인간의 노동에 의해 추동되는 선형사관을 신봉하며, 그 결과 실현될 종말론적 기대를 공유하기 때문이다. 이러한 관점에서 보자면 리카르도에 비해 선명한 것처럼 보이는 마르크스의 혁명성도 사실 그 심층에 있어 그다지 새로운 것이 아니며, 근대의 에피스테메를 탈피하지 못하고 있다는 것이다.

『지식의 고고학』은 『말과 사물』에서 선보인 담론 형성의 규칙에 관한 이론을 하나의 일반 이론의 지평으로 끌어올린다. '담론적 형성의 차원, 대상의 형성, 언표 행위적 양태의 차원, 개념의 형성, 전략의 형성' 등을 상세하게 분석하면서 푸코는 담론이 언어의 유통에 기초한 의미 창출의 기제로 국한되지 않는다는 사실을 확인하며, 담론 외적인 것과의 끊임없는 역학 관계에 의해 작동되는 담론적 실천의 형태로 나타난다는 사실에 주목하게 된다. 바로 이 지점에서 푸코는 지식 이론이 권력의 작동 방식과 결코 분리될 수 없음을 분명히 깨닫게 된다. 이제 투명한 고고학적 담론 분석은 모세 혈관처럼 곳곳에 퍼져 있으면서 우리를 규정하는 계보학적 권력의 미시 물리학 안으로 통합되는 것이다.

4. 권력-지식 연계론의 계보학

고고학과 계보학의 시각이 맹아적 형태로 혼재했던 초기의 『광기와 비이성』에서 푸코는 유럽인의 경험 세계 안에서 '이성과 비이성의 대분리'가 본격화된 시점을 추적함으로써 이성과 정상성에 부여된 우월성이 정당화될 수 있는지를 묻는다. 서양인의 경험과 인식 체계에서 이성과 비이성, 정상성과 비정상성이 언제 어떤 방식으로 준별되며, 그러한 구별이 어떠한 사회-정치적 효과들을 산출했는가의 궤적을 계보학적으로 재구성한다는 것이다.

광기의 역사에 대한 계보학적 추적이라는 점에 있어서 1656년과 1793년은 상징적 중요성을 갖는다고 푸코는 역설한다. '종합 병원'이라는 이름을 가진 감금 시설이 파리에 설립된 해가 1656년이고, 인도주의적 의료 개혁가였던 피넬(Pinel)이 비셰트르 병원에서 광인들을 묶고 있던 쇠사슬을 풀어 준 것이 바로 1793년이었다. 17세기 유럽 전역에서는 사회의 일탈 주변부 계층에 소속되는 사람들을 가두어 수용하는 시설들이 대대적으로 건설되는데, 이는 단순한 우연이 아니라고 푸코는 해석한다. 17세기의 대감금 시설은 경제적 고려 외에 부르주아 사회를 지탱하는 질서와 윤리를 효과적으로 확대 재생산해 가는 정책의 일환으로 수립되었다. 이 과정에서 다른 수용자들과는 달리 광인들에게는 부르주아 사회의 본질적 미덕으로 간주되는 노동의 준칙을 효과적으로 주입시킬 수 없었다. 그 결과 광기의 경험은 다른 비합리성하고도 질적으로 차별화되는 특이한 범주로 부상하고, 그에 대한 유일한 처방으로 잔혹한 구타나 고문 등이 일상화되었던 것이다.

이성의 시대라 불리는 18세기에 들어와서 광인들은 다른 일탈 집단과 분리되어 정신 병원에 수용되고 시대의 분위기에 걸맞게 인도주의적 개혁이 도입된다. 그런데 푸코는 의학의 진보나 인간주의적인 박애 정신의 확산이 광인에 대한 처우 개선 현상의 진정한 원인이라고 보지 않는다. 정신 병원 개혁의 진정한 목표는 사회 정치적인 것으로서 수용자들을 권력과 지식의 대상으로 재구성하여 보다 효과적으로 순치하고 재교육하는 데 있었다는 것이다. 광기라는 경험의 조직화와 정신 병원의 분리·공고화는 뗄 수 없이 서로 맞물려짐으로써, 광기와 감금은 분리될 수 없게 되었다.

인도주의적 개혁에 의해 세련화된 처우는 사실 광기의 경험을 조직하는 효과를 산출한다. 광인과 그들의 행태는, 이른바 정상인이라고 자처하는 사람들에게 완전히 낯선 타자로 구체화된다. 그 결과 광기와 정상성이 만날 때, 광인이 갖는 죄의식과 열등감, 부끄러움은 필연적인 것으로서 광인 자신의 내면에 깊이 각인된다. 이러한 관점에서 보자면 인도주의적 개혁은 과거의 육체적 감금보다 훨씬 철저하고 효과적인 정신에 대한 감금으로의 이행에 지나지 않게 된다. 프로이트까지를 포함하는 19세기 정신 의학의 발달사도 사실은 실증주의에 고유한 물상화 현상을 동반한다. 왜냐하면 정신 의학자들이 자랑스러워하는 객관성과 과학성의 신화는 지배와 억압의 효과를 극대화시키기 때문이다. 이성의 시대에 들어서서 비로소 이성과 비이성이 질적으로 명쾌하게 차별화되었으며, 이성의 우위 앞에서 광기(또는 이성에게 불가해한 것으로 여겨지는 모든 것들)가 침묵할 수밖에 없었다는 푸코의 고발은, 이성 중심주의 자체가 하나의 특정한 담론 체계로서 다른 담론 체계를 비정상적이고 열등한 것으로 억압한다는 사실을 보여 준다. 보편적 이성의 이념 자체가 특정한 시대의 권력-지식 연계가 만들어 낸 효과이며, 이성과 비이성의 구별은 구별이 이루어진 당시 사회의 지배 블록을 축으로 형성된 담론 형식의 결과로 간주되어야 한다. 특정한 규범과 진리 놀이가 보편성과 절대성의 외양을 가진 채 역사 안에서 나타나는 방식에 대한 계보학적 분석을 푸코는 '권력의 미시 물리학'이라고 부른다.

권력의 미시 물리학 또는 권력-지식 연계의 계보학은 『감시와 처벌』, 『성의 역사 : 앎에의 의지』 1권에서 완숙한 형태로 논변된다. 여기서 푸코는 모든 사회에서의 담론의 형성, 유통, 분배, 소멸은 권력의 작용과 서로 뗄 수 없이 연결되어 있다고 주장한다. 계보학으로의 이행기를 상징하는 콜레쥬 드 프랑스 취임 강연이었던 『담론의 질서』에서는 담론의 기능이 '금지, 구분/거부, 참과 거짓의 대비'라는 부정적인 방식으로 주로 묘사된다. 그러나 이제 푸코는 『담론의 질서』에서 묘사된 권력의 모습, 즉 배제하고 억압하며 검열하는 양상은 지극히 일면적이라는 사실에 착안하여, 권력은 사회 구조 전체를 둘러싸고 있으며, 그 구조 안에 내재하는 생산적 관계망이라는 사실을 인식한다. 바꿔 말하면 권력은 어떤 대상을 지식을 통해 배제하고 억압하는 데 그치지 않고, 적극적으로 개인을 구성하고 대상들을 생산하며 주체를 만들어 낸다는 것이다.

『감시와 처벌』에서 푸코는 18세기에 발생한 형벌 제도의 대대적 변화가 진정으로 겨냥하는 효과가 무엇인지를 묻는다. '공개 고문, 인도주의적 개혁, 사법적 감금'이라는 처벌 권력의 세 가지 역사적 존재 형태의 순차적 변화는 깊은 의미를 갖는다. 18세기 계몽 사상의 확산과 함께 도입된 처벌의 인간화는 그 표면적인 관대함과는 달리 사실상 처벌 효과를 극대화하려는 지향성의 소산이라는 것이다. 인도주의적 개혁과 함께 시행된 처벌의 표면적 유연화는 처벌의 효율을 증가시키려는 응용 방법의 변화로 이해되어야 한다. 개혁의 목표는 불법적 행위를 그런만큼 덜 처벌하고야 만다는 보편성과 필연성을 증가시켰고, 나아가 사회 제도 안에 처벌하는 권력을 보다 깊숙하고 광범위하게 확산시키는 결과를 낳았다. '처벌하는 권력의 새로운 경제학'이 인도주의적 개혁과 함께 성장한 것이다.

인도주의적 개혁의 결과 사법적 감금이 19세기 초부터 처벌의 주요 형태로 정착한다. 사법적 감금은 범죄자에 대한 일련의 평가, 규정,

처방, 판단들이 제도적으로 치밀하게 이루어지고 정교화된다는 사실을 뜻한다. 바꿔 말하면 범죄자를 통제하는 가장 효과적인 수단은 그에 대한 지식과 정보를 축적하는 것이고, 이러한 지식 기제는 범죄자를 교화하는 데 동원된다. 인도주의적 개혁과 사법적 감금은, 사회 구성체 전체가 범죄에 대한 예방적, 교정적, 공리주의적 처벌의 권한을 갖게끔 유도한다. 감옥 제도의 변천사에 대한 푸코의 이러한 전복적 해독 작업이 다른 사회적 조직과 제도에 대해서 갖는 의미도 여기서 분명해진다.

　모든 사회에서 사람의 몸은 통제하고 금지하며 조절하는 권력 앞에 노출된다. 감옥뿐만 아니라 군대, 학교, 병원, 공장, 회사 등의 모든 장소에서 몸을 효과적으로 통제하기 위해 일련의 기법을 총동원하는 현상을 보면 이 사실이 명확하게 이해된다. 권력 행사에 있어 18세기가 새로운 까닭은, '길들여진 몸'을 만들기 위해, 즉 몸의 유순함과 유용성을 증가시키기 위해 전사회적 차원에서 아주 새로운 형태의 기법들이 속속 도입되었다는 데 있다. 이 시기에 전체적인 몸뿐만 아니라 그 미세한 운동이나 자세까지도 권력의 대상이 되었고, 그 목적은 몸이 갖는 효율성을 최대한 진작시키는 데 있었다. 길들여진 몸을 만드는 여러 다양한 기법과 전술을 통틀어서 푸코는 '규율'이라고 명명하는데, 규율적 권력이 동원하는 세 가지의 주요 기법이 바로 '관찰, 규범적 판단, 검사'이다. 관찰, 규범적 판단, 검사의 기법들은 권력-지식 연계의 계보학에서 핵심적인 위치를 차지한다. 개인이 항상 관찰되고 있다는 사실은, 그 사람의 복속을 유지케 하는 확실한 관건이다. 정보화 사회가 목전에 다가와 있는 우리의 현실은 이를 실감나게 한다고 할 수 있다. 규범적 판단의 보편화는 사회 구성체의 모든 곳을 관류하면서 개체를 끊임없이 비교, 분리, 계층화, 동질화시키는 데 목표를 둔다. 학교, 공장, 군대, 회사 등의 모든 장소에서 동원되는 다양한 규범적 판단의 실례들을 상기해 보라. 간단히 말해서 규범적 판단의 목표는 대상을 '정상화'하는 데 있다.

또한 검사는 개인과 집단의 분석을 돕는 자료 축적과 등록 체계를 수반한다. 검사의 방법이 효과적으로 구사됨으로써 개인은 기술되고 분석될 수 있는 대상으로 정착된다. 끊임없는 판단과 검사를 통해 인간 행동의 객관화, 자료화가 달성되며, 인간 자체에 관한 어떤 이미지가 형성되는데 이것이 여러 인간 과학의 탄생에 크게 기여했다는 흥미로운 주장을 푸코는 내세운다. 푸코의 일관된 반인간주의는 이러한 관점에 힘입은 바 크다. 인간 자체는 결코 능동적이고 자유로운 의미 창출의 당사자가 아니며, 오히려 권력-지식 연계에 의해 유통되는 담론적 실천의 산물이라는 것이다.

권력-지식 연계의 계보학은 푸코에 대한 비판의 초점이 되었던 권력의 생산성과 관계론, 그리고 편재성 테제로 귀결된다. 권력이 단순히 억압적 기능만을 갖는 것이 아니며 오히려 근대 이후 출현한 권력의 특징은 적극적이고 생산적인 데 있으며, 이러한 성격 때문에 그것에 저항해 싸우는 작업이 어려워진다고 푸코는 역설한다. 또한 권력은 지배 계급이나 국가, 군주의 소유물이 아니라 복잡한 전략적 상황을 포괄하는 관계의 그물망으로 묘사된다. 국가나 법, 억압 기제 등은 권력이 그 모습을 드러내는 최종 형태일 뿐이다. 우리는 권력을 사회의 운용 방식 안에 내재하는 복합적 역학 관계로 우선 이해하지 않으면 안 된다는 것이다. 권력의 생산성, 관계성, 편재성 테제에 기초해서 푸코는 군주나 국가가 권력의 핵심이라는 주장의 적실성이 거의 소진되었다고 단언한다. 권력 작용을 국가와의 관련 속에서 파악하는 입장은 권력을 법의 맥락에서 이해하는 태도이다. 여기서 푸코가 국가나 법의 중요성을 과소 평가한다고 비판하는 논자들이 많이 존재한다. 그러나 그의 본의는 오히려 권력에 대한 분석이 국가라는 차원을 넘어서서, 또는 그 하부 구조적 차원에서 미세하게 운행되는 권력의 역동성을 파악할 수 있어야 한다는 충언으로 받아들여야 하리라고 본다. 이러한 문맥에서 푸코는 "국가 기구보다 훨씬 더 미세하고 일상적인 차원에서 운용되는 권력 기제가 변화하지 않는 한 아무 것도 변화하지 않는다."고까지 주장한다.

푸코의 권력론은 특히 국가 기구를 주요 투쟁 대상으로 보는 좌파적-마르크스주의적 패러다임이 놓치거나 배제해 버리고 만 권력의 생산성과 권력-지식 연관에 대한 감수성을 일깨우고 있기 때문에 현실 사회주의의 난파 이후 크게 균열된 진보적 실천 철학의 공백을 메우는 데 유력한 대안으로 간주된다. 1980년대 이후 푸코가 세계적 차원에서 주목받을 때 특히 푸코의 권력론이 집중적으로 조명된 것도 이러한 맥락에서 해석될 필요가 있을 것이다. 또한 일상성과 결부된 문화의 지형학에 대한 관심이 크게 일고 있는 현상도 푸코적 시각이 생산적으로 수용되는 실례라고 할 수 있다.

권력-지식 연계의 계보학이 함축하는 방법론은 엄밀하게 '지역적'이라고 푸코는 강조한다. 하버마스와의 논쟁에서 집약적으로 드러나는 것같이 푸코가 형식적 보편 이론의 의미에 대해 회의적 태도를 견지하는 것은 바로 이 때문이다. 이러한 견지에서 지식인의 역할도 다시 규정되어야 한다. 시대의 양심임을 자임하면서 추상적이고 일반적인 목표를 앞세우는 '보편적 지식인'의 역할은 이제 소진되었다고 주장하는 푸코는 권력-지식 연계의 계보학을 수행하는 현장 중심의 '구체적 지식인'의 역할을 강조하면서 후자의 역할이 앞으로 급속히 증가할 것이라고 역설한다.

5. 윤리적 주체 형성의 계보학

권력-지식 연계의 계보학을 성에 관한 담론 분석으로 연결시키는 『성의 역사』 1권에서 푸코는 전통적으로 유포되어 온 '성의 억압 가설'을 전복시킨다. 이때 전복은 억압 가설이 오류라고 단순히 주장하는 것이 아니라 억압 가설이 어떠한 과정을 거쳐 출현했으며 우리가 왜 단호한 어조로 억눌려 왔다고 분개하는지, 그리고 그것이 어떤 권력 효과를 생산해 왔는가를 밝히는 태도라고 할 수 있다. 억압 가설의 논지는 다음과 같다. 빅토리아 시대로 상징되는 근대 부르주아 사회의 출범과 함께 성에 대한 억압과 금기가 부쩍 강화되었는데, 프로이트의 출현 이후 비로소 성에 관한 논의가 물꼬를 트기 시작했다는 것이다. 따라서 1968년 5월 사태 이후 본격화된 성 혁명과 함께 상식화된, 성에 관한 담론의 유통이 확산될수록 성의 자유화가 증대할 것이라는 결론이 자연스레 도출된다. 억압을 타파한 연후에 비로소 우리가 해방될 수 있다는 것이다.

성의 억압 가설은, 금지-억압 기능을 권력의 본질로 보는 권력관과 자연스레 연결된다. 그러나 푸코는 성에 관한 담론이 빅토리아 시대 이후 지금까지 일관되게 확대 일변도의 길을 걸었다고 본다. 흥미로운 역사적 실례들이 뒷받침하는 이러한 관찰은 15세기 이후 성에 관한 언설과 지식 체계가 억압되어 왔다기보다 끊임없이 관리, 조절, 유포, 선동되어 오면서 정교한 '성 장치'를 구축했음을 의미하는 것이다. 따라서 푸코는 프로이트를 성 담론의 해방자로 보는 시각을 뒤집어서, 정신 분석학의 출현 자체를 성을 효과적으로 관리-통제하는 근대적 성 장치의 도구이자 '성의 과학화'의 결정적 구성 요소로 간주한다.

『성의 역사』는 원래 모두 6권으로 기획되었다. 그러나 1권을 1976년에 마친 후 푸코는 8년간을 침묵한 후에 크게 수정된 형태의 연작을 내놓았고, 그 결과 『성의 역사』 2권과 3권은 1984년 푸코가 사망하기 직전에 출간됨으로써 유작의 형태를 띠게 된다. 완성되지 못한 『성의 역사』 4권은 후에 『육체의 고백』이라는 제목으로 발행되었다. 8년간의 침묵과 계획의 수정, 그리고 어렵게 발간된 『성의 역사』 2, 3

권은 푸코 해석에 있어 많은 논란의 대상이 되었다. 그 가운데 핵심적인 것으로서, 고고학과 계보학의 시기 전체를 관류해서 극히 스토익한 태도를 견지하면서 규범적 개입을 회피해 온 푸코의 입장에 큰 질적 변화가 일어났다는 해석이 있다. 또한 그의 철저한 반인간주의에 커다란 변화가 생기지 않았는가라는 주장도 개진되었다.

  푸코는 생전에 수많은 회견을 가졌다. 그 가운데서도 특히 1984년에 집중적으로 가진 몇몇 회견 가운데에는 푸코의 시각에 중대한 변환이 발생하지 않았는가라는 해석을 충분히 가능하게 하는 언급이 많이 들어 있다. 특히 철학의 임무를 비판으로 정의하고, 권력-지식의 역학 관계가 "최소한의 지배만으로써 행해질 수 있어야 한다."고 선포하는 대목은 의미 심장하다. 왜냐하면 이 언명은 분명히 철학적 비판의 규범적 근거 문제를 건드리고 있기 때문이다. 그러나 푸코가 이러한 규범의 차원을 더 발전시키기에는 그에게 남겨진 물리적 시간이 너무 짧았다. 동시에 『성의 역사』 2, 3권에서 그가 윤리적 주체를 핵심적 연구 주제로 삼았다는 사실 자체도 고고학과 계보학의 반인간주의적 지향성과는 사뭇 다른 접근으로 받아들여질 수 있었고, 규범적 근거 문제의 도입과 관련된 단절적 변화로 읽혀질 수 있었다. 그러나 이러한 독법이 푸코 자신의 평가와 일치하는가의 여부를 평가하는 데 있어 우리는 조심스러울 수밖에 없다. 왜냐하면 앞에서 이미 지적한 것처럼, 푸코는 다른 중요한 논문에서 자신의 지적 여정을 정리하면서 지식, 권력, 주체에 대한 관심이 세 가지 축점을 구성하며 이 축점들도 주체의 형성사를 중심으로 문제 설정된 것임을 분명히 하고 있기 때문이다. 이를 우리는 앞에서 아래와 같이 요약한 바 있다. 푸코는 일관되게 전통적인 반인간주의를 견지했지만 그 반인간주의는 흥미롭게도 주체를 가장 핵심적인 논제로 삼는 문제화의 겉모습이었다고. 그러나 푸코의 이러한 역설적인 태도에는 내밀한 긴장이 엄존하며 그 자신이 여기서 발견되는 내적 균열을 명쾌하게 정리하지 못했다고 평가하는 것도 가능하다. 이 같은 불확정적 상황과, 『성의 역사』 1권과 그 이후의 직업 사이의 단절 가능성을 함께 고려하면서 윤리적 주체 형성의 계보학을 추적해 보기로 하자. 『성의 역사』 2권인 『쾌락의 활용』에서 푸코는 인간이 스스로를 성의 주체로 인지하게 되는 경험을 계보학적으로 추적하면서 분명히 일정한 윤리적 문제 설정에 상도한다. 『성의 역사』 1권이 관심을 갖는 성과 권력의 연관이 아니라, 성과 개인 사이의 관계가 핵심적인 탐구 주제로 부각되는 것이다. 바꿔 말하면 개인이 자신을 '욕망하는 인간'으로 고백해 가는 과정에서 떠오르는 실천의 방식에 주목하게 된다. 그 결과 윤리적 주체 형성의 계보학은 '자아와 자아의 관계', 혹은 '자아가 자신을 주체로 구성하는 과정'을 집중적으로 천착한다.

서양의 경우 기독교가 도입되기 이전의 고대 사회에서는, 희랍의 예처럼 남성들 사이의 동성애도 자연스러운 성행위로 인정되는 등 기독교 문화보다도 훨씬 개방적이었다고 보는 것이 우리의 일반적 견해이다. 그러나 푸코는 고대 서양 사회의 성 윤리는 우리의 상상보다 엄격했다는 사실을 방대한 자료와 문헌들을 통해 고증한다. 고대 그리스나 로마 시대에 쓰여진 여러 원전에서 드러난 성에 관한 담론들은 외설적인 것과는 상당한 거리가 있었으며, 오히려 기독교 문화의 엄격성을 적지 않은 경우 예비하고 있다는 것이다. 고대인들은 다만 기독교 도덕처럼 만인에게 적용되어야 하는 통합된 윤리적 규범을 정식화시키지 않고 지배 계급의 자유인이 준봉해야 하는 성 담론을 강조한다. 제한된 사람들에게만 허용된 '성적 쾌락의 활용'은 '양생술, 가정의 경영, 연애술'이라고 하는 세 가지 윤리 문제에서 구체화되는데, 여기서 핵심적인 사항은 결코 성행위 자체가 비도덕적이거나 타락한 것으로 간주되지 않았다는 것이다. 문제가 되는 것은 성행위에 있어 그것을 능동적으로 향유하느냐, 아니면 수동적 노예 상태로 떨어지느냐 하는가의 여부에 달려 있었다. 바꿔 말하면, 금욕주의와 혼동되어서는 안 되지만, 성적 쾌락이 과도하게 흘러가지 않도록 절제하고 극기하는 문제가 핵심적인 미덕으로 부각되는 것이다. 푸코가 주로 인용하는 크세노폰(Xenophon), 플라톤, 아리스토텔레스의 저작들에서 공통으로 강조되는 성 윤리의 덕목은 개인이 욕망을 통어할 수 있어야 한다는 의미에서의 능동성, 절제, 극기, 사려 있음 등이다. 자유인의 성 도덕의 핵심은 '자기 지배'에 대한 지향성으로 규정된다.

『자기에의 배려』는 이러한 시각의 자연스러운 연장이며, 확대라고 할 수 있다. 양생술, 가정 경영술, 연애술의 3항은 각각 '육체, 아내, 소년들'에 관한 서술로 이어진다. '육체'에서는 성행위와 결부된 관심과 증가된 불안에 대해, '아내'에서는 결혼 생활과 결부된 제약과 중요성에 대한 인식에 관해, '소년들'에서는 소년과의 동성애가 부자연스러운 것으로 차츰 인식되어 가는 과정에 대한 구체적 서술은 기원후 1~2세기 이후 서양 사회에서 '성적 엄격성'이 차츰 증가되어 갔음을 보여 준다. 그러나 이러한 변화는 억압의 증대로 해석되어서는 안 되고 "너 자신을 배려하라"라는 금언으로 압축될 수 있는 '존재의 예술'에 대한 높은 평가를 반영한다. 이렇게 푸코는 서양인들이 스스로를 '자기 도야'를 통한 '윤리적 주체'로 형성해 나가는 방식을 애정어린 눈길로 주목하면서 미완의 지적 여정을 종결짓게 되는 것이다.

6. 맺음말

전복과 위반의 철학자 미셸 푸코는 어떤 이념적 테두리에 갇히는 것을 극력 회피한다. 그에게 숱하게 던져졌던 "당신은 과연 누구이며 무엇인가?"라는 질문이 무의미하며, 심지어는 해롭기까지 하다고 투덜댄다. 그러나 권위와 위엄의 집약체인 위대한 저자로 투영될 수 있는 여지를 최소한도로 축소하려고 했던 그의 일관된 노력에도 불구하고, 오늘날 무수한 푸코주의자들이 명멸하고 있고, 다양한 영역에서 푸코적 시각이 유통되고 있다는 사실은 역설적이기조차 하다. 이는 독창적 사상가가 회피하기 어려운 운명인지도 모른다.

푸코 이후에 살고 있는 우리는 이제 더 이상 삶과 역사, 그리고 세계를 '자연스럽고 당연한' 것으로 볼 수 없게 되었고 어떤 의미에서 이는 역전시킬 수 없는 흐름이다. 그런 맥락에서 그는 20세기의 가장 위대한 니체주의자였고, 대표적인 반(反)헤겔주의자이자 반(反)마르크스주의자라고 할 수 있겠다. 그러나 이러한 찬사들이 푸코의 숱한 약점과 난점들을 감출 수는 없다. 대표적인 예로, 권력-지식 연계의 명목론은 철학적 비판의 자기 준거를 확보하기 어렵다. 왜, 무엇을 위해 비판하는가의 문제 의식이 푸코적 지평에서 명쾌하게 확인되기란 쉽지 않은 작업이 될 것이다. 윤리적 주체 형성의 계보학이 이 몫을 담당할 수 있는가의 여부도 불투명한 채 남아 있다. 그러나 우리는 푸코가 상대주의자가 아니냐는 상투적 비판에 대해서는 동의하기 어렵다.

계보학적 비판이 무차별적으로 진행됨으로써 실천적 모순을 범하게 된다는 지적은 귀기울일 가치가 있다. 또한 푸코는 많은 경우에 역사적 자료들을 자의적으로 배열하고 재구성함으로써 엄연한 현실을 왜곡시켰다고 비난받기도 했다. 비록 우리가 총체적 역사 철학을 더 이상 수용할 수 없다고 하더라도 계보학의 현미경적 분석 작업이 인류 보편사의 객관적 성취라고 할 수 있는 여러 사항에 대해 의외로 둔감하다는 점은 인정될 수 있다고 본다. 또 한편 계몽과 해방을 하나의 철학적 태도와 실천으로 이해하고, 그러한 철학적 에토스가 '영원한 비판'을 통해서만 형상화된다고 역설하는 푸코의 계보학에서, 비판의 구체성이 풍부하게 확보된다는 사실은 매우 매력적인 점이라고 할 수 있다. 참된 철학적 삶은 우리에게 부과된 제한들에 대한 역사적 분

석 작업과, 그 제한들을 넘어설 수 있는 가능성에 대한 실험으로 육화
된다는 푸코의 주장은 거부하기 어려운 울림을 갖는다.

더 읽어야 할 책

푸코에 대한 사전 지식이 없는 사람은 『감시와 처벌』(1975. 박홍규 옮김, 강원대 출판부, 1989)부터 읽는 것이 적절하다. 이 책은 평이하며 흥미로운 역사적 서술을 많이 담고 있기 때문이다. 그 후에 『광기의 역사』(1961. 김부용 옮김, 인간사랑, 1991), 『임상 의학의 탄생』(1963. 홍성민 옮김, 인간사랑, 1993)을 거쳐 『성의 역사』 연작 —— 1권 『앎에의 의지』(1976. 이규현 옮김, 나남, 1990), 2권 『쾌락의 활용』(1984. 신은영·문경자 옮김, 나남, 1990), 3권 『자기에의 배려』(1984. 이영목·이혜숙 옮김, 나남, 1990) —— 으로 넘어갈 수 있을 것이다. 지식 이론이나 담론 분석에 관심이 있는 경우 『말과 사물』(1966. 이광래 옮김, 민음사, 1987), 『지식의 고고학』(1969. 이정우 옮김, 민음사, 1992)이 필수적이지만 이 책들은 상대적으로 난해하다.

푸코 관련 연구서 가운데 전체적인 해설서로는 『미셸 푸코』(이광래, 민음사, 1989)가 있다. 『시칠리아의 암소』(김현, 문학과 지성사, 1990)는 논문 모음집으로서 좋은 글이 몇 편 들어 있다. 『푸코와 하버마스를 넘어서』(윤평중, 교보문고, 1990)는 합리성 문제를 중심으로 한 사회 철학적 연구이며, 『담론의 공간』(이정우, 민음사, 1994)은 고고학적 담론 분석에 대한 연구이다. 『구조주의와 해석학을 넘어서』(드레

피스·레비노우, 서우석 옮김, 나남, 1989)는 충실한 연구 해설서이며, 『마르크스주의와 푸코의 대화』(베리 스마트, 이유동 외 옮김, 민글, 1993)는 마르크스주의와 푸코를 대비하는 흥미로운 저작이다. 그 외에 읽어 볼 만한 책으로는 『푸코 : 철학의 자유』(존 라이크만, 심세광 옮김, 인간사랑, 1991)가 있다.

11장
루이 알튀세

문 성 원

1. 생애

    루이 알튀세(Louis Althusser, 1918~1990)는 1918년 10월 알제리의 비르망드레이스에서 태어났고, 1936년에 은행원이었던 아버지를 따라 프랑스로 이주하였다. 1939년 윌름 고등 사범 학교 문과에 합격하였으나 전쟁으로 입학이 연기되었다. 1940년 징집되었다가 포로가 되어 전쟁이 끝날 때까지 포로 수용소에서 생활하였다. 1945년 고등 사범 학교 철학과에 입학하여 가스통 바슐라르 밑에서 학위를 취득하였고 교수 자격 시험에 합격하였다. 학위 논문은 「헤겔 철학에서의 내용 개념」이었다.
    1945년, 훗날의 아내이자 그의 일생에 결정적인 영향을 준 엘렌느 리트망을 만난다. 1948년에 고등 사범 학교 철학과 지도 교사로 임명되었고, 후에 조교를 거쳐 강사로 승진하였다. 그가 가르친 학생들 가운데는 미셸 푸코, 미셸 베레, 피에르 부르디외, 미셸 세르, 자크 데리다, 알랭 바디우 등이 있다. 1950년에는 문학부 사무국장을 겸직하였다. 1948년 프랑스 공산당(PCF)에 입당하여 계속 공산당원으로 활동하였다.

1959년 『몽테스키외. 정치와 역사』를 출판하였고, 1960년 장 이폴리트가 책임 편집하는 총서에 루드비히 포이어바흐의 『철학 선언』을 번역하고 해설을 붙여 내놓았다. 1960년부터 1965년까지의 논문을 모은 『마르크스를 위하여』를 1965년에 펴냈고, 같은 해 자크 랑시에르, 피에르 마슈레, 에티엔 발리바르, 로제 에스타블러 등과 공저로 『자본론을 읽는다』를 펴냈다. 이 두 저작은 당시의 정세 속에서 국내외에 큰 반향을 불러일으켰다. 이 저작들에서 주장한 '인식론적 단절', '이론적 반(反)인간주의' 등은 '과잉 결정', '구조적 인과성', '문제틀' 등의 개념과 함께 많은 논란의 대상이 되었다. 이 두 저작을 통해 알튀세는 구조주의적 개념틀을 마르크스주의에 도입한 대표적 인물로 부각된다.

1968년께부터 알튀세는 정치와 계급 투쟁을 강조하기 시작하였다. 1969년에 펴낸 『레닌과 철학』에서 그는 철학을 '이론의 이론'으로 보던 이전의 관점을 정정하여 철학을 '이론에서의 정치'로 재정의한다. 1970년에는 이데올로기 문제를 새롭게 조망한 「이데올로기와 이데올로기적 국가 기구」라는 논문을 발표하였고, 1973년에는 영국 공산당원인 존 루이스와 벌인 논쟁 내용을 담은 『존 루이스에 대한 답변』을 내놓았다. 1974년에는 『자기 비판의 요소들』을 출판하였고, 1975년에는 이제까지의 업적으로 피카르디 대학에서 국가 박사 학위를 획득하였다. 1976년 논문집 『입장』을 출간하였다. 같은 해 30여 년간 사귀고 같이 지내 온 엘렌느 리트망과 결혼했다.

1977년 알튀세는 마르크스주의의 위기를 거론하기 시작하였고, 1978년에는 『르 몽드』지에 「당 내에서 더 이상 지속될 수 없는 것」이라는 글을 연재하였다. 1980년 젊을 때부터 그를 괴롭혀 온 우울증 증세가 악화되어 그 해 11월 16일 아내 엘렌느를 교살(絞殺)하는 사태에까지 이르렀다. 정신 감정을 받은 결과 무죄 판정을 받았으나, 그 사건 이후 병원과 집을 오가는 불운한 말년을 보내다가 1990년 10월 22일 심장 쇠약으로 사망하였다.

2. 시대 배경과 알튀세의 문제 의식

알튀세는 1960년대 중반 이후 한동안 서구 진보 진영에 큰 영향을 주었던 마르크스주의 철학자이다. 그의 주저인 『마르크스를 위하여』(1965)와 『자본론을 읽는다』(1965. 에티엔 발리바르 등과 공저)가 나온 뒤로 서구에서는 알튀세의 주장을 둘러싸고 많은 논란이 있었다.

알튀세의 사상에 대한 평가는 매우 다양하다. 흔히 따라붙는 '구조주의적 마르크스주의'라는 딱지말고도 '과학주의', '반(反)경험주의', '엘리트주의', '마오(毛澤東)주의', '반(反)인간주의', '반(反)역사주의' 등이 많이 붙어다니는 이름이고, 때로는 '신(新)스탈린주의'나 '반(反)스탈린주의' 같이 서로 반대되는 평가가 내려지기도 한다.

마르크스주의의 역사에서 보면 알튀세는 상당히 이색적인 주장을 펼친 인물이라고 할 수 있다. 그러나 이런 주장에도 나름대로의 이유가 없지 않다. 알튀세는 당시 지배적이던 마르크스주의의 몇몇 경향을 비판하고 마르크스주의를 새롭게 되살리려고 했다. 그는 아직 스탈린의 영향을 벗어나지 못한 소련 중심의 '정통 마르크스-레닌주의'를 비판하는 한편, 여기에 대한 반발로 서구에서 생겨난 이른바 '인간주의적 마르크스주의'도 거부하였다. 알튀세 자신의 이야기에 따르면, 그는 '교조주의'에 반대하는 동시에 교조주의에 대한 '우익적 비판'에도 반대하려는 의도를 가지고 있었는데, 그러한 비판은 내용상으로 '경제주의'와 그 부속물인 '인간주의'에 반대하는 것으로 나타났다. 다시 말해 알튀세는 사회의 모든 문제를 경제로 환원해서 설명하려는 '경제주의'와, 인간의 자유 의지나 의도 따위를 강조함으로써 경제주의의 한계를 넘어서려는 '인간주의'를 마르크스주의 내에 존재하는 상호 보완적인 한 쌍의 잘못된 경향으로 보고, 이 두 가지를 모두 극복하려 한 것이다.

이러한 알튀세의 문제 의식을 자극했던 중요한 사회적 배경은 스탈린이 죽은 뒤에 일어난 스탈린 격하와 자유화 운동, 그리고 여기에 뒤이은 사상적·이론적 혼란이었다. 알튀세는 『마르크스를 위하여』의 서문에서 2차 대전 직후 스탈린 시대의 지적 분위기를 이렇게 회상하고 있다.

> 우리의 철학적 기억 속에서 그 시기는 모든 숨겨진 오류를 사냥하는 무장한 지식인의 시대, 우리 자신의 글은 쓰지 않고 모든 저작을 정치적으로 이용하며, 계급이라는 가차없는 하나의 칼날로 예술, 문학, 철학, 과학 등 세계 전체를 재단하던 시대 —— '부르주아 과학, 프롤레타리아 과학'이라는 허공에서 높이 펄럭이는 깃발에 그 특징을 한마디로 집약해 놓은 시대로 남아 있다(1965a, 불 12, 영 22).

알튀세는 이론의 자율성이 훼손되고 그 때문에 마르크스주의 이론이 왜곡되고 빈곤해진 것을 스탈린 시대의 큰 문제점 가운데 하나로 보았다. 따라서 진정으로 스탈린주의에서 벗어나기 위해서는 과학적인 마르크스주의 이론을 다시 확립할 수 있어야 했다. 그러나 알튀세가 볼 때 당시에 소련이나 서구에서 이루어지던 스탈린 비판은 과학적인 이론과는 거리가 멀었다.

스탈린 시대의 문제점을 스탈린 개인의 잘못이나 개인 숭배 탓으로 돌리는 것은 마르크스주의 이론과 관계없는 비과학적인 비판일 따름이었고, 서구의 마르크스주의 진영에서 유행하던 '인간과 소외와 해방'에 대한 철학적 이야기들도, 비록 경직된 스탈린주의에 대한 직접적인 반발이긴 했으나 과학적인 분석을 할 능력이 없는 무기력한 주장에 불과했다. 이 결과 마르크스주의는 스탈린 시대를 제대로 해명할 수 없을 뿐만 아니라 당시의 상황도 과학적으로 분석할 수 없는 처지에 놓이게 되었다.

그러므로 이러한 상황에서 무엇보다 필요한 것은 마르크스의 저작을 제대로 해석하여 마르크스주의의 과학성을 확립하고 뒷받침하는 일이었다. 알튀세와 그의 동료, 제자들이 공동 연구 작업의 표어로 삼았고 뒤에 알튀세가 펴낸 책 제목이 되기도 한 '마르크스를 위하여'나 '자본론을 읽는다'는 표현은 바로 이 같은 의도를 잘 드러내 준다. 알튀세의 우선적인 목표는 마르크스를 재건함으로써 당시의 혼란스런 이론적 상황을 바로잡는 것이었다. 그리고 이렇게 재건되는 마르크스는 경제주의적 마르크스나 인간주의적 마르크스가 아닌 '과학적' 마르크스이어야 했다.

3. 알튀세의 구조주의적 마르크스주의

(1) 헤겔주의의 문제

알튀세는 경제주의나 인간주의의 밑바탕에 깔려 있는 것이 자본주의 사회의 부르주아 이데올로기라고 생각했다. 특히 대부분의 마르크스주의자들이 생각해 온 것과는 달리, 세계를 정신이라는 단일한 주체의 전개 과정으로 본 헤겔의 사고 방식은 마르크스주의를 오염시키는 데 결정적인 역할을 하였다고 보았다.

알튀세는 우선 헤겔식의 사고가 세계의 복합적인 모습을 하나의 단순한 원리나 본질을 통해 설명하려는 본질주의 또는 환원주의의 경향을 갖고 있다고 보았다. 그래서 헤겔에서의 본질, 즉 '정신'이나 그 정신의 이념이 구현된 실체인 '국가'를 다른 원리나 실체로 바꾸어 놓으면, 동일한 환원주의적 구조를 갖는 세계상이 생겨난다는 것이다. 경제주의는 헤겔이 말하는 국가의 자리에 '경제'를 집어넣고, 정신의 이념 대신에 '생산력의 지속적인 발전'이라는 원리를 들여온 결과이다. 생산력이 발전하면 자연스럽게 공산주의 사회가 이룩되고 그에 따라 사회주의는 자본주의와의 체제 경쟁에서 필연적으로 승리한다는 소비에트 체제 이데올로기는 바로 여기에서 생겨난 것이다. 알튀세는 이것이 제2인터내셔널 시기의 경제주의가 되살아난 형태라고 본다. 헤겔적인 사고틀을 유지하는 한, 이처럼 미리 주어진 목적을 상정하고 역사 과정을 제멋대로 재단하는 목적론적 환원주의를 벗어날 수 없다.

경제주의와 이것이 함축하는 결정론을 피하기 위해 주체의 자리에 정신이나 경제가 아닌 '인간'을 도입해 보아도 결과는 신통치 않다. 이렇게 생겨나는 인간주의는 이미 포이어바흐(L. Feuerbach)에서 전형적인 형태를 찾아볼 수 있다. 헤겔의 정신 자리를 대신 차지한 '인간'은 헤겔의 정신이 그렇듯이, '소외되기 이전 단계와 소외된 단계, 소외를 극복한 단계'를 거친다. 여기서도 이 과정을 지배하는 것은 인간이라는 주체가 지닌 의도와 목적이다. 알튀세에 따르면 인간 해방이나 소외에 관한 많은 이야기들은 같은 구조를 지닌 주관주의적 목적론의 여러 가지 변형태에 불과하다.

그러므로 이제 알튀세가 마르크스주의 내에서 경제주의와 인간주의를 내몰기 위해 해야 할 일은 크게 보아 다음 두 가지였다. 첫째, 마르크스의 사상과 헤겔의 철학이 사실상 무관하다는 점을 밝히는 일. 둘째, 헤겔주의에 오염되지 않은 마르크스주의 과학과 철학이 어떤 것인가를 보여 주는 일. 첫번째는 이른바 '인식론적 단절'에 대한 알튀세의 주장으로, 두번째는 변증법적 유물론과 역사 유물론에 대한 알튀세의 새로운 규정들로 나타났다.

(2) 인식론적 단절

마르크스가 헤겔의 영향을 강하게 받았다는 것은 당시까지 일반적으로 인정되던 사실이었다. 독일 관념론 철학, 특히 헤겔 철학은 레닌 이래 마르크스주의의 세 원천 가운데 하나로 여겨졌으며, 마르크스의 변증법적 방법은 헤겔 변증법의 관념론적 측면을 뒤집음으로써 성립한 것이라고 생각되었다. 또 마르크스주의 내의 인간주의적 사조는 마르크스의 초기 저작들을 근거로 삼고 있었다. 무엇보다도 소외 이론의 주된 전거로 사용된 『경제학-철학 초고』(1844)에 헤겔과 포이어바흐의 강한 영향이 담겨 있다는 것은 부정할 수 없었다.

이런 상황에서 알튀세는 마르크스의 일련의 저술이 연속해서 발전해 온 것으로 보지 않고 마르크스의 초기 저작과 후기 저작 사이에 단절이 있다고 주장함으로써 헤겔과 마르크스의 관계를 끊어 버리려고 했다. 알튀세에 따르면 헤겔이나 포이어바흐의 영향 아래 있던 초기 마르크스는 과학적 마르크스주의와는 상관없는 마르크스이며, 따라서 진정한 마르크스가 아니라는 것이다. 그는 마르크스의 저작을 다음과 같이 분류한다(『마르크스를 위하여』, 불 27, 영 35).

    1840~1844 : 청년기 저작(『헤겔 법 철학 비판』, 『신성 가족』, 『경제학-철학 초고』 등)
    1845 : 단절기 저작(『독일 이데올로기』, 「포이어바흐에 관한 테제」)
    1845~1857 : 성숙기 저작(『공산당 선언』, 『철학의 빈곤』, 『임금, 가격 그리고 이윤』 등)
    1857~1883 : 완숙기 저작(『자본론』, 『고타 강령 비판』 등)

이때 단절이란 전(前)과학적인 문제틀 또는 이데올로기적인 문제틀로부터 과학적인 문제틀로 전환하는 것을 뜻하는데, 알튀세는 이것을 자신의 스승이었던 프랑스 과학 철학자 바슐라르(G. Bachelard)의 용어를 빌려서 '인식론적 단절'이라고 불렀다. 이 인식론적 단절은 새로운 과학이 성립되는 분기점이다. 과학은 흔히 생각하는 것처럼 연속적으로 발전하는 것이 아니라 새로운 개념과 새로운 사고 방식, 새로운 질문 등 요컨대 새로운 문제틀에 의해 이전의 문제틀과 단절을 이루면서 생겨난다. 마르크스의 경우에도 1845년 이전에는 역사 유물론의 기본 개념들, 예를 들어 생산력, 생산 관계, 잉여 가치 같은 개념들이 그의 저작에 등장하지 않았다. 그러므로 우리는 『독일 이데올로기』 이후에야 '역사'라는 영역을 대상으로 하는 새로운 과학, 곧 역사 유물론이 성립했다고 이야기할 수 있으며, 또 이 역사 유물론은 마르크스의 초기 저작과는 근본적으로 다른 문제틀을 갖고 있다고 말할 수 있다는 것이다.

그렇다면 어떠한 문제틀이 과학적 문제틀이며, 또 과학적 문제틀이 성립하는 조건은 무엇일까? 알튀세는 여기에 대해 매우 특이하게 답변한다. 과학은 어떤 외적인 기준에 따라 판단할 수 있는 것이 아니라는 것이다. 과학의 기준은 과학 자체 내에 있으며, 과학의 특성은 그 차원에서 새로운 지식을 '생산'해 내는 데 있다.

알튀세는 이러한 관점을 통해 앞서 이야기한 '이론의 자율성' 문제를 해결하려고 한다. 과학 외적인 기준을 거부하는 것은 과학을 다른 차원으로 환원하거나 비자율적인 것으로 취급하지 못하도록 하기 위해서이다. 알튀세는 과학 활동도 하나의 '생산' 활동으로, 그리고 그런 의미에서 '실천', 곧 '이론적 실천'으로 취급하는데, 이 점은 매우 중요한 의미를 가진다. 정치나 이론의 영역도 경제 영역과 마찬가지로 '생산' 또는 '실천'이라는 구조를 지닌다고 생각하는 것이 알튀세가 환원주의에 대처하는 중요한 방식이기 때문이다.

(3) '이론적 실천'과 철학

알튀세에 따르면 '실천'이란 "주어진 원료를 일정한 '생산물'로 '변형'하는 과정, 즉 특정한 ('생산') 수단을 사용해서 인간의 노동을 통해 실행되는 '변형' 과정을 뜻한다"(『마르크스를 위하여』, 불 167, 영 166). 그런데 알튀세는 이러한 실천에 경제적 생산 외에도 정치, 이데올로기, 과학 등의 활동 영역을 포함시킨다. 이 영역들에도 주어진 원료를 생산 수단을 사용하여 어떤 고유한 생산물로 바꾸는 변형 과정이 있다는 것이다. 그래서 알튀세는 '경제적 생산 양식' 뿐 아니라 '이론적 생산 양식'이나 '지식의 생산 양식' 또는 '이데올로기의 생산 양식'과 같은 용어를 사용하기도 한다. 요컨대 이 영역들은 생산 또는 실천이라는 점에서 동일한 구조를 가진다.

그러나 알튀세는 실제로 존재하는 것은 '실천 일반'이 아니라 '서로 다른 실천들' 뿐이라는 점을 잊어서는 안 된다고 강조한다. 각 실천의 영역은 차이를 지니고 있고 서로 환원될 수 없다. 각 영역의 실천은 서로 다른 원료와 서로 다른 생산 수단을 통해서 서로 다른 생산물을 만들어 낸다. 경제적 실천은 물질적 원료들을 물질적 생산 수단과 노동력을 사용해서 변형시키는 반면, 이론적 또는 과학적 실천은 사고력과 이론적 노동 수단(문제틀, 개념, 방법 등)을 사용해서 이전의 개념이나 표상, 직관 따위로부터 특수한 생산물인 지식을 생산해 낸다. 또 정치적 실천은 주어진 사회 관계를 변형함으로써 새로운 사회 관계를 산출해 내며, 이데올로기적 실천은 사회 내의 행위자들이 그네들을 둘러싸고 있는 세계와의 관계를 체험하는 표상이나 지각의 여러 형태들을 변형시킨다. 이처럼 각각의 실천 수준은 독자성을 갖기 때문에 하나가 다른 하나를 일방적으로 결정할 수 없다.

경제적 생산 과정이 비록 자연 및 다른 구조(정치적-법적, 이데올로기적 구조)와…… 필연적인 관계를 맺지만 그 과정 자체는 전적으로 경제 속에서 일어난다고 말할 수 있는 것과 꼭 마찬가지로, 이론적 실천에 특유한 지식의 생산도 전적으로 사유 속에서 일어나는 과정을 이룬다고 이야기하는 것은 완전히 정당하다(『자본론을 읽는다』 1965b, 불 48, 영 42).

여기에서 끌려 나오는 것이 바로 알튀세의 반(反)경험주의 과학관이다. 과학은 이론적 실천이며 생산 과정인 까닭에, 또 이 과정은 전적으로 사유 속에서 일어나는 것인 까닭에, 과학의 산물인 지식은 사유 밖에 있는 세계에 대한 직접적인 경험에서 생겨나는 것이 아니다. 알튀세는 과학적 지식이 실재 세계에 대한 경험이나 그 경험에 대한 추상(抽象)에서 얻어진다고 보는 모든 관점을 경험주의라고 부르고 그것을 거부한다. 경험주의는 실재의 대상과 사유의 대상 사이의 차이를 무시함으로써, 특수한 이론적 실천의 산물인 지식을 그와는 전혀 다른 차원인 실재의 대상과 혼동하는 잘못을 저지른다. 알튀세가 즐겨 인용하는 스피노자식의 표현에 따르면, '개'라는 개념은 현실의 개와는 달리 짖지 않는다. 경험주의는 이론적 실천의 자율적 구조와 그 산물의 특수성을 무시하는 잘못된 관점이다.

하지만 그렇다면 과학이 생산한 지식이 참된 지식이라는 보장은 어디에 있는가? 만일 지식이 실재의 대상에 대한 경험으로부터 나온 것이 아니라면 우리가 그 지식을 어떻게 참이라고 받아들일 수 있을까? 알튀세는 이러한 질문에 대해 이 문제 자체가 참된 문제가 아니라고 대답한다. 그 질문은 이미 경험주의적 문제틀을 전제로 하고 있으므로 문제 제기 자체가 잘못된 것이라는 이야기다. 그러나 지식은 그것이 지식인 한 실재 대상에 대한 지식이어야 하며, 따라서 실재 대상과 지식 사이의 관련은 어떻게든 설명되어야 하지 않을까?

알튀세는 지식과 실재 대상 사이의 관계를 '전유'(專有, appropriation)라는 말로 설명한다. 이론적 실천에 의해 생산된 과학적 지식은 현실의 대상에 대한 지식이라는 지위를 차지하며, 실재의 대상은 계속적으로 생산을 이루어 내는 지식 과정에 대하여 '절대적인 준거점'으로 남아 있다. 지식 생산의 영역은 자기 영역과 그 밖의 모든 생산 영역, 곧 실재 대상 영역에 대한 지식을 산출해 낸다. 그리고 우리가 실재의 대상에 대해 가질 수 있는 지식은 이렇게 생산된 지식뿐이다. 따라서 이 지식을 넘어서서 실재 대상과 이 지식 사이의 관계를 조망하려는 것은 헛된 욕심이다. 이렇게 볼 때 알튀세가 말하는 '전유'란 지식이 대상에 대한 지식임을 다시 한 번 강조하는 표현에 불과하다고 할 수 있다.

또한 알튀세는 철학을 '이론적 실천'에 대한 이론이라고 규정한다. 또 이론적 실천의 산물인 지식이 실재의 세계를 전유하는 한, 철학은 현실 속의 모든 실천에 대한 이론이기도 하다. 그렇다고 철학이 이론적 실천으로서의 과학 활동을 제멋대로 규정할 수 있다는 뜻은 아니다. 철학은 무엇보다도 '지식 생산의 역사에 관한 이론', '과학과 그 과학의 역사에 관한 이론'이다. 그러므로 철학의 이론은 새로운 과학의 성립과 발전에 의존하며, 시간적으로 과학에 비해 '지체'된다. 예를 들면 플라톤의 철학은 고대 기하학의 성립에, 데카르트의 철학은 근대 갈릴레이 역학의 성립에 뒤따른 것이었다. 수학이나 물리학과 마찬가지로 또 하나의 과학의 대륙을 마르크스가 열었는데, 그것은 바로 역사에 관한 과학, 곧 역사 유물론의 영역이다.

그러나 알튀세에 따르면 마르크스는 이 영역의 이론적 실천에 대한 이론, 곧 마르크스주의 철학(변증법적 유물론)을 정리된 형태로 제시하지는 못했다. 이 때문에 마르크스가 열어 놓은 역사 과학의 이론적 실천은 비과학적 요소들 또는 전과학적 요소들에 의해 계속 위협을 받아 왔다. 경험주의와 환원주의, 인간주의 등이 바로 그러한 요소들이다. 그러므로 마르크스주의의 과학성을 옹호하고 발전시키기 위해서는, 겉으로 뚜렷하게 드러나지 않은 채 마르크스의 이론적 실천 속에 파묻혀 있는 마르크스주의 철학을 발굴하여 명시적으로 정리할 필요가 있었다. 알튀세는 '구조적 인과성', '지배 구조', '중층 결정' 등의 개념을 도입함으로써 자신이 주장하는 마르크스주의 과학의 문제틀을 명료하게 드러내 보려고 노력했다.

(4) '복합적 전체'로서의 사회

마르크스의 문제틀을 이해하는 알튀세의 기본 방침은 이미 언급한 대로 '생산'으로서의 '실천'이라는 관점을 경제 영역만이 아닌 사회의 모든 주요한 영역에 적용하는 것이다. 따라서 정치, 과학, 이데올로기 등의 영역이 각각 나름의 독자성을 갖는 실천 영역으로 설정된다. 알튀세는 이 각각의 실천 영역을 심급(審級, instance)이라고 부른다. 그런데 이때 같이 해명되어야 할 것은 이들 영역이 서로 어떤 관계를 맺으며 또 이 관계들을 포함하는 사회 전체는 어떻게 규정될 수 있을 것인가 하는 점이다.

알튀세가 한 심급이 다른 심급을 일방적으로 결정하는 직선적인 인과 관계나 다른 모든 심급을 한 본질적인 심급으로 환원해 버리는 환원주의적 관계를 용인하지 않으리라는 것은 지금까지의 이야기를 통해서도 쉽게 짐작할 수 있을 것이다. 만일 그렇지 않다면 각 심급들에 실천이라는 구조상의 동등성을 부여한 의미가 사라지고 말 것이기 때문이다. 알튀세에 따르면 사회는 여러 심급들이 서로 얽혀 있는 복합체이지만, 어떤 심급도 다른 심급으로 환원될 수 없으며 어떤 심급도 다른 심급의 '본질'일 수 없다. 모든 심급들은 각기 '구조'들이며 사회적 전체는 이 구조들로 이루어진 구조, 즉 '구조들의 구조'이다. '구조적 인과성'이란 이런 복합적인 구조 내에서 성립하는 인과성이다.

여기에 대비되는 것은 기계론에서와 같은 단선적인 인과성이나 헤겔에서 보이는 것과 같은 본질―현상 관계의 인과성인데, 특히 알튀세는 헤겔이 설정하는 본질―현상 관계가 복잡한 전체를 단순한 표현 관계로 바꾸어 버리는 것이라고 보고 여기에 비판의 초점을 맞춘다. 헤겔은 다양한 현상을 결국 하나의 단일한 본질의 '표현'으로 여기기 때문에 복합적인 전체를 제대로 파악할 수 없다는 것이다.

반면에 알튀세는 마르크스주의가 파악하는 복합성은 환원이나 본질―현상 관계가 아니라 '접합'(接合, articulation)을 통해 이루어진다고 본다. '접합'은 요소들의 관계를 일방적으로 규정하는 것이 아니라 각 요소들의 상대적인 독자성을 전제로 하여 요소들을 분절화(分節化)하는 것이다. 심급들의 접합을 통해 구성된 사회적 전체의 구조는 각 심급들에 영향을 미치지만, 이 구조는 어떠한 본질적인 심급으로도 환원될 수 없다. 또 전체를 구성하는 요소들에 나타나는 영향은 동시에 그 전체의 구조를 구성하는 부분이기도 하다. 알튀세는 구조적 인과성의 이러한 측면을 드러내기 위해 '결과'라는 말 대신에 '효과'(effet)라는 용어를 사용한다. 전체의 구조는 각 심급들에서 효과들로서 드러나지만 어느 효과들에서도 완전하게 드러나지는 않는다. 그러므로 이 구조에는 특권화된 중심, 다른 부분들을 항상 지배하는 절대적인 중심은 없다.

하지만 전체를 구성하는 각 부분들이 균등한 것은 아니다. 전체를 구성하는 각각의 심급은 그 나름의 구조를 가지며, 그 자신의 고유한 시간과 발전의 리듬을 갖고 있다. 이 요소들은 서로 어긋나게, 서로 불균등하게 발전한다. 그래서 이 요소들 가운데는 다른 요소들보다 상대적으로 영향력과 침투력이 우월한 요소, 즉 지배적인 요소가 있을 수 있다. 이렇게 지배적인 요소가 존재하는 불균등한 접합의 구조가 '지배 구조'(structure à dominante)이다. 그러나 지배적 요소가 무엇인가는 항상 고정되어 있는 것이 아니며, 지배적 요소가 영향력을 행사하는 방식도 물론 단선적인 인과 관계가 아니다. 복합적인 전체 속에서 각 요소들은 서로 불균등하게 대립한다는 의미에서 모순적인 관계를 맺고 있으며, 한 모순적 관계는 다른 모순적 관계와의 관련 속에서 언제나 '중층 결정'된다. '중층 결정'(surdétermination)이란 한 관계가 전체 구조 속의 다른 관계와의 관련하에서만 결정된다는 점을 나타내기 위해 알튀세가 프로이트의 정신 분석학에서 빌려온 용어이다. 중층 결정 속에 있는 관계에는 다른 관계들이 이미 들어와 있으며 또 그 관계 자체가 다른 관계들의 존재 조건이 된다.

한편 알튀세는 여기에다 '최종 심급에서의 경제에 의한 결정'이라는 단서를 집어넣어서 이러한 관점이 지니는 상대주의적이고 다원론적인 함축을 약화시키려 한다. 경제는 스스로가 언제나 지배적인 요소는 아니지만 특정한 사회에서 어떤 요소가 지배적이 될지를 궁극적으로 결정해 준다는 것이다. 예를 들어 중세에는 봉건적인 경제 구조가 정치적 심급을 지배적인 것으로 만들어 주었다. 그러나 이 궁극적인 결정도 복합적인 전체 속에서의 중층 결정을 통해서만 작용한다. 다른 요소나 심급을 거치지 않은 일방적인 결정은 있을 수 없으며, 따라서 "처음 순간부터 마지막 순간까지 최종 심급의 고독한 시간은 결코 오지 않는다"(『마르크스를 위하여』, 불 113, 영 113).

이 같은 이야기들은 언뜻 보면 매우 까다로운 듯하지만 실상 알튀세의 의도 자체는 그리 복잡한 것이 아니다. 비록 알튀세가 이론의 자율성을 강조하고 경험주의에 반대한다 하더라도, 역사 유물론의 문제를 다루면서 마르크스 이후 당시까지 이루어진 역사상의 변화에 무관심했을 리 없다. 알튀세가 주목하였던 사태는 공산주의 혁명이 선진 자본주의 사회가 아니라 소련을 비롯한 자본주의권의 변방에서 일어났다는 진부한 사실 외에도, 2차 세계 대전 이후 1960년대에 이르기까지 세계의 혁명적 분위기를 주도해 온 것은 중국, 쿠바, 베트남, 알제리 등 제3세계의 민족 해방 운동과 혁명 운동이었다는 사실이었다.

이런 사태들은 자본주의의 발전으로부터 공산주의로의 필연적인 이행을 이끌어내는 단선적인 발전 이론만으로 설명하기가 곤란했다. 사회의 변화는 경제 영역의 발전, 특히 생산력의 발전에 의하여 이미 예정된 어떤 필연적인 과정을 쫓아 이루어지는 것이 아니라 매우 불균등하고 복합적인 과정을 거친다. 이 불균등성과 복합성은 물론 여러 국가나 사회들 사이에도 나타나지만, 한 사회 내부의 각 영역들 사이에도 마찬가지로 적용되는 것임에 틀림없다. 알튀세는 이러한 사태를 설명할 수 있는, 또는 그 자신의 용어를 사용하자면 이러한 현실을 전유할 수 있는 지식의 문제틀을 찾고자 했다. 구조주의적 색채가 짙은 그의 용어법과 사고 방식은 이 같은 문제 의식이 당시에 프랑스에서 강화되고 있던 구조주의적 사조와 결합한 결과였다.

알튀세 스스로는 자신을 구조주의자로 보는 평가에 대해 정면으로 반발한다. 그 이유로 알튀세는 우선 구조주의는 구조를 형식적이고 추상적인 조합(combinatoire)으로 보는 데 반해 자신은 실재의 구조를 유기적인 결합(combinaison)으로 파악한다는 점, 자신은 구조주의와는 달리 '구조에 대한 과정의 우위'를 설정하고 있다는 점, 그리고 구조주의적 사고 방식은 그가 내세우는 '최종 심급에서의 결정'이나 '지배 구조', '생산 과정' 따위의 범주를 소화할 수 없다는 점 등을 들고 있다.

그러나 알튀세가 자신과 구조주의 사조 사이의 관련을 과소 평가하고 있음은 분명해 보인다. 예를 들어 그가 사회를 기본적으로 같은 구조를 가진 여러 영역들의 접합으로 보고 있다든가, 지식이 실재 대상을 반영하거나 재현(再現)하는 것이 아니라 자체의 질서를 지닌 것으로 본다든가, 연속보다는 불연속을, 동일성보다는 차이를 강조한다든가 하는 것은 확실히 구조주의의 사고 방식과 닮았다. 사실 알튀세가 강조하는 '조합'과 '결합'의 차이도 그렇게 명확하게 드러난다고 하기 어렵다. 그런데도 알튀세가 구조주의라는 평가나 명칭을 극구

배척하는 이유는, 이 사조가 변화나 발전의 가능성을 무시하는 보수적인 경향을 가진다는 일반적인 평가 탓이라고 할 수 있다. 이러한 문제는 1960년대 말께부터 알튀세가 자기의 견해를 스스로 비판하고 수정해 나가는 이유와도 연결된다.

4. 알튀세의 자기 비판과 마르크스주의 위기론

(1) 계급 투쟁과 역사

이 글의 첫머리에서도 이야기했다시피, 이상과 같은 알튀세의 견해는 매우 다양한 이름과 평가를 얻었다. 일반적으로 볼 때 알튀세가 마르크스주의에서 이론의 중요성과 자율성을 부각시킨 점은 긍정적인 의미를 가진다고 할 수 있다. 그러나 마르크스주의의 견지에서 문제가 되었던 것은 그가 도입하려 한 방법론과 관점이었다. 알튀세는 이론적 실천 영역이 경제적 생산과 같은 물질적 실천 영역과 동일한 구조를 지니는 것으로 생각했다. 그럼으로써 알튀세는 이론 영역을 자립적인 것으로 상정하고 이론과 실천의 연관이라는 문제를 '이론적 실천'의 영역 내로 해소해 버렸다. 이 점 때문에 알튀세는 마르크스주의 진영 내부로부터 '이론주의'라거나 '엘리트주의', 나아가 보다 일반적으로는 '관념론'이라는 비난을 받았다.

또 한 가지 알튀세의 이론으로부터 생겨나는 중요한 문제는 사회 구성체의 '이행', 곧 사회 혁명과 관련된 문제였다. 알튀세에 따르면 사회를 구성하는 각 심급들은 자신의 구조 내에서 나름의 시간성을 지니므로 사회 전체를 관통하는 통일된 시간성은 존재하지 않는다. 그리고 각 심급의 구조도 주어진 생산 수단을 축으로 하는 지속적인 생산의 모델(재생산)을 따르는 것이므로 이 자체에는 발전이나 이행의 계기가 들어 있지 않다. 그래서 이런 관점에서는 사회 구성체의 이행을 구조들의 단속적이고 우연적인 접합을 통해서밖에는 설명할 수 없었는데, 이것은 사회 혁명에 대한 전망을 끌어내기에는 매우 취약한 방식이었다.

이와 같은 난점들 때문에 알튀세는 1960년대 말에서 1970년대 초에 걸쳐, 그가 이전에 내놓았던 관점들을 스스로 비판하고 수정하였다(『레닌과 철학』, 『존 루이스에 대한 답변』, 『자기 비판의 요소들』). 비판의 초점은 자신이 '이론' 영역을 과도하게 강조했음을 인정하고 사회 이행의 계기로서 계급 투쟁을 전면에 내세우는 것이었다. 그러나 이러한 계급 투쟁의 강조가 알튀세의 '문제틀' 자체에 커다란 변화를 가져왔다고 보기는 힘들다. 오히려 '실천'과 '접합'을 기본틀로 하는 골격은 여전히 유지되는 가운데 이전에는 '이론적 실천'에 놓여 있던 무게와 초점이 이제는 '정치적 실천' 쪽으로 옮겨 가는 모습을 보인다.

이제 알튀세는 계급 투쟁이 역사의 동력이라고 선언한다. 그러나 물론 알튀세에게서 계급 투쟁은 헤겔에서의 모순처럼 어떤 필연적인 이행을 전제하지는 않는다. 왜냐하면 그가 말하는 계급 투쟁은 불균등하고 적대적인 접합 관계이기 때문이다.

[……] 노동자 계급은 자본가 계급의 부정, 즉 자본과 권력을 박탈당한, 음의 부호가 달린 자본가 계급이 아니며, 자본가 계급은 부와 권력을 가진, 음의 부호가 달린 노동자 계급이 아니다. 두 계급은 동일한 역사를 갖지 않으며, 동일한 세계를 공유하지 않고, 동일한 수단을 갖지 않으며, 동일한 계급 투쟁을 전개하지 않는다. 하지만 그들은 대립하는데, 이 대립이 참으로 모순이다. 그들의 대립 관계는 헤겔적인 아름다운 고양과 화해를 통해 대립의 조건들을 초월하는 대신, 그 대립의 조건들을 재생산하기 때문이다(「아미엥에서의 주장」, 불 162, 국 154).

요컨대 계급 투쟁은 접합의 구조를 불균등하게 재생산할 수 있는 실천, 다시 말해 접합의 구조를 변화시킬 수 있는 실천이다. 그러나 이 계급 투쟁이 대립하는 계급의 소멸이나 특정한 역사 발전을 향해 필연적으로 나아간다는 보장은 없다.

이와 함께 알튀세는 계급 투쟁이 계급에 우선한다고 주장한다. 계급은 계급 투쟁에 의해 구성된다는 것이다. 즉 계급은 일종의 생산물이며, 역사 과정을 자신의 의도대로 끌고 나가는 주체가 아니다. 알튀세에 따르면 그러한 주체는 어디에도 존재하지 않는다. 역사를 변화시키는 것은 계급 투쟁이지만 이것은 하나의 과정이지 주체가 아니다. 그러므로 역사는 주체 없는 과정이며, 미리 정해진 도달점인 목적(fin)도 없는 과정, 곧 '주체도 목적도 없는 과정'이다.

알튀세는 이처럼 주관성과 관계없는 계급 투쟁을 내세우기 위해 계급 투쟁의 물질성을 강조한다. 계급 투쟁은 경제 영역에 이미 착취라는 형태로 존재하며, 정치적·제도적·이데올로기적 영역에서의 계급 투쟁은 경제 영역의 계급 투쟁에 근거한다는 것이다. 하지만 이러한 방책은 알튀세의 의도와는 달리, 사실상 경제를 비롯한 다른 영역들을 정치 쪽으로 끌어들이는 결과를 낳았다. 그리하여 이제는 모든 실천 영역이 계급 투쟁과의 연관 속에서 파악된다. 생산 관계는 그 자체가 착취 관계인 계급 투쟁과 같은 것이 되며, 앞에서 '이론의 이론'으로 규정되었던 철학도 이제 '이론에서의 정치'로, '최종 심급에서는 이론에서의 계급 투쟁'으로 다시 정의된다. 이른바 '인식론적 단절'에 대한 해석도 변화를 겪는데, 알튀세는 정치적 입장 변화와 그에 따른 철학적 관점의 변화가 인식론적 단절의 선행 조건이라고 주장한다.

이와 같은 변화들은 한편으로 각 실천 영역들의 자율성에 대한 이전의 주장을 어느 정도 뒤로 물리는 것임에 틀림없다. 그러나 애당초 각 영역들의 구조가 기본적으로 동형적(同形的)인 것으로 상정되었으므로, 이 영역들의 차이에 대한 주장을 적절하게 바꾼다면 이 영역들 사이의 상호 관계를 다시 조정하기는 그리 어려운 일이 아니었다. 사실 알튀세가 계급 투쟁을 전면에 내세운 배경에는, 그가 스탈린주의에 대한 구체적인 비판의 실례로 여겼던 중국 문화 혁명의 영향이 깔려 있었다. 하지만 문화 혁명이 실패로 돌아가고, 공산주의 운동의 분열상이 극복되지 않은 채 특히 유럽 각국의 공산주의 운동이 난관에 봉착하자, 알튀세의 '계급 투쟁 역사 동력론'은 이제 마르크스주의의 위기 선언으로 바뀌게 된다.

(2) 마르크스주의의 위기와 알튀세의 마르크스주의

알튀세가 마르크스주의의 위기를 이야기하기 시작한 것은 1970년대 후반에 들어와서였다. 이미 10여 년 이상 지속된 중·소의 분열, 서구의 보수화 분위기와 좌파 운동의 침체, 유로코뮤니즘으로의 방향 전환에도 불구하고 계속 하락하는 공산당의 비중, 소련과 동구권의 경직된 정책과 경제 정체, 프랑스 공산당의 비민주성, 칠레 아옌데 정권의 붕괴——이런 것들이 알튀세가 마르크스주의 위기론을 들고 나오게 한 배경이었다. 그러나 알튀세는 마르크스주의가 이미 오래 전부터 위기에 처해 있었다고 말한다. 그 위기는 계속 지연되고 억눌려 오다가 마침내 그때 폭발했을 뿐이라는 것이다. 그리고 이 위기는 부분적인 위기가 아니라 '마르크스주의의 일반적 위기——정치적·이데올로기적 이론적 위기'(「마르크스주의의 위기」 1977b, 영 279)이다.

이 위기의 폭발을 억눌러 온 주요한 요인은 스탈린주의이지만 위기의 근원과 책임을 스탈린주의에만 돌릴 수 없다. 알튀세는 그 책임을 이제 마르크스주의 자체에서 찾는다. 마르크스주의는 그 내부에 '모순'과 '공백'을 지니고 있다. 이때의 모순이란 프롤레타리아적 요소와 부르주아적 요소와의 모순, 곧 마르크스주의가 부르주아적 요소와 단절하지 못한 데서 오는 모순이며, 공백은 이로부터 생겨난 이론의 결핍이다. 마르크스주의는 그 자신의 성립 배경이 된 사회의 지배 이데올로기인 부르주아 이데올로기로부터 자유롭지 못했다는 것이다.

이를테면 부르주아 정치 경제학의 영향은 마르크스가 잉여 가치를 계산 가능한 양적인 것으로 파악하게 하여 착취를 경제주의적으로 해석하는 결과를 빚었다. 다시 말해 이러한 파악 방식은 마르크스주의 노동 운동의 역사에서 착취의 조건에 대한 올바른 이해를 가로막고, 정치 투쟁과 경제 투쟁을 분리시켜 생각하게 하는 잘못된 이론적·정치적 효과를 낳았다. 또 헤겔 철학의 영향은 앞에서 살펴본 대로 마르크스주의 내부의 잘못된 경향들을 초래했을 뿐만 아니라, 마르크스 자신의 성숙기 저작에도 그 그림자를 짙게 드리우고 있다. 예를 들어 『자본론』에서 나타나는 '추상에서 구체로의 상승'이라는 서술 방법은 '진리'를 표현하기 위해서는 사유 과정의 일정한 형식적 조건에 따라야 한다는 헤겔식의 진리관에서 벗어나지 못한 소치이며, 『자본론』을 비롯한 후기 저작의 곳곳에서 헤겔식의 목적론적 서술을 찾아 볼 수 있다.

그러므로 이제 알튀세는 마르크스주의 이론을 체계적이고 통일된 이론이라고 보지 않는다. 그는 『자본론』조차도 새로운 과학이라기보다는 부르주아 정치 경제학에 대한 비판으로서, 계급 투쟁에 기반을 둔 비판으로서 해석하고자 한다. 마르크스는 단지 '주춧돌만을 놓아 주었을 뿐'이며, 그 이후의 마르크스주의자들도 마르크스가 남겨 놓은 이러한 한계를 제대로 극복하지 못했다. 이런 점과 관련하여 알튀세가 주목하는 것이 바로 마르크스주의의 이론적 공백이다.

알튀세의 판단에 따르면 마르크스는 법, 국가, 이데올로기 등 상부 구조와 계급 투쟁 조직에 대한 분석을 남겨 놓지 못했고, 그 후계자들도 이데올로기와 당, 정치에 대한 연구에서 결정적인 진전을 이루지 못했다. 이 때문에 마르크스주의자들은 부르주아적 요소가 그들의 이데올로기와 투쟁 조직에 침투하여 부르주아적 사고 방식과 제도들을 만들어 내는 것을 막을 수 없었다. 그 덕택에 마르크스주의는 진화론적 역사 철학이 되었고, 사회주의 혁명 이후에도 "부르주아 이데올로기가 '국가—당—국가 이데올로기'라는 무시무시한 통일체 속에서 승리를 구가하게 되었다. 대중은 자신들의 해방이라는 구실 아래 복종하는 수밖에 없었다"(「오늘날의 마르크스주의」 1977d, 영 277).

하지만 이상과 같은 진단에도 불구하고 알튀세는 마르크스주의의 모순과 공백을 극복할 수 있는 길을 명확한 이론의 형태로 제시하지 못한다. 그에 따르면 마르크스주의의 입장에서 우선 중요한 것은 '마르크스주의 역사의 비극'을 인정하고 그 뿌리를 이해하기 위한 이론적 수단을 찾아내며, 그럼으로써 오늘날의 마르크스주의의 실상을 있는 그대로 보는 일이다. 그리고 나서 알튀세가 기대는 곳은 이제 계급 투쟁에서 한걸음 더 폭을 넓힌 '대중 투쟁'이고 '대중 운동'이다. 알튀세에 따르면 마르크스주의의 위기는 한편으로 쇄신을 통한 해방의 역사적 기회를 나타내 주는 것이기도 하다. 마르크스주의는 '예측할 수 없는' 대중 운동의 역사에 대해 열려 있으며, 대중 운동과 새롭게 융합함으로써 진정한 해방의 미래를 다시 열 수 있을 것이다.

이 같은 알튀세의 다분히 낙관적인 예측은 오늘날의 관점에서 보았을 때 단지 희망에 머물고 만 듯한 인상을 준다. 물론 알튀세의 말대로 오늘날 마르크스주의의 위기가 '폭발'해 버렸음은 부정할 수 없다. 하지만 알튀세의 주장이 이 폭발에 대처할 수 있는 탄탄한 지침이 될 수 있었는가는 매우 의심스럽다. 사실 마르크스주의의 위기를 이야기하고 그 극복을 '예측할 수 없는' 대중 운동에 의존하는 것은, 마르크스주의의 재건을 위해 노력해 온 자신의 시도가 실패했음을 시인하는 것이기도 하다.

알튀세는 마르크스주의에 구조주의적 문제틀을 도입함으로써 '과학적' 마르크스주의를 새롭게 확립해 보려 한 철학자이다. 하지만 이러한 기도는 애당초 이질적인 것을 결합하려는 무리를 안고 있었다. 마르크스주의는 자본주의 사회의 모순과 그 극복에 관한 이론을 핵심으로 한다고 볼 수 있다. 그러나 알튀세가 도입하는 구조와 그 구조들의 '접합' 관계는 이 극복의 필연성을 전혀 보장해 주지 못한다. 생산력과 생산 관계의 모순이 설사 알튀세가 지적한 대로 그 극복을 전제하는 목적론적인 색채를 가진 것이라 할지라도 이 모순의 설정을 떠나서 마르크스주의가 마르크스주의로서 살아 남을 수 있을지는 의심스럽다. 이런 점에서 보면 마르크스주의 내의 목적론적이고 결정론적인 경향을 극복해 보려 한 알튀세의 시도는 결국 마르크스주의의 한계와 맞닿은 극한적인 것이었던 셈이다.

하지만 알튀세는 그의 비판적 작업을 통해 역사가 예정된 목적이나 진화적 발전 법칙에 따른 과정이라고 볼 수 없으며, 사회의 한 영역이 다른 영역을 본질적으로 규정하거나 환원론적으로 설명해 줄 수 없다는 점, 사회의 다양한 영역들은 복합적인 연관하에 존재한다는 점을 분명히 하고자 하였다. 이런 점들은 비단 마르크스주의적인 맥락에서가 아니라 하더라도 사회 역사에 대한 단선적(單線的)이지 않은 이해를 지향한다면 반드시 고려에 넣어야 할 성과들이라고 할 수 있다.

더 읽어야 할 책

알튀세를 이해하는 데 중심이 되는 문헌은 역시 『마르크스를 위하여 *Pour Marx*』(Maspéro, 1965)와 『자본론을 읽는다 *Lire le Capital*』(Maspéro, 1965)이다. 두 책 가운데 앞의 책이 접근하기 쉽다. 그 책에 실린 논문들 가운데 특히 「모순과 중층 결정 Contradiction et surdetermination」, 「유물론적 변증법에 대하여 Sur la dialectique materialiste」는 꼭 읽어 볼 필요가 있다. 알튀세의 기본 발상을 이해하는 데 중요한 글들이다. 당시의 상황과 알튀세의 문제 의식을 이해하기 위해서는 같은 책의 불어판 서문과 영어판 서문을 보면 직접적인 도움을 얻을 수 있다. 『자본론을 읽는다』는 구조주의에 대한 개괄적 이해를 비롯하여 주변 지식들을 갖추고 읽는 것이 좋다. 『자본론』을 읽어 본 독자들은 「자본론의 대상 L'objet du Capital」이라는 제목이 붙은 부분부터 읽어 나가는 것이 바람직하다. 이에 비해 「자본론에서 마르크스의 철학으로 du Capital à la philosophie de Marz」라는 첫 부분은 상대적으로 꽤 어려운 편이다.

『레닌과 철학 *Lénine et la Philosophie*』(Maspéro, 1968), 『입장 *Position*』(Maspéro, 1975. 우리말 번역본은 『아미엥에서의 주장』, 김동수 옮김, 솔 출판사, 1991) 등을 통해서는 자기 비판 이후의 변모 과정을 살펴볼 수 있다. 또 이데올로기론에 관심이 있는 독자는 『입장』에 실린 「이데올로기와 이데올로기적 국가 장치 Idéologie et appareils idéologique d'État」라는 글을 꼭 읽어 볼 필요가 있다.

알튀세에 대한 해설서로는 엘리어트(G. Elliot)의 『알튀세:이론의 우회 The Detour of Theory』(Verso, 1987. 우리말 번역본은 이경숙·이진경 옮김, 새길, 1992)가 정평이 나 있다. 엘리어트는 알튀세 사상 형성의 주요 계기와 기본 발상을 비교적 상세히 검토하고 있는데, 알튀세가 자기 비판 이후 보여 준 변화 과정에 대해서는 비판적인 관점을 취하고 있다. 이와 비교할 수 있는 해설서로는 약간 오래 된 것이지만 제라스(N.Geras)의 「알튀세의 마르크스주의 Althusser's Marxism : An Account and Assessment」(『New Left Review』71호, 1972년 1~2월에 수록. 우리말 번역은 『구조주의와 현대 마르크시즘』, 정수복 옮김, 한울, 1983에 실려 있다)가 있다. 제라스가 내리는 평가는 알튀세의 자기 비판과 합치되는 부분이 많다. 칼리니코스(A. Callinicos)의 『알튀세의 마르크스주의 Althusser's Marxism』(Pluto Press, 1976. 우리말 번역본은 박영욱 옮김, 녹두, 1992)도 읽을 만하다.

알튀세가 쓴 자서전 『미래는 오래 계속된다 L'avenir dure longtemps : suiv de Les faits』(Stock/Imee, 1992. 우리말 번역은 권은미 옮김, 돌베개, 1993)는 지엽적인 흥미에만 빠지지 않는다면 알튀세를 이해하는 데 큰 도움이 된다. 윤소영 교수가 편집한 『루이 알튀세르』(민맥, 1991)는 까다로운 편이어서 알튀세에 대한 입문서로는 적절하지 않지만, 오늘날의 관점에서 알튀세에 대해 내릴 수 있는 평가의 일단을 보여 주는 책이다.

12장
자크 데리다

양 운 덕

1. 생애

데리다(Jacques Derrida, 1930~)는 알제리에 정착한 유대인 부모(에메 데리다와 죠르제르 사파르) 사이에서 1930년 알제리 근처 휴양지인 엘-비아르에서 자키 데리다란 이름으로 태어났다. 1935~1941년 사이에 엘-비아르에서 반유대적인 분위기에 눌린 채 유치원과 초등학교를 다니다가 1942년 개학하는 날 학교에서 쫓겨난다. 1943년에 에밀-모파 리세에 등록하지만 그 분위기를 견디지 못하고 1년 여 동안 몰래 결석한다. 유대주의에 따른 소속의 이중성으로 고통받는다. 1943~1947년 동안 벤 아크눈 리세로 재입학하여 불규칙한 학업 가운데 프로 축구 선수가 되고 싶어한다. 1947년 바칼로레아 시험에 떨어지고 불안과 부적응 때문에 은거하면서 일기와 독서에 집중하며 시도 쓴다. 지드, 니체, 발레리에 심취한다.

1948년에는 고등 사범 학교를 준비하며 뷔고 리세로 옮긴다. 이 무렵 철학을 공부하기로 결정한다. 이후 1949~1950년 사이에 루이 르

그랑 리세에 입학한다. 1951년 말에는 몇 번 떨어진 고등 사범 학교에 입학한다. 여기에서 부르디외, 세르, 마랭 등과 만난다. 1952~1953년 고등 사범 학교 시절 당시 조교이던 알튀세를 알게 된다. 그와 친교를 맺고 거의 20여 년 동안 동료 관계를 유지한다. 비공산계인 좌파 그룹에 가담한다.

자신의 회고에 따르면 데리다는 1950년대의 고등 사범 학교 학창 시절이나 1960년대 그 학교의 교수 시절에 이르기까지 마르크스주의가 스승으로 군림하던 환경에서 지내 왔다. 그는 마르크스주의와 현실 공산주의에 반대하면서도 보수적·반동적 동기로 중도 우파나 공화파의 입장에서 마르크스주의를 보지 않았던 사람들 가운데 하나였다. 그는 '해체'는 어떠한 소속, 이론적 당파, 교조성도 거부하면서 자신의 자유를 주장하고, 나아가 다양한 철학적 선입견들과 싸우는 이러한 입장과 연결된다고 볼 수 있다.

1953~1954년에는 루뱅을 여행하면서 석사 논문인 「후설 철학에서 생성의 문제」를 작성한다. 푸코와 친교를 맺고 그의 강의를 듣는다. 1955년 철학 교수 자격 시험의 구두 시험에 떨어지고 이듬해 합격하며, 하버드 대학에서 특별 편집자 장학금을 받는다. 보스턴에서 마그리트 오쿠튀리에와 결혼하여 피에르와 장이란 두 아들을 두었다.

1957~1959년에 알제리 독립 전쟁이 한창일 때 군에 복무한다. 1960~1964년에는 소르본에서 일반 논리 철학을 강의한다(바슐라르, 캉귀렘, 왈의 조교로 근무한다). 『크리티크』, 『텔 켈』지 등에 글을 발표하고 솔레르스와 만나며 1972년 단교할 때까지 절친하게 지낸다. 이폴리트와 알튀세의 권유로 고등 사범 학교에서 강의하고 조교수로 1984년까지 머무른다.

1966년에 르네 지라르의 초청으로 볼티모어에서 열린 국제 회의에 참석하여 폴 드 만과 라캉을 만난다. 1967년에는 프랑스 철학회에서 「차연 différance」을 강연한다. 그를 유명하게 만든 세 권의 책, 『그라마톨로지에 관하여 De la Grammatologie』,『글쓰기와 차이 L'Ecriture et la différence』,『목소리와 현상 La Voix et le phénomène』을 동시에 출판한다.

1968년 데모 행렬에 참가하지만 5월 사태에 대해 유보적인 태도를 취한다. 그는 자동 혁명론과 자연주의적 유토피아란 환상을 거부한다. 그는 이 사건이 권력의 정당성 문제를 제기한 것으로 보고, 이것이 기존 사회 체제나 담론을 동요시키고 변혁하는 작업이자 실천적 의문 제기란 의미에서 철학적인 사건으로 본다.

이무렵 블랑쇼와 자주 만난다. 7월 스촌디의 초청으로 베를린 대학에서 세미나를 열고『조종 弔鐘』을 제출한다. 1968년 이후 유럽 등지와 유럽 밖으로 여행한다.

1972년 세리지의 니체 회의에 참가하고, 3권의 책『산종 散種/흩뿌림 La Dissémination』,『철학의 여백 Marges de la philosophie』,『입장들 Positions』을 출간한다. 1974년에는 갈릴레 출판사에서 코프만, 라쿠-라바르트, 낭시에 등과 '실제적 철학(la philosophie en effet) 총서'를 간행하기 시작한다. 동료들과 철학 교육 연구회를 창설한다. 1975년에는 예일 대학에서 1년에 몇 주간 강의하고 블룸, 폴 드 만, 하트만, 밀러 등을 중심으로 예일 학파가 시작된다.

1979년에는 소르본에서 '철학 삼부회'를 제창하고, 1980년에 소르본에서 국가 박사 학위를 취득한다. 그는 프랑스에서는 평이 좋지 않아 1980년에 리쾨르 후임의 교수직을 승계하는 데 다른 교수들의 반대로 실패한다. 그렇지만 외국에서는 좋은 평가를 받는다. 10개 이상의 대학에서 정기적으로 강의를 하고 유럽과 그 바깥에서 100회가 넘는 강연을 했다. 수많은 아카데미에 회원으로 선출되고 상을 수상하며, 명예 박사 학위를 받는다. 그는 외국에서는 해체의 열풍을 몰고 다닌다.

데리다는 1970~1980년대 당시 동구권 반체제 인사들을 지원했다.

반체제 체코 지식인을 돕기 위해 얀-위스 협회를 설립하고 부의장이 된다. 1981년에 프라하에서 마약 밀매자란 이유로 고발당했으나 실제로는 비밀 세미나에 참여하기 위해 왔다가 체포된 것이었다. 그의 석방을 위한 서명 운동이 벌어진다.

1983년에 국제 철학 학교를 창설하고 초대 교장이 된다. '반아파르트헤이트' 전 구성에 참여하고 반아파르트헤이트 문화 기금 창설을 조직한다. 넬슨 만델라를 위한 작가 협의회를 구성한다. '철학 제도' 분야로 고등 사회 과학 연구원 교수로 취임한다. 1984년에는 프랑크푸르트에서 열린 하버마스 세미나와 조이스 학회에서 강연한다.

1989년에는 뉴욕의 카르도르 법률 학교가 주최하는 '해체와 재판의 가능성'에 관한 회의에서 개막 연설을 한다. 이 회의로 미국에서 철학과 법학 분야에서 해체 연구가 발전한다.

1990년 소련 과학 아카데미와 모스크바 대학에서 세미나를 개최한다. 로스앤젤레스 캘리포니아 대학에서 주최한 회의 '최종의 결정——그리고 재현의 경계'에서 개막 연설을 한다.

이후 데리다는 프랑스 파리에서 10개월, 미국에서 2개월(뉴욕과 캘리포니아에서 각각 4주)을 보낸다. 그는 미국에서 강연과 학술 활동으로 정신없이 바쁜 시간을 보내며 학술적 '스타'로 활동한다.

데리다는 우상 파괴주의자이다. 그는 기존의 서구 철학이 주장해 온 모든 진리를 우상으로 보고 그 우상들을 철저하게 파괴하고자 한다. 그는 이런 면에서 '망치를 휘두르며 형이상학을 깨뜨리는 철학자' 니체의 후예라고 할 수 있다. 데리다는 이러한 우상을 현전(現前)의 형이상학, 또는 로고스 중심주의라고 부른다. 이것은 가상적 세계를 넘어선 순수한 본질의 세계(플라톤), 객관을 인식하는 선험적이고 순수한 주관(데카르트 이래의 관념론), 의식으로부터 독립되어 그 자체로 존재하는 객관적 물질의 세계(유물론), 주관과 객관이란 존재자의 근거가 되는 존재(하이데거)처럼 모든 것의 기원·토대·절대적 근거라고 주장된 모든 것들을 가리킨다.

  데리다는 모든 우상을 공격하여 파괴하지만 기존의 철학자들처럼 앞선 우상을 대체할 새로운 진리를 내세우지 않는다. 이런 의미에서 그는 순수한 파괴주의자이다. 그는 또다시 우상으로 전락할 자신의 진리를 제시하지 않으므로 무자비한 비판을 할 수 있으며 자기 자신은 비판받지 않는 유리한 위치에 서게 된다. 이런 점에서 그는 처음부터 승리할 것이 정해져 있는, 아니면 적어도 지지는 않을 싸움을 하고 있는 셈이다.

  그는 기존의 철학적 진리들이 매끈하게 체계화해 놓은 절대적이고 보편적인 체계들이 사실상 모든 것을 설명하는 완전한 것도 아니며, 그러한 체계가 전제하고 있는 숨겨진 것을 드러내면 그것이 은유와 형이상학적 수사(修辭) 체계에 지나지 않는 것이라고 본다. 그는 이를 폭로하기 위해 철학적 텍스트들 안에 뛰어들어 그것이 자각하지 못하거나 고의로 억압하고 있는 자기 모순을 폭로해서 그것을 해체시키는 전략을 택한다.

  대개의 부정과 비판은 어떤 척도를 가지고 그것에 따라 부정되고 비판되는 대상을 재는 것인데 이 경우 이 척도가 비판되는 것보다 우월하다는 것을 전제한다. 그러므로 이 척도는 스스로를 먼저 정당화해야 하는데, 이러한 정당화 작업 자체가 또 하나의 절대적 근거를 만드는, 즉 모든 것을 비판하면서 자기 자신은 그로부터 벗어나 비판받지 않는 것을 추구하는 형이상학을 건설한다. 그래서 데리다는 텍스트 바깥에서 그것을 재는 척도를 제시하지 않고 텍스트의 자기 모순을 밝혀서 그것이 부당함을 밝힌다.[1]

---

1) 이러한 방법은 헤겔이 『정신 현상학』에서 사용한 것과 비슷하다. 헤겔은 각각의 의식 형태가 스스로의 진리 주장을 검토해서 그가 지닌 모순을 인정하고 그 모순을 해결할 새로운 형태로 발전해 나가는 변증법을 체계화하는데, 데리다 역시 자기 반성하지 않는 텍스

2. 해체 전략

데리다는 서구 철학이 비이성에 대한 이성, 차이에 대한 동일성, 부재(不在)에 대한 현전(現前)을 진리 근거로 주장해 왔다고 본다. 그런데 이러한 동일성은 차이와 관계 맺으면서 차이를 배제함으로써만 동일성일 수 있으므로 동일성 자체는 그 속에 차이에 대한 배제, 억압을 지니고 있는 폭력적인 것이다. 그래서 데리다는 이성, 동일성, 현전에 대비되는 비이성, 차이, 부재라는 그것의 타자들을 해방시키고자 한다(물론 그는 동일성에 대해 차이를 특권화하지는 않는다. 즉 그는 동일성에 맞서는 차이의 철학자이길 거부한다).

데리다는 이 작업을 현전(現前)의 형이상학(la métaphysique de la présence)을 해체(déconstruction)시키는 전략을 통해 완수하려고 한다. 데리다는 서구 철학의 근저가 되는 본질/현상의 이원적 대립 구조에서 진리-권력의 전략을 탐지한다. 그것은 본질을 현상에 대해 우선적인 것, 근거로 보고 현상을 본질로부터 파생된 이차적인 것으로 설명함으로써 본질에 특권을 부여하고 그 특권이 그 대립항을 지배하는 것을 정당화한다. 이러한 대립 구조는 가지적(可知的)인 것/감각적인 것, 안/밖, 선/악, 진리/허위, 천상/지상, 자연/문화, 말하기/글쓰기, 자본/노동, 남성/여성, 백인/흑인 등의 이항 대립의 짝을 만든다. 각 대립항의 한 측면은 원천적인 것이고 다른 측면은 이차적이고 파생적이고 무가치한 것으로 이해된다.

……전통적인 철학적 대립에서 우리는 '대면하고 있는' 것들의 평

트들에게 자신이 나서서 질문을 던지고 그 질문에 답하지 못하게 함으로써 그것이 허구임을 밝힌다. 물론 데리다는 헤겔처럼 이런 해체가 상승과 고양을 통해 절대적 완성을 향해 나아간다고 보지는 않는다.

화로운 공존이 아니라 폭력적 위계 질서를 다룬다. 두 항 가운데 하나가 다른 것을 (가치론적, 논리적으로) 명령하거나 다른 것 위에 선다. 이러한 대립을 해체시키는 것은 특정 시점에서 위계 질서를 뒤집는 것이다. 이런 뒤집기의 국면을 무시하는 것은 갈등을 일으키는 구조를 망각하고, 그 대립에 예속되는 것이다(Positions, 55~56).

이러한 대립항들은 그 대립 구조와 그에 따른 권력 배분을 자연스럽고 필연적인 것으로 보이게 한다. 이러한 은폐를 드러내어 해체시키는 것은 억압적이고 기만적인 이성에 대한 비판에 그치는 것이 아니라, 경제적 착취·성적 불평등·인종적 차별 등에 대해 투쟁하는 것이다.

그런데 데리다는 여기에서 이 투쟁을 기존 대립 관계의 폭로에 두지 그것을 실천적으로 폐기하는 데 앞장서거나 그것을 밑받침하는 새로운 대안을 제시하지는 않는다. 왜 데리다는 이러한 해체의 전략을 택하는가? 이것은 그가 새로운 대안을 제시하여 기존의 동일성, 진리를 보충하는 새로운 억압적 논리를 내세우고 또 다른 동일성을 제시하는 자기 모순에 빠지지 않기 위해서이다.

데리다가 볼 때 이성·진리에 반대하기 위해서는 특이한 전략이 요구된다. 그것은 이성·진리에 대한 비판이 '이성에 의지해서만 가능하고, 그것에 대항하는 것도 그것 안에서만 이루어질 수 있기' 때문이다. 원리적으로는 이성에 반대하는 것이 가능하지 않다. 왜냐하면 진리가 옳다는 것은 진리이다. 그리고 진리를 비판하는 자들은 진리가 참이 아니라고 주장하는 것이 아니라, 비판 대상인 '그' 진리는 가짜 진리이고 자신이 제시한 '이' 진리가 진짜 진리라고 주장한다. 여기에서는 모두가 진리가 참이라는 주장을 전제하고 있다. 진리에 대해 반명제(反命題)——진리가 옳다는 것은 진리가 아니다——를 주장한다면 단지 진리의 껍데기에만 이의를 제기할 뿐이다. 그러므로 이성·진리를 비판하는 것은 아무 것도 말하지 않기 위해서 말하는 것이다.

따라서 해체 전략은 이성, 진리가 나타나 있는 텍스트의 규칙에 복종하는 척하면서 텍스트가 절대적으로 완성되었기 때문에 최종적으로 더 이상 할 말이 없는 순간에 그것과 어긋나는 것을 털어놓게 하는 것이다. 즉 자기는 말하지 않고 텍스트가 스스로 말하게 하면서 그 자기 모순을 드러내어 그것을 논박한다. 즉 이성이 스스로 모순에 빠지고 자신이 숨긴 '차이'를 털어놓게 하는 전략이다(Descombes, *Le même et l'autre*, 162~166). 이것은 텍스트를 둘로 쪼개고 한 텍스트 속에 숨어 있는 다른 텍스트를 끌어내어 양자를 어긋나게 하는 것이다. 이처럼 데리다의 해체적 뒤집기는 "어떠한 종합도 허용하지 않고, 텍스트의 전략과 전제들을 파멸시키는 작업이다".

3. 차연과 텍스트성

(1) 차연(差延)

의미 작용(기표와 기의의 결합)과 차이 체계

데리다의 해체 철학은 하이데거가 서구 형이상학을 새롭게 문제 삼기 위해 종래의 '존재자론'을 파괴(Destruktion)하려는 시도의 맥을 잇고 있다. 그의 해체(déconstruction)는 이런 존재자론 '파괴'의 다른 이름이고, 나아가 이런 하이데거의 작업을 더욱 철저하게 관철시켜 하이데거의 존재론까지 해체하려는 것이다. 그는 하이데거가 존재를 존재자와 동일시하는 태도를 극복하기 위해 제시한 존재와 존재자의 차이——존재론적 차이——개념과 관련하여 그것을 변형시킨 차연(différance)을 논의의 기본틀로 삼는다. 필자는 데리다가 하이데거의 존재론을 기호론적으로 접근하는 것으로 보고 기호의 작용을 통하여 차연을 이해하고자 한다.

이것을 소쉬르(F. d. Saussure)의 언어 모델과 관련시켜 데리다가 어떻게 그것을 수용, 해체하는지를 간략하게 정리해 보자. 소쉬르는 언어를 기호 체계로 봄으로써 언어학을 새로운 기초 위에 올려놓는다. 종래에는 언어의 의미를 그것이 지시하는 사물이나 지시 대상에서 찾았다. 즉 '강아지'란 말의 의미는 실제의 〈강아지〉에 있다고 본다. 이런 틀에 따르면 '강아지'는 실재하는 〈강아지〉를 가리키기 때문에 '강아지'이다. 여기에서 기호의 의미는 기호 안에 있지 않고 그 바깥에 있다. 즉 그것이 지시하는 대상(référent)에 있다. 이렇다면 기호——'강아지'——는 그 자체로 어떠한 의미도 지니지 않고 단지 지시 대상——〈강아지〉——을 지시하는 도구일 뿐이다. 소쉬르는 이런 논의를 거부하고 언어의 의미를 언어 체계 안에서 찾는다.

그는 언어를 자족적인 기호 체계로 본다. 그는 말이 그것의 음성적 이미지, 감각적 측면인 '기표'(signifiant, signifier, Signifikant)와 그것에 상응하는 개념적 측면인 '기의'(signifié, signified, Signifikat)로 이루어진 것으로 본다. 그리고 기표(記標)와 기의(記意)의 결합으로 의미 작용(signification)이 이루어진다.

이때 '기의'는 지시 대상에 의해 규정되는 것이 아니라 기표들의 차이 관계에 의해 그 값(valeur)이 매겨진다. 예를 들어 '100원'은 그것이 '10원', '50원', '500원', '1000원'의 값과 다르기 때문에 고유한 값이 결정되듯이, '강'의 값은 '바다', '시내', '연못', '늪' 등의 말과 다르기 때문에 그 값이 결정된다. '강'이란 말 자체에는 어떠한 고정된 값도 없다. 그것의 값은 그것이 다른 말들과 맺는 관계에서 다른 말들과 갖는 '차이들'에 의해서 결정될 수 있다.

이처럼 한 기표의 의미는 그 자체의 본질적 속성에 의해서가 아니라, 한 기표와 다른 기표와의 차이에 의해 규정된다. '사랑'은 '사탕'

이 아니기 때문에 '사랑'이고, '사탕'은 '사랑'이 아니기 때문에 '사탕'이다('사랑'은 '사탕 아님'이고, '사탕'은 '사랑 아님'이다). '사랑'의 의미는 그것이 원래 사랑이기 때문에, 즉 그것의 자기 동일성에 근거해서 '사랑'인 것이 아니다. 이런 논의는 기호의 의미, 동일성을 (기표들간의) '차이들'에 의해 설명한다. 따라서 언어는 이러한 '차이 놀이'에 의해 구조화된 체계이다.

기표와 기의의 결합으로 이루어진 기호 체계는 랑그 체계 안에서 각 요소들의 '차이' 관계를 통해 일정한 값, 의미를 갖는다. 소쉬르의 기호 이론에 따를 때 동일성은 차이 관계, 차이 작용에 의해서만 구성될 수 있다. 이렇게 볼 때 차이가 동일성에서 파생되는 것이 아니라 오히려 차이가 동일성을 가능케 한다.

이런 논의를 바탕으로 동일성을 차이 체계로 설명할 수 있다. 한 기호의 '동일성'은 그것의 본질로서 그것의 다양한 현상적 변화에도 불구하고 여전히 '같은' 것이다. 이때 현상적 차이들은 동일성에 비해 부차적인 것으로 동일성의 그때그때의 가상에 지나지 않는다.2)

형이상학은 동일성을 차이의 근거로 보므로 다양한 차이들을—그 배후에 고정된 본질인— '하나의' 동일성으로 지워 버린다. 그런데 방금 지적한 소쉬르의 기호 모델, 차이의 놀이를 원용하면 사태가 달라진다.

형이상학적 동일성이 이차적인 것으로 배제해 버리는 '차이'는 사

---

2) 형이상학의 틀에서 동일성과 차이의 구별은 근본적이다. 한 사물은 다양한 양태들로 변화하고 다양한 속성을 지닌다. 한 사람의 1세, 5세, 19세, 43세 때의 다양한 모습들, 흰 옷 입은 모습, 빨간 옷 입은 모습, 노란 옷 입은 모습들, 찡그린 나, 웃는 나 등의 다른 모습들에서 그 사람이 그때마다 다른 사람인 것은 아니다. 그런 변화, 운동의 겉모습 밑에서 그것을 그것으로 (동일하게, 똑같이) 유지하게 하는 어떤 것, 본질 또는 기체(基體)가 있다. 즉 그런 '자기들' 밑에 '참된' '하나의' 자기가 있다고 생각해야 한다.

실상 형이상학이 상정하는 기원, 근거보다 더 근원적인 것이다. 차이가 없이는 순수한 자기 동일성은 불가능하다. 이렇게 볼 때 형이상학이 상정하는 대립은 이러한 관계를 전도시킨 것이다. 이처럼 자기 동일성은 차이를 전제하며 차이와 동일성은 서로를 보충하고 서로 관련되어 있으므로 양자를 엄격하게 상하 위계적이거나 대립된 것으로 고정시키거나 구별지을 수는 없다(이러한 양자의 상호 작용, 차이 작용이 실체, 현전과 같은 근본 개념보다 근원적이다).

차연 : 차이짓기와 미룸── 차이의 놀이

소쉬르의 기호 체계는 그것이 유한한 것으로 완결될 수 있기 때문에 기표들의 차이는 기의를 확정할 수 있다.

의미 작용이 기표와 기의의 결합에 의해 규정된다면, 한 기표의 기의는 다른 '유한개'의 기표들 사이의 차이들의 합으로 정의할 수 있다. 이때 이 비교항 n의 값이 유한해야만 비교항들의 기의가 모두 확정될 수 있다.[3]

그런데 데리다는 이 체계가 사실상 고정되어 있거나 완결될 수 있는 것으로 보지 않는다. 예를 들어 사전의 '한' 낱말은 그것이 기의를 갖기 위해서 '다른 모든' 낱말들과 대비되어야 하고, 그것이 다른 것이 아닌 한에서 고유한 기의를 갖는다. '사랑'이라는 기표는 그것이 '미움', '질투', '우정', '결혼', '행복' 등의 기표와 다른 것이어서 기의를 갖는다. 그런데 이 관계항들이 유한한 것이 아니기 때문에 기의를 확정할 차이들의 비교는 끝이 없다. 즉 한 낱말의 기의는 확정되지 않는다.

---

[3] Sa를 기표, Sé를 기의라고 할 때, Sa(1)이 Sa(2), Sa(3), ...Sa(n)과 다르기 때문에 Sé(1)의 값이 결정되고, 이에 따라 다른 값들도 결정될 수 있다. 이때 n의 값이 무한하다면 어떤 값도 결정될 수 없다.

그리고 한 기표의 값은 그것이 결정되기 위해 다른 것들과 비교하는 과정이 끝날 때까지 그 의미 확정이 '미루어진다'. 데리다는 이처럼 한 기표의 기의는 결코 확정될 수 없이 불확정적인 상태에 머무른다고 본다.

이처럼 데리다는 언어가 기표와 기의의 결합이라는 소쉬르의 주장을 급진화시켜 기표와 기의의 상응 대신에 기표와 기표의 차이 운동만을 인정한다. 한 기표는 자신을 가리키지 않고 다른 기표와의 차이를 가리키며, 다른 기표 역시 또 다른 기표를 가리킬 뿐이다. 따라서 기표는 의미화 작용 '안'에 있고, 기표는 한 기표에서 다른 기표로 운동하면서 있을 뿐이다(기의는 그것에 관한 기표라는 표현 형식 없이는 나타날 수 없다. 즉 기의는 항상 기표에 의존하며, 기표들의 체계에 의해서만 산출될 수 있다).

기표는 다른 기표와 공간적 간격, 차이를 지닌 점에서 차이의 관계망에서 계속 운동하고 또 시간적으로 계속 미루어진다. 데리다는 기표들을 구별짓는 간격들이 공간적 차이짓기(espacement)와 시간적 차이짓기(temporisation : 연기)로 작용한다고 본다. 따라서 기표의 기의는 다른 기표와의 차이 속에 존재하고 그것이 시간적으로 연기되면서 확정되지 않은 채로 머무르게 된다. 데리다는 어떤 기의도 고정된 내용을 갖지 못한다고 주장한다.4)

데리다는 이러한 차이 작용을 나타내기 위해 différence(차이)를 변형시켜 différance(차연)란 신조어를 만들어 냈다. 이것은 différer란 동사가 지닌 두 가지 의미, '다르게 하다'와 '미루다'를 하나로 결합시

---

4) 이렇게 운동하는 기표는 타자를 지시함으로써 자기를 끊임없이 상실하며, 그 속에 타자들의 흔적이 새겨진 것으로, 흩뿌림(dissémination)으로 나타난다. 이러한 분산은 기의가 없는 상태에서 의미가 영원히 충족되지 않는 것을 나타낸다. 이것은 하이젠베르크의 불확정성 원리에서 원자 핵 주위의 전자들은 특정한 한 위치에 있는 것이 아니라 일정한 영역 안에 분산된 것처럼 존재하는 것과 같다.

켜 놓은 것으로, 공간적 구별 작용과 시간적 구별 작용을 하나로 표현하는 용어이다. 프랑스어에서 차이와 차연을 모두 디페랑스로 발음하기 때문에 양자는 말로서는 구별되지 않고 다만 글쓰기를 통해서만 구별될 수 있다. 데리다는 말의 우월성을 강조하는 음성 중심주의를 비판하기 위해 이 용어를 이용한다. 그리고 이것은 언어를 차이 체계로 볼 때 차이 관계는 말보다 글에서 보다 잘 나타나는 점을 지적하기 위한 것이기도 하다.5)

기표들의 차이 관계에서 기표가 지시하는 바는 타자와의 차이이며, 그 자체는 서로 지시하는 다른 기표들의 연쇄 운동에 의해 그 의미 내용이 무한히 지연되는 운동——차연(différance)——가운데 있다.

텍스트와 흔적

데리다는 차이의 놀이가 벌어지는 장을 텍스트(texte)로 부른다. 텍스트는 짜다(texere)는 뜻에서 나온 것인데, 이 안에서 기표들은 그 자체의 의미가 아니라 기표들과 차이, 대립 관계를 통해 값이 (잠정적으로 불확정하게) 고정될 수 있다.

그리고 데리다가 텍스트를 강조하는 이유는 이런 텍스트 짜기를 텍스트 배후에 있는 어떤 본질로 설명하기를 거부하기 위한 것이기도 하다. 종래 해석 이론은 텍스트를 텍스트 '바깥'에 있는 저자의 의도로 설명하거나 텍스트를 저자의 의도가 표현, 객관화된 것으로 보고

---

5) 이런 점을 고려하면 différence와 différance를 '차이'와 '차연'으로 옮기는 것은 데리다의 의도를 제대로 살리지 못하는 것이다. 그렇다고 해서 이것을 각각 차이, '차이'로 구별해서 쓰는 것도 적당하지 않다(이때 '차이'를 差移로 바꿔 쓰는 것도 移가 '미루다'는 뜻들 갖지 않기 때문에 좋지 않다). 그렇다면 전자를 차이 (e)로, 후자를 차이 (a)로 쓰고 모두 차이로 읽으면서 후자를 말할 때 손가락이나 표정으로 다르게 표시하는 번거로운 방법을 쓸 수도 있을 것이다. 아니면 양자를 각각 차이, 차이(a)로 쓰고 읽기는 모두 차이로 읽는 방식도 있을 수 있다. 여기에서는 일단 통상적인 용례——일본어 번역이긴 하지만——에 따라 잠정적으로 차이와 차연으로 구별해 쓰기로 한다.

그것을 '재현'(re-presentation)하는 것을 올바른 해석으로 보았다. 데리다는 텍스트의 의미가 텍스트 안에서 규정될 수 있을 뿐이고 그것이 기표들의 운동에 따른 효과라고 본다.

소쉬르는 의미 작용을 기표와 기의의 결합으로 보고 이 공간에서 모든 기의가 일정한 값을 갖는다고 보는데, 이것은 의미 작용의 체계가 완결될 수 있음을 전제한다. 이것이 가능하려면 모든 기표들의 근거가 되는 선험적 기의를 상정해야 한다. 즉 그것은 기표들이 운동하는 장 '바깥'에 기표들에 휩쓸리지 않으면서도 기표들 전체에 의미를 배당하는 것이다.6)

데리다는 경험적 기표들 전체의 선험적 근거로 상정되는 선험적 기의를 허구라고 본다. 그렇다면 어떤 것도 차이 관계의 놀이 '바깥'에서 그 자신의 동일성을 갖지 않는다.

데리다는 '텍스트성', '상호 텍스트성'을 강조한다. 그는 모든 것이 텍스트 안에 있으며, "텍스트 바깥은 없다"(Il n'y a pas de hors-texte)고 선언한다. 이것을 흔히 범텍스트주의라고 부르고, 데리다가 모든 것을 텍스트로 환원시킨다고 비난한다. 그런데 데리다의 이 개념은 오히려 '텍스트 바깥'을 주장하는 형이상학적 가정을 공격하기 위한 것이다. 그가 모든 것을 텍스트로 보는 것은 텍스트에서 각 요소들의 상관성을 은유적으로 표현한 것이다. 즉 기호의 체계에서 기호가 차이의 놀이 바깥에 있을 수 없는 것처럼 텍스트에서 각 요소들은 그 요소들의 망 안에서 차이 관계에 의해서만 존재할 수 있다.

---

6) 선험적 기의가 존재한다면 그것은 어떤 기표와도 관계 맺지 않기 때문에 불변적이고 고정된 본질을 지녀야 한다. 그것은 모든 기의들의 최종적 기의이고, 결국 '하나'의 기의일 것이다. 그리고 그것은 다양한 기표들 밑에 있는 동일한 기체로서 기표들의 차이를 없애 버리고 하나의 동일성을 제시할 것이다. 이처럼 모든 기표, 기의를 본질적으로 하나의 선험적 기의의 표현, 파생으로 본다면 모든 차이는 근본적인 하나의 '양태들'에 지나지 않게 된다.

그는 이런 맥락에서 텍스트 바깥의 실재를 부정한다. 어떤 것도 그것이 자리잡고 있는 관계망과 무관하게 그 자체로 동일할 수 없다. 이러한 텍스트성은 또한 경험적인 것에 앞서서 그것의 기원인 순수한 의식을 가정하는 것도 거부한다. 관념론은 공간적·시간적·물질적 불순함으로부터 때묻지 않은 관념성을 가정하고 경험적인 것을 우연적이고 외적인 보충으로 이해한다. 그래서 이러한 외면성을 순수한 정신이 자기를 현전시키는 한 계기로 이해한다. 관념론에서는 언어를 관념적 의미를 표현하는 수단으로 본다. 나아가 인간의 사회, 역사적 계기도 정신의 발전이 표현되는 것이다.

이에 대해 데리다는 그러한 관념성이 순수한 것이 아니라 다양한 경험적 내용이 각인되어 있는 흔적들일 뿐임을 보여 준다. 즉 의식이 차이 관계, 제도, 규약, 역사, 실천들의 망에 의해 짜여진 텍스트의 효과에 지나지 않는다고 지적한다. 그런 관념론적 동일성은 텍스트의 차이 작용의 그물망 안에 있다. 예를 들어 데리다가 경제를 텍스트라고 한다면 그것은 경제적 사고와 행위들을 텍스트적 상호 관계망 속에 있는 것으로 이해하기 때문이다.[7]

흔적

데리다가 볼 때 현전하는 것은 그것이 어떠한 것이건 차이 작용의 효과이다. 이처럼 차연은 현전을 구성하지만 그것 자체가 현전하는

---

7) 데리다는——괴델의 불완전성 증명에 따라——일련의 형식적인 논리적 공리가 세계의 진리나 의미, 또는 그 토대를 완전하게 설명할 수 있는 체계를 구성할 수 있다는 가정을 비판한다.(완전하고 절대적인 지식 체계를 상정하면 그것은 완전하기 때문에 그 바깥이 있을 수 없고 있어서도 안 된다. 그런데 만약 이러한 잔여가 있다면, 체계와 그 바깥의 것을 한데 묶을 어떤 초월성을 가정해야 한다. 그런데 이것을 설명하기 위해서는 그 체계와 그 근거를 완결짓는 또 다른 초월성을 상정해야 하고 이 과정은 무한히 이어진다. 그래서 공리적 체계는 불완전할 수밖에 없다.) 데리다는 이러한 결정 불가능성을 보여 주기 위해 공리에 의해 결정될 수 없는 주변, 여백(marges)을 공략한다.

것이 아니다. 그는 이것을 '흔적'(trace)으로 설명한다.

> 말해지거나 씌어지는 담론의 질서에서 어떤 요소도 그 자체만으로는 현전하지 않고, 다른 요소를 참조, 지시하지 않고는 기호로서 기능할 수 없다. 이러한 연쇄(enchaînement)가 각 '요소'(음소 phonème나 문자소 grapheme)가 그것에서 흔적으로부터 서로 이어진 다른 요소들이나 체계의 요소들과 관계 맺어서 구성되도록 한다. 이러한 연쇄는 텍스트로서, 곧 또 다른 텍스트의 변형 과정에서만 산출될 뿐이다. 어떤 요소들에서도, 체계 안에서도, 그 어떠한 부분도 단순히 현전하거나 부재하는 것이라곤 없다. 어디에든 오직 차이들과 흔적의 흔적(trace de traces)만이 있을 뿐이다(*Positions*, 37~38).

형이상학에서 현전은 나름의 충실함(plenitude)을 지닌 것으로 보고, 흔적은 충실함이 결핍된 것으로 여겨진다. 즉 흔적을 현전이 있다가 없어진 빈 자리로 본다. 그래서 흔적이 충실한 현전에 비해 파생적인 것으로 여겨진다. 그러므로 형이상학은 현전을 바탕으로 삼고 흔적을 지워 버린다.

그러나 데리다는 현전이 흔적에 의해 구성된다고 본다(그에 따르면 원-흔적(archi-trace : 차이 그 자체)은 이미 구성된 현전과 관련된 차이가 아니다). 그는 '최초에' 현전이나 단순성이 있고 그 다음에 그것의 흔적이 있다고 보지 않는다. 반대로 흔적들이 만드는 차이의 공간이 있고 그 안에서 '최초의' 현전이 마련된다. 따라서 어떠한 단순성도 어떠한 기원도 흔적에 앞서지 않는다. 오히려 흔적은 현전과 부재를 가능케 하는 장이라고 할 수 있다.[8]

---

8) 원-흔적은 충실함이나 현전 개념이 이원적인 대립이 빚는 구조 안에서만 사고할 수 있다고 설명한다. 개념화된 실체들은 항상 (위계적으로 규정된) 대립 관계 안에서 다른 개념들

그리고 흔적은 지워지는 것, 곧 지워짐으로써만 나타난다. 원-흔적은 결코 차이들 바깥에서 그것 자체로 제시될 수 없다. 그것은 차이 체계 안에서만 간접적으로 나타날 뿐이다. 그것은 현전하지 않는다.(이런 점에서 흔적은 어떤 '것'이 아니다.) 그러면서도 그것은 현전을 가능케 하는 것이다.

차이들이 만든 놀이가 가능하기 위해서는 각각의 차이가 다른 것 속에 보존되고 흔적을 지녀야 한다. 이 놀이는 흔적에 의존하지만 각각의 흔적은 다른 흔적에 의해서만 존재하며 최초의 흔적이란 없다. 흔적은 의미 일반의 절대적 기원이다. 바로 이것은 의미 일반의 절대적 기원이 없다는 것을 뜻한다(Grammatologie, 95).

4. 존재론적 차이와 차연

데리다의 차연은 하이데거의 존재 물음과 관련된 존재론적 차이와 밀접한 관련을 갖는다. 여기에서는 데리다가 하이데거의 존재론적 차이 개념을 어떻게 변형시키는지를 간략하게 정리해 보기로 하자.

하이데거는 독특한 방식으로 '존재 물음'(Seinsfrage)을 제기한다. 그의 물음은 '존재자'(das Seiende)에 대한 물음이 아니라 '존재'(das

---

과 함께 나타난다. 한 개념은 그것의 대극적 대립물과 동시에 나타난다. 그것 자체를 다른 항으로부터 구별함으로써만 한 개념이 구성된다. 한 항의 동일성은 그것 자체 안에 기입된 다른 항에 대한 지시, 관계 맺음을 전제한다. 원-흔적은 이러한 차이의 보편성, 타자가 자기에게 (제거된 형태로) 각인되어 있다는 점이 필수적임을 보여 준다. 왜냐하면 하나의 개념적 실체는 이원적 구조에서 타자를 불러들이는 한에서만 자기 동일성을 지닐 수 있기 때문이다. 이러한 차이는 우연적인 것이 아니다. 그것은 동일성과 그것의 타자로부터 차이 모두가 가능한 조건이다. 항들, 개념들, 사물들 등 간의 어떠한 차이나 대립은 이러한 차이의 놀이를 전제한다.

Sein), 곧 존재자를 존재자이게 하는 '존재'에 대한 물음이다. 그는 존재와 존재자를 구별한다. 그는 서구 형이상학이 바로 존재 물음을 존재자에 대한 물음으로 대체시켰다고 비판한다.

하이데거는 종래 형이상학이 존재가 아니라 특정한 존재자, 최고의 존재자를 존재로 여겼다고 본다. 이처럼 특정한 존재자를 존재로 봄으로써 존재가 은폐되고 망각된다. 즉 존재와 존재자 사이의 '차이'(존재론적 차이)가 은폐된다.

그는 존재 망각이라는 존재의 역사적 사건을 되짚어 존재자가 아니라 '존재'를 질문하고 존재자에 가려진 존재를 사고하려고 한다. 따라서 그는 종래의 존재자론을 파괴하고 새롭게 존재론을 세우려 한다.

이처럼 하이데거는 존재론적 차이란 개념으로 서구 형이상학의 전 역사를 존재 망각의 역사로 규정한다. 하이데거는 존재자를 존재자이게 하는 '존재'를 문제 삼음으로써 존재자론을 파괴(Destruktion)하고 존재란 근본 물음을 제기한다. 그에게서 형이상학을 극복하는 것은 형이상학에서 사고되지 않은 것, 은폐된 채로 남아 있는 존재, 존재자의 진리를 회복하는 것이다.

하이데거에 따르면 전통적으로 형이상학은 존재론, 곧 존재자로서 존재자를 사고하는 것이다. 그것은 존재자를 존재자이게 하는 존재를 묻는다. 형이상학은 상이한 영역들의 존재자를 그 바탕이 되는 존재로 묻는다. 이러한 형이상학은 존재자 '일반'을 그 존재의 일반적인 근본 특성에 따라 사유한다.

그런데 이러한 존재론은 존재의 불변적이고 보편적인 속성을 그 본질로 삼는다. 즉 자명하게 지속적으로 현전함을 존재의 근본 특징으로 삼는 현전(現前)의 존재론이다.9)

이러한 현전의 형이상학은 변화하지 않는 항상적이고 보편적으로 현전하는 존재자를 찾는다. 형이상학은 이런 존재자를 어떤 다른 것에 근거를 두거나 다른 것에 의존하는 것이 아니라 스스로에 근거를 둔 것에서 찾는다. 그것은 자기 스스로가 자기의 원인이면서 다른 모든 것의 원인, 근거, 기원인 존재자, 즉 자기 자신 안에 있는 신적인 것(theion)이다. 따라서 형이상학은 최고의 존재자, 즉 신적인 것에 존재를 정초한다. 하이데거는 형이상학을 존재-신학(Onto-Theologie)이라고 부른다.

이 시도는 플라톤에게서는 이데아로, 중세에서는 신으로, 근세에서는 사유하는 주체에 의한 표상된 존재, 또는 선험적 자기-의식으로 나타난다.10)

이처럼 형이상학은 존재자를 최고의 존재자에 근거하도록 한다. 그런데 이러한 형이상학에서는 존재 자체의 진리가 드러나지 않는다. 그리고 존재의 진리는 자명하고 끊임없는 현전으로 여겨진다. 현전은 항상 동일한 것으로 되풀이될 수 있다. 이처럼 보편 타당한 것이 본질로 통용된다. 요컨대, 본질은 지속적인 현전으로서 사유된다.

하이데거는 이처럼 존재가 지속적인 현전, 존재자로 여겨져 존재에 대한 물음이 가려졌다고 본다. 그는 형이상학적으로 사고된 것에 은폐된 사고되지 않은 것을 환기시킨다. 하이데거가 제시한 파괴(Destruktion)는 존재의 본질을 드러내고 그것에 접근하기 위한 지평을 확보하는 작업이다. 따라서 단순히 존재자론을 제거, 파괴하는 것

---

9) 하이데거는 이런 현전의 형이상학이 기술에 의한 인간의 세계 지배와 관련된다고 본다. 기술은 지속적으로 현전하는 것을 주체가 마음대로 유용하게 처분할 수 있음을 전제한다. 그의 기술 비판은 현전의 형이상학에 대한 비판, 인간 중심주의에 대한 비판과 연결된다.
10) 최고의 존재자가 이데아나 자기 의식인 경우에 그것들은 모든 것의 원인, 근거, 목표로 이해되는 점에서 같다. 플라톤에게서 이데아는 현상, 세계를 넘어선 초시간, 초공간, 초주관적인 실체이다. 데카르트에게서 사고하는 자아는 모든 존재자의 의심할 수 없는 기반이다. 칸트에게서 선험적 의식, 의식 일반은 현상 세계에 보편적 형식을 부여하고 그것을 질료와 종합하는 자연의 입법자이다.

이 아니다. 그는 후설의 환원(Reduktion)을 방법론적으로 계승한다. 즉 환원이 자연적 태도를 괄호침으로써 선험적 의식의 지평을 여는 것처럼 이때의 파괴는 존재자의 지평을 벗기고 그것에 가려진 존재의 지평을 드러내기 위한 것이다.

이 점을 좀더 자세히 살펴보자. 하이데거는 존재를 '스스로 자기를 드러냄/비은폐성'(非隱蔽性, aletheia)으로 본다. 그런데 이러한 존재는 현전하는 작용(das Anwesen, presence)이지만 어떤 특정한 현전에도 그 자체가 고스란히 나타나지 않는다. 존재는 스스로를 드러내지만 그 드러난 모습, 현전하는 것(das Anwesende, the present)에 국한되지 않는다. 따라서 존재는 존재자로, 현전하는 것으로 드러나지만 그 현전하는 것과는 다른 것이다.

존재는 존재자로 드러나지만 이러한 비은폐성, 즉 존재 자체의 본질은 사유 앞으로 다가오지 않는다. 존재 자체는 존재자로만 나타날 뿐 그 자체는 나타나지 않는다. 따라서 이러한 진리는 형이상학 안에 없다. 그런데 형이상학은 현전을 존재의 진리로 정립한다. 이렇게 형이상학이 존재 진리를 현전에 국한하고 부재를 제거함으로써 존재자의 진리, 존재는 은폐된다. 존재는 그것의 현전에서 숨겨진다.

이처럼 현전하는 것(das Anwesende)인 특정한 존재자를 존재로 여기는 것은 존재의 일면을 나타내는 것이지만 동시에 존재를 은폐하는 것이다. 형이상학은 존재를 존재자로 대체함으로써 존재 자체를 망각(Vergessenheit)하도록 한다. 그런데 하이데거는 이러한 존재 망각이 존재 자체의 특성이라고 본다.

하이데거는 "존재자 '의' 존재라는 것이 존재의 핵심"(Die Sache des Seins ist es, das Sein *des* Seinenden zu sein)이라고 지적한다(Heidegger, *Holzwege*, 359). 이때 2격 '의'는 발생(Genesis)을 가리킨다. 현전하는 것은 현전 작용으로부터 생겨난다. 그런데 하이데거는 이러한 발생의 본질이 은폐된 채로 남아 있다고 지적한다. 즉 현전 작용과 현전하는 것의 관계가 사고되지 않는다. 그 결과 현전 작용 자체가 현전하는 것으로 된다. 존재는 현전하는 것이란 양식으로 표상되고 현전하는 것 가운데 하나인 것으로 여겨진다.

결국 현전 작용 자체는 현전하는 것과 구별되지 않는다. 그것은 현전하는 것 가운데 하나로, 현전하는 것의 가장 보편적이고 최고의 것(das Allgemeinste und Höchste des Anwesenden)으로 여겨질 뿐이다. 현전 작용과 현전하는 것의 차이는 망각된다. "존재를 망각함은 존재의 존재자에 대한 차이를 망각함이다"(같은 책, 360).

그런데 하이데거는 이러한 차이를 망각함을 사고의 결함으로 보지 않는다. 존재를 망각함은 존재의 고유한 본질에 속한다. 존재는 스스로를 은폐하는(sich selbst verhüllte) 것이다. 하이데거는 존재 망각이 존재의 운명(Geschick)에 속한다고 지적한다. 이처럼 존재론적 차이를 망각함은 어떤 결함이 아니다. 그것은 가장 풍부하고 광범한 사건으로 형이상학의 사건(Ereignis)이다.

존재는 어떠한 현전으로도 그 자신을 온전히 나타낼 수 없다. 달리 표현하여 항상 사고를 통해 특정한 현전으로 나타날 수밖에 없으면서도 그 현전을 넘어서는 것이다. 그러므로 존재는 그 존재자의 근거이자 표현될 수 없는 것으로 사고되어야 한다.

하이데거는 존재 망각의 역사가 이루어지는 최초의 지점을 그리스적 사고에까지 추적한다. 즉 그는 서구 형이상학에서 존재 망각이 마련되는 지점까지 거꾸로 거슬러올라가(Schritt zurück) 존재를 회상한다(andenken).

하이데거는 아낙시만드로스의 단편에서 존재자의 존재를 사유한 흔적을 찾는다. 하이데거는 아낙시만드로스가 존재를 말로 옮긴 가장 오래된 이름으로 to khreon : το κρεων을 든다(보통 to khreon을 필연성 Notwendigkeit, 강요하는 것으로 번역한다. 그런데 하이데거는 이것을 '사용 Brauch'으로 번역한다. 같은 책, 361~362).

존재는 그리스인들에게 비은폐성으로 현전하는 것이었다. 한 예로 하이데거는 호머가 『일리아드』의 서두에서 칼카스(Kalchas)를 선원들 가운데 가장 현명한 사람으로 지칭한 것을 든다(같은 책, 341). 그 선원은 현재 있는 것(das gegenwärtige), 있었던 것, 있을 것을 모두 완전하게 이해한다. 존재하는 것(eon)은 (그것이 미래이거나 과거이거나 간에) 현전하는 것이다. 그 선원에게는 비현전/부재도 현전하는 것과 마찬가지로 잘 알고 있는 것이다. 그들에게 현전하는 것은 생성과 소멸 사이의 겨를(Weile)에 있다. 즉 그 사이에 머물러 있다. 현재 있는 (gegenwärtig) 것은 비은폐성의 영역 안에 머무르고 있는 것(in der Weile angekommenen innerhalb der Gegend der Unverborgenheit)이다. 즉 그것은 현존하는 것의 영역 안에 나타난 것으로, 이미 지나간 것과 아직 오지 않았지만 곧 올 것 '사이'에 머물러 있다. 그러므로 미래, 과거의 것이 현전한다고 함은 그것이 없는 것이 아니라 다만 비은폐성의 영역 바깥에 있는 것임을 의미한다. 이처럼 아낙시만드로스는 현재 있는 것이 아직 현전의 영역에 들어오지 않은 것과 방금 지나간 것 '사이'에 머물러 있는 것으로 본다.

달리 표현하면 현전하는 것은 도래(Hervorkommen)와 떠나감(Hinweggehen) 사이에 머물러 있다. 그것은 도래와 떠남의 두 가지 부재 사이에서 일시적으로 접합점(Fuge)에서 결합된다. 이러한 '사이'(Zwischen)는 출현함과 사라짐을 맞붙이는 접합점이다.

그런데 이런 겨를에서 머무르는 현전하는 것은 계속적인 지속을 유지하려는 경향을 갖는다. 존재자에게는 이런 운동을 고정시켜 지속성을 지향하는 성향이 있다. 존재자들은 그것들의 드러남에서 항상적이고 고정된 것으로, 지속적으로 현전하는 것으로 고착(Beharren)되려고 한다(현전하는 것은 머무름의 접합점 없이 지속적으로 현전함──부재를 지우려고 함──을 추구한다). 아낙시만드로스는 이처럼 머무르는 과정을 부정하는 경향을 불일치/비질서(a-dikia)로 본다. 이에 대해 질서/일치/결합은 비질서/불일치/어긋남을 극복함(Verwindung)이다. "질서/일치(Dike)는 일치시키고 결합하는 접합(fugend-fügende Fug)이고, 비질서/불일치(a-dikia)는 비결합, 불일치(Un-Fuge)이다"(같은 책, 352).

개별적 존재자들은 다른 것과 관계 맺는 전체 안에 있다. 각 존재자는 그것 자체이기 위해서 비질서를 향하는 경향을 극복할(verwinden) 뿐만 아니라, 다른 존재자들과 관계 맺고, 전체와 관계 맺어야 한다. 아낙시만드로스는 존재자와 존재자의 상호 관계를 경의, 존중(Ruch) (염려 Sorge)으로 본다. 전체 안에 있는 존재자들(auta)은 서로 어울림 속에서(tisis allelois) 그것들의 현전 작용의 조건인 부정성(adikia)을 거부하려는 경향을 극복하려는(didonai diken) 한에서 현전한다. 존재자들은 질서(dike)의 법칙에 따라 현전 안에서 머무른다.

그러면 존재와 존재자 간의 관계는 어떠한가? 존재자는 그것 자체로 무한한 것이 아니고 존재자에 의해 부여된 한계 안에 있다. 머무름의 접합점(die Fuge der Weile)은 현전하는 것에 한계를 부여한다. 따라서 매번 머무르는 현전하는 것(das je-weilig Anwesende)은 한계(peras) 안에 현전한다(같은 책, 363).

존재는 스스로를 드러내기 위해서 존재자를 필요로 한다. 존재는 존재자들 없이는 그것 자체가 될 수 없다. 그래서 존재는 존재자에게 그 존재를 넘겨주는(aus händigen) 작용으로 존재한다. 이때 to khreon 은 존재(현전)가 존재자(현전하는 것)를 '사용'함이다. 이러한 "사용은 현전하는 것을 그것의 현전 작용, 곧 머무름에(in das Weilen) 넘겨준다"(같은 책, 363).

현전하는 것에 한계를 설정하는 작용인 '사용' 자체는 한계 없는 것/무한정자(無限定者, to apeiron)이다. 또한 그것은 존재자들의 지속, 한계를 부정하여 그것들을 질서짓고 적합하게 한다(Fug geben).[11] 이처럼 아낙시만드로스는 사용을 존재의 특성으로서 사유하고, 그것으로 존재 자체의 진리에 대해 말한다.

사용은 이러한 존재자들의 차이를 부정하여 현전 작용과 현전하는 것의 차이를 드러낸다. 하이데거는 존재자들간의 차이를 뚫고 존재를 보게 하는 측면을 헤라클레이토스의 로고스에서 찾는다. 이렇게 본다면 사용은 모음/로고스(logos, ὁ Λόγος)이고 로고스로서 존재는 현상들의 다양함들을 하나의 질서로 모으는 것——통합시키는 하나(das einende Ein)이다. 이때 로고스를 존재자들의 불변적 근거로, 지속적 현전으로 이해될 수 있다.

이상을 정리해 보자. 그리스인들은 존재가 현전으로서, 비은폐성으로 나타남으로 사고한다. 즉 그들은 존재자의 존재를 현전(Anwesen)으로서 경험한다. 이 현전을 통하여 모든 현전하는 것(das Anwesende)이 비은폐된 것으로 드러난다. 그런데 이런 틀은 존재의 지속에 초점을 둠으로써 현전을 현전하는 것으로 파악하는 틀로 바뀐다(이때 비은폐성과 은폐의 연관이 망각 속으로 사라져 버린다).

이후 초기 그리스 사고에서 이러한 비은폐성의 은닉과의 연관, 현전의 부재와의 연관은 숙고되지 않는다. 후기 그리스 사고에서는 그나마 그것조차 망각된다. 이런 망각과 은폐를 통해서 존재는 '지속적인' 현전으로서 사고된다. 그리고 존재의 지속성을 확보하기 위해서 무(無)가 존재로부터 제거된다. 생성은 비본래적인 존재자의 영역으로 제거되고, 가상(그때마다 밝게 나타남 Scheinen)도 제거된다.

따라서 존재는 어떠한 부재나 비현전이 없는 보편적 현전 자체로 파악된다. 이를테면 플라톤이 제시한 순수하고 '지속적인' 밝게 빛남,

---

11) 그때마다 머물러서 현전하는 것은 질서지워지고/적합하고 배려하는 한에서만(insofern es Fug und damit auch Ruch gehören läßt) (사용과 관련해서) 현전할 수 있다. 현전은 사용에 따라(kata to khreon) 현전한다. 사용은 현전하는 것을 그것의 매번(je)과 매번 머무르는 현전으로 결합시키고 유지하는(wahrende) 모음(Versammlung)이다.

이데아가 된다. 이데아에서 존재는 모든 것을 드러낸다. 존재의 이데아는 어떠한 변화에도 휩쓸리지 않는 영원한 것이고, 어떠한 그림자도 갖지 않는다. 이데아는 절대적 현전이다. 하이데거는 이러한 이데아론이 비은폐성의 결정적인 본성인 은닉을 배제한다고 본다(같은 책, 363).

따라서 하이데거는 존재의 역사가 존재 망각과 함께 시작한다고 지적한다. 여기에서 차이는 망각된 채로 있다. 그것은 차이의 '원-흔적'(die frühe Spur)을 말소한다(현전하는 것과 현전 작용의 짝이 그것들을 드러내지만 양자는 구별된 것으로 드러나지 않는다).

하이데거에게서 존재와 존재자의 차이는 잊혀진 것으로 우리 경험에 들어온다. 이처럼 현전의 형이상학에서 차이의 원-흔적은 현전하지 않는다. 그런데 데리다는 하이데거가 존재론적 차이, 이 차이의 지워진 흔적을 통해 존재를 추구하는 태도를 거부한다.

하이데거에게서 존재는 현전하는 것에서 부재로 자기를 드러낸다. 하이데거는 존재로서의 차이를 현전(작용)과 현전하는 것의 차이라는 측면에서 규정한다. 하이데거에게서 존재-존재론적 차이는 존재의 의미에 관한 질문이라는 지평 안에서 사고된다.

데리다가 볼 때 하이데거는 서구 형이상학을 극복하여 올바른 존재론을 세우고자 한다. 하이데거의 존재와 존재자, 존재론적인 것과 존재적인 것 간의 차이는 본래적 방식으로 존재와 합치하려는 시도라고 볼 수 있다.

    '능동적으로' 운동하는 차이는——그것을 소진시킴 없이 '차연'의 개념으로 이해되는 것——형이상학에 앞설 뿐만 아니라 존재 사고를 넘어선다. (하이데거의——필자) 존재 사고는 비록 그것이 형이상학을 초과하고 형이상학을 그것의 폐쇄 안에서 본질적인 것으로 사고하지만 형이상학과 다른 것을 얘기하지 않는다(*Grammatologie*, 206).

데리다는 하이데거를 이어받으면서 그의 존재론을 해체하기 위해 형이상학의 텍스트 안에 흔적을 기입하고자 한다. 데리다는 존재의 '원-흔적'을 현전이 지나간 자리, 망각된 자리로 보는 것을 거부한다. 그는 거꾸로 현전과 현전하는 것의 차이, 존재론적 차이가 처음부터 흔적에 의한 것이라고 주장한다. 흔적은 현전의 흔적이 아니라 흔적의 흔적이다.

> 그것은 존재와 존재자 간의 차이, 존재를 현전으로 규정하면서 '망각' 되었던 바로 그것, 현전하는 것에 있는 현전(la présence en présent)인데, 이러한 차이는 그것에 대한 흔적이 남지 않도록 파묻히고 말았다. 만약 차이가 그것 자체로 부재와 현전과 다른 것임을 상기한다면, 차이는 (그것 자체가) 흔적이다. 그것은 참으로 존재와 존재자 간의 차이가 망각되면서 사라졌던 흔적의 흔적이다(*Marges de la philosophie*, 76).

데리다는 흔적이 현전도 부재도 아니고, 현실성에 비해 부차적인 양상에 지나지 않는 것도 아니라고 지적한다(같은 책, 78). 따라서 이러한 흔적의 놀이는 존재의 지평에 속하지 않는다. 흔적의 놀이 또는 차연은 의미를 갖지도 않고 존재하지도 않는다. 그것은 어디에도 속하지 않고, 어떤 것도 일정하게 유지하지 않는다. 또한 어떤 심층(profondeur)도 갖지 않는다. 그것은 존재가 그 위에서 노는 '바닥 없는 장기판'(échiquier sans fonds)이다(같은 책, 23).[12]

---

[12] "흔적 '자체'란 없고, '고유한' 흔적도 없다. 하이데거는 차이가 그것 자체로 나타날 수 없다고 한다(Lichtung des Unterschieds kann deshalb auch nicht bedeuten, dass der Unterschied als der Unterschied erscheint : 차이의 밝힘은 차이가 차이로 나타나는 것을 의미할 수 없다)." (같은 책, 77). 데리다는 이러한 차연을 현전 없는 글쓰기, 즉 부재 없는, 역사 없는, 원인 없는, 궁극 목적 없는 글쓰기로 본다.

보다 기원적인 차이는 존재와 현전하는 것 간의 차이로 규정된 것이 아니라 차이 자체의 가능성이고, 그것은 존재론적 차이에 앞선다(같은 책, 23).13) 그렇지만 데리다는 차연을 존재의 범주로 보지 않는다. 그것은 존재하지도 부재하지도 않는다. 다만 존재자들의 차이가 마련되는 놀이 공간을 가능케 한다. 따라서 그는 차연에 이름을 붙일 수 없다고 지적한다. 차연은 우리가 아직 그 이름을 찾지 못한 것이 아니라 이름이 없는 것이다. 이런 점에서 데리다의 차연은 존재론을 벗어나고, 형이상학을 불가능하게 한다. 하이데거가 말했듯이 존재와 존재자의 차이가 절대적으로 기원적인 것이 아니다. 도리어 차연이 존재의 가능 조건이다.

현전은 흔히 생각하듯이 기호가 의미화하는 것, 흔적이 지시하는 것과는 거리가 멀다. 현전은 흔적의 흔적이고, (현전을 지움으로써 흔적이 아니라 ──필자) 흔적의 지움의 흔적(곧 흔적을 지운 것인 흔적 ──필자)이다. 우리에게는 그러한 것이 형이상학의 텍스트이고 그러한 것이 우리에게는 우리가 말하는 언어이다. 이러한 조건에서만 형이상학과 우리 언어가 그것들의 고유한 위반의 방향을 가리킨다(같은 책, 76~77).

흔적을 형이상학 텍스트에 기입하는 양식은 생각할 수 없는 것이어서 흔적 자체의 지움으로 기술되어야 한다. 흔적은 그것 자체를 지우는 것(son propre effacement)으로서 산출된다. 그것 자체를 지우고, 그것을 현전으로 유지하는 것을 감추는 그러한 흔적에 속한다. 흔적

---

13) 데리다는 차연을 존재론적 차이에 앞세운다. "존재는 그 자체를 존재자들로 은폐하지 않고서는 '의미'를 갖지도, 그 자체로 사고되거나 얘기되지도 않았다. 그래서 차연이 존재론적 차이보다 또는 존재의 진리보다 더 오래된 것이다"(*Marges*, 23).

은 지각 가능하지도(perceptible) 지각 불가능하지도(imperceptible) 않다(같은 책, 76).

데리다는 이러한 차연이 모든 변증법, 모든 신학, 목적론, 존재론을 절대적으로 전복시키는 것이라고 본다(같은 책, 78).

5. 해체적 읽기 —— 현전의 형이상학 비판의 실례

(1) 음성 중심주의와 글쓰기

글과 기억

데리다는 서구 형이상학에 관철되고 있는 음성 중심주의(phono-centrisme)를 문제 삼는다. 음성 중심주의는 말과 글을 구분하고 글(gramme)에 대해 음성, 말(phone)에 특권을 부여하는 태도이다. 곧 음성을 일차적이고, 기원적이고, 본질적인 것으로 본다. 그는 이처럼 음성에 특권을 부여하는 형이상학적 전통을 의문시하고 그러한 사고틀이 숨긴 모순을 폭로하고자 한다. 그의 이런 시도는 로고스 중심주의(logocentrisme), 이성 중심주의에 대한 비판, 해체에 연결된다.

그는 모든 형이상학적 논의에 전제되면서도 검토되지 않은 채 정당화된 역설과 모순을 드러낸다. 이러한 해체의 현미경은 형이상학적 텍스트의 여백을 앞으로 끌어낸다. 그 여백에는 텍스트의 숨은 진실, 권력 등 텍스트가 숨겨야만 하는 것이 은폐되어 있다. 그는 이런 여백을 본문과 대비시켜 텍스트가 숨기고 있거나 정당화된 진리-권력을 폭로한다.

철학의 아버지인 소크라테스는 글을 쓰지 않았다. 이것은 무슨 까닭일까? 데리다는 이런 태도가 말을 글에 비해 우선적인 것으로 보고,

글이 말을 표현하는 부차적이고 믿을 수 없는 수단이라고 보기 때문이라고 이해한다. 소크라테스는 진리가 음성/로고스에 온전하게 들어 있어서 말에서 진리가 직접적으로 현전하는 데 반해서, '글'에서는 진리와 직접 대면하는 것이 불가능하고 그것이 진리의 내용을 훼손시킨다고 본 셈이다. 데리다는 이것을 썩어진 기호들로부터 독립된 순수한 진리를 주장하는 태도, 곧 자기 현전하는 (말해진) 진리의 권위를 주장하는 것으로 이해한다.

플라톤은 『파에드로스』에서 다음과 같은 이야기를 제시한다. 이집트에 테우트(Theuth)라는 신이 있었는데, 이 신이 숫자, 계산, 기하학, 천문학, 주사위, 문자를 발명했다. 그때 이집트를 통치하는 타무스(Thamous) 왕은 테우트가 발명한 것을 이집트 사람들에게 가르쳐야 한다는 제안을 받는다. 신하들 사이에 논쟁이 벌어지고, 테우트는 백성들에게 글을 가르치면 그들이 배워 익혀서 기억을 보존할 수 있고 지혜롭게 된다고 했지만, 타무스 왕은 이것을 달가워하지 않고 테우트의 제안을 거부한다.

왕은 다음과 같이 반박한다. 사람들이 문자에 의존하게 되면 문자가 인간의 기억을 감퇴시키는 역효과를 낳는다. 곧 문자는 망각의 습성을 갖게 한다. 사람들이 글을 사용하면 쓴 것에 의존하기 때문에 생생한 말이 아니라 외면적이고 이질적인 기호의 도움을 청하고 그것을 통해 말을 '상기'한다. 그들은 내부로부터 자신의 힘으로 '기억'하려고 노력하지 않는다(Platon, Œuvres completes, II-1, Gallimard, 1950, 74~75).

플라톤은 문자가 기록을 통해 기억을 보완하지만, 그것이 생생한 진리를 '기억'하는 데 도움을 주지 못하고 죽은 진리만을 전할 뿐이라고 본다. '기억'(mneme)은 현존하는 말을 통해 생생한 생명을 간직하지만, '회상'(hypomnesis)은 문자를 통해 생명 없는 죽은 내용을 되풀이할 뿐이다. 전자가 영혼이 스스로 간직한 지식이 안에서 생긴 의미를 축적하는 데 비해, 후자는 영혼의 자발적 힘과는 무관하게 바깥으로부터 쳐들어온 일종의 이단자와 같은 것이다(*Dissémination*, tr, B. Johnson, 109). 이처럼 플라톤은 글이 기억이 아니라 상기시키는 수단에 지나지 않으며, 진리가 아니라 외형적 지식을 줄 뿐이라고 본다.

말과 글 : 착한 아들과 나쁜 아들

이런 사고는 진리를 '기원'으로 보고, 글쓰기를 기억을 통해 그것을 '반복'하는 것으로 본다. 글쓰기는 진리의 참된 형식을 '모방'하는 것에 지나지 않는다. 글은 말이 없는 곳에서 말을 대신하고 보충하는 것이지만, 말이 지닌 생생함과 진리를 지니고 있지 않은 '죽은' 기호들의 집합에 지나지 않는 것이다. 이처럼 말/글, 기원/보충, 현전/부재의 대립은 로고스 중심적 이성이 내세우는 이원적 대립 구조와 연결된다.

진리, 말, 글의 관계는 어떠한가? 이것은 각각 아버지, 착한 아들과 나쁜 아들로 비유된다. 말(logos)은 위대한 주인이며, 선이며, 눈부신 정신적 태양인 아버지의 뜻을 전하는 아들 노릇을 한다. 우리는 눈부신 아버지 대신에 아들인 말/로고스를 가까이할 수밖에 없다.

말/로고스는 아들인데, 그의 아버지의 현존하는 도움이 없이는 바로 현전(presence)이 파괴된 (스스로 존립할 수 없는──필자) 아들이다. 그의 아버지는 대답하는 자이다. 그의 아버지는 스스로 말하고, 그 스스로에게 대답한다(*Dissémination*, 77).

이처럼 말/로고스의 기원은 그 아버지인 진리이다. 말은 아버지의 충성스런 아들, 또는 합법적 자녀이지만, 글은 만민의 아버지의 말씀(Logos)을 대신하는 사생아, 또는 고아이다. 이는 글이 아버지의 현존 없이 아버지의 말을 기록해서 그 말을 대신할 수 있기 때문이다. 글은 아버지의 부재를 대체, 보충할 수 있는 위험스러운 것이다. 이러한 글은 아버지를 죽일 수 있다. 생생한 말/로고스는 그것이 살아 있는 아버지를 지니기 때문에 살아 있는 것이다.

일단 말이 글로 씌어지면 그것을 이해하는 사람이나 전혀 모르는 사람에게 내던져지고, 누구에게 답해야 하는지, 답하지 말아야 하는지를 알지 못한다. 그리고 만일 그것들이 날카롭게 비판받거나 심하게 비방을 받으면, 아버지에게 도움을 청한다. 글 자체는 스스로를 보호하고 방어할 수 없다(Platon, 같은 책, 76).

플라톤은 진, 선, 미의 씨앗을 뿌리는 사람과 대비시켜, 무책임하게 글을 쓰는 사람을 '글쓰기의 들'에서 유희하는 기분으로 씨를 뿌리는 무책임한 자라고 비난한다. 이처럼 스스로 도와줄 수 없고, 진리를 가르칠 수 없는 글로 마구 씨를 뿌리는 행위는 진리를 위험에 빠뜨리는 것이다(같은 책, 77).

독당근 : 독이면서 약인 글
데리다는 음성 중심주의를 잘 보여 주는 플라톤의 '독당근'(pharmakon)의 비유를 분석한다. 독당근은 '독'이면서 동시에 '약'이란 의미를 지닌다. 소크라테스는 자신의 생생한 진리를 죽어 있는 '글'에 가두어 두지 않으려고 책을 쓰지 않았다. 플라톤 역시 글이 원초적 말과 사고의 저급한 대체물이라고 비난한다. 그는 글쓰기를 말에 대한 위험한 '보충'으로 여겼다. 글로 씌어진 말은 언어의 현전으로부터 이탈한다. 사고가 글로 씌어지면 사고는 그 주체가 없는 경우에 그를 불완전하게 대신하고, 공적 영역에 넘겨지고 다양한 해석과 오해의 위험에 내맡겨진다. 이것은 자기 현전을 지니지 않는다. 이런 점 때문에 플라톤은 글을 부친 살해에 비유한다. 글은 자기를 낳아 준 부모를 죽

이는 자이다. 따라서 글쓰기는 그것이 말과 사고에 대한 위험한 보충, 대체인 점에서 '독'이다(*Dissémination*, 95~119 참조).

이처럼 플라톤은 진리를 글에 맡겨 두려고 하지 않는다. 영혼의 진리는 말로는 보존되나 글에서는 상실된다. 이를테면 영혼의 자기 대화에서는 진리가 상실되거나 변형될 수 없고, 생생하게 현전한다. 플라톤은 이런 자기 대화에서 영혼의 진리가 순수하게 표현되고 보존된다고 본다. 즉 여기에서 말(logos)과 진리는 분리되지 않는다. 그는 '영혼이 그 자신과 침묵의 대화'를 하는 것에서 진리가 자기에게 현전하는 것을 본다. 이러한 진리는 (어떠한 매개나 우회도 끼여들지 않아서) 순수하게 자기에게 직접적이고, 어떠한 혼란이나 불일치, 소외도 없다. 이러한 침묵의 대화에서 의미는 자기 동일성을 유지한다. 플라톤은 이러한 자기 현전을 진리의 바람직한 모습으로 본다. 그는 어떠한 이질성, 타자, 차이도 개입되지 않은, 스스로 말하고 스스로 듣는 것, 자기-작용(auto-affection : 스스로 느낌)의 순수한 자기 동일성을 추구한다.

그리고 두 화자가 시간과 장소를 공유하면서, 동일한 시간과 장소에서 대화하는 경우를 보자. 자기와 타자의 대화에서 (자기-자기의 침묵의 대화처럼 직접적으로 자신과 동일한 것은 아니지만) 두 화자가 그들이 의도한 바를 정확하게 말한다면 의미는 각자에게 '현전'할 수 있다. 대화에서 화자와 청자는 현장에 동시에 있으므로 화자가 말하는 순간 청자가 듣는다. 여기에는 시간, 공간적 차이가 (거의) 없다.

물론 이때의 현전은 자기 현전이 아니라 타자에게 말로 전달된, 말을 매개한 현전이다. 즉 나의 의미가 타자에게 아무런 손실 없이 그대로 전달되어 타인의 의식 앞에 현전한다. 대화에서 주고받은 의미는 '여기-지금'의 공유된 맥락에서 직접적으로 확인할 수 있다.[14]

---

14) 플라톤이 소크라테스를 주인공으로 삼은 대화 형식을 선호한 이유를 자아와 다른 자아가 맺는 대화상의 직접성이 갖는 장점 때문이라고 볼 수 있다.

그런데 이러한 말이나 대화의 예와 달리 글은 말의 직접성을 갖지 못한다. 글은 말이 불가능한 시간과 장소에서 말을 대신하고 보충하는 것이다. 글이 말을 대신하고 보충할 때 글에 공간적 간격, 시간적 간격이 개입될 수밖에 없다. 이처럼 글에서는 말이 갖는 직접성이 깨뜨려지고 다른 외적 요소가 개입되므로 의미의 자기 현전이 파괴된다. 곧 말은 글에서 자기를 잃어버릴 위험이 있다.

이처럼 글에서 의미는 소외된다. 이런 까닭으로 음성 중심주의는 글을 혐오하게 된다. 기호로 새겨진 의미는 저자의 의도에 대해 (어느 정도) 자율적이고 독립적이다. 그것은 저자의 부재를 대신한다. 이런 기호는 말하는 사람이 부재하는 경우에도 (극단적인 경우에 화자가 죽었을 때에도) 여전히 의미 작용을 만들어 낸다. 텍스트는 화자가 없는 공간과 시간에서 자기 나름대로, 글자에 따라, 기호를 통해서만 말한다.15)

앞에서 지적했듯이 글을 '독당근'으로 본다면, 글은 (말이 유지하는) 자기 현전을 제거하는 독이다. 글은 의미를 저자 바깥에 둔다. 그러나 글은 '약'의 역할도 한다. 의미가 (시간의 흐름에도 불구하고 또 다른 장소에서도) 저자의 의도와 똑같이 존속할 수 있는 것은 그것이 말에 의해 일시적으로 존재하다가 망각되는 것이 아니라, 글에 의해 반복됨으로써 다시 재생/기억되기 때문이다.

이때 글은 원래의 의미를 회상시키는 수단이다. 글은 시간적 거리를 뛰어넘어 저자의 의도, 의미를 재생하고 반복할 수 있도록 한다. 이처럼 글은 직접적인 자기 현전인 말을 소외시키는 '병'이면서 동시에

---

15) 글로 씌어진 '의미'는 기호라는 타자를 통해서만, 그리고 그 타자를 제거함으로써만 자기의 원래 모습을 복구할 수 있다. 의미는 글로 소외되었다가 글을 벗어남으로써(글로 나타난 자신의 원래 내용을 되찾아서) 자기에게 되돌아가야만 그 본래 모습을 잃지 않는다고 상정해야 한다.

표현된 장소와 시간의 제약을 뛰어넘어 그것을 치유하는 '약'이기도 하다.

말로 나타난 의미는 다른 시간과 장소에서 동일하게 '되풀이되어야' 한다. 그래야 원래 의미가 어떠한 손상을 입거나 변형되지 않고 그대로 전달된다. 이처럼 동일성은 반복 가능성에 의존한다. 플라톤이 중시한 형상(eidos, 본질)의 자기 동일성은 다양한 변화를 겪으면서도 여전히 자기를 순수하게 유지하는 것을 가리킨다. 그런데 이것은 무한한 자기 반복, 동일성의 재생산에 의해 가능하다.

영혼에서 자기 현전하는 의미는 시간을 뛰어넘어 똑같이 해독되고, 동일하게 반복되기 위해——그 현전을 지속적으로 유지하기 위해——씌어진 기호로 나타나야 한다. 현전은 기호란 타자를 이용하고, 기호의 몸을 빌려야 한다(또는 기호로 보충되어야 한다). 즉 현전은 기호로 나타나면서 순수한 자기 모습을 (자기에게 낯선) 기호로 변형시켜야 한다.

이렇게 볼 때 플라톤의 형이상학은 진리와 말의 친근함을 강조하지만, 진리와 그것의 표현인 말/로고스를 보충하기 위하여 글을 필요로 한다. 데리다는 소크라테스와 플라톤이 글을 비난하면서도 동시에 그것을 요구하는 이중적 태도를 가진다고 지적한다. 영원한 진리가 말에 의해서만 존속할 수는 없다. 역설적으로 말을 소외시키는 글에 의해서만 진리의 영원함이 보존될 수 있다. 말에 의한 현전을 재현시키기 위한 수단인 글이 필요하다. 그렇지만 그것은 영혼을 그 바깥에 씌어진 기호로 물질화함으로써 영혼의 자기 대화를 소외시키는 악이다.

서양 형이상학의 주된 전통은 이런 독당근을 기피하고 원초적 현전을 중시한다. 따라서 철학적 작업은 기원을 보존하려는 것이고, 그러한 현전을 보충, 대체하는 것을 비난한다. 그래서 그것은 기원의 의미를 재파악하고 '반복'하고자 한다. 그렇지만 그런 반복은 기호의 보충, 대체에 의해서만 가능하다.

위험한 보충(supplément)

이런 논의를 루소의 예로 다시 살펴보자. 루소 역시 글을 위험한 보충이라고 본다. 루소 역시 목소리에서 '현전'이 보존됨을 중시한다. 글쓰기는 주체가 말하는 기표를 그 주체 이외의 것에서 차용하는 것으로 대체물이고, 보충이다. 그는 글쓰기를 소리에 '부가되고' 사고의 자연스러운 표현에 대한 이미지를 '보조하는' 것으로 본다. 이런 글쓰기와 같은 것으로 직접 민주주의를 불완전하게 대체하는 대의제(représentatif)란 정치 제도나 정상적인 성관계를 대체하여 자연을 속이는 자위(masturbation)를 들 수 있다. 이러한 글은 기호로 현전을 대체하여 현전을 어긋나게 하고 지연시킨다.

데리다는 『그라마톨로지에 관하여 De la Grammatologie』에서 루소가 자신의 심정을 순수하게 고백하여 그것을 글로 옮기는 과정이 왜 불가능하고 실패할 수밖에 없는가에 대해 상세하게 분석한다.

루소는 문화에 대해 다음과 같이 질문한다. "자연을 보충하는 것이 가능한가?" 자연을 보충하는 것은 그것을 왜곡(perversion)하는 것이 아닌가? 루소는 자연의 소리에 대해 문화적 글쓰기를 대비시키고, 후자가 전자를 왜곡한 것으로 본다.

데리다에 따라 이러한 보충(supplément)이 어떤 논리를 이용하는지 검토해 보자. 보충을 문제 삼을 때 흔히 이미 완전한 전체가 있고 보충되는 것은 그것의 '밖'에 덧붙여진 '잉여물'로 본다. 그런데 그런 덧붙임이 묘한 성격을 갖는다. 먼저 그런 덧붙임은 그것이 덧붙여지는 완전한 것에 비해 부차적이다. 그러므로 그것은 아무 것도 아니거나 사소한 것에 지나지 않는다. 그렇다면 그런 사소한 것이 왜 필요할까? 보충은 사실 원래의 내용에 아무 것도 덧붙이지 않고 또 그래서도 안 된다.

이것을 말과 글의 문제로 바꿔 보자. 말은 자족적 진리를 지니므로 글은 불필요한 보충이다. 글은 말의 진리 내용에 아무 것도 더하지 않는다. 그런데 만약 이런 경우라면 보충은 불필요하다. 따라서 보충이 '어떤 (중요한) 것'이 되기 위해서는 말에 어떤 '결핍'이 있어야 할 것이다. 곧 말 자체가 완전하지 않으므로 그것을 보충하게 된다. 따라서 보충은 단순한 바깥의 덧붙임이 아니라 (적어도 보충되는 만큼) 보충되는 것에 필수 불가결한 것이고, 어떤 의미를 지닌 것이다. 이렇게 볼 때 보충은 아무 것도 보충하지 않는 것이면서 동시에 무엇인가를 보충하는 것이기도 하다.16)

이것을 교육 문제를 통해 인간적 자연과 그것을 보충하는 것이 어떤 관계를 갖는지를 살펴보자. 루소에게서 자연과 문화(기술, 제도, 생산, 역사 등)는 대립된다. 문화는 자연을 왜곡한 것이고 악의 원천이다. 자연은 순결하고 선한 것이다. 그러나 그러한 자연의 영역에서 모든 것이 그 자체만으로 완성되는 것은 아니다. 따라서 어린이의 자연은 '교육'에 의해 보충되어야 한다. 그 보충은 자연적 결핍을 완성시키는 것이어야 한다. 그런데 그것이 자연의 순결함을 해칠 위협 요소가 될 수도 있다. 따라서 교육은 위험한 보충이다. 그러나 교육은 필요한 것이기도 하다(*Grammatologie*, 208 이하).

---

16) 오늘날 대학가에서 특강이 범람한다. 특강이 많을수록 그것이 정규 강의를 풍성하게 보충하는가? 사실 그런 특강이 꼭 필요하다면 그것은 그만큼 정규 강의에 결함이 많음을 뜻할 것이다. 학생들이 정규 강의에서 영어를 제대로 배운다면 왜 그 비싼 돈과 아까운 시간을 들여서 방학 기간 중에 제대로 쉬지도 못하고 영어 회화, TOEIC, 독해 연습 등에 전력 투구해야 하는가? 특별히 머리가 나빠서 정규 강의 내용을 소화하지 못했기 때문은 아닐 것이다. 보충이 필요한 만큼 정규 강의는 무엇인가 결핍된 것이다. 그리고 그런 보충 강의가 정규 강의를 전적으로 대체하게 되는 것은 가장 불행한 일일 것이다. 그렇다면 정규 강의를 보충하는 특강은 없을수록 좋을 것이고, 특강이 많을수록 정규 강의는 심각한 결함이 있다고 볼 수 있을 것이다.

그러므로 교육은 한편으로는 불필요한 것이면서 다른 한편으로는 필요한 것이기도 하다. 즉 그것은 필요한 것이고 또한 필요하지 않은 것이기도 하다.

데리다는 여기에서 그러한 보충이 불필요한 첨가물이 아니라 사실은 그것이 보충되는 것에 본질적인 것이며, 그것의 결핍을 나타낸다는 점을 지적한다.17)

데리다는 이러한 문제 제기를 통해 살아 있는 말과 죽은 글을 대립시키고, 목소리로 진리의 현전을 확보한다는 모든 형이상학적 시도를 공격한다. 진리와 말(logos)은 그것의 타자인 글에 의해서 표현되어야 하지만 그 표현은 원래 내용을 소외시킨다. 따라서 표현된 것을 원래 내용과 동일한 것으로 만들기 위해서는 이상한 조작이 필요하다. 표현을 중립적이고 투명한 반영, 재현으로 보아 표현이란 수단을 문제 영역에서 제거해야 한다. 즉 기호들은 원래 의미를 표현하기만 해야 하고, 그것 자체는 빈껍데기이므로 쓰고 나면 아무런 가치가 없는, 버려야 할 것에 지나지 않는다. 기호들은 높은 곳에 올라가는 데 필요한 사다리와 같은 것인데 그곳에 올라간 뒤에 그 사다리는 불필요하므로 차 버려도 된다(물론 그나마 표현이 잘못된 경우에는 원래의 의미를 왜곡시키므로 표현은 더욱 위험스러운 수단이기도 하다).

그런데 이러한 말/글의 이분법은 형이상학적 이분법(본질/현상, 내용/형식, 동일성/차이, 절대/상대……)과 깊은 관련을 지니며, 그것을 재생산한다. 그리고 말을 통한 진리의 현전은 타자의 매개 없는 순수한 자기 현전이라는 틀을 고수한다.

이런 틀은 어떤 형이상학적 진리관을 지니는가? 진리는 기표와 독

---

17) 자연은 순수하고 완전한 기원이 아니다. 그 기원에는 이미 불순한 차이와 타자가 들어 있다. 데리다는 순수한 기원이 허구라고 본다. 기원에는 '이미' 기원의 타락이 들어 있다.

립해서 그것에 앞서는 기의이다. 진리 안에서 사물 자체는 사고와 일치(adequatio)한다(지성과 대상의 일치). 진리는 기표에 대한 기의의 앞서 있음(Frühsein)과 우월성을 전제한다. 즉 여기에서 기표는 기의를 표현, 재생한다. 진리를 말하는 것(또는 쓰는 것)은 하나의 기술(techne)을 사용하여 순수한 자기 현전(Selbstgegenwart)을 반영하는 것이다. 이처럼 진리를 말할 수 있는 까닭은 기의가 그것을 표현하는 기표 속에 이전되기 전에 이미 그 자체로, 지성적인 것으로 존재할 수 있기 때문이다(Wahl, *Einführung in den Strukturalismus*, 430 참조).

형이상학은 차이들이 아니라 동일성을 바탕으로 삼는다. 동일성의 틀은 차이, 현상, 변화, 혼란을 극복할 수 있다. 진리의 자기 현전도 이런 동일성을 의미한다. 그런데 자기 현전, 동일성은 자기 안에 어떠한 차이도 지니지 않은 것이어야 한다. 그런데 동일성은 차이를 전제하고 차이에 의해서만 생겨나면서도 차이들을 모조리 지워 버려야만 순수한 자기 자신, 같음, 차이 없음, 어떠한 타자성도 끼여들지 않음으로 존재할 수 있다.

이렇게 볼 때 동일성은 자신의 출생 기록부를 제거, 은폐한다. 이렇게 함으로써만 차이와 타자를 넘어서 그것과 무관한 절대적 진리로 등록될 수 있다. 글이 아버지의 나쁜 아들이라면 이러한 진리는 바로 글이란 아들을 쫓아 버린 전능한 아버지라는 형상으로 군림하는 고독한 아버지이다. 그는 자신의 순수한 족보를 위해 말이란 아들은 보호하지만 글이란 아들을 족보에서 지워 버린다.

(2) 후설에 대한 해체적 독해 :
    순수한 목소리와 충만한 현재에 대한 문제 제기

그러면 해체적 독해의 다른 예로 후설의 현상학적 순수 의식에 대한 데리다의 색다른 읽기를 살펴보자. 데리다는 후설이 경험적 영역과 무관한 순수한 의식을 전제하고 목소리를 통해 그 의식의 내용을 있는 그대로 표현할 수 있다고 봄으로써 현전의 형이상학을 정당화하고 있다고 지적한다. 데리다는 이에 대해 후설적인 순수한 의식은 환상이며 그 의식은 말, 나아가 글로 표현되기 전에 순수한 형태로 완결되어 있는 것이 아니라, 글쓰기 과정(차이 작용)에 의해 만들어진다고 본다.

데리다는 후설의 『기하학의 기원』이라는 짧은 글을 번역하고 그것에 원문보다 몇 배나 긴 서론을 붙인다. 그는 여기에서 이념성이 언어, 기호들, 글쓰기란 수단을 이용하지 않고서는 의사 소통될 수 없고, 보편적 진리로 전승될 수 없다고 지적한다. 데리다는 이런 주장을 연장시켜 『목소리와 현상』에서 언어, 기호가 이념성을 구성하는 데 개입함을 보여 줌으로써 선험적 생활의 심장부에서, 이념성 자체에서 기호들, 글쓰기가 필요함을 보여 준다.

데리다는 후설의 기호 이론을 통해 현상학의 빈틈을 제시함으로써 그것이 담고 있는 형이상학적 측면을 드러낸다. 그러면 데리다가 후설 『논리 연구 Logische Untersuchungen』의 몇 절을 비판적으로 읽으면서 현전의 형이상학을 비판하는 것을 살펴보자. 현상학은 선험적 자아의 순수 직관에 의해 직접 본질을 파악하려는 시도이다. 데리다는 이를 비판하기 위해 후설의 이론의 주변부인 기호 이론을 검토한다. 후설은 기호를 지시(Anzeichen, indication)와 표현(Ausdruck, expression)으로 구별한다(『논리 연구』, 1장 1절). 지시적 기호는 구체적이고 특수한 경험적 대상을 지시한다. 이를테면 국기는 그 나라를, 구름이 몰려드는 것은 비를, 족쇄는 노예를 가리키는 기호이다. 그런데 이러한 지시-기호(indice)는 경험적이기 때문에 불확정적이고 다의적이므로, 확실하고 보편적인 인식을 줄 수 없다(그것은 지시할 뿐 '의미'하지는 않는다). 이와 달리 표현적 기호는 의식의 내용을 '표현'하는 것이므로 곧바로 의식의 내용을 전달한다. 이것은 사실적 대상의 우연성, 복수성을 벗어나 자기 동일한 내용을 나타낸다. 이런 구분을 통해 후설은 표현적 기호만이 의미(Bedeutung)를 전달한다고 본다.18)

표현적 언어는 의식의 의도를 현전시킨다. 후설은 이것을 순수하게 나타내는 '내적 독백'에 주목한다. 이 상태에서는 자기가 자기에게 말하고 동시에 자기가 그것을 듣고 이해하므로 말함과 들음 사이에 어떠한 틈이나 어긋남도 없을 것이다. 즉 의식의 순수한 현전이 확보될 것이다.

내적 독백에서 의식 내용은 자기의 말 가운데 현전한다. 이런 말함에서 의식은 자기와 마주하고 어떠한 타자, 차이도 갖지 않는다. 이처럼 후설은 상호 주관적 영역에서 이루어지는 '실제' 의사 소통과 독백적 영역에서 행해지는 '상상적' 의사 소통을 구별하는 형이상학적 장치를 마련한다. 이를 통해 후설은 지시적 기호들의 오염을 배제하여 독백적 삶의 순수성을 유지하려 한다.19)

후설은 내면적·정신적 삶에서는 자기 자신에게 '지시'할 필요가 없다고 본다. 지시적 기호들은 전적으로 무용(zwecklos)하다. 왜냐하면 행위 자체가 (어떠한 시간적 차이도 개입되지 않고) '바로 그 순간에'(im selben Augenblick) 그 자신에 의해 체험되기 때문이다(『논리 연구』, 1장 8절). 의식은 항상 이미 정신적 행위가 일어나는 '바로 그 순간'에 있다. 따라서 그 행위는 자기 자신에게 '재현'될 필요가 없

---

18) 기호는 어떤 다른 것을 대신하는 것(für Etwas)이다. 표현은 의미를 지닌 기호로, 단 하나의 예가 인간의 언어이다. 표현들은 내재적으로 유의미한 기호들이다. 반면에 지시는 경험적 지표로서, 그것 자체로 내재적 의미를 지니지 않는다. 그것과 그것에 의해 지시되는 것이 순전히 경험적으로 결합할 뿐이다. 연기는 불을 지시한다. 그러나 그것은 불을 의미하지는 않는다.
19) 이러한 배제는 후설에게는 의미의 순수성, 자기 현전을 확보하는 방식이지만 데리다가 볼 때 형이상학의 불안을 보여 준다. 후설은 영혼이 그 자신과 얘기를 나누는 것으로 표현이 순수하게 의미를 보존한다고 본다.

다. 이때 의식은 내재에 의해 정의되고, 그 자신에 대한 자기 현전에 의해 정의된다. 이런 행위와 그것에 관한 의식 사이에는 눈깜짝할 사이도 끼여들지 않는다.

후설은 이러한 자기 현전이 '목소리'에 의해 마련된다고 본다. 목소리는 직접적인 동시에 어떤 왜곡도 없이 생생하게 의미를 전할 수 있기 때문이다. 의식 내면에서 자아는 스스로에게 말한다. 이것은 의미를 다른 사람에게 전달하여 그 의미를 타자에게 전달하고 (Kundgabe) 전달되는(Kundnahme) 의사 소통의 경우와 구별된다. 자신의 말이 의사 소통되는 과정에서는 '지시'가 개입한다. 즉 의미와 다른 것, 의미와 그것의 표현과 다른 것이 작용하게 된다.[20]

그런데 목소리를 통한 의미 표현에서 말하는 행위와 듣는 행위 사이에는 어떠한 틈도 끼여들지 않는다. 그것은 자기-작용이자 자기 현전을 가능케 한다. 이러한 말의 자기 현전은 프랑스어의 je m'entende(나는 내가 한 말을 듣는다)로 잘 표현된다. 자기 자신이 말하는 것을 스스로 듣는 것은 세계 안에서 자기 생각이 기호(언어)로 표현되면서 형태가 바뀌고 그 기호가 타인의 해석에 맡겨지면서 불확정성에 던져지는 것에 비해 순수한 것이다. 그래서 목소리는 절대적인 자기 근접성(la proximité à soi)의 매체이다(내적 고독 속에서 나는 나 자신에게 말하지만 나 자신에게 글을 쓰지는 않는다. 말은 글쓰기보다 순수하고 보다 이념적이다).

이처럼 표현은 의식의 의미를 있는 그대로 전달하는 것으로 여겨진다. 따라서 의미에 대한 '표현'은 표현 자체가 아니라 그것이 담고 있는 내용 때문에 중요하다. '표현'은 표현 이전에 이미 주어져 있는

---

[20] '실제' 의사 소통은 기호들과 매개들에 의해 이루어진다――혼란에 빠지기도 하고 의사 소통에 대한 오해와 실패들에 노출된다. 그것은 재현들의 매개에 사로잡힌다. 그런데 데리다는 이런 상황이 내면적 삶에서 이루어지는 상상적 대화에서도 마찬가지라고 본다.

선-언어적 의미(Sinn)에 언어적 형태나 범주화를 부여하는 것에 지나지 않는다. 따라서 후설은 표현 작업을 전적으로 '비생산적'이라고 생각한다(『이념』, 1권 124절). 그것은 이미 구성된 의미(Sinn)를 언어적 의미(Bedeutung)로 찍어 내는 것이지 그것에 어떤 것도 덧붙이는 것은 아니다. 따라서 후설에게서 표현은 비생산적 반복이다.

데리다는 후설이 경험적 영역과 무관한 순수한 의식을 전제하고 언어를 통해 그 의식의 내용을 있는 그대로 표현할 수 있다고 봄으로써 현전의 형이상학을 정당화하고 있다고 지적한다. 그는 불순하고, 경험적이고, 지시적인 언어적 기표들의 유희에 앞서는 순수한 영역이 있다는 것을 부정한다. 데리다는 후설적인 순수한 의식은 환상이며 그 의식은 언어로 표현되기 전에 순수한 형태로 완결되어 있는 것이 아니라 언어화 과정, 의미 작용의 관계망에서 만들어진다고 본다. 그는 의미가 기호들의 작용, 반복에 의한 효과라고 주장한다.

데리다는 목소리란 매체를 검토한다. 그가 보기에 후설은 순수하고 투명한(diaphane) 매체의 일종인 '순수한 목소리'란 형이상학적 생각을 무비판적으로 받아들인다. 즉 그에 따르면 우리는 대상들을 우리들 자신 안에서——공간적·일상적 세계에 오염되지 않은 목소리를 통해——생각한다. 순수한 표현들은 침묵을 지키는 내적 '목소리'에서 구성된다. 목소리는 그것이 말하자마자 들린다. 그것은 자기 자신에게 '절대적 근접성'을 유지하는 완전한 자기-작용으로 기능한다. 내적 목소리는 사고 내용을 전달하자마자 스스로를 지우는 순수한 매체, 사고의 매체일 뿐 아무런 내용도 지니지 않기 때문에 순수한 것으로 여겨진다.

여기에서 자기 현전으로서 현전의 동일성 안에는 타자가 없고(non-alterité), 차이가 없다(non-différence). 이것은 자기 자신에게 절대적으로 가까이 있음(la proximité absolue à soi)으로 나타나는 수수께끼 같은 존재를 포함한다. 그리고 자기에게 현전하는 현재는 '바로 그 순간'으로서 결코 나뉘지 않는 것이다. 경험의 자기 현전은 '지금'으로서 '현재'에서만 산출되어야 한다(La Voix et le phénomène, PUF. 66). 이렇게 볼 때 자기 동일성을 지닌 '지금'의 특권이 자명함, 의식 자체, 진리와 의미의 가능성의 바탕이다.21)

그러므로 후설이 앞서 제기한 주장이 가능하려면 의식의 직관과 그것을 말함이 동일한 순간에 이루어져야 할 것이다. 만약 아주 짧긴 하지만 시간적 '틈'이 있다면 직관과 그에 대한 표현이 동일하다는 것을 확신하기 위해서 기억에 의존해야 한다. 그런데 기억은 우연적이고 오류 가능한 것이다. 후설은 이 문제를 해결하기 위해 표현이 단일한 순간의 행위라고 파악한다(데리다는 후설이 이때 '시간적 차이'와 '타자성'이 끼여들어 있음을 무시한다고 지적한다). 그는 시간이 결코 분리된 순간들의 계기로 경험될 수 없다고 보았다.

데리다는 현전의 진리를 고수하려는 노력이 갖는 형이상학적 측면을 지적하기 위해 후설의 현재 개념을 해체한다.

후설은 시간성(Zeitlichkeit)을 모든 대상을 객관적으로 구성하는 기반으로 본다. 시간-구성하는(zeit-konstituierend) 의식 흐름의 형식적 구조가 가능적 대상의 통일을 의식케 한다.

후설은 세계에 대한 '매개되지 않은' 지식을 추구하며 이러한 인식적 이상을 '원리 중의 원리'라고 부른다. 그는 직관을 중시하고 의식의 '자기 소여성' 또는 의식 앞에 대상들이 현전함이란 관심에서 출발한다. 그러므로 의식이 '현재' 받아들인 지각 내용, 원인상(原印

---

21) 말은 이미 분절로서 구조화되어 있다. 사고는 기표들의 고리로부터 도망칠 수 없고, 기표들의 연쇄가 사고를 가능케 한다. 의미(Bedeutung)는 순수한 선-언어적 의미(Sinn)의 비생산적인 거울-상이 아니다. 왜냐하면 그것을 산출하는 기호학적 체계 자체에 의해 구성되지 않고서는 Sinn(의미 : 지시체)이 없기 때문이다. 가장 내면적인 독백까지도 이미 언어의 역사적-문화적 범주들에 의해 침윤되어 있다.

象, Urimpression)이 일정한 시간적 지속에서 그 순수함을 유지한다고 본다. 즉 원인상이 과거 속으로 흘러가 버리거나, 그것을 기억에 의해 되새겨 과거의 지각 내용을 '재현'한다고 보지 않는다. 그는 의식이 원인상에 의존하고, 대상이 절대적 '지금'에서 지각된다고 본다. 따라서 원인상의 시점은 (이미 지나가 버린 과거에 대한 지각과 달리) 충전적 존재를 갖는다.

후설은 이를 설명하기 위해 슈테른의 현재 시간(Präsenzzeit) 개념을 받아들인다(Husserl, *Zur Phänomenologie des innern Zeitbewuβtseins, Husserliana* X, 20 이하). 이에 따르면 흐르는 생생한 현재는 어떤 폭을 갖는 지평으로 파악된다. 만약 시간을 흐름으로 보지 않고 시간이 과거의 한 점에서 그 바깥/다음에 있는 다음 점으로 옮겨 간다고 본다면, 현재는 과거, 미래와 분리된 한 점이 될 것이다. 즉 현재는 무한하게 분할된 순간 가운데 하나일 뿐이다. 이처럼 후설은 현재를 그 앞의 과거, 그 이후의 미래와 단절된 고립된 '점'으로 보지 않고, 일정한 폭을 지닌 연속으로 본다.

이렇게 볼 때 현재는 현재 이전의 과거 지향(Retention)과 그 이후의 미래 지향(Protention)을 포함하는 하나의 지향적 흐름이다. 따라서 '생생한 현재'는 원인상을 핵으로 삼는 통일된 직관의 영역이다. 곧 현전(Präsenz)의 영역으로서 끊임없이 흐르고 있다. 현전은 '지금'을 원천점으로 삼고 '이제 방금' 현재였던 것과 '곧 도래할 것'을 포함하는 통일적 구체태이다. 생생한 현재의 시간 위상들은 그 흐름상에서 통일되어 있다.[22]

후설이 드는 예로 설명해 보자. 우리가 멜로디를 들을 때 '주어진' 것은 곧바로 종합적 통일을 이룬다. 그렇지 않다면 멜로디를 들을 수

---

[22] 후설은 감성적 지각에서 확보된 원인상을 혜성의 핵(Kern)으로 설명한다. 이때 혜성의 꼬리는 현재란 지평 안에 있는 과거 지향을 가리킨다.

없고 일련의 분리된 소리들만 들릴 것이다(같은 책, 39). 우리가 연주회의 멜로디를 들을 때 음계열은 지나가지만 지나가는 음은 (과거 속으로 사라져 망각되는 것이 아니라) 과거 지향으로 의식되고 의식 속에 현재로 머물러 있다. 의식은 처음부터 끝까지의 모든 음을 유지하지는 않지만, 의식에 아직 있는 것을 현재적 지평에서 파악한다. 연주되고 있는 멜로디에서 곧바로 지나간 시점들을 보존하는 것은 이미 연주된 악보를 기억하는 것과는 다르다. 과거 지향은 그 자체를 현전의 요소에서 유지하고, 그것은 한순간도 떠나지 않고, (충만한 의미에서) 현재에 자리잡는다.

현재가 현전하는 이러한 장은 이미 과거인 것과 현재 너머에 있는 것의 영역 사이에, 그 안에 있다. 이러한 현전의 장(Präsenzfeld)은 미래 지향, 원인상, 과거 지향의 연속적인 흐름으로 이루어진다. 곧 예로 든 음의 계열에서 현재의 지평은 '이제 막 지나간' 음을 아직 현재적으로 지니고 있는 과거 지향과 '다가올 어떤 음이 이미 현재하고 있는' 미래 지향의 폭을 지닌다. 생생한 현재는 원인상을 핵으로 과거 지향, 미래 지향에까지 미치는 지평이다. 이 지평 안을 현재의 폭(Breit)으로 볼 수 있다. 이처럼 후설은 현재를 하나의 지평 안에 함께 존재하는 통일된 흐름으로 본다. 요컨대 과거 지향과 미래 지향은 현재의 지평을 이룬다.

그러면 과거 지향은 지나가 버린 과거에 대한 기억, 현재에 직관될 수 없는 과거를 재생하는 것과 어떻게 다른가? 후설은 과거 지향을 통상적인 과거에 대한 기억, 재생과 구별한다. 과거 지향은 직접적으로 (곧바로) 지각된 것, 원기억(原記憶, primäre Erinnerung)이다. 이것은 현전의 장 너머로 이미 지나간 과거의 지각을 재현, 반복한 것이 아니다. 그런데 기억은 이미 지나간 인상을 현재로 끌어와 '재현/재생한' 것이므로 원인상의 직관과는 구별된다. 그래서 후설은 이것을 이차 기억이라고 부른다. 기억은 재생하고, 다시 현재화한(wiedergegenwärtigend) 것이다(같은 책, 35~37). 그것은 지금과 단절된 것이고, 재현된 것의 원본적 현전을 보존하지 않는다. 이에 비해 원기억은 '방금 현존했던 것'을 (지금이 직접적으로 직관에 가져가는 것처럼) 고유한 지각, '원초적, 직접적 직관'에 가져간다. 이 원기억에 담긴 내용은 이미 지나간 것을 다시 지각하는 것이 아니라 여전히 현재의 지평에 머물러 있는 것이다(같은 책, 29~31). 이처럼 그것이 여전히 현재 안에 있으므로 그것은 의식의 시간상의 연속성을 보장한다. 이러한 '지금'은 우리가 의식하는 대상들을 원본적으로 구성하는 것이다. 이때 지각은 존재자를 의식에게 현전시키는 작용이고, 객관을 근원적으로 규정하는 작용으로, 과거 지향과 미래 지향의 지평을 지닌다. 현재는 이러한 지각 작용으로 '구성'된다. 후설은 시간-구성이 마련하는 '연속성'으로부터 대상들의 '동일성'이 나온다고 본다.23)

데리다는 생생한 현재 개념을 재검토함으로써 후설의 이러한 논의를 전복시킨다. 데리다는 과거 지향의 성격에 대한 후설의 논의를 의문시하면서 의식의 동일성, 충전성까지 문제 삼는다.

과거 지향의 본성은 무엇인가? 만약 의식의 '지금'이 그것을 보존하는 '지나간 지금'과 관련해서만 그것 자체로 구성될 수 있다면, 이러한 과거 지향이 후설이 확정하고자 하는 원초적 의미의 지각에 속하는 것인가?

　　지각된 현재의 현전은 그것이 비현전, 비지각과 계속적으로 혼합되는 한에서만, 일차적 기억과 예기(곧 과거 지향과 미래 지향)와 혼합되는 한에서 나타날 수 있다. 이러한 지각들은 현실적으로 지각되는 지금에 덧붙여지는 것도, 때때로 동반하는 것도 아니다. 그것들은 본질

---

23) '책상이 있다'에서 책상의 동일성은 그것이 일정한 시간적 지속에서 단절되지 않은 상태에 있음을 전제해야 한다.

적으로 불가피하게 그것(지금)의 가능성에 포함되어 있다(*La Voix et le phénomène*, 72).

현재적 순간에 대한 인식은 과거 지향(Re-tention)을 통해 과거와, 미래 지향(Pro-tention)을 통해 미래와 연결된다. 이처럼 현재의 현전이 과거 지향, 미래 지향이 연관된 구조에 의해 가능한 것이라면 현재가 마련하는 현전성은 파생된 것이다. 그렇다면 직접적이고 충실한 현전성은 불가능하다. 이는 현재적 순간이 그것 아닌 다른 것과 불가분의 관계에 있기 때문이다. 데리다는 후설이 보듯이 직접적 현전성이란 관념이 의미 작용의 토대가 될 수 없다고 본다. 이것은 현전의 직접성이 항상 시간화 작용/시간적 미룸(temporisation)과 공간화 작용/간격 두기(espacement)에 의해 매개되기 때문이다. 그런데 후설은 직접적 현전성의 환상에 빠져 이러한 작용을 무시한다.

데리다는 후설이 상정하는 순수한 현전, 언어가 도달하기 전의 충만한, 특권적 순간은 있을 수도 없고, 또 있다고 해도 우리가 결코 알 수 없는 것이라고 비판한다. 그러한 현전의 순간은 차이로 분열되며 그 경험은 무한히 연기될 뿐이다. 데리다는 후설이 상정하는 원본적 현전의 신화가 서구적 이성이 보편적으로 전제하는 것이라고 본다.

여기에서 초점을 정리해 보자. 과거 지향이 없이는 어떤 내용도 생생한 경험으로 가능하지 않다(Husserl, 같은 책, 158). 후설이 생생한 현재의 원본적 충전성을 확보하려면 과거 지향에서 지각 내용이 현전해야 한다.[24] 후설 체계는 모든 정신적 표상 형식들이 궁극적으로

---

[24] 원기억/과거 지향이 객관적 의식의 원본적 충전성에 속하지 않는다면 그것은 기원의 원본성을 오염시킬 것이다. 즉 지각의 원본적 제시(presentation)는 반복의 산물인 재현에 의해, 그 자체가 원본적 현전에 속하지 않는 것의 침입에 의해 오염된다. 지각의 절대적, 이념화된 '지금'은 과거 지향이란 '지금 아닌 것'에 맞춰 조정되어야만 한다.

충전적인 직관적 현전이란 원초적 경험들로 회부되어야만 한다는 선험적 가정에서 작동한다. 이런 가정은 현전의 철학에 기반을 둔다.

이처럼 과거 지향이 없이는 어떠한 지각도 있을 수 없다면 과거 지향이라는 비현전의 '흔적'은 (지각적) 현전을 구성하는 데 본질적인 것으로 나타난다. 이처럼 '지금'의 원본성은 비-지금의 과거 지향에 의존한다. 비-지금의 비현전/부재는 현상이 출현하는 가능 조건이 된다.

데리다는 흔적을 전면에 내세운다. 과거 지향은 그것 자체가 결코 현전하지 않는 타자와 얽혀 있는 동일자 안에서의 흔적이다. 흔적 구조는 경험의 바탕을 이룬다. 어떠한 여기-지금도 여기-아님과 지금-아님에 관련된 차연에 연루되지 않고서는 경험에 주어지지 않는다. 흔적 구조는 경험과 의미의 가능 조건이다. 그는 이처럼 현전이 흔적에 의해 가능한 것이라고 본다.25)

이처럼 데리다는 후설이 내적 시간 의식에 의해 구성한 생생한 현재를 논박한다. 현재는 단순한 통일체, 순수한 자기 동일성이 아니다. "자기 현전은 자기 자신에게 기호들의 대리(procuration)에 의해 알 수 있을 것이 없도록 하기 위해서 (기호들의 지시가 무용하도록——필자) 시간적 현재의 나뉘지 않는 통일성으로 산출되어야 한다"(*La Voix et le phénomène*, 67).

---

25) "현전 형식 자체의 이념성은 그것이 무한하게 반복 가능하고 그것의 복귀가 동일자의 복귀로서 필연적으로 ad infinitum하고, 현전 자체에 기록됨을 함축한다"(*La voix et le phénomène*, 75). 데리다는 과거 지향과 (기억에 의한) 재현이 흔적이란 공통의 근거를 갖는다고 지적한다. 그러한 '흔적'은 현상학적으로 원본적인 것보다 더 '원본적'이다. 왜냐하면 현전 자체의 형식이 지닌 이념성은 그것이 무한하게 반복 가능한 것을 함축한다. 그 복귀(동일한 것으로의 복귀)는 현전 자체에 각인되어 있다. 복귀는 과거 지향의 '유한한' 운동으로 유지되는 현재의 복귀이다. 원본적 진리는 과거 지향의 유한함(la finitude)에 뿌리박고 있다. 나아가 무한성과의 관계는 무한한 복귀(re-tour l'infini)의 가능성으로서 현전 형식의 이념성에 개방하는 것으로만 설정될 수 있다(같은 책, 75~76).

후설이 상정한 절대적 순간성은 불가능하다. "만약 순간의 점적 성격(punctualité)이 신화이고 ······만약 자기 현전의 현재가 단순하지 않다면, 만약 그것이 원초적이고 환원 불가능한 종합으로 구성되지 않는다면, 후설적 논증 전체는 바로 그것의 원리에 의해 위협받는다"(같은 책, 68).

현재는 지금의 미래 지향적-과거 지향적 종합의 산물이다. 현재는 그 충만한 의미로 기원적인 것이 아니라 보다 근본적인 조작에 의해 산출된 것이다. '생생한 현재'는 원본적 직관이거나 어떠한 차이도 없는 순수한 지각이 아니라 지금과 비-지금의 종합으로서 효과, 산물, 짜여진 텍스트, 텍스트성의 구조를 지닌다. 현전은 과거 지향(re-tention), 재현의 '효과'이다. 현재의 현전은 반복에서 나오는 것이지 그 역이 아니다. 의식은 더 이상 지각의 지금에서도 충전적인 것으로 여겨지지 않는다.26)

6. 평가

데리다 자신이 대담에서 밝히고 있듯이 그는 열림과 자유를 추구한다. 그는 획일화, 동질화, 균등한 문화와 상업적 질서에 반대하면서 그것에 어떠한 대안적 체계도 세우지 않은 채 맞서고자 한다. 그는 논

---

26) "후설은 (원본성의 영역에서 원인상 l'impression originaire과 원본적 과거 지향에 공통된) 지금과 비-지금(non-maintenant), 지각과 비지각의 연속성을 인정하여 '순식간'(Augenblick)의 자기 동일성에 다른 것을 받아들인다. 즉 im selben Augenblick 안에 비현전과 자명하지 않음(l'inevidence)을 수용한다······.이러한 타자성은 현전, 제시, 표상 일반의 조건이다······. 과거 지향과 재생의 차이, 일차적 기억과 이차적 기억의 차이는 (후설이 바랐듯이 지각과 비지각 간의) 근본적 차이가 아니다. 오히려 그것은 비지각의 두 변양간의 차이이다······. 비현전과 타자성은 현전에 친밀하다"(같은 책, 73~74).

리적 아포리아를 감수하며 이율 배반과 불가능성의 경험 위에서 모험하면서 항상 창조하려는 태도를 중시한다. 그는 체계를 거부하기 때문에 개념을 뛰어넘으면서 성공에 대한 어떠한 사전 보장도 없이 작업한다.

그는 열린 공동체를 추구한다. 이것은 폐쇄되지 않고 성원 각자의 자유에 맡겨진 공간으로서, 조화로운 전체나 합의에 매달리지 않고 불일치나 갈등을 넘어서는 근본적 일치를 추구하지 않는다. 그는 자신의 언어로 타자의 언어가 고통당하지 않고 타자가 자신을 받아들이지만 그것에 함몰되거나 통합되기를 바라지 않는다. 그는 자신과 타자 사이에 어떠한 공통의 척도, 메타 언어, 초월적 기준이 있다고 보지 않는다.

이러한 데리다의 해체주의는 미국에서 예일 학파를 중심으로 한 해체주의 비평 운동으로 개화한다. 그들은 철학이 수사법에 지나지 않으면서도 스스로의 계보를 숨김으로써 특권적 진리를 가정하고 있다는 것을 밝혀 철학을 탈신비화한다. 그래서 철학은 문학적 수사에 지나지 않으므로 문학적 수사가 철학의 옛자리를 차지한다고 환호했다. 사이드가 지적하듯이 이들은 데리다의 해체를 텍스트의 '자유로운 놀이'에 대한 유토피아를 꿈꾸는 것이라고 해석한다. 이들은 기표를 선험적 기의에 대한 의무로부터 해방시키고자 한다. 그래서 텍스트는 독립성을 가지며, 고정된 의미의 속박은 없으며, 텍스트 자체가 자신의 생명을 갖고 가능한 의미의 무한한 계열을 자유롭게 만들어 낸다고 본다. 그것은 저자의 의도, 행위에 예속되지 않으며, 언어의 규칙이나 규약으로부터도 자유롭다. 이것은 고정된 해석과 텍스트 근저에 있는 불변적 의미를 추구하는 '랍비'적 독해보다는 어떠한 의미의 폐쇄도 없는 조이스적 독해를 추구한다.

그가 최근에 출간한 『마르크스의 유령들』이란 책을 소개하는 방식으로 그의 입장을 살펴보자. 그는 한 번도 공적인 마르크스주의자임을 자처한 적이 없지만 마르크스의 이름이 더 이상 위력을 지니지 않은 시기에 엉뚱하게 『마르크스의 유령들』이란 책을 내고 '마르크스주의자'임을 내세운다. 그는 마르크스(주의)의 유령들을 불러들인다. 그는 이것들과 함께 새로운 인터내셔널을 모색한다. 그것은 사회주의의 몰락으로 맹목적으로 질주하는 자본주의의 신질서에 대항하고, 착취와 고통에 시달리는 현상황에 맞서기 위한 연대이다. 그의 '때에 맞지 않은' 이 책은 승리의 노래에 취해 있는 신질서를 해체하고자 한다.

그는 『마르크스의 유령들』에서 햄릿을 인용하여 "시대가 궤를 벗어나 제멋대로 가고 있다"(The time is out of joint)고 선언하고 마르크스(주의)의 유령이 지금도 유럽을 배회하고 있으며, 신성 동맹이 그것을 쫓기 위해 음모를 꾸미고 있다고 선언한다. 그는 우리가 마르크스의 상속자라기보다는 우리의 유산에서 마르크스를 제거할 수 없으며, 마르크스와 그의 유산이 없이는 미래가 없다고 주장한다. 그는 우리가 마르크스의 유산을 어떻게 상속받을 것인지를 선택해야 한다고 주장한다. 한 예로 데리다는 후쿠야마가 『역사의 종말』에서 제시한 틀인 헤겔적 자유주의 국가관을 세속화한 자본주의 찬가에 지나지 않는 형이상학적 역사 철학을 보기 좋게 뒤집어 놓는다. 또한 그는 마르크스의 상품 물신성이란 개념을 상품의 교환 가치라는 '감각적이고 초감각적인' 유령이 벌이는 요술로 재해석한다. 상품이 교환되는 시장은 이런 낯도깨비들이 사람들을 홀리는 무대이다.

그는 오늘날 자유 민주주의 체제와 자본주의 시장의 무자비한 폭력을 옹호하는 큰 이야기와 대결할 수 있는 교조화되지 않은 '마르크스의 정신들'을 환기시킨다. 그것은 마르크스의 근본적 비판을 견지하는 것이지만, 교조적이고 체계화된 형이상학적인 마르크스주의와 이와 연결된 다양한 제도, 실천 형태들과는 '다른' 해석과 실천을 모색한다.

그는 역사상 인간들이 이토록 폭력, 불평등, 배제, 기아, 경제적 탄압에 시달린 적은 없었다고 본다(새로운 실업, 경제 전쟁, 외채의 증가, 군수 산업, 민족 정쟁, 마피아 등의 마약 기업 연합과 같은 유령 국가들, 정치적 망명과 무국적자들에 대한 배척 등). 그는 이에 맞서기 위한 연대를 제안하는데, 그것은 특이하게도 어떠한 조직도, 당도, 교리도, 이데올로기도 없는 인터내셔널을 말한다. 이것은 텔레-테크놀로지에 의해 마련된 새로운 공적 영역, 여론의 공간을 배경으로 삼는 커뮤니케이션의 변화와 관련된다. 그는 이런 상황에서 어떤 청사진도 없이 새로운 책임감, 새로운 지식인 상을 촉구한다. 데리다는 책의 말미에서 다시 햄릿을 인용한다. 유령이 나타나자 마르셀루스는 호레이쇼에게 다음과 같이 말한다. "너는 학자이다. 유령에게 말하라." 과연 오늘의 지식인들은 마르크스의 유령 앞에서 그와 어떻게 사귀고 그로부터 무엇을 배우고 어떤 말을 할 것인가?

그러면 데리다의 해체가 갖는 문제점을 지적해 보자. 해체는 철학적 텍스트, 특히 철학적 이성을 해체함으로써 결과적으로 기존 제도, 체제에 대한 합리적 저항의 가능성을 매몰시킬 위험을 지닌다. 특히 데리다가 해체를 단순히 이론적인 것이 아니라 제도적 틀을 문제 삼는 실천적, 정치적인 개입이라고 할 때, 이것은 특히 인간의 본질, 이성적 사회 등의 '형이상학적 가정'에 기초한 비판들을 무력화시킨다. 데리다는 서구 사고의 근본적 가정들이 폭력과 억압의 서구 역사와 공모 관계에 있음을 지적한다. 해체는 텍스트가 의미와 진리의 효과를 낳지만 동시에 그것을 자기 모순과 함께 파묻는 메커니즘을 드러내는 것이다. 그렇지만 정치적 적대 관계가 논리적 모순으로 환원될 수는 없다. 그 자신이 레비나스가 '형이상학을 극복하고 해체시키는 현재의 담론 전체가 형이상학 자체보다 더 사변적임을' 지적한 점을 옳다고 한 것이 기이하게도 데리다 자신에게 적용되지는 않는가? '형이상학의 종말'은 '이데올로기의 종말'과 마찬가지로 이데올로기는 아닌가? 그것이 어떤 의미를, 특히 어떤 현실적 효과를 낳는가? 그리스 도시 국가와 민주주의가 쇠망한 때에 나타난 플라톤과 아리스토텔레스의 형이상학이 '시민'보다는 보편적 존재론에 몰두한 것이 하이데거의 존재론에도 여전히 그 맥을 잇고 있다고 본다면(하이데거의 존재론은 존재자, 구체적 사회-역사적 현실에 대한 사고를 뛰어넘는다.) 데리다가 하이데거를 전승하면서 해체하는 것도 여전히 이런 선 위에 있는 것이 아닐까? 철학을 존재가 아니라 존재자, 사회-역사적인 공동체, 현실에 대한 질문과 모색으로 본다면 철학의 종말과 형이상학의 해체는 카스토리아디스의 지적처럼 종말에 대해, 철학이 바람직한 공동체에 대한 질문과 추구란 점에서 지금도 그것이 여전히 유효한 것이고 우리의 새로운 공동체에 대한 추구가 끊이지 않는 한 철학이란 나무는 시들지 않는다고 볼 수는 없는가? 물론 데리다는 이에 대해 진리에 대한 지향이 현전의 형이상학에 예속되는 배반을 겪는다고 경고할 것이다.

데리다가 차연, 흔적, '글쓰기' 등의 틀로 동일성, 현전을 설명할 때 과연 그가 현전의 형식은 아니지만 또 다른 기원에 대한 관념을 완전히 버렸다고 할 수 있을까? 물론 그는 차연이 개념도, 이름도 없는 유령이라고 본다. 그리고 하이데거의 존재론적 차이보다 더 오래된 것이고 그 차이가 만들었던 흔적보다 더 사고되지 않은 것이라고 본다. 그렇지만 이것이 하이데거의 신비한 (어떤 술어도 붙지 않는) '존재'에 다른 이름을 붙인 것은 아닌가? 그것이 도가(道家)에서처럼 존재가 아니라 무가 근원이라고 보는 것과 어떻게 다른가?(근원적인 존재가 다른 존재의 기원이라는 것과 "천하 만물은 유에서 나오고 유는 무에서 나오며", "도(道)는 하나를 낳고 하나는 둘을 낳고 둘은 셋을 낳고 셋은 만물을 낳는다"는 것은 얼마나 다른가?) 그가 '동일성과 차이의 동일성'(헤겔)에 대해 '차이와 비차이의 차이'를 강조하고 그것을 차연의 '효과'라고 설명하는 것은 헤겔의 변증법과 얼마나 다른

가?(Descombes, *le même et l'autre*, 178) 그것은 동일성에 대한 추구의 한 모습은 아닌가? 그러한 차이의 원리는 그 외관과 달리 강력한 통일 원리를 지니고 있지는 않은가?

사회적 적대가 동일성을 가장한다고 가정해 보자. 이때 데리다는 동일성을 공격함으로써 사회적 적대에 도전한다. 하지만 거꾸로 적대를 공격함으로써 동일성을 극복할 수도 있을 것이다. 데리다는 근래 자신의 텍스트 읽기에 '현정세', '오늘날의 폭력적 질서'란 텍스트를 포함시키고 있다. 그가 이러한 실제 문제들을 어떻게 읽는가에 대해 좀더 관심을 가져야 할 것이다.

더 읽어야 할 책

데리다의 저작들은 그가 비판, 해체하는 관련 철학자나 이론가에 대한 전문적인 지식이 없이는 읽기 어렵다. 또한 번역서나 연구서가 충분하지 못하여 접근하기 어려운 점도 있다. 번역의 어려움이 큰 까닭이기도 하지만 관심에 비해 번역이 적은 편이다.

김성도가 번역한『그라마톨로지』(민음사, 1996)는 비교적 체계적이고 잘 정리된 형태로 데리다의 음성 중심주의, 로고스 중심주의에 대한 비판을 소쉬르, 레비-스트로스, 루소 비판의 형식으로 정리한 중요한 책이다. 박성창이 옮겨 엮은『입장』(솔, 1992)은 인터뷰 모음으로 비교적 간결하게 데리다의 입장을 소개한 것이다.

김형효의『데리다의 해체 철학』(민음사, 1994)은 읽기는 쉽지 않지만 데리다 사상의 전반에 관해 포괄적으로 소개하는, 원전을 요약하는 형식으로 정리한 책이다. 레월렌의『데리다의 해체주의 *Derrida and the threshold of sense*』(서우석·김세중 옮김, 문학과 지성사, 1988)는 데리다와 관련된 중요한 철학적 논의를 잘 정리한 책이지만 (용어) 번역상의 문제가 많다.

라이언의『해체론과 변증법 *Marxism and Deconstruction*』(나병철·이경훈 옮김, 평민사, 1995)은 해체 철학을 마르크스주의와 접합시키려는 책이다. 이광래가 옮겨 엮은 『해체주의란 무엇인가?』(교보문고, 1989)는 데리다에 관한 다양한 조망이 가능하도록 편집된 책이다.

영어로 읽는 데 큰 어려움이 없는 사람이 참고할 책을 몇 권 들어보자.

- C. Norris, *Deconstruction. Theory and Practice*, Meuthen London/N.Y., 1982(노리스는 충실한 해체주의자로 정확하게 데리다를 잘 소개한 인물 가운데 한 사람이다.)
- _____, *Derrida*, Harvard Univ., 1987.
- J. Culler, *On deconstruction. theory and criticism after structuralism*, R. K. P., 1982(데리다 이론의 기본틀과 문학적 관련을 밝힌 책)
- R. Gasché, *The Tain of the Mirror, Derrida and the philosophy of Reflection*, Harvard Univ., 1986(데리다를 독일 철학의 전통과 관련시켜 그 함의를 정리한 책)
- H. Staten, *Wittgenstein and Derrida*, Univ. of Nebraska, 1984(데리다와 비트겐슈타인을 상호 참조하여 데리다를 소개한 책)
- R. Boyne, *Foucault and Derrida : The Other Side of Reason*, London, 1990(푸코와 데리다를 비교하면서 주요 논제를 간결하게 정리한 책)
- G. B. Madison(ed), *Working through Derrida*, Northwestern Univ., 1993(영미권에서 이루어진 데리다에 관한 다양한 평가와 논쟁이 실려 있다)
- H. J silverman(ed), *Derrida and Deconstruction Routeledge*, 1989(데리다가 다루는 철학자, 사상가들을 개별적으로 정리한 글 모음)

데리다의 책으로는 레비-스트로스, 푸코, 레비나스, 아르토, 후설, 프로이트 등에 관한 비판적 논의를 담고 있는 『글쓰기와 차이』, 후설의 기호 이론 비판을 통해 현상학을 해체하려는 『목소리와 현상』, 언어학, 기호학과 구별되는 글쓰기의 문제를 체계적으로 정리한 『그라마톨로지』가 초기의 대표작이자 그의 사상을 잘 드러내는 저작들이다.

그리고 『산종 散種』은 플라톤의 음성 중심주의에 대해 치밀하게 분석하고 있고, 『철학의 여백들』은 '차연'을 비롯해서 서구적 사고와 언어의 연관, 은유의 중요성을 부각시킨 백색 신화, 인간의 죽음들, 하이데거의 『존재와 시간』에 관한 논의 등이 들어 있는 논문집이다. 『조종』은 특이한 체제로 구성된 것으로 한 쪽을 양단으로 나누어 별개의 텍스트를 병치시킨다. 신성한 철학자인 헤겔의 글과 『도둑 일기』의 괴짜 시인 장 쥬네에 대한 평을 동시에 실었다. 이것은 헤겔과 쥬네를 서로 맞세우고 혼합시킨다. 『에프롱』은 니체의 해독 불가능한 한 문장을 통해 의미의 불확정성을 밝힌 글이다. 『유한 책임 회사』는 언어 행위 이론가인 존 설을 반박한 것이다.

『마르크스의 유령들』(양운덕 옮김, 한뜻, 1996)은 마르크스의 유산을 재해석하면서 마르크스를 자본주의의 새로운 질서를 옹호하는 신성 동맹을 위협하는 새로운 유령으로 등장시키면서 새로운 이론적·실천적 연대를 모색하는 시대 비평서이다. 『우애의 정치학』은 『증여의 윤리』에서 제기한 레비나스의 윤리관을 연장시키고 하이데거의 정의관을 수용하면서 우애를 정치적 원리로 옹호한 책이다.

4부 분석 철학

• 개관 : 분석 철학 / 이봉재
13장　루드비히 비트겐슈타인 / 이승종
14장　윌라드 반 콰인 / 민찬홍
15장　칼 포퍼 / 신중섭
16장　리차드 로티 / 이유선

4부 개관

분석 철학

이 봉 재

1

분석한다는 것은 철학의 유구한 전통이다. 철학이란 실험을 하지도 않으며, 조사 데이터를 모으지도 않는다. 그것은 오직 직관과 개념을 가지고 작업하는 분야이며, 따라서 개념을 분석하는 것이야말로 철학의 본령이라 할 수 있다. 서양 철학의 시조라고 할 수 있는 소크라테스, 플라톤, 아리스토텔레스 등은 모두 개념적 분석의 천재들이었다. 그러나 '분석 철학'이란 말은 그런 일반적인 의미가 아니라 20세기 영미 철학이 드러내는 특별한 철학 형태에 대한 이름이다. 거기서 분석은 철학의 고유한 한 가지 방법론 정도가 아니라 철학적 작업의 '모든 것'으로 간주된다.

철학이란 일상인들 그리고 일반 학문들이 사용하는 언어에 대한 분석이며, 그런 의미에서 '언어 비판'이라는 것이 분석 철학의 초창기 자의식을 대표하는 어구다. 그 정신은 곧 어떠한 형이상학의 체계도 거부하며, 새로운 분석(논증)과 주장이 출현할 가능성에 대하여 대단히 개방적인 철학적 태도로 나타난다. 하나의 철학적 체계를 제시하고, 그 포괄성에 의하여 다른 철학적 주장이 나타날 가능성을 원천적으로 거부했던 종래의 철학 정신을 감안할 때, 분석 철학의 철학관은 참으로 독특한 것이다. 좋게는 20세기적인 현대성을 갖는 것이며, 나쁘게는 철학의 현대적 타락이라고 볼 수 있다.

오늘날 영미 철학계는 초창기의 '분석' 개념을 탈피하여 '탈분석 철학'을 말할 정도로 변화했지만, 그 출발점에는 단호하고도 전위적이었던 초기 분석 철학의 자기 규정이 놓여 있다.

2

정확히 말하자면 분석 철학은 '분석'이라는 철학적 방법론을 중심으로 넓게 포진해 있는 철학자 집단의 업적을 지칭한다. 그 발아기를 지나고 나서 분석 철학은 전통 철학이 다루었던 대부분의 주제들을 나름의 용어로 재포장하여 다루게 된다. 그리하여 분석 철학이라는 틀 내에서 형이상학이 논의되고, 윤리학, 인식론, 미학의 주제들이 거론되기 시작한다. 따라서 분석 철학을 단순히 그 방법론적 공통 분모나 몇 개의 주제에 한정하여 이해할 수는 없다. 그런데도 분석 철학의 주류라고 할 수 있는 흐름이 있는데, 그것은 러셀(B. Russell), 비트겐슈타인(L. Wittgenstein)이 주도한 언어 철학의 분야다. 그들을 통해 아리스토텔레스의 논리학을 전면적으로 대체하는 현대 논리학의 체계가 완성되며, 그 논리학의 철학적 함의가 폭넓게 발굴된다. 특히 비트겐슈타인에 의해 20세기에 철학은 무엇일 수 있는지, 그 임무와 방법론이 체계적으로 제안된다.

그러나 러셀, 비트겐슈타인의 업적이 오늘날의 분석 철학으로 성숙하는 데에는 중부 유럽의 새로운 실증주의 학파의 공헌이 크다. 흔히 비엔나 실증주의(또는 논리 실증주의)라고 불리는 과학자 겸 철학자들의 그룹이 그것인데, 그들을 통해 분석 철학은 하나의 철학적 전통이 되기에 충분한 문제의 목록을 얻게 된다. 비엔나 실증주의는 논리와 경험이 지식의 유일한 합법적인 근거라고 주장한다. 그로부터 정당화되지 못하는 모든 지식은 부정되어야 한다는 것이다. 물론 이 때의 논리는 러셀이 완성한 현대 논리학의 체계이며, '경험'이란 일단 감각 자료(sense data)를 뜻한다.

과연 그러한 의미의 경험이 존재하는가, 존재한다 해도 지식의 토대로 작동하는가? 프레게-러셀이 제시한 연역 논리학의 체계는 지식을 설명하는 데 충분한가, 귀납은 정당화될 수 있는가 등의 문제가 이들이 제출해 놓은 중요한 물음들이다. 퍼트남(H. Putnam)이라는 미국 철학자는 비엔나 실증주의야말로 '분석 철학의 엔진'이라고 말한 적이 있는데, 그것은 이들로부터 분석의 방법과 힘이 분명한 철학적 문제 군(群)으로 구체화되기 때문이다.

3

비엔나 실증주의 철학은 20세기 중반 유럽에 나타난 나치즘의 위협에 의해 미국으로 이주한다. 미국은 콰인(W. V. O. Quine)이라는 뛰어난 철학자를 통하여 그들의 유산을 비판적으로 수용한다. 콰인은 행동주의 심리학의 대표적 학자인 스키너(B. F. Skinner)로부터 강한 영향을 받은 사람으로서, 그로 인하여 분석 철학은 비트겐슈타인이 가졌던 신비주의적이고 유럽적인 분위기를 일소하고 대단히 과학적인 취향의 철학으로 정제된다. 콰인은 분석 철학을 보다 과학적으로 변모시켰을 뿐 아니라 비엔나 실증주의의 조야한 경험주의를 예리하게 비판함으로써 분석 철학을 한 단계 성숙시킨다. 분석 명제/종합 명제의 이분법에 대한 성찰, 번역의 가능성에 대한 논구 등을 통하여 콰인은 분석 철학의 문제 군을 재정비하였다.

콰인에 의하여 폭과 깊이를 넓힌 분석 철학은 최근 또 다른 변화의 단계를 맞고 있는데, 그것은 분석 철학을 '역사의 관점에서' 바라보려는 일련의 시도로 나타난다. 분석 철학은 정말 특이한 철학이다. 분석 철학자들에게 철학의 문제들은 논리 퍼즐처럼 다루어진다. 그들은 그 문제의 역사와 무관하게 합리적 논변을 제시하는 데 골몰하며, 그 논변들은 오직 다른 논변에 의해 공격받는다. 모든 수사법을 탈색시켜 버린 그들의 문체에 이르면, 철학의 일반적 전통으로서의 '분석'이 여기서는 하나의 이데올로기로 작용하고 있음을 감지할 수 있다.

　흔히 탈분석 철학이라고 불리는 흐름의 철학자들에 따르면 그것은 분석 철학이 과학 쪽으로 편향된 철학임을 의미한다. 포괄적인 형이상학적 체계를 거부하며, 오직 객관적 논증만을 제시하려는 태도는 바로 과학자들의 태도 아닌가? 그렇다면 분석 철학은 과학의 진리 주장은 괄호친 채 과학의 형식을 차용한 철학이다. 그런 점에서 분석 철학은 인문학의 고전적 전통을 벗어나 있다. 로티(R. Rorty)는 이러한 비판을 선도하는 철학자다.

4

　우리는 이후 네 명의 철학자를 통하여 현대 영미 철학의 가장 가치 있는 업적의 일단을 소개할 것이다. 비트겐슈타인, 콰인, 로티는 앞서 설명했듯이 분석 철학의 기본적인 주제를 천착, 계승하는 철학자들이며, 그와 함께 소개하는 포퍼(K. R. Popper)는 분석적으로 무장된 비판 정신이 과학 지식에 대해 보여 줄 수 있는 통찰력의 정수를 보여 준다. 그러나 이것이 분석 철학의 모든 것을 보여 주는 것이 아님을 유의해야 한다. 지면 사정상 우리의 선택은 제한적이며, 따라서 언어 철학, 심리 철학, 윤리학, 미학, 인식론 등의 분야에서 영미 철학이 이뤄 낸 성취에 관심 있는 독자들은 스스로 찾아 나서야 한다. 참고가 될 만한 책 몇 권을 추천해 둔다.

번역본으로는 분석 철학의 초창기 업적을 교과서적으로 소개하고 있는 코라도(M. Corado)의 『분석 철학 : 전통과 쟁점』(곽강제 옮김, 서광사, 1989)과 분석 철학을 대륙의 현상학과 대비하여 조망하고 있는 포이어센(C. A. van Peursen)의 『현상학과 분석 철학』(탑출판사, 1980)이 추천할 만하다. 그 외에는 분석 철학의 역사를 자세히 다루는 패스모어(J. Passmore)의 『철학의 백 년 *A Hundred Years of Philosophy*』(Penguin, 1957)이 좋으며, 분석 철학자들의 좋은 논문들을 직접 실은 다음의 논문집들이 유용하다.

A. J. Ayer ed., *Logical Positivism*(Free Press, 1959)

R. Rorty ed., *The Linguistic Turn*(Chicago U.P., 1967)

J. Rajchman & C. West eds., *Post-Analytic Philosophy*(Columbia U.P., 1985)

13장
루드비히 비트겐슈타인

이 승 종

1. 생애

　비트겐슈타인(Ludwig Wittgenstein, 1889~1951)은 1889년 오스트리아 빈의 부유한 유대인 가정에서 5남 3녀의 막내로 태어났다. 비트겐슈타인의 집은 빈의 문화, 특히 음악의 중심지였다. 요하네스 브람스, 구스타프 말러, 클라라 슈만, 부르노 발터, 파블로 카잘스 등 당대 음악계의 거장들이 문객으로 출입하면서 음악회를 열고는 하였다. 비트겐슈타인의 형제들은 모두 상당한 음악적인 재능을 가졌는데 그 가운데 한 사람인 폴은 유명한 피아니스트가 되었다.
　그러나 비트겐슈타인 가(家)의 재능 있는 젊은이들에게 어떤 저주가 던져졌음에 틀림없다. 루드비히 비트겐슈타인의 네 형제 가운데 셋은 자살했고, 피아니스트 폴은 1차 세계 대전에서 오른팔을 잃었다. 평생을 독신으로 지낸 루드비히도 자신의 젊은 시절이 극심한 고독과 자살의 충동으로 점철된 불행한 삶이었음을 고백한 적이 있다.
　14세까지 집에서 교육받은 비트겐슈타인은 린츠와 베를린의 공고에서 공부했고 영국으로 건너가 맨체스터 공대에서 수학하였다. 공학에 대한 그의 관심은 이때 수학 기초론으로 옮겨 갔고, 현대 논리학의 대부인 프레게(Frege)의 권고로 영국 케임브리지 대학의 러셀(Russell)의 문하에서 수학하게 된다. 러셀과의 만남은 수학, 논리학, 철학에 관한 비트겐슈타인의 잠재력을 만개시킨 계기가 되었다.

1914년 1차 세계 대전이 일어나자 비트겐슈타인은 탈장 때문에 징집에서 면제되었는데도 오스트리아 군에 자원 입대, 최전선을 전전하며 자신의 생각을 일기 형식으로 기록해 두었다. 그는 1918년 이탈리아 전선에서 체포되어 포로 수용소로 압송되자 그곳에서 자신의 일기를 편집하여 『논리 철학 논고 Tractatus Logico-Philosophicus』를 완성하였다.

비트겐슈타인은 이 책 한 권으로 일약 주목받는 철학자가 되었고 또 부모로부터 막대한 유산까지 상속받았다. 그러나 그는 명예와 부를 마다하고 시골 초등 학교 교사직을 자청, 청빈한 삶을 실천한다. 10년간의 공백 끝에 케임브리지로 돌아온 비트겐슈타인은 강의와 저술에 몰두하지만 그에게 강단 철학과 대학 교수직은 참다운 것이 아닌 인위적 격식으로 여겨졌다.

비트겐슈타인은 소박한 삶을 찾아 다시금 상아탑을 나와 은거와 방랑을 거듭하다 1951년 작고하였다. 그가 남긴 3만 쪽에 이르는 노트를 제자들이 정리하여 『철학적 탐구 Philosophical Investigations』를 비롯한 여러 권의 유작으로 출간하였다.

2. 언어와 세계

비트겐슈타인은 평생 동안 『논리 철학 논고』(이하 『논고』로 줄임)라는 단 한 권의 저서밖에 내지 않았다. 그러나 그가 죽은 뒤 많은 유작이 편집·출판되었고, 이 작업은 아직도 진행중이다. 비트겐슈타인 연구가들은 보통 『논고』를 기점으로 해서 그의 철학을 전기와 후기로 나누며, 후기 철학의 대표작으로는 『철학적 탐구』(이하 『탐구』로 줄임)를 꼽는다.

비트겐슈타인의 전기 철학과 후기 철학의 관계는 아직까지 중요한 쟁점으로 남아 있다. 찰스워스(Charlesworth 1959, 76)는 양자가 상호 보완적인 연속선 위에 있다고 생각하고, 하트낙(Hartnack 1965, 49)은 양자를 상호 부정적인 불연속 관계로 본다. 찰스워스의 견해는 비트겐슈타인이 『탐구』의 서문에서 한 아래와 같은 언급에 토대를 두고 있다.

나는 내 새로운 사상은 내 낡은 사고 방식을 배경으로 할 때만, 그리고 그것과 대조될 때만 바르게 이해될 수 있다고 생각하게 되었다.

그러나 이 뒤에 이어지는 문장은 오히려 하트낙의 견해를 뒷받침하는 것처럼 보인다.

다시 철학에 몰두하기 시작한 후 나는 내가 쓴 첫 작품의 중대한 잘못을 인정하지 않을 수 없었다.

앞으로 자세히 살펴보겠지만 『탐구』 전반부에서 전개되고 있는 '중대한 잘못'에 대한 비트겐슈타인 자신의 비판은 하트낙의 견해를 입증해 주는 것으로 간주된다.

한편, 판(Fann 1969, xiii)은 철학의 성격과 임무에 대한 비트겐슈타인의 후기 입장이 전기에 나타난 관점의 '발전'인 반면, 후기의 방법은 전기의 방법에 대한 '부정'이라고 주장한다. 비트겐슈타인 전기 철학의 관점, 즉 철학적 문제는 언어의 논리를 오해하는 데서 발생하고,

철학은 과학이 아니라 해명과 명료화를 위한 활동이라는 입장은 후기 철학에서도 일관되게 유지되는 반면, 『논고』에서 제시한 전통적 이론 구성의 방법은 후기에 와서 단편적 대화의 방법으로 대체되었다는 것이다. 과연 철학에 대한 입장과 철학의 방법을 이처럼 편리하게 구분할 수 있는지, 그리고 판의 지적이 비트겐슈타인에서의 철학의 성격과 임무를 충분히 해명하고 있는지는 논의의 여지가 있다. 하지만 적어도 판이 지적한 사실에 관해서는 이론이 없을 것이다.

이 글의 목적은 비트겐슈타인 철학에서의 언어와 세계의 관계를 고찰하는 것이다. 비트겐슈타인은 어느 저작에서도 이 관계를 정립된 이론 체계로서 해명하려 하지 않았다. 그렇지만 그가 제시한 단편적인 많은 논의의 논점은 이 관계의 문제와 일정하게 연관되어 있다. 비트겐슈타인의 철학에서 언어와 세계의 관계 문제는 이론 구성 작업이 아니라 단편적인 논의들에 의한 파상적 접근에서 드러나고 있는 것이다. 필자는 논의들 하나하나와 그 논의들이 이 글의 주제로 수렴되어 나가는 과정에서 비트겐슈타인의 독특한 철학적 탐구 방법이 가장 첨예하게 나타난다고 생각한다. 따라서 이 관계의 문제를 고찰하는 것은 그 문제에 대한 비트겐슈타인의 입장을 살펴보는 것 이상의 더 큰 의의, 즉 그의 철학적 방법의 실제를 조망하고 음미해 보는 의의를 가진다고 말하고 싶다. 그리고 이 글을 통해 필자가 주장하려는 논지의 하나도 바로 언어와 세계의 관계에 대한 탐구가 비트겐슈타인이 생각하는 철학적 탐구의 주요한 과제라는 것이다.

언어와 세계의 관계는 철학사의 관점에서 볼 때 결코 새로운 주제라고 할 수 없다. 우리는 이 문제의 뿌리를 플라톤, 아리스토텔레스까지 소급할 수 있다. 비트겐슈타인이 천착하는 주제는 이처럼 고전적인 것이지만, 그는 이 주제를 새로이 인식해 냄으로써 철학사에 공헌하고 있다. 비트겐슈타인의 인식의 틀은 흔히 프레게와 러셀이 개척한 분석 철학의 전통에 잇닿아 있는 것으로 평가되곤 한다. 그러나 그의 철학적 사유의 뿌리는 단정적으로 정리할 수 없는 복합적인 것이다. 이 점은 비트겐슈타인이 대륙, 특히 문화의 중심인 빈에서 성장하고 교육받았다는 것과도 무관하지 않다. 특히 그에게는 프레게와 러셀이 배척한 칸트의 관념론적 성향이 깊이 스며 있다.

언어와 세계의 개념은 이 글의 주제인 언어와 세계의 관계를 고찰하는 데 관건이 되는 중심 개념이다. 그러므로 이 글의 주제와 거기에 연관된 비트겐슈타인의 철학적 탐구의 모습을 조명하기 위해서는 이 개념들이 그의 철학에서 각각 어떠한 의미로 쓰이고 있으며 서로 어떻게 연관되어 있는지를 살펴보아야 한다.

그런데 이러한 개념적 고찰을 시작하기 전에 우리는 다음 두 가지 사실에 주목할 필요가 있다.

첫째, 언어와 세계라는 개념은 『논고』를 중심으로 하는 비트겐슈타인의 전기 철학과 『탐구』를 중심으로 하는 후기 철학에서 각각 다른 의미로 쓰이고 있으며, 따라서 언어와 세계의 관계 문제도 전·후기 철학에서 각기 다른 양식으로 전개되고 있다. 그리고 그의 후기 철학에서 위의 중심 개념들의 의미와 관계의 문제가 전개되는 양상은 그가 전기에서 제시했던 중심 개념들의 의미와 관계의 문제의 해명 양식과는 대립적 관계에 놓여 있다. 정확하게 말하자면 위의 개념들의 의미와 관계의 문제에 대한 그의 후기 철학의 입장은 그 자신이 전기 철학에서 견지했던 입장을 비판함으로써 얻어진다. 그러므로 비트겐슈타인의 후기 철학에서의 언어와 세계의 관계 문제를 고찰하기 위해서는 먼저 이 문제가 그의 전기 철학에서 어떻게 다루어졌고 그것을 그 자신은 어떻게 비판하고 재구성하였는지를 살펴보아야 한다.

둘째, 이 글의 주제인 언어와 세계의 관계에서 세계의 개념과 관계의 문제는 전적으로 언어의 개념에 의존하고 있다. 전·후기 철학을 통틀어 비트겐슈타인의 주된 관심의 대상은 언제나 언어이다. 언어 개념에서 세계의 개념, 그리고 언어와 세계의 관계 문제가 유추된다.

비트겐슈타인의 철학을 전·후기로 나누는 것도 그의 언어관의 전환에 근거한 구분이라고 할 수 있다. 그러므로 무엇보다도 언어의 개념이 이 글의 주제와 비트겐슈타인의 철학을 이해하는 데 관건이 된다.

이제 비트겐슈타인의 전·후기 철학의 언어관을 고찰하고 이로부터 세계의 개념 및 언어와 세계의 관계 문제가 각기 어떠한 방식으로 유추되고 있는지를 살펴보기로 하자.

비트겐슈타인의 전기 철학에서 언어는 명제들의 총체이다. 이 명제들 가운데 어떠한 기본적 명제로도 더 이상 환원될 수 없는 의미론적 최소 단위로서의 단순 명제를 그는 요소 명제라고 한다. 요소 명제를 제외한 모든 명제(복합 명제)들은 논리적 분석에 의해 요소 명제로 환원되며, 이 명제들의 진리치는 요소 명제의 진리치에 의존한다. 비트겐슈타인은 복합 명제의 요소 명제에 대한 이러한 관계를 진리 함수적 관계라고 한다.

여기서 그는 언어의 의미가 세계와의 관계에서 해명된다는 가정을 설정한다. 이 가정에 따르면 언어가 의미를 갖기 위해서는 언어에 대응하는 비언어적 세계가 있어야 한다. 그리고 비트겐슈타인은 세계가 언어에 의미를 주기 위해서는 세계도 언어의 진리 함수적 구조와 닮은꼴이어야 한다고 추리해서 언어의 진리 함수적 구성의 단계에 상응하는 세계의 구성적 단계를 설정한다. 즉 의미론적 최소 단위로서의 원자적 사실 개념이 도입되고, 언어가 요소 명제와 그것의 진리 함수인 복합 명제의 총체로 이루어진 것처럼 세계도 원자적 사실과 그것에 의해 구성되는 사실의 총체로 이루어진 것으로 이해된다. 그리고 언어와 세계의 이러한 이원론적 동형론(isomorphism)이 언어와 세계의 관계를 맺어 주는 데 중요한 실마리가 된다.

비트겐슈타인의 전기 철학에서의 언어와 세계라는 개념의 의미, 언어와 세계의 관계에 대한 기초적 형태를 요약하면 다음과 같다.

(1) 언어는 명제의 총체로서 모든 명제는 요소 명제의 진리 함수다.

(2) 세계는 사실의 총체로서 모든 사실은 원자적 사실에 의해 구성된다.

(3) 언어와 세계는 이원적 동형성을 유지하면서 세계가 언어에 의미를 주는 방식으로 관계한다.

한편 비트겐슈타인의 후기 철학에서 언어는 도구와 게임에 비유된다. 도구가 삶의 세계에서 쓰여질 때 제 기능을 하는 것처럼 언어도 구체적인 삶의 세계에서 쓰여질 때 의미가 있으며, 게임이 규칙에 의해 규정되는 활동인 것처럼 언어도 일정한 규칙에 의해 규정되는 행위이다. 이처럼 도구에서 유추된 쓰임의 개념, 게임에서 유추된 규칙의 개념, 그리고 도구와 게임이 공통적으로 함축하고 있는 삶의 세계와 행위의 문맥에 의해서 언어의 개념은 삶의 세계에서 그 쓰임의 규칙에 의해 행해지는 언어 게임의 개념으로 재구성된다. 비트겐슈타인은 언어 게임의 규칙을 문법이라고 부른다.

언어 게임에는 언어와 그것에 연관되는 삶의 세계 또는 언어 행위의 문맥이 함께 짜여져 있으며 이것들은 언어 게임의 문법에 의해 규정된다. 이러한 언어 게임에서 어떤 것이 언어적인 것이고 어떤 것이 비언어적인 것인지를 가려내는 일은 후기 비트겐슈타인의 문맥에서는 직접적으로 나타나지 않는다. 그 이유는 그가 언어와 세계의 개념적 이원화가 사실상 불필요한 것이거나 최소한 자의적인 구분에 불과하다고 생각했기 때문인 것 같다. 이와 관련하여 필자는 이 글에서 전개하려는 언어와 세계의 관계에 대한 문제가 언어와 세계의 이원론에 입각해서 제기된 문제가 아니라 오히려 궁극적으로는 이러한 이원론을 극복하기 위해서 제기된 것임을 밝혀 두고자 한다.

언어와 세계의 개념과 관계의 문제에 관한 비트겐슈타인의 전·후기 철학의 견해 차이는 이제 명확하다. 이미 살펴본 대로 비트겐슈타인의 전기 철학에서 세계는 전적으로 언어 개념에 상응하는 개념으로 설정된 것이므로 일반적 의미의 세계로 이해되어서는 안 된다. 그리고 양자의 관계도 오직 언어의 유의미성을 설명하기 위한 가정에서 비롯된 것이므로 언어의 유의미성 이외의 다른 관점에서 이 관계가 이해되어서는 안 된다. 여기서 우리는 비트겐슈타인의 전기 철학에서 관계의 문제가 궁극적으로 관계항의 문제로 환원된다는 사실을 발견할 수 있다. 즉, 관계의 문제는 언어와 언어에서 요구된 세계라는 이원적 관계항들 사이의 성격에서 비롯된 것이다. 달리 말하면 언어라는 관계항의 유의미성을, 언어가 상정하는 세계라는 관계항이 보장해 주기 위해 요청된 형식적 가정에 불과한 것이다. 그러므로 이 관계의 문제는 관계항들의 고찰에서 유도된다.

이에 반해 비트겐슈타인의 후기 철학에서는 언어와 세계라는 관계항의 문제는 사라지고 오직 관계의 문제만이 제기된다. 앞서 살펴본 대로 그의 후기 철학의 언어관에서 중심 개념인 언어 게임은 삶의 세계에서 언어와 그 언어에 짜여 들어오는 언어 행위의 문맥의 총체로 정의된다. 여기서 삶의 세계란 언어가 쓰이는 삶의 상황을 의미하며, 언어 행위는 삶을 영위하는 인간의 생활 양식의 문맥 하에서 이해되어야 한다.

비트겐슈타인의 전기 철학에서의 세계가 언어에서 요구된 개념이라면, 그의 후기 철학에서의 삶의 세계는 인간이 언어를 사용하는 삶의 상황과 밀접하게 연관된 개념이다. 그러므로 그의 후기 철학에서의 언어와 세계의 관계는 언어와 그 언어를 사용하는 인간의 삶의 상황으로서의 세계의 관계를 문제 삼는다. 그리고 언어와 삶의 세계는 언어 게임이라는 관계 개념에 의해 서로 맺어진다. 언어 게임에서 언어와 삶의 세계는 분리되지 않으며, 따라서 이 관계항들은 독자적으로 문제시될 수 없다. 비트겐슈타인의 전기 철학에서와는 달리 여기서는 오히려 관계항의 문제가 관계 개념으로서의 언어 게임을 탐구함으로써 해소된다. 요컨대 그의 후기 철학에서 언어와 세계의 관계의 문제는 언어, 세계, 관계의 개념을 개별적으로 고찰하는 방식에 의해서가 아니라 관계의 개념으로서의 언어 게임과 그 규칙으로서의 문법 개념을 고찰하는 방식으로 전개된다.

이제 앞으로의 논의는 다음의 두 물음에 답하는 형식을 취하게 될 것이다.

(1) 비트겐슈타인의 전기 철학에서 언어와 세계의 관계는 어떻게 구성되고 있는가?

(2) 이에 대한 비트겐슈타인 자신의 비판 작업에서 그의 후기 철학의 중심 개념들이 어떻게 이끌어져 나오는가?

3. 진리 함수 이론과 그림 이론

『논고』를 중심으로 하는 비트겐슈타인의 전기 철학에서 언어와 세계의 관계에 대한 문제는 다음과 같은 두 가지 관점에서 접근할 수 있다. 첫째는 언어와 세계의 관계를 그의 논리학의 본성에 관한 견해로부터 접근하는 관점이고, 둘째는 언어와 세계의 관계를 그의 언어관으로부터 접근하는 관점이다. 이제 각각의 관점에 따라 관계의 문제를 살펴보겠다.

(1) 『논고』를 저술하기 이전부터 비트겐슈타인은 논리학의 본성에 관한 구상을 이미 가지고 있었던 것 같다. 그 요지는 세계에 하나의 선험적 질서가 있으며 논리학이 이 질서를 반영하고 있다는 것이다. 논리학의 본성에 관한 그의 구상은 이처럼 세계의 선험적 질서에 관한 믿음에서 비롯된다.

> 내가 저술한 모든 것들이 주목하고 있는 커다란 문제는 세계 안에 선험적인 질서가 있는가, 또 만일 있다면 무엇이 그것을 있도록 하는 가이다(『노트 Notebooks 1914~1916』, 53).

세계는 하나의 고정된 구조를 가지고 있다(『노트』, 62).

세계의 선험적 질서에 관한 믿음은 일종의 형이상학적 믿음이다. 그런데 비트겐슈타인은 논리학이 이러한 형이상학적 믿음의 근본이라고 생각한다. 그 까닭은 논리학이 세계의 반영이기 때문이라는 것이다. 여기서 우리는 비트겐슈타인의 논리학이 무엇이며 그것이 어떻게 세계를 반영하는지를 살펴보아야 한다. 비트겐슈타인은 논리학에 대한 자신의 기본적인 생각을 다음과 같이 표현한다.

논리학에서는 '우리'가, 우리가 표현하고자 하는 바를 기호의 도움을 받아 표현하는 것이 아니라, 본성에 있어 필연적인 기호 자체의 본성이 발언한다. 만약 우리가 어떤 한 기호 언어의 논리적 구문법을 안다면, 모든 논리학의 명제들은 이미 주어져 있는 것이다(『논고』, 6.124).

그런데 비트겐슈타인은 논리학이 보여 주는 기호 언어의 본성에 대하여 다음과 같이 말한다.

명제의 가능성은 대상이 기호에 의해 대표된다는 원리에 근거한다(『논고』, 4.0312).

즉, 비트겐슈타인은 기호 언어의 본성이 사실 세계의 대상과 관련되어 있다고 간주한다. 그러므로 논리학의 명제들은 세계의 골격을 재현하며, 논리적 탐구는 세계의 사물들의 본성의 탐구를 의미한다고 말할 수 있다. 이러한 탐구의 순서를 비트겐슈타인은 다음과 같이 요약한다.

나의 저술은 논리의 기초로부터 세계의 본성으로 나아간다(『노트』, 79).

이제 우리는 언어와 세계의 관계 문제를 논리학의 본성에 입각해서 다음과 같이 해명할 수 있을 것이다. "언어와 세계는 논리학이 세계를 반영하는 방식으로 관계한다."

그러나 이러한 해명은 여러모로 만족스럽지 못한 것이다. 우선 이러한 해명의 기초를 이루는 '대상이 기호에 의해 대표된다는 원리'가 어떤 맥락에서 요구되는지에 관해서 좀더 자세한 논증이 요구된다. 그리고 '논리의 기초로부터 세계의 본성으로 나아가는' 구체적인 진행 과정이 언급되어야 할 것이다. 그러나 비트겐슈타인은 논리학의 본성에 관해서는 더 이상의 명확한 설명을 제시하고 있지 않다. 필자가 생각하기에는 비트겐슈타인이 이러한 문제들을 논리학의 본성 이외에 언어의 본성에 관한 자신의 구상에서 해명하려 했기 때문인 것 같다. 그는 논리의 기초로부터 세계의 본성으로 나아가는 과정 사이에 언어에 관한 고찰을 준비하고 있는 것이다.

(2) 이제 관점을 바꾸어 그의 언어관에 입각해서 언어와 세계의 관계 문제에 접근해 보겠다. 앞서 우리는 비트겐슈타인의 전기 철학에서 ① 언어는 명제의 총체로서 모든 명제는 요소 명제의 진리 함수이며 ② 세계는 사실의 총체로서 모든 사실은 원자적 사실에 의해 구성되며 ③ 언어와 세계는 이원적 동형성을 유지하면서 세계가 언어에 의미를 주는 방식으로 관계함을 살펴보았다. 이제 언어, 세계 그리고 양자의 관계를 보다 확실히 이해하기 위해서 위의 고찰에서 중심이 되는 요소 명제, 원자적 사실, 세계가 언어에 의미를 주는 방식을 구체적으로 살펴보겠다. 이 작업을 통하여 비트겐슈타인의 전기 철학에서의 언어와 세계의 관계가 명확하게 드러날 것이다.

요소 명제에 관한 앞의 논의를 다시 한 번 요약하면 다음과 같다.

첫째, 요소 명제는 복합 명제에 비해 단순하다. 요소 명제는 가장 단순한 명제로서 의미론적 최소 단위이다.

둘째, 복합 명제의 진리치는 요소 명제에 의존한다. 복합 명제의 진리치는 논리적 분석에 의해 요소 명제의 진리치로 환원된다.

여기서 우리는 다음과 같은 추론을 할 수 있다. 복합 명제의 진리치가 논리적 분석에 의해 요소 명제의 진리치로 환원된다는 것은 분석의 과정에 의해 명제의 의미가 명료하게 제시될 수 있고, 그 의미는 결국 단 하나의 정확한 의미라는 사실을 함축한다(명제의 진리치가 명료해지면 명제의 의미도 명료해진다는 해석이 가능하다). 요소 명제는 의미론적으로 가장 단순한 명제이므로 가장 명료한 단 하나의 정확한 의미를 가져야 하며, 요소 명제로의 환원적 분석이 가능한 모든 명제의 의미도 마찬가지여야 한다. 그런데 여기서 (1) 과연 요소 명제의 의미가 무엇인가 하는 문제가 제기될 수 있다. 이 문제에 답하기 전에 우리는 요소 명제에 관한 다음의 사실에 주목할 필요가 있다.

명제들 일반에 대한 논리적 분석에 의해 도달한 요소 명제는 명제로서는 더 이상 분석될 수 없는 최소 단위이지만 그 구성상 최소한 주어와 술어의 두 요소를 포함하므로 논리적으로는 이 요소들로 더 분석될 수 있어야 한다. 비트겐슈타인은 이러한 요청을 만족시키기 위해 요소 명제보다 논리적으로 더 단순한 것으로서 이름의 개념을 도입한다. 이름은 다른 정의에 의해 더 이상 분석될 수 없는 가장 단순한 원초적 기호로서 이들이 서로 결합하여 명제를 구성한다.

그런데 여기서 다시 (2) 과연 이름이 명명하고 있는 것은 무엇인가 하는 문제가 제기될 수 있다.

이 문제들은 비트겐슈타인의 언어의 영역 안에서는 대답될 수 없는 것들이다. 결국 이 문제들에 답하기 위해서는 요소 명제에 의미를 부여하고 이름이 명명하는 비언어적인 세계가 요청된다. 이에 관련하여 이제 비트겐슈타인이 제시하였던 가정, 즉 언어의 의미가 세계와의 관계에서 해명된다는 가정을 도입하고자 한다.

앞서 우리는 이 가정을 토대로 세계가 언어의 진리 함수적 구조와 닮은꼴이며, 의미론적 최소 단위인 요소 명제에 세계의 구성적 최소 단위인 원자적 사실이 상응함을 살펴보았다. 이로부터 우리는 위에서 제시한 첫번째 문제, 즉 요소 명제의 의미의 문제에 대답할 수 있다. "요소 명제는 원자적 사실에 의해서 그 의미가 주어진다".

원자적 사실은 더 이상 분석될 수 없는 세계의 존재론적 단순체이다. 그런데 이 원자적 사실에 상응하는 요소 명제가 의미론적으로는 더 이상 분석될 수 없는 최소 단위이기는 하지만 논리적으로는 그 명제를 구성하고 있는 이름으로 더 분석되므로 그것과 닮은꼴인 세계의 구성 요소로서의 원자적 사실도 더 이상 분석될 수 없는 존재론적 단순체이기는 하지만 논리적으로는 더 분석될 수 있어야 한다. 비트겐슈타인은 이러한 논리적 요청을 만족시키기 위해 원자적 사실들보다 논리적으로 더 단순한 것으로서 대상의 개념을 도입한다. 이름이 다른 정의에 의해 더 이상 분석될 수 없는 가장 단순한 원초적 기호로서 이것들이 상호 결합하여 명제를 구성하는 것처럼, 대상은 더 이상 분석될 수 없는 가장 단순한 논리적 단순체로서 이것들이 상호 결합하여 사실을 구성한다. 비트겐슈타인은 분석이 무한히 계속될 수는 없다고 믿었으므로 언어와 세계의 영역에서 무한 분석의 가능성을 배제하기 위해 더 이상 분석되지 않는 논리적 단순체로서 이름과 대상을 설정한 것이다. 여기서 우리는 앞서 비트겐슈타인의 논리학의 구상을 고찰할 때 제시되었던 '대상이 기호에 의해 대표된다는 원리'를 도입하기로 한다. 이름이 원초적 기호이므로 이 원리는 결국 이름이 대상을 지시하고 있음을 시사한다. 이로부터 우리는 위에서 제기한 두번째 문제, 즉 이름이 명명하는 것이 무엇인가 하는 문제에 대답할 수 있다. "이름은 대상을 명명한다".

그런데 위에서 제기한 두 문제에 대한 이상의 답변이 좀더 충실한 것이 되려면 답변 과정에서 도입된 '언어의 의미가 세계와의 관계에서 해명된다는 가정'과 '이름이 대상을 지시한다는 원리'를 더 구체적으로 고찰할 필요가 있다.

비트겐슈타인은 이 고찰을 위해 그림에 대한 논의를 끌어들이고 있다. 그는 우리가 사실을 그리는 경우에 주목한다. 이 경우에 그림은 실재의 모델로서 기능한다. 여기서 비트겐슈타인은 우리가 사실을 그리는 경우를 명제가 사실을 묘사하는 경우에 비유한다. 그의 말을 빌리면, 명제가 사실을 묘사한다는 것은 명제가 사실에 대한 논리적 그림을 그린다고 표현할 수 있다. 이 경우에 명제는 그림과 마찬가지로 실재의 모델로서 기능한다. 이러한 비유에서 명제의 의미의 문제도 명확하게 해명된다. 우리가 그림을 보고서 그 그림이 나타내려고 하는 상황을 알 수 있듯이 명제도 그림이기 때문에 우리는 그 명제가 나타내려고 하는 사실을 보고서 그 명제의 의미를 알 수 있는 것이다. 그런데 그림이 실재의 모델이 되려면 실재를 닮아야 한다. 이러한 전제를 염두에 두고 그림의 구조를 살펴보자. 그림을 구성하는 것은 그림의 요소들이 서로 특정한 방식으로 관련되어 있다는 것이다. 그런데 그림과 실재는 서로 닮아야 하므로 그림의 요소들이 서로 특정한 방식으로 관련되어 있다는 것은 실재의 요소들도 그림의 요소들과 공통된 방식으로 서로 관련되어 있다는 것을 나타낸다. 비트겐슈타인은 그림이 실재의 모델이기 위해 실재와 공통적으로 갖고 있는 이 방식을 그림의 형식이라고 부른다.

마찬가지로 명제도 사실의 그림이므로 명제와 사실은 서로 닮아야 한다. 그런데 앞서 살펴본 대로 명제를 구성하는 것은 그 명제의 요소들이 서로 특정한 방식으로 관련되어 있다는 것이다. 명제와 사실은 서로 닮아야 하므로 명제의 요소들이 서로 특정한 방식으로 관련되어 있다는 것은 사실의 요소들도 명제의 요소들과 공통된 방식으로 서로 관련되어 있다는 것을 나타낸다. 비트겐슈타인은 명제와 사실이 공통적으로 갖고 있는 이 방식을 논리적 형식이라 부른다.

비트겐슈타인은 언어가 세계를 그리는 그림을 논리적 그림이라고 부름으로써 일상적 의미의 그림과 논리적 그림을 구별할 뿐만 아니라, 언어와 세계가 공통적으로 갖고 있는 형식을 논리적 형식이라고 부름으로써 일상적 의미의 그림과 그 그림이 그리는 것 사이의 공통된 형식으로서의 그림의 형식과 논리적 형식을 구별하고 있다.

그림의 형식이 논리적 형식이라면, 그 그림은 논리적 그림이라 불린다(『논고』, 2.181).

지금까지 논의한 그림과 언어의 상관 관계를 논의의 단계에 따라 대조해 보면 다음과 같다.

	그 림	언 어
1	우리는 사실의 그림을 그린다.	명제는 사실의 그림을 그린다.
2	그림은 실재의 모델이다.	명제는 실재의 모델이다.
3	그림이 나타내는 것이 그림의 의미이다.	명제가 그리는 사실이 명제의 의미이다.
4	그림을 구성하는 것은 그림의 요소들이 서로 특정한 방식으로 관련되어 있다는 것이다.	명제를 구성하는 것은 명제의 요소들이 서로 특정한 방식으로 관련되어 있다는 것이다.
5	그림의 요소들이 서로 특정한 방식으로 관련되어 있다는 것은 실재의 요소들도 그림의 요소들과 공통된 방식으로 서로 관련되어 있다는 것을 나타낸다.	명제의 요소들이 서로 특정한 방식으로 관련되어 있다는 것은 사실의 요소들도 명제의 요소들과 공통된 방식으로 서로 관련되어 있다는 것을 나타낸다.
6	그림이 실재와 공통적으로 갖고 있는 방식은 그림의 형식이다.	명제가 사실과 공통적으로 갖고 있는 방식은 논리적 형식이다.

언어의 의미가 세계와의 관계에서 해명된다는 가정은 표의 1, 2, 3에서 구체화되었다. 즉, 언어와 세계의 관계는 명제가 사실을 그리는 관계이며 명제의 의미는 그 명제가 그리는 사실인 것이다.

한편 이름이 대상을 지칭한다는 원리는 표의 4, 5, 6 맥락에서 보다 구체적으로 이해된다. 그림의 형식이 실재의 요소들이 그림의 요소들과 공통된 방식으로 관련될 수 있다는 가능성인 것처럼 논리적 형식은 사실의 요소들이 명제의 요소들과 공통된 방식으로 관련될 수 있다는 가능성이다. 그런데 사실의 요소는 논리적 단순체인 대상이고 명제의 요소는 논리적 단순체인 이름이므로 대상들이 결합하여 사실을 구성하는 논리적 형식과 이름들이 결합하여 명제를 구성하는 논리적 형식은 동일하다. 이로부터 언어와 세계 사이의 이원적 동형성이 도출된다.

한편 명제와 사실 사이에는 명제가 사실을 그리는 관계가 설정되

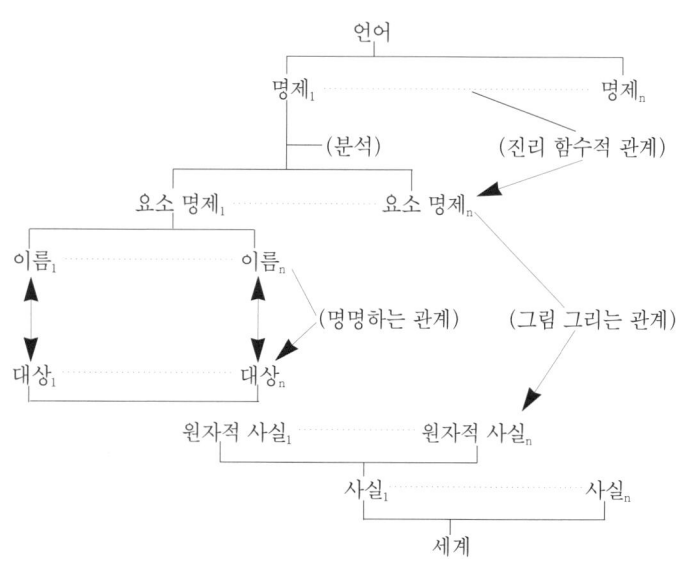

어 있다. 그렇다면 명제를 구성하는 이름과 사실을 구성하는 대상 사이에도 어떤 관계가 설정되어야 할 것이다. 그런데 그림의 관계는 명제와 사실 사이에만 국한되므로 이름과 대상 사이의 관계는 그림 관계와는 달라야 한다. 이러한 맥락에서 비트겐슈타인은 이름이 대상을 지시한다는 원리를 도입하여 양자의 관계를 맺어 주는 것이다.

비트겐슈타인의 전기 철학에서의 언어와 세계의 관계에 관한 지금까지의 논의를 요약하여 도식화하면 앞의 그림과 같다(Fann 1969, 20).

4. 진리 함수 이론과 그림 이론에 대한 비판

지금까지 우리는 비트겐슈타인의 전기 철학에서 언어, 세계, 그리고 양자의 관계를 살펴보았다. 이들은 요소 명제, 원자적 사실, 그리고 양자의 그림 관계를 고찰함으로써 그 구체적인 모습을 드러내었다. 요소 명제란 의미론적으로 가장 단순한 명제로서 모든 복합 명제는 이 요소 명제의 진리 함수였다. 즉, 복합 명제의 의미는 논리적 분석에 의해 요소 명제로 환원되며, 요소 명제는 의미론적으로는 가장 단순하므로 단 하나의 정확한 의미를 가졌다. 그리고 명제는 사실을 그림으로써, 이름은 대상을 지시함으로써 언어와 세계의 연관이 이루어졌다.

이제 이러한 전기 철학의 입장에 대한 비트겐슈타인 자신의 비판을 살펴보겠다. 그리고 이 비판 과정에서 드러나는 그의 후기 언어관을 토대로 언어와 세계의 관계를 재구성할 수 있는 실마리를 모색해 보겠다.

비판은 (1) 요소 명제, 원자적 사실 등 전기 철학의 중심 개념에 개입된 복합성, 단순성의 문제를 검토하고 (2) 논리적 분석에 의해 복합 명제를 요소 명제로 환원함으로써 단 하나의 정확한 의미를 도출하는 과정에 개입된 분석의 개념과 정확성, 부정확성의 문제를 검토하고 (3) 명제가 사실을 그리고 이름이 대상을 지시한다는 문제를 검토하는 순서로 전개된다.

(1) 비트겐슈타인의 전기 언어관의 핵심은 명제의 총체로서의 언어가 궁극적으로 가장 단순한 명제인 요소 명제로 분석되며, 이 분석 과정을 통해 다른 명제들은 요소 명제들로 이루어진 복합 명제임이 드러난다는 것이다. 이에 관련하여 비트겐슈타인의 세계관의 핵심은 사실들의 총체로서의 세계는 궁극적으로 가장 단순한 사실인 원자적 사실로 분석되며, 이 분석 과정을 통해 다른 사실들은 원자적 사실들로 이루어진 사실임이 드러난다는 것이다. 여기에는 단순성과 복합성의 구분이 절대적인 것으로 간주되어 있다. 그러나 비트겐슈타인은 다음과 같은 예를 통해 이 구분이 상대적인 것임을 밝힌다. 우리는 체스판이 32개의 흰색 사각형과 32개의 검은색 사각형으로 이루어진 복합체라고 생각한다. 그러나 한편으로는 체스판은 검은색과 흰색, 그리고 사각형의 모양으로 이루어진 복합체라고 생각할 수도 있다. 체스판을 구성하는 요소, 예를 들어 흰색을 우리는 단순하다고 생각할 것이다. 그러나 이것은 무지개색이 혼합되어 이루어진 복합체로 간주될 수도 있다.

이처럼 복합성과 단순성의 개념은 여러 가지 언어 상황과 연관되어 다양한 방식으로 사용되고 있다. 여기에서 우리는 단순성과 복합성이 사물 그 자체 안에 있는 절대적인 성질이 아니라는 사실을 알 수 있다. 어떤 언어 상황에서는 하나의 사물이 단순한 것으로 불릴 수 있으나 다른 언어 상황에서는 동일한 것이 복합적인 것으로 간주될 수 있는 것이다. 비트겐슈타인은 이를 다음과 같이 표현하고 있다.

"이 나무의 시각 심상은 복합적인가?", "그리고 무엇이 그것의 구성

부분들인가?"라는 '철학적' 질문에 대한 바른 대답은 다음과 같다. "그것은 당신이 '복합적'인 것으로 무엇을 의미하는가에 달려 있다"(『탐구』, §47).

이처럼 복합성과 단순성은 그것이 사용되는 언어 상황에서의 다양한 기준에 연관되어 상대적으로 규정되는 개념이다.

(2) 전기 비트겐슈타인은 복합 명제를 요소 명제로 분석함에 따라 명제의 의미가 명료해지며, 요소 명제는 의미론적으로 가장 단순한 명제이므로 단 하나의 의미를 가진다고 생각했다. 그러면 과연 복합적인 것을 단순한 것으로 분석함으로써 문제의 국면이 명료해지는지를 검토해 보자. 비트겐슈타인은 "빗자루를 가져 오라"는 말에서 빗자루가 비와 자루로 분석된다는 사실에 기초하여 이 말을 "자루와 그것에 부착되어 있는 비를 가져 오라"로 고쳐서 표현했을 때 그 말의 의미가 더 명료해지는가를 반문한다. 여기서는 오히려 문제의 한 국면이 '분석된' 형태에 있어서는 상실된다고 보아야 할 것 같다.

때때로 표현을 좀더 분석함으로써 오해를 제거하는 경우가 있기는 하다. 그러나 이로부터 마치 우리가 분석의 방법에 의하여 완전한 명료성에 도달할 수 있다고 믿어 분석의 방법을 탐구의 진정한 방법으로 채택하는 것은 특정한 경우를 지나치게 일반화한 소박한 이상론의 발로일 뿐이다.

한편 비트겐슈타인의 전기 철학에서는 단순성과 복합성의 구분과 마찬가지로 정확성과 부정확성의 구분도 절대적인 것으로 전제되어 있다. 그리고 부정확성에서 정확성으로 나아가는 방법이 분석의 방법이었다. 그런데 분석의 방법이 비판됨으로써 분석이 결과하는 것으로 간주되는 정확성의 개념도 흔들리게 된다. 단순성과 복합성의 구분이 상대적인 것과 마찬가지로 정확성과 부정확성의 구분은 주어진 언어 상황에서 하나의 목표나 기준에 관련되어서 상대적으로 규정되는 것이다. 그러한 언어 상황을 떠난 정확성에 대한 유일한 이상, 절대적인 기준이란 존재하지 않는다. 실제로 우리는 현실적인 언어 상황에서 의미가 모호하고 부정확한 많은 명제들도 경우에 따라서는 우리의 의도를 충분히 만족시켜 준다는 것을 알고 있다. 예를 들어 비트겐슈타인은 내가 누군가에게 "대충 이쯤 서 있어"라고 말할 경우 이 말이 모호한 까닭에 쓸모없게 되는가를 반문하고 있다.

지금까지의 논의를 통해 단순성, 분석, 정확성의 개념이 비판되었으므로 이제 요소 명제가 의미론적으로 가장 단순한 명제라는 이유로 단 하나의 정확한 의미를 가진다는 전기의 입장은 거의 지탱될 수 없는 것처럼 보인다. 이번에는 명제가 단 하나의 의미를 가진다는 나머지 사실을 비판함으로써 위의 입장에 대한 비판을 완결지으려 한다.

(3) 비트겐슈타인 전기의 언어관에서 명제가 단 하나의 의미를 가진다는 사실은 이름과 대상의 단순성에서 도출되었다. 그에 의하면 이름은 상호 결합하여 명제를 이루고 대상은 상호 결합하여 사실을 이루는데, 명제의 의미는 사실에 의해서 주어지며 이름은 대상을 지시한다. 그런데 만일 대상이 단순하지 않다면 대상은 변화하거나 더 분석될 수 있을 것이며, 이는 이름이 지시하는 것이 변화하거나 불명료해지는 결과를 초래한다(비트겐슈타인은 대상의 단순성과 불변성을 상호 불가분의 개념으로 취급한다). 또한 대상이 상호 결합하여 이루는 사실도 대상의 변화와 무한 분석의 가능성 때문에 가장 단순한 원자적 사실을 열거할 수 없게 되고 이에 따라 원자적 사실에 의해 의미를 얻는 요소 명제도 단 하나의 명료한 의미를 가질 수 없게 된다. 이름과 대상의 단순성은 이처럼 비트겐슈타인의 전기 철학에서 요구되는 중요한 가정이다. 이미 단순성의 개념은 비판되었으므로 여기서는 이름이 대상을 지시한다는 원리를 비판함으로써 이에 연관되어 있는, 명제가 사실을 그림에 의해 단 하나의 의미를 가진다는 비트겐슈타인의 언어관을 비판해 보겠다.

비판에 앞서 한 가지 짚고 넘어가야 할 사실은 『탐구』에서 비판되고 있는 의미론은 사실 비트겐슈타인의 전기의 의미론이 아니라 아우구스티누스(Augustinus)의 의미론이라는 점이다. 비트겐슈타인은 아우구스티누스의 의미론을 다음과 같이 요약하고 있다.

> 언어에서의 각각의 낱말은 대상을 명명한다——문장은 그러한 이름의 조합이다—— ……모든 낱말은 의미를 갖는다. 이 의미는 낱말에 상호 연관되어 있다. 그것은 낱말이 지시하는 대상이다(『탐구』, §1).

이에 덧붙여 비트겐슈타인은 다음과 같이 말한다.

> 당신이 언어 습득을 이러한 방식으로 기술한다면, 당신은 일차적으로 '탁자', '의자', '빵', 사람의 이름 같은 명사를 생각하고, 다만 이차적으로만 어떤 행위나 속성의 이름을 생각하고 있으며, 나머지 종류의 낱말은 스스로 해결될 것으로 생각하고 있다고 나는 믿는다(『탐구』, §1).

여기서 우리는 아우구스티누스의 의미론과 비트겐슈타인의 전기 의미론의 명확한 차이를 엿볼 수 있다. 아우구스티누스나 전기 비트겐슈타인이 모두 이름이 대상을 지시한다는 입장을 취하고 있으나 아우구스티누스에서 대상은 탁자, 의자, 빵 같은 일상적 대상을 의미하며, 이름은 이런 일상적인 대상을 지시하는 '탁자', '의자', '빵' 같은 일상적인 이름이다. 대상으로서의 탁자, 의자, 빵은 관찰할 수 있는 질료적 성질을 가지며 더 분석될 수 있다. 그러므로 이러한 대상을 지시하는 이름으로서의 '탁자', '의자', '빵'도 더 분석될 수 있다. 그러나 앞서 살펴본 대로 비트겐슈타인에서 대상과 이름은 분명히 이러한 성격을 갖지 않는다. 다시 말해 대상의 성질은 관찰될 수 없고 질료적 성질 아닌 형식적 성질만을 가지며 대상과 이름은 다같이 더 분석될 수 없다. 그러므로 비트겐슈타인 의미론의 비판 작업은 엄밀한 의미에서는 아우구스티누스 의미론의 비판 작업과는 구별되어야 한다. 그러나 『탐구』의 전체적인 문맥에서 볼 때 비트겐슈타인은 아우구스티누스의 의미론이 비판됨으로써 자신의 전기의 의미론도 비판된다고 생각하는 것 같다.

이름이 지시하는 대상에 의해 그 이름을 정의하는 지시적 정의에 대한 비트겐슈타인의 비판은 다음과 같이 전개된다.

첫째, 이름이 대상을 지시한다면 대상이 변화하거나 사라지면 그것을 지시하는 이름의 의미도 변화하거나 사라져야 한다. 그렇다면 예를 들어 N. N.씨가 죽었을 때 우리는 N. N.이라는 이름의 의미가 죽었다고 말하는가? 혹은 N이라는 이름의 도구가 깨어졌을 때 우리는 N이라는 이름의 담지자가 깨어졌고, 따라서 N은 이제 우리의 언어에서 더 이상 사용되지 않는다고 말하는가? 우리의 일상 언어 생활에 비추어 볼 때 이것은 분명한 오류이다. 비트겐슈타인은 이러한 오류가 이름의 의미와 그것의 담지자를 동일시하는 데서 비롯한다고 지적한다. 이름의 담지자가 죽거나 깨어진다고 해도 이름의 의미는 상실되지 않는다. "노퉁(바그너의 『니벨룽겐의 반지』에 나오는 지그프리드의 마술의 검)은 날카로운 날을 갖고 있다"는 문장은 노퉁이 부서졌을 경우에도 의미가 있다. 이처럼 이름은 그 담지자가 없을 경우에도 사용될 수 있는 것이다.

둘째, 낱말의 습득은 지시적 정의로부터 출발하지 않는다. 오히려 지시적 정의는 언어의 문맥에 관한 어느 정도의 지식이 전제되어 있을 때에야 비로소 그 낱말의 쓰임을 설명한다. 예를 들어 체스를 가르칠 때 게임을 배우는 사람에게 "이것이 왕이다"라고 말할 경우 이러한 정의는 체스와 그 게임에서 사용되는 언어들의 문맥에 어느 정도 친숙한 사람에게는 이해되겠지만 그렇지 못한 사람은 이러한 지시적 정의를 이해할 수 없을 것이다. 따라서 지시적 정의는 동일한 방식의 훈련을 받은 사람에게만 동일한 이해를 갖게 한다. 어떤 낱말에 대한 동일한 지시적 교육이라도 상이한 훈련을 받으면 전혀 다른 이해를 갖게 될 것이다. 예를 들어 연필을 가리키면서 "이것은 토우브다"라고 말한다면 이 정의는 "이것은 연필이다", "이것은 둥글다", "이것은 나무이다" 등과 같이 다양한 방식으로 이해될 수 있다. 이처럼 지시적 정의는 그 언어적 문맥과 동일한 훈련 과정을 전제로 하고 있는 것이다.

우리의 언어에는 '그리고', '수', '아니다' 등등과 같이 지시적 정의를 할 수 없는 많은 낱말들이 있다. 우리의 언어에는 그 외에도 다양한 종류의 낱말과 문장들이 있을 뿐 아니라 그것들의 기능 또한 다양하다. 비트겐슈타인은 자신의 전기의 언어관이 언어의 이러한 다양성을 무시한 무리한 요구에 불과한 것임을 시인한다.

우리가 실제의 언어를 정밀하게 검토하면 할수록 언어와 우리의 요구 사이의 갈등은 더욱 첨예해진다(『탐구』, §107).

전기의 언어관을 비판하는 과정에서 인식한 언어의 다양성을 비트겐슈타인은 어떤 언어관에서 수용할 것인가? 이 문제는 언어와 세계의 관계에 관한 문제를 재구성하기 위한 관건이기도 하다. 이를 위해 우리는 지금까지의 비판 과정에 개입되거나 그 과정에서 귀결된 언어에 대한 새로운 인식을 정리할 필요가 있다.

i) 단순성, 복합성, 정확성, 부정확성 등의 개념을 검토하면서 우리는 이 개념들이 그것이 쓰여지는 언어 상황 또는 문맥에 의존하는 상대적인 개념임을 알게 되었다.

ii) 이름의 기능을 검토하면서 우리는 단어가 반드시 대상을 지시하는 기능만을 하는 것은 아니며, 명제도 반드시 사실에 의해서 단 하나의 의미를 얻는 것은 아니라는 사실을 알게 되었다.

  iii) 지시적 정의를 검토하면서 우리는 언어의 습득이 언어적 문맥과 훈련 과정의 동일성을 전제할 때에만 같은 이해를 낳을 수 있음을 알게 되었다.

  이와 관련하여 비트겐슈타인은 언어의 다양성을 다음과 같은 관점에서 고찰할 것을 권고한다.

> 어떤 경우에 어떤 목적으로 우리가 이것을 말하는가?
> 어떤 종류의 행위가 이 말에 수반되는가? …… 어떤 장면에서, 그리고 무엇 때문에 그것이 사용되는가?(『탐구』, §489)

  이는 언어의 다양성을 ① 언어가 쓰이는 방식과 ② 언어에 수반되는 행위, 그리고 ③ 언어가 쓰이는 문맥을 검토함으로써 접근하려는 태도로 받아들여진다. 이제 비판 과정에서 정리된 언어에 대한 새로운 인식의 단편들을 이 세 가지 관점에서 좀더 구체적으로 살펴보겠다. 이 과정을 통해 언어와 세계의 관계의 문제도 새로운 각도에서 조명될 것이다.

5. 언어 게임

  앞서 언급하였듯이 비트겐슈타인의 후기 언어관은 언어를 도구와 게임에 비유하는 과정을 통해서 정립된다. 이 비유는 자신의 전기 언어관을 비판하는 과정을 통해서 얻어진 언어의 다양성에 대한 새로운 인식과 이에 대한 구체적 접근의 입각점으로 그가 제시한 ① 언어가 쓰이는 방식 ② 언어에 수반되는 행위 ③ 언어가 쓰이는 문맥을 검토하기 위한 방안으로 마련된 것이다.

이제 언어, 도구, 게임의 유사점과 그 비유의 양식을 단계적으로 살펴봄으로써 비트겐슈타인의 후기 언어관을 고찰해 보자.

(1) 언어의 종류와 기능의 다양성은 도구의 종류와 기능의 다양성, 게임의 종류와 놀이말(또는 게임에 참여하는 사람)의 역할의 다양성에 비유될 때 보다 선명히 드러난다.

> 연장 통에 있는 도구를 생각해 보자. 거기에는 망치, 펜치, 톱, 나사 돌리개, 자, 아교 단지, 아교, 못, 나사가 있다——낱말의 기능은 이들의 기능만큼 다양하다(『탐구』, §11).

(2) 다양한 종류의 언어에 공통된 속성이 있는가, 즉 언어의 본질이 무엇인가 하는 고전적 문제는 게임과 도구의 다양성을 검토함으로써 해소될 수 있다.

> 예를 들어 우리가 '게임'이라고 부르는 것들을 고찰해 보자. …… 그것들 모두에 공통된 것은 무엇인가?——"공통된 어떤 것이 '있어야 한다'. 그렇지 않으면 그것들은 '게임'이라고 불리지 않을 것이다"라고 말하지 말라——도리어 그것들 모두에 공통된 어떤 것이 있는지를 '보라'.——왜냐하면 만약 당신이 그 게임들을 보면 당신은 그들 '모두에' 공통된 어떤 것은 보지 못할 것이고, 거기에서 유사성과 연관성의 총체적 계열을 보게 될 것이기 때문이다. …… 우리는 겹치고 엇갈린, 때로는 전체적이고 때로는 세부적인 유사성의 복잡한 그물망을 보게 된다(『탐구』, §66).

비트겐슈타인은 이러한 고찰을 언어에 적용함으로써 언어의 공통된 속성, 본질에 관한 고전적 질문을 해소한다.

우리가 언어라고 부르는 모든 것에 공통된 그 무엇을 제시하는 대신에 나는 이러한 현상들이 모든 것에 동일한 낱말을 사용하도록 하는 공통된 한 가지 면을 가지고 있는 것이 아니라——여러 가지 상이한 방식으로 서로 '관련되어' 있다고 말한다. 우리가 그것들을 모두 '언어'라고 부르는 까닭은 이 관계, 또는 관계들 때문이다(『탐구』, §65).

그렇다면 이 관계, 즉 '겹치고 엇갈린, 때로는 전체적이고 때로는 세부적인 유사성의 복잡한 그물망'은 어떤 것인가? 비트겐슈타인은 이를 가족 유사성의 개념으로 설명한다.

나는 '가족 유사성'보다 더 잘 이 유사성을 특징짓는 표현을 생각할 수 없다. 왜냐하면 가족의 구성원들 사이의 여러 유사성, 체구, 용모, 눈의 색깔, 걸음걸이, 기질 등이 같은 방식으로 겹치고 엇갈려 있기 때문이다(『탐구』, §67).

다양한 게임이 한 가족을 형성하는 것처럼 다양한 언어들은 한 가족을 형성한다. 그러나 그 언어 가족에 공통된 속성은 없는 것이다.
(3) 비트겐슈타인은 언어의 의미 문제를 도구의 쓰임과 언어 게임에서의 놀이말(또는 게임에 참여하는 사람)의 역할에 비유함으로써 해명하려 한다.

문장을 도구로, 그 의미를 그 쓰임으로 보라!(『탐구』, §421).

놀이말의 의미를 게임에서 그것의 역할이라고 하자(『탐구』, §563).

도구나 놀이말이 그 자체로는 의미가 없지만 실제의 작업 상황이나 게임에서 쓰일 때 제 기능을 하는 것처럼 언어도 그 자체로는 의미가 없지만 실제로 쓰이는 상황에서 그 의미를 드러낸다.

> 모든 기호는 '그 자체로는' 죽은 것으로 보인다. '무엇이' 그것에 생명을 주는가?──쓰임에서 기호는 '살아난다'(『탐구』, §432).

이러한 쓰임의 과정을 무시한 채 언어의 의미를 어떤 비언어적인 지시 대상을 가지고 설명하려는 시도들은 모두 배격된다.

(4) 언어를 게임에 비유할 때 유추되는 또 하나의 중요한 개념은 규칙의 개념이다. 우리가 게임을 할 때 일련의 규칙을 따라야 하는 것처럼 언어를 사용할 때에도 언어의 쓰임의 규칙, 즉 문법적 규칙을 따라야 한다. 그런데 우리가 게임을 할 때 게임의 규칙을 따른다는 것은 우리가 게임의 규칙을 따라 행위한다는 사실을 말한다. 이때 우리의 행위도 게임에 포함되며 따라서 게임의 규칙은 우리의 행위에도 관여한다. 마찬가지로 우리가 언어를 사용할 때 문법적 규칙을 따른다는 것은 우리가 문법적 규칙을 따라 행위하는 것이라고 표현할 수 있다. 우리가 언어를 사용한다는 것은 언어를 가지고 어떤 것을 하는 행위로 이해할 수 있다. 따라서 언어의 사용 규칙, 즉 문법적 규칙은 언어의 사용에 수반되는 행위에도 관여한다고 말할 수 있다.

여기서 비트겐슈타인은 언어의 사용에 수반되는 행위와 언어를 한데 묶는 새로운 개념으로 '언어 게임' 개념을 도입한다.

> 나는 언어와 그 언어에 연관된 행위로 구성된 전체를 '언어 게임'이라 부를 것이다(『탐구』, §7).

새로이 도입된 언어 게임은 이제 비트겐슈타인의 후기 언어관의 중심 개념으로 부각된다. 언어를 도구와 게임에 비유하는 과정에서 드러난 그의 후기 언어관은 언어 게임 개념으로 통합된다. 지금까지 살펴본 언어의 성격들은 바로 언어 게임의 성격을 잘 대변해 준다. 즉, (1) 언어 게임의 종류와 기능은 다양하며 (2) 다양한 언어 게임은 공통적인 본질을 갖고 있지는 않지만 상호 가족 유사적 관계를 형성하며 (3) 언어 게임은 언어의 쓰임의 방식을 기술하며 (4) 언어 게임은 언어와 그 언어에 연관된 행위로 구성되어 있다.

비트겐슈타인의 전·후기 철학은 현대 영미 철학의 여러 사조에 직접, 혹은 간접적으로 영향을 미쳤다. 전기 철학은 러셀의 논리적 원자론과 비엔나 학파의 논리 실증주의에, 후기 철학은 라일(Ryle)의 일상언어 철학, 오스틴(Austin)/썰(Searle)의 언어 행위론, 더밋(Dummett)의 반실재론에 각각 영향을 미쳤다. 비트겐슈타인은 영미 철학자 가운데서는 드물게 대륙 철학과 접맥될 소지가 많은 사상가이다. 실제로 그의 철학에는 칸트, 쇼펜하우어(Schopenhauer), 키에르케고르(Kierkegaard)의 색조가 짙게 깔려 있다. 비트겐슈타인은 자신에게 영향을 준 사람으로 볼츠만(Boltzmann), 헤르츠(Hertz), 쇼펜하우어, 프레게, 러셀, 크라우스(Kraus), 루스(Loos), 바이닝거(Weininger), 슈펭글러(Spengler), 스라파(Sraffa) 등을 꼽은 적이 있다. 이들은 러셀을 제외하고는 모두 대륙의 지성들이다. 이 점에 주목하는 리오타르(Lyotard), 로티(Rorty), 카벨(Cavell), 가버(Garver) 등의 최근의 비트겐슈타인 해석은 해석의 차원을 넘어 새로운 철학의 가능성을 잉태하고 있다고 볼 수 있다.

더 읽어야 할 책

비트겐슈타인의 대표작은 *Tractatus Logico-Philosophicus*와 *Philosophical Investigations*이다. 두 작품은 이영철 교수가 『논리 철학 논고』(천지, 1994)와 『철학적 탐구』(서광사, 1994)로 번역하였다. 이영철 교수는 이 외에도 비트겐슈타인의 『확실성에 관하여 *On Certainty*』(서광사, 1990), 『문화와 가치 *Culture and Value*』(천지, 1992)를 번역했다.

비트겐슈타인의 생애와 사상에 접근하는 데 좋은 길잡이는 서광선 교수와 정대현 교수가 엮은 『비트겐슈타인』(이화여대 출판부, 1980)이다. 이 책은 비트겐슈타인의 삶에 대한 두 편의 흥미로운 회상록, 그리고 비트겐슈타인의 작품들에서 골라 뽑은 여섯 편의 번역을 수록하고 있다. K. T. 판의 『비트겐슈타인의 철학이란 무엇인가? *Wittgenstein's Conception of Philosophy*』(서광사, 1989)는 비트겐슈타인 사상 전반에 대한 탁월한 소개서이다. 뉴턴 가버(Newton Garver)와 이승종이 같이 쓴 *Derrida and Wittgenstein*(1994)은 비트겐슈타인의 사상을 현대 철학의 다양한 사조들, 특히 데리다의 해체주의와 비교하고 있다. 이 작품은 『데리다와 비트겐슈타인』이라는 이름으로 번역 출간될 예정이다.

국내의 비트겐슈타인 연구는 분석 철학회가 엮은 『비트겐슈타인의 이해』(서광사, 1984)와 『비트겐슈타인과 분석 철학의 전개』(철학과 현실사, 1991), 박영식 교수가 엮은 『언어 철학 연구 Ⅰ: 비트겐슈타인과 언어』(현암사, 1995) 등 세 권의 논문집에 결집되어 있다.

14장
윌라드 반 콰인

민 찬 홍

1. 생애

콰인(Willard Van Orman Quine, 1908~)의 일생에 대해서는 사실 별 관심을 둘 게 없다. 비트겐슈타인이나 듀이를 안다고 대답하는 대부분의 교육받은 미국인이 '콰인'이라는 이름은 들은 적도 없다고 말할 정도로 그는 대중적인 스타와는 거리가 먼 사람이다. 오죽하면 그의 철학이 미국 철학계를 풍미하고 있을 당시, 대대적인 미국 독립 200주년 기념 행사에서 미국의 언론은 미국의 철학계를 대표하는 인물의 선정 문제로(마땅한 인물이 없어서) 고심하다가 철학자로서는 애들이라고 할 수 있는 당시 40대의 소울 크립키(Saul Kripke)를 택했겠는가. 그 당시 미국 내 모든 대학의 철학과, 특히 대학원생들은 '번역 불확정성'을 입에 달고 다녔다고 하고, 또 어느 철학 교수는 그의 유명한 'Gavagai'(콰인이 번역 불확정성을 논증하면서 예로 들었던 가상 정글 언어의 단어)를 자동차 번호로 삼았다고 해서 얘깃거리가 될 만큼 콰인 철학이 영어권 국가들의 전문적인 철학계를 장악하고 있을 때였는데도 말이다. 그러니까 콰인의 이름이 낯설다고 느끼시는 독자들께선 일단 자신의 과문함을 탓하지 말기 바란다.

　게다가 콰인의 일생이래야 겉으로 보기에 우리와 다를 게 없을 정도로 평범하다. 그는 1908년 미국의 오하이오 주의 어느 곳에서 태어나서 열여덟 살부터 스물한 살까지 그곳의 오벌린 대학(Oberlin College)의 수학과에서 학부를 마치고 하버드 대학원 철학과에 진학한다. 그곳에서 매우 빨리 박사 학위를 받는데, 이 점에 대해서 콰인은 경제적인 압박 때문에 빠른 학위 코스를 택했으나 나중에 생각하면 박사 과정은 정식으로 다니는 것이 좋았을 뻔했다고 술회하였다. 학위를 받고 독일에 유학, 유명한 실증주의자 루돌프 카르나프(Rudolf Carnap) 밑에서 공부한 후 귀국하여 하버드 대학의 교수로 평생을 지낸다(그리고 아직 살아 있다). 이 정도의 경력이면 '친구의 삼촌' 하는 식으로 한두 다리만 건너면 내 주변에도 얼마든지 있을 법한 사람이다.

　그러나 그의 사상은 그렇게 간단하지가 않다. 그는 젊은 시절 논리학자로 명성을 날렸고 평생을 전문적 논리학자로 보냈다고 할 수 있다. 그러나 30세를 전후해서부터 철학적인 문제에 대하여 논문과 저술들을 내기 시작하면서 그는 논리학, 수리 철학, 언어 철학, 과학 철학, 그리고 심리 철학에 이르기까지 철학 전반에 걸쳐 중요한 주장들을 펼친다. 사실 나 개인의 경우를 가지고 말하자면 콰인이 정리된다는 느낌이 들면서 겨우 분석 철학의 흐름도 조금 알 만하다는 생각이 들 정도였다. 우리가 흔히 칸트 이전의 서양 철학은 칸트에게로 흘러 들어 갔고, 칸트 이후의 서양 철학은 그에게서 흘러 나왔다고 하는 말을 듣는데 이 말은 '분석 철학'과 '콰인'에게 그대로 적용해도 된다고 할 수 있다.

2. 실증주의의 종언

고틀롭 프레게(Gottlob Frege)와 버트란트 러셀(Bertrand Russell), 그리고 루드비히 비트겐슈타인(Ludwig Wittgenstein) 등이 시작한 분석 철학은 20세기 중반까지 대체로 논리 실증주의자들이 주도하였다고 할 수 있다. 흄의 경험론과 수리 논리학이라는 두 토대 위에 세워진 논리 실증주의가 분석 철학의 패러다임으로 되어 있었던 셈이다. 20세기 중엽부터 논리 실증주의는 점차로 쇠퇴해 가고 분석 철학은 탈실증주의의 시기에 접어드는데 논리 실증주의를 비판, 극복하고 분석 철학에 새로운 전기를 마련했던 철학자들 중 대표적인 사람으로 콰인을 들 수 있다.

물론 탈실증주의의 대중적인 기수라면 토머스 쿤(Thomas Kuhn)을 꼽아야 할 것이다. 쿤은 논리 실증주의자들의 주무대였던 과학 철학의 분야에서 논리 실증주의자들을 공격하였다. 과학 철학에서 반실증주의 성향은 일찍이 칼 포퍼(Karl Popper)에서 찾을 수 있으며, 쿤이 말하는 이른바 '지각의 이론 담지'(theory-ladenness)라는 것은 러셀 핸슨(Norwood Russell-Hanson)이 지적하였던 것이다. 포퍼와 러셀 핸슨은 논리 실증주의자들이 금과옥조로 여기던 이른바 관찰 명제(observation statement)가 이론-독립적인 것일 수 없음을 지적하였던 것인데, 관찰 내지 관찰 명제가 이론에서 독립적인 것이 아니라면 그것은 이론을 검증(verify) 또는 확증(confirm)하는 객관적 척도의 역할을 할 수 없을 테니 논리 실증주의 과학관은 그 토대부터 흔들리게 되는 것이다. 물론 쿤의 과학 사상은 포퍼와 러셀 핸슨의 반복이나 요약에 불과한 것은 아니다. 그는 과학에서 패러다임적 전제(paradig-matic presupposition)의 역할을 하는 부분이 있음을 지적하였는데 이러한 패러다임적 전제는 관찰이나 실험을 통하여 검증될 성질의 것이 아니라 오히려 어떤 관찰과 실험이 행해져야 할 것인지를 정해 주며 과학적 관찰과 실험의 절차를 마련하고 그 결과를 평가하는 척도를 제공해 주는 것이다. 더 나아가서 쿤은 상이한 과학 이론들의 패러다임적 전제들을 비교해서 옳고 그름을 가려 줄 객관적인 기준, 두 전제의 우월을 가려 제3의 객관적인 척도란 있을 수 없다는 공약 불가능성 논제(incommensurability thesis)를 내세워 과학 철학에서 객관성과 상대주의의 문제에 대한 격렬한 논쟁을 일으켰다.

쿤의 과학관은 과학사와 과학 철학계를 넘어서 인문·사회 과학과 예술에 이르기까지 엄청난 영향을 끼쳤고 영미 철학에서 탈실증주의 하면 곧 쿤이 연상될 정도에 이르렀다. 그러나 논리 실증주의를 무너뜨리고 탈실증주의의 길을 열었던 데에는 콰인과 넬슨 굿맨(Nelson Goodman), 윌프리드 셀라즈(Willfrid Sellars) 같은 철학자들의 역할이 쿤 못지 않았다고 할 수 있다. 넬슨 굿맨[1]은 '귀납의 새로운 수수께끼'라는 논증으로 가설과 사례들 간의 확증 관계라는 것이 논리적 분석을 통해서 분명히 드러나지 않는다는 점을 지적하였다. 어떤 술어가 과학의 가설에 사용될 만큼 객관적 속성들을 반영하며 어떤 술어가 그렇지 않는가 하는 것은 가설이나 술어에 대한 논리적·통사론적 분석을 통해서는 알 수 없으며 단지 그 술어가 사용된 가설들이 성공했던 과거의 역사가 말해 줄 뿐이라는 것이다. 이러한 굿맨의 논증은 한편으로는 귀납에 대한 흄의 회의의 다른 표현이면서 다른 한편으로는 논리 실증주의에서 핵심 개념인 검증 내지 확증이라는 관계가 논리적으로 무근거하지 않나 하는 회의의 표명이라는 점에서 논리 실증주의 과학 철학에 대한 공격이었다.

셀라즈[2]는 '주어진 것'(the given)이라는 생각에 대하여 의문을 제

---

1) Goodman, N.(1955) *Fact, Fiction, and Forecast*. Indianapolis : The Bobbs-Merrill Company.
2) Sellars, W. [1956] "Empiricism and the Philosophy of Mind" in *Minnesota Studies in the*

기함으로써 논리 실증주의와 근세 경험주의 철학뿐 아니라 데카르트 이래 서양 철학에서 중요한 가정이자 그들 철학의 출발점이 되어 왔던 개념을 공격하였다. 데카르트는 외적 대상들은 감각을 매개로 해서만 주어지지만 의식의 내용은 직접 주어진다고 믿었으며 근세 경험론자들은 의식에 직접 주어지는 자료를 토대로 하여 경험주의 인식론을 구축하려 하였다. 그러나 셀라즈는 '의식에 직접 주어진 것'이라고 여겨진 것들, 사고와 다른 사적(私的) 사건(private episodes)들에 대한 담론들은 내적-관찰적 담론이 아니라 실상은 이론적 담론이라고 주장하였다. 그리고 최근 심리 철학은 내적-심리적인 상태를 설정함으로써 인간 행동을 설명하는 이 이론을 통속 심리학(folk psychology)이라고 부름으로써 50년 전 셀라즈의 지적을 거의 그대로 수용하고 있다.

이렇게 논리 실증주의는 콰인 이외에도 굳맨, 셀라즈, 포퍼, 쿤 등 여러 철학자들이 여러 각도에서 공격하였다. 이 중에서 콰인의 공격은 쿤의 패러다임 이론처럼 대중적 영향을 끼친 것은 아니었지만 전문적인 철학계, 특히 분석 철학계에 끼친 영향은 훨씬 더 심오한 것이었다. 또 콰인은 논리 실증주의의 몇 가지 입론을 공격하는 데서 그치지 않고 분석 철학자로서는 드물게 언어와 의미, 그리고 과학 이론과 경험 등 폭넓은 주제에 대하여 하나의 완결된 이론 체계를 제시함으로써 그후 분석 철학의 전개 방향을 바꾸는 통찰을 제공하였으며 최근의 많은 논쟁들의 연원이 되었다.

이 글은 콰인의 사상을 그의 철학에서 핵심적인 지위를 차지하는 두 논제, 분석-종합 구별에 대한 논박과 번역 불가능성 논제를 통하여 설명한다. 콰인의 다른 논제들은 독립적으로 다루지 않고 이 두 논

Philosophy of Science. vol.1, ed. H. Feigl and M. Scriven, Minneapolis : University of Minnesota Press.

제와 관계되는 점에서만 간단히 설명하고 거론하였다. 이렇게 거론된 논제들로는 규약론 논박, 전체론, 수정 가능성 논제, 이론 미결정성 논제 등이 있다. 또 지시 불가투시성(inscrutability of reference)은 번역 불확정성의 한 대목으로서 이 용어를 사용하지 않고 설명하였다. 그 밖에 콰인의 존재론과 유명론, 또 그의 존재론적 상대성 논제는 거론하지 않았다.

3. 분석-종합 구별과 환원주의 논박

분석 판단과 종합 판단

콰인은 무엇보다도 근세 철학자들이 처음 구별하였고 특히 칸트가 인식론에서 핵심적인 의의를 부여하였던 하나의 구별, 즉 분석적 진리와 종합적 진리[3]에 대한 구별을 공격함으로써 논리 실증주의의 근본 가정을 무너뜨리려고 한다. 일찍이 라이프니츠는 '이성의 진리' (truth of reason)와 '사실의 진리'(truth of fact)를 구별하였으며 흄은 '관념들의 관계'(relations of ideas)와 '사실의 문제'(matters of fact)를 구별하였다고 알려지고 있는데, 칸트는 이러한 구별을 다각화해서 의미의 차원에서는 '분석 판단'(analytic judgement)과 '종합 판단' (synthetic judgement)을, 인식의 차원에서는 '선험적(*a priori*) 판단'과 '경험적(empirical) 판단'을 구별하였다. 분석 판단이란 판단의 술어가 주어 속에 포함된 판단, 술어 개념이 주어 개념을 통하여 이미 사

---

[3] 이후 이 글은 '진리', '진술', '명제', '문장' 등의 말들을 혼동해서 사용한다. 물론 이것들은 동의어가 아니며 논의의 주제에 따라서는 결코 혼동되어서는 안 된다. 대충 말해서 '진리'는 참인 문장 또는 명제들이고, '진술'이란 문장으로 이루어지는 언어 행위이며, '명제'는 문장의 의미라고 할 수 있다. 이러한 차이에도 불구하고 '분석적'은 이 모든 것들에 붙일 수 있으며 이 글은 맥락에 따라서 말하기 편한 대로 혼용하고 있다.

유된 판단이다. 예를 들어 "총각은 모두 남자다"가 바로 이러한 판단이다. 분석 판단은 모순율에 의해서 참인 판단, 즉 모순에 빠지지 않고는 부정할 수 없는 판단이라고도 정의할 수 있다. "총각은 모두 남자다"를 부정하면 "남자가 아닌 총각이 있다"고 말해야 하는데 이것은 모순이다. 그러므로 "총각은 모두 남자"라는 판단은 모순을 범하지 않고서는 부정될 수 없는 판단이다.

한편 경험적 판단이란 경험으로 정당화되는 판단이며, 선험적 판단은 경험과 독립된 판단, 경험(또는 관찰, 귀납)으로 정당화되지도 않고 경험적 사례로 반박될 수도 없는 판단이다. 예를 들어 "어떤 사람도 키가 3미터를 넘지 않는다"는 명제는 키가 3미터를 넘는 사람이 발견되면 거짓임이 판명될 것이니 경험적 판단이다. 그러나 "20 + 30 = 50"이라는 명제는 그렇지 않다. 누군가 사과 20개와 배 30개를 더했는데 합쳐서 50개가 아니었다고 말한다면 우리는 그가 사과 또는 배의 수를 애초에 잘못 세었거나, 두 가지를 합친 후에 잘못 세었거나, 아니면 그가 두 과일 더미를 합하는 동안에 하나를 잃어버렸거나, 그것도 아니면 그가 꿈을 꾸었거나, 그냥 거짓말을 하고 있거나, …… 등등의 방식으로 상황을 설명함으로써 "20 + 30 = 50"이라는 산수의 명제에는 잘못이 없다고 생각할 것이다. 더 그럴법한 예로, 어떤 사람이 술 30리터에 물 20리터를 더하고 그 합의 부피를 측정해 보았더니 50리터보다 작다는 것을 발견하였다고 해 보자. 술과 물을 섞는 실험을 매우 정교하게 여러 차례 반복했고 그때마다 늘 같은 결과를 얻었다면 그는 드디어 "20 + 30 = 50"이 성립하지 않는 경우도 있다고 생각해야 할 것인가? 그렇지 않다. 그때 우리는 술과 물 사이에 어떤 비밀이 있어서 두 가지를 혼합하면 부피 결손이 발생하게 된다고 생각하고 그 메커니즘을 해명하려고 할 것이다. 그래서 우리는 술 분자가 물 분자에 비해서 매우 크기 때문에 두 가지 액체를 섞으면 마치 좁쌀이 콩알 틈으로 스며들어 콩 + 좁쌀의 부피가 각각의 부피의 합보다 작듯이 부피 결손이 생긴다는 설명을 듣게 되는 것이다. 요컨대 "20 + 30 = 50"이라는 명제를 물리칠 만한 경험적 사례란 없다. 다시 말해서 이 명제는 경험적 반례를 허용하지 않는 것이다. 이러한 명제를 칸트는 선험적 명제라고 불렀다.

물론 "모든 총각은 남자다"라는 분석 명제도 선험적 명제이다. 분석 명제가 모두 선험적 명제라는 것은 분명하다. 그런데 칸트는 종합 판단 중에도 선험적인 판단들이 있다고 믿었다. 그래서 널리 알려진 대로 그의 인식론의 과제가 "어떻게 선험적 종합 판단이 가능한가?"라는 물음으로 표현되는 것이다. 칸트에 따르면 인간의 사고 방식 자체의 본성상 인간의 경험은 어떤 구조를 가지게 된다고 생각하였고 우리가 인식하는 세계는 인간의 사고와 경험의 그러한 근본 구조로 틀지어지지 않을 수 없다고 주장하였다. 그에 따르면 선험적 종합 판단들이야말로 세계의 근본 구조를 드러내는 명제들이요, 동시에 인간 사고의 근본 구조를 드러내는 명제들이 된다. 칸트는 양(量) 보존의 원칙, 인과율, 그리고 뉴턴 역학의 기본 법칙들이 바로 이런 성격을 가진 명제들이라는 점을 증명하려고 하였다.

경험론과 분석적 진리

그러나 경험주의자들은 분석-종합의 구별이 선험적-경험적 구별과 정확히 일치한다고 믿었다. 경험주의자들에게는 '선험적 종합 판단'이란 말은 '동그란 네모'처럼 거의 용어상의 모순에 해당되는 것이었다. 사실 논리학, 수학의 지식은 언제나 경험론자들을 괴롭혀 온 경험주의 철학의 난제였다. 경험론의 원칙은 "모든 지식은 궁극적으로 경험에서 비롯된다"고 선언한다. 그런데 경험은 필연적 진리를 주지 않는다. 그런데 논리학의 원칙들, 수학의 진리들은 필연적인 진리인 것 같다. 결국 논리적 원칙, 수학의 명제들과 경험주의 원칙 사이에는 풀기 어려운 긴장이 있는 것이다. 존 스튜어트 밀(John Stuart

Mill) 같은 경험주의 철학자는 경험론을 곧이곧대로 견지함으로써 이 문제에 답하려고 하였다. 논리학, 수학의 진리도 사실은 귀납(적 일반화)에 의거한 지식이며, 그 진리를 지지하는 사례들이 압도적으로 많다는 점 때문에 마치 필연적인 것처럼 보일 뿐 사실은 여타의 경험적 지식과 같은 종류라는 것이다. 그러나 위에서 지적하였듯이 수학의 진리는 엄청나게 많은 사례로 지지되는 경험적 일반화가 아니다. "20 + 30 = 50"이라는 진리는 실제로 그것과 상충하는 것처럼 보이는 사례가 발견된다고 하더라도 거짓이라고 판정받지 않는다. 뭔가 다른 비밀이 있다고 여겨지는 것이다.

논리적·수학적 진리를 경험주의 철학과 화해시키는 그럴듯한 방법을 제시한 것은 비트겐슈타인이었다. 비트겐슈타인의 '동어 반복'(Tautologie)이라는 개념이 그 열쇠가 된다. 예를 들어 "이순신은 노량 해전에서 전사하였다"는 문장을 생각해 보자. 이 문장은 참인데, 무엇이 이 문장을 참이게 만드는가? 이 문장이 참인 것은 과거 어느 어느 때 이순신 장군이 노량 해전이라는 전투에서 전사하였다는 사실 때문이다. 사실이 문장을 참으로 만든다. 그러나 그게 전부인가? 그렇지 않다. 만일 '이순신'이라는 말이 가수 조용필을 의미한다면, '전사'라는 말이 결혼한다는 뜻이라면, 과거의 그 사실이 이 문장을 참으로 만들진 않을 것이다. 그러므로 사실 이외에 문장에 쓰인 말들의 의미 또한 이 문장을 참으로 만드는 한 요소가 된다. 일반적으로 어떤 문장이 참일 때 그 문장이 참이 되도록 만드는 요소는 사실과 의미라고 말할 수 있다. 그런데 문장들 중에는 사실의 기여가 완전히 빠지는 문장들이 있다. "모든 총각은 남자다"는 문장이 바로 그런 예가 된다. 이 경우에 '총각', '남자', '모든' 등 문장을 이루는 단어들의 의미에 호소하기만 하면 문장의 진위가 결정된다. 이 문장의 진위를 결정하기 위해서 세계를 들여다볼 필요가 없다. 이런 문장을 분석 명제라고 하는 것이다. 그렇다면 종합 명제란 세계에 대해서 무언가 말하는 명제요, 분석 명제란 세계에 대해서는 아무 말도 하지 않는 명제, 즉 경험적 내용을 갖지 않는 명제이다. 비트겐슈타인이 '동어 반복'이라고 말한 것이 바로 이것이다. 동어 반복이란 경험적으로 공허한(비트겐슈타인의 말로 하면 'senseless'한) 문장들을 가리키는 말인 것이다. 분석적 진리라고 불리는 것들은 경험적 내용을 갖지 않으므로 당연히 그 진리성을 경험에서 얻어 오지 않는다.

그러므로 논리학의 명제들은 모두 동어 반복이다. 그리고 수학이 논리학으로부터 정의와 연역을 통하여 구성될 수 있음을 보이려는 러셀식의 논리주의(logicism)의 시도가 성공적이라면 수학 역시 동어 반복임이 증명될 것이다. 그렇다면 논리학, 수학의 명제들과 "총각이 남자다"와 같은 개념적 진리들은 모두 분석적 진리들로서, 세계에 대해서 침묵하는 명제요, 경험적으로 공허한 명제, 의미만에 의해서 참인 명제들이 된다. 이제 "모든 지식은 궁극적으로 경험에서 비롯된다"는 경험주의의 원칙을 "세계에 대한 모든 지식은 궁극적으로 경험에서 비롯된다"고 약간의 재해석을 넣어서 읽으면 경험론의 원칙은 더 이상 필연적인 진리들 즉 논리적 진리, 수학의 진리와 상충하지 않는다. 이것이 논리-수학적 진리에 대한 논리 실증주의의 정통적 견해라고 할 수 있다.

분석 명제의 기능

이에 대한 콰인의 반론으로 들어가기 전에, 분석-종합적 진리의 이러한 구별이 갖는 의미에 대해서 조금 더 살펴보기로 하자. 우선 "모든 총각은 남자다" 또는 "2+3=5" 같은 문장들이 정말로 세계에 대해서 아무런 말도 하지 않는, 경험적으로 공허한 진술들인가 물을 수 있다. "모든 총각은 남자다"라는 진술은 한국어의 어떤 단어들의 의미 연관을 진술하고 있으니 이것은 한국어라는 하나의 자연 언어에 대하여, 그리고 그 언어를 사용하는 언어 공동체에 대하여, 또 그 공동체의 성원에 대하여 무언가 말하고 있는 것 아닌가? 마찬가지로 "2＋3＝5"도 역시 이러한 기호의 의미와 이 기호를 사용하는 언어 공동체에 대하여 무언가 말하고 있는 것이 아닌가? 그렇다면 이런 문장들 역시 세계에 대해서, 사람들에 대해서 무언가 말하고 있는 것 아닌가? 이런 의문에 대해서 논리 실증주의자들은 다음과 같은 식으로 대답할 수 있을 것이다. "모든 총각은 남자다"라는 문장은 "한국어에서 '총각'이란 기호는 총각을 의미한다"는 진술을 전제(presuppose)로 하고 있다. 후자의 진술은 한국어의 기호 체계에 속하는 어떤 기호에 대한 규약(convention)을 보고하는 사실에 관한 진술이요, 전자는 그런 언어적 규약을 전제로 한 의미 진술이다. 그러니까 "모든 총각은 남자다"라는 진술은

　　한국어에서 '총각'은 총각을 의미한다
　　한국어에서 '남자'는 남자를 의미한다
　　……

등등의 한국어의 언어적 규약을 기술하는 사실적 진술(종합 문장)들을 전제로 할 때에, 의미에 의해서(또는 정의에 의해서, 또는 규약에 따라서) 참인 문장이다. 그러므로 분석적 진리들은 모두 규약에 의한 진리(truth by convention)들이다.

　그렇다면 규약을 기술하는 종합 문장들만 있으면 충분하지 "모든 총각은 남자다" 같은 분석적 진술은 왜 있어야 하는가? 도대체 분석적 진술이 하는 역할은 무엇인가? 이 질문에 대한 대답은 보기보다 중요하다. 이제 곧 살펴보겠지만 콰인은 「경험주의의 두 독단 Two Dogmas of Empiricism」이라는 논문의 대부분을 분석-종합 구별이 무근거하다는 것을 보이는 데 할애하고 있으면서 자신이 분석-종합 구별을 무너뜨린다면 이와 함께 환원주의라는 독단도 무너지는 셈이

라고 여기고 있기 때문이다.

그러나 분석-종합 구별과 환원주의는 어떻게 관련되는가? 이 질문은 이 문단 처음에 제기된 질문과 맥락을 같이한다. 내가 "조용필은 총각이다"라는 정보를 얻었다고 하자. 그러면 내가 정상적인 추리 능력을 갖고 있는 정상적인 언어 사용자라면 나는 "조용필이 남자다"는 것도 안다. 이것을 가능하게 해 주는 것이 바로 "모든 총각은 남자다"라는 분석 문장이다. 그러니까 분석 문장은 그 언어의 개념들, 문장들 간의 연관 관계, 의존 관계를 드러내 주는 역할을 한다. 환원주의란 어떤 종류의 진술들의 의미와 진리성이 다른 종류의 진술들(러셀과 논리 실증주의자들에 의해서 '원자 명제', '기초 진술', '프로토콜 문장' 등으로 불려 온 것들)로 밝혀질 수 있다는, 또는 있어야 한다는 입장이다.

경험론자들은 경험에 직접 주어지지 않는 것들을 기술하는 모든 명제들은 경험에 직접 주어진 것들을 그대로 기술하는 명제들('기초 명제'라고 하자)로 설명되고 검증될 수 있다고 믿었던 점에서 환원주의자들이다. 그런데 이러한 환원이 이루어지려면 먼저 기초 명제와 다른 명제들이 구별될 수 있어야 한다. 여기서 기초 명제와 다른 명제들이란 물론 세계에 대해서 무언가 말하는 명제들, 즉 종합 명제들일 것이다. 그리고 다른 명제들을 기초 명제들로부터 도출하려면 여러 가지 정의와 추리가 필요할 것이다. 이때 정의들은 모두 세계에 대한 진술과 무관한 명제들 즉 분석 명제이어야 하며, 추리에 있어서 명제들을 연결해 주는 그런 진술들 역시 분석 명제들이어야 한다. 개념들간의 연결, 명제들간의 연결을 담당하는 진술들이 경험적 내용을 가지고 있어서는 환원이란 불가능한 것이다. 이런 점에서 환원주의는, 적어도 경험론적 환원주의는 분석-종합 구별을 전제로 하고서 성립한다고 할 수 있다. 그래서 콰인은 분석-종합의 구별을 공격하고 나서 그로써 환원주의라는 독단까지도 물리쳤노라고 말할 수 있었던 것이다.

분석-종합 구별은 독단

이제 분석-종합 구별에 대한 콰인의 공격을 살펴볼 차례가 되었다.4) 앞서 말한 대로 칸트는 분석 판단이란 주어 개념 속에서 술어 개념이 이미 사유된 판단이요, 모순율에 의해서 참인 판단이라고 설명하였다. 콰인은 분석 문장이란 (1) 논리적 진리이거나 (2) 동의어를 대입함으로써 논리적 진리가 되는 문장이라고 설명한다. 예를 들어 "모든 남자는 남자다"는 동일률의 한 예로서 논리적 진리이고 따라서 분석 문장이다. 또 "모든 총각은 남자다"는 "총각 = 결혼 안 한 성인 남자"이므로 동의어를 대입하면 "모든 결혼 안 한 성인 남자는 남자다"로 되고 이것은 "~P이면서 Q이면서 R인 것은 R이다"라는 형태의 문장으로서 논리적 진리가 된다. 그러므로 분석성(analyticity)이란 개념은 논리적 진리와 동의성(synonymity)에 호소해서 정의된다.

그런데 동의성이란 무엇인가? '총각' 과 '결혼 안 한 성인 남자' 는 동의어 쌍이다. 그러나 '심장을 가진 동물' 과 '콩팥을 가진 동물' 은 어떤가? 이 두 구절은 같은 집합을 정의한다. 외연이 같은 것이다. 그러나 우리는 이 두 구절이 동의적 개념을 이룬다고 여기지는 않는다. 외연이 같은 것으로 충분하지 않은 것이다. 두 단어가 동의어 쌍이 되려면 의미가 같아야 한다. 그래서 분석 문장은 의미에 의해서 참이 되는 문장이라고 했던 것이다. 그렇다면 의미란 무엇인가? 콰인은 단어와 그 단어의 지시체, 즉 외연 이외에 어떤 정신적 실체로서의 의미를 인정하지 않으려고 한다.

이 점에 대해서는 길고 긴 논쟁사가 있지만 여기서는 한 가지 점을 지적하는 것으로 충분하겠다. 분석 문장이 의미에 의해서 참인 문장이라고 말하면 문장의 분석성은 의미라는 매우 모호한 개념으로 정의된 것으로서 우리가 의미가 무엇인지 모르는 만큼 분석성에 대해

---

4) Quine, W. V. [1953] "Two Dogmas of Empiricism" in his[1953].

서도 알지 못하는 셈이다. 오히려 의미가 분석성으로 설명되는 것이 더 낫다. 의미란 무엇인가? 그것은 분석 문장에 의해서 주어지는 것이다. 두 단어의 의미가 같다는 것은 무엇인가? 그것은 두 단어로 된 동일성 문장(A = B)이 분석적 진리라는 뜻이다. 실제로 분석 문장은 의미 기준으로서 역할을 하는 것으로 인정되어 왔고[5] 따라서 분석 문장을 의미에 호소해서 설명하려고 하는 것은 주객을 전도시킨 생각인 것이다. 그러므로 분석 문장이 무엇인가에 대해서 의미에 호소하지 않는 다른 설명이 요구된다. 그렇지 않고서는 분석성과 의미는 둘 다 구제할 수 없는 애매한 개념들로 남게 되는 것이다.

콰인은 흄과 초기 비트겐슈타인에서 명백하게 표현되었던 경험주의자들의 한 가지 생각에서 분석성에 대한 설명을 얻어낼 수 있는지 검토한다. 즉, 분석적 진리는 유일하게 필연적인 진리라는 생각이다. 종합적 진리는 모두 경험으로 검증되어야 하는 진리들이며 세상이 그렇지 않을 경우에 거짓이 될 수 있는 진리들이다. 그러나 분석적 진리는(물론 언어적 규약이 주어졌다고 가정하고 하는 말인데) 세상이 어떻게 돌아가든 진리이다. 그것은 세계에 대해서 아무 말도 하지 않는 진술들이며 따라서 세계의 사실이 어떻게 드러나도 분석적 진술들의 진리성은 침해당하지 않는다. 그러므로 분석적 진리야말로 유일하게 진짜 필연적 진리라고 말해질 수 있는 명제들이다.

어쩌면 여기서 분석성의 기준을 찾을 수 있을지도 모른다. 앞의 예에서 "콩팥을 가진 동물 = 심장을 가진 동물"은 진리이기는 하지만 필연적 진리는 아니다. 그러므로 '콩팥을 가진 동물'과 '심장을 가진 동물'은 동의어 쌍이 아니다. 그러나 "결혼 안 한 성인 남자 = 총각"은

---

[5] 이 점은 루돌프 카르나프(R. Carnap[1956] *Meaning and Necessity*. University of Chicago Press)의 '의미 공준'(meaning postulate)이라는 개념에서 잘 드러난다. 분석적 진리들은 언어 체계의 의미를 주는 공준으로 이해되는 것이다.

필연적으로 참이다. 따라서 '결혼 안 한 성인 남자'와 '총각'은 동의어 쌍이다. 그렇다면 A와 B가 동의어라는 것은 "A = B가 필연이다"라는 진술이 진리라는 것으로부터 알려질 수 있다. 동의성은 필연성 개념에 호소해서 정의된다.

그러나 여기서도 콰인은 필연성 개념에 대해 회의를 표명한다. 그는 우선 '필연적'이라는 어휘를 갖추지 않은 언어도 생각할 수 있는데 그런 언어에서는 분석성이란 정의될 수 없게 되리라는 점을 지적한다. 무엇보다도 필연성이라는 개념은 분석성에 호소해서만 모호하지 않게 이해될 수 있는 개념이다. 도대체 무엇이 필연적인가? 논리 실증주의자들은 정말로 필연적인 진리는 논리적 진리, 분석적 진리들뿐이라고 생각하였다. 그렇다면 필연성이란 것은 분석성 개념에 호소해서만 이해될 수 있는 개념이요, 적어도 분석성이나 마찬가지로 해명을 필요로 하는 개념인 것이다. 그러므로 논리 실증주의자들의 분석-종합 구별에는 순환 논법 비슷한 것이 들어 있는 셈이다. 분석성은 동의성으로 설명되고 동의성은 필연성에 의해서 설명되는데 필연성은 다시 분석성에 호소하지 않고서는 이해될 수 없다. 이런 점에서 콰인은 분석-종합의 구별이 하나의 독단에 불과하다고 본다. "이 구별이 아무리 그럴듯하게 보인다고 해도 분석 문장과 종합 문장은 구별되지 않는다. 그러한 구별이 있다는 믿음이야말로 경험주의자들의 비경험적 독단이며 형이상학적인 한 가지 신념에 불과한 것이다."6)

논리적 진리──규약론과 그 비판

그렇다고 해도 논리적 진리와 종합적 진리의 구별은 남는 것 아닌가? 지금까지 콰인의 논증은 주로 동의성에 의존하는 분석적 진리, 즉 동의어를 대입하면 논리적 진리가 되는 개념적-분석적 진리에 대한

---

6) Quine, W. V[1953] "Two Dogmas of Empiricism" in his[1953]

공격이었다. 그러나 모순율과 같은 논리적 원칙들은 어떠한가? 콰인은 논리적 진리에 대한 논리 실증주의자들의 대답 역시 받아들이지 않는다. 위에서 잠시 거론하였지만 논리 실증주의자들은 논리적 진리란 정의에 의한 진리요, 규약에 의한 진리(truth by convention)라고 본다. 이런 입장을 규약론(conventionalism)이라고 한다. 논리적 진리의 체계란 하나의 형식 체계(formal system), 즉 정의 없이 주어지는 기본 술어(primitive terms)로부터 정의를 통해서 다른 단어들을 얻어내고, 또 증명 없이 받아들이는 공리(axioms)들과 추리 규칙들로부터 다른 진리들을 연역해 내는 체계로 정식화될 수 있다. 규약론자[7]들은 여기서 정의와 공리들을 일종의 언어적 규약(linguistic conventions)이라고 이해할 수 있다고 생각한다.

모순율을 생각해 보자. 아리스토텔레스에서 모순율은 "어떤 대상도 어떤 속성을 가지면서 동시에 가지지 않을 수는 없다"고 정식화된다. 아리스토텔레스 이래로 모순율이 무엇에 대한 진술인가에 대한 다양한 대답들이 있었다. 그 중에서도 가장 설득력 있는 대답은 모순율이 세계의 한계 구조(limiting structure)를 진술하는 명제라는 대답이다. 세계가 어떤 모습을 취할지 책상 앞에 앉아서 알 수는 없다. 그러나 세계가 어떤 모습을 취하든 그 가능성에는 한계가 있다. 농구 선수 허재의 키가 2미터보다 클 수도 있고 작을 수도 있다. 그러나 허재의 키가 2미터보다 크면서 동시에 작을 수는 없다. 내 주머니의 동전은 네모나게 만들어질 수도 있었을 것이다. 그러나 그것이 둥그라면서 동시에 네모날 수는 없다. 세계가 어떤 모습을 취하든, 그것이 모순율에 위배되는 모습을 취할 수는 없는 것이다.

그러나 규약론자들은 이런 모순율이 세계에 대해서 말하는 것으로

---

[7] 이를테면 E. Nagel[1956] *Logic Without Metaphysics and Other Essays*. The Free Press 참조.

해석된다면 모순율은 공허한 진술이 되리라고 생각한다. 예를 들면 내 주머니 속의 동전은 정면에서 보면 동그랗고 옆에서 보면 길다란 네모 모양인데 왜 동그라면서 동시에 네모날 수 없다고 하는가? 학생이 선생님께 이런 질문은 한다면 그는 모순율의 의미를 제대로 이해 못하고 있다고 꾸지람이나 들었을 게다. "한 속성을 가지면서 동시에 가지지 않는다"는 것은 같은 측면에서 볼 때의 얘기라고 대답할 것이다. 그러나 같은 측면에서 보더라도 특수하게 제조된 렌즈를 통해서 보면 동그라미가 네모로 보일 수도 있지 않을까? 그러면 그 동전은 동그라면서 동시에 네모라고 해야 되지 않을까? 안 되지. 그렇게 맨눈으로 본 것과 특수한 렌즈를 통해서 본 것을 '동시에'라고 말해선 안 된다…… 등등. 우리가 '동그라면서 동시에 네모난 경우'를 생각해 낼 때마다 아마도 그것은 '동시에'가 아니라거나 '같은 측면'이 아니라거나 하고 대답될 것이고 선생님이 아무리 많은 경우를 제외시켜도 누군가 다른 예를 생각해 낼 수 있을 것이다. 그렇다면 차라리 모순율은 "동그라면서 동시에 동그랗지 않은 경우가 있을 수 있다고 생각하지 말라"는 준칙이요, 약속이라고 해석해야 옳겠다는 것이 바로 규약론자들의 생각이다.

콰인은 먼저 논리학이 규약에 의한 진리라고 한다면 상당히 많은 경험 과학의 이론적 명제들도 마찬가지로 규약에 의한 진리라고 말해야 할 것이라고 주장한다.[8] 논리학의 공리 체계에 대해서만 '규약적 진리'라는 이름을 붙일 이유가 어디 있는가? 예를 들어서 이론 물리학의 공리계도 기본 술어와 공리에서 시작하는데 그렇다면 잘 공리화된 이론 물리학도 마찬가지로 규약적 진리하고 해야 할 것이다. 이런 식으로 생각하면 논리 실증주의자들이 결코 규약적 진리라고 말

---

8) 논리적 진리에 대한 콰인의 견해는 Quine, W. V.[1936] "Truth by Convention"과 [1960] "Carnap and the Logical Truth" in his[1966] 참조.

하고 싶어하지 않은 많은 진리들이 규약적 진리의 범위에 들어오게 된다.

더 나아가서 콰인은 규약에 의한 진리라는 개념이 논리적 진리의 성격을 드러내 주기보다는, 거꾸로 논리적 진리들을 전제로 하고서만 규약의 체계라는 것이 이해될 수 있다고 논증한다. "총각 = 미혼의 성인 남자"라는 언어적 규약이 있다고 하자. 그러면 이 규약과 "모든 미혼자는 재산권을 행사할 수 없다"라는 명제로부터 "모든 총각은 재산권을 행사할 수 없다"는 명제를 도출할 수 있다. 어떻게 두 규약으로부터 이런 제3의 문장을 도출할 수 있는가? 그것은 대충 말해서 "A는 B이고 B는 C이면 A는 C이다"라는 논리적 원칙에 의거한 것이 아닌가 말이다. 공리와 정의가 규약들이라고 해도 거기서 정리들이 연역되려면 다시 논리적 진리에 호소하지 않으면 안 된다. 이런 점에서 "논리란 규약보다 깊은 차원의 것이다"(Logic goes deeper than any convention). 이렇게 해서 콰인은 개념적-분석적 진리들을 종합적 진리와 질적으로 다른 것으로 구별하려는 생각뿐 아니라 논리적 진리가 다른 경험적 진리와 달리 규약에 의해서 참이 되는 진리라고 보는 견해들을 모두 근거 없는 것이라고 물리친다.

4. 전체론적 언어관

검증 원리와 환원적 언어관

여기서 잠시 논리 실증주의자들의 검증 원리를 살펴보자. 검증 원리에 따르면 어떤 진술의 의미는 그 진술에 대한 경험적인 확증(또는 반증) 방법이다. 그리고 분석적 진술이란 극단적인 경우로서 세상에 어떤 일이 벌어져도 확증되는 진술들이 될 것이다. 이러한 검증 원리가 분석성을 구제해 줄지도 모른다고 여겨질 수 있다. 두 진술은 확증 또는 반증 방법이 일치할 때 동의 문장(synonym sentences)이라고 할 수 있다. 그리고 두 단어는 서로 문장의 동의성을 해치지 않고 대입될 수 있을 때 동의어라고 할 수 있다. 이렇게 하면 진술의 동의성으로부터 단어(와 다른 언어적 단위들)의 동의성이 정의될 수 있고 따라서 분석성은 구제될 수 있을지도 모른다는 생각이다. 그러나 이때 진술의 동의성이란 경험적 확증 방법의 동일성에 호소해서 설명되는데 이때 동일한지 그렇지 않은지 비교될 그 확증 방법이란 어떤 것인가? 다시 말해서 하나의 진술과 그것의 확증 정도를 더하거나 감해 줄 경험의 관계란 어떤 것인가?

이 관계에 대한 가장 분명한 설명이 바로 환원주의에 의해서 주어진다. 환원주의에 따르면 모든 의미 있는 진술들은 궁극적으로 직접 경험에 대한 진술들(기초 명제들)로 환원 또는 번역될 수 있다. 이러한 환원의 진지하고도 명시적인 시도는 루돌프 카르나프가 『세계의 논리적 구조』[9]란 저술에서 하였다. 그리고 카르나프의 이 시도는 실패한 것으로 여겨지고 있는데 여기서 주목할 만한 것은 카르나프의 시도의 실패에 대한 콰인의 진단이다. 콰인은 환원주의가 가정하고 있는 한 가지 생각, 각각의 종합 문장에 대해서 그 진술의 진리성을 확증하거나 반증하는 감각 경험을 분리해 낼 수 있다는 생각이 잘못이라고 본다. 각각의 진술이 다른 진술들과 무관하게 경험으로 확증이나 반증을 받을 수 있다는 생각이야말로 환원주의적 경험론 철학의 독단이라는 것이다. 콰인은 외부 세계에 대한 진술들은 각각 독립적으로 감각 경험의 심판대에 오르는 것이 아니라 진술들 전체가 하나의 체계로서 만난다고 주장한다. 환원주의라는 독단은 알고 보면 분석-종합 구별의 독단과 뿌리가 같은 것이다. 각각의 진술들이 따로따로 경험의 판정을 받는다고 생각하면 우리가 어떤 경험을 만나든

---

[9] Carnap, R.[1928] *Der Logische Aufbau der Welt*. Berlin : Weltkreis Verlag.

무조건, 자동적으로 확증되는 극단적인 진술들, 즉 분석적 진술들이 있다고 생각하게 되기 때문이다. 그러니까 한 진술의 진리성이 언어적 요소와 사실적 요소로 나누어질 수 있다는 생각이 바로 환원주의의 가정이며 분석-종합 구별의 요체인 것이다.

전체론적 언어관

콰인은 이론이 언어와 경험 양편에 의존하고 있다는 점은 인정한다. 그러나 이러한 의존을 진술 하나 하나에 대해서 추적하는 일은 불가능하다고 생각한다. 경험적 의미는 개개의 진술에 대해서가 아니라 이론 전체에 대해서 말해질 수 있는 것이기 때문이다. 이것은 콰인 철학을 이해하는 데 중요한 논점이므로, 이점에 대한 콰인의 생각을 조금 더 자세히 따라가 보기로 하자. 콰인에 따르면 가장 시시한 역사적·지리적 정보들에서 양자 역학이나 위상 수학의 가장 심오한 법칙들에 이르는 우리의 지식, 믿음들 전체는 그 주변부에서만 경험과 부딪히는 조직체이다. 주변부에서 발생하는 경험과의 갈등은 조직체 내의 믿음들의 수정과 재조정을 촉발한다. 믿음들을 수정한다는 것은 종전에 참으로 여겼던 어떤 진술을 거짓으로 여기고 거꾸로 거짓으로 여겼던 진술들을 참으로 여긴다는 것이다. 이렇게 어떤 진술의 진위에 대한 평가가 달라지면 진술들 간의 논리적 연관 때문에 다른 진술들도 재평가되어야 한다. "물에 사는 모든 동물은 알로 낳는다"는 나의 믿음은 새끼를 직접 낳아 젖을 먹이는 어떤 고래를 발견하게 되는 순간 버려진다. 진리에서 거짓으로 재평가되는 것이다. 그와 동시에 '고래는 물고기(fish)의 한 종류'라는 믿음도 수정되고, '모든 포유동물은 육상 동물'이라는 믿음도 수정되고…… 등등. 게다가 논리적 진술들 자체도 물론 이 체계 내의 진술들이다. 그러니까 경우에 따라서는 논리적 진술들 자체도 수정되는 일이 있을 수 있는 것이다.

여기서 중요한 것은 우리의 믿음 체계 전체가 그 경계부, 즉 경험들로 완전하게 결정되지 않는다(즉 미결정된다/underdetermined)는 점이다. 다시 말해서 경험의 반대에 부딪쳤을 때 어떤 진술을 재평가할 것인가 하는 문제에 있어서 언제나 선택의 여지가 있다. 친구가 나에게 날아다니는 사람을 보았다고 말한다면 이것도 경험의 반대에 부딪치는 한 가지 경우가 된다. 친구의 보고는 "사람들은 날 수 없다"는 나의 믿음과 상충한다. 이런 경우에 나는 이러한 상충을 해소해야 하는데, 이러한 상충을 해소하기 위해서 취할 수 있는 방책은 여러 가지가 가능하다. 우선, 친구가 나에게 거짓말을 하고 있다고 여길 수 있다. 또 친구가 잘못 보았다고 여길 수도 있다. 또(친구의 말 한마디로 포기되기에는 너무 강력한 증거들을 갖고 있는 믿음이기는 하지만) "사람들은 날 수 없다"는 나의 믿음을 포기할 수도 있다. 우리는 흔히 "사람들은 날 수 없다"는 명제는 바로 날아다니는 사람의 관찰과 곧바로 연결되어 있다고 생각하지만 실상은 그렇지 않은 것이다.

이 점은 과학적 예측이 실패하는 경우에도 마찬가지이다. 아인슈타인은 일반 상대성 이론을 발표하면서 만일 태양 근처를 지나는 어떠 어떠한 별 빛이 얼마만큼 휠 것이라는 자신의 예측이 빗나간다면 자신의 일반 상대성 이론은 틀린 것이라고 말하였다. 1919년 에딩턴이 이끄는 관측대는 아인슈타인의 예측과 맞아떨어지는 관측 결과를 얻어내서 아인슈타인의 이름이 전 지구를 울리게 하였다. 그런데 아인슈타인은 논문을 발표하기 직전에 별 빛이 휘는 각도를 다시 계산해서 그 값을 고쳤던 것으로 알려져 있다. 만일 아인슈타인이 별 빛의 각도를 다시 한 번 계산해 보지 않고 논문을 발표했더라면 어떻게 되었을까? 그의 예측은 관찰 결과와 정확하게 일치하지 않았을 것이다. 그러면 일반 상대성 이론은 틀렸다고 판정받았을까? 대부분의 과학사가들은 이렇게 생각하지 않는다. 물리학자들은 일반 상대성 이론과 태양의 질량과 별의 위치 등으로부터 그 별 빛이 태양 근처를 지나면서 휘는 각도를 다시 계산해 볼 테고, 그러면 아인슈타인의 처음의 계산이 틀렸다는 것을 알게 될 테고, 결국 일반 상대성 이론이 맞는다고 인정되었을 거라는 것이다. 이러한 예화도 경험과 이론의 상충을 해소하는 방법이 여러 가지 있을 수 있다는 점을 잘 보여 준다. 태양 근처에서 별 빛이 휘는 각도에 대한 아인슈타인의 예측이 빗나가는 경우에, 일반 상대성 이론의 근본 원칙이 잘못되었다고 생각할 수도 있고, 태양의 질량 값이 잘못 알려져 있었을 수도 있고, 망원경의 굴절률이 잘못 계산되었을 수도 있고, 망원경이 정확하게 조정되어 있지 않을 수도 있고, 심지어 당시 에딩턴과 그의 관측대에 속하는 과학자들 모두의 눈이 약간 잘못되었을 수도 있고, …… 등등, 상충을 해소하기 위해서 어떤 명제인가 포기해야 한다는 것은 분명하지만 과연 어떤 명제를 포기할 것인가 하는 점은 결정되어 있지 않다는 것이다. 그렇다면 일반 상대성 이론의 기본 원칙은 곧바로 태양 근처를 지나는 별 빛의 각도에 대한 관측과 바로 연결되어 있지 않다. 이점을 일반적으로 말하면, 어떤 특정한 경험도 체계 내의 어떤 특정한 진술과 곧바로 연결되어 있지 않다. 모든 진술은 모든 경험과(다른 진술들의 매개를 통하여) 연결되어 있다.

그러므로 개개의 진술, 개개의 명제들에 대해서 그것의 경험적 내용을 묻는 것은 잘못된 생각이다. 특히 그 진술이 체계의 주변부 즉 경험과의 접촉부에서 멀리 떨어져 있는 진술일수록 그렇다. 더구나 그 진리성을 경험에 의존하는 종합적 진술들과 어떤 경험과 만나든 관계없이 성립하는 분석적 진술들의 경계선을 찾으려 하는 것은 어리석은 일이다. 어떤 진술이든 우리가 체계의 대폭적인 수정도 불사할 마음만 먹으면 어떤 경험 앞에서도 보존될 수 있다. 또 주변부에 매우 가까운 문장도 경험의 저항 앞에서 환각을 보았다고 우기든가 논리학의 법칙을 수정하려고 마음먹으면 보존될 수 있다. 반대로 어떤 진술도 수정으로부터 면제되어 있지 않다(수정 가능성 논제/revisability thesis). 콰인은 양자 역학을 단순화하기 위해서 논리학의 배중률을 수정하려는 시도가 있었던 점을 이런 예로 들고 있다. 또 근세 이래 과학 혁명의 역사는 선험적이요 따라서 수정 불가능한 원칙이라고 여겨져 온 체계 중심부의 진술들에 대한 수정의 역사라고 할 수 있는 것이다.

이러한 수정은 물론 아무렇게나 이루어지는 것은 아니다. 예를 들어 "같은 값이면 적게 고치는 것이 좋다"는 준칙(보수성의 원칙)도 작용할 것이고 "체계 전체를 단순화하는 수정이 복잡하게 만드는 수정보다 바람직하다"는 준칙(단순성의 원칙)도 작용할 것이다.10) 물론 이런 준칙들은 경험과 이론 체계 간의 상충을 해소하는 수정 작업에서 따를 수 있는 지침들이되 수정의 방법을 하나로 결정하지는 않는다. 한 시점에서 하나의 이론 체계를 서로 다른 방향으로 수정해서 두 결과 모두 경험과 양립하도록 만드는 일도 얼마든지 생각할 수 있다. 바로 이점이 "경험이 이론을 결정하지 못한다"는 이론 미결정성(under-determination of theories) 논제의 요체이다. "수학과 자연 과학, 인간 과학을 포함하는 과학 전체는 경험에 의해서 미결정된다. 이 체계의 주변부는 경험과 맞아야만 한다. 그러나 그 나머지 부분에는 체계의 단순성을 목표로 그 어떤 신화와 허구라도 짜 넣을 수 있다."11)

그렇다면 분석적 진리란 이러한 체계 전체의 중심부에 자리잡고 있는 진리들에 다름 아니다. 분석성이란 중심성이다. 원자 명제, 기초 명제 등으로 표현되어 온 관찰 문장들은 이 체계의 최외곽 주변부에 있는 문장들을 말하는 것이다. 어떤 진술이 주변부에 가까울수록 그것은 더 관찰적인 진술이 되며 역으로 그것이 중심부에 가까울수록 더 이론적 진술이요 더 분석적 진술이 된다는 것이다. 예를 들어 "저것

---

10) 수정 과정에 대한 친절한 설명과 수정의 준칙들에 대한 논의는 Quine, W. V. & Ullian, J. S. [1970] *The Web of Belief*. New York : Random House.
11) Quine, W. V.[1953] "Two Dogmas of Empiricism".

은 토끼다"는 진술은 관찰 상황이 주어지지 않고서는 이해될 수 없는 진술이므로 꽤 관찰적이다. 그러나 이 진술은 "저것은 희다"만큼 관찰적이지는 않다. 또 "저것은 내 토끼다"는 진술은 소유 관계라는 관찰되지 않는 조건까지도 담고 있으므로 "저것은 토끼다"라는 진술보다 덜 관찰적이다. 물론 "토끼는 척추 동물이다"라는 진술은 이것들보다 덜 관찰적이며 "토끼는 세포들로 이루어져 있다"는 이것보다 덜 관찰적이다. 관찰성(observationality)은 정도의 문제인 것이다. 따라서 분석성이란 것도 정도의 문제가 된다.

5. 번역 불확정성

원초적 번역

콰인은 1960년에 발간된 『말과 대상』[12]에서 그의 유명한 번역 불확정성(indeterminacy of translation) 논제를 제시하였다. 흔히 시(詩)는 번역할 수 없다고들 말한다. 또 아무리 좋은 번역도 정확한 번역은 아니라고도 한다. 그러니 번역이 확정적으로 이루어질 수 없는 일이라는 것은 상식에 속하는 얘기 아닌가? 실제로 번역 불확정성 논제를 그렇게 해석하는 철학자도 있다.[13] 그러나 콰인의 논점은 우리가 일상적으로 만날 수 있는 번역의 모호성이나 어려움을 말하는 것은 아니다. 예를 들어서 시인은 언어가 담고 있는 모든 함축과 연상을 통해

---

[12] *Word and Object*. The MIT Press. 특히 Chapter 2
[13] 예를 들어 더밋(M.Dummett)은 번역 불확정성은 참이되 이런 시시한 얘기이거나 아니면 그 이상의 얘기이되 틀린 소리라고 생각한다. 또 이명현도 번역 불확정성은 콰인이 일상적인 번역의 어려움을 과장한 것이라고 본다. Dummett, M.[1978] "The Significance of Quine's Indeterminacy Thesis" : 이명현[1974]「콰인의 원초적 번역의 불확정성론」, 이명현, 『이성과 언어』(문학과 지성사)에 수록.

서 말한다. 그러한 함축과 연상이란 한 언어를 사용하는 사람들 사이에서도 꼭 같으라는 법은 없으려니와 두 언어에 대해서 말하자면 같을 거라고 생각하는 것이 오히려 터무니없는 일일 것이다. 시가 아닌 일상적인 글들도 정도가 덜하기는 할 테지만 말들이 담고 있는 함축과 그 말을 떠올리는 언어 사용자의 심리적 연상들에 호소한다. 그래서 번역이란 원문의 뜻과 맛을 그대로 전할 수 없는 것이다. 그러나 우리의 상식이 번역의 모호함을 인정한다고 해도 'tiger'를 '곰'이라고 할 수도 있다고 말하는 것은 아니다. 상식이 인정하는 번역의 모호함에도 한계가 있다. 콰인이 말하는 불확정성이란 것도 'tiger'를 '곰'이라고 번역할 수도 있다고 하지는 않는다. 그러나 콰인은 번역이라는 과정에 상식이 인정하는 모호성보다 더 근본적인 애매성이 들어 있다고 주장한다.

어떤 언어학자가 지금까지 전혀 접해 본 적이 없는 어떤 정글 마을에 들어갔다고 하자. 거기서 그가 부딪히게 된 언어를 정글 언어라고 하자. 이 정글 언어에 대해서 어의 사전은 고사하고 번역에 참조할 만한 어떤 자료도 마련되어 있지 않다. 이런 상황에서 언어학자가 정글의 언어를 번역하려는 작업에 착수했다고 하자. 이런 상황은 매우 극단적인 번역 상황이다. 그래서 콰인은 이런 상황에서의 번역을 원초적 번역(radical translation)이라고 부른다. 이런 상황에서 언어학자가 번역을 위해 의존할 수 있는 것이라곤 '그가 정글의 사람들과 공유하는 상황'과 '그런 상황에서 그들이 발화하는 정글 언어의 문장들' 뿐일 것이다. 이 현장의 언어학자는 정글의 원주민들의 발화를 유일한 단서로 삼아서 그들의 언어를 번역해야 한다. 아마도 그는 먼저 원주민들이 동의하고 부인하는 표시를 먼저 찾아내야 할 것이고 보통의 귀납적인 절차에 호소하면 이것을 찾아낼 수 있을 것이다. 동의와 부인의 표시를 알아내지 못하고서는 주어진 상황에서 원주민들이 그들의 필요와 관심에 따라서 발화하는 문장들이란 언어학자가 그들의 언어를 배우기에 매우 불충분할 것이다. 그가 일단 정글 언어에서 동의와 부인에 해당되는 말을 찾아내면 그는 원주민들에게 물어 봄으로써 자신의 추측을 검증할 수 있다.

번역 불확정성

다시 한 번 강조하거니와 원초적 번역이라는 상황에서 현장의 언어학자가 호소할 수 있는 번역의 증거란 원주민과 언어학자가 공유하리라고 믿어지는 경험적 상황들, 그리고 원주민의 발화들뿐이다. 이런 점에서 콰인의 번역론은 매우 행태주의적인 가정에서 출발한다. 혹자는 심리학의 방법론으로서 행태주의는 이미 오래 전에 폐기 처분되었음을 지적하여 콰인의 가정을 공격하기도 한다. 그러나 콰인은 원초적 번역 상황의 언어학자는 행태적 증거들 이외에 어떤 증거도 가질 수 없음을 강조한다. 그리하여 콰인에게는 문장의 의미라는 것도 역시 행태주의적으로 정의된다. 어떤 정글 문장 p의 의미란 그 문장이 긍정되는 상황들 전체(긍정적 자극 의미)와 그 문장이 부정되는 상황들 전체(부정적 자극 의미)의 순서쌍이 된다. 이것을 콰인은 그 문장의 자극 의미(stimulus meaning)라고 부른다. 자극 의미란 전통적 '의미'의 행태주의적 대치 개념이다. 예를 들어 눈앞에 토끼가 있는 상황들의 집합을 P라고 하고 눈앞에 토끼가 없는 상황들의 집합을 Q라고 하면 "토끼가 눈앞에 있다"에 해당되는 정글 문장의 자극 의미는 (P, Q)라는 식으로 될 것이다. 물론 어떤 문장은 언어학자와 원주민이 공유하는 자극 상황들과 무관하게 긍정되거나 부정될 것이다. 예를 들어서 "비를 맞으면 젖는다"와 같은 문장은 비가 오지 않는 상황에서도 긍정될 테니까 말이다. 이런 문장들 중에서 극단적인 문장들, 어떤 상황에서도 정글 언어의 화자들에 의해서 늘 긍정되는 문장들을 콰인은 자극 분석적(stimulus analytic) 문장이라고 부른다.

정글 언어가 현대 문명의 자연 언어만큼 풍부하다면 자극 분석적인 정글 문장들에는 우리가 말하는 분석 문장들이 포함될 것이다. 그러나 예를 들어서 "검은 개가 있었다"는 문장 역시 자극 분석적 문장들에 포함될 것이다. 이 문장은 전통적인 기준에 따르면 결코 분석 문장일 수 없다. 이 문장은 세계의 사실에 따라서 참이라고 여겨졌던 것이다. 그러나 사실에 따라서 참인 문장과 의미에 따라서 참인 문장이 구별될 수 없다는 것이 콰인의 중요한 논제였고 이 점을 우리는 앞 절에서 이미 보았다. 그러므로 분석-종합 문장의 구별에 대한 콰인의 논점은 자극 분석적 문장들로부터 전통적 의미에서의 분석 문장을 구별해 낼 수 없다는 말로도 표현될 수 있다.

여기서 중요한 점은 매우 관찰적인 문장들과 자극 분석적 문장들의 번역은 귀납이 허용하는 정도 안에서 확정적으로 이루어질 수 있으리라는 점이다. 자극 분석적 문장이란 어떤 상황하에서도 정글 언어의 화자들이 언제나 동의하는 문장이므로 언어학자는 "어떤 문장 p가 자극 분석적 문장이다"라는 가설을 확증할 수 있다. 그리고 이 점은 관찰 문장에 있어서도 마찬가지이다. 관찰 문장이란 자극 분석적 문장과 반대로 그 진위가 자극 상황에 의해서 완전하게 결정되는 문장이므로 언어학자는 관찰 문장의 후보들을 놓고 온갖 상황에서 그 문장들에 대한 원주민들의 동의 여부를 확인할 수 있다. 그러나 번역이 확정적으로 이루어지는 부분은 대체로 이 정도에 불과할 것이다. 이것을 넘어서는 부분이란 어떤 부분인가? 첫째는 문장 이하의 언어적 단위, 예컨대 단어의 번역이 그런 경우요, 둘째는 썩 관찰적이지도 않고 그렇다고 자극 분석적이지도 않은 문장들, 즉 이론적 문장들의 경우가 바로 그런 부분이다.

한 원주민이 토끼가 뛰어가는 것을 보고 "*Gavagai*"라고 소리쳤다고 하자. 그는 토끼를 가리키면서 "*Gavagai?*"라고 묻고 원주민들은 그에 동의하고 그래서 그는 "*Gavagai*"="토끼다"라는 식으로 정글 언어의 문장과 대응하는 우리말의 문장을 써 넣는다. 이런 시도들을 통해서 그는 간단하면서도 매우 관찰적인 정글 문장들의 번역을 얻어낼 수 있을 것이다. 이렇게 현장의 언어학자는 간단하고 관찰적인 정글 문장들에 대응하는 우리말 문장들을 찾아냄으로써 자신의 번역 작업을 시작할 것이다. 그러나 인간 언어의 문장이란 무한한 것이다. 관찰적인 문장이라고 해도 그 수가 유한하리라고 말할 수 없다. 앞의 예에서 '*Gavagai*'는 토끼가 눈앞에 있음을 긍정하는 문장이라고 해석된 것인데 토끼에 대해서 말해질 수 있는 것만 가지고 말하더라도 그 문장은 무한정 많을 것이다. 그러므로 문장 대 문장을 대응시키는 방법으로는 정글 언어의 번역은 완성될 수 없을 것이다.

이때 언어학자가 택할 수 있는 길이 바로 번역 편람(translation manual)을 만드는 것이다. 번역 편람이란 첫째 정글 언어의 문장들에서 겹쳐서 나타나는 부분을 단어로 파악해서 정글 단어와 우리말 단어를 대응시키는 사전을 작성하는 일과, 둘째 그 단어들이 어떻게 결합되어서 문장이 이루어지는가를 설명해 주는 정글 언어의 문법을 구성하는 일로 이루어질 것이다. 그 어떤 언어도 단어의 수가 무한할 수는 없다. 그랬다면 그 언어의 완벽한 사용자는 있을 수 없을 테니까 말이다. 문장의 수가 무한한 언어라고 해도 그 언어의 모든 문장은 유한개의 단어와 그 단어의 규칙적 결합(물론 이 결합 규칙도 유한개여야 한다)으로 산출될 수 있는 것이라야 하는 것이다.14) 콰인에 따르면 여기서 문제가 발생한다. 단어의 대응에 관한 한(언어학자와 정글인이 공유하는 상황과 정글인의 발화만을 증거로 삼는 한) 유일하게 올바른 대응이란 있을 수 없다는 것이다. 현장의 언어학자가 원주민의 발화 중에서 "*gavagai*"라는 부분을 하나의 단어로 파악하였다고 하자. 그는 "*gavagai*"="토끼"라고 대응시키는 편람(편람 1)을 작성하였다. 그

---

14) 프레게가 결합률(compositionality principle)이라고 표현한 것. 또 데이비슨은 이것을 학습할 수 있는 언어(learnable language)의 조건으로 꼽고 있다.

러나 단어로서의 'gavagai'를 '토끼'와 대응시키는 편람뿐 아니라 예컨대 '토끼임'(rabbithood)과 대응시키는 편람(편람 2)15)도 가능하다. 원주민과 언어학자가 공유하는 경험적 상황만으로는 어느 번역이 옳은지 구별할 수 없다. 특히 손으로 가리켜 보이는 것(ostension)을 가지고서도 어느 번역이 옳은지 구별할 수 없다. 손으로 가리켜 보이는 것을 가지고서는 '토끼'와 '토끼의 (분리되지 않은) 부분'(undetached rabbit part)도 구별되지 않을 것이다. 토끼를 가리킨다는 것은 언제나 그것의 어떤 분리되지 않은 부분을 가리키는 것이기 때문이다.

  단어의 대응이 옳은지 그른지 시험하는 다른 방법이 있지 않은가? 그 단어가 포함된 문장의 진리성을 검사해 보는 것이 하나의 방법이 될 수 있지 않을까? 예를 들어서 편람 1에 "저기 토끼가 있다"고 번역되는 정글 문장에서 '토끼'를 편람 2에 따라서 '토끼임'으로 대치하면 제대로 된 문장이 얻어지지 않을 테니 편람 2는 모든 정글 문장을 올바로 번역할 수 없을 거라고 생각할 수 있다. 그러나 그렇지가 않다. 편람 2가 가정하는 언어적 장치는 편람 1과 다를 테고 따라서 편람 1이 "저기 토끼가 있다"라고 번역하는 정글 문장을 편람 2는 예컨대 "저기 토끼임의 한 예화(instantiation)가 있다"고 번역할 것이다.16) 그렇다면 편람 1과 편람 2는 서로 양립할 수 없는 편람이면서도 정글 언어의 모든 문장들을 상황에 맞게 번역할 수 있을 것이다. 번역 불확정성 원리란 바로 이것이다. 한 언어 L에 대하여 L의 경험적 사실을 잘 설명하면서도 서로는 양립할 수 없는 두 개 이상의 번역 편람이 존재할 수 있다.

---

15) 플라톤적인 형상을 상정하는 존재론을 염두에 둔 것.
16) Quine, W. V.[1969] *Ontological Relativity And Other Essays*. The MIT Press. p.29, p.33~34, p.51 참조. 문장의 다른 부분들에 보상적인 조정(compensating adjustment)을 가함으로써 단어의 차이, 존재론의 차이가 보상된다. 즉 사용된 단어의 차이에도 불구하고 문장으로 볼 때에는 두 문장의 진위를 결정하는 경험 상황은 동일한 것이 된다.

이런 경우에 편람 1과 편람 2는 관찰적인 정글 문장들을 번역하는 데 있어서는 일치할 것이다("저기 토끼가 있다"는 관찰 문장과 "저기 토끼임의 한 예화가 있다"는 관찰 문장은 자극 의미에 있어서 동일하다는 점에 주의해야 한다. 두 문장은 자극 동의적 문장이다). 관찰적인 정글 문장들은 주어진 번역 편람이 옳은지 그른지 시험해 주는 증거의 노릇을 하는 것들이고 따라서 관찰적인 문장들의 번역에 있어서 차이를 보인다면 적어도 둘 중의 하나는 옳은 편람이 아니고 여기에 불확정성은 없다.

이론의 번역

문제는 두 편람이 모든 정글 언어의 문장에 대해서 일치하는 평가를 하리라고 기대할 수는 없다는 데에 있다. 열(熱)의 분자 운동론은 열이란 구성 분자의 평균 운동 에너지라고 생각한다. 그러나 분자 운동론이 나오기 전에 칼로리 이론은 열이란 것이 칼로리(calory)라는 어떤 보이지 않는 유체의 속성이라고 생각하였다. 칼로리 이론가들에 따르면 뜨거운 물에는 칼로리라는 것이 많이 들어 있는 것이고 물이 식는다는 것은 그 물에 들어 있던 칼로리가 공기 중으로 빠져나가는 것이다. 이제 분자 운동론을 믿는 언어학자 1이 만든 편람을 편람 1이라고 하고 칼로리 이론을 믿는 어떤 언어학자 2가 독립적으로 만든 편람을 편람 2라고 하자. 이들이 원주민과 교섭하는 중에 원주민들이 물을 끓이는 상황을 만나게 되었다고 하자. 물이 점점 뜨거워지자 원주민은 "물이 충분히 뜨거워졌다"고 말한다. 이 문장은 매우 관찰적인 문장이므로 두 언어학자의 편람들은 이 문장에 대하여 같은 번역을 준다. 그런데 원주민은 이어서 "Roro[17]가 물에 충분히 들어 왔다"는 요지의 문장을 발화하였다. 이제 언어학자 2는 매우 마음 편하게

---

[17] '칼로리'에 해당되는 정글 단어.

"roro = 칼로리"라고 편람 2에 한 항목을 추가하면서 이 원주민 문장이 참이라고 평가한다. 그러나 언어학자 1은 그렇게 편할 수가 없다. 아마도 그는 원주민들이 무슨 미신을 믿고 있다거나 열의 본성에 대하여 틀린 이론을 갖고 있다고 결론 내릴 것이다. 이론적인 문장의 차원에 들어서게 되면 이론적인 정글 문장들의 진위에 대하여 두 편람이 다른 평가를 내리게 된다.

이 예는 이론적 문장의 번역이 얼마나 불안정한 것인가를 보여 준다. 실제로 인류 학자들이 보고하는 정글의 언어란 대부분의 문명 국가가 이미 거쳐 온(우리가 보기에) 과거의 잘못된 이론, 미신과 신화들로 가득 차 있다. 그래서 우리는 위의 예가 보여 주는 상황에 대해서 조금 더 현명한 방책을 생각할 수 있다. 정글의 원주민들이 열에 대하여 틀린 이론을 가지고 있다고 여기면서 그들의 단어 'roro'를 번역하려 하지 말고 그 뜻을 설명한다면 우리는 정글인의 이론에 대해서 비교적 정확한 이해를 가질 수 있지 않겠는가? 그러나 사태가 이렇게 해결될 수 있는 것은 정글의 이론이 어떤 것인지 우리가 그려 낼 능력을 가지고 있고 그들의 이론을 평가할 능력이 있기 때문(또는 있다고 자부하기 때문)이다. 만일 언어학자가 만난 정글인들의 이론이 경험을 설명, 예측하고 통제하는 데 있어서 우리가 현재 가진 과학만큼 뛰어나지만 그 이론이 우리의 이론과 매우 다른 모습을 하고 있다고 상상해 보라. 또 더 나아가서 그 언어학자가 정글에서 만난 사람들이 우리보다 훨씬 더 뛰어난 과학적 이론을 갖추고 있는 외계인들이었다고 상상해 보라. 이런 경우에 번역이란 대체로 불가능할 것이다. 이때에 언어학자가 그들을 이해하기 위해서 취할 수 있는 길이란 그들의 이론적 단어, 문장들을 우리말로 번역하는 것을 모두 포기하고 그냥 그들의 언어를 새로 배우는 길뿐일 것이다.

위의 'roro'의 예는 또 한 가지, 번역이란 일종의 투사(projection) 작업이라는 것을 시사해 준다. 정글의 이론적 문장이 자연스럽게 번역될 수 있는 것은 그들이 가진 이론과 비슷한 이론을 우리가 가지고 있을 때뿐이다. 이때 우리는 우리의 이론을 그들에게 투사해서 그들의 이론을 읽어 낸다. 그러나 그들의 이론과 우리의 이론이 이런 투사가 불가능할 정도로 다르다면 자연스러운 번역이란 기대할 수 없는 것이 된다. 예를 들어 정글인들이 'tai'라는 접속어를 사용한다고 하자. 이때 그들이 'p'와 'q' 모두에 대해서 부정할 때 그리고 그때에만 'p tai q'에 대해서 동의한다면 우리의 일상어에 그에 해당되는 접속사가 없다고 해도 'tai'가 어떤 진리 함수인지 확인할 수 있다. 두 가지 쉐퍼의 접속어(Sheffer stroke) 중의 하나(neither... nor___)인 것이다. 그래서 현장의 언어학자가 'tai'를 (잠정적으로) 'neither... nor___'에 대응시켰다고 하자. 그런데 정글인들이 'p tai p'를 긍정한다면 언어학자는 어떤 태도를 취할 것인가? 논리학에 밝은 언어학자라면 정글인들이 배중률을 받아들이지 않는다는 또 하나의 가설을 세우고 자신의 가설을 검증하기 위한 작업에 들어가려 할 것이다. 그런데 이 논리학자가 이가(二價) 원리를 받아들이는 고전 논리밖에 모른다면 어떻게 되는가? 그는 적어도 논리적 접속사에 관한 한 정글 언어를 이해할 수 없게 될 것이고 그의 번역 작업은 도저히 자연스러운 번역 편람에 이르지 못할 것이다. 그는 어쩌면 정글인들이 논리적이지 못하다고 결론 내릴지도 모른다.

  이 예는 번역이 궁극적으로는 번역자가 가지고 있는 이론, 즉 번역자의 개념틀을 투사하는 과정이라는 것을 보여 준다. 'p tai ~p'를 긍정하는 정글인들의 'tai'가 번역 가능한 경우란 번역자가 배중률을 인정하지 않는 논리 체계를 가지고 있을 때뿐이다. 경험적 이론의 경우에도 사정은 마찬가지다. 앞 절에서 언급한 'roro'를 번역하는 경우로 돌아가 보자. 언어학자가 아무런 이론도 가지고 있지 않다면 번역이란 불가능하다. 'roro'와 이 단어를 포함하는 정글 이론이 번역될 수 있는 것은 그 이론에 대응시킬 수 있는 언어학자의 이론이 있을 때뿐이다. 만일 정글 이론은 매우 길고 복잡한데 언어학자의 이론은 매우 간단해서 대응이 몹시 어색할 때에 번역자는 어색한 번역을 받아들일 것인지 아니면 정글인들이 틀린 믿음을 가지고 있다고 간주할 것인지 결정하기에 망설여질 수 있다. 그러나 어쨌든 정글 이론을 번역하기 위해서 번역자는 자신의 이론을 가지고 있어야 하는 것이다. "대상을 가정하고 자연을 해석하는 우리의 방식이 얼마나 편협한가를 알기 위해서는 우리의 개념 체계를 떠나서 그것을 전혀 다른 체계에 비추어 보는 것이 가장 좋은 방법이라는 생각들이 있다. 그러나 그런 생각은 공허하다(1953, 6)". "[어떤 화자의 발화를 번역할 때] 우리는 그의 말과 그가 보여 주는 다른 표시로부터 그의 심리 상태가 어떠하리라고 우리가 상상한 것 속으로 우리 자신을 투사한다……. 믿음의 부여(=발화의 번역)에는 평가가 함축되어 있다. 그것은 목적이 무엇인가에 따라서 다르겠지만 본질적으로 극적(劇的)인 투사 행위(=투사)를 통한 평가인 것이다(1960, 219).

　다른 예를 들어 보자. 이 원주민들은 토끼가 있는 상황뿐 아니라 자신의 이복 형제가 있는 상황에서도 똑같이 'Gavagai'에 동의한다. 이 경우에 언어학자는 'gavagai'가 우리말의 먹는 '배'와 타는 '배'같이 단순한 동음 이의어에 불과한 것인지, 아니면 그 원주민들이 토끼는 모두 자신의 이복 형제의 화신이라고 믿기 때문인지 구별할 수 있을까? 토끼나 이복 형제는 모두 관찰적인 대상들이므로 아마도 이것을 분간하는 일은 가능할 것 같다. 그렇다면 '이복 형제'가 아니라 '죽은 종조부'가 문제라면 이때에도 'gavagai'가 단순한 동음 이의어인지 아니면 원주민들이 토끼를 죽은 종조부의 화신이라고 믿는 것인지 분간할 수 있을까? 이것을 분간하는 일도 불가능하지만은 않을 것이다. 요점은 말이 가리키는 대상이 점점 더 비관찰적인 것이 될수록, 즉 더 이론적인 대상들일수록 이것이 우연한 언어적 현상인지 아니면 세계에 대한 어떤 믿음에서 비롯되는 것인지 분간하기 어려워지리라는 것이다.

이론 미결정성

이제 조금 다른 곳에서부터 접근해 보자. 앞 절에서 우리는 이미 콰인의 언어관이 매우 전체론적이라는 점을 보았다. 이러한 전체론은 흔히 뒤엠-콰인 전체론(Duhem-Quine holism)이라고 불리는데, 일찍이 피에르 뒤엠이 과학 이론의 검증에 있어서 전체론적 요소를 발견하였고 이를 콰인이 수용한 것이라는 뜻이다. 뒤엠은 과학의 가설이 검증에 실패하였을 때 실패의 책임은 문제의 가설뿐 아니라 그 가설로부터 예측을 도출하는 데 사용된 모든 이론적 가정들과 논리적·수학적 원칙들이 함께 진다는 점을 지적하였다고 알려진다. 예를 들어서 보일의 법칙은 내가 어떤 기체의 부피를 반으로 줄이면 그 기체의 압력은 두 배로 증가하리라고 예측한다. 그런데 내가 그 기체의 부피를 반으로 줄였는데 압력이 두 배로 증가하지 않았다고 하자. 이 경우 우리는 보일의 법칙이 틀렸다고 말할 수도 있고, 문제의 기체가 정상적인 기체가 아니라고 말할 수도 있고, 보일의 법칙으로부터 그런 예측을 도출하는 계산에서 적용된 수학의 명제들이 틀렸다고 할 수도 있고, 심지어는 압력에 대한 계측이 잘못되었으리라고 주장할 수도 있다. 예측의 실패는 우리의 가설을 포함하는 이론 체계와 어떤 관측이 상충한다는 것을 뜻한다. 이렇게 상충하는 경험과 만났을 때 우리는 이론 체계를 수정하거나 관측을 보고하는 명제를 거부하는 식으로 상충을 해소한다. 게다가 이론 체계를 수정하는 길도 매우 여러 가지일 것이다. 따라서 상충하는 경험을 해소하는 방식은 매우 여러 가지일 것이다. 예측의 실패는 이러한 상충을 해소할 것을 요구하지만 그것을 어떻게 해소할 것인지는 말해 주지 않는다.

그렇다면 어떤 이론 T가 예측에 실패해서 무언가 이론의 수정이 요구되는 상황이 발생하였다고 할 때, 어떤 사람은 이론의 어떤 부분을 수정해서 그 결과 T1이라는 이론 체계를 얻었는데 다른 사람은 이론의 다른 부분을 수정해서 T2라는 이론 체계를 얻는 일이 벌어질 수 있다. 이 경우에 두 수정이 모두 상충하는 경험을 성공적으로 다루는 것으로 판명되었다고 하자. 이 경우에 T1과 T2는 경험을 설명하고 예측하는 데 있어서는 동등하지만 서로는 양립 불가능한 이론일 수 있다. 이것을 일컬어 이론 미결정성(underdetermination of theories)이라고 한다. "경험이 이론을 결정하지 못한다"(Experience underdetermines theories)는 것이다.

이 점은 원초적 번역에서 있어서도 마찬가지다. 정글의 상황들과 원주민의 발화 전체와 양립할 수 있는 번역 편람이 하나뿐이어야 한다는 법은 없다. 원주민의 발화 전체와 양립 가능한 번역 편람들은 정글 언어의 개개 문장의 구성에 대하여, 개개 단어의 분절에 대하여, 개개 단어의 지시체에 관하여 다른 가정을 담고 있을 수 있다. 그럼에도 불구하고 이 편람들은 원주민의 발화 전체가 관계되는 경험적 상황 전체를 똑같이 반영한다. 마치 가지 하나하나는 모두 다르게 생겼지만 전체는 같은 모양을 이루고 있는 잘 다듬어진 정원수처럼 말이다. 번역 불확정성을 피할 수 없는 것이다.[18]

6. 자비 원리와 점진주의

콰인 철학의 긴장?

지금까지 콰인 철학에서 핵심적인 논제들을 말하였다. 이 밖에도

---

[18] 물론 이런 생각에는 증거 관계와 의미 관계(지시 관계)를 동일시하는 일종의 검증주의적 사고 방식이 들어 있다. 이 점은 특히 Quine,W. V. "Epistemology Naturalized" in his [1969]에서 명시적으로 인정되고 옹호되고 있다.

콰인이 제시하는 논제가 몇 가지 더 있긴 하지만 우리는 그리로 가지 않고 지금까지 드러난 콰인의 주장을 조금 더 파고 들어가 보자. 앞서 설명된 콰인의 수정 가능성 논제와 번역 불확정성 논제 간에는 언뜻 서로 잘 맞지 않는 점들이 있는 게 아닌가 생각할 수 있다. 분석-종합의 구별을 공격하면서 콰인이 제시하는 전체론적 언어관에 따르면 우리의 믿음과 지식 전체는 주변부에서만 경험과 부딪치는 구조물이다. 이러한 믿음 체계의 주변부에서 일어나는 경험과의 상충은 체계 내의 문장들의 진리치를 재분배하는 조정 과정을 통해서 해소된다. 이때에 조정 과정이 전해지는 이른바 문장들간의 연관 관계라는 것 또한 체계 내의 문장이며 경우에 따라서 이런 문장들의 진리치 자체가 재조정될 수도 있다. 체계 내의 어떤 문장도 독자적으로 어떤 특정한 경험과 연관되어 있지 않다. 이것이 우리의 믿음 내지 지식 체계의 옳은 그림이라면 경험에 비추어서 진위가 결정되는 종합 문장과 어떤 경험이 오건 관계없이 성립하는 분석 문장을 구별하려는 시도는 실패할 수밖에 없다. 어떤 문장도, 심지어는 주변부에 있는 문장들도 상충하는 경험에 대해서 수정되지 않고 보호될 수 있다. 또 반대로 경험의 저항 앞에서 절대적으로 수정될 수 없는 문장이란 없다.

그런데 그의 번역론에 따르면 관찰 문장과 자극 분석적 문장들은 번역을 통해서 보존된다. 자극 분석적 문장에는 물론 논리적 진리들이 포함될 것이다. 그러므로 번역 불확정성을 논증할 때 콰인은 올바른 번역 편람이라면 관찰적인 문장과 논리적인 진리들을 보존하리라고 말하는 것이다. 관찰 문장이나 논리적 진리가 수정에서 면제되어 있지 않다는 주장과 그것들이 번역을 통하여 보존된다는 주장은 정확히 모순되는 것 같지는 않다. 그러나 관찰 문장과 논리적 진리가 수정에서 면제되어 있지 못하다면 그것에 대하여 다른 번역을 주는 편람이 왜 틀린 것이라고 말하는가? 거꾸로 그것들이 번역을 통해서 보존된다면 그것들은 여타의 문장들과는 다른 독특한 지위를 가진다고 인정하는 셈이 아닌가?

원초적 번역에서는 관찰 문장이 불확정성에 시달리지 않는다. 그러나 "극단적인 경우에 이론의 문장들이 매우 견고한 연관 관계로 묶여 있어서 한두 개 예측의 실패는 견디어 내는 수도 있다. 이때에 예측의 실패는 관찰 과정상의 잘못이나 밝혀지지 않은 어떤 간섭의 탓으로 돌려진다. 이런 극단적인 상황에서는 말하자면 꼬리가 개를 흔드는 셈이다"(1960, 18~19). 콰인은 한편으로는 문장에 대한 행태적 증거만을 유일한 근거로 삼아서 번역하는 경우에도 관찰 문장의 진리가 보존될 수 있음을 밝힘으로써 이론과 세계의 교섭 창구로서의 관찰 문장의 지위를 확보하고 싶어하면서 다른 한편으로는 관찰 문장 자체가 이론의 저항에 따라서 수정될 수 있음을 주장하고 있는 것 아닌가?

논리적 진리에 있어서도 사정은 비슷하다. 논리적 진리가 불확정성에 시달리지 않는다면 정글 언어의 화자들에게 논리적 진리를 부인하는 믿음을 부여하는 번역은 틀린 번역이다. "좋은 번역은 우리의 논리를 그들에게 부여한다"(1960). "논리 이전의 원시적인 심성(pre-logical mentality)이란 나쁜 번역이 부과한 특징이다"(1960). 이 점은 한 언어 내에서도 마찬가지다. 어떤 사람이 'p'와 '~p'를 둘 다 참이라고 여긴다면, 그는 "'~'을 부정이 아닌 다른 뜻으로 사용하고 있는 것"("Truth by Convention", 1936 ; 1966에 수록)이다. 명백한 논리적 진리에 대한 일탈은 논리적 접속어들을 "다른 의미로 사용하고 있다는 증거로 간주"(앞의 논문에 수록)되어야 한다. 그렇다면 논리적 진리 역시 수정에서 면제되지 않는다고 말하는 것은 무슨 뜻인가?

진리 함수나 관찰 문장의 번역에 대하여 콰인은 이렇게 말하고 있다.

극단적인 경우에 어떤 원주민들이 'p and not p'라고 번역될 수 있는 문장들을 참이라고 받아들인다고 하자. 우리의 기준에서 보면 이 주장은 엉터리없는 것이다. 이때에 현장의 언어학자는 어떻게 대처해야 될까? 무절제한 번역은 원주민들을 얼마든지 이상하게 만들 수 있다. 좋은 번역은 우리의 논리를 그들에게 부과하며, 전논리성의 선결 문제를 요구한다, 그런 선결 문제가 있다면……(1960, 58).

그들이 엉터리없는 주장을 하는 것으로 보일 때 번역의 준칙은 그들의 언어에 우리 언어와의 어떤 언어적 차이가 감추어져 있는 걸로 여기도록 요구한다……. 이 준칙이 근거하고 있는 상식은 원주민의 어리석음이 어느 지경을 넘어서면 그건 잘못된 번역 탓이기 쉽다는 것이며, 같은 언어의 화자들 사이에서 그런 경우는 언어적 차이이기 쉽다는 것이다(1960, 59).

여기서 '상식에 근거한 번역의 준칙'이란 무엇일까? 원주민의 어리석음이 어느 지경을 넘어선다면 그것은 번역의 잘못 탓이기 쉽다고 말할 때 콰인이 의미하는 것은 무엇인가?

자비 원리

예를 들어 정글의 원주민들이 'ka'라는 접속어를 사용한다고 하자. 그들은 'p'에 대해서 동의하거나 'q'에 대해서 동의할 때에 'p ka q'에 대해서 동의한다. 그러면 현장의 언어학자는 'ka'를 '또는'(either…… or……)이라고 번역할 것이다. 그런데 만일 그들이 'p'와 'q' 모두에 동의할 때에 그들은 'p ka q'에 동의하지 않는 일이 자주 관찰된다면 언어학자는 어떻게 생각해야 할까? 그들이 '또는'이라는 접속어에 대해서 가끔 비논리적으로 생각한다고 결론 내릴 것인가? 당연히 그렇지 않다. 그들의 'ka'는 이른바 우리말이나 영어의 포괄적 선언(inclusive disjunction)보다는 배제적 선언(exclusive disjunction)에 해당되리라고 결론지어야 마땅할 것이다. 만일 그들이 우리의 편람에 의해서 "p and not p"라고 번역되는 정글 문장(이것을 "p toi ~ q"라고 하자. 그리고 편의상 '~' = 'not'이라는 번역에는 문제가 없다고 하자)에 동의하는 경우가 관찰된다면 우리의 언어학자는 그들이 비논리적이라고 결론짓기보다는 자신의 번역 편람이 뭔가 잘못되었다고 결론지어야 하는 것이다. 'toi'가 'and'와 같은 말이 아니라고 생각해야 하는 것이다. 이 경우에 "원주민이 'p toi ~p'에 동의한다는 사실"이 바로 'toi'를 'and'와 동일시하는 가설에 반례가 된다는 뜻이다. 그렇다면 원초적 번역의 결과 원주민이 터무니없는 모순을 믿는다는 결론은 절대로 얻을 수 없다. 모순 자체가 번역의 과정을 통해서 제거되기 때문이다.

그러나 왜 현장의 언어학자가 모순을 제거하는 식으로 번역 편람을 작성해야 한다는 것이 필연적인가? 그렇다면 만일 정글의 원주민이 실제로 모순을 범하는 일을 아무렇지도 않게 흔히 하는 그런 사람들이라면 어떻게 되는가? 실제로 사람들이 모순을 범하는 경우가 드물지 않게 있다. 그런데 모순을 제거하는 식으로 번역한다는 것은 정글 언어와 그 사용자들에 대하여 사태를 왜곡하는 일이 될 수 있지 않겠는가? 그렇다면 콰인의 주장이야말로 선결 문제를 요구하고 있다고 지적받을 만하지 않은가? 정글의 원주민들이 논리적인지 그렇지 않은지를 그가 어떻게 미리 알 수 있단 말인가? 이런 물음은 번역이라는 작업이 무엇인지에 대해서 조금 더 진지하게 생각해 본다면 대답될 수 있다. 이 대목에 관한 한 콰인의 생각은 분명한 듯한데 유감스럽게도 이 문제에 대한 명시적인 대답은 그의 제자인 데이빗슨(D. Davidson)에서 쉽게 발견된다.[19]

---

[19] 이것은 아마도 행태주의적 언어를 고집하려는 콰인의 성향 때문일 것이다. 지금부터의 논의는 데이빗슨의 문제 의식에서 나오는 어투와 그의 예들을 가지고 콰인의 사상을 이

사람들의 행동은 어떤 욕구와 믿음에 비추어서 이해된다. 비가 내리는데 어떤 사람이 처마 밑에 서 있다고 하자. 우리는 보통 "그가 비를 맞지 않기를 원하며" "처마 밑에 서 있으면 비를 맞지 않을 수 있다고 믿는다"고 여김으로써 그의 행동을 이해한다. 그렇지만 "그가 비를 흠뻑 맞기를 원하며" "그는 처마 밑에 서 있으면 비를 흠뻑 맞을 수 있다고 믿는다"고 간주해도 그의 행동은(물론 정상적인 사람과 다른 행동이긴 하지만 어쨌든) 이해된다. 그의 다른 행동들을 관찰함으로써 이 두 해석 중에 어느 편이 옳은 해석인지 알아낼 수도 있고 그게 불가능할 수도 있다. 여기서 내가 말하려는 요점은 행동을 설명하는 데 있어서 '믿음의 부여'와 '욕구의 부여'가 상호 의존적이라는 것이다. 우리는 아무런 욕구를 부여해도 어떤 행동이든지 '설명'할 수 있다. 단지 그에게 얼마든지 이상한 믿음을 부여할 준비만 되어 있다면 말이다. 믿음과 욕구의 이러한 상호 의존성이 행동을 설명하는 맥락을 복잡하게 만든다.

그런데 의미와 믿음 간에도 이와 비슷한 관계가 있다. 비 오는 창 밖을 바라보면서 어떤 사람이 "비가 오는구나" 하고 발화했다고 하자. 보통의 경우 우리는 이 발화가 "비가 온다"는 것을 의미하고 또 그 발화자가 "비가 온다고 믿는다"고 간주함으로써 그의 말과 믿음을 해석하고 이해한다. 그러나 그의 발화가 "달은 멀다"는 것을 의미하고 또 그가 비오는 창 밖을 바라보면서 "달은 멀다고 믿는다"고 간주할 수도 있다. 또 그의 발화는 "산은 물이요 물은 산이다"라는 것을 의미하고 그가 "산은 물이요 물은 산이라고 믿는다"고 여길 수도 있다. 그의 행동과 발화를 계속 관찰함으로써 이 가운데 어떤 해석들은 제거할 수 있을지도 모른다. 그러나 그렇게 제거하기 위해서도 우리

야기하겠다. 이 점에 있어서 콰인과 데이비슨의 사상에는(그들간의 차이에도 불구하고) 연속적인 데가 있다.

는 그 사람에 대해서 어떤 가정을 하지 않으면 안 된다. 무엇보다도 그의 발화가 일관된 의미를 지닌 언어에 속한다는 가정이 있어야 할 것이다. 만일 그의 발화가 일관된 의미를 지니리라고 생각하지 않는다면 그의 발화에 대한 '올바른 해석'이란 있을 수 없을 테니까 말이다. 또 그가 자신이 믿는 바를 말하려는 의도를 가지고 발화하였다는 가정도 필요할 것이다. 예를 들어 그가 단지 한국어의 발음을 연습하고 있었다든지 그냥 아무 소리나 내고 있었다면 우리는 역시 그의 발화에 대한 옳은 해석을 찾을 수 없을 것이다. 이렇듯 어떤 발화를 번역한다거나 해석하는 데에는 그 발화자에 대한 많은 심리학적 가정이 들어간다.

그러나 이러한 심리적 가정들, 그 발화자가 일관된 의미 체계를 갖는 언어에 속하는 문장을 발화하고 있다는 가정과 그가 자신이 참이라고 믿는 바를 발화하려고 의도하였다는 가정과…… 등등이 가정된다고 해도 아직 그의 발화의 의미가 결정되는 것은 아니다. 비 내리는 창 밖을 보면서 그가 발화한 "비가 오는구나"라는 문장이 "달이 밝다"는 것을 의미하고 그가 "달이 밝다고 믿고" 있으며 또 그는 자신이 진리라고 믿는 그 믿음을 표현하려고 의도했다고 해석할 여지가 아직 제거되지 않았기 때문이다. 발화자에 대한 심리적 가정이 주어지고 발화된 말의 의미가 확정되면 그것을 토대로 우리는 발화자의 믿음을 해석할 수 있다. 반대로 발화자에 대한 심리적 가정이 주어지고 그가 믿는 바가 알려지면 그것을 토대로 우리는 그의 발화의 의미를 해석할 수 있다. 의미와 믿음은 상호 의존적이다.

그러나 '발화의 의미'와 '발화자의 믿음' 이 둘 다 알려지지 않았을 경우 어떻게 할 것인가? 원초적 번역 상황이란 바로 이러한 상황이다. 낯선 정글에서 원주민이 "Gavagai"라고 발화하였을 때 우리의 언어학자는 그 발화의 의미도 알지 못하고 그 원주민이 믿는 바도 알지 못한다. 이러한 상황에서 원주민 발화의 번역이 가능하려면 무엇보다도 그 원주민이 그것을 발화할 때의 믿음이 알려져 있어야 한다. 다시 말해서 언어학자는 원주민의 발화를 번역하기 위해서 그의 믿음을 고정해야 한다. 이러한 믿음의 고정은 관찰 문장이나 진리 함수적 접속사의 경우에 가장 안전하게 이루어질 수 있다. 눈앞에 토끼가 두드러지는 상황에서 원주민이 "Gavagai"라고 말했다거나 "Gavagai?"라는 질문에 동의하였다면 "Gavagai = 토끼가 있다"라고 번역되어야 마땅하다. 이런 경우에 원주민의 관찰적 믿음이 언어학자의 관찰적 믿음과 동일하리라고 여기는 것은 매우 합당한 일이기 때문이며 원주민에게 그러한 믿음을 부여하지 않고서는 번역이란 시작조차 될 수 없기 때문이다. 마찬가지로 원주민이 'p toi ~ q'라는 형태의 문장에 동의한다면 'toi'는 'and'와 동의어일 수 없다. 원주민에게 그런 모순된 믿음을 부여할 이유가 없는 데다가 그렇게 모순된 믿음을 부여해서는 번역을 진행할 수 없기 때문이다. 만일 어떤 언어학자가 원주민의 어떤 관찰적 믿음이 거짓일 거라고 여긴다면 그는 자신의 번역 가설을 위한 하나의 증거를 차 버리고 있는 것이다. 마찬가지로 어떤 언어학자가 원주민이 어떤 모순을 믿고 있다고 여긴다면 그는 자신의 번역을 위한 증거를 내던지고 있는 것이다. 이것이 바로 콰인이 관찰 문장과 진리 함수의 경우에 번역이 확정적이리라고 말한 요점이다.

한편 관찰적인 문장, 진리 함수적 복합 문장을 넘어서기만 하면 사태는 달라진다. 언어학자는 정글의 원주민이 세계에 대해 가지고 있는 이론적 장치들이 진리라고, 즉 원주민의 이론적 믿음들이 모두 진리라고 가정할 수는 없을 것이다. 원주민의 믿음이 참이라고 가정하려면 번역이 매우 부자연스러워지고 정글 언어의 통사적 구조가 복잡해진다면 언어학자는 원주민이 그 문제에 있어서 거짓인 믿음을 가지고 있다고 가정하는 편이 나을 것이다. 거꾸로 번역을 자연스럽게 하려는 시도나 정글 언어의 통사 구조를 단순화하려는 시도가 원주민에게 터무니없는 믿음을 부여하게 만든다면 언어학자는 번역 가설을 바꾸어야 할 것이다. 그러므로 원초적 번역이란 '자연스러운 번역을 얻는 일'과 '원주민에게 자연스러운 믿음을 부여하는 일' 사이에서 균형을 잡아가는 문제이다. 위에서 콰인이 말하고 있는 것이 바로 이런 점이라고 할 수 있다.

점진주의

이제 우리는 관찰적인 문장과 진리 함수적인 복합문의 경우에 번역이 확정적이라는 말을 이해할 수 있다. 이것은 번역 또는 해석을 위해 불가피한 방법론적 원칙이다. 그렇다면 관찰 문장이나 진리 함수적 진리조차도 수정으로부터 면제되지 않는다는 것은 무슨 뜻인가? 이것은 인간의 언어 체계, 믿음 체계가 경험의 저항 앞에서 끊임없이 수정될 수밖에 없는 것이며 이러한 수정이 때로는 관찰 문장이나 논리적 진리에 대해서도 이루어질 수 있다는 뜻이다. 정글의 원주민이나 그들의 발화를 번역하려는 언어학자나 모두 새로운 경험에 비추어 자신의 믿음의 체계를 수정해 간다. 콰인 이전에 사람들은 이러한 믿음의 수정이 종합 문장의 경우에 해당되는 얘기라고 여겨 왔다. 분석적 진리들이야 세계에 대한 믿음이 어떻게 바뀌든 흔들리지 않는 진리라고 생각했으니까 말이다. 그러나 콰인은 분석적 진리라는 것도 믿음 체계의 중심부에 자리잡고 있다는 뜻으로밖에는 인정하지 않는다. 그러므로 콰인에게 있어서 믿음 체계가 변화한다는 것은 곧 언어적 경향성이 변화한다는 것, 그의 언어가 변화한다는 것이다. 콰인은 이러한 변화가 심지어는 논리적 진리를 바꾸는 데까지 나아가지 말라는 법이 없다고 말하고 있는 것이다.

믿음 체계가 대폭적인 수정을 겪는 시기란 아마도 쿤이 말하는 혁명적 과학의 시기일 것이다. 그러나 콰인 철학 전체는 매우 온건하고 보수적인 성향을 보이고 있어서 논리적 진리마저도 수정될 수 있다고 공언하면서도 다른 한편으로 그는 믿음 체계의 변화란 실제로 그

폭이 어느 정도 이상 클 수는 없으리라고 생각한다. 이 점을 그는 노이라트(Otto Neurath)의 비유를 빌려서 말한다. "우리의 믿음 체계는 우리가 타고 항해하는 배와 같다. 우리가 배를 다시 만들기 위해서는 그것을 타고 바다에 떠 있으면서 조각조각 고쳐 가지 않으면 안 된다……. 우리의 배가 떠 있는 것은 변화의 각 단계에서 배의 대부분은 그대로 있기 때문이다. 우리가 쓰는 말들은 이론 변화의 연속성 때문에 변화하면서 동시에 의미를 유지해 갈 수 있다. 우리는 파손되지 않을 만큼 조금씩(언어의) 용법을 왜곡시킨다"(1960, 3~4). 요컨대 수정은 기껏해야 점진적인 것에 불과하다.

더 읽어야 할 책

콰인의 초기 저술은 전문적인 논리학의 문제에 집중되고 있다. 이 당시의 저술로 유명한 것은 『수리 논리학 *Mathmatical Logic*』(Harvard University Press, 1940)과 『논리학의 방법 *Methods of Logic*』(RKP, 1952)을 꼽을 수 있다.

전자는 러셀과 화이트헤드의 유명한 『수학 원리 *Principia Mathematica*』의 요약본이라고 할 수 있을 정도로 정통적인 수리 논리학의 연구서이다. 요즈음 수리 논리학을 이해하기 좋은 교재가 많지만 이 책은 정통적인 논리주의적 관점에서 수리 논리학을 전개하고 있으며 특히 러셀의 『수학 원리 *Principia*』가 수학을 논리학 + 집합론으로 환원했을 뿐이라는 평가를 내리게 한, 논리학사에서 중요한 위치를 차지하는 저술이다.

후자는 논리학 일반을 훈련시키는 교과서로 쓰인 책이고 아직도 구할 수 있을 뿐 아니라 꽤 읽히고 있다. 제목을 보아도 알 수 있듯이 가장 여러 가지의 타당성의 증명 방법을 설명한다. 하나의 체계를 공부시키기보다는 여러 체계들을 가르침으로써 기호 논리학 전반과 기호 언어라는 것 자체에 익숙해질 수 있도록 도와주는 책이다. 책의 4부는 논리 철학의 문제들에 대한 자신의 견해를 요약하고 있어서 가끔 전문적인 논문의 참고 문헌 목록에서도 찾을 수 있는 책이기도 하다.

철학적인 저서로는 우선 논문집 『논리적 관점에서 From A Logical Point of View』(Harper & Row, 1953)를 꼽아야겠다. 매우 중요한 책으로서 이 책의 첫 논문 「존재하는 것에 대하여 On What There Is」는 '존재한다는 것은 속박 변항의 값이라는 것'이라는 콰인의 유명한 존재론적 공약(ontological commitment)의 개념이 설명되어 있으며 또 "동일성이 없으면 실체도 없다"(No entity without identity)는 그의 존재론적 신념이 분명한 예들을 통해서 논증되고 있다. 두번째 논문은 바로 「경험주의의 두 독단 Two Dogmas of Empiricism」인데 이 글의 II, III 절에서 이 논문에 담겨 있는 생각을 설명하고 있거니와 이 논문은 거의 외울 만큼 읽고 또 읽어도 결코 손해가 아니다. 아마도 분석철학에서 프레게의 「의미와 지시 On Sense and Reference」 이래 가장 뛰어난 논문일 것이다. 그 밖에 번역 불확정성을 제시하기 전에 언어와 의미에 대하여 논한 글 한 편과 수학 기초론에 대한 간단한 제안 한 가지, 그리고 개체의 개체성과 지시, 양상 등을 다루는 논문으로 되어 있다.

『말과 대상 Word and Object』(The MIT Press, 1960)은 콰인의 가장 대표적인 저술이다. 언어-이론 체계에 대한 일반적 고찰에서 시작해서, 2장에서는 이 글에서 설명하고 있는 번역 불확정성 논제를 논증하고, 3장에서는 언어에서 지시적인 장치(individuating apparatus)들을 자세하게 분석한다. 또 지시적으로 불투명한 문맥에 대한 논의에서 시작해서 일상어의 여러 부분들을 이른바 표준 표기법(canonical notation)으로 기호화할 때 생기는 문제들 전반에 대한 논의를 거쳐서 그의 유명한 지향성 혐오증, 양상 혐오증을 논증하는 데까지 나아간다.

이 글의 마지막 절에서 그 맛을 보았으리라고 믿지만 지향성에 대한 콰인의 젊은 날의 태도 자체는 참으로 극단적인 것이기는 하지만 데이비슨, 데넷(D. Dennett), 스티취(S. Stich) 등으로 이어지는 심리 철학의 분파를 형성할 만큼 통찰력 있는 데가 있다. 물론 양화 양상 논리학에 대한 콰인의 공격은 이제 별로 귀담아 듣는 사람이 없지만……. 최근 분석 철학에서 좋은 책이 나오면 '콰인의 『말과 대상 Word and Object』 이후 최고의 책' 이라고 광고하는 걸 본 사람이 많이 있을 듯한데, 읽기 쉽지는 않지만 콰인의 재기 발랄한 말투에 익숙해질 때까지 인내심을 가지고 매달리노라면 재미있게 읽을 날이 올 수도 있다. 피터 스트로슨(P. F. Strawson)의 『개체 Individuals』와 콰인의 이 책을 분석 철학사상 가장 뛰어난 두 저서로 꼽는 사람도 꽤 있다.

『역설의 길, 그리고 다른 논문들 Ways of Paradox and Other Essays』(Random House, 1966)은 콰인의 온갖 잡다한 글들을 모아 놓은 논문집이다. 논리학, 논리 철학의 문제부터 언어와 실재에 이르기까지의 다양한 주제들에 대한 논의를 담고 있는데 이 중에 이 글에서 요지를 설명한 「규약적 진리 Truth by Convention」, 「카르나프와 논리적 진리 Carnap and Logical Truth」 등 중요한 논문들이 다수 포함되어 있다.

『존재론적 상대성, 그리고 다른 논문들 Ontological Relativity and Other Essays』(Columbia University Press, 1969)은 위의 [1953], [1960]과 함께 콰인의 3대 주요 저술이라고 일컬어질 만한 책이며, 그 중에서도 가장 원숙한 시기의 저술에 해당된다. 첫 논문 「대상에 대하여 말하기 Speaking of Objects」에서는 그의 번역 불확정성 논제가 다시 고찰되고 있으며, 두번째 논문 「존재론적 상대성 Ontological Relativity」은 그의 지시 불가해성(inscrutability of reference : 단어로서의 'gavagai'의 외연이 번역을 통하여 하나로 결정되지 않는다는 논점)을 발전시켜서 존재론적 상대성이라는 다소 모호한 논제를 주장하는 데에까지 이른다. 또 세번째 논문 「자연화된 인식론 Epistemology Naturalized」에는 인식론이 심리학의 한 부분이라는 그의 극단적인 자연주의가 논증된다. 그 밖에 보편자의 문제에 대한 존재론적 논의, 과학적 개념의 객관적 지위에 대한 논의, 내포적 대상의 존재론적 지위에 대한 논의들을 담고 있다.

마지막으로 한 권만 더 소개하겠다.『믿음의 그물 *Web of Belief*』(Random House, 1970)은 율리안(J. S. Ullian)과 함께 쓴 책으로, 콰인이 대학 1학년의 교양 교재로 기획해서 썼던 것을 철학 입문서로 많이 읽히자 다시 그 점을 염두에 두고 개정한 책이라고 한다. 우리의 믿음 체계의 특성과 그 수정 과정에 대한 친절한 설명을 담고 있다. 물론 이러한 수정 과정이란 것은 과학적 탐구 과정과 같은 구조를 갖는 것으로 되어 있다. 우리말로 번역되어 있다. 정대현 옮김,『인식론』(종로서적, 1984).

15장
칼 포퍼

신 중 섭

1. 생애와 학문적 배경

칼 포퍼(Karl Popper, 1902~1994)는 1902년 7월 28일 오스트리아의 빈에서 음악과 책으로 가득 찬 매우 교양 있는 집안에서 태어났다. 그는 격랑의 20세기를 살면서 이념적 적과 동지를 분명히 했고, 학문적으로도 많은 논적을 가진 이론적 싸움꾼이었다. 인류가 직면한 문제를 사색하면서 많은 저술을 남겼다. 그도 늙어 1994년 9월 14일 런던 교외에서 철학계와 독자의 눈앞에서 사라졌다.

그의 부모는 유대교 신앙을 포기한 유대인이었다. 비엔나 대학에서 법학 박사 학위를 받은 그의 아버지는 1만여 권의 책을 보유한 장서가였다. 그는 사회 개혁가였으며 철학에도 많은 관심을 가지고 있었다. 그의 장서인 플라톤, 베이컨, 데카르트, 스피노자, 밀의 저서를 비롯한 많은 철학 책은 포퍼가 읽기 전부터 그의 삶의 일부였다. 그의 어머니는 음악에 조예가 깊었다.

포퍼는 독창적이고 명석하고 심오한 철학자로 평가되고 있다. 그는 자연 과학 철학의 전문적인 논의와 더불어 일반인들의 폭넓은 주목을 받은 교육·정치 사상을 제시하였다는 점에서 20세기의 탁월한 사상가라 할 수 있다. 그는 철학자는 '인간과 관련된 모든 문제'에 관심을 가지고 사유해야 한다는 철학관에 충실하여 90평생 동안 폭넓은 사상을 전개하였다.

은밀하게 혁명의 기운이 감도는 때에 열여섯 살의 포퍼는 집을 떠났다. 지적 자서전인 『끝없는 탐구』에 따르면 그는 1919년 봄에 2~3개월 동안 스스로를 공산주의자로 생각하였다. 그러나 열일곱 번째 생일을 맞이하면서 공산주의에서 멀어지게 되었다. 그 당시 공산주의자들은 프롤레타리아 독재를 향해 진보하기 위해서 혁명적인 폭력이 필연적이라 생각하였으며 포퍼는 이에 반대하였다(*UQ*, 33). 그는 과학적 마르크스주의의 허위성을 폭로하기 위한 3편의 논문인 「역사주의의 빈곤」을 1944~1945년에 걸쳐 *Economica*에 발표하였다.

1919년은 다른 면에 있어서 포퍼에게 전환점이었다. 일식 탐험대가 아인슈타인의 중력 이론을 확증하였다. 젊은 포퍼는 위대한 과학 이론이 어렵게 쟁취한 성공과 마르크스, 프로이트, 아들러(Alfred Adler) 이론의 지지자들 눈에 온 세상에 널려 있는 그들의 이론을 지지하는 검증 사이의 첨예한 대비에 강한 인상을 받았다. 이 때부터 그는 과학과 비과학을 나눌 수 있는 '구획 기준의 문제'(the problem of demarcation)에 관심을 가지게 된다.

그 동안 그는 먹고 살아야만 하였다. 그는 미국 학생을 지도하면서 약간의 돈을 벌었다. 1922~1924년에는 가구 공장에서 일하였다. 가구점 주인은 포퍼에게 "궁금한 게 있으면 무엇이든 물어봐라, 나는 모든 것을 안다"(*UQ*, 7)라는 말을 자주 하였다. 포퍼는 어느 선생에게서보다도 전지(全知)한 이 가구점 주인에게서 지식의 이론에 대해 많은 것을 배웠다고 술회하였다.

포퍼는 인식론과 과학 철학의 두 가지 근본 문제라고 생각한 '구획 기준의 문제'와 '귀납의 문제'(the problem of induction)를 모두 해결하였다. 이 문제에 대한 그의 해결은 1934년에 출간된 『탐구의 논리 *Logik der Forschung*』의 중요 내용을 구성하였다. 『탐구의 논리』의 근간이 되는 사상은 1932년에 화이글의 격려에 힘입어 완성한 『인식론의 두 가지 근본 문제』이다. 카르나프(R. Carnap), 슐릭(M. Schlick), 노이라트(O. Neurath)를 포함한 비엔나 학단의 멤버들은 이 글을 읽고 토론하였다.

『탐구의 논리』는 포퍼를 유명한 과학 철학자로 만들었다. 아인슈타인도 이 책에 관심을 가졌다. 그는 몇몇 오류만 제거한다면 이 책은 '실제로 훌륭한 책'이 될 것이라고 포퍼에게 이야기하였다. 이 책은 어려운 시대에 출판되었다. 공식적인 성원은 아니었지만 그가 긴밀한 관계를 맺고 있던 비엔나 학단은 깨어지기 시작하였다. 나치의 위협이 모습을 서서히 드러내기 시작하였으며, 오스트리아의 내정은 내전으로 치닫고 있었다. 비록 사회 민주당을 지지하고 있었지만 포퍼는 그 당에 대한 희망을 버리게 되었다. 사회 민주당은 우익의 반민주주의자들과 싸울 준비도 하지 않은 채 민주주의에 대한 노동자들의 믿음을 저버리고 있었다. 그 자신은 사회 민주주의자들이 파시즘과 대결하기 위해 무장해야 된다는 생각에는 반대하였다.

그러나 이 책은 포퍼를 중등학교 교사에서 유명한 철학자로 만들어 주었다. 그는 슈잔 스테빈의 초대로 1935~1936년에 걸쳐 영국에 체류하였다. 이때 그는 에이어(A. Ayer), 벌린(I. Berlin), 러셀(B. Russell), 라일(G. Ryle), 슈레딩어(E. Schroedinger), 하이에크(F. A. Hayek) 등과 만났다. 포퍼는 나치의 오스트리아 점령을 예견하고 1937년 뉴질랜드 캔트베리 대학에서 교편을 잡는다. 이때부터 그는 영어로 생각하고 글을 쓸 수밖에 없는 상황에 직면하였다. 자신의 조국인 오스트리아가 히틀러에게 점령되었다는 뉴스에 접하면서 구상한 『열린 사회와 그 적들』이 런던에서 출판된 것은 1945년이었다.

1943년에 이 책의 제목으로 '와 그 반대자들'(and its Opponents)이 좋을 것 같다는 출판사측의 제안에 대해 "적들이 더 좋은 것 같다"(Consider Enemies Better)라는 전문을 보내 경찰의 의심을 사기도 하였다. 닫힌 사회에서 일어날 수 있는 웃지 못할 에피소드이다. 이 책으로 포퍼는 세계적인 명성을 얻었다.

1945년에 그는 LSE(London School of Economics)의 전임 강사(readship)로 초빙되고 1949년에 교수가 되었다. 그는 과학 철학 그룹에서 활발하게 활동하였으며 이 그룹은 뒤에 유명한 잡지『영국 과학 철학 The British Journal for the Philosophy of Science』을 발간한다. 비결정론에 대한 그의 유명한 논문이 이 잡지에 실렸다.

영국에서 학문적인 활동을 하면서 유럽, 미국, 오스트레일리아, 일본, 인도 등 여러 나라 여러 대학에서 강의를 하고 많은 저술과 논문을 발표하였다. 작위도 받았으며, 열 개가 넘는 대학에서 명예 학위를 받았다. 1992년에 수상한 상금이 4500만 엔인 경도상(京都賞)을 비롯하여 많은 상을 받았다.

1950년대 초반에 그는 담배 연기에 과민 반응을 보여 공공 장소를 피하고 대부분 집에서 연구하였다. 그는 규칙적으로 친구들의 작은 모임에 초대를 받아 대화를 나누었으며, 1985년에 사별한 아내와는 1930년에 결혼하였다. 슬하에 자식은 없었다.

포퍼가 인식론의 두 가지 근본 문제라고 부른 '귀납의 문제'와 '구획 기준의 문제'를 중심으로 과학 철학과 인식론을, '점진적 사회 공학'(piecemeal social engineering)과 '열린 사회'(open society)를 중심으로 역사 철학과 사회 철학을 살펴보기로 하자.

2. 귀납의 문제

『탐구의 논리』는 과학을 새롭게 해석한 기념비적인 저작이다. 핸슨은 이 책을 "지금까지 나온 과학 철학 관련 저서 중에서 가장 중요한 책들 가운데 하나"라고 평가하였다. 이 책은 귀납주의적 과학관을 전면적으로 부정하고 가설 연역적인 반증주의 과학관을 제시하였다.

베이컨은 과학은 귀납법에 기초를 두기 때문에 객관적인 지식이고, 성장한다고 주장하였다. 그는 "인간의 처지를 개선하고", 자연을 알고 조정하고 통제해야 한다는 사실을 강조하였다. 이 점에서 그는 근대의 새로운 과학 정신을 정립한 사람으로 널리 인정받게 되었다. 베이컨의 이러한 생각은 학문에서 실용적인 것을 전혀 고려하지 않은 이전의 입장과 좋은 대조를 이룬다.

베이컨이 말하는 귀납법은 가설 형성의 과정과 그 가설 검사의 과정으로 나눌 수 있다. 전자를 귀납적 방법, 후자를 귀납적 증명이라 부를 수 있다. 흄이 '귀납의 문제'라 부른 문제는 귀납적 증명과 관련된 문제이다. 포퍼는 (1) 과학 이론을 발견하는 방법은 존재하지 않는다. (2) 과학적 가설의 진리를 확실히 할 수 있는 방법은 존재하지 않는다. 즉 검증의 방법은 존재하지 않는다. (3) 가설이 '개연적'인가 또는 '개연적으로 참인가'를 확실히 할 수 있는 방법은 존재하지 않는다고 하였다. 여기에서 (1)은 귀납적 방법과 관련된 문제이고, (2)(3)은 귀납적 증명, 즉 정당화와 관련된 문제이다.

포퍼는 베이컨에 반대하여 객관적인 관찰은 존재하지 않으며 과학은 관찰에서 출발하지 않는다고 말한다. 모든 관찰에는 관찰에 앞선 이론이 존재한다는 것이다. 핸슨의 지적처럼 모든 관찰은 '이론 의존적 관찰'(theory-laden observation)이다. 베이컨은 객관적인 관찰 사실을 수집하여 일반화함으로써 가설이 탄생한다고 주장하였지만 이는 잘못된 주장이라는 입장이다. 객관적인 관찰은 존재하지 않기 때문이다.

　이론이나 전제의 도움을 받지 않는다면 우리는 아무 것도 관찰할 수 없다. 관찰 이전에 무엇을 관찰하고 어떻게 관찰할 것인가에 대한 생각이 선행한다. 이미 폴라니가 지적하였듯이 의학에 관해 많은 지식을 가지고 있는 의학도만이 엑스레이 사진을 판독할 수 있다. 아무런 전제 없이 관찰은 이루어질 수 없다. 우리는 전제의 도움을 받아 대상들 사이의 유사성을 파악하고 분류할 수 있다. 아무런 전제 없는 관찰은 불가능하기 때문에 객관적인 관찰에서 과학이 출발한다는 귀납적인 과학관은 매력을 잃게 되었다. 뿐만 아니라 오늘날 널리 받아들여지고 있는 과학 이론들이 베이컨이 말한 방식으로 생산되지 않았으며, 생산될 수도 없었음은 귀납적 과학관이 실패하고 있음을 더욱더 강하게 뒷받침하고 있다. 이러한 맥락에서 포퍼는 과학 이론을 발견하는 방법은 존재하지 않는다고 말한다.

　포퍼에 따르면 과학자들은 자유롭고 창조적인 상상력으로 과학 이론을 제시한다. 일단 과학 이론이 제시되면 그 이론은 세계의 존재 방식에 의해 엄격한 테스트를 받아야 한다. 경험에 의해 반증되면 그 이론은 폐기된다. 반증되지 않은 이론만이 살아 남는다. 이러한 과정을 통해 과학은 끊임없이 성장한다. 이것이 반증주의 과학관의 핵심이다.

　다음으로 흄이 '귀납의 문제'라고 부른 문제를 살펴보자. 관찰이나 실험의 결과(단칭 언명)를 근거로 가설이나 이론(보편 언명)이 참이라고 말할 때 발생하는 문제가 귀납의 문제이다. 곧 지금까지 "관찰한 모든 까마귀가 검었다"라는 사실을 근거로 "모든 까마귀가 검다"라는 결론을 내렸다면 이는 귀납의 문제에 빠진 것이다. 왜냐하면 이 추리는 타당한 추리가 아니기 때문이다. 지금까지 아무리 많은 검은 까마귀를 관찰하였다고 하더라도 "모든 까마귀가 검다"는 결론을 내릴 수는 없다. 모든 까마귀 속에는 지금까지 관찰하지 않은 까마귀도 포함되어 있으며, 미래의 까마귀까지 언급하고 있기 때문이다. 지금까지 아침이면 모이를 받아먹은 닭이 내일 아침 식사의 요리가 될 수도 있다. 지금까지 해가 동쪽에서 떴다고 하더라도 내일도 해가 동쪽에서 뜰 것이라는 주장은 논리적으로 타당한 주장이 아니다.

과학 이론의 정당화와 관련하여 귀납의 문제가 제기된다. 어떤 근거에서 자연 법칙이 참임을 알 수 있는가라고 묻는다면 귀납주의자들은 그 일반화가 관찰 증거에 의해 지지를 받았기 때문이라고 말할 것이다. 그 가설을 지지하는 증거가 많이 존재하고 반박하는 증거가 존재하지 않는다면, 그 가설을 참이라고 생각할 수 있다는 관점이다. 그러나 귀납 추리는 논리적으로 타당한 추론이 될 수 없다. 귀납 추리는 연역 추리와 달리 전제가 참이라고 하더라도 결론이 거짓일 수 있다. 이러한 문제점을 인정하고 귀납적 증명은 일반화에 확률을 부여한다고 바꾸어 말한다 하더라도 문제는 해결되지 않는다. 보편 언명의 확률값은 0에 수렴하기 때문이다.

포퍼의 출발점은 바로 여기이다. 그는 귀납의 문제를 정면으로 받아들인다. 그는 보편 언명은 단칭 언명에 의해 검증될 수 없어도 반증될 수 있다는 사실에 착안하여 반증주의 과학관을 제시하였다. 반증주의는 "여기 검은 까마귀가 있다"라는 사실이 "모든 까마귀가 검다"를 증명할 수 없지만 "여기 검지 않은 까마귀가 있다"는 사실이 "모든 까마귀는 검다"를 반증할 수 있다는 단순한 논리에서 출발한다. 만일 우리가 검지 않은 까마귀를 관찰하였다면 "모든 까마귀는 검다"는 거짓이라는 추론을 할 수 있다. 이 추론은 논리적으로 타당한 추론이다.

포퍼에 따르면 과학 이론들은 경험에 의해 검증된 언명이 아니라 아직 반증되지 않은 언명이다. 따라서 거짓으로 반증되기 전까지 잠정적으로 우리는 이 언명을 받아들이게 된다. 따라서 과학적인 지식은 절대적으로 참일 수 없다. 과학자는 자신의 이론을 지지하는 사례를 찾아 노력할 것이 아니라, 반박하기 위해서 노력해야만 한다. 과학 이론은 치열한 경쟁 속에서 결함이 발견되지 않는 한 살아 남는다. 과학자 공동체는 열린 사회이며 이 사회에서는 누구라도 이론을 제안하고 다른 사람들의 이론을 비판할 수 있으며, 대담하게 자신에게 가해진 비판을 수용해야 한다. 이러한 과정을 통해 과학은 끊임없이 진보한다.

포퍼는 과학적 지식의 성장을 이론이 대치되는 과정을 통해 설명하고 있다. 이론 (가)가 이론 (나)로 대치되는 경우, 이론 (나)는 이론 (가)가 성공적으로 설명한 현상을 모두 다 설명할 뿐만 아니라 (가)가 설명하지 못했던 새로운 사실까지도 설명해야만 한다. 이러한 경우 이론 (나)의 선택은 합리적인 이론 선택이라 할 수 있다. 간단히 말하면 이론 (나)는 이론 (가)보다 진보한 이론이며, 진리에 더 접근한 이론이다. (가)는 (나)에 포섭된다.

그에 있어서 과학의 목적은 사실과 일치하는 객관적인 이론을 발견하는 것이다. 그는 과학의 목적인 사실과 일치하는 객관적 의미에서의 진리를 구름에 가려져 있는 산정에 비유한다. 등산가들은 산봉우리들이 구름에 가려져 보이지 않기 때문에 산정과 산봉우리들을 구별할 수 없으므로 산정에 도달했는지 도달하지 못했는지를 알 수 없더라도 산정이 객관적으로 존재한다는 사실을 부정할 수 없듯이, 사실과 일치하는 진리는 존재한다는 입장이다. 진리를 이념으로 설정하여 더 진보한 이론이 진리에 더 접근했다는 해석을 하고 있는 것이다. 포퍼는 『프레임워크의 신화』에서 자신의 과학관을 다음과 같이 요약하였다(*MF*, 93~94).

1. 모든 지식은 가설적이거나 추측적이다.
2. 지식 특히 과학적 지식은 우리가 범한 잘못에서 배움으로써 성장한다.

3. 과학의 방법은 우리가 저지른 잘못으로부터 체계적으로 배우는 것이다. 첫째로 위험을 무릎씀으로써, 감히 잘못을 범하려고 함으로써 달리 말하면 과감하게 새로운 이론을 제시함으로써 배우는 것이다. 둘째로 우리가 범한 실수를 체계적으로 찾아냄으로써 곧 비판적 토론과 우리의 이론을 비판적으로 검토함으로써 배우는 것이다.

4. 이러한 비판적 토론에서 사용하는 가장 중요한 논증은 경험적 테스트로부터의 논증이다.

5. 실험은 끊임없이 이론, 실험자도 때때로 의식하지 못하는 이론적 예감(hunches), 있을 수 있는 실험적 오류의 원천과 관련된 가설, 무엇이 유익한 실험인가에 대한 희망과 추측의 이끌림을 받는다. (내가 의미하는 이론적 예감은 어떤 종류의 실험이 이론적으로 유익할 것인가에 대한 추측을 의미한다.)

6. 이른바 과학적 객관성은 오직 비판적 접근에 있다. 곧 만일 당신이 당신이 좋아하는 이론과 관련하여 편견을 가지게 된다면, 당신의 친구와 동료들이 당신의 입장을 비판하려고 할 것이다. 말하자면 할 수 있는 한 당신이 좋아하는 이론을 반박하려고 할 것이다.

7. 이러한 사실은 당신 스스로 당신의 이론을 논박하도록 격려할 것이다. 말하자면 이러한 사실이 당신에게 어떤 규율을 부과할 것이다.

8. 이러한 사실에도 불구하고 과학자들이 다른 사람보다 더 '객관적'이라고 생각하는 것은 잘못이다. 객관성에 기여하는 것은 개별 과학자의 객관성이나 개별 과학자가 공평함이 아니라 과학 자체이다(과학자들 사이의 "우애적이면서 적대적인 협력, 곧 상호 비판을 받아들임"이다).

9. 과학자 개인이 독단적이 되거나 편견을 가질 수 있는 방법론적 정당화 같은 것이 존재할 수 있다. 과학의 방법은 비판적 토론의 방법이기 때문에 비판받은 이론은 완강하게 방어할 필요가 있다. 이러한 방식을 통해서 우리는 그 이론이 가지고 있는 진정한 위력을 알 수 있

다. 비판이 저항에 부딪치는 경우에 한해서 우리는 비판적 논증의 충분한 위력을 알 수 있다.

10. 과학에서 이론들 또는 가설들 또는 추측이 맡는 근본적인 역할 때문에 테스트 할 수 있는 (또는 반증할 수 있는) 이론과 테스트할 수 없는 (반증할 수 없는) 이론을 구별하는 것이 대단히 중요하다.

11. 어떤 생각할 수 있는 사건이 실제로 일어나지 않을 것이라고 주장하거나 함축하는 이론만이 테스트할 수 있는 이론이다. 이러한 테스트는 우리가 할 수 있는 모든 수단을 동원하여 그 이론이 우리에게 일어나지 않을 것이라고 말한 사건을 정확하게 일어나도록 하는 것이다.

12. 따라서 테스트할 수 있는 모든 이론은 어떤 사건이 일어날 것임을 금지한다. 한 이론은 그 이론이 경험적 실재에 대해 제한을 가하는 경우에 한해서 경험적 실재에 대해 이야기한다.

13. 테스트할 수 있는 이론은 모두 "이러이러한 일은 일어날 수 없다"와 같은 형태를 취한다. 예를 들면 열역학 제2의 법칙은 영구 동력 기계가 존재할 수 없다고 말하는 것으로 정식화될 수 있다.

14. 이론이 원리적으로 경험적 세계와 충돌할 수 없다고 한다면 그 이론은 경험적 세계에 대해 아무 것도 말하는 것이 없다. 이것이 의미하는 바는 그 이론이 반박 가능해야 함을 의미한다.

15. 테스트 가능성은 정도에서 차이가 난다. 더 많이 주장하는 이론 따라서 더 많은 위험을 감수하려는 이론은 주장하는 것이 적은 이론보다 더 잘 테스트될 수 있는 이론이다.

16. 같은 맥락에서 테스트는 엄격성의 정도에서 차이가 난다. 예를 들면 질적인 테스트는 양적인 테스트보다 덜 엄격하다. 그리고 더 정확한 양적인 예측을 가진 테스트는 덜 정확한 예측을 가진 테스트보다 더 엄격하다.

17. 과학에서 독재주의는 과학의 이론을 확립하려는 생각, 곧 증명하거나 검증하려는 생각과 관계를 맺고 있다. 비판적 접근은 과학의

가설을 테스트하려는 생각, 말하자면 반박하거나 반증하려는 생각과 관계를 맺고 있다.

3. 구획 기준의 문제와 반증 가능성

과학과 비과학을 구별할 수 있는 기준의 문제가 '구획 기준의 문제'이다. 포퍼는 한 명제가 반증 가능한 경우 그 명제는 경험 과학에 속한다고 말한다. 그러나 이 문제는 진리의 문제와 무관하다. 그는 "구획의 문제는 더욱더 중요한 문제인 진리의 문제와 구별된다. 거짓으로 밝혀진 이론도 거짓으로 밝혀졌음에도 불구하고 경험적 가설, 과학적 가설의 성격을 지닐 수 있다"(RAS, xix)라고 하였다.

"모든 백조는 희다"와 같은 명제는 반증할 수 있다. 희지 않은 백조가 존재할 수 있기 때문이다. 그러나 "모든 인간의 행동은 자기 이익에서 나온 이기적 행동이다"와 같은 언명은 반증할 수 없다. 이러한 주장은 심리학, 지식 사회학, 종교학에서 널리 주장되고 있지만, 어떤 이타적인 행동도 그 행동 뒤에는 이기적 동기가 존재한다는 견해를 반박할 수 없기 때문이다.

포퍼는 반증 가능성에 따라 과학과 비과학을 구별할 수 있다고 주장하였다. 과학과 과학 아닌 것을 구별할 수 있는 기준이 있다면 이 기준을 사용하여 우리는 과학과 사이비 과학을 구별할 수 있기 때문에 포퍼의 이러한 제안은 대단한 매력을 안고 있다. 과학을 높이 평가하는 시대 정신에 편승하여 저마다 자신의 주장이 과학적이라 주장하는 상황에서 구획 기준이 있다면 이것을 사용하여 사이비 과학의 기만을 폭로할 수 있기 때문이다. 포퍼가 구획 기준에 관심을 갖게 된 배경에도 이러한 의도가 포함되어 있었다. 그는 그 당시 과학을 표방하고 나온 정신 분석학과 마르크스주의가 비과학적임을 입증하려는 의도를 가지고 있었다. 그는 이 두 이론에 대해 어느 정도 적대감을 가지고 있었다. 아들러주의자들은 순종하는 아들과 반항하는 아들 모두를 오이디푸스 콤플렉스로 설명하려고 하였다. 포퍼는 아들러의 이론은 반증할 수 없기 때문에 비과학적이라는 결론을 내렸다. 마르크스주의도 이와 상황이 조금 다르긴 하지만 여전히 비과학으로 분류될 수밖에 없다. 마르크스는 많은 예측을 하였지만 그 예측은 맞지 않았다. 그럼에도 불구하고 마르크스주의자들은 결정적인 반증을 피하면서 변명을 늘어놓았다. 포퍼는 과학으로 위장하여 학문적인 위상을 높이려 한 이론들의 정체를 폭로하였다.

포퍼가 구획 기준으로 설정한 반증 가능성(falsifiability)은 논리 실증주의자의 검증 가능성(verifiability)과는 구별된다. 귀납법의 전통에 속한 논리 실증주의는 검증 가능성을 의미 기준으로 내세워 검증 불가능한 언명을 무의미한 언명으로 분류하였다. 그들은 이 기준을 내세워 과학은 의미 있는 언명으로, 형이상학이나 윤리학의 명제들은 무의미한 언명으로 분류하려고 하였다. 그러나 이 기준에 따르면 전칭 언명은 검증 불가능하기 때문에 과학 이론도 무의미한 언명이 된다. 포퍼는 논리 실증주의자들과 달리 반증 불가능한 언명을 무의미한 언명이라고 말하지 않는다. 다만 과학에 속하지 않을 뿐이지 무의미한 언명은 아니다.

포퍼는 스스로를 형이상학적 실재론자로 생각하였다. 형이상학적 실재론자란 말을 통해 그는 자신이 형이상학의 정당성을 인정하고 있을 뿐만 아니라 새로운 과학 이론의 탄생을 가능하게 하는 용광로 구실을 한다는 의미에서 긍정적인 가치를 부여하고 있다.

4. 비판적 토론과 합리적 방법

포퍼가 '열린 사회'를 옹호하는 이유가 자유에 대한 열망 때문인지 아니면 나치즘에 대한 증오 때문인지는 분명하지 않다. 포퍼가 나치즘의 정신적 원조로 지목한 플라톤, 헤겔, 마르크스를 '열린 사회의 적들'로 몰아세움으로써 서구 민주주의 국가의 정당성을 이론적으로 제시했음은 분명한 사실이다. '열린 사회의 적들'에 대한 비판과 '열린 사회'에 대한 옹호가 단순히 실용적이거나 감정적인 대처에서 나온 것이 아니라 그의 과학론에서 나왔다는 사실에 주목할 필요가 있다.

『열린 사회와 그 적들』에서 포퍼는 헤겔은 경멸할 가치도 없고, 절대적 지식에 도달한 것처럼 위장한 수다쟁이에 불과하다고 폄하하였다. 마르크스는 '전체주의자'였고, 결정론자였고, 설명을 예언에 종속시켜 버렸다고 비판하였다. 포퍼는『역사주의의 빈곤』에서 "'역사의 법칙'을 발견하는 것이 사회 과학의 목표"(PH, 3)이고 역사의 법칙이 우리의 정치를 지도해야 한다는 역사주의를 비판하였다. 이 책에서 포퍼는 참된 법칙과 추세를 구별하고 있다. '역사의 진행 과정에 대한' 법칙은 존재할 수 없다. 왜냐하면 역사적 사건은 일회적인 사건이고, 무한히 반복되는 것이 아니기 때문이다. '자본의 점차적인 집중과 관련된 법칙'은 법칙이 아니라 추세에 불과하다.

포퍼는 역사적 필연성과 사회 법칙에 대한 열광 속에서 사회를 재구성하기 위한 청사진을 구성하려는, 위험하면서 작동할 수도 없는 제안이 자리잡고 있음을 간파하였다. 그 청사진을 만든 사람의 의도가 아무리 고귀하다고 할지라도 도덕적으로 지지될 수 없다고 생각하였다.

포퍼에서 과학 철학과 사회 철학의 접점은 비판을 통한 합리성에 있다. 과학 철학에서 비판을 통한 합리성의 옹호와 지식의 성장 이론은 그의 사회 철학에도 일관되게 나타난다. 포퍼는 "과학 또는 철학으로 나아가는 길은 하나뿐이다. 문제와 만나고, 그 아름다움을 찾아내고, 그 문제와 사랑에 빠져라. 만일 더 매혹적인 문제와 만나게 되지 않거나 그 문제가 해결되지 않았다면, 죽음이 그 문제와 당신을 갈라놓을 때까지 그 문제와 결혼하고 행복하게 살아라"(RAS, 8)라고 말한다. 그는 "칼이 아닌 언어로 싸울 수 있는 가능성이 문명의 기초이고, 모든 법 제도와 의회 제도의 기초"(CR, 373)라고 생각하였다.

포퍼는 과학의 합리성의 근거를 비판과 토론에서 찾음으로써 합리성의 개념을 바꾸어 놓았다. 포퍼의 합리성에 대한 새로운 개념은 과학의 영역을 넘어 철학 전반에 확대 적용될 수 있으며, 근본적으로는 철학의 방법이라고도 할 수 있다. 그는 '합리적 태도'와 '비판적 태도'를 동일하게 본다. 철학과 과학에 방법이 존재한다면 그것은 합리적 토론의 방법이며, 이 방법은 "문제를 분명히 진술하고 그 문제의 해결로 제시된 다양한 해답들을 비판적으로 검토하는 것이다"(LSD, 18). 그는 "합리주의자가 된다"는 것의 의미와 관련하여 "나는 합리주의자이다. 내가 의미하는 합리주의자는 세계를 이해하려고 하고, 다른 사람과의 논쟁을 통해 배우려고 하는 사람이다······. '다른 사람과 논쟁한다'는 말의 의미는 다른 사람을 비판하고 그들을 비판에 끌어들이고 그 비판으로부터 배우려고 한다는 사실을 의미한다. 논쟁의 기술은 싸움의 특수한 형태이다. 논쟁은 칼 대신 말을 통한 싸움이고, 세계에 대한 진리에 가까이 가려는 관심에 의해 격려된다"(RAS, 6)고 하였다.

흔히 말하는 과학의 방법이란 바로 이러한 종류의 비판에 지나지 않는다는 것이다. 과학 이론은 단지 비판받을 수 있다는 사실, 그리고 비판의 빛 아래에서 수정될 수 있다는 사실에 의해 신화와 구별되고 비과학과 구별된다. 합리주의에 대한 이러한 관점을 그는 '열린 사회론'으로 응용하여 사회 철학에까지 확대하였다. 비판과 토론의 방법은 폭력이 아닌 이성을 통해 우리가 더 살기 좋은 사회를 만들어 갈 수 있다는 점진적 사회 공학의 이론적 근거가 된다.

비판과 토론을 허용하는 사회가 '열린 사회'이고 비판과 토론에 기초를 둔 사회 개혁론이 '점진적 사회 공학'이다. 비판과 토론을 인정하지 않는 사회가 '닫힌 사회'이고 토론에 근거하지 않은 공학이 '유토피아적 사회 공학'이다. 닫힌 사회의 전형적인 형태가 공산주의 사회이고, 공산주의자들은 '유토피아적 사회 공학'을 통해 완전한 사회를 만들 수 있다고 생각하였다.

5. 점진적 사회 공학

밀란 쿤데라는 『참을 수 없는 존재의 가벼움』(송동준 옮김, 민음사, 1984, 212~213)에서 중부 유럽의 공산주의 정권들을 범죄자의 집단이라 단죄하는 사람들은 그것이 범죄자들이 만든 것이 아니라 지상 천국을 건설할 수 있는 유일한 방법을 찾았다고 확신한 광신자들이 만든 것이라는 사실을 잊어서는 안 된다고 경고하였다. 공산주의자들은 이러한 방법에 동조하지 않는 사람을 감옥에 가두거나 죽여 버렸다. 반대자들은 단순 범죄자들이 아니라 지상 천국의 건설을 거부한 배교자들이기 때문이다. 그러나 쿤데라는 실제로는 공산주의자들의 믿음과는 달리 그들이 꿈꾼 지상 천국은 존재할 수 없으며, 결국 광신자들은 살인자로 밝혀지게 되었음을 이 소설을 통해 극적으로 보여 주고 있다.

쿤데라는 공산주의자들이 "나는 아무 것도 알지 못했어요, 나는 믿었을 뿐이오"라고 말한다고 해서 그들의 죄가 면죄될 수 있는가라는 질문을 제기했다. 역사적 과오도 동기만 순수하면 면죄받을 수 있다고 많은 사람들은 생각하고 있다. 그러나 쿤데라는 오이디푸스 이야기를 하면서 단호히 그럴 수 없다고 말한다. 오이디푸스는 자신이 자기 어머니와 동침한 것을 알지 못했다. 그런데 무슨 일을 자기가 저질렀는가 하는 것이 그에게 명백하게 되었을 때, 그는 자신이 죄가 없다고 느끼지 않았다. 그는 자기가 알지 못하고 야기시킨 불행을 차마 볼 수 없어 자신의 눈알을 찔러 파내고 장님이 되어 테베 왕국을 떠났다. 모르고 행한 일에 대해서도 최소한 도덕적 책임을 져야 한다는 입장이다. 1980년대 말에 이르러 자유 민주주의와 자본주의에 대한 대안으로서 공산주의의 실제적 실험은 일단 실패로 끝났다. 공산주의의 실패를 '공산주의의 좌절'로 재해석하여 공산주의를 여전히 자본주의의 대안으로 생각하는 사람들이 있다면 이들은 다시 오이디푸스의 길을 걸어야 할지도 모른다.

포퍼는 이미 1940년대 초에 이론적으로 공산주의자는 거짓 예언자이며 공산주의는 필연적으로 폭력에 귀착된다고 주장하였다. 공산주의라는 이념을 통해서는 절대로 더 살기 좋은 사회를 건설할 수 없음을 설득력 있게 논증한 것이다.

포퍼는 '역사주의'(historicism)에 기초한 유토피아적 사회 공학에 반대하며 점진적 사회 공학을 주장하였다. 포퍼는 역사를 지배하는 필연적인 법칙 같은 것은 존재하지 않는다고 생각하기 때문에 "우리는 예언자인 체하지 말고 자신의 운명을 스스로 만들어 가야 한다"(OS 2권, 280)고 권고한다.

유토피아적 사회 공학은 궁극적인 목적이나 이상을 실현할 수 있는 효과적인 방법으로 '사회 전체의 개혁'을 제시한다. 그들의 관심은 '전체로서의 사회'의 발전이며, '전체로서의 사회'의 재구성이다. 전체로서의 사회를 문제 삼는 전체론을 견지한다는 점에서 유토피아적 사회 공학은 역사주의와 공통적인 요소를 갖고 있다. 유토피아적 사회 공학은 사회 전체를 급진적으로 변혁하려는 계시적 혁명을 꿈꾸기 때문에 "먼저 모든 것을 싹 쓸어 버려야 한다. 이 세상에 그럴듯한 어떤 것을 실현하려면 저주받은 문명 전부를 없애 버려야 한다"
(*OS* 1권, 157)라고 생각한다.

포퍼는 이러한 유토피아주의는 매우 매력적이기는 하지만 위험스럽고 유해하며, 자기 모순적이며 폭력에 귀착한다고 주장한다. 합리적이고 이상적인 방법으로 궁극적인 목적을 결정할 수 없다. 따라서 두 가지 목적이 대립하게 되면 그 대립은 필연적으로 폭력으로 귀착된다는 것이다.

포퍼가 지적한 유토피아적 사회 공학의 첫번째 문제점은 이상적인 사회 상태에 대해서 입장을 달리하는 사람들이 서로 맞서게 되면, 이 대립은 합리적인 방식으로 해소될 수 없으며, 타협이 불가능하다는 사실이다. 이러한 대립은 교리가 다른 타종교를 이단으로 못박아 배척하는 종교적 대립과 동일한 성격을 지니게 된다. "유토피아주의자는 자신의 유토피아적 목적에 동조하지 않거나, 자신의 유토피아적 신앙에 믿음을 고백하지 않는 다른 유토피아주의자들을 억누르거나 말살하려고 한다"(*CR*, 360)고 포퍼는 말한다.

상대방을 억누르고 말살하기 위해서는 폭력의 동원이 불가피하다. 뿐만 아니라 '전체로서의 사회'의 재구성은 많은 사람들에게 장기간의 불편을 가져다 준다. 이 불편은 불평을 수반하고, 권위주의적 사회에서는 이러한 불평을 합리적으로 해결할 수 있는 방법이 존재하지 않는다. 따라서 통치자는 불평을 토로하는 사람들을 폭력으로 탄압할 수밖에 없다. 폭력은 비판적 합리주의가 옹호하는 비판과 반대파의 존립을 말살하게 된다는 것이다.

나아가 전면적 사회 개혁을 목표로 하는 유토피아적 사회 공학은 강력한 힘을 가진 정부를 필요로 한다. 강력한 힘을 가진 정부는 소수의 지배자에 의한 권위주의적 통치를 요구하기 때문에 독재 정치로 흐르기 쉽다. 권위주의는 이성적인 비판을 허용할 수 없기 때문에 폭력을 수반하게 된다.

둘째로, 포퍼는 어떤 정치가가 설정한 이상적인 사회상도 절대적이고 불변적일 수는 없다고 말한다. 정치적 이상은 가변적이고 특히 지도자가 바뀌면 정치적 이상도 바뀌게 마련이다. 처음 설계한 사람에게는 바람직하게 보였던 청사진이 후계자에게는 그렇지 않을 수도 있고, 시간의 흐름에 따라 이상적인 것에 대한 바람이 변할 수도 있다. 이 같은 자연스러운 현상으로 말미암아 정해진 목적이 변경되면 지금까지 시행한 모든 정책이 무위로 끝나게 되며 경비와 시간의 손실을 가져오게 된다.

이에 반대하여 포퍼는 제도를 조금씩 조금씩 개선해야 한다는 점진적 사회 공학을 대안으로 제시하였다. 실제적으로 유토피아적인 사회 공학은 사회 변화를 추구하면 추구할수록 그들이 의도하지 않은 결과가 나타난다는 사실을 간과하고 있지만, 점진적 사회 공학은 변화가 수반하는 피할 수 없는 놀라움에 주의를 기울이고 준비한다. 점진적 사회 공학은 점차적인 개혁과 열린 사회를 지지한다.

포퍼는 점진적 사회 공학의 첫번째 명법으로 "추상적인 선의 실현을 위해 힘쓰지 말고 구체적인 악을 제거하기 위해 노력하라"(*CR*, 361)고 하였다. 이 명법을 제시한 이유는 이상적인 선에 대한 합의는 어렵지만 구체적인 악이 무엇인가에 대한 합의는 쉽고 명백하기 때문이다. 인간들이 갖고 있는 가치는 각각 다르고 이상적인 선에 대한 합의나 타협은 힘들다.

최상의 정치적 이념이 무엇인가에 대한 일반적인 합의가 어려움에도 불구하고 그것을 추구하려고 하면 국가는 필연적으로 개인의 자유를 간섭하게 되고, 개인이 원하지 않는 것을 강요하게 되며, 나아가 폭력을 수반하게 된다.

포퍼는 정치적인 이상을 실현하여 인간을 행복하게 하려고 해서는 안 된다고 주장한다. "인간의 고통이 합리적인 공공 정책의 가장 긴급한 문제이며, 행복은 긴급한 문제가 아니다. 행복의 성취는 개인적인 노력에 달린 문제"(*CR*, 361)이기 때문이다.

점진적 사회 공학의 두번째 명법은 "모든 악의 제거는 직접적인 수단에 의해 행해져야 한다"(*CR*, 361)는 것이다. 선한 사회라고 하는 원대한 이상을 실현함으로써 간접적인 방법으로 악을 제거하려고 해서는 안 된다는 주장이다. 지금의 가난, 실업, 질병, 문맹 등과 같은 악을 먼 장래의 유토피아 건설에 의해 간접적으로 제거하려고 하면 지금 여기에서 고통받는 사람들을 도외시하게 되고, 환상적인 미래의 꿈을 실현하기 위해 오늘의 세대의 희생을 강요하게 되는데, 어느 누구도 다른 사람의 행복을 위한 수단이 되어서는 안 되기 때문이다. 구체적인 악을 직접적인 방법으로 제거해야 한다는 것이 점진적 사회 공학의 두 가지 기본적인 주장이다.

6. 열린 사회

포퍼가 옹호하는 점진적 사회 공학을 실현할 수 있는 사회가 바로 비판과 토론이 허용된 '열린 사회'이다. 그는 인간이 인간다운 삶을 영위할 수 있고, 문화다운 문화를 누릴 수 있는 유일한 정치적 공간으로 열린 사회를 설정하고 있다. 그는 "우리는 금수(禽獸)로 돌아갈 수도 있다. 그러나 우리가 인간으로 살아 남고자 한다면 오직 하나의 길이 있을 뿐이다. 그 길은 열린 사회의 길이다"(*OS* 1권, 201)라고 말한다.

포퍼가 도덕적으로, 과학적으로 승인한 열린 사회와 맞서는 사회가 닫힌 사회이다. 닫힌 사회는 마술적 금기와 독단이 지배하는 억압된 사회이며, 전체주의적·유기체적 사회이다. 닫힌 사회는 전체나 집단이 존재하지 않는다면 개인이 존재할 수 없다고 하는 집단주의를 본질로 하는 사회이기 때문에 그 사회를 구성하고 있는 사람들은 이성적인 비판과 그들의 결정에 대해 책임을 질 수 있는 능력을 갖지 못한다. 국가는 크든 작든 시민을 규제하며 국가만이 판단한다. 전체주의 사회는 국가가 시민 생활의 모든 측면을 지배하려고 한다.

닫힌 사회는 규범 법칙과 자연 법칙을 구분하지 못하여, 규범 법칙을 자연 법칙처럼 불변적인 것으로 생각하고 국가는 그것을 절대적인 것으로 사람들에게 강조한다. 국가가 모든 도덕적인 판단을 내릴 수 있는 권리를 가지고 있으며, 국가가 시민들의 생활 전체를 규제하고 간섭한다. 열린 사회가 "오직 소수의 사람만이 정책을 세울 수 있다고 해도 우리 모두는 그것을 비판할 수 있다"(OS 1권, 186)는 주장을 지지한다면, 닫힌 사회는 "현명한 자는 이끌고 통치해야 하며, 무지한 자는 그를 따라야 한다"(OS 1권, 170)는 주장을 지지한다.

플라톤을 위시하여 헤겔, 마르크스, 나치즘 등이 지향하는 유형의 사회가 닫힌 사회이다. 플라톤의 철학은 권위주의적이고 전체주의적이다. 통치자의 지배는 지적인 능력에 의해서가 아니라 신화에 의해 지지된다. 포퍼에 따르면 플라톤은 닫힌 사회의 이론가이고 철인 통치자에게 절대 권력을 부여함으로써 사회 변화를 방해하려고 한 반동주의자이다. 정치학과 과학에서 포퍼가 가장 반대하는 것은 "우리는 어떻게 확실한 지식을 획득할 수 있는가?"와 "우리는 어떻게 완전한 지도자를 얻을 수 있는가?"라는 잘못된 질문이다. 온당한 물음은 "우리는 어떻게 될 수 있는 대로 빨리 우리의 잘못을 찾아내어 교정할 수 있는가", "잘못된 지도자가 초래할 수 있는 위험을 최소한으로 줄일 수 있는가?"(RR, 22 참고)이다.

이러한 닫힌 사회와 대립되는 사회가 열린 사회이다. 포퍼는 이와 같은 열린 사회의 범형을 과학자 사회에서 찾는다. 과학의 객관성은 과학자 개인의 무사 공정성의 산물이 아니라, 과학적 방법의 공적인 산물이다. 과학의 객관성은 전문가들 사이의 자유로운 비판을 통해 얻어지는 전문가들의 상호 주관성에 지나지 않는다. 비판과 토론이 자유로운 과학자 사회가 포퍼의 열린 사회 모델이다.

이러한 사회를 정치적 관점에서 해석하면, 서로 상충하는 의견들이 자유롭게 표명되며, 엇갈리는 목적들이 다양하게 추구될 수 있는 다원적인 사회이다. 열린 사회는 이성과 비판을 신뢰하는 사회이다. 열린 사회를 구성하는 사람들은 그들 자신을 이성적이고 책임 있는 개인으로 여기고, 스스로 삶을 설계하고 자신의 결정에 대해 책임을 진다. 열린 사회는 의견의 대립을 토론과 논의를 통해서 해결하려고 한다. 따라서 모든 사람이 말할 수 있는 권리가 보장되어야 한다.

'열린 사회'는 개인의 자유와 권리를 존중하고 그들의 의사를 반영하는 사회이다. 개개인이 스스로 독자적인 판단을 내릴 수 있는 사회이다. 규범은 인간이 만든 것으로 이해하는 사회이다. 정부의 정책은 무비판적으로 받아들여지지 않고 이성과 경험의 테스트를 받아야 하며, 비판의 빛 아래서 수정되어야 한다. 정치가들은 경험으로부터 배우려는 태도를 취해야 하며, 잘못을 통해 배우려는 태도를 의도적으로 가져야 한다. 포퍼에 따르면 과학의 성장을 보장해 주고, 객관성의 근거가 되고, 점진적 사회 공학의 실현을 가능하게 해 주는 비판을 정치적으로 보장해 주는 사회가 바로 열린 사회이다. 따라서 열린 사회만이 과학 철학적으로, 이성적으로 인정할 수 있다.

포퍼는 이러한 열린 사회의 특징으로 (1) 한 사회에서 자유로운 토론이 가능하고 그 토론이 정치에 영향을 미치며 (2) 제도는 자유와 약자를 보호하기 위해서 존재한다는 사실을 든다(*RR*, 22).

포퍼가 제시한 열린 사회의 첫번째 특징에 따르면, 모든 사람들이 자유롭게 정치적인 문제를 위시한 모든 문제에 대한 대안을 제시할 수 있어야 하며, 정책 담당자들이 제시한 대안도 비판의 대상이 되어 수정될 수 있어야 한다. 그렇게 되기 위해서는 언론의 자유와 반대파의 존립은 열린 사회의 하나의 전제 조건이 된다. "칼이 아닌 언어로 싸울 수 있는 가능성은 바로 문명의 기초이고, 특히 모든 법 제도와

의회 제도의 기초"(*CR*, 373)라고 포퍼는 주장한다. 따라서 신문이나 라디오, 텔레비전 등이 날카롭게 모든 정책을 비판할 수 있도록 하는 제도적인 보장이 필요하다.

국가는 법 제도와 사회 제도로써 시민들을 야만적인 폭력의 공격으로부터 보호해야 하며, 특히 경제적인 폭력이 난무할 때도 시민을 보호해 줄 수 있어야 한다는 것이 포퍼가 내세우는 열린 사회의 두번째 특징이다. 국가는 경제적인 약자를 경제적인 강자로부터 보호할 수 있는 제도를 만들 수 있으며, 정치 권력은 경제적인 폭력을 통제할 수 있는 힘이 있기 때문이다. 국가는 경제적 강자가 약자에게 폭력을 행사하지 못하도록 해야 한다는 것이다.

국가는 물리적 폭력으로부터 시민을 보호하고 경제적 폭력으로부터 시민을 보호해야 한다. 경제적 강자는 경제적 약자를 괴롭히고 그의 자유를 강탈할 수 있다. 포퍼는 이러한 상황에서 무제한의 경제적 자유는 무제한적 물리적 자유와 마찬가지로 자기 모순적이며, 위험할 수 있다고 생각한다. 잉여 식품을 소유한 사람은 굶주린 사람을 폭력을 사용하지 않고 자유롭게 노예 상태로 몰고 갈 수 있기 때문이다. "어느 누구나 굶어 죽는 것이나 경제적 파멸의 두려움 때문에 불평등한 관계 속에 빠져들어가는 경우가 없도록 국가가 보살펴야 한다. 그것은 방만한 경제 체제의 포기를 뜻한다. 자유가 안전하게 지켜지길 원한다면, 무제한의 경제적 자유의 정책은 국가의 계획 경제 간섭에 의해 대치되어야 함을 의미한다"(*OS* 2권, 124~125)고 포퍼는 말한다.

7. 비판적 논의

귀납주의 과학관을 비판하면서 나온 포퍼의 반증주의 과학관은 많은 비판을 받으면서 세련되게 변모했다. 쿤은 포퍼의 과학관에 대한 가장 설득력 있는 비판을 『과학 혁명의 구조』에서 제기하였다. 포퍼의 과학관을 계승한 라카토슈는 과학의 합리성을 옹호하면서 쿤의 비판을 선택적으로 수용하였다.

그의 사회 철학에 대해서도 많은 비판이 제기되었다. 개인의 자유와 권리를 사회 집단의 힘으로부터 보호하려고 한 포퍼의 사상이 보수주의로 분류되는 것은 불가피한 일이었다. 영국에서 신중하고 보수주의적인 견지를 가장 명료하고 비타협적인 형태로 표명한 사람이 포퍼였다.

카는 포퍼의 점진적 사회 공학을 '미봉책'이거나 '얼렁뚱땅한다'고 비난하였다. 나아가 포퍼의 열린 사회는 현실적으로 자유 민주주의 사회를 의미한다. 마르크스주의자들이 "추상적 자유주의의 부르주아적 국가관을 옹호하는 포퍼는 부르주아 민주주의의 계급적 성격을 부정한다"고 비판하는 이유도 여기에 있다. 곧 그는 자본주의 국가에 대한 철저한 옹호자라는 것이다. 그의 사회 공학은 "현상 유지를 지향하는, 즉 자본주의 사회를 영속시키려는 의도를 깔고 있다"는 관점이다.

카는 "포퍼의 사고 방식 안에서 이성의 지위는 영국 정부 관리의 지위와 유사한 점이 있다. 그들은 정권 행정부의 정책을 시행할 권리도 있고, 이러한 정책의 효능을 높일 수 있는 실제 개량책을 건의할 자격도 있다. 그러나 근본적인 전제나 궁극적 목적을 의심할 자격은 없다"(E.H. Carr, 『역사란 무엇인가 What is History』, 91~93, Penguin Books, 1961)고 혹평하였다. 포퍼는 이성을 존중하긴 하지만, 이성을 기존 질서의 전제에 종속시키고 있기 때문에 카는 이를 용납할 수 없었던 것이다.

곧 혁명 = 자유주의 = 이념의 통치를 내세운 액턴 경의 이성관과는 다르다는 것이다. 그러나 포퍼는 자유 민주주의를 전폭적으로 지지하고 있음을 분명히 하고 있다. 자유 민주주의가 많은 문제점을 안고 있긴 하지만 지금까지 존재해 온 제도 가운데 가장 좋은 제도라는 믿음이다. 카가 말하는 '근본적 전제', '궁극적 목적'에 대한 의심이 자유민주주의에 대한 의심을 의미한다면 카의 지적은 합당하다. 그것이 폐기된 뒤에 우리가 택할 제도가 무엇인지 알 수 없기 때문이다.

포퍼는 이성을 굳건히 신뢰한 계몽주의의 마지막 철학자인지도 모른다. 그는 볼테르와 칸트의 철학에 찬성한다. 그들은 철학이나 물리학이나 수학을 막론하고 모두 이성의 정확한 실험 아래에 두었다. 포퍼가 이성을 부정하는 모든 형태의 상대주의를 우리 시대의 가장 큰 위협으로 보면서 전면적으로 반대하는 이유도 바로 여기에 있다. 이성을 사용하여 '보다 나은 사회'를 만들 수 있다는 그의 주장은 기존 공산주의 국가가 쇠퇴함으로써 더욱 강한 설득력을 지니게 되었다. 이 시대의 어둠을 체험하면서, 이 시대의 절망을 목도하면서도 끝까지 희망을 버리지 않고 낙관주의를 견지한 포퍼가 사라진 뒤에도 우리는 미래에 대해 희망을 포기하지 말아야 할 것이다.

더 읽어야 할 책

포퍼는 많은 저술을 남겼다. 독일어로 발표되어 영어로 번역된 문헌도 있고, 영어로 발표되어 독일어로 번역된 책도 있다. 국내에는 충분하지는 못하지만 번역서도 출판되었고 연구 논문과 연구서도 나와 있다. 일반적으로 많이 알려진 것은 그의 사회 철학과 역사 철학, 정치 철학과 관련된 주장이다.

포퍼의 사상 전반을 소개하는 책으로 메기의 『칼 포퍼 *Karl Popper*』(이명현 옮김, 문학과 지성사, 1982)를 꼽을 수 있다. 이 책은 포퍼의 사상을 긍정적으로 이해하려는 입장에서 집필되었다. 메기는 유명 철학자들과 대담하고 그 결과를 책으로 출판하기도 하였다.

그의 사회 철학 전모를 간단히 파악할 수 있는 책으로는 『혁명이냐 개혁이냐 *Revolution oder Refrom?*』(홍윤기 엮어 옮김, 사계절, 1982)가 좋다. 이 책은 마르쿠제와 포퍼의 입장 차이를 극명하게 보여 준다. 그의 역사 철학을 이해하기 위해서는 우선 『역사주의의 빈곤 *The Poverty of Historicism*』(이석윤 옮김, 지학사, 1975)을 읽어야 한다. 쉬운 책은 아니다. 『열린 사회와 그 적들 *The Open Society and its Enemies*』(이명현·이한구 옮김, 민음사, 1982) 1권과 2권은 그의 사회 철학과 정치 철학을 이해하기 위해 필수적으로 읽어야 할 책이다. 아쉽게도 긴 각주는 번역되지 않았다.

포퍼의 과학 철학을 이해하기 위해서는 원전이 출판되고 50년이 지나서 번역된 『과학적 발견의 논리 The Logic of scientific Discovery』(박우석 옮김, 고려원, 1994)를 읽어야 한다. 쿤의 『과학 혁명의 구조 The Structure of Scientific Revolutions』(조은문화사 편집부 옮김, 정음사, 1980)와 라카토슈와 머스그레이브가 편집한 『현대 과학 철학 논쟁 Criticism and the Growth of Knowledge』(조승옥·김동식 옮김, 민음사, 1987)도 포퍼의 과학 철학 이해를 위해서는 필수적인 책이다.

포퍼의 과학 철학을 쉽게 소개한 책으로 차머스의 『현대의 과학 철학 What is This Thing Called science?』(신일철 옮김, 서광사, 1982)과 오히어의 『현대 과학 철학 입문 An Introduction to the Philosophy of Science』(신중섭 옮김, 서광사, 1995), 브라운의 『새로운 과학 철학 Perception, Theory and Commitment』(신중섭 옮김, 서광사, 1987)을 꼽을 수 있다.

영어 사용권에서 포퍼와 관련된 논문은 The British Journal for the Philosophy of Science, Erkenntnis, Philosophy of Science, Synthese 에 많이 발표되었다. 전문적인 논의를 위해서는 찾아 읽어야 한다.

국내에서도 포퍼에 대한 관심은 꾸준히 있어 왔다. 그가 사망한 뒤 『철학과 현실』 1995년 봄호의 특집 '칼 포퍼 : 그 인간과 사상'에 엄정식, 박은진, 이재훈, 이한구, 신중섭이 포퍼의 인식론, 심리 철학, 사회 철학, 과학 철학에 대한 논문을 발표하였다. 쉽게 구해 볼 수 있는 책으로는 『역사주의와 역사 철학』(이한구, 문학과 지성사, 1986), 『포퍼』(신일철 엮음, 고려대학교 출판부, 1990), 『포퍼와 현대의 과학 철학』(신중섭, 서광사, 1992), 『칼 포퍼의 과학 철학』(조용현, 서광사, 1992)을 들 수 있다.

포퍼의 점진적 사회 공학에 대한 간단한 비판적 논의는 카의 『역사란 무엇인가 What is History』에 평이하게 소개되어 있다. 기 소르망의 『20세기를 움직인 사상가들 *The Real Thinkers of the Twentith Century*』(강위석 옮김, 한국경제신문사, 1991) 포퍼 부분과 이원복의 『현대 문명 진단 2』(조선일보사, 1993)의 포퍼 부분은 초보적인 포퍼 이해에 도움이 된다.

16장
리차드 로티

이 유 선

1. 생애

　1931년 미국에서 태어난 리차드 로티(Richard Rorty, 1931~)는 오늘날 영미 철학계의 가장 철저한 '파괴자'요 '이단자'로 알려져 있다. 로티는 시카고 대학의 학부를 졸업하고 예일 대학에서 철학 박사 학위를 받았다. 그는 웨슬리 칼리지, 프린스턴 대학에서 교수로 재직했고, 1979년 미국 철학회의 회장을 지내기도 했다. 1982년 이후 현재까지 버지니아 대학에 재직하고 있다. 1979년 출판된『철학과 자연의 거울 Philosophy and the Mirror of Nature』은 로티의 이름을 전세계에 알린 주저인데, 이 책에서 로티는 인식론, 분석 철학, 형이상학 등을 포함한 모든 체계적인 철학의 종언을 고했다.
　로티의 철학적 입장은 네오프래그머티즘, 인식론적 행동주의, 탈근대 시민 자유주의, 자유주의적 아이러니스트 등으로 다양하게 불린다. 그의 관심은 세세한 철학적 문제들을 해결해 나가는 데 있는 것이 아니라 철학이 나아가야 할 방향이 어디인가 하는 메타철학적인 물음에 놓여 있다. 그의 거대한 시야는 근래 영미 철학계에서 찾아보기 힘들었던 '사상가적인 면모'를 보여 주기에 충분하다. 그는 철학이 더 이상 초역사적이고 초인간적인 진리를 주장해서는 안 된다고 생각한다. 자신의 오류 가능성을 인정하는 자문화 중심주의에 입각해 실천적인 대화를 지속해 나감으로써 현실의 구체적인 문제들에 대한 해결책을 제시할 수 있다고 보는 로티에게 초역사적이고 영원 불변인 철학적 진리는 실효성이 없는 공허한 메타포로 여겨진다.

분석 철학에서 출발했으면서도 분석 철학의 틀 안에 머무르는 것이 아니라 프랑스의 후기 구조주의와 독일의 철학적 해석학의 관점을 미국의 프래그머티즘의 문맥 속에서 적절히 수용하고자 하는 로티의 작업은, 지나치게 전문화되어 이미 일상적인 맥락에서 멀어져 버린 분석 철학의 철저한 자기 반성인 동시에 철학의 탐구 영역에서 '실천적 지혜'의 의미를 되살리려는 진지한 시도이다.

2. 인식론적 기획에 대한 리차드 로티의 입장

오늘날 영미 철학 전통의 주류를 이루고 있는 분석 철학의 논제들은, 객관적이고 확실한 지식의 기초를 찾는다는 데카르트적 인식론의 문제 의식을 크게 벗어나지 않고 있다. 이에 대해 로티의 네오 프래그머티즘은 가장 급진적인 탈인식론적·탈분석 철학적인 관점을 제시해 주는 입장으로 생각된다.

리차드 번슈타인(R. Bernstein)은 철학자들이 지식의 기초를 찾아야 한다는 생각에 사로잡혀 있는 상황을 '데카르트적인 불안'(Cartesian Anxiety)이라는 한마디로 표현했다(『객관주의와 상대주의를 넘어서 Beyond Objectivism and Relativism』, 16). 기초주의적인 근대 인식론에 대한 로티의 비판은 어떤 의미에서 철학자들을 이 같은 불안에서 벗어나도록 해 주려는 의도를 담고 있다. 그리고 이 의도는 더 나아가 영원한 진리를 찾는 것을 목표로 하는 로고스 중심주의(logocentrism)의 틀을 깨뜨리려는 시도로 이어진다.

로티는 분석 철학에서 등장하는 인식론적 기초주의의 역사적 기원을 데카르트—로크—칸트로 이어지는 근대 인식론의 전개 과정에서 찾고 있다. 로티는 근대 철학이 인식론 중심의 철학으로 자리잡은 것은 데카르트의 '마음의 발명'에 이은 로크와 칸트의 철학적 '혼동' 때문에 가능했다고 주장한다. 로티가 지적하는 '혼동'이란 주객 이원론적인 인식론에 바탕을 둔 지식의 기원에 대한 설명을 통해 지식 주장의 정당화가 이루어진다고 생각하는 것을 말한다. 로티가 보기에 근대 인식론자들의 개념적 혼동은 시각적 이미지를 사용해서 지식을 설명하려는 데서 비롯된다. 이른바 '자연의 거울'이라는 메타포는 이런 인식론적 태도를 일컫는 데 사용된다. 이 비유적인 표현은 지식을 대상과의 관계에서 파악하고 우리의 이성, 마음, 언어 등의 개념이 외부 세계의 진리를 비추어 준다는 의미를 내포하고 있다. 로크와 칸트의 인식론적 입장은 '자연의 거울'을 전제하는 철학적 입장의 전형적인 오류로 평가된다.

지식에 대한 시각적인 비유는 고대 그리스적인 기원을 갖는 것으로서, 로티는 이것이 '지식의 기초'라는 개념을 낳았다고 생각한다. 여기서 말하는 고대 그리스적인 기원이란, 확실성의 차이는 알려진 대상에서의 차이에 상응해야 한다는 이른바 '플라톤의 원칙'으로 설명된다. 결국 이렇게 보면 오늘날의 인식론적 기초주의의 문제는 고대 그리스까지 소급되는 것이다.

지식에 대한 시각적인 이미지를 사용하는 것이 바람직하지 않다는 로티의 관심은 지식에 대한 반기초주의적인 입장을 전개하기보다는 인식론적인 기획의 전면적인 거부를 지향하고 있다. 로티의 관심은 기본적인 인식론적 사고의 틀을 허물어뜨리는 쪽에 있다고 할 수 있다.

로티가 주장하는 인식론적 기획의 불신이라는 테제는 전통적인 로고스 중심주의적 사고의 해체, 기초주의와 반기초주의, 실재론과 반실재론, 주관과 객관 등 모든 인식론적인 이분법적 사고의 해체라는 관점에서 읽혀야 한다. 그럴 때 로티가 상대주의나 반기초주의, 반실재론의 범주에 자신을 포함시키는 것을 강력히 거부하는 이유를 이해할 수 있다.

3. 인식론적 행동주의

로티는 최근의 저서『우연성, 아이러니 그리고 연대성 *Contingency, Irony, and Solidarity*』에서 진리의 문제와 관련하여 "세계가 저 밖에 있다는 주장과 진리가 저 밖에 있다는 주장을 구분할 필요가 있다"(『우연성, 아이러니, 그리고 연대성』, 4)는 주장을 하고 있다. 로티는 여기서 진리가 반드시 인간의 창조물인 언어의 형태로 우리에게 주어지기 때문에 진리가 우리와 독립해서 저 밖에 존재한다고 말할 수 없다는 입장이다. 이것은 언어에 대한 우연성의 문제와 맞물려 진리에 대한 모든 이론적 주장을 사소한 것으로 만들려는 시도로 이어진다. 이런 입장은 분명히 로티의 분석 철학적 전사(前史)를 배경으로 하고 있다.

로티는 데카르트가 인식의 주체로서 설정한 마음이라는 개념이 근대 인식론에서 결정적인 역할을 했다고 평가한다. 데카르트가 마음을 '발명'했다는 로티의 말 속에는 그것이 실체를 지칭하는 개념이 아니라 허구적인 것이라는 비판적 관점이 포함되어 있다.

마음의 문제에 관한 로티의 관심은 심리 철학적 논제에 관해 논문을 발표했던 1960년대에서 최근의 저작에 이르기까지 꾸준히 나타나고 있다. 1960년대와 1970년대 초에 발표된 논문들에 나타난 로티의 입장은 이른바 소거적인 유물론(eliminative materialism)이라고 할 수 있다.

소거적인 유물론의 입장은 1965년의 「심신 동일성, 사적인 영역, 그리고 범주들 Mind-body Identity, Privacy, and Categories」이라는 논문에서 '소멸(disappearance) 형태의 동일론'으로 제시된다. 여기서 로티는 신체적인 감각 지각과 구분되는 어떤 심리적 사건으로서의 감각이라는 개념이 사실은 불필요한 것으로서, 우리가 이것을 제거해 버리더라도 문제될 것은 없다는 태도를 보이고 있다. 이를 위해 로티는 악령이 병을 가져다 준다고 믿는 원시 부족의 예를 든다. 오늘날에는 악령이 병을 가져다 준다고 믿는 사람은 거의 없다. 현대 과학의 발달에 따라 병에 관한 언설의 영역에서 악령이라는 단어는 의미를 상실했기 때문이다. 로티는 이와 같은 경우가 이른바 마음에 의해 정정 불가능하게 이루어지는 '감각'이라는 말에 대해서도 타당하다고 생각한다. 여기서 로티가 말하고자 하는 요점은 이른바 관찰 명사(observation trems)의 소거 가능성이다. 악령이라는 표현과 감각이라는 표현은 관찰 명사로 여겨졌다는 점에서 공통적이다. 만일 악령이라는 표현이 오늘날에는 더 이상 관찰 명사로 여겨지지 않는다면, 이와 같은 일은 감각이라는 관찰 명사에 대해서도 예상해 볼 수 있는 일이다.

데카르트의 마음의 개념이 물리적인 것으로부터 독립된 실재라는 생각을 거부하는 로티의 입장은 그의 주저 『철학과 자연의 거울』에서 가장 잘 정리된 형태로 제시된다. 여기서 마음의 문제에 관한 로티의 입장은 안티포디안(Antipodean)의 비유를 통해 비교적 분명히 제시되고 있다. 안티포디안이란 마음이라는 개념을 가지고 있지 않다는 점을 제외하고는 모든 점에서 지구인과 같은 모습을 한 가상의 별에 사는 사람들에 대한 명칭이다. 로티가 이런 비유를 통해 주장하고자 하는 것은, 우리의 사고의 이미지나 고통의 느낌 등이 물리적인 어떤 것은 아니라는 고찰에서 비물리적인 존재론적 영역을 구성해 내려는 철학자의 태도를 우리가 반드시 받아들여야 할 이유는 없다는 것이다. 안티포디안은 마음의 개념을 가지고 있지 않은 인간으로서, 주관과 객관의 문제, 마음과 물질의 문제 등에 대해서는 생각해 본 적이 없는 것으로 기술된다. 로티는 안티포디안의 특징을 다음과 같이 설명한다.

> 이들의 언어, 생활, 기술, 철학 등은 우리와 비슷하지만 중요한 차이가 있다. 신경학과 생화학이 일차적인 학문이고, 그 안에서 기술의 비약적인 발전을 겪었다. 그리고 이들 대화의 대부분은 그들의 신경의 상태에 관한 것이다. 아기가 뜨거운 난로를 향해 갈 때 엄마는 "아기의 C-섬유가 자극받겠어요"하고 말한다. 그들의 생리학에 대한 지식은 그들이 사용하는 언어 속에서 잘 정식화된 각각의 문장이 이미 확인된 신경 상태와 병렬적으로 놓일 수 있게끔 되어 있는 그런 지식이다……. 그들은 이런 신경 과정을 신념이나 욕망과 상호 인과적인 것으로 본다(『철학과 자연의 거울』, 70~71).

로티가 묘사한 안티포디안은 마음이나 의식, 정신 등과 같은 인식론적인 용어를 사용하기보다는 생리학적 용어를 사용해 지구인들이 정신적인 것의 특징이라고 생각하는 것들을 기술한다. 예를 들어 지구의 이원론자들이 현상적인 속성의 대표적인 사례로 꼽는 고통의 느낌에 대해 그들은 신경 섬유의 자극을 말한다. 안티포디안은 모든 감각을 마음에 의한 주관적인 표상으로 생각하는 것이 아니라 일련 번호가 매겨진 자극된 신경 섬유의 상태로 여긴다. 이런 묘사를 통해서 로티가 지적하고자 하는 것은, 이원론자들의 현상-실재의 구분이 반드시 주관적 표상과 객관적 사태에 관한 것일 필요는 없다는 것이다.

고통의 느낌을 신경 섬유의 자극으로 대신하는 안티포디안에게 무엇이 ~하게 보인다고 하는 현상적인 표현은 존재한다. 그러나 이것은 단지 어떤 것을 잘못 알았다는 정도의 문제이지 현상-실재의 구분과는 무관한 것이다.

로티는 안티포디안의 유물론적인 설명이 인간을 기술하기에는 불충분하다고 생각하는 철학자들의 인간관을 다음과 같은 언명으로 간단하게 표현할 수 있다고 생각한다.

(P) 우리가 우리 자신의 상태에 관한 정정 불가능(incorrigible)한 보고를 할 때마다, 우리로 하여금 그런 보고를 하게 하는, 우리가 표현하고 있는 속성이 있다(『철학과 자연의 거울』, 84).

로티가 안티포디안의 비유를 통해 거부하고자 하는 것은 이러한 언명으로 요약되는 데카르트 이후의 근대 인식론이다. 그러나 로티는 이와 같은 언명을 왜 직접 논박하지 않고 안티포디안이라는 난해한 비유를 통해 우회적으로 거부하는 것일까? 로티는 이에 관해 다음과 같이 말한다.

나는 P를 정면에서 논박할 방법을 알지 못한다. 왜냐하면 정정 불가능한 지식이 현상적 속성과 함께 나타나는 것이라는 주장은 하나의 언명이기보다는 전체 이론을 요약해 놓은 것이기 때문이다. 이것은 데카르트 이후의, 자연을 반영하는 마음이라는 이미지를 중심으로 하고 있다. 배제해야 할 것은 이 이미지 자체인 것이다(『철학과 자연의 거울』, 97).

로티에게 P를 버린다는 것은 그가 초기에 취했던 동일론자의 입장을 포함해서 이원론자, (타자의 마음에 관한) 회의주의자, 행동주의자가 되지 않는다는 것을 의미한다. 그렇다면 오늘날 심리 철학이라는 영역에서 다루어지는 주제들에 관한 로티의 입장은 어떻게 정리될 수 있을까? 이에 대한 대답은 1987년에 쓴 그의 논문 「비환원적 물리주의」에서 제시된다.

로티는 비환원적 물리주의의 입장을 데이비슨에서 이끌어 낸 몇 가지 테제를 토대로 전개하고 있다. 그것은 이유(reasons)라는 말과 원인(cause)이라는 말이 평행하게 사용될 수 있다는 것, 비언명과 언명(또는 비신념과 신념) 사이에는 '참으로 만든다'(making true)는 어떤 관계도 성립하지 않는다는 것, 그리고 메타포는 의미를 갖지 않는다는 것 등이다.

첫번째 테제에서 말하는 이유란 마음의 영역을, 원인이란 물리적인 영역을 나타낸다. 이 테제가 말하고자 하는 것은 어떤 주어진 사건을 생리학적 용어와 심리학적 용어에서 동등하게 잘 기술할 수 있다는 것이다. 말하자면 정신적 사건과 물리적 사건을 두 가지로 기술되는 동일한 사건으로 보자는 것이다. 이와 같은 입장은 심리적인 영역을 물리적인 영역에 환원시키자는 것도 아니고, 소거 가능한 것으로서 고려의 대상에서 제외하자는 것도 아니다. 여기에서는 그야말로 비환원의 관계가 성립한다. 그런데 여기서 로티가 말하는 환원, 비환원의 관계는 존재론적인 범주를 일컫는 것은 아니다. 로티는 데이비슨을 따라서 이것을 단지 언어적인 항목 사이의 관계로 보려 한다. 이렇게 볼 경우 비환원의 관계가 성립한다는 것은 심리학의 언어가 생리학의 언어로 환원되지 않으며, 그 역도 마찬가지로 성립하지 않는다는 것이다. 로티가 부정하고자 하는 것은 마음이라는 정신적 실체가 존재한다는 생각 자체이지, 마음에 관한 우리의 상식적인 어휘 전부가 아니라는 사실이 분명히 언급되어야 한다. 마음에 관한 말이 인위적으로 없애려고 한다고 해서 없어지지 않는다는 사실은 로티 스스로 분명히 지적하고 있다. 환원 관계를 언어적인 영역에서 설정할 경우 X의 언어와 Y의 언어는 비환원적일 수밖에 없는 것은, X의 언어가 Y의 언어로 대체되어 나간다고 해도 그 과정은 이론적인 언어 분석을 통한 것이 아니라 매일의 실천 속에서 일어나는 역사적인 것이기 때문이다. 즉, X에 관한 말이 사라지는 것은 그것을 대체할 인공 언어 같은 것을 만들거나, X가 존재하지 않는다는 것을 발견함으로써가 아니라 사람들이 그런 말을 사용하지 않는 데서 서서히 진행된다는 것이다. 이런 과정 속에서 X에 관한 말이 Y에 관한 말로 완전히 환원된다는 것은 생각하기 힘들다.

이 점을 좀더 분명하게 이해하기 위해서는 로티가 데이비슨에서 이끌어 낸 두번째 테제, 즉 언명과 언명이 아닌 것 또는 신념과 신념이 아닌 것 사이에 '참으로 만든다'는 관계가 성립하지 않는다는 주장과 관련된 세계와 자아의 관계를 살펴볼 필요가 있다. 로티는 데이비슨을 따라서 우리의 언명이나 신념의 진리치를 결정해 주는 것이 그것과 독립해서 존재하는 세계라는 관점을 부정한다. 이것은 자아의 신념과 욕망의 그물 내부에서 정당화의 관계가 성립하며, 자아와 세계의 관계 사이에는 인과적인 관계가 있다는 주장이다. 여기서 자아와 세계 사이에 성립하는 인과적인 관계란 세계가 우리가 가진 언명이나 신념의 진리치를 결정해 주는 원인이라는 말과는 거리가 멀다. 우선 여기서 로티가 생각하는 자아는 데카르트식의 비물질적인 인식 능력으로서의 이성을 가진 존재가 아니라 신체의 윤곽으로 제한된 개별적인 인간을 일컫는다. 이러한 자아의 실재를 이루는 것은 인간 행위의 내적 원인으로서 호르몬, 양성자, 신경 섬유, 신념, 욕망, 무드(mood), 질병, 다중 인격 등 정신적이고 물리적인 항목들이 포함된다. 한편, 세계는 이렇게 신체적인 윤곽의 경계 안에 제한된 개별적인 인간에 대한 나머지 우주의 부분이다. 여기서 자아와 세계의 인과 관계는 세계 내의 사건이 인간에게 새로운 신념 획득의 원인을 제공하거나 어떤 신념을 유지하거나 변화시키는 데 대한 근거를 제공한다는 것을 말하는 것이지 그런 신념의 진리를 결정해 주는 원인이 된다는 것은 아니다. 인간 탐구의 진보에 관해서 말할 때 로티는 우리의 신념과 욕망의 그물이 끊임없이 짜여지고 있는 상황을 기술하는 것으로 충분하다고 생각하며, 도덕적 진리나 미적 판단의 진리를 결정해 주는 것이 무엇인지를 알기 위해 자아가 세계에 어떻게 접촉하는가 또는 그 역의 관계가 어떠한가에 대한 물음을 던질 필요는 없다고 본다.

이러한 모델에서 제시되는 자아의 모습은 심리 상태에 대한 정신적 기술과 신체 상태에 대한 물리적 기술을 통해 동등하게 서술될 수 있는 것으로 드러난다. 자아를 이렇게 생각할 수 있는 것은 심리 상태와 신체 상태를 두 개의 존재 영역으로 설정하는 것이 아니라 동일한 실재의 두 상태로 보기 때문이다. 심리 상태는 자아에 대한 심리학적 기술을 통해 드러난 자아의 모습이며, 신체 상태는 자아에 대한 물리적 기술을 통해 드러난 자아의 모습이다. 이와 같은 두 상태는 동등하게 자아라는 동일한 실재를 이루고 있는 것이다. 자아의 모습은 어떤 기술을 통해 제시되느냐에 따라 달리 나타난다. 이런 관점에서 보면 인간이 심리적 상태를 기술할 수 있다는 사실은 체온이나 맥박 등의 신체 상태를 보고 아드레날린의 분비가 어떻다고 하는 식의 보고를 훈련받는 것보다 신비스러울 것은 없다. 로티는 철저하게 존재론적 중립성을 지키면서 자아의 두 모습을 언어 학습의 문제와 관련지어 생각하고 있는 것이다.

지식과 정당화에 대한 로티의 핵심적인 주장은 이른바 대면(confrontation)에 의한 정당화를 회화(conversation)를 통한 정당화로 대체하자는 입장이다. 로티는 이러한 입장을 '인식론적 행동주의'라고 부르고 있다. 로티는 콰인과 셀라스가 인식론적 특권에 대해 제기한 물음의 방식이 행동주의적이었다는 데서 이 같은 명칭을 따오고 있다. 그런데 이 인식론적 행동주의는 전체론적인 모양을 하고 있긴 하지만 엄밀히 말하면 지식에 대한 새로운 설명 방식이라기보다는 기초주의를 중심으로 계승되어 온 인식론적 기획 자체를 거부하고자 하는 태도라고 보아야 할 것이다.

4. 해석학과 과학

인식론적 행동주의는 '대면'(confrontation)에 의한 정당화를 '회화'(conversation)를 통한 합의로 대체하자는 주장이며, 이것은 곧 인간의 지식을 '설명'한다는 생각 자체를 버려야 한다는 주장이다. 여기서 로티가 강조하는 '회화'란 오크쇼트(Oakeshott)에서 빌려온 개념이다. 로티는 오크쇼트가 통일체(universitas)라고 부르는 것에 인식론자들을, 그리고 그가 사교체(societas)라고 부르는 것에 해석학에 편드는 사람들을 위치시키고 있다. 통일체란 공통의 목표 달성을 위한 서로간의 이해를 통해 결합된 집단을 말하고, 사교체란 공통의 목표나 기반보다는 예의 범절 같은 규칙에 지배받는 사회를 말한다고 할 때, 로티의 해석학은 바로 사교체를 지향하는 입장을 말한다. 지식에 대한 전체론적인 접근이 인식론적 기획 자체를 거부하고자 하는 것이라는 로티의 언급은 오크쇼트가 말하는 사교체를 지향하는 입장으로서의 해석학을 옹호하는 관점으로 이해할 수 있다.

로티는 인식론에 대한 요구를 "속박에 대한 요구, 즉 우리가 매달려야 하는 '기초', 벗어나서는 안 되는 틀, 자신을 제시하는 대상, 반박할 수 없는 표상을 발견하려는 시도"(『철학과 자연의 거울』, 315)라고 본다. 인식론적 기획을 거부한다는 것은 이 같은 속박에 대한 요구를 중단하는 것을 의미한다. 그리고 여기서 해석학은 그런 요구가 더 이상 느껴지지 않는 문화에 대한 희망의 표현으로 제시된다.

로티에 따르면, 거울 이미지를 바탕에 두고 있는 인식론은 '객관적인' 대상이나 거기에 대한 우리의 탐구를 제약하는 규칙이 모든 언설

(discourse)에 대해 공약 가능(commensurable)하다는 가정을 가지고 있다. 거울 이미지가 이른바 '객관적인 진리'를 가능케 해 주며, 그런 객관적인 진리에 대한 탐구는 공약 가능성에 바탕을 둔 언설을 통해 이루어져야 할 것이기 때문이다. 로티에게 해석학이란 거울 이미지를 버림으로써 우리가 취할 수 있는 태도이며, 따라서 인식론이 가정하는 공약성을 인정하지 않는 입장이다.

인식론과 해석학을 이런 식으로 대립시키는 것의 정당성을 로티는 인식론적 행동주의의 전체론적인 접근 태도와 해석학에서 말하는 '해석학적 순환'이 공통적으로 지식의 기초를 인정하지 않는다는 점에서 찾고 있다. 인식론적 행동주의의 전체론적인 입장과 해석학적 순환을 이같이 연계지어 보면, 인식론과 해석학의 차이는 자연 과학과 인간 과학의 차이, 사실과 가치의 차이, 또는 객관적 지식과 모호한 지식의 차이가 아니라 우리가 알고 있는 것을 '기초 지우기' 위해 집대성하느냐 아니면 잘 모르는 것을 정직하게 받아들이느냐의 차이로 드러난다.

진리를 발견한다고 생각하는 인식론적 태도에서 옹호되는 공약 가능성에 기반한 언설과 그렇지 못한 언설의 차이를 로티는 쿤에서 힌트를 얻어 '통상 언설'과 '비통상 언설'의 차이로 부르고 있다.

주지하다시피, 쿤은 『과학 혁명의 구조』에서 과학적 지식의 성격을 역사적인 맥락에서 설명하고 있다. 쿤에게 '과학'이라고 불리는 탐구 행위는 이른바 '패러다임'을 떠나서는 이루어질 수 없고, 일단 받아들여진 패러다임은 과학자들의 탐구 행위를 규정하는 기반으로 작용하며 동시에 과학자들은 그러한 패러다임의 변화에 저항하는 방향으로 연구 활동에 종사하게 된다.

쿤의 과학관은 과학적 진리의 문제에 관한 상대주의의 입장을 대표하는 것으로 여겨져 왔다. 쿤은 상대주의라는 비난을 상당히 의식했고, 그런 비판으로부터 자신을 옹호하려는 시도를 계속해 왔다. 그러나 로티의 입장에서 보자면, 과학적 진리가 객관적이냐 상대적이냐 하는 문제에서 쿤과 같이 상대주의자가 아님을 스스로 변호할 필요는 없다. 쿤이 패러다임이 변하면 세계도 변한다는 식의 관념론적인 주장을 제시한 것은 그가 인식론적 기획을 포기하지 않고 전통적인 인식론적 패러다임에 대해 어떤 대리물을 제시하려 했기 때문이다. 로티는 해석학이 전통적인 인식론적 패러다임을 대체하는 새로운 인식론적 패러다임이 아니라 인식론적이지 않을 때 얻게 되는 관점이라고 생각한다. 쿤에 대한 비판자들, 말하자면 전통적인 인식론의 패러다임을 고수하고자 하는 사람들은 '실재에 대한 대응이 있는 곳에서만 합리적인 합의의 가능성이 있다는 도그마'를(『철학과 자연의 거울, 333) 지속시키려 하는 것으로 볼 수 있다. 이에 반해 로티가 평가하는 쿤의 업적은 자연의 거울에서 정확한 표상을 얻기 위한 과정으로서의 과학과, 실천적이거나 미적인 문제에 관한 합의를 얻는 절차가 근본적으로 구분된다는 관점에 대해 거기에서는 '통상' 언설과 '비통상' 언설의 차이 이상의 것이 존재하지 않는다고 말할 수 있는 근거를 제시했다는 것이다. 그러나 이 같은 쿤의 노력이 온전한 것이 되기 위해서 쿤은 관념론적인 주장으로 자신을 옹호할 것이 아니라, 인식론적 기획 자체를 거부함으로써 객관주의와 상대주의, 실재론과 관념론의 구분 자체를 넘어섰어야 했다.

인식론이 공약 가능한 언설에 기반을 둔 탐구라면, 해석학은 공약 가능성을 인정하지 않고 비통상적인 탐구에 중점을 두는 태도이다. 인식론적 태도가 전제하는 자연의 거울이라는 이미지를 거부하는 것이 해석학이라고 할 때, 여기에는 기본적으로 부정되는 두 가지 관점이 있음을 지적할 수 있다.

첫째, 정신 과학과 자연 과학의 구분 문제와 관련하여 가치 중립적인 어휘가 존재하지 않는다는 점이다. 인식론의 공약성은 중립적인 언어의 존재를 전제하며 여기서 논리 실증주의의 '통일 과학'도 생각할 수 있다. 해석학은 이런 언어의 존재를 인정하지 않는다. 따라서 정신 과학은 자연 과학에 환원되지 않는다. 그러나 이것은 형이상학적인 이원론의 문제와는 다른 문제이다. 이것은 오히려 우리가 앞 절에서 비환원적 물리주의를 다루면서 살펴본 '자연주의적' 관점이다. 따라서 이것은 사실과 가치를 구분하고 자연 과학을 사실에 대한 학문으로, 정신 과학을 가치에 대한 학문으로 보는 실증주의의 태도와는 거리가 멀다. 자연 과학과 정신 과학의 차이는 공약 가능성을 전제함으로써 비교적 합의를 쉽게 도출할 수 있는 통상적인 탐구인가, 공약 가능성에 기반을 둔 합의보다는 새로운 해석과 기술(記述)을 우선적으로 생각함으로써 상대적으로 합의의 가능성이 적은 비통상적인 탐구인가 하는 정도의 차이일 따름이다.

둘째, 해석학은 자연의 거울이라는 이미지를 거부함으로써 인간이 본질을 발견해야 한다는 생각을 부정한다. 로티는 가다머의 해석학이 무엇보다도 '본질적으로 본질을 아는 자로서의 인간'이라는 고전적인 인간관을 제거하려 한다는 점에서 높이 평가한다. 로티가 보기에 이런 인간관은 플라톤 이래 거울 이미지를 공유하고 있는 모든 철학자들이 받아들이는 인간관으로서, 인식론적인 철학보다 먼저 제거되어야 할 인간에 대한 그릇된 이미지이다. 가다머의 해석학은 이런 인간관을 제거하려는 시도라는 것이다. 인간이 본질을 발견할 수 있는 본질을 가지고 있다는 생각이 부정될 경우 남는 일은 자신에 대한 재기술(再記述, redescription)의 작업이다. 로티는 여기서 해석학이 제시하는 핵심적인 교훈을 이끌어 내고 있다. 지식을 '교화'(edification, Bildung)로 대체시키는 가다머의 해석학에서는 "사물이 이야기되는 방식이 진리를 소유하는 것보다 더 중요하다"는(『철학과 자연의 거울』, 359) 것이다.

해석학이 부정하고 있는 이 두 가지 관점 가운데 어느 하나라도 유지할 경우 근대 인식론적 기획에서 벗어나기는 힘들다. 쿤이 상대주의나 관념론의 문제로 고민하게 된 것은, 첫번째 관점을 부정하는 데는 성공했지만 두번째 관점을 무의식적으로 간직하고 있었다는 데 원인이 있다. 쿤이 저지른 오류를 답습하지 않기 위해서는 근대 인식론 전통에 의해 유지되고 있는 언어와 세계, 인간과 세계에 대한 관점을 철저하게 부정할 필요가 있다. 그리고 이런 작업은 근본적으로 인간의 언어와 인간 자신에 대한 새로운 기술을 필요로 한다.

5. 우연성의 문제

오늘날 언어를 바라보는 철학적 관점을 로티는 대체로 두 가지로 분류한다. 인식론적인 선입견을 가지고 있지 않고 근대 철학의 전통적인 관심과 관련되어 있지 않다고 생각되는 '순수한' 언어 철학과, 인간 지식의 본성과 범위를 탐구한다는 근대 인식론의 관심을 언어에 대한 물음의 영역으로 옮겨 놓고 있다고 생각되는 '불순한' 언어 철학이 그것이다. 물론 여기서 로티가 문제 삼고자 하는 것은 후자이다. 로티는 이런 관점을 탐구에 대한 영원한 무역사적인 틀을 제공한다는 칸트의 철학상을 회복시키려는 시도로 보고 있다. 여기에는 '언어에 대한 논리적 분석'을 통해서 우리가 객관적인 실재의 모습을 알 수 있다고 생각하는 모든 언어 철학적 입장이 포함된다. 여기서 언어는 우리로 하여금 객관적 실재의 진리에 도달할 수 있게 해 주는 매개물의 역할을 한다고 볼 수 있다. 로티는 여기서도 거울 이미지의 메타포가 전제되어 있음을 발견하고 있다. 그것은 언어는 객관적 실재의 진리를 비추는 거울이고 우리는 그 거울을 이성의 논리적 분석을 통해 들여다봄으로써 객관적 실재의 진리를 알 수 있다는 비유이다. 이러한 비유가 아무런 의심도 받지 않고 받아들여지는 데에는 세계가 우리의 밖에 존재한다는 상식적인 주장과 그 세계에 대한 기술이 우리의 밖에 존재한다는 주장에 대한 혼동이 가로놓여 있다. 로티의 비환원적 물리주의에 입각해서 보면, 시 공간 내의 사물이 인간의 정신 상태를 포함하지 않는 원인들의 결과로 존재한다는 것은 당연한 주장이다. 그러나 우리가 말하는 진리가 거기에 속한다고, 세계가 우리에게 진리를 말해 준다고 생각하는 것은 잘못이다. 진리가 세계처럼 밖에 있을 수 없다는 것은 문장의 형식을 갖추지 않고서는 진리에 관해 말할 수 없으며, 이 문장은 인간의 창조물인 언어의 요소라고 보는 것이다.

언어가 객관적인 세계의 진리를 우리에게 알려 주는 매개물이 아니라는 주장은 우리가 진리에 관해 말할 때 어휘를 선택하는 기준이 객관적인 세계에 속해 있는 것도, 그렇다고 우리 자신에게 속해 있는 것도 아니라는 이중적인 부정의 의미를 포함한다. 로티가 지식에 대한 객관적인 기초나 진리의 기준을 부정하는 데서 가장 우려하는 점이 있다면, 그것은 이른바 '자기 지시적 모순'(self-referential inconsistency)에 빠질 수 있는 가능성이다. 어휘 선택의 기준이 객관적인 세계 속에도, 그리고 우리 자신에게도 속해 있지 않다는 것은 우리가 결코 그런 기준에 관해 알 수 없다는 것으로 들린다. 그러나 이런 주장이 만약 우리는 "그 같은 기준에 관해 알 수 없다는 것을 알 수 있다"는 주장으로 나아가면 '자기 지시적인 모순'을 범하게 되는 것이다.

진리에 관한 어휘 선택의 객관적인 기준이 존재하지 않는다고 주장함에 있어서 이 같은 자기 지시적인 모순에 빠지지 않기 위해 로티는 데이비슨을 따라 언어가 표상이나 표현의 매개물이라는 생각을 부정하고 언어의 우연성을 받아들일 수밖에 없다고 생각한다. 언어의 우연성을 받아들인다는 것은 우리의 세계에 대한 기술을 사물의 실제 존재 방식에 관한 것으로 보기보다는 유용한 메타포로서 바라보자는 것이다.

세계 내의 사물에 대한 기술을 메타포로 바라본다는 것은 우리의 언어를 실재에 대한 표상의 관계로 파악하는 것이 아니라 인과적인 물음의 맥락에서 파악하는 것이며, 이렇게 함으로써 일반적인 상대주의적 관점이 범하는 자기 지시적인 모순을 피해 갈 수 있는 길이 마련된다고 볼 수 있다. 언어와 세계 간의 표상의 관계가 인정되지 않을 경우 우리에게는 오로지 서로가 서로를 비교할 수 있을 뿐인 언어나 메타포만이 주어지게 된다. 여기서 세계는 우리의 언어에 어떠한 선택 기준도 제공해 주지 않는다. 세계는 우리에게 다른 메타포를 만들어 내도록 영향을 줄 수 있을 뿐이다. 언어의 우연성을 통해 로티가 드러내고자 하는 요점은 언어가 세계를 표상하는 어떤 것, 세계의 진리를 우리에게 전달해 주는 매개물이 아니라는 것이다.

한편, 자아의 우연성에 대한 로티의 분석은 지식의 문제에 관한 물음 설정에서 전제되었던 근대 인식론의 주-객 이원론의 관점을 무너뜨리는 것으로 보인다. 자아의 우연성이란 해석학이 부정하고 있는 '본질적으로 본질을 아는 인간'이라는 이미지를 해체함으로써 얻는 자아의 이미지이다. 로티는 니체와 프로이트에서 자아에 대한 새로운 관점을 가져오고 있다.

니체에 대한 로티의 해석은 자아의 자기 창조 과정에 초점이 맞추어져 있다. 로티는 니체의 관점이 플라톤의 '이데아 세계'를 전도시킨 것이라고 평가한다. 인간의 진리가 플라톤의 '참된 세계'에 대한 기술이 아니라 단지 메타포일 뿐이라는 고찰은 인간 자신이 '누우스'(Nous)나 데카르트적인 '마음'의 담지자가 아니라는 것, 오히려 자신의 용어로 자신을 기술함으로써 스스로를 만들어 갈 수밖에 없는 존재라는 관점을 포함한다. 자기 창조의 과정으로서 자아를 바라보는 니체에게 중요하게 평가되는 점은 자기 자신의 언어를 만들어 냄으로써 자기 자신을 창조해 나간다는 생각이다.

삶의 보편적인 문맥은 없다는 관점에서 로티는 근대 인식론의 고정된 인식 주체를 해체하고 자아의 우연성을 인정한다. 로티는 자아의 우연성에 대한 더 구체적인 예를 프로이트의 작업에서 찾고 있다. 프로이트는 니체의 초인과 칸트의 공통적인 도덕 의식을 수많은 적응의 두 형태, 성장의 우연성에 대처하는 수많은 전략의 두 형태로 보게 함으로써 칸트의 자아관이 옳으냐 니체의 자아관이 옳으냐 하는 양자 택일의 관점으로부터 우리를 벗어나게 해 준다. 프로이트적인 접근은 전통적인 도덕 철학의 관점뿐 아니라 그런 관점에서 볼 때 비인간적이고, 부자연스러운 것으로 보이는 것까지도 포괄할 수 있는 관점을 열어 주었다.

로티가 말하는 자아의 우연성이란 프로이트가 제공하는 식의 메타포적인 재기술 이외의 자아의 본질에 대한 공약 가능한 설명은 없다는 것을 인정할 때 얻어지는 것이다. 예를 들어 칸트나 데카르트적인 자아에 대한 설명은 이른바 '발견의 메타포'를 사용하는 것으로 볼 수 있고, 프로이트나 니체는 '자기 창조의 메타포'를 사용한다고 말할 수 있다. 단, 여기에 덧붙여야 할 것은 우리가 이러한 메타포 가운데서 어느 것이 더 낫다고 객관적으로 혹은 절대적으로 평가할 수 있는 능력을 가지고 있지 않다는 점이다.

메타포적인 재기술이라는 어휘는, 거울 이미지를 바탕에 깔고 있던 근대 인식론의 자아와 세계의 관계에 대한 관점에서 비롯되는 '논증'이라는 단어와 대비될 수 있다. 어떤 문제에 대해 '논증'을 할 수 있다는 것은 우리가 객관적인 사태의 본질에 접근해 들어갈 수 있는 능력을 가졌다고, 우리가 그것에 접근해 들어갈 수 있는 공약 가능한 어휘를 가지고 있다고 전제하는 것이다. 이런 관점에서는 우리 언어의 지칭적인 사용이 인정된다. 그러나 로티에 따르면 우리는 지칭에 관한 직관을 가지고 있지 않을 뿐 아니라 지칭이라는 말을 실재와 표현 사이에서 유지되는 사실적 관계로 볼 수 없다. 만일 세계 내의 사태에 대해 논증을 한다는 입장이 언어의 지칭 이론에 기초하고 있다면, 그것 역시 희망이 없는 것으로 보아야 할 것이다. 언어의 우연성을 인정하는 것은 곧바로 언어의 지칭적 사용을 부정하는 것이고, 이는 우리가 '논증' 해야 할 어떤 것이 있다고 생각하지 않는 태도이다. 로티의 입장에서 보면, 무엇을 논증한다는 것은 단지 자신이 좋아하는 메타포의 범위를 확장하는 일일 뿐이다(『우연성, 아이러니 그리고 연대성』, 44).

6. 자유주의 아이러니스트와 연대성

로티에게 있어 인식론적인 태도를 버리고 해석학적으로 된다는 것은, 객관적인 진리의 기초를 찾아 그것을 바탕으로 무엇을 논증하려는 태도를 버리고 메타포적인 재기술만을 인정하는 교화적인 입장을 취하는 것이다. 이것은 곧 프래그머티스트가 되는 것을 의미한다. 로티의 프래그머티스트적인 입장에서는 객관성은 '강제 없는 합의'라는 개념으로, 객관성에 대한 욕구는 공동체의 '연대성'(solidarity)에 대한 욕구로 대체된다. 여기서 과학적 진리는 객관적인 진리라기보다는 우리가 거부감을 느끼지 않고 받아들일 수 있는 하나의 레토릭이라고 평가된다. 과학은 객관적인 진리를 밝혀 준다는 점으로 다른 학문이나 문화에 비해 우월하다고 평가될 수는 없으며, 단지 인간의 연대성에 대한 하나의 모델을 보여 준다는 점에서 그 의미가 인정될 수 있다는 것이다.

과학적 진리에 관한 프래그머티스트의 태도는 '우리 안에 있는' 신념과 '저 밖에 있는' 사실의 대조를 피하고 우리의 신념과 새롭게 제안된 대안적인 신념을 대조하는 것이다. 로티는 프래그머티즘의 중심적인 특징을 세 가지로 규정하고 있다.

첫째, 반본질주의이다. 이런 규정은 제임스에 대한 해석에서 비롯되는데, 로티는 제임스의 주장이 갖는 요점을 다음과 같이 언급한다.

"진리는 본질을 갖는 종류의 것이 아니다. 바꾸어 말해서 요점은 '진리는 실재와의 대응이다'라고 말하는 것이 아무 소용이 없다는 것이다"(『프래그머티즘의 결과』, 162). 이런 프래그머티즘의 반본질주의로부터 로티가 강조하고자 하는 것은, 진리에 관해서 유용한 어떤 것을 말할 수 있는 어휘는 이론의 어휘가 아니라 실천의 어휘라는 점이다.

프래그머티즘에 대한 그의 두번째 성격 규정은 진리에 대한 반본질주의에서 귀결되는 실천에 대한 강조와 맞물려 있다. "무엇이 있어야 하는가에 관한 진리와 무엇이 있는가에 관한 진리 사이에는 어떤 인식론적 차이도 없으며, 사실과 가치 간에는 어떤 형이상학적인 차이도 없고, 도덕과 과학 사이에는 어떤 방법론적 차이도 없다"(『프래그머티즘의 결과』, 163). 여기서도 역시 인식론적인 전통의 시각적 이미지에 의한 진리 개념이 문제가 된다. 사실과 가치를 구분하는 관점은 기본적으로 사실적 진리는 거기에 대응하는 대상이 존재하는 반면, 그런 대상을 갖지 못하는 영역에서는 합리성과 같은 것을 말할 수 없다고 생각한다. 합리적으로 된다는 것을 방법론적으로 된다는 것과 등치시키지 않는 로티의 입장에서는 위와 같은 구분은 시각적인 비유를 단순한 비유 이상으로 생각한 근대 인식론적 전통의 오류로 평가된다.

끝으로, 로티는 프래그머티즘의 세번째 규정을 다음과 같이 내리고 있다. "프래그머티즘의 주장은 회화적인 것을 제외하고는 탐구에 어떤 제약도 없다는 것이다. 즉 대상이나 마음, 언어의 본질에서 도출되는 전체적인 제약은 없으며 단지 동료 탐구자가 제공하는 작은 제약만이 있을 뿐이다"(『프래그머티즘의 결과』, 165). 로티는 인식론적인 태도를 취할 것이냐 아니면 프래그머티스트가 될 것이냐의 선택을, 출발점의 우연성을 받아들이는 것과 이런 우연성을 회피하려는 시도 사이의 선택으로 보고 있다. 로티에 따르면, 출발점의 우연성을 받아들이고 프래그머티스트가 된다는 것은 우리의 상속물, 회화, 동료 등을 유일한 지표로 받아들이는 것이다. 반면, 우연성을 회피하고 인식론적 기초주의자들처럼 어떤 기초를 찾아야만 한다는 생각을 고집하는 것은 프로그램이 입력된 기계가 되기를 자처하는 것이다. 로티가 여기서 강조하는 것은 사물에 대한 올바른 이해가 아니라 사람과 사람 간의 성실성이며, 이것을 바탕으로 하는 공동체의 새로운 의미이다. 따라서 중요한 것은 몰가치적인 것으로 여겨졌던 객관성이나 합리성이 아니라 회화가 인도하는 연대성의 획득이다.

프래그머티즘에 대한 이 같은 규정들은 언뜻 보기에 진리 대응설을 부정하고 객관성이나 합리성 대신 연대성을 강조한다는 점에서 상대주의의 편에 서는 것이 아니냐는 의혹을 살 수 있다. 그러나 로티는 프래그머티스트의 입장에 선다는 것과 상대주의적인 진리를 주장한다는 것을 구분해야 한다고 주장한다.

어떤 관점을 상대주의라고 단정하는 것은 로티의 입장에서는 절대주의와 상대주의, 합리적인 것과 비합리적인 것 등에 관한 근대 인식론적 구분 위에서 가능하다. 그러나 우리가 앞서 살펴본 대로 자아와 언어의 우연성을 받아들인다는 것은, 역사적으로 조건지어져 있는 어휘의 채택에서 우리 내부의 이성이라든가 언어가 갖추고 있다고 생각되는 본질적인 기준 같은 것을 인정하지 않는 것이었다. 이런 입장에서 '합리적', '기준', '기초', '논증', '절대적' 등등의 어휘는 적절치 않은 것으로 판단되며, 새로운 메타포의 등장을 통해 신념의 변화를 설명하는 것이 더 나은 관점이라고 생각된다. 이와 같이 '절대적인 타당성' 자체를 인정하지 않을 경우 로티는 "신이 없다고 생각하는 사람에게 불경이란 것이 없듯이 '상대주의적 곤경' 같은 것도 없다"(『우연성, 아이러니 그리고 연대성』, 50)고 주장한다. 프래그머티즘의 진리에 대한 입장은 실천적인 어휘를 중요하게 평가하는 것이고, 그런 어휘는 공동체의 회화를 바탕으로 채택된다. 이런 맥락에서 자아와 언어의 우연성을 받아들인다는 관점은 이른바 '자유주의 공동체'의 우연성으로 이어진다. 자아와 언어의 우연성을 받아들임으로써 우리가 얻게 되는 공동체의 모습을 로티는 '철학적 기초'를 제공할 수 없는 자유주의 사회로 그려 내고 있다. 여기서 진리는 도그마나 이념으로서 제시되는 어떤 것이 아니라 자유롭고 열려 있는 회화를 통해 얻게 되는 결과를 말한다.

이러한 자유주의 공동체의 영웅은 더 이상 계몽주의적 과학자가 아니며, 오히려 시인과 혁명가가 그 자리에 적합한 인물로 평가된다. 왜냐하면 이들은 자신의 '자기 이미지'에 충실하지 못한 사회의 측면에 저항하는 사람들이기 때문이다. 자신의 어휘로 자신의 모습을 창조적으로 만들어 감으로써 외적으로 강요된 독단적인 '진리'에 맞서 자유로운 삶을 개척해 나가고자 하는 이들을 로티는 '아이러니스트' (ironist)라고 부른다.

로티는 우리 모두가 자신의 행위, 신념, 삶 등을 정당화하기 위해 채택하는 일련의 단어를 가지고 있다고 생각한다. 이 단어들은 그 가치에 대한 물음이 제기될 경우 거기에 대해 비순환적인 논증을 할 수 없는 단어라는 점에서 '최종 어휘'(final vocabulary)라고 불린다. 로티가 말하는 아이러니스트란 최종 어휘에 대한 의심을 잠시도 멈추지 않는 사람이다. 이들은 자아와 언어의 우연성을 의식하고 있기 때문에 자신들을 기술하는 용어가 변화한다는 것을 인식하고 있다. 지식, 신념, 도덕 등의 본질이 무엇인가 하는 물음을 액면가대로 취하고 자신의 최종 어휘가 실재하는 본질을 지칭한다고 믿는 형이상학자들과 달리 이들은 철저하게 역사주의적이고 유명론적이라고 할 수 있다. 형이상학자가 변증술(dialectic)을 논리학을 겉모양만 그럴듯하게 대체하는 레토릭의 일종이라고 본다면, 아이러니스트는 논리학을 변증술의 보조 수단으로 간주한다. 아이러니스트에게는 다른 최종 어휘 이외에는 최종 어휘에 대한 비판을 위해 사용될 수 있는 것은 아무 것도 없다.

로티는 아이러니스트의 일반적인 과제를 자기만의 독특한 취미를 창조하는 것이라고 본다. 아이러니스트는 더 나은 재기술을 말할 수는 있지만 거기에 대한 기준은 생각할 수 없다. 더욱이 '올바른' 기술이란 생각할 수 없다. 아이러니스트의 작업은 실재하는 본질에 대한 관계를 수립한다는 것과는 관련이 없고 단지 과거에 대한 관계를 수립하는 것으로 볼 수 있다는 점에서 아이러니스트의 이론은 내러티브(narrative) 형식을 취한다. 여기서 문제되는 것은 외부의 실재를 표상하는 진리가 아니라 단지 '새로운 재기술'이다. 자신만의 취미를 창조하는 것을 과제로 삼는다는 점에서, 이 새로운 재기술은 결국 자신의 과거를 과거에 한 번도 행해지지 않은 새로운 방식으로 기술함으로써 사적인 자율성(private autonomy)을 획득하는 데 관심을 가진다. 아이러니스트에게 자신의 사적인 자율성을 획득함으로써 자신에 대한 타자의 기술로부터 해방되어 자유로워질 수 있는 힘은 자기 자신의 자신에 대한 새로운 재기술로부터 나오는 것이지 자신보다 큰 인물이나 시대, 사건에 의존함으로써 얻어지는 것은 아니다.

로티는 근대 인식론이 제기하는 철학적인 물음들에서 우리가 얻을 것은 없으며, 궁극적으로 로고스 중심주의의 관점에서 바라보는 진리에 대한 철학적 문제들이 유효성을 상실한 퇴행적인 프로그램이라고 단정한다. 그 결과 그는 우리가 더 이상 의미 없는 철학적 물음으로서 인간의 역사적 우연성을 초월하는 진리의 기준에 관한 탐구가 중단되어야 하며, 그 같은 물음들은 모두 구체적인 현실의 실제적인 물음들로 전환되어야 한다고 주장한다. 이런 주장은 '자유주의 아이러니스트'라는 정치적인 입장으로 제시되었다. 자유주의 아이러니스트에 대한 그의 규정은 대단히 소박하다. 그가 말하는 자유주의 아이러니스트란 '고통이 감소될 것이라는 희망을 품고 있는 사람, 인간에 의한 인간의 굴욕이 멈추어져야 한다는 희망을 품고 있는 사람'(『우연성, 아이러니 그리고 연대성』, 15)이다. 로고스 중심주의적인 근대 인식론의 물음을 해체시켰다고 생각하는 그의 최종적인 실천적 제안은 이와 같은 자유주의 아이러니스트의 연대성을 창조해 나가자는 것이다.

현대 지성사의 맥락에서 로티의 시도는 프래그머티즘을 통해 영미의 경험론적 전통과 독일, 프랑스의 비경험론적 철학의 전통 사이에 다리를 놓으려는 의미 있는 노력을 해 보았다는 점에서 평가되어야 할 것이다. 로티는 미국의 프래그머티즘을 제3세대에 와서 그 의미를 대폭 수정, 확장시킴으로써 현대 해석학과의 연계성을 추구했다. 이것은 철학에서 중요하고도 새로운 탐구적 모험으로 주목되어야 한다. 로티가 현대 철학에 계승되어 있는 근대 인식론의 문제틀을 비판함으로써 그 문제점을 명백히 드러낸 점은 비중을 두어 평가를 내려야 할 부분이다. 현대 인식론이 지속적으로 발전해 나아가기 위해서는 오늘날 제기되는 많은 기초주의 비판과 그것을 종합적으로 표현한 로티의 입장에 대해 어떤 형태로든 대응해야 할 것이다. 그렇지 않을 경우 우리는 거기서 어떤 발전적인 전망을 찾기 힘들 것이다.

더 읽어야 할 책

로티의 주저는 『철학과 자연의 거울 *Philosopy and the Mirror of Nature*』(Princton University Press, 1979)이라고 할 수 있다. 로티의 사상 전반을 이해하기 위해서는 이 책을 반드시 거쳐야 한다. 『프래그머티즘의 결과 *Consequences of Pragmatism*』(The Harvester Press, 1982)는 주요한 논문 모음집인데, 이 책에는 비트겐슈타인, 하이데거, 듀이 등 로티에게 결정적인 영향을 미친 철학자들에 관한 로티의 논문들이 실려 있다. 최근의 입장을 반영하는 저서 『우연성, 아이러니 그리고 연대성 *Contingency, Irony, and Solidarity*』(Cambridge University Press, 1989)은 『철학과 자연의 거울』에서 한 걸음 더 나아간 관점을 제시한다. 언어와 자아 그리고 공동체의 우연성에 관한 주제를 담고 있는 이 책은 최근의 사회 철학적인 논제나 포스트 모더니즘과 관련하여 로티의 관점을 살펴볼 수 있는 중요한 저서이다. 그 밖에 케임브리지 대학에서 두 권으로 펴낸 로티의 논문집 『하이데거와 그 밖의 철학자들에 대한 논문집 *Essays on Heidegger and others*』과 『객관성, 상대주의 그리고 진리 *Objectivity, Relativism, and Truth*』(1991)는 하이데거, 하버마스, 데리다, 푸코, 데이비슨 등 주요 사상가들에 관한 로티의 중요한 논문들을 다루고 있다. 분석 철학에 대한 초기의 비판에 관심이 있는 독자라면, 로티가 편집해 낸 책 『언어적 전회 Linguistic Turn』(1967)의 서문을 읽는 것이 좋다.

국내의 로티 연구서로서는 『로티의 신실용주의』(김동식, 철학과 현실사, 1994)가 유일하다. 이 책은 로티 사상의 배경과 주요 논제들을 망라하고 있으면서도 깊이를 잃지 않은 가치 있는 저서이다. 독자는 이 책을 입문서뿐만 아니라 로티에 관한 참고서로도 활용할 수 있을 것이다. 그 밖에 국내에서 발표된 로티에 관한 논문들은 대략 다음과 같다.

김혜숙, 「로티와 후기 분석 철학의 전개」, 『철학과 현실』(1991 여름, 철학 문화 연구소)
신중섭, 「로티의 네오 프래그머티즘 : 대화와 연대의 철학」, 『현대 철학과 사회』(신일철 외, 1992)
엄정식, 「리차드 로티 : 현대 철학과 인식론적 상대주의」, 『포스트 모더니즘과 포스트 구조주의』(김욱동 엮음, 현암사, 1991)
이광세, 「로티와 장자」, 『철학과 현실』(1995 겨울, 철학 문화 연구소)
이유선, 「인식론과 과학 : 근대 인식론에 대한 로티의 비판과 과학적 지식의 성격에 관한 그의 견해」, 『과학과 철학』(제5집, 과학 사상 연구회, 통나무 출판사, 1994)

인용 문헌

A

Ackermann, R. J.(1976) : *The Philosophy of Karl Popper*, University of Massachusetts Press

Adorno, Th. W., 『전집 *Gesammelte Schriften*』, Rolf Tiedemann 엮음, Suhrkamp, Frankfurt am Main, 1970ff.

제1권 : *Philosophische Frühschriften*, 1973

제2권 : *Kierkegaard. Konstruktion des Ästhetischen*, 1979

제3권 : *Dialektik der Aufklärung. Philosophische Fragmente*, 1981

제4권 : *Minima Moralia. Reflexionen aus dem beschädigten Leben*, 1980

제5권 : *Zur Metakritik der Erkenntnistheorie. Studien über Husserl und die phänomenologischen Antinomien / Drei Studien zu Hegel*, 1970

제6권 : *Negative Dialektik/Jargon der Eigentilichkeit*, 1973

제7권 : *Ästhetische Theorie*, 1970

제8권 : *Soziologische Schriften I*, 1972

제9-1권 : *Soziologische Schriften II-1*, 1975

제9-2권 : *Soziologische Schriften II-2*, 1975

제10-1권 : *Kulturkritik und Gesellschaftskritik I*, 1977 : *Prismen, Ohne Leitbild. Parva Ästhetica*

제10-2권 : *Kulturkritik und Gesellschaftskritik II*, 1977 : *Eingriffe, Stichworte, Kritische Modelle 3*

제11권 : *Noten zur Literatur*, 1974

제12권 : *Philosophie der neuen Musik*, 1975

제13권 : *Musikalische Monographien*, 1971 : *Versuch über Wagner, Mahler, Alban Berg*

제14권 : *Dissonanzen/Einleitung in die Musiksoziologie*, 1973

제15권 : *Komposition für die Komposition / Der getreue Korrepetitor*, 1976

제16권 : *Musikalische Schriften I-III*, 1978 : *Klangfiguren, Quasi una fantasia, Musikalische Schriften III*

제17권 : *Musikalische Schriften IV*, 1982 : *Moments musicaux, Impromptus*

제18권 : *Musikalische Schriften V*, 1984

제19권 : *Musikalische Schriften VI*, 1984

제20권 : *Vermischte Schriften*, 1986

Althusser, L. (1965a) : 불 *Pour Marx*, Parie : François Maspero, 1965
영 For Marx, NLB, 1977

(1965b) : 불 Préface : Du "Capital" à la Philosophie de Marx, in *Lire le Capital 1*, Parie : François Maspero, 1968
영 Part 1 : From Capital to Marx's Philosophy, in L. Althusser / E.Balibar, *Reading Capital*, NLB, 1970

(1965c) : 불 L'objet du Capital, in L. Althusser/E. Balibar, *Lire le Capital 1*(불1) & *Lire le Capital 2* (불2), Parie : François Maspero, 1968

영 Part 2 : The Object of Capital, in L. Althusser / E. Balibar, *Reading Capital*, NLB, 1970

(1967a) : 불 *Philosophie et Philosophie Spontanéedes Savants*, Parie : François Maspero, 1974

영 Philosophy and the Spontaneous Philosophy of the Scientists, in 1990 영

(1967b) : 영 To My English Readers, in 1965a 영

(1968) : 불 *Lénine et la Philosophie*, Parie : François Maspero, 1972

(1971) : 영 *Lenin and Philosophy and other Essays*, NLB, 1971

(1972a) : 불 *Réponse à John Lewis*, Paris : François Maspero, 1973

(1972b) : 불 *Eléments d'Autocritique*, Parie : Hachette, 1974

(1972c) : 영 *Politics and History*, NLB, 1977

(1975a) : 불 *Positions*, Paris : Editions Sociales, 1976

국 『아미엥에서의 주장』, 김동수 옮김, 솔 출판사, 1991

(1975b) : 영 *Essays in Self-Criticism*, NLB, 1976

(1976a) : 영 Introduction : Unfinished History, in D. Lecourt, *Proletarian Science? The Case of Lysenko*, London : NLB, 1977

국 「미완의 역사」,『당 내에서 더 이상 지속되어선 안 될 것』, 이진경 엮음, 새길, 1992

(1976b) : 영 The Transformation of Philosophy, in *Philosophy and the Philosophy of the Scientists and other Essays*, edited with an Introduction by G. Elliot, Verso, 1990

(1977a) : 불 *22éme Congrès*, Parie : François Maspero, 1977

(1977b) : 영 The Crisis of Marxim, in *Il Manifesto, Power and Opposition in Post-Revolutionary Societies*, London : Ink Links, 1979

(1977c) : 영 Machiavelli's Solitude, in *Economy and Society*, vol. 17, Number 4, November 1988
국「마키아벨리의 고독」,『마키아벨리의 고독』, 김석민 옮김, 새길, 1992

(1977d) : 영 Marxism Today, in *Philosophy and the Philosophy of the Scientists and other Essays*, edited with an Introduction by G. Elliot, Verso, 1990

(1977e) : 국「맑스주의 이론에서의 국가 문제」,『당 내에서 더 이상 지속되어선 안 될 것』, 이진경 엮음, 새길, 1992

(1978) : 불 *Ce qui ne peut plus durer dans le parti communiste*, Parie : François Maspero, 1978
국「당 내에서 더 이상 지속되어선 안 될 것」,『당 내에서 더 이상 지속되어선 안 될 것』, 이진경 엮음, 새길, 1992

(1980) : 국「우리를 맑스로부터 분리시키는 것 —— 알튀세 : 미공간 인터뷰」,『마키아벨리의 고독』, 김석민 옮김, 새길, 1992

(1992) : 불 *L'avenir dure longtemps; suivi de Les faits*, Stock / Imec, 1992

국『미래는 오래 지속된다』, 권은미 옮김, 돌베개, 1993

B

Bernstein, R. J.(1983) : *Beyond Objectivism and Relativism*, Philadelphia

Burke, T. E.(1983) : *The Philosophy of Popper*, Manchester University Press

C

Carnap, R.(1928) : *Der Logische Aufbau der Welt*, Berlin : Weltkreis Verlag

Charlesworth, M. J.(1959) : *Philosophy and Linguistic Analysis*. Pittsburgh : Duquesne University Press

Cohen, J. / A. Arato(1989) : "Politics and the Reconstruction of the Concept of Civil Society." in, *Zwischenbetrachtungen.*

D

Derrida, J. (1962) : *L'Origine de la géometrie*, P.U.F.(후설의『기하학의 기원』번역인데 데리다는 본문보다 몇 배 긴 서문을 싣는다)

(1967a) : *De la Grammatologie*, Minuit

(1967b) : *L'Ecriture et la différence*, Seuil

(1967c) : *La Voix et le phénomène*, P.U.F.

(1972a) : *La Dissémination*, Seuil

(1972b) : *Marges de la philosophie*, Minuit

(1972c) : *Positions*, Minuit

(1974) : *Glas*, Galilée

(1975) : *Economimesis*, Aubier Flammarion

(1978) : *Eperons, Les styles de Nietzsche*, Flammarion

(1975) : *La Vérité en peinture*, Flammarion

(1980) : *La Carte postale, De Socrate à Freude et Au-delà*, Flammarion

(1986a) : *Memoires-for Paul de Man*, Columbia University / Galilée, 1988

(1986b) : *Parages*, Galilée

(1987a) : *Heidegger et la question*, Galilée / Flammarion, 1990

(1987b) : *Psyché, Invention de l'autre*, Galilée

(1988) : *Limited Inc.*, Northwestern University / Galilée, 1988

(1990) : *Du droit à la philosophie*, Galilée

(1993) : *Spectres de Marx, L'Etat de la dette, le travail du deuil et la nouvelle Internationale*, Galilée

(1994) : *Politique de l'amitié suive de L'oreille de Heidegger*, Galilée

Descombes, (1979) : *Le même et l'autre*, Minuit

E

Engels, F.(1876~1878) : *Herrn Eugen Dührings Umwälzung der Wissenschaft(Anti-Dühring)*, in : *Mew* 20, 3ff.

(1925) : *Dialektik der Natur*, in : *Mew* 20, 305ff.

F

Fann, K. T. (1969) : *Wittgenstein's Conception of Philosophy*, Berkeley : University of California Press

G

Gadamer, H. G. (1986) : *Hermeneutik I. Wahrheit und Methode. Grundzüge einer philosophischen Hermeneutik*, Tübingen

Garver, N. and Seung-Chong Lee(1994) : *Derrida and Wittgenstein*, Philadelphia : Temple University Press

Goodman, N. (1955) : *Fact, Fiction, and Forecast*, Indianapolis : The Bobbs-Merrill company

H

Habermas, J. (1962)：*Strukturwandel der Öffentlichkeit*, Darmstadt und Neuwied

(1968)：*Technik und Wissenschaft als "Ideologie"*, Frankfurt

(1969)：*Technik und Wissenschaft als 〉Ideologie〈*, Frankfurt / M.

(1971)：*Theorie und Praxis*, Neu eingeleitete Auflage, Frankfurt

(1973a)：*Erkenntnis und Interesse*, Mit einem neuen Nachwort, Frankfurt

(1973b)：*Legitimationsprobleme im Spätkapitalismus*, Frankfurt

(1976)：*Zur Rekonstruktion des Historischen Materialismus*, Frankfurt

(1980)："Die Moderne—ein unvollendetes Projekt."

(1981a)：*Theorie des kommuikativen Handelns, Band 1. Handlungsrationalität und gesellschaftliche Rationalisierung*, Frankfurt

(1981b)：*Theorie des kommunikativen Handelns, Band 2. Zur Kritik der funktionalistischen Vernunft*, Frankfurt

(1981c)：*Kleine politische Schriften*(1~4), Suhrkamp Verlag

(1985a)：*Der philosophische Diskurs der Moderne, Zwölf Vorlesungen*, Frankfurt

(1985b)：*Die Neue Unübersichtlichkeit*, Frankfurt

(1990)：*Die nachholende Revolution*, Suhrkamp Verlag

(1992) : *Faktizität und Geltung. Beiträge zur Diskurstheorie des Rechts und des demokratischen Rechtsstaats*

Hartnack, J. (1965) : *Wittgenstein and Modern Philosophy*. Trans. M. Cranston. New York : New York University Press

Hegel, G. W. F. (1952) : *Phänomenologie des Geistes*(Hrsg. Hoffmeister), Hamburg

Heidegger, M.(1927) : *Sein und Zeit*, Tübingen

『전집 *Gesamtausgabe*』, Vittrio Klostermann, Frankfurt am Main.

제5권 : *Holzwege*, 1977

제7권 : *Vorträge und Aufsätze*, 1974

제9권 : *Wegmarken*, 1976

제24권 : *Die Grundprobleme der Phänomenologie*, 1989

제48권 : *Nietzsche : Der europäische Nihilismus*, 1986

제51권 : *Die Grundbegriffe*, 1991

제54권 : *Parmanides*, 1982

제55권 : *Heraklit 1, 2*. 1987

제65권 : *Beiträge zur Philosophie.(Vom Ereignis)*, 1989

Husserl, E. : *Husserliana I : Cartesianische Meditationen und Pariser Vorträge*, Den Haag, 1950

Husserliana II : *Die Idee der Phänomenologie. Fünf Vorlesungen*, Den Haag, 1950

Husserliana III / 1 : *Ideen zu einer reinen Phänomenologie und*

phänomenologischen Philosophie. Erstes Buch : Allgemeine Einführung in die reine Phänomenologie. 1. Halbband, Den Haag, 1950

Husserliana IV : *Ideen zu einer reinen Phänomenologie und phänomenologischen Philosophie. Drittes Buch : Die Phänomenologie und die Fundamente der Wissenschaft*, Den Haag, 1950

Husserliana V : *Ideen zu einer reinen Phänomenologie und phänomenologischen Philosophie. Drittes Buch : Die Phänomenologie und die Fundamente der Wissenschaft*, Den Haag, 1953

Husserliana VI : *Die Krisis der europäischen Wissenschaften und die transzendentale Phänomenologie. Eine Einleitung in die phänomenologische Philosophie*, Den Haag, 1950

Husserliana VIII : *Erste Philosophie(1923/1924). Zweiter Teil : Theorie der phänomenologischen Reduktion*, Den Haag, 1950

Husserliana XV : *Zur Phänomenologie der Intersubjektivität. Texte aus dem Nachlaß. Dritter Teil;1929~1935*, Den Haag, 1950

J

James, B. (1980) : *Return to Reason*, Open Books

K

Kautsky, K. (1927) : *Die materialistische Geschichtsauffassung*, Bd.2, Berlin

L

Lacan, J. (1977) : Ecrits : *A Selection,* trans. Alan Sheridan, Tavistock

Lemaire, A. (1977) : *Jacques Lacan*, trans. David Macey, Routledge & Kegan Paul

Levension, P. (1982) : editor, *In Pursuit of Truth,* Humanities

Lukács. G. (1970) : *Geschichte und Klassenbewußtsein. Studien über marxistische Dialektik*, Darmstadt und Neuwied. 박정호・조만영 옮김,『역사와 계급 의식』, 거름, 1986.
(1971) : *Die Theorie des Romans*, Frankfurt am Main
(1994) : 김경식・오길영 엮어 옮김,『게오르크 루카치 : 맑스로 가는 길』, 솔 출판사

M

Magee, B. (1973) : *Popper*, Viking

Matustik, M. I. (1989) : "Habermas on communicative Reasson and Performative Contradiction." In *New German Critique*, Nr. 47(Spring / Summer)

McCarthy, T. (1989) : *Kritik der Verständigunsverhaltnisse-Zur Theorie von J. Habermas*. Suhrkamp [*the Critical Theory of Habermas*(1978)의 독역판임.]

Merleau-Ponty, M. (1945) : *Phénoménologie de la perception*, Librairie Gallimard
(1942) : *La structure du comportement*, Presses Universitaires de France
(1948) : *Sens et non-sens*, Gallimard
(1964 a) : *The primacy of perception, ed. by James M. Edie*, tr. by James M. Edie & John Wild, Northwestern University Press
(1964 b) : *Le visible et l'invisible*, Gallimard

O

O' Hear, A. (1980) : *Karl Popper*, Routledge & Kegan Paul

P

Popper, K. R. (1945) : *The Open Society and Its Enemies 1, 2(OS 1권, OS*

2권), George Routledge & sons Ltd, London.

(1957) : *The Poverty of Historicism(PH)*, Routledge & Kegan Paul, London, 1957. *Economica*, 1944 / 5에 발표되었다.

(1959) : *The Logic of Scientific Discovery(LSD)*, Harper and Row and Basic Books, New York

(1963) : *Conjectures and Refutations(CR)*, Routledge & Kegan Paul, London

(1971) : *Revolution oder Reform? : Herbert Marcuse und Karl Popper Eine Konfrontation(RR)*, Koesel, Muenchen

(1972) : *Objective Knowledge*, Clarenden Press, Oxford

(1974) : Replies to my Critics, in Schilpp, *The philosophy of Karl Popper*, Open Court, Illinois La Salle

(1976) : *Unended Quest(UQ)*, Fontana Paperbacks Glasgow. 이 글은 P. A. Schilpp(ed.), *The Philosophy of Karl Popper*에 발표되었다.

(1977) : *The Self and Its Brain*(Sir John Eccles와 공저), Springer, Berlin

(1979) : *Die beiden Grundprobleme der Erkenntnistheorie*, J.C.B.More, Tübingen

(1982a) : *The Open Universe*, Rowman and Littlefield, Totowa

(1982b) : *Quantum Theory and the Schism in Physics*, Rowman and Littlefield

(1983) : *Realism and the Aim of Science(RAS)*, Rowman and Littlefield, Totowa

(1992a) : *A World of Propensities*, Thoemmes, Bristol

(1992b) : *In Search of a Better World : Lectures and Essays from Thirty Years*, Routledge, London

(1994a) : *The Myth of the Framework : In defence of science and rationality(MF)*, Routledge, London

(1994b) : *Knowledge and the Body-Mind Problem : In Defence od interaction*, Routledge

Q

Quine, W. V. (1940) : *Mathmatical Logic*, Harvard University Press

(1952) : *Methods of Logic*, RKP

(1953) : *From A Logical Point of View*, Harper & Row

(1960) : *Word and Object,* The MIT Press

(1966) : *Ways of Paradox and Other Essays*, Random House

(1969) : *Ontological Relativity and Other Essays*, Columbia University Press

R

Ricœur, P. (1949) : *Le volontaire et l'involontaire*, Aubier, Paris(약어 *RVI*)

(1960) : *Finitude et culpabilité*, I, II, Aubier, Paris(약어 *RFC* I, II)

(1965) : *De l'interprétation, Essai sur Freud*, Seuil, Paris(약어 *RI F*)

(1967) : *Husserl, An analysis of his Phenomenology*, Northwestern University Press(약어 *RHP*)

(1969) : *Le conflit des interprétations, Essai d'herméneutique,* Seuil, Paris(약어 *RCI*)

(1971) : Foreword in Don Ihde's *Hermeneutic Phenomenology,* Northwestern University Press(약어 *RD*)

(1981) : *Hermeneutics and the human sciences,* ed. by J. Thompson, Cambridge University Press(약어 *RHH*)

(1983) : *Temps et Récit* I, Seuil, Paris(약어 *RTR* I)

(1984) : *Temps et Récit* II, Seuil, Paris(약어 *RTR* II)

(1985a) : *Temps et Récit* III, Seuil, Paris(약어 *RTR* III)

(1985b) : *Du texte à l'action,* Seuil, Paris(약어 *RTA*)

(1986) : *A l'école de la phénomènologie,* Vrin, Paris(약어 *REP*)

(1990) : *Soi même comme un autre,* Seuil, Paris(약어 *RSA*)

(1991) : Narrativité, phénoménologie et herméneutique in *L'univers philosophique,* 2ed. PUF(약어 *RNPH*)

Roderick, R. (1986) : *Habermas and the Foundations of Critical Theory.* 김문조 옮김, 『하버마스의 사회 사상』, 탐구당, 1992

Rorty, R. (1972) : Mind-body Identity, Privacy, and Categories in *New Readings in Philosophical Analysis,* ed by H. Feigle/W. Sellars/K. Lehrer, NewYork

(1979) : *Philosopy and the Mirror of Nature,* Princeton

(1982) : *Consequences of Pragmatism,* The Harvester Press

(1989) : *Contingency, Irony, and Solidarity,* Cambridge University Press

(1991) : *Objectivity, Relativism, and Truth,* Cambridge

University Press

S

Schilipp, P. A. (1974) : editor, *The Philosophy of Karl Popper*, Open Court

Silverman, K. (1983) : *The Subject of Semiotics*, Oxford University Press

W

Weber, M. (1920) : *Gesammelte Aufsätze zur Religionssoziologie*, Tübingen, 1988

(1921) : *Wirtschaft und Gesellschaft. Grundriß der verstehenden Soziologie*, Tübingen, 1956

(1922) : *Gesammelte Aufsätze zur Wissenschaftslehre*, Tübingen, 1988

Wellmer, A. (1985) : Reason, Utopia, and the Dialectic of Enlightenment, in : R. Bernstein(ed.), *J. Habermas and Modernity*, Polity Press, 1985, S.35~66

Wittgenstein, L. (1961a) : *Notebooks 1914~1916*, Ed. G. H. von Wright and G. E. M. Anscombe, Trans. G. E. M. Anscombe, Oxford :

Basil Blackwell

(1961 b) : *Tractatus Logico-Philosophicus*, Trans. D. Pears and B. McGuinness, London : Routledge & Kegan Paul

(1967) : *Philosophical Investigations*, 3rd edition, Ed. G. E. M. Anscombe and R. Rhees, Trans. G. E. M. Anscombe, Oxford : Basil Blackwell

필자 소개

(가나다 순)

김재현 서울대 철학과 졸업. 동 대학원 철학 박사. 현재 경남대 철학과 교수. 박사 학위 논문 :「하버마스의 해방론 연구」. 논문 :「소련 철학에서 인간론의 지평」,「하버마스에서 공론 영역의 양면성」. 역서 :『헤겔과 프랑스 혁명』(리터).

문성원 서울대 철학과 졸업. 동 대학원 철학 박사. 현재 서울대, 경기대 강사. 박사 학위 논문 :「L. Althusser의 마르크스주의 철학——그의 헤겔 비판을 중심으로」. 역서 :『맑스주의 변증법의 역사』(소련 과학 아카데미, 공역),『국가와 혁명』(레닌, 공역).

민찬홍 서울대 철학과 졸업. 동 대학원 철학 박사. 현재 한남대 철학과 교수. 박사 학위 논문 :「믿음 : 명제 태도의 일반 이론을 위한 연구」. 논문 :「수학과 구성 : 수학의 구성적 성격에 대한 기초론적 연구」. 역서 :『논리학 입문』(어빙 코피),『과학 철학』(롬 하레, 공역).

민형원 서울대 독문과 졸업. 동 대학원 미학과 석사. 독일 프랑크푸르트 대학 철학 박사. 현재 덕성여대 철학과 교수. 박사 학위 논문 :「아도르노에 있어서의 가상의 비판과 구원 Kritik und Rettung des Scheins bei Th-W. Adorno」. 논문 :「자연으로서의 인간의 위기와 자연과의 화해의 모색」. 역서 :『예술 작품의 근원에 대하여』(하이데거).

박성수 고려대 철학과 졸업. 동 대학원 철학 박사. 현재 한국해양대 교양 과정 교수. 박사 학위 논문 :「「미적 판단력 비판」에 관한 연구」. 역서 :『사회 과학의 논리』(하버마스),『사회 사상사』(스원지 우드),『프로테스탄티즘 윤리와 자본주의 정신』(베버).

박정호 서울대 철학과 졸업. 동 대학원 철학 박사. 현재 경희대, 서울시립대 강사. 박사 학위 논문 :「루카치의 역사 철학에서 사물화와 주체성의 문제」. 논문 :「자연과 역

사 : 마르크스, 루카치, 아도르노의 비교 연구」,「계몽의 변증법 : 진보와 퇴보의 모순적 동일성」. 역서 : 『역사와 계급 의식』(G. 루카치, 공역), 『구체성의 변증법』(코지크), 『사회 과학의 역사』(버날), 『유물론과 경험 비판론』(레닌).

박찬국 서울대 철학과 졸업. 독일 뷔르츠부르크 대학 철학 박사. 현재 호서대 철학과 교수. 박사 학위 논문 : 「니힐리즘의 극복에 대한 하이데거의 존재사적 사유 Die seinsgeschichtliche Überwindung des Nihilismus im Denken Heideggers」. 논문 : 「인간 소외의 극복에 대한 하이데거와 마르크스 사상의 비교 고찰」. 역서 : 『헤겔 철학과 현대의 위기』(찰스 테일러), 『실존 철학과 형이상학의 위기』(막스 뮐러).

신중섭 고려대 철학과 졸업. 동 대학원 철학 박사. 현재 강원대 국민 윤리 교육과 교수. 박사 학위 논문 : 「과학의 이론 선택에 있어서 합리성의 문제」. 저서 : 『포퍼와 현대의 과학 철학』(서광사, 1992). 역서 : 『현대의 과학 철학』(차머스, 공역), 『새로운 과학 철학』(브라운), 『현대 사상의 대이동』(스키너 엮음, 공역), 『무한한 다양성을 위하여』(다이슨).

양운덕 고려대 법학과 졸업. 동 대학원 철학과 철학 박사. 현재 고려대, 강원대, 한림대 강사. 박사 학위 논문 : 「헤겔 철학에 나타난 개체와 공동체의 변증법」. 논문 : 「정신 현상학의 자기 의식 장에서의 승인 운동과 구조」. 역서 : 『사회의 상상적 제도』(카스토리아디스), 『마르크스의 유령들』(데리다).

윤평중 고려대 철학과 졸업. 미국 남 일리노이 주립대 석사・박사. 현재 한신대 철학과 교수. 박사 학위 논문 : 「합리성과 사회 비판 Rationality and Social Criticism : Habermas, Foucalt and beyond」. 저서 : 『푸코와 하버마스를 넘어서 : 합리성과 사회 비판』(교보문고, 1990), 『포스트 모더니즘의 철학과 포스트 맑스주의』(서광사, 1992).

이남인 서울대 철학과 졸업. 독일 부퍼탈 대학 철학 박사. 현재 서울대 철학과 교수. 박사 학위 논문 : 「에드문트 후설의 본능의 현상학 Edmund Husserls Phänomenologie der Instinkte」. 저서 : *Edmund Husserls Phänomenologie der Instinkte* (Kluwer Academic Publishers, Phaenomenologica 128권, 1993), 『동서양의 실재관』(공저, 정신문화연구원, 1994)

이봉재 서울대 건축학과 졸업. 동 대학원 철학과 철학 박사. 현재 서울산업대 인문학과 교수. 박사 학위 논문 : 「과학적 실재론의 새로운 모색 —— 반 프라센의 경험론을 넘어서」. 논문 : 「과학주의와 사회 과학의 이념」,「과학 방법론과 합리성의 문제」,「과학적 실재론과 설명의 문제」.

이승종 연세대 철학과 졸업. 미국 뉴욕 주립 대학(버팔로) 철학 박사. 현재 연세대 철학과 교수. 박사 학위 논문 : 「모순에 대한 비트겐슈타인의 태도 Wittgenstein's Attitude Toward Contradiction」. 저서 : 『데리다와 비트겐슈타인 Derrida and Wittgenstein』(Newton Garver와 공저, Temple University Press, 1994). 논문 : 「데리다와 이성 중심주의」, 「인간의 얼굴을 한 자연주의」.

이유선 고려대 철학과 졸업. 동 대학원 철학 박사. 현재 고려대, 강원대 강사. 박사 학위 논문 : 「인식론 비판과 진리의 문제 : R. 로티와 H. G. 가다머를 중심으로」. 논문 : 「인식론과 과학 : 근대 인식론에 대한 로티의 비판과 과학적 지식의 성격에 관한 그의 견해」. 역서 : 『해석학과 과학』(커널리·코이트너 엮음), 『과학과 가치』(라우든)

이정우 서울대 섬유고분자공학과 졸업. 동 대학원 철학과 철학 박사. 현재 서강대 철학과 교수. 박사 학위 논문 : 「미셸 푸코의 담론 공간 개념과 주체의 문제」. 저서 : 『담론의 공간』(민음사, 1994). 역서 : 『새로운 철학 강의』1, 2(A. 베르제즈, D. 위스망), 『푸코 마르크시즘 역사』(마크 포스터).

조광제 총신대 신학과 졸업. 서울대 대학원 철학과 철학 박사. 현재 한성대 강사. 박사 학위 논문 : 「현상학적 신체론 : 후설에서 메를로-퐁티에로의 길」. 논문 : 「몸, 욕망 그리고 권력」. 역서 : 『푸코와 마르크스주의』(마크 포스터).

한상철 서울대 철학과 졸업. 동 대학원 철학 박사. 현재 서울대, 한양대 강사. 박사 학위 논문 : 「하이데거와 리쾨르의 해석학적 사유」. 논문 : 「하이데거와 리쾨르에서의 현상학적인 해석학」, 「데리다의 기호시학(sémiopoétique)」, 「詩作과 역사성 —— 하이데거의 횔더린 해석을 중심으로」.

학술총서 16
현대철학의 흐름
ⓒ도서출판 동녘, 1996

초판 1쇄 발행일 1996년 8월 20일
초판 14쇄 발행일 2023년 10월 25일

엮은이 박정호, 양운덕, 이봉재, 조광제
펴낸이 이건복
펴낸곳 도서출판 동녘

등록 제311-1980-01호 1980년 3월 25일
주소 (10881) 경기도 파주시 회동길 77-26
전화 영업 031-955-3000 편집 031-955-3005
전송 031-955-3009
홈페이지 www.dongnyok.com
전자우편 editor@dongnyok.com

ISBN 978-89-7297-346-1 03160

* 잘못된 책은 바꿔 드립니다.

삶과 철학

한국철학사상연구회 지음
291면 / 7,000원

새로운 세대의 젊은이들을 위한 한국적인 철학입문서

우리는 젊은이들을 철학으로 안내해 주는 적절한
교과서를 더 이상 외국에서 얻어 올 수 없다.
이제 스스로 젊은이들과 함께 고민하면서 교과서를 만들어 낼 수밖에 없는 상황에 이르렀다.
그러나 우리의 교과서를 만드는 일은 단순히 책 한 권
쉽게 잘 써 내는 일이 아니라,
동시에 우리의 철학을 세워 나가는 일이기도 하다.
'학생들에게 무슨 철학을 어떻게 가르쳐야 하나' 고민하다 보면
'이 시대 우리에게 도대체 철학이 무엇이란 말인가' 자문하지 않을 수 없게 된다.
우리는 '이 시대 이 땅에서 어떻게 살아야 하는가'라는
물음을 중심으로 우리의 철학을 형성해 나가야 한다고 믿고 있다.
이 책은 삶에 대한 물음에서 시작하여 인간과 사회와 현대 문화를 생각해 본 뒤
철학에 대한 물음으로 끝나는 방식을 취하였다.

어떻게 살 것인가 / 마음이란 무엇인가 / 건강한 욕망, 병든 욕망 / 사랑, 결혼, 가족 /
노동과 소외 / 상품과 근대 사회 / 문화와 대중 사회 / 환경과 기술 문명 / 과학과
자연 / 종교와 초월 / 철학이란 무엇인가

동녘 Tel : 358-6164
Fax : 358-6715